Ira Denkhaus
Verkehrsinformationssysteme

Ira Denkhaus

Verkehrs-
informationssysteme

**Durchsetzbarkeit und Akzeptanz
in der Bundesrepublik Deutschland**

Springer Fachmedien Wiesbaden GmbH

Die Deutsche Bibliothek — CIP-Einheitsaufnahme

Denkhaus, Ira:
Verkehrsinformationssysteme : Durchsetzbarkeit und Akzeptanz
in der Bundesrepublik Deutschland / Ira Denkhaus.
(DUV: Wirtschaftswissenschaft)
ISBN 978-3-8244-0232-8   ISBN 978-3-663-12431-3 (eBook)
DOI 10.1007/978-3-663-12431-3

© Springer Fachmedien Wiesbaden 1995
Originally published by Deutscher Universitäts-Verlag GmbH, Wiesbaden in 1995

Lektorat: Monika Mülhausen

ISBN 978-3-8244-0232-8

Geleitwort

Es gehört zu den Besonderheiten politikwissenschaftlicher Forschung, daß sie in der Veränderung und Erweiterung ihres Erkenntnisge-
genstandes der Expansion der Zuständigkeiten von Politik folgt. In dem
Maße, wie Politik neue Regelungs- und Handlungsfelder entdeckt, öffnet
sich auch die Politikwissenschaft diesen Themenbereichen und widmet sich
- wenn auch im entscheidungsfreien Raum - der Reflexion und Analyse dieser neuen Handlungsfelder. "Politikfeldforschung" hat in diesem Zusammenhang in den letzten Jahren eine erhebliche Bedeutungserweiterung erfahren, die sogar soweit geht, daß einzelne Vertreter des Fachs eine endgültige Aufsplitterung der Politikwissenschaft in hochspezialisierte und nur
noch lose verbundene Teildisziplinen befürchten. Auf der anderen Seite
muß sich politikwissenschaftliche Forschung immer wieder den Vorwurf
gefallen lassen, sie sei praxisfern und zu theoretisch, um in den tagtägli-
chen Notwendigkeiten von Politikformulierung und -implementierung eine
brauchbare Rolle spielen zu können.

Daß beide zugegebenermaßen vorhandenen Gefahren nicht zwangsläufig Gültigkeit haben müssen, belegt die vorliegende Arbeit von Ira Denkhaus mit Nachdruck. Es gelingt der Verfasserin, ein technisch kompliziertes
Themengebiet des Politikfeldes "Verkehrspolitik" so mit theoretischen Annahmen der Politikwissenschaft zu verbinden, daß auch für die Praxis
künftiger Verkehrspolitik sehr brauchbare Aussagen entstehen. Zusätzlich
zu ihrem eigenen analytischen Anspruch zeichnet sich diese Arbeit dadurch
aus, daß sie eigenständig erhobenes Quellen- und Primärmaterial in einem
Umfange verarbeitet, das wiederum Grundlage für weitere Forschungsarbeiten auf diesem Gebiet sein kann. Schließlich weist die Verfasserin nach,
daß die Forschung nach einer stärkeren Verbindung von Theorie und Praxis
in der Politikwissenschaft keine leere Phrase ist, sondern in der Tat auch
erreicht werden kann. Insofern leistet die vorliegende Arbeit von Ira Denkhaus auch einen nicht unwesentlichen Beitrag zu einer der zentralen künftigen Herausforderungen der Politikwissenschaft.

Eberhard Sandschneider

Vorwort

Verkehrspolitik ist nicht unbedingt ein Betätigungsfeld für deutsche Politikwissenschaftler - weder in der Lehre, noch in der Forschung. Dies liegt unter anderem daran, daß dieser Politikbereich häufig als Spezialfall der Wirtschaftspolitik wahrgenommen wird und von daher als genuiner Arbeitsbereich der Wirtschaftswissenschaften gilt. Im Falle der Verkehrsinformationssysteme - oder, in der griffigeren Bezeichnung, Telematik im Verkehr - kommen Ingenieure unterschiedlicher Provenienz als anerkannte Experten hinzu. Was aber soll eine politikwissenschaftliche Analyse in diesem Zusammenhang leisten?

Eine politikwissenschaftliche Analyse kann zumindest versuchen, die Verbindung zur Praxis, zur Realisierbarkeit im politisch-administrativen Kontext herzustellen, kann Durchsetzungschancen und Implementierungsperspektiven eröffnen, möglicherweise auf Gestaltungsanforderungen und -optionen hinweisen. Sie soll in Integration des Wissens anderer wissenschaftlicher Disziplinen Chancen und Risiken vor dem Hintergrund politisch-praktischer Realisierbarkeit aufzeigen und kann diese Aufgabe vielleicht besser meistern, als direkt in den Innovationsprozeß integrierte Ingenieure oder in ihrer singulären, ökonomischen Perspektive eventuell doch manchmal auf einem Auge blinde Wirtschaftswissenschaftler. Um nicht falsch verstanden zu werden: Hier soll keine Lanze für eine Politikwissenschaft als "Königswissenschaft" gebrochen werden, sondern lediglich ein erster Schritt zu einer offeneren Herangehensweise getan werden, die in ihrer Konsequenz wirkliche Interdisziplinarität bedeutet. Gefragt ist vorbehaltlose Zusammenarbeit statt Domänendenken und dies in allen wissenschaftlichen Lagern. Aus dieser sozialwissenschaftlich-interdisziplinären Perspektive und im Eindruck, wirkliches Neuland zu betreten, habe ich mich an die Thematik der Verkehrsinformationssysteme herangewagt. Inwieweit ich dabei erfolgreich war, möge der Leser für sich selbst entscheiden.

Natürlich gab es auf meiner Seite auch andere, maßgeblichere als die obengenannten Gründe, mich in der Abschlußarbeit meines Magister-Studiums ausgerechnet Verkehrsinformationssystemen zu widmen. Die Bindung zum Verkehrswesen wurde mir quasi in die Wiege gelegt und in meiner Berufsausbildung gefestigt, so daß ich sie auch an der Universität nie ganz aufgab. Entscheidenden Ausschlag für die Fokussierung auf Verkehrsinformationssystemen gaben eine Prüfung im Nebenfach Informati-

onswissenschaft zum Thema Verkehrsleitsysteme sowie ein Praktikum bei
der International Road Transport Union (IRU) in Genf im Sommer 1993. Für
die dort herrührenden Anregungen danke ich Dr. Peter Krausz und Paul H.
White. Besonderer Dank gebührt Dieter Lentz (DEKRA, Stuttgart), Klaus
Everts (Heusch/ Boesefeldt, Aachen), Rainer Neuwerk (STORM-Büro,
Stuttgart), Robert Schüssler (Daimler-Benz AG, Stuttgart), Dr. Josef W.
Grüter und Robert J. Coleman (beide EG-Kommission, Brüssel), Ulrich Näke
und Dr. Heinz Sandhäger (beide Bundesministerium für Verkehr, Bonn), den
Bundestagsabgeordneten Elke Ferner (SPD) und Georg Brunnhuber (CDU),
Reinhard Schult (Verkehrsministerium Baden-Württemberg, Stuttgart) sowie
Stadtrat Hanskarl Protzmann (Baudezernent, Frankfurt/ Main). Sie alle ha-
ben ihre Zeit geopfert, um mir für Experten-Befragungen zur Verfügung zu
stehen und trugen damit ganz entscheidend zum Gelingen der vorliegenden
Analyse bei. Dieser Dank gilt auch für die zahlreichen Unternehmen, Verbände und Institutionen aus dem In- und Ausland, welche mich mit der Bereitstellung von Material bei meiner Arbeit unterstützten.

Weiterhin danke ich PD Dr. Eberhard Sandschneider für die enga-
gierte Betreuung meiner ersten wissenschaftlichen Gehversuche. Der Dank
für die Korrekturlektüre mehr oder minder ausgegorener Texte sowie für
viele wertvolle Anregungen gebührt Viktor Viehweg, Eva Hauser, PD Dr.
Barbara Krug, Petra Scherer und Jochen Wagner. Ebenso stehe ich bei Dirk
Nolte in großer Schuld und hoffe, mich eines Tages revanchieren zu können. Für die richtige Motivation sorgten Holger Neuhaus und Georg Lud-
wig. Meinen Eltern und insbesondere meiner Großmutter danke ich für ihre
Unterstützung materieller und nicht-materieller Art. Widmen möchte ich
diese Arbeit Christoph Schellmoser, der mich viel gelehrt hat.

Ira Denkhaus

Inhaltsverzeichnis

Abkürzungsverzeichnis

Abs. :	Absatz
ACM :	Association for Computing Machinery
ADAC :	Allgemeiner Deutscher Automobilclub
ADL :	Arbeitsgemeinschaft Deutscher Luftfahrt-Unternehmen
ADV :	Arbeitsgemeinschaft Deutscher Verkehrsflughäfen
AG :	Aktiengesellschaft
AGE :	Automatische Gebührenerhebungssysteme
ALI :	Autofahrer Leit- und Informationssystem
AMÖ :	Arbeitsgemeinschaft Möbeltransport Bundesverband
APATSI :	Airport/ Air Traffic Systems Interface
APS :	Auto Pilot System
APuZ :	Aus Politik und Zeitgeschichte
ARIAM :	Autofahrer-Rundfunk-Information aufgrund aktueller Meßwerte
Art. :	Artikel
ARTEMIS :	Automatisches rechnergesteuertes Transportsteuerungssystem für die Eisenbahnen mit Sicherheitsverantwortung
ASI :	Anschlußsicherung
ASS :	Auskunft Service System
ASTRA :	Assistance Services for Travel and Traffic
ASTREE :	Automation du suivi des trains en temps réel
ATT :	Advanced Transport Telematics
AvD :	Automobilclub von Deutschland

B 90 :	Bündnis 90
BAB :	Bundesautobahn(en)
BAG :	Bundesanstalt für den Güterfernverkehr
BASt :	Bundesanstalt für Straßenwesen
BBR :	Bahnhofbedienungsrechner
BDB :	Bundesverband der Deutschen Binnenschiffahrt
BDE :	Bundesverband Deutscher Eisenbahnen, Kraftverkehre und Seilbahnen
BDF :	Bundesverband des Deutschen Güterfernverkehrs
BDG :	Bundesverbände des Deutschen Güterfernverkehrs
BDI :	Bundesverband der Deutschen Industrie

BDLI :	Bundesverband der Deutschen Luft-, Raumfahrt- und Ausrüstungsindustrie
BDN :	Bundesverband des Deutschen Güternahverkehrs
BDO :	Bundesverband Deutscher Omnibusunternehmer
BDSG :	Bundesdatenschutzgesetz
BEVEI :	"Bessere Verkehrsinformation" (Feldversuch)
BFR :	Bahnhofsrechner
BIP :	Bruttoinlandsprodukt
BISS :	Bord-Informations- und Steuersystem
Bit :	Binary Digit
BJU :	Bundesverband Junger Unternehmer
BMA :	Bundesministerium für Arbeit und Sozialordnung
BM-Bau :	Bundesministerium für Raumordnung, Bauwesen und Städtebau
BMF :	Bundesministerium für Finanzen
BMFT :	Bundesministerium für Forschung und Technologie
BMU :	Bundesministerium für Umwelt, Naturschutz und Reaktorsicherheit
BMV :	Bundesministerium für Verkehr
BMWi :	Bundesministerium für Wirtschaft
BÖB :	Bundesverband Öffentlicher Binnenhäfen
BON :	Betriebsleitsystem für den Öffentlichen Nahverkehr
BSL :	Bundesverband Spedition und Lagerei
Bsp. :	Beispiel
BSP :	Bruttosozialprodukt
BSR :	Bahnhofssteuerechner
Btx :	Bildschirmtext
BUND :	Bund für Umwelt und Naturschutz Deutschland
BVG :	Berliner Verkehrsbetriebe
BVWP :	Bundesverkehrswegeplan
BW :	Baden-Württemberg
BZG :	Bundes-Zentralgenossenschaft Verkehr
BZP :	Bundes-Zentralverband Personenverkehr - Taxi und Mietwagen
BZRG :	Bundeszentralregistergesetz
bzw. :	beziehungsweise
ca. :	cirka
CAD :	Computer Aided Design
Cal. :	California
CAM :	Computer Aided Manufacturing

CCIRC :	Comité Consultatif International des Radiocommunications
CCITT :	Comité Consultatif International de Télégraphique et Téléphonique
CD :	Compact Disc
CD-ROM :	Compact Disc - Read Only Memory
CDU :	Christlich Demokratische Union Deutschlands
CEDIC :	Centre Européen d´Information et de Liaison
CEMT :	Conférence Européenne des Ministres des Transports
CEN :	Comité Européen de Normalisation Electrotechnique
CENELEC :	Comité Européen de Normalisation Electrotechnique
CEPT :	Conférence Européenne des Administrations des Postes et des Télécommunications
CIM :	Computer Integrated Manufacturing
CIR :	Computer Integrated Railroading
CIR-ELKE :	Computer Integrated Railroading - Erhöhung der Leistungsfähigkeit im Kernnetz
CITIES :	Cooperation for Integrated Traffic Management and Information Exchange Systems
CITRA :	Corridor Initiative for Transit Route through the Alps
Col. :	Colorado
COMFORT :	Cooperative Transport Management for Urban and Regional Transport
COMPASS :	Computerorientierte Methode für Planung und Ablaufsteuerung im Seehafen
CORE :	Corridor über Rhein/ Ruhr nach Europa
CORRIDOR:	Cooperation On Regional Road Informatics Demonstrations On Real Sites
COST :	Coopération Européenne dans le domaine de la recherche Scientifique et Technique
CSU :	Christlich Soziale Union
CVM :	Containervormeldesystem
DAG :	Deutsche Angestellten-Gewerkschaft
DAISY :	Dynamisches Auskunfts- und Informationssystem
DAKOSY :	Datenkommunikationssystem Hamburger Hafen
DB AG :	Deutsche Bahn AG
DDR :	Deutsche Demokratische Republik
DEDIG :	Deutsche EDI-Gesellschaft
DeTeMobil :	Deutsche Telekom Mobilfunk

DEUFRAKO-M : Deutsch-französische Kooperation - Anhang M
DFG :   Deutsche Forschungsgemeinschaft
DG :   Direction Générale
d.h. :   das heißt
DIBMOF :   Dienste Integrierter Bahn-Mobilfunk
DIHT :   Deutscher Industrie- und Handelstag
DIN :   Deutsches Institut für Normung
DISK :   Dispositions- und Informationssystem für den Kombinierten Verkehr
Diss. :   Dissertation
DIW :   Deutsches Institut für Wirtschaftsforschung
DKE :   Deutsche Kommission für Elektrotechnik
DRIVE :   Dedicated Road Infrastructure for Vehicle Safety in Europe
DSL :   Deutsche Straßenliga
DTV :   Deutscher Taschenbuch-Verlag
DUKIS :   Dienste- und Kooperations-Informationssystem
DUSS :   Deutsche Umschlaggesellschaft Schiene-Straße
DVPW :   Deutsche Vereinigung für Politische Wissenschaft
DVWG :   Deutsche Verkehrswissenschaftliche Gesellschaft
DVZ :   Deutsche Verkehrs-Zeitung

EATCHIP :   European Air Traffic Congestion Harmonisation and Integration
             Programme
ECE :   Economic Commission for Europe
ECMA :   European Computer Manufacturers Association
ECTEL :   European Telecommunications and Professional Electronics Industry
ECU :   European Currency Unit
EDI :   Electronic Data Interchange
EDIFACT :   Electronic Data Interchange for Administration and Commerce and
             Transport
EDV :   Elektronische Datenverarbeitung
EFA :   Elektronische Fahrplanauskunft
EFTA :   European Free Trade Association
EG :   Europäische Gemeinschaften
EGKS :   Europäische Gemeinschaft für Kohle und Stahl
EIB :   Europäische Investitionsbank
EIF :   Europäischer Investitionsfonds
endg. :   endgültige Fassung
EP :   Europäisches Parlament

ERP :	Electronic Road Pricing
ERTICO :	European Road Transport Telematics Implementation Co-ordination Organisation
ESA :	European Space Agency
ESPRIT :	European Strategic Programme for Research in Information Technologies
etc. :	et cetera
ETCS :	European Train Control System
ETSI :	European Telecommunication Standardization Institute
EU :	Europäische Union
EuGH :	Europäischer Gerichtshof
EURATOM :	Europäische Atomgemeinschaft
EUREKA :	European Research Coordination Agency
EURET :	European Research Programme for Transport
EVA :	Elektronischer Verkehrslotse für Autofahrer
evtl. :	eventuell
EWG :	Europäische Wirtschaftsgemeinschaft

FATMAC :	Frankfurt Airport Throughput Management and Coordination
FAZ :	Frankfurter Allgemeine Zeitung
FB :	Fachbereich
FDP :	Freie Demokratische Partei
FGSV :	Forschungsgesellschaft für Straßen- und Verkehrswesen
FIATA :	Fédération Internationale des Associations de Transitaire et Assimilés
FIS :	Fahrgast-Informations-System
FIV :	Fahrzeuginformations- und -vormeldesystem
FKV :	Forschungskonsortium Kombinierter Verkehr
FLEET :	Freight and Logistics Efforts for European Traffic
FMS :	Flottenmanagementsystem
FRUIT :	Frankfurt Urban Integrated Traffic Management
FStrPrivFinG :	Fernstraßenbauprivatfinanzierungsgesetz

GAN :	Global Area Network
GAUDI :	Generalized and Advanced Urban Debiting Innovations
GD :	Generaldirektion
GEB :	Gemeinschaft Europäischer Bahnen

GEI :   Gesellschaft für Elektronische Informationsverarbeitung
GG :   Grundgesetz
ggf. :   gegebenenfalls
GHS :   Gesamthochschule
GHz :   Gigahertz
GI :   Gesellschaft für Informatik
GIPAS :   Güterverkehrs-, Informations-, Planungs-, Abrechnungs- und
            Steuerungssystem
GLONASS :   Global Navigation Satellite System
GMD :   Gesellschaft für Mathematik und Datenverarbeitung
GPS :   Global Positioning System
GSM :   Global System for Mobile Communication
GVB :   Gesellschaft für Verkehrsbetriebswirtschaft und Logistik
GVFG :   Gemeindeverkehrsfinanzierungsgesetz
GVK 2000 : Güterverkehrskonzept 2000
GVZ :   Güterverkehrszentrum (-en)

HABIS :   Hafenbahn Betriebs- und Informationssystem Hamburg
HGB :   Handelsgesetzbuch
Hrsg. :   Herausgeber

IAA :   Internationale Automobil-Ausstellung
IATA :   International Air Transport Association
IBFN :   Integriertes Breitbandiges Fernmeldenetz
IBIS :   Integriertes Bordinformationssystem
ICAO :   International Civil Aviation Organisation
ICE :   InterCity Express
I.D. :   Ira Denkhaus
IDN :   Integriertes Text- und Datennetz
IEC :   International Electrotechnical Committee
IFIS :   Integriertes Fahrerinformationssystem
IFMS :   Integrated Freight Logistics Fleet & Vehicle Management System
i.e.S. :   im engeren Sinne
IHK :   Industrie- und Handelskammer
III. :   Illinois
ILS :   Instrument Landing System
IMK :   Institut für Medienentwicklung und Kommunikation

INCA :   Integrated Net and Card for the Adapted Management of European
             Road Transport and Traffic
IntV :   Internationales Verkehrswesen
IRIS :   Integrated Road Safety Information and Navigation System
IRTE :   Integrated Road Transport Environment
i.S. :   im Sinne
ISAM :   Innovative Seehafentechnologien Mecklenburg-Vorpommern
ISAN :   Innovative Seehafentechnologien Niedersachsen
ISDN :   Integrated Services Digital Network
ISETEC :   Innovative Seehafentechnologien
ISO :   International Organization for Standardization
IuK :   Informations- und Kommunikations-
IV :   Individualverkehr
IVM :   Institut für Verkehrswissenschaft Münster
IVMS :   Integriertes Verkehrsmanagementsystem
i.w.S. :   im weitesten Sinne

KBA :   Kraftfahrt-Bundesamt
Kfz :   Kraftfahrzeug
kHz :   Kilohertz
KI :   Künstliche Intelligenz
KLV :   Kombinierter Ladungsverkehr
km :   Kilometer
km/h :   Kilometer pro Stunde
KV :   Kombinierter Verkehr
KVM :   Kooperatives Verkehrsmanagement München

LAN :   Local Area Network
Laser :   Light Amplification by Stimulated Emission of Radiation
LBA :   Luftfahrt-Bundesamt
LC :   Liquid Crystal
LIAISON :   Linking Autonomous and Integrated Systems for On-Line-Network
             and Demand
LISB :   Leit- und Informationssystem Berlin
Lkw :   Lastkraftwagen
LLAMD :   London-Lyon-Amsterdam-München-Dublin
LSA :   Lichtsignalanlage(n)

LZB :   Linienzugbeeinflussung

MdB :   Mitglied des Bundestages
MELYSSA :   Mediterrenean-Lyon-Stuttgart-Site for Advanced Transport
             Telematics
MHz :   Megahertz
Mio. :   Millionen
MIPS :   million instructions per second
MIV :   Motorisierter Individualverkehr
MLS :   Microwave Landing System
Modacom :   Mobile Data Communications
MOVE :   "Mobilität und Verantwortung" (Feldversuch)
Mrd. :   Milliarden

NASA :   National Aeronautics and Space Administration (US Luft- und
             Raumfahrtbehörde)
NDR :   Norddeutscher Rundfunk
NE-Bahnen : Nichtbundeseigenen Bahnen
NIF :   Nautischer Informationsfunkdienst
N.J. .   New Jersey
NRW :   Nordrhein-Westfalen

o.ä. :   oder ähnliches
OBE :   On-Board-Equipments
OBU :   On-Board-Unit
OECD :   Organization for Economic Cooperation and Development
OEEC :   Organization for European Economic Cooperation
ÖPNV :   Öffentlicher Personennahverkehr
ÖPV :   Öffentlicher Personenverkehr
ÖV :   Öffentlicher Verkehr
o.J. :   ohne Jahresangabe
o.O. :   ohne Ortsangabe
OPUS :   Optimierung und Planung bei U-Bahn Systemen
OSI :   Open Systems Interconnection
o.V. :   ohne Verfasser
o.Verl. :   ohne Verlagsangabe

P & R :   Park & Ride
PC :   Personal Computer
PDS :   Partei des Dempkratischen Sozialismus
PersAuswG :   Personal-Ausweis-Gesetz
PGV :   Produktionsverfahren Güterverkehr
Pkw :   Personenkraftwagen
POLIS :   Promoting Operational Links with Integrated Services through Road
               Traffic Information between European Cities
PROMETHEUS :   Programme for an European Traffic with Highest Efficiency and
               Unprecedented Safety
PVS :   Politische Vierteljahresschrift

QUARTET :   Quadrilateral Research for Environment and Transport

RBL :   Rechnergesteuerte Betriebsleitsysteme
RBmv :   Rechnerunterstütztes Betriebsmeldeverfahren
RBS :   Rechnerunterstützte Betriebssteuerung
RDS :   Radio Data System
RHAPIT :   Rhein-Main Area Project for Integrated Traffic Management
ROBIN :   Road Billing Net
RZü :   Rechnerunterstützte Zugüberwachung

Sagem :   System zur automatischen Gebühren-Erhebung durch GSM-
               Mobilfunktechnik
SCOPE :   Southampton-Köln-Piräus
SDR :   Süddeutscher Rundfunk
SOCRATES: System Of Cellular Radio for Traffic Efficiency and Safety
sog. :   sogenannte(r)
SPAG :   Standards Promotion and Application Group
SPD :   Sozialdemokratische Partei Deutschlands
SSB :   Stuttgarter Straßenbahnen
STATIS :   Statistisches Informationssystem
STCA :   Short Term Conflict Alert System
StGB :   Strafgesetzbuch
STORM :   Stuttgart Transport Operation by Regional Management
StVG :   Straßenverkehrsgesetz

StVO :   Straßenverkehrs-Ordnung
StVZO :   Straßenverkehrs-Zulassungs-Ordnung
SWF :   Südwestfunk

t :   Tonne(n)
t-km :   Tonnen-Kilometer
TA :   Technikfolgenabschätzung
TARMAC :   Taxi and Ramp Management Control
TBFS :   Terminalbetriebsführungssystem
TBL :   Technische Betriebsleitung
TC :   Technical Committee
TMC :   Traffic Message Channel
TRANS-LISB : Transportleit- und Informationssystem Berlin
Ts. :   Taunus
TS´90 :   Transportsystem für die 90´er Jahre
TT :   Transport Telematics
TÜV :   Technischer Überwachungs-Verein

u.a. :   und andere
UIC :   Union Internationale des Chemins de Fer
UIT :   Union Internationale des Télécommunications
UITP :   Union Internationale des Transports Public
UNO :   United Nations Organization
USA :   United States of America
usw. :   und so weiter
u.U. :   unter Umständen
UVP :   Umweltverträglichkeitsprüfung

v.a. :   vor allem
VANS :   Value Added Network Services
VCD :   Verkehrsclub Deutschland
VDA :   Verband der Automobilindustrie
VDB :   Verband der Deutschen Bahnindustrie
VDE :   Verband Deutscher Elektrotechniker
VDI :   Verein Deutscher Ingenieure
VDL :   Verband der Deutschen Lokomotivindustrie

VDMA :	Verband Deutscher Maschinen- und Anlagenbau
VDV :	Verband Deutscher Verkehrsunternehmen
VEP :	Verkehrsentwicklungsplan
VFM :	Verband der Fahrrad- und Motorradindustrie
VIKTORIA :	VerkehrsInformationssystem Köln - Technik, Organisation, Integrierende Anwendungen
VKS :	Vereinigung Deutscher Kraftwagenspediteure
VMK :	Verkehrsministerkonferenz
VÖV :	Verband Öffentlicher Verkehrsbetriebe
VRR :	Verkehrsverbund Rhein-Ruhr
VRS :	Verkehrsverbund Rhein-Sieg
VSM :	Verband für Schiffsbau und Meerestechnik
VW :	Volkswagen

WADIS :	Wagendispositions- und Informationssystem
WAN :	Wide Area Network
WDR :	Westdeutscher Rundfunk
WIB :	Woche im Bundestag
WIS :	Werkstatt- und Wagentechnisches Informationssystem
WZB :	Wissenschaftszentrum Berlin

z.B. :	zum Beispiel
ZDS :	Zentralverband der Deutschen Seehafenbetriebe
ZLR :	Zuglenkrechner
z.T. :	zum Teil
ZVEI :	Zentralverband Elektrotechnik- und Elektronikindustrie
ZZR :	Zentraler Zugrechner
z.Zt. :	zur Zeit

Verzeichnis der Abbildungen

Einleitung

Der sich ankündigende Verkehrsinfarkt hat viele Facetten: Kilometer-lange Stauungen auf den Autobahnen, stundenlange Wartezeiten durch Flugverspätungen, ärgerliche Aufenthalte durch schlecht abgestimmte Schienenverkehrs- und Busverbindungen, regelmäßiges Verkehrschaos in den Städten. Die Situation der Bundesrepublik Deutschland als Wirt-schaftsstandort im nun vollendeten europäischen Binnenmarkt und als neues Transitland nach dem Ende der Spaltung Europas stellt die Verkehrs-politik vor besondere Probleme.[1] Grundlegendes Ziel verkehrspolitischer Gestaltung ist die Sicherung der Mobilität von Personen und Gütern. Ge-genstand von Verkehrspolitik ist der Verkehr, der im folgenden als die Ge-samtheit der Vorgänge und Einrichtungen verstanden werden soll, die mit der Ortsveränderung von Personen und Gütern befaßt sind. Der Wirkungs-bereich der Verkehrspolitik umfaßt demnach nicht nur den eigentlichen Transportvorgang mit allen seinen Teilbereichen, sondern auch die vor- und nachgeschalteten dispositiven, kommerziellen und organisatorischen Tätig-keiten.[2] Vor dem Hintergrund zunehmender Steuerungsprobleme der Ver-kehrspolitik mit weitreichenden Auswirkungen auf nahezu alle ökonomi-schen, sozialen und politischen Bereiche erklärt sich sowohl der Bedeu-tungsgewinn dieses früher nachgeordneten Politikfeldes als auch die be-sondere politische Konjunktur, die Konzepte zur Lösung der Verkehrspro-bleme derzeit genießen.

Ein solches Lösungskonzept sind Verkehrsinformationssysteme. Ih-nen liegt die Auffassung zugrunde, bei den oben skizzierten Verkehrspro-blemen handele es sich um Informationsprobleme, die mittels des Einsatzes von informationsverarbeitenden technischen Systemen lösbar seien. Der Begriff "Information" bezeichnet im folgenden zweckbezogenes, also pro-blemlösendes Wissen und ist in dieser Eigenschaft Grundlage jeglichen menschlichen Handelns.[3] Der Begriff "Technik" soll hier im engeren Sinne verwendet werden, also für künstlich hergestellte, materielle Gebilde. Dem alltagssprachlichen Gebrauch folgend wird darüber hinaus "Technologie"

---

1 BMV 1993, 1; Schmitz 1992, 1
2 Klatt 1987, 810 f.; Willeke 1989, 674
3 Es ist die Zweckeignung, die Wissen i.S. des Sich-Bewußt-Seins bestimmter Denkinhalte von Information unterscheidet; Zahn 1987a, 859; Seeger 1990, 11 f.; Brockhaus Enzyklo-pädie Band 10 1989, 497; Daten sind Verkörperungen bzw. Darstellungen von Informatio-nen

synonym gebraucht.[4] Zu den Charakteristika eines informationsverarbeitenden Systems gehören Verbindungen (Kanäle) zur Außenwelt und die Fähigkeit, die über diese Kanäle eingehenden Signale zu erkennen, zu verarbeiten und selbst Signale an die Umwelt abzusenden; die Möglichkeit, Wissen
zu speichern und auch wieder abzurufen sowie verknüpfend Bewertungen
vorzunehmen.[5] Im Rahmen der vorliegenden Arbeit wird der Begriff
"Informationssysteme" als Bezeichnung für technische Systeme verwendet,
die diese allgemeinen Charakteristika der Informationsverarbeitung unter
Einschluß der Kommunikation aufweisen. Insofern wird gleichbedeutend
von Informations- und Kommunikations-(IuK)-Systemen gesprochen, oder
auch von Telematik. Dieser Kunstbegriff aus **Tele**kommunikation und In-
for**matik** beherrscht z.Zt. die politische Diskussion als Bezeichnung dessen,
was hier als Informationstechnik verstanden werden soll.[6]

Der Begriff "Verkehrsinformationssysteme" - oder auch Telematik im
Verkehr - faßt moderne technische Systeme der Datenerfassung, der Kom-
munikations- und Leittechnik sowie der Datenverarbeitung, welche im Verkehrsbereich Verwendung finden, zusammen.[7] In diesen Bereich gehören
u.a. der jeweiligen Verkehrssituation angepaßte (dynamische) Wechselverkehrszeichenanlagen, Flugsicherungssysteme und auch öffentliche Infotheken, die dem Benutzer individuell zugeschnittene Informationen z.B. über
Anschlußmöglichkeiten im öffentlichen Personennahverkehr (ÖPNV) anbieten. Aber auch Systeme zur elektronischen Abbuchung von Straßenbenutzungsgebühren durch Kommunikation mit den vorbeifahrenden Automobilen zählen zur Kategorie der Telematik-Systeme, ebenso Systeme zur Realisierung bargeldloser Fahrpreisentrichtung in öffentlichen Verkehrsmitteln
oder umfassende Informationssysteme zur Optimierung der Organisation
des Güterumschlags z.B. in Binnenhäfen oder Bahnhöfen. Einen zentralen,

---

4 Im weiteren Sinne bezeichnet Technik besondere, festgelegte Arten des Vorgehens bzw.
der Ausführung einer Handlung; ein "technisches System" i.S. eines nutzenorientierten,
künstlichen, materiellen Sachsystems ist dabei durch die Funktionen charakterisiert, Stoff
(Masse), Energie und/oder Information zu wandeln, zu speichern und/oder zu befördern;
Brockhaus Enzyklopädie Band 21 1993, 672; siehe auch Mayntz/ Hughes 1988
5 Seeger 1990, 12; Brunnstein 1981, 21; Zahn 1987b, 868
6 Brepohl 1983, 14; Höller 1993, 5; Spehl 1987, 3; ursprünglich wurde der Begriff Telematik von Nora/ Minc als französische Übersetzung ("télématique") des amerikanischen
Neologismus "compunication" geprägt; dabei wurde die gegenüber der amerikanischen Be-
griffsschöpfung stärkere Betonung des Faktors Telekommunikation ausgehend von anderen
Bedingungen und Schwerpunktsetzungen in Frankreich (in Europa) bewußt gewählt; Nora/
Minc 1978, 11; Tietz 1987, 15
7 BMV 1993, 2; die Bezeichnung "Telematik im Verkehr" ist eine der offiziell vom BMV an-
gewandten, obwohl "Telematik-Systeme im Verkehr" oder "Verkehrstelematik-Systeme" eigentlich angemessener wären; dennoch soll sich im folgenden dem offiziellen Sprachgebrauch angeschlossen werden

mit der größten Aufmerksamkeit bedachten Bereich der Verkehrsinformationstechnik stellen individuelle Zielführungssysteme für Autofahrer dar. Derartige Systeme, im Fahrzeug sichtbar präsent lediglich durch einen kleinen
Bildschirm und eine Tastatur, sollen individuell zum jeweiligen Fahrtziel führen und zwar entweder - in der "einfachen" Variante - statisch, d.h. ohne
Berücksichtigung der aktuellen Verkehrslage in den ausgegebenen Leitempfehlungen, oder aber dynamisch, unter Berücksichtigung letzterer. Die
zweitgenannte Variante beinhaltet notwendigerweise die Versorgung des
fahrenden Automobils mit entsprechenden Informationen über die Verkehrssituation. Die dynamische individuelle Zielführung, als attraktivere der
beiden Möglichkeiten, erfordert demnach die Schaffung einer entsprechenden Kommunikationsinfrastruktur entlang öffentlicher Straßen sowie die
Standardisierung der jeweiligen Empfangsgeräte. Dies umreißt die Konturen
des allgemeinen politischen Regulierungsbedarfes im Zusammenhang mit
Verkehrsinformationssystemen.

Darüber hinaus werden an die Verkehrsinformationssysteme inhärente Steuerungskapazität bestimmte verkehrspolitische Ansprüche gestellt,
die sich an den jeweils verfolgten Problemlösungsansätzen orientieren. So
sollen Verkehrstelematik-Systeme, je nach verkehrspolitischer Schwerpunktsetzung in unterschiedlicher hierarchischer Reihenfolge, dazu beitragen, Infrastrukturauslastung und Verkehrsfluß zu optimieren, Verkehrssicherheit zu steigern, Verkehrsverlagerung und -vermeidung zu erreichen
sowie die Vernetzung, den Verbund der Verkehrsträger, zu realisieren.[8] An
derartigen verkehrspolitischen Vorgaben ausgerichtet sind beispielsweise
die unterschiedlichen Verkehrsmanagement-Ansätze, auf deren Basis z.Zt.
umfassende Informationssysteme für den Verkehr in Kommunen und Ballungszentren geplant werden. Solche informationstechnisch zu realisierenden kommunalen Verkehrsmanagement-Systeme enthalten jeweils eine
Kombination verkehrspolitischer Steuerungsmaßnahmen, wie z.B. Zufahrtssperrungen für bestimmte Gebiete oder Zuflußdosierung für den Innenstadtbereich, die dezidiert auf eine Verringerung des Individualverkehrs (IV)
zugunsten des ÖPNV abzielt. Daß infolge dieser Einwirkung Chancen verteilt werden und somit ein grundlegend politischer Bereich angesprochen
ist, ist unmittelbar ersichtlich. Hier zeichnet sich der speziell verkehrspolitische Regulierungsbedarf im Rahmen der Einführung von Verkehrsinformationssystemen ab.

8 BMV 1993, 1 + 2 f.

Die bundesdeutschen politischen Bemühungen um die Einführung von Verkehrsinformationssystemen haben inzwischen - nach vielfältigen Aktivitäten auf kommunaler und Landesebene in Gestalt von Beteiligungen an unterschiedlichen Pilotprojekten - die europäische Ebene erreicht: Im Rahmen eines informellen Treffens der EU-Verkehrsminister am 23. Juli diesen Jahres wurde auf maßgebliches Betreiben der Bundesregierung, die zuvor "Telematik im Verkehr" als eines der Themen ihrer Ratspräsidentschaft festgelegt hatte, hin zugunsten einer raschen Schaffung gemeinsamer Rahmenbedingungen für Verkehrstelematik-Systeme entschieden. Der Vorstoß des Verbands der Automobilindustrie (VDA), der anläßlich dieses Treffens auf das bemerkenswerte Marktvolumen (nämlich ca. 200 Mrd. DM bis 2010) allein bei elektronischen Verkehrsleitsystemen hinwies, zeigt dabei noch eine weitere Dimension auf.[9] Telematik gilt als eine Schlüsseltechnologie für die zukünftige Wirtschaftsentwicklung, die deutsche Industrie als führend im Bereich Verkehrsinformationstechnik; die Automobilindustrie als eine der wichtigsten deutschen Branchen verspricht sich von der Verkehrstelematik eine Wiederbelebung ihres Geschäfts. Zum bereits angesprochenen allgemeinen politischen Regulierungsbedarf in Form von Standardisierung und Vorgaben zur Schaffung der notwendigen Kommunikationsinfrastruktur und dem verkehrspolitischen Regulierungsbedarf in Form des Schnürens von Maßnahmenbündeln kommen also noch grundlegende wirtschaftspolitische Erwägungen und Ziele hinzu.

Vor diesem Hintergrund eröffnen sich im Zusammenhang mit der Einführung von Verkehrsinformationssystemen als inhaltliches, (verkehrs)politisches Programm eine Reihe von Fragen. Zunächst muß es verwundern, daß Telematik-Systeme im Verkehr - die großteils bereits seit Jahren erprobt und einsatzfähig sind[10] - erst jetzt auf die politische Tagesordnung, die Agenda gerückt sind.[11] Wo liegen die Gründe für dieses Phänomen, warum wird "Telematik im Verkehr" ausgerechnet in letzter Zeit so stark thematisiert? Darüber hinaus stellt sich die übergreifende Frage, inwieweit Verkehrsinformationssysteme als politisch durchsetzbar, also als praktisch rea-

---

9 Verkehrsleitsysteme für Europa gefordert, FAZ (25.07.1994) 170, 5
10 Der Feldversuch ALI (Autofahrer Leit- und Informationssystem; siehe Glossar) beispielsweise fand zwischen 1974 und 1980 statt, das Pilotprojekt LISB (Leit- und Informationssystem Berlin; siehe Glossar) mit marktreifer Erprobung moderner Verkehrsinformationstechnologie ist seit 1990 beendet, ohne daß anschließend eine nennenswertes politisches Echo zu verzeichnen war
11 Die Ausnahme bilden hier - wie noch zu zeigen sein wird - kollektive dynamische Verkehrsbeeinflussungsanlagen sowie RDS/ TMC (Radio Data System/ Traffic Message Channel; siehe Glossar); diese Systeme befinden sich bereits in der Implementierungsphase

lisierbar, angesehen werden können, während sich ein zweiter Fragenkom-
plex mit der ihnen inhärenten Problemlösungskapazität auseinandersetzen
muß. Der zweitgenannte Bereich thematisiert dabei die Frage, ob davon
ausgegangen werden kann, daß Verkehrsinformationssysteme einen Beitrag
zur Lösung oder zumindest zur Milderung derjenigen Verkehrsprobleme leisten werden, in deren Kontext sie z.Zt. angepriesen werden.

Der die politische Durchsetzbarkeit analysierende Komplex von Fragen bezieht sich u.a. auf den zu antizipierenden Vorgang der politischen
Entscheidungsfindung über die Einführung von Verkehrsinformationssystemen. Hier interessieren zunächst die Interessenkonstellationen der unterschiedlichen Akteure und die sich daraus ergebenden Positionen im Entscheidungsfindungsvorgang. Darauf aufbauend und in einem zweiten
Schritt wird dann zu untersuchen sein, was für den Ausgang des politischen Entscheidungsvorgangs zu erwarten ist und welche Implementierungsbedingungen für Verkehrstelematik-Systeme sich daraus ergeben.
Von besonderem Interesse ist in diesem Zusammenhang die aus dem gegebenen institutionellen Rahmen entspringende wahrscheinliche Kompetenzverteilung auf dem Gebiet Verkehrsinformationssysteme. Neben voraussichtlichen Entscheidungs- und Implementierungsbedingungen wird die
Frage, ob und inwieweit eine Policy durchsetzbar ist, auch davon bestimmt, welche Alternativen erreichbar sind. Es wird demnach auch zu untersuchen sein, ob derzeit ernstzunehmende Alternativen zum Einsatz von
Verkehrsinformationssystemen absehbar sind.

Ein weiterer Faktor der Realisierbarkeit eines inhaltlichen politischen
Programmes ist das Maß, in dem es auf Akzeptanz seitens der Bürger
stößt. Der Begriff "Akzeptanz" ist gekennzeichnet durch ein erhebliches
Maß an Unschärfe; Definitionen sind zahlreich und z.T. widersprüchlich.
Daher soll im folgenden eine sehr weite Begriffsfassung Verwendung finden, sozusagen als gemeinsamer Nenner, nach der "Akzeptanz" auf erster
Ebene die tolerierende oder befürwortende Einstellung von Personen gegenüber bestimmten normativen Prinzipien oder Regelungen bzw. gegenüber der Entwicklung und Verbreitung von neuen Technologien oder Kon-
sumprodukten bezeichnet.[12] Auf zweiter Ebene erfaßt der Begriff
"Akzeptanz" dann das Verhalten, in welchem sich eine befürwortende Ein-

---

12 Brockhaus Enzyklopädie Band 1 1986, 299; wichtig ist in diesem Zusammenhang, daß
für diese erste Dimension der Akzeptanz keinerlei positive Beurteilung, ausdrückliche Zustimmung oder Überzeugung vorhanden sein muß; gefragt ist lediglich Hinnahme; Wollnik
1986, 262 f.

stellung des Einzelnen, nun als Benutzer dieser Systeme, manifestiert.[13] In
dieser zweiten Dimension der Akzeptanz kann speziell bei Informationssystemen wiederum differenziert werden zwischen der sich in der Kaufent-
scheidung für die entsprechenden Komponenten zeigenden Befürwortung
des Systems an sich, der Benutzerakzeptanz, und dem Grad der Befolgung
der vom System vorgehaltenen Empfehlungen und Weisungen, der Weisungsakzeptanz.

Die Analyse der ersten Dimension der Akzeptanz fragt danach, ob
davon auszugehen ist, daß sich ein maßgebliches "Protestpotential" gegen
die Einführung von Verkehrsinformationssystemen bildet, welches deren
politische Durchsetzbarkeit negativ beeinflussen würde. Politische Durchsetzbarkeit eines inhaltlichen politischen Handlungs- bzw. Maßnahmenpro-
gramms, einer Policy, meint dessen Aussichten auf Umsetzung in die Praxis. Die umfassende Betrachtung dieser politischen Durchsetzungschancen
setzt eine Analyse der zugrundeliegenden Rahmenbedingungen voraus.[14]

Zu einer angemessenen Diskussion der möglichen Einführung von
Verkehrsinformationssystemen gehört jedoch mehr als die rein politikwissenschaftlich motivierte Betrachtung des zu erwartenden Entscheidungsfin-
dungsvorgangs und der daraus resultierenden potentiellen Implementierungsbedingungen, obwohl sich bereits diese Perspektive vom Gewohnten
abhebt. Das Gros der bisher zu verzeichnenden, ernstzunehmenden Beiträge zum Thema Telematik im Verkehr stammt aus den Federn ingenieurtechnisch oder volkswirtschaftlich ausgebildeter Wissenschaftler und
Fachjournalisten und ist nur einem sehr kleinen Fachpublikum zugänglich.
Aus dieser Art der "gesellschaftlichen" Auseinandersetzung mit Verkehrsinformationssystemen werden jedoch kaum Gestaltungsanforderungen entwickelt und dem einzelnen Bürger die notwendige Sachkenntnis vermittelt
werden können. Vor den Folgen der Implementierung werden sowohl die
Bürger als auch die Politiker unvermittelt stehen und zu der Erkenntnis gelangen, daß Gegenmaßnahmen weitaus schwieriger werden, "wenn das
Kind bereits in den Brunnen gefallen ist". Da negative Folgewirkungen die

---

13 Brockhaus Enzyklopädie Band 1 1986, 299; auf dieser zweiten Ebene der Akzeptanz ist
reine Hinnahme nun nicht mehr ausreichend, gefragt ist aktive Annahme
14 Scharpf versteht unter politischer Durchsetzbarkeit eines politischen Programms dessen
praktische Realisierbarkeit; ihm zufolge lassen sich die Durchsetzungschancen einer politischen Maßnahme bzw. eines politischen Programms nicht abstrakt diskutieren; sie können
vielmehr nur dann diskutiert werden, "wenn bekannt ist, welcher Akteur welche Ziele mit
welchen Mitteln und bei welchen Rahmenbedingungen mit wessen Unterstützung und gegen wessen Widerstand zu verfolgen sucht"; Scharpf 1974, 3 f.

Problemlösungskapazität einer Policy beeinträchtigen, sollte der Ansatz ihrer Bewertung im Rahmen des politischen Entscheidungsfindungsvorganges weiter greifen als dies bisher der Fall war. Umfassende Folgenabschätzungen sind notwendig. Aus politikwissenschaftlicher Perspektive ist dabei die Frage nach (Regulierungs)Folgen angesprochen, danach, inwieweit negative Wirkungen einer Policy voraussichtlich deren Problemlösungskapazität beeinträchtigen werden bzw. zusätzliche öffentliche Einwirkung erfordern.[15] Versucht werden soll also eine "Politikfolgenabschätzung" ("policy impact assessment"), festzumachen in politikwissenschaftlicher Perspektive an den Fragen der politischen Durchsetzbarkeit und potentiellen Problemlösungskapazität.

Über die Folgenabschätzung hinaus erfordert die Beantwortung der Frage nach der zu erwartenden Problemlösungskapazität der Einführung von Telematik-Systemen als verkehrspolitisches Programm, also vor dem Hintergrund der propagierten Ziele, weitere Überlegungen hinsichtlich der Akzeptanz. Die Analyse der voraussichtlichen Bedingungen hinsichtlich der Benutzer- und Weisungsakzeptanz im Rahmen von Verkehrsinformationssystemen sind hier von entscheidender Bedeutung.

Die Verschmelzung von Informatik und Nachrichtentechnik zur Telematik, die zunehmende Bedeutung des Faktors, der "Ware", des Tätigkeitsbereiches Information deuten auf eine Veränderung der Grundlagen politischer, ökonomischer und gesellschaftlicher Interaktion und Entwicklung hin. Zugleich wachsen neue Abhängigkeiten und Risiken.[16] Vor diesem Hintergrund wurden und werden die "Informationsgesellschaft", die "Risikogesellschaft", die "Wissenschaftsgesellschaft" oder auch die "zweite (dritte) industrielle Revolution" ausgerufen.[17] In diesem Kontext werden die Ergebnisse dieser Untersuchung einzuordnen sein.

---

[15] Die Auswahl der Einführung von Verkehrsinformationssystemen als Fallbeispiel kommt dabei der Politikfolgenabschätzung methodisch insoweit entgegen, als in diesem Fall Technikfolgen - zu denen bereits umfangreiche Forschungsarbeiten vorliegen - mit Regulierungsfolgen weitgehend identisch sind

[16] Schmitt-Egenolf 1990, XVII; Folge dieser Entwicklung ist nicht zuletzt die zunehmende Nachfrage nach Forschung über Auswirkungen der Informationstechnologie auf unterschiedliche gesellschaftliche Bereiche; Schwuchow 1990, 928

[17] Oberschulte 1991, 1; Schwuchow 1990, 928; Otto/ Sonntag 1985, 7; Beck 1986; Kreibich 1988; geläufig ist auch das Bild von den drei Revolutionen menschlicher Weltanschauung (Kopernikus, Darwin, Freud), denen nun die "Informatisierung" im Zuge der Durchsetzung der Mikroelektronik folgt; Lenk 1984, 23; auffallend ist, daß der noch bis vor wenigen Jahren vorherrschende Begriff "Datenverarbeitung" inzwischen durch den qualitativ weitergehenden Begriff "Informationsverarbeitung" abgelöst wurde

Die vorliegende Analyse erfolgt aus einer ex ante-Perspektive heraus: Es liegen noch keinerlei konkrete politische Entscheidungen bezüglich der Einführung von Verkehrsinformationssystemen vor. Auch das "Strategiepapier Telematik im Verkehr" des BMV ist als politisches Programm noch ausgesprochen allgemein gefaßt. Die unterschiedlichen theoretischen und methodischen Ansätze der Sozialwissenschaften, welche im folgenden Verwendung finden sollen, sehen sich also vor Prognose-Anforderungen gestellt. Welche Probleme und Anpassungserfordernisse einschließlich notwendiger Einschränkungen dies mit sich bringt, soll im anschließenden theoretischen und methodischen Teil der Analyse thematisiert werden. Letztendlich stellt sich dabei die Frage, ob das zu entwickelnde, antizipatorische Konzept der Politikfolgenabschätzung auf der Grundlage der z.Zt. gegebenen methodischen und theoretischen Bedingungen der Sozialwissenschaften überhaupt sinnvoll, weil erkenntnisfördernd, durchführbar ist.

Im Verlauf der Analyse schließt sich der Vorstellung des Konzepts der Politikfolgenabschätzung sowie der damit einhergehenden Überlegungen theoretischer Art im ersten Teil ein Überblick über die verkehrspolitischen Grundlagen und die technischen Rahmenbedingungen von Verkehrsinformationssystemen im zweiten Kapitel an. Der folgende Teil wird sich eingehend mit den Faktoren der politischer Durchsetzbarkeit von Verkehrstelematik-Systemen beschäftigen. Auf die beschriebenen verschiedenen Ebenen der Akzeptanz konzentriert sich dann der darauffolgende Teil. Abschließend soll die Möglichkeit der Schaffung integrierter, umfassender Informationssysteme in den gesamtgesellschaftlichen Zusammenhang gestellt und in die nahe Zukunft projiziert werden. Außerdem sind an dieser Stelle erste Schlußfolgerungen für das Konzept der Politikfolgenabschätzung zu ziehen.

1. Theoretische Vorüberlegungen

1.1 Policy-Analyse und Technikfolgenabschätzung

Daß die Umsetzung wissenschaftlicher Erkenntnisse in praktisches Handeln zumindest im Bereich der Sozialwissenschaften Probleme bereitet, ist kein Geheimnis. Ralf Dahrendorf macht diese Schwierigkeiten schon allein am unterschiedlichen Zeithorizont fest: Probleme kennt lediglich die Theorie, die Praxis wirft Fragen auf. Kennzeichen von Theorien ist ihre relative Zeit-Losigkeit, während Fragen durch meist sehr enge zeitliche Begrenzung charakterisiert sind. Die Überbrückung dieser unvereinbaren Zeithorizonte kann laut Dahrendorf nur durch die Einführung einer "mittleren Frist" zwischen Theorie und Praxis gelingen. In dieser Art von angewandter Wissenschaft soll es dann nicht in erster Linie um Erkenntnis gehen, "sondern um die nützliche Anwendung des zu gegebenen Zeitpunkten Bekannten."[1] Probleme im wissenschaftlichen Sinne gibt es also in der Realität nicht, sie müssen erst definiert werden. Insofern kann es auch nicht verwundern, daß Wissenschaft gegenüber der Praxis kein notwendigerweise überlegenes, sondern zunächst einmal nur anderes Wissen liefert.[2]

Die vorliegende Untersuchung basiert auf zwei - wenn auch sehr ähnlichen - Forschungsrichtungen. Eine davon ist die Politikfeld- oder Policy-Analyse[3], die andere die Technikfolgenabschätzung (technology assessment, vide infra, p. 15 ff.). Diesem politikwissenschaftlichen Forschungsansatz liegt die Dreiteilung des Politikbegriffes in Polity, Politics und eben Policy zugrunde. Diese - in der deutschen Sprache nicht wiederzugebenden - Begriffe bezeichnen die unterschiedlichen Dimensionen von Politik: Polity benennt die formalen Aspekte, also die Ordnung und Struktur des politischen Systems in Gestalt von Institutionen, Normen usw. ("geronnene Politik"), einen vergleichsweise konstanten Faktor. Politics, damit ist der mehr oder weniger konflikthafte politische Willensbildungs- und Entscheidungsvorgang gemeint,   also die Durchsetzung bestimmter

---

1 Dahrendorf 1988, 171; Dahrendorf spricht in diesem Zusammenhang von einer an drängenden Fragen des Alltags orientierten Allianz von Theorie und Praxis; Dahrendorf 1988, 170

2 Héritier 1993a, 21; wissenschaftliches Wissen muß sich , wenn es als solches anerkannt werden will, im Gegenteil sogar von praktischem Wissen abgrenzen; Beck/ Bonß 1989a, 9 + 11; Wollmann unterscheidet zwischen einer wissenschaftlichen "Erkenntnislogik" und einer praktischen, v.a. durch Interessenberücksichtigung, Konsensfindung und letztlich Mehrheitsfindung geprägten Handlungslogik; Wollmann 1991b, 493

3 Policy- bzw. Politikfeld-Forschung sind zwei weitere deutsche Bezeichnungen; neuere, deutschsprachige Einführungsliteratur zu diesem Thema: Jann 1985; Jann 1991; Schubert 1991; Windhoff-Héritier 1987

Ziele, Inhalte und Interessen. Policy schließlich ist die Bezeichnung für die inhaltliche Dimension von Politik, d.h. die Art und Weise der öffentlichen Bearbeitung gesellschaftlicher Probleme.[4] Diese Trennung des Politikbegriffes in unterschiedliche Dimensionen ist allerdings analytischer Art, ein Konstrukt. Würde man einen dieser drei Teilbereiche ganz ausblenden, ginge ein guter Teil der Vielschichtigkeit des Politischen verloren und die Analyse an der Wirklichkeit vorbei. Die verschiedenen Dimensionen müssen vielmehr "zusammengedacht" werden, oder - anders gewendet - ohne das in Polity- und Politics-Studien zusammengetragene Wissen kann Policy-Forschung nicht auskommen.[5]

Der Policy-Ansatz wurde ursprünglich in den USA entwickelt, wo er zwar von enger Wechselwirkung mit der sozialwissenschaftlichen Politikberatung geprägt, jedoch zunächst unter demokratietheoretischen Gesichtspunkten konzipiert wurde.[6] Ihren entscheidenden Aufschwung erlebte die Policy-Analyse - und zwar hauptsächlich als spezialisierte Forschung in einzelnen Politikfeldern - dann allerdings im Rahmen der mit der Planungseuphorie in den siebziger Jahren einhergehenden starken Nachfrage nach Entscheidungshilfen für politisch-administrative Stellen und Akteure.[7] Ein Perspektivenwechsel weg von der ex ante- und hin zur ex post-Sichtweise war die Reaktion auf die Ernüchterung angesichts der mageren Ergebnisse der politischen Planung innerhalb der Policy-Forschung.[8] Die Implementierungs- und Evaluierungsforschung rückten verstärkt ins Blickfeld und bildeten einen neuen Forschungsschwerpunkt der Politikfeld-Analyse.[9]

---

4 Robert 1992, 6 f. + 12; Jann 1985, 64 ff.; Schubert 1991, 12 f.
5 Patzelt 1992, 23; Schubert 1991, 26; Schmidt 1985, 141
6 "The basic emphasis of the policy approach, therefore, is upon the fundamental problems of man in society, rather than upon the topical issues of the moment."; Lasswell 1951, 8
7 In den USA entwickelten sich im wesentlichen zwei Ausrichtungen: Einmal die praxisausgerichtete, handlungsorientierte und interdisziplinäre "policy analysis" ("policy science"), die stark auf Politikberatung hin ausgelegt und häufig antizipativ ist; zum anderen die "policy studies", deren Erkenntnisinteresse tendenziell eher die Aufdeckung systematischer Beziehungen zwischen Voraussetzungen, Inhalten und Folgen von Policies ist und die eher quantitativ, ex post und vergleichend vorgehen; Jann 1985, 71 f.; zu Forschungsstand und Entwicklung des Policy-Ansatzes in den USA siehe z.B. Brewer/ deLeon 1983; Dunn 1981; deLeon 1988; Jann 1986
8 In der "Boom-Phase" der Sozialwissenschaften in den siebziger Jahren waren Erwartungen an die Gestaltbarkeit sozialer Verhältnisse geweckt worden, die weit über die realen Möglichkeiten hinausgingen; Jann 1985, 82 ff.; allgemein zur bundesdeutschen Policy-Forschung siehe Ellwein 1980; Hartwich 1985; Héritier 1993b; Jann 1983; Löbler 1990; Schmidt 1988; Böhret u.a. 1988
9 Im Rahmen der Implementierungsforschung steht die Phase der Durchführung eines politischen Programmes bzw. einer Policy sowie etwaige in diesem Zusammenhang auftretende Probleme im Mittelpunkt der Analyse; Wollmann 1991a, 235; das zugrundeliegende Erkenntnisinteresse definiert Windhoff-Héritier folgendermaßen: "Die Implementationsfor-

Wichtiger als die Unterscheidung verschiedener - ohnehin recht zahl-
reicher - Ausrichtungen und Schulen innerhalb der Politikfeld-Analyse ist
die Betonung einer Gemeinsamkeit, die alle Policy-Ansätze aufweisen: Sie
alle wollen angewandte Wissenschaft sein, also einen konkreten Nutzen für
die praktische Politik abwerfen. Diese Beobachtung gilt sowohl für die wis-
senschaftlich-theoretische, auf die Vermehrung von Grundlagenwissen hin
angelegte als auch für praktisch-beratende, direkt auf die politische Ver-
wertbarkeit hin ausgerichtete Policy-Forschung.[10] Da so verstandene Politikfeld-Forschung immer auch mit begrenzten Zeitspannen zu kämpfen
hat,[11] bietet sich ihr die Möglichkeit, die von Dahrendorf angesprochene
mittlere Frist zwischen Theorie und Praxis zu verwirklichen.

Der Begriff Policy wird in der Literatur entweder gar nicht oder aber
so weit gefaßt, daß er fast sämtliche politikwissenschaftlich interessieren-
den Fragestellungen umfaßt. Festzuhalten ist jedenfalls, daß sich der Policy-Ansatz - auch wenn die Dreiteilung des Politikbegriffes so starr nicht
aufrechtzuerhalten ist - schwerpunktmäßig mit inhaltlichen Gesichtspunkten von Politik befaßt. Policy in diesem Sinne kann zusammenfassend als
Gesamtheit aller materiellen politischen Strategien verstanden werden, die
als Problemverarbeitung und Funktionserfüllung durch das politisch-administrative System unter Gestaltung der sozialen Verhältnisse ablaufen.[12]
Das politisch-administrative System umfaßt allgemein alle diejenigen
strukturellen Faktoren, die Einfluß auf den politischen Problemverarbei-
tungsvorgang ausüben. Hierin werden also Legislative und Exekutive, Politik und Bürokratie, Struktur und Vorgang vereint. Die Tatsache, daß die

---

schung will eine bestimmte Programmauswirkung erklären, indem sie politische, institutionelle und soziale Bedingungen des Durchführungsprozesses beleuchtet und somit zumindest eine partielle Antwort auf die Frage nach dem "Warum" eines Programmerfolges oder
-mißerfolges liefern kann."; Windhoff-Héritier 1980, 20; zu den Anfängen der Implementierungsforschung: Pressman/ Wildavsky 1973; Bardach 1977; als Überblick insbesondere
über die bundesdeutsche Forschung: Mayntz 1980; Mayntz 1983; Windhoff-Héritier 1980;
Wollmann 1980; Evaluierungen sind "systematische Untersuchungen laufender oder abge-
schlossener Projekte/ Programme oder von Teilbereichen solcher Projekte/ Programme
durch die verantwortliche Organisationseinheit und i.d.R. unter Einschaltung externer, d.h.
nicht mit der Planung und Durchführung der Projekte/ Programme befaßter Gutachter.";
Bodemer 1985, 216 f.; zu den Anfängen der Evaluierungsforschung siehe z.B. Braybrooke/
Lindblom 1963; Hübener/ Halberstadt 1976; einen guten Überblick bieten Nachmias 1980;
Levine u.a. 1981 für die US-amerikanische Forschung und Hellstern/ Wollmann 1984; Hell-
stern/ Wollmann 1983
10 Jann 1985, 76; Schubert 1991, 5 + 12; Robert 1992, 14; zur sozialwissenschaftlichen, insbesondere politikwissenschaftlichen Politikberatung siehe weiterführend Bermbach
1978; Kielmansegg 1988; Müller-Rommel, 1984; Petermann 1990; Rausch 1988; Ritter
1982; Wollmann 1991b
11 Dye 1976, 18
12 Hesse 1985, 22; Robert 1992, 13; Jann 1985, 64 + 66

Festlegung dessen, was das politisch-administrative System darstellen soll, weitgehend abhängt vom jeweiligen Forschungsinteresse, vom analysierten Politikfeld und vom tatsächlich vorgefundenen Ablauf des Problemverarbeitungsvorganges spiegelt die von Grund auf pragmatische Orientierung der Politikfeld-Analyse wider.[13] Diesem Charakteristikum kommt auch ein relativ neues theoretisches Strukturkonzept innerhalb der Policy-Analyse, nämlich das der Policy Netzwerke ("policy networks"), entgegen. Die Grenzen zwischen beteiligten Interessenverbänden, staatlichen Bürokratien und Politikern im Vorgang der materiellen Politikgestaltung werden im Rahmen der Policy Netzwerk-Analyse aufgelöst.[14] Dabei kommt der Begriff des Policy Netzwerkes dem des Politikfeldes sehr nahe: In beiden Fällen wird ein Teilbereich aus dem politischen Gesamtzusammenhang herausgegriffen mit der Vermutung, die dort vorfindbaren Entscheidungsbedingungen wiesen eine gewisse Unabhängigkeit gegenüber denen anderer Teilbereiche auf.[15]

Die wohl meistzitierte Definition des Arbeitsbereiches der Politikfeld-Analyse stammt von Thomas R. Dye: "Policy analysis is finding out what governments do, why they do it, and what difference it makes."[16] Die zentralen Elemente lassen sich durch die Fragen "was", "warum" und "wozu" - jeweils bezogen auf staatliche Policies - kennzeichnen. Von Interesse sind also die Inhalte, die Auslöser, Ursachen und Voraussetzungen sowie die Folgen und Wirkungen öffentlicher politischer Gestaltung.[17] Politische Gestaltung vollzieht sich dabei hauptsächlich in der Auswahl geeigneter Instrumente zur materiellen Durch- und Umsetzung getroffener politischer Entscheidungen. Dabei umfassen politische Steuerungsinstrumente "alle Möglichkeiten, das Verhalten der beteiligten Akteure so zu beeinflussen, daß die gewünschten politischen Ziele erreicht werden."[18] In der Politikfeld-Analyse stellt der Policy-Bereich die abhängige Variable dar, Polity

---

13 Schubert 1991, 31
14 ibid., 36; das Konzept der Policy Netzwerke trägt der Tatsache Rechnung, daß in modernen Demokratien formale Abläufe politischer Entscheidungsfindung immer mehr an Bedeutung verlieren zugunsten mehr oder weniger etablierter Beziehungsgeflechte, der Policy Netzwerke. Damit wird der hohen Komplexität politischer Vorgänge, der Vielfalt politischer Akteure und Institutionen, Gruppen und Interessen Rechnung getragen. Policy Netzwerken liegt eine bestimmte Handlungslogik zugrunde; Schubert 1991, 36 + 90; Héritier 1993a, 16; Mayntz 1993, 40 f. + 45
15 Pappi 1993, 91
16 Dye 1976, 1
17 Robert 1992, 13; Jann 1985, 66; Schubert 1991, 13
18 Schubert 1991, 172; politische Programme sind Umsetzungen politischer Strategien zur Beseitigung erkannter Defizite bzw. zur Lösung anstehender Probleme in instrumenteller Form. Grundtypen politischer Steuerungsinstrumente sind Überzeugung, Regulierung und Finanzierung; ibid., 162 f. + 172

die gegebene und Politics die veränderbare unabhängige Variable. Es wird
also danach gefragt, welches Resultat i.s. einer materiellen Policy sich ergibt, wenn in einem bestimmten politischen System (Polity) eine bestimmte
- prinzipiell variierbare - Problemlösungstrategie (Politics) eingeschlagen
wurde bzw. eingeschlagen werden soll.[19]

Eine Trennung des Policy-Vorganges in Phasen ist rein analytischer
Natur und obendrein auch weitgehend wirklichkeitsfern. Empirische Untersuchungen haben gezeigt, daß sich die einzelnen Stadien der Problemverarbeitung im wirklichen politischen Leben nicht funktional voneinander
trennen lassen und auch nicht in der von den Phasenmodellen vorgesehe-
nen Art und Weise ablaufen.[20] Daher wird im Rahmen der vorliegenden
Untersuchung keine Lokalisierung des Arbeitsbereiches - nämlich des
Stands der Einführung von Verkehrsinformationssystemen - in einer bestimmten Phase des Policy-Vorganges vorgenommen. In diesem Zusammenhang kann lediglich festgehalten werden, daß es sich im thematisierten
Fall um ein noch sehr frühes Stadium politischer Entscheidungsfindung
handelt.

Neben der Frage, welche Phase eines Problemverarbeitungsvorganges betrachtet wird, lassen sich noch einige weitere Faktoren der Differenzierung von Politikfeld-Analysen gemäß ihrer Schwerpunktsetzung ausmachen. So kann Policy-Forschung sehr spezialisiert an einem bestimmten
Politikfeld oder auch einem Teilbereich daraus ansetzen, oder aber eher allgemein gehalten sein bzw. vergleichend vorgehen. Sie kann sich auf politisch-administrative Faktoren der Analyse beschränken[21] oder versuchen,
möglichst sämtliche relevanten Faktoren zu erfassen. Schließlich kann Politikfeld-Forschung aus einer ex post- oder aber aus einer ex ante-Perspektive heraus stattfinden.[22] Die vorliegende Analyse setzt als Fallstudie an
einem spezifischen Politikfeld - nämlich der bundesdeutschen Verkehrspolitik - an, findet aus einer ex ante-Perspektive heraus statt und ist von ihrem
Grundsatz her breit angelegt. Im Rahmen der antizipierenden Policy-Analyse
ist dabei nicht nur Wissen über sachliche Wirkungen und Zusammenhänge
gefragt, sondern - weil es sich um eine Prognose handelt - auch über die

---

19 ibid., 27
20 ibid., 34 +78; Héritier 1993a, 9
21 Das gilt insbesondere für die Verwaltungsforschung; zur Beziehung Politikwissenschaft
und Verwaltungswissenschaft siehe Hesse 1982
22 Jann 1985, 68

Art und Weise, in der bestimmte politische Zielvorstellungen politisch-prak-
tisch durchgesetzt werden können.[23]

Um eine letzte Einordnung vorzunehmen, sind zwei rivalisierende
Strömungen innerhalb der Politikfeld-Forschung vorzustellen: Zum einen die
insbesondere in der Verwaltungswissenschaft etablierte holistisch orientierte, synoptische Richtung in enger Verbindung mit der Systemtheorie
und mit einer Vorliebe für empirisch-statistische Verfahren; zum anderen
die individualistisch orientierte, inkrementalistische Richtung mit ausgeprägten Zweifeln an der Planbarkeit hochkomplexer politischer und sozialer
Vorgänge und einer daherrührenden Vorliebe für die Untersuchung spezifischer, fall- und situationsbezogener Entscheidungen mittels Fallstudien.[24]
Letztgenannter Strömung wird hier der Vorzug gegeben werden, wobei bereits an dieser Stelle anzumerken ist, daß es sich bei der hier angesprochenen Fragestellung nicht um eine Politikfeld-Analyse im herkömmlichen
Sinne handelt.[25]

Abschließend sollen noch zwei bisher nicht genannte, jedoch für Policy-Forschung charakteristische Elemente angesprochen werden: Es handelt sich um deren interdisziplinäre Ausrichtung und deren normative Bezüge. Von Beginn an war Politikfeld-Analyse interdisziplinär ausgelegt. Dies
trägt der unbestreitbaren Tatsache Rechnung, daß sich die Fragen des
wirklichen Lebens nur selten an die bestehende wissenschaftliche Arbeitsteilung halten. Daher ist insbesondere im Rahmen der Erforschung z.T. sehr
spezieller Politikfelder fachübergreifendes Wissen gefragt.[26] Allerdings beinhaltet dieses Verständnis von Interdisziplinarität nicht die Vorstellung einer "Superwissenschaft" Policy-Forschung, die das Wissen der einzelnen
wissenschaftlichen Disziplinen zu einem Alleinwissen bezüglich aller politischer und gesellschaftlicher Probleme integriert. Einem solchen Ansatz sind
allein schon durch die Struktur menschlicher Wissensrepräsentation Gren-

---

23 Schubert 1991, 48
24 ibid., 23; Inkrementalismus = "Politische Entscheidungsstrategie, die mittels Reformen
schrittweise die Bearbeitung bestehender Probleme und kontrollierte Veränderungen anvi-
siert." Die dabei ergriffenen bzw. zu ergreifenden politischen Maßnahmen weichen nur
teilweise von den bis dahin verfolgten Policies ab; sie orientieren sich vielmehr an der Kon-
sens- und damit Durchsetzungsfähigkeit im politischen Entscheidungsvorgang pluralistischer Gesellschaften sowie am Maßstab verfügbarer bzw. potentiell verfügbarer Mittel als
an jedweden Normen; Nohlen 1985, 369; einen guten, allerdings nicht ganz aktuellen
Überblick über Kategorien und Typologien der Policy-Forschung bietet Jann 1981
25 Zur Frage, inwieweit die vorliegende Untersuchung den traditionellen Bereich der Policy-
Forschung überschreitet siehe 1.2 (p. 17 ff.)
26 Dye 1976, 106; Lasswell 1951, 3 + 14

zen gesetzt.[27] Interdisziplinarität soll vielmehr heißen, daß ein bestimmter Problemkomlex und dessen Rahmenbedingungen unter einer allgemeinen, zentralen Fragestellung von einer Vielfalt von Experten unterschiedlicher Forschungsdisziplinen in wechselseitiger Zusammenarbeit und Ergänzung bearbeitet wird.[28] Dieser "Diskurs" sollte - insbesondere für die Zwecke der Politikfeld-Forschung - nicht auf die Sozialwissenschaften beschränkt bleiben, sondern möglichst alle relevanten Fachdisziplinen umfassen, um die Komplexität wirklicher Vorgänge hinreichend genau wiederzugeben.[29]

Ebenso unabänderlich und von Anfang an enthalten wie die fach-übergreifende Ausrichtung der Policy-Analyse sind die in ihr enthaltenen normativen Elemente: Da immer - ob direkt oder indirekt - das Moment der Bewertung staatlicher Policies gegeben ist, sind normative Einflüsse unvermeidlich.[30] Da allerdings bereits die Auswahl und Abgrenzung eines Themenbereiches eine normative Entscheidung ist, sind Grenzen hier nur schwer zu ziehen. Diese normativen Elemente gilt es, weitestmöglich offenzulegen und zu kontrollieren.

Politikfeld-Analyse als pragmatisch orientierte Forschung beschäftigt sich also vor dem Hintergrund praktischer Fragen mit der Klärung von Inhalten, Auslösern, Ursachen und Voraussetzungen sowie Wirkungen und Folgen staatlicher Policies unter Beachtung der jeweiligen Rahmenbedingungen. Dabei bietet sie durchaus die Möglichkeit, Kernfragen der Politikwissenschaft wie Macht, Herrschaft, Interesse, Konflikt, Legitimität, aufzugreifen.[31] Dadurch eröffnet Policy-Forschung den Zugang zu einem anwendungsorientierten Verständnis von Sozialwissenschaften, allerdings auf Kosten strenger Wissenschaftlichkeit.

Die andere Forschungsrichtung, auf der die vorliegende Analyse beruht, zeichnet sich durch ein noch engeres Verhältnis zur Politikberatung

---

27 Rausch 1988, Sp. 442 f.; um Fachwissen eines bestimmten Bereiches im menschlichen Gehirn zu speichern, muß erst ein spezielles Repräsentationssystem für eben dieses Fachwissen angelegt werden. Daher fällt es einem Experten auch wesentlich leichter, eine bestimmte Menge an Fachwissen auf seinem Spezialgebiet aufzunehmen als einem Neuling auf diesem Gebiet, der erst ein entsprechendes Repräsentationssystem anlegen muß; Minsky 1990, 72
28 Böhret 1983, 17; Böhret 1986, 17
29 Popp, Manfred: Die eleganten Lösungen sind meistens falsch, FAZ (14.04.1994) Nr.86, 38; Sozialwissenschaften (auch: Gesellschaftswissenschaften) "umfaßt als Objektbegriff alle Disziplinen, die sich mit Gestalt und Entwicklung des menschlichen Zusammenlebens befassen"; Kaufmann 1989, 85 f.; siehe auch Fürstenberg 1986, 480 f.
30 Jann 1985, 70 f.; Dye 1976, 105
31 Jann 1986, 12; Wollmann 1985, 74 f.; Schubert 1991, 197

aus, als dies schon bei der Politikfeld-Analyse der Fall war. Neben der bereits angesprochenen Implementierungs- und Evaluierungsforschung umfaßt Politikberatung auch und ganz wesentlich direkte Entscheidungshilfen
und -empfehlungen im Rahmen der politisch-administrativen Entschei-
dungsvorbereitung.[32] Die einsetzende Diskussion über den Umgang mit
potentiell gefährlichen Technologien, öffentlicher Protest gegen technische
Einrichtungen sowie eine wachsende Ambivalenz der Einstellungen zu
technologischen Neuerungen waren die Auslöser für Entwicklung und ra-
sches Wachstum einer neuen Forschungsrichtung, des "technology assessment", wiederum zuerst in den USA. Ins Deutsche wird dieser Begriff
häufig als *Technikfolgenabschätzung* übersetzt, auch wenn Technikfolgenbewertung etwas genauer wäre.[33] Im folgenden sollen Technik-/ Technologiefolgenabschätzung bzw. -bewertung als Bezeichnungen für das Konzept des "technology assessment" verwendet werden.

Ausgangspunkt der Technologiefolgenabschätzung war und ist die
grundsätzliche Frage, ob alles technisch Machbare auch tatsächlich gemacht werden soll.[34] Vor dem Hintergrund der durch die Kernenergiedebat-
te verdeutlichten Abwendung von der Technikfaszination und (neuerlichen)
Hinwendung zur Erkenntnis der Ambivalenz der Technik deckte die Technikfolgenabschätzung (TA) zwei Bereiche der Politikberatung ab: Zum einen
kam sie dem Bestreben nach einer "Rationalisierung" politischer Entscheidungsvorgänge durch eine "Verwissenschaftlichung" der technologiepolitischen Entscheidungsverfahren entgegen; zum anderen war zumindest beabsichtigt, Legitimierungsprobleme politischer Entscheidungsträger auf dem

---

32 Frey 1992, 227 f.; Habermas unterscheidet drei Modelle von Politikberatung: Das de-
zionistische Modell kennt eine strikte Trennung von (empfehlendem) Berater und
(entscheidendem) Politiker; im technokratische Modell wird der Politiker zum Vollzugsorgan
der Wissenschaft; das pragmatische Modell stellt eine Verbindung aus den beiden o.g. Mo-
dellen dar und schließt darüber hinaus die Kommunikation mit der Öffentlichkeit ein;
Rausch 1988, Sp. 441
33 Ropohl u.a. 1988 trifft hier eine Unterscheidung zwischen eher deskriptiv-prognostisch
orientierter Technikfolgenabschätzung und zusätzlich normative Wertentscheidungen ent-
haltender Technikfolgenbewertung; Ropohl u.a. 1988, 49; Paschen begreift die beiden Begriffe als synonym und erklärt die Wahl der Bezeichnung Technikfolgenabschätzung als
Übersetzung von "technology assessment" mit der Praktikabilität der gleichen Abkürzung
(TA) [wobei TB auch wirklich keine gelungene Abkürzung wäre]; Paschen 1986, 22; Renn
empfindet eine begriffliche Differenzierung zwischen Technikfolgenabschätzung und -be-
wertung schon deshalb als unsinnig, weil Identifizierung und Bewertung von Technikfolgen
im Forschungsvorgang untrennbar miteinander verbunden sind; Renn 1982, 63
34 Lompe 1987a, 16; siehe zur Technikfolgenabschätzung als einführende und Überblicks-
literatur Albach u.a. 1991; Böhret/ Franz 1985; Böhret/ Franz 1986; Böhret 1983; Dierkes
u.a. 1986; Huisinga 1985; Lohmeyer 1984; Lompe 1987b; Metze 1980; Münch u.a.
1982; Paschen u.a. 1978; Thienen 1983b; Westphalen 1988b sowie insbesondere zum
Verhältnis Politik und Technik Berger 1991; Hartwich 1986; Dreier/ Hofmann 1986

Gebiet technologiepolitischer Entscheidungen abzubauen.[35] Die Frage der
Legitimierung der Einführung und verstärkten Verwendung neuer Technologien stellt sich auf mehrfache Weise: Es geht um die Abwägung positiver
und negativer Folgen und Wirkungen technischer Systeme (Überwiegt der
Nutzen den Nachteil?); es ist die Frage nach der Zumutbarkeit negativer
Technikfolgen (Welche Risiken sind tragbar?); es geht dabei auch um heu-
tige Entscheidungen, die das Schicksal zukünftiger Generationen entscheidend mitgestalten können. Der Zuwachs an Risiken hat anscheinend mit
dem Zuwachs an Wohlstand und an Segnungen der Technik Schritt gehalten; die zentrale Frage nach der Verteilung von Wohlstand könnte in absehbarer Zeit der nach Verteilung der Risiken weichen.[36] Zur Debatte stehen daher auch Sinn, Richtung und Kontrollierbarkeit des technischen Fortschritts.

Ambivalenz gegenüber technischem Fortschritt entsteht also allgemein gefaßt dort, wo neben dessen unbestrittenen Segnungen unerwünschte Nebenwirkungen auftreten. Die Öffentlichkeit wurde und wird
diesen z.T. gravierenden Ereignissen gegenüber in zunehmendem Maße
sensibilisiert, wobei gleichzeitig niemand wirklich auf Errungenschaften des
technischen Fortschritts verzichten will.[37] Diese Feststellung gilt bei der
heute erreichten Entwicklungs- und Verbreitungsgeschwindigkeit neuer
Technologien sowie der bisher unbekannten Universalität ihres Einsatzes
um so mehr.[38] Hier soll Technikfolgenabschätzung zur frühzeitigen, vorausschauenden Ortung möglichst sämtlicher - also positiver wie negativer -
Folgen der Einführung bzw. des verstärkten Einsatzes technologischer
Neuerungen dienen, also i.S. eines "Frühwarnsystems" wirken.[39] Aus diesem Verständnis heraus kam es in den USA schon sehr frühzeitig zu einer
Institutionalisierung der Technikfolgenabschätzung.[40] Die Institutionalisie-

---

35 Böhret 1987, 3 f.; Böhret/ Franz 1985, 1 f.
36 Ein Beispiel sind hier Giftmüllexporte in Entwicklungsländer; Lompe 1988, 116 f.; Westphalen 1988a, 14 ff.; Whipple unterscheidet nach Qualitäten der von Technologien jeweils
ausgehenden Risiken solche durch mögliche Unfälle mit katastrophalen Folgen (z.B. Kernenergie), langfristige Umweltbeeinträchtigungen mit erheblichen Auswirkungen (z.B. Abbau
der Ozonschicht) und Risiken aufgrund von Mißbrauchsgefahr (z.B. Waffentechnologie);
Whipple 1985, 91
37 Böhret 1983, 1; Fritsch 1986, 143 f.; in den westlichen Industriestaaten konnte beispielsweise in den letzten 80 Jahren die durchschnittliche Lebenserwartung der Menschen
um mehr als 60% gesteigert werden, gleichzeitig sank der Anteil der Arbeits- an der gesamten Lebenszeit erheblich; ibid., 145
38 Alemann u.a. 1986, 25 f.
39 Böhret 1983, 16; Paschen 1986, 13
40 Nämlich bereits 1972 mit der Einrichtung des "Office of Technology Assessment"
(OTA) beim Kongreß; Paschen 1986, 28; Hilligen 1992b, 716; zur Institutionalisierung des
technology assessment in den USA siehe außerdem Covello 1985, Gibbons/ Gwin 1986

rungsdebatte in der Bundesrepublik Deutschland zog sich hingegen sehr
lange hin und wurde erst 1985 mit der Einrichtung einer Enquête-Kommission des Deutschen Bundestages vorläufig beendet. Die Einrichtung eines
Büros für Technikfolgenabschätzung beim Deutschen Bundestag 1989 bildet den Abschluß dieser Debatte.[41] Die bundesdeutsche Institutionalisie-
rungsdiskussion kreiste um die Frage der Wiederherstellung der durch den
technischen Fortschritt beeinträchtigten parlamentarischen Kontrollmöglichkeiten.[42]

      Technikfolgenabschätzung (TA) befaßt sich also auf der Grundlage
wissenschaftlicher Methoden systematisch und umfassend mit der möglichst frühzeitigen Analyse und Bewertung beabsichtigter und unbeabsich-
tigter, direkter und indirekter, positiver und negativer Folgen der erstmali-
gen Anwendung neuer oder in Entwicklung befindlicher Technologien bzw.
der verstärkten oder modifizierten Anwendung bereits bekannter Technologien.[43] Dabei ist es in diesem Zusammenhang durchaus üblich, unter
Technik/ Technologie auch "soziale Technologien" zu subsumieren.[44] Meiner Ansicht nach ist diese sehr weite Fassung des Technologie-/ Technik-
Begriffes jedoch wenig sinnvoll: Zum einen bezieht sich dieser Begriff dem
vorherrschenden Alltagsverständnis nach allein auf materielle Sachsysteme,
also Ingenieurtechnik und zum anderen könnte so der gesamte Bereich der
Politikfeld-Analysen mit ex ante-Perspektive als Technikfolgenbewertung
verstanden werden - von den Zweifeln über Sinn und Machbarkeit von
"Sozialtechnologie" einmal ganz abgesehen. Betrachtet man den Gegen-

---

41 Böhret/ Franz 1985, 25 ff.; Böhret 1983, 68; die im Frühjahr 1985 vom zehnten Deutschen Bundestag eingesetzte Enquête-Kommission hieß zunächst "Einschätzung und Bewertung von Technikfolgen; Gestaltung von Rahmenbedingungen der technischen Entwicklung", seit 1987 dann "Gestaltung der Technischen Entwicklung; Technikfolgen-Abschätzung und -Bewertung"; Deutscher Bundestag 1989; Brockhaus Enzyklopädie Band 21
1993, 675; zu Institutionalisierung und Praxis der Technikfolgenabschätzung beim Deutschen Bundestag siehe auch Bugl 1986; Klatt 1984; Mai 1991; Mai·1992; Meier 1987;
Paschen/ Petermann 1992; Petermann 1990; Rapp/ Mai 1989; Thienen 1986a; Thienen
1986b; Ulrich 1987; Vowe 1986; Welz 1988; Westphalen 1990
42 Technologien sind von technischen Laien und Außenstehenden nur sehr schwer ein-
schätz- und bewertbar. Aufgrund der besseren Mittelausstattung kamen TA-Studien aber
hauptsächlich der Regierung zugute, verliehen ihr ein so von der Verfassung nicht vorgese-
henes Übergewicht und beeinträchtigten die parlamentarischen Kontrollmöglichkeiten. Die
Debatte über die Institutionalisierung der TA war derart langwierig, weil es lediglich im Interesse der jeweiligen Oppositionsparteien lag, einen Ausbau der parlamentarischen Kontrollmöglichkeiten gegenüber der aufgrund ihres Informationsvorsprunges "unangreifbaren"
Regierung zu reklamieren. Den jeweiligen Regierungsparteien war begreiflicherweise wenig
an einem solchen freiwilligen Machtverzicht gelegen; Böhret/ Franz 1985, 30 f.; Rausch
1988, Sp. 442
43 Diese Definition basiert auf Paschen u.a. 1978, 19; Lohmeyer 1984, 1; Lompe 1988,
124
44 So z.B. Böhret/ Franz 1985, 6; Laermann 1982, 160; Paschen u.a. 1978, 19

stand bisher durchgeführter TA-Studien genauer, so fällt außerdem auf, daß dort fast ausschließlich Vorhaben und Neuerungen aus dem Bereich des engeren, ingenieurwissenschaftlichen Technikbegriffes behandelt werden.[45] Der Einschluß von sozialen Technologien in das Konzept der Technikfolgenabschätzung muß mithin als Anspruch angesehen werden, der bisher nicht eingelöst wurde. In der vorliegenden Analyse wird daher für die Abgrenzung des Arbeitsbereiches der Technikfolgenbewertung dem Alltagsverständnis folgend der engere Technikbegriff Verwendung finden.

Technikfolgenabschätzung soll - im Idealfall - Entscheidungsträgern frühzeitig Informationen über potentielle Chancen und Risiken im Zusammenhang mit der Verwendung von Technik beschaffen und bereitstellen, anhand bestimmter, offengelegter Kriterien eine Bewertung der betreffenden Projekte und Innovationen vornehmen sowie gegebenenfalls Handlungsalternativen entwickeln. Dabei sollen möglichst alle gesellschaftlichen Bereiche erfaßt werden, da Technikfolgen nicht nur ökologischer und ökonomischer, sondern beispielsweise auch sozialer, politischer und medizinischer Natur sein können.[46] Hier wird deutlich, daß die interdisziplinäre Ausrichtung - wie schon im Falle der Policy-Analyse - ein wesentliches Merkmal der Technikfolgenbewertung ist.[47] Auch ein zweites Charakteristikum der Politikfeld-Analyse taucht im Zusammenhang mit der Technikfolgenabschätzung erneut und in stärkerer Ausprägung auf, nämlich die normative Komponente. Das Element der Bewertung von potentiellen Vor- und Nachteilen ist im TA-Konzept grundlegend, Wertentscheidungen müssen auf jeder Stufe der Analyse getroffen werden. Technikfolgenabschätzung kann durchaus als "gewissermaßen eine wissenschaftliche Fundierung von Vorannahmen, Befürchtungen und Wünschen, die durch die Entwicklung und Einführung einer Technologie ausgelöst werden können",[48] be-

---

45 Paschen stellt beispielhaft zwölf TA-Fallstudien vor, von denen die meisten in den Bereich Verkehr (5) und Energie (3, eine Studie deckte beide Bereiche ab) fallen und lediglich eine mit gutem Willen als "Sozialtechnologie" eingeordnet werden könnte. Bei besagter Studie handelt es sich allerdings um Fragen des Übergangs zum metrischen System in den USA, so daß sie immer noch dem Bereich (ingenieur)technischer Standards zuzuordnen ist; Paschen u.a. 1978, 97 ff.; auch in der neueren Literatur werden als Fallbeispiele durchweg Anwendungen auf dem Gebiet des engeren Technik-/ Technologiebegriffes vorgestellt
46 Brockhaus Enzyklopädie Band 21 1993, 674 f.; Böhret/ Franz 1985, 3; Paschen 1986, 22 f.; Müller-Brandeck 1986, 6 ff.; Deutscher Bundestag 1989, 28; eine auf politische Technikfolgen ausgerichtete Fragestellung im Rahmen der TA wäre beispielsweise die nach der Veränderung der Machtstrukturen durch den Einsatz einer bestimmten Technologie (beispielsweise moderne Waffensysteme); Huisinga 1985, 149
47 Siehe z.B. Böhret 1983, 17; Lohmeyer 1984, 56; Bechmann 1987, 30; Lompe 1987a, 21
48 Bechmann 1987, 29

griffen werden. Zentral ist in diesem Zusammenhang wiederum, daß die notwendigerweise zu treffenden normativen Festlegungen weitestmöglich offengelegt und begründet werden.[49]

Dies führt zur Frage der Kriterien von Technikfolgenbewertung: Woran soll sich die Abschätzung des Sinns bzw. Unsinns der Einführung einer bestimmten Technologie orientieren? An offiziellen, d.h. im Rahmen der bundesdeutschen institutionalisierten Technikfolgenabschätzung anerkannten Kriterien sind, neben dem bereits rechtlich abgesicherten Verfahren der Umweltverträglichkeitsprüfung (UVP), Sicherheit, Wirtschaftlichkeit und Sozialverträglichkeit zu nennen.[50] Gesellschaftliche Konflikte entzünden sich i.d.R. allerdings nicht an der Aufstellung einer Liste von Kriterien i.s. eines Wertkataloges, sondern erst an den Hierarchiebeziehungen der Einzelkategorien, den Prioritäten, sowie an den Ziel-Mittel-Abschätzungen. Festzuhalten ist in diesem Zusammenhang also, daß die Kriterien der Technikfolgenbewertung von einer einheitlichen Festlegung oder gar Operationalisierung noch weit entfernt sind und recht beliebig - abhängig von den jeweils konkreten politisch-inhaltlichen Zielvorgaben - ausgestaltet werden können. Um nur eine der ebenfalls recht vielfältigen Typologien von Technikfolgenabschätzungen zu nennen: Grob unterscheiden lassen sich - je nach dem Ausgangspunkt der Analyse - projekt-, technologie- und probleminduzierte Technikfolgenabschätzungen.[51] Die im folgenden durchzuführende Untersuchung geht von einer bestimmten Technologie aus, nämlich der Informations- und Kommunikationstechnik in ihrer Anwendung im Verkehrsbereich.

Ebenso wenig, wie die vorliegende Analyse als "klassische" Politikfeldstudie zu verstehen ist, stellt sie eine reine Technikfolgenabschätzung dar. Zwar zeigen sich auf dem Gebiet der Verkehrsinformationssysteme be-

---

49 Paschen 1986, 33 f.; Lompe 1988, 132
50 Lompe 1988, 133; allerdings handelt es sich hier um äußerst weiche Begriffe, die recht beliebig füllbar sind. Insbesondere der Begriff der Sozialverträglichkeit zeichnet sich durch sehr heterogene Definitionen und große Dehnbarkeit aus; weiterführend: Alemann/ Schatz 1986; Daele 1993; Jungermann u.a. 1986; Krockow 1982; Langenheder 1988; Meier 1988; Tschiedel 1989
51 Projektinduzierte TA bezieht sich auf einzelne, isolierte Fälle, z.B. die Auswirkungen des Baus eines ganz bestimmten Wasserkraftwerkes; technologie-induzierte TA geht vom geplanten Einsatz einer bestimmten Technologie aus und erforscht die damit einhergehenden Probleme; problaminduzierte TA beschäftigt sich schließlich mit der Abschätzung alternativer Lösungstechnologien für ein bestimmtes bestehendes bzw. antizipiertes Problem; Böhret/ Franz 1985, 6; Böhret 1983, 19; Lohmeyer 1984, 65; Bechmann unterscheidet zusätzlich technikanstoßende TA, worunter er die Analyse der Problemlösungskapazität technologischer Leitbilder oder Utopien versteht; Bechmann 1987, 31 f.

reits erste Charakteristika großtechnologischer Systeme[52], doch stellen diese mehr als eine beliebige technologische Neuerung dar. Zum einen verkörpern sie eine neue Qualität technischen Fortschritts, der in wachsendem Maße alle Bereiche gesellschaftlichen und individuellen Lebens erfaßt. Zum anderen haben sie - da sie im verkehrspolitischen Bereich derzeit als **die** Lösung aller Verkehrsprobleme, praktisch der Schlüssel zu Utopia, gehandelt werden - deutlich den Charakter einer politischen Strategie, eines politischen Programmes, sprich einer Policy.

---

52 Zu diesen Charakteristika zählen Auswirkungen direkter oder indirekter Art auf fast alle gesellschaftlichen Bereiche, weitgehende Mißachtung potentieller negativer Folgen in der Phase der Technikentwicklung und z.t. auch -implementation sowie das Ergreifen von "Reparaturmaßnahmen" als Reaktion auf auftretende negative Folgewirkungen, wodurch der Versorgungs-Entsorgungs-Kreislauf in Gang gesetzt wird; Mettler-Meibom 1985, 267

1.2 Das Konzept der Politikfolgenabschätzung

Worum es in der vorliegenden Untersuchung also gehen soll, ist der Versuch einer Integration der beiden ohnehin eng verwandten Konzepte Policy-Forschung und Technikfolgenabschätzung. Deren Beziehung zueinander soll nun kurz thematisiert werden, bevor das integrative Konzept der Politikfolgenabschätzung vorgestellt wird.

Die Gemeinsamkeiten von Politikfeld-Forschung und Technikfolgenabschätzung sind zahlreich: Beide sind interdisziplinär ausgerichtet und durch recht deutliche normative Bezüge gekennzeichnet. Beide sind aus der Nachfrage nach Politikberatung heraus entstanden und auch heute noch durch eine sehr pragmatische und verwendungsorientierte Ausrichtung geprägt. Von dem zugrundeliegenden Wissenschaftsverständnis her können beide als positivistische Wissenschaften beschrieben werden. In engem Zusammenhang damit sind beide Forschungsrichtungen als im weitesten Sinne empirische, d.h. an Beobachtung orientierte Forschung zu verstehen.[1] Es ist aber gerade ihre pragmatische, anwendungsorientierte Ausrichtung, die dazu führt, daß der wissenschaftliche Charakter sowohl der Policy-Analyse als auch der Technikfolgenbewertung häufig in Zweifel gezogen wird. Bemängelt wird in diesem Zusammenhang insbesondere der enge Bezug zur politischen Praxis, dem zugegebenermaßen "Moden" bei der Wahl der Forschungsthemen entspringen können, sowie die - aus der notwendigen Flexibilität insbesondere in bisher wenig bearbeiteten Bereichen entstehende - theoretische und methodische "Beliebigkeit".[2] Hier handelt es sich meiner Meinung nach um den Preis in Form von Einbußen an Wissenschaftlichkeit, der für verstärkte Wirklichkeitsnähe zu zahlen ist.[3] Als einen der wenigen wirklichen Unterschiede läßt sich ausmachen, daß die Technikfolgenabschätzung i.d.R. in direktem Bezug zur Forschungs- und Technologiepolitik steht, während die Policy-Forschung nicht von vornherein auf ein bestimmtes Politikfeld festgelegt ist.

So kann es auch nicht verwundern, wenn wechselweise einmal die Technikfolgenabschätzung als Unterkategorie der Politikfeld-Analyse begrif-

---

[1] Robert 1992, 14; Evers/ Nowotny 1989, 376; Jann 1985, 69 ff.; Böhret/ Franz 1985, 3; Böhret 1983, 17; Bellers/ Kipke 1993, 83 f.
[2] Positiv gewendet könnte man hier genauso gut von einer Theorien- bzw. Methodenvielfalt (Theorienpluralismus bzw. Multi-Methoden-Ansatz) sprechen; Schubert 1991, 19 + 41; Wollmann 1985, 75; Hesse 1985, 9
[3] Denn Wissenschaft lebt ja - wie gesagt - von und durch ihre Abgrenzung vom Alltag(swissen)

fen wird und umgekehrt.[4] Am häufigsten wird die Technikfolgenbewertung als spezielle Form der Policy-Analyse verstanden. Für die vorliegende Untersuchung reicht es aus, festzuhalten, daß beide Konzepte eng verwandt sind. Diese Verwandtschaft setzt sich in einem wesentlichen Problem fort, welches ebenfalls beiden Forschungsrichtungen "angeboren" ist: Die Komplexität und Dynamik sozialer Verhältnisse, die damit einhergehende fast unbegrenzte Anzahl möglicher Konstellationen sowie der gegenwärtige Stand sozialwissenschaftlicher Erklärungsansätze machen Prognosen hinsichtlich der politischen, sozialen und ökonomischen Entwicklungen schwierig, wenn nicht unmöglich.[5] Diese Beobachtung gilt auch für moderne, hochkomplexe technische Systeme, wie z.B. Informationssysteme, in besonderer Schärfe aber für die Betrachtung von deren Wechselwirkungen mit sozialen, ökonomischen und politischen Strukturen und Vorgängen. Das ändert allerdings nichts am praktischen Bedarf nach solchen Prognosen. Im Gegenteil: Mit wachsender Komplexität und Dynamik steigt auch der Bedarf nach vorausschauendem Wissen, das zumindest eine grobe Orientierung über zukünftige Folgen heutigen Handelns ermöglicht.

Den Ausweg eröffnet - zumindest angesichts des heutigen sozialwissenschaftlichen Wissensstands - wiederum ein Kompromiß: Gefragt sind durchdachte Formen der zugegebenermaßen unsicheren Prognose, also der "Versuch, durch eine methodisch reflektierte und systematische Ausnutzung von bisherigem Wissen und gesundem Menschenverstand wenigstens ein Stück weit über des letzteren Möglichkeiten hinauszugehen".[6] Diese Vorgehensweise stellt wiederum eine pragmatische Verbindung aus Kriterien der Wissenschaftlichkeit und Anforderungen der Praxisrelevanz dar, wobei man sich letztlich damit abfinden muß, daß sie - zumindest in absehbarer Zeit - den Ansprüchen keiner der beiden Seiten genügen wird.

---

[4] Jann versteht die TA als spezielle Form von Policy-Analyse, gekennzeichnet durch ihre ex ante-Ausrichtung und den Versuch der Abschätzung von Folgen bestimmter Policies; Jann 1985, 73; ebenso Löbler 1990, 2; Lohmeyer 1984, 310; nimmt man bei Böhret/ Franz das breite Technologieverständnis und die sowohl ex ante- als auch post-Orientierung des TA-Konzeptes ernst, so kann die Politikfeldanalyse praktisch als Unterkategorie der TA aufgefaßt werden; Böhret/ Franz 1985, 5 ff.; ausdrücklich als Unterkategorie der TA beschreibt Paschen die Policy-Analyse; Paschen 1982, 49 f.
[5] Alemann u.a. 1986, 22 f.; Hilligen 1992b, 716; Laermann 1982, 162; Patzelt 1992, 112 f.; Robert 1992, 3; Sandschneider 1993, 31 + 33; Kennedy formuliert die Prognoseschwierigkeiten in den Sozialwissenschaften besonders treffend: "Über die Zukunft kann man nichts mit Bestimmtheit sagen. Unvorhergesehene Ereignisse, bloße Unfälle oder die Unterbrechung eines Trends können die plausibelste aller Voraussagen ruinieren; wenn sie es nicht tun, hat der Vorhersagende lediglich Glück gehabt."; Kennedy 1991, 648
[6] Patzelt 1992, 114

Die vorliegende Analyse ist - in diesem Sinne - weder als reine Politikfeld-Analyse, noch als echte Technikfolgenabschätzung anzusehen, sondern eher als Mischform zwischen diesen beiden verwandten Richtungen. Die vorgestellten Charakteristika beider Konzepte bleiben ihr also in jedem Fall erhalten. Es handelt sich dabei nicht um eine reine Technologiefolgenbewertung, weil es nicht in erster Linie um die systematische Erfassung der potentiellen Folgen der Einführung einer Technologie gehen soll. Vielmehr kreist die Thematik um die Anwendung einer in groben Zügen bereits bekannten Technologie, nämlich der Informations- und Kommunikationstechnik, in einem bestimmten Umfeld - dem Verkehrsbereich - unter eindeutig politisch-gestalterischen Zielsetzungen. Diese über die reine Anwendung einer Technologie hinausgehende Qualität läßt sich schon allein an der Tatsache festmachen, daß es sich hierbei um eine Infrastrukturtechnologie und zwar im Bereich der Verkehrsinfrastruktur handelt, die - zumindest nach dem bisherigen Verständnis - unter öffentlicher Verantwortung steht.[7] Um eine Politikfeld-Analyse handelt es sich insoweit, als die Untersuchung sich auf ein bestimmtes, abgegrenztes Politikfeld, nämlich die bundesdeutsche Verkehrspolitik bezieht. Eine bestimmte, formulierte und definierte Policy allerdings gibt es bei der hier angesprochenen Thematik noch nicht. Vielmehr setzt die Analyse in der Formulierungsphase der Policy an. Diese Vorgehensweise steht in engem Zusammenhang mit den Zielen der Politikfolgenabschätzung[8], auf die im folgenden näher eingegangen werden soll.

Das Konzept der Politikfolgenabschätzung, wie es dieser Untersuchung zugrundeliegt, hat also eine anstehende gesellschaftliche, politische oder ökonomische Frage sowie einen mehr oder weniger konkreten Lösungsvorschlag i.S. einer Policy in der Formulierungsphase zum Ausgangspunkt. Darauf aufbauend soll in Untersuchungen durch Forscher unterschiedlicher Disziplinen die Problemlösungskapazität analysiert und bewertet werden. Dabei ergibt sich die Problemlösungskapazität einer Strategie aus der Abwägung ihrer potentiellen positiven Wirkungen vor dem Hintergrund der verfolgten politischen Ziele mit ihren potentiellen negativen Folgen, ungeachtet des Bereichs in dem diese auftreten.[9] Es geht also nicht

---

[7] Mettler-Meibom 1985, 275; es geht also nicht um eine technologie-, sondern um eine verkehrspolitische Entscheidung

[8] Hier gibt es ein weiteres Mal Übersetzungsschwierigkeiten, die Bezeichnung Politikprogrammfolgenabschätzung bzw. -bewertung (als Übersetzung von "policy impact assessment") wäre passender. Aus praktischen Erwägungen heraus wird im folgenden weiterhin die Bezeichnung Politikfolgenabschätzung verwendet

[9] Sofern die negativen Auswirkungen im Endeffekt auf das politische System zurückschlagen, also nicht vollständig externalisiert werden können; die Problemlösungskapazität in

nur darum, anstehende Probleme überhaupt zu lösen, sondern darüber hinaus auch darum, sie in Relation zu den jeweils verfügbaren Ressourcen effizient zu lösen.[10] Gedacht ist das Konzept dabei als interdisziplinäre Zusammenarbeit unter einer zentralen Fragestellung, - nämlich der potentiellen
Problemlösungsfähigkeit - wobei unterschiedliche Schwerpunktsetzungen
durchaus gewünscht sind, da sie eventuell dazu beitragen, das ganze
Spektrum möglicher Wirkungen und Perzeptionen abzudecken. Außerdem
bietet ein solches Vorgehen die Möglichkeit, die normativen Elemente der
einzelnen Untersuchungen quasi auf der Aggregatebene auszugleichen.

Zu den grundlegenden Orientierungen des Gesamtkonzepts der Politikfolgenabschätzung zählt seine Praxisrelevanz, also die Verwendungsori-
entierung. Daher muß es sich auch an Kriterien praktischer Relevanz mes-
sen lassen.[11] Der Glaube an die exakte Planbarkeit gesellschaftlicher Verhältnisse sollte jedoch - angesichts des "Schiffbruchs" der Sozialplanung in
den siebziger Jahren - inzwischen jedem vergangen sein. Tatsache ist: Zukünftige Entwicklungen lassen sich - insbesondere im sozialwissenschaftlichen Bereich - nicht exakt voraussagen, heute weniger denn je. Hand-
werkszeug zur Technokratie kann also nicht gestellt werden.[12] Wozu also
eine Politikfolgenabschätzung? Die Antwort könnte - bei aller Bescheiden-
heit des Anspruchs - lauten, daß es als Beitrag zur gesellschaftlichen und
insbesondere auch politischen Meinungsbildung dienen könnte, als Denk-
anstoß, zur Schaffung eines Problembewußtseins, im besten Falle als Beginn einer öffentlichen - so öffentlich wie irgend möglich - Diskussion, um
die Politik wieder zum Einzelnen zu bringen. Notwendig ist dann aber an
erster Stelle ein anderes, ein gewandeltes Verständnis von der praktischen
Verwendung wissenschaftlicher Erkenntnisse: Weg von der puren Anwendung "objektiver" Ergebnisse, hin zum Vorgang der Diskussion subjektiver,
aber immerhin systematisch aufgrund angesammelter Wissens- und Theo-
riebestände entstandener, Deutungsangebote.[13] Wenn die Politikfolgenab-

---

der Gesamtschau bildet übrigens auch die Determinante der Stabilität eines politischen Systems, ist also von wesentlichem Interesse; Sandschneider 1993, 151
[10] ibid.; entscheidend für die Stabilität eines politischen Systems ist demnach nicht nur
dessen absolute, sondern v.a. dessen relative Problemlösungskapazität; ibid., 187
[11] Frey 1992, 232
[12] Frey 1992, 232; Böhret/ Franz 1985, 6; zur sozialwissenschaftlichen Bedeutung des
Begriffes Technokratie siehe Herzog 1991; das Scheitern der Versuche sozialtechnischer
Planung beschreiben Beck/ Bonß 1989a, 17 f.
[13] Beck/ Bonß 1989a, 27 f.; Man kann in diesem Zusammenhang von
"Orientierungswissen" sprechen, das neue und alternative Orientierungen liefert und dessen praktische Verwendung eines möglichst weitgefaßten Diskurses bedarf; Evers/ Nowotny 1989, 360 f.; Jann 1985, 30; Sandschneider begreift die Bereitstellung von Orientierungswissen (neben der Faktenanalyse, der Zeitdiagnose und der kritischen Reflexion; auch

schätzung aber eine formende Wirkung auf eine gegebene politische Problemlösungsstrategie entfalten soll, dann muß sie notwendigerweise sehr
frühzeitig einsetzen und zwar *bevor* eine Policy formuliert wird. Denn wenn
man sich von öffentlicher Seite erst einmal auf eine bestimmte Policy festgelegt hat, entstehen dadurch mit hoher Wahrscheinlichkeit Sachzwang
und Änderungsresistenzen, die wissenschaftlich-öffentlich Politikfolgendis-
kussionen schnell zur Makulatur werden lassen könnten.

Inwieweit das Konzept der Politikfolgenabschätzung über die Kriterien praktischer Verwendbarkeit und damit Nützlichkeit hinaus gemäß wissenschaftlicher Kriterien einen Fortschritt bedeutet, wird im Rahmen dieser
Analyse noch zu untersuchen sein: Grundsätzlich könnte sich hier die
Chance eröffnen, sozialwissenschaftliche theoretische Ansätze an der Praxis, an der wirklichen sozialen, ökonomischen und politischen Entwicklung
zu überprüfen.[14] So könnte die Balance zwischen Theorie und Praxis gehalten werden, wobei ex ante- und ex post-Perspektive als einander ergänzende Sichtweisen verstanden und eingesetzt werden sollten.[15]

Im Rahmen dieser Untersuchung soll allerdings nur ein Teilbereich
dieses Konzepts der Politikfolgenabschätzung abgedeckt werden, der unter
politikwissenschaftlichen Gesichtspunkten abgesteckt wurde. Ausgangspunkt ist die Überlegung, daß das Potential zur Durchsetzung einer zukünftigen politischen Strategie im politischen Entscheidungsvorgang eines der
grundlegenden Kriterien ihrer Beurteilung ist. Denn zur pragmatischen, anwendungsorientierten Ausrichtung gehört prinzipiell, daß zunächst die - in
demokratischen Wohlfahrtsstaaten zudem recht engen - realen Grenzen
politischer Gestaltbarkeit im Auge behalten werden, auch wenn dies auf
Kosten möglicher alternativer Entwürfe geht und den Verdachtsmoment
konservativer, an der momentanen Struktur und den gegebenen Verhältnissen orientierter Sichtweise aufkommen läßt. Die Analyse der Realisierungschancen einer potentiellen Policy allein aus den strukturellen Handlungsbe-

---

diese "Angebote" sollen im Rahmen sowohl des Gesamtkonzepts der Politikfolgenabschätzung als auch der vorliegenden Analyse vorgehalten werden) als festen Bestandteil der
"Leistungspalette" der Politikwissenschaft als wissenschaftlicher Disziplin; Sandschneider
1993, 227 f.; im Rahmen der Policy-Forschung wird hier oft der mangelnde Bezug zu demokratietheoretischen Konzepten beklagt; so u.a. bei deLeon 1993, 471
[14] Laut Friedrichs verfolgt Wissenschaft im wesentlichen zwei unterschiedliche Ziele: ein
theoretisches Ziel, das sich mit dem Kriterium der Wahrheit verbindet und ein praktisches
Ziel, das mit dem Kriterium der Nützlichkeit gemessen wird. "Jeder Versuch, das eine Ziel
auf das jeweils andere zu reduzieren ist problematisch."; Friedrichs 1990, 14; ebenso:
Berg-Schlosser/ Stammen 1992, 82
[15] Schubert 1991, 48

dingungen und situativen Restriktionen auf politischer Ebene heraus ist jedoch nur als ein Schritt unter vielen im Vorgang der Politikfolgenabschätzung gedacht. Sie wird die in der vorliegenden Arbeit noch durch den
Aspekt der Akzeptanz ergänzt. Daher ist dieser Vorwurf, wie noch zu zeigen sein wird, nicht aufrecht zu erhalten.[16]

Untersuchungen über den Vorgang der Politikformulierung i.S. der
Formierung von Policies in der Bundesrepublik Deutschland ergaben, daß
diese zu wesentlichen Teilen im Dialog zwischen Politikern auf der einen
Seite und Berufsbeamten (Bürokraten) auf der anderen Seite stattfindet.
Dabei orientieren sich die Politiker und politischen Beamten bei der Beurteilung einer gegebenen Policy v.a. an Fragen der politischen Realisierbarkeit
und Wünschbarkeit i.s. der ihr innewohnenden Problemlösungskapazität.
Berufsbeamte hingegen beurteilen eine gegebene politische Strategie eher
mittels Kriterien ihrer technischen Wirksamkeit und administrativen Praktikabilität. "Im Prozeß der Politikvorbereitung hatten Lösungsvorschläge
überhaupt nur dann eine Chance, wenn sie nach beiden Kriterien zumindest
akzeptabel waren."[17] Es wird also die Aufgabe dieser Untersuchung sein,
zu prüfen, wie es mit der Erfüllung dieser beiden Beurteilungsmaßstäbe im
Zuge der politisch motivierten Einführung von Verkehrsinformationssystemen aussieht.

In den Bereich der Erkundung der Grenzen des politisch Realisierbaren gehören aber eben nicht nur die Analyse der Chancen und Hindernisse
der Durchsetzung von Verkehrsinformationssystemen im politischen Entscheidungsvorgang, sondern auch - und damit wäre das zweite zentrale
Kriterium der vorliegenden Untersuchung angesprochen - Fragen der Akzeptanz auf mindestens zwei Ebenen. Denn neben der Akzeptanz der Einführung von Telematiksystemen als verkehrspolitische Maßnahme, deren
Fehlen sich in einem mehr oder weniger umfangreichen Protestpotential
"materialisieren" würde und somit zu den Hindernissen der politischen
Durchsetzbarkeit zu rechnen ist, stellt die Benutzerakzeptanz ein weiteres
entscheidendes Kriterium der Problemlösungskapazität dar.[18] Eine Untersuchung der potentiellen Problemlösungsfähigkeit einer gegebenen Policy enthält somit sowohl eine Abschätzung ihrer Durchsetzungschancen im politischen Willensbildungs- und Entscheidungsvorgang als auch eine Abschät-

---

[16] Schubert 1991, 120; Mäding 1988b, 153
[17] Scharpf 1993, 68
[18] Unter Benutzerakzeptanz sind dabei im wesentlichen technische Akzeptanzbarrieren zu
verstehen; Petermann/ Thienen 1988, 228; Mettler-Meibom 1985, 276

zung der zu erwartenden Bedingungen ihrer Implementierung. Vor diesem Hintergrund wird klar, daß - will man dies leisten - weitreichende Vorstellungen über die möglichen Politikfolgen eingebracht werden müssen.

Die vorliegende Analyse ist also im Rahmen des Konzepts der Politikfolgenabschätzung als spezifisch politikwissenschaftliche Schwerpunktsetzung zu begreifen. Als erster Schritt soll dabei Kriterien technischer Machbarkeit und volkswirtschaftlicher Kosten-Nutzen-Abschätzungen Beachtung geschenkt werden, schon allein wegen des erheblichen Einflusses, den sie auf den politischen Entscheidungsvorgang ausüben. Die möglichen Bedingungen der politischen Willensbildung und Entscheidung sowie die potentielle Reaktion der Zielgruppe auf das politische Programm ("target reaction")[19] bilden dann in einem zweiten Schritt den Kernpunkt der politikwissenschaftlichen Betrachtung der möglichen Problemlösungsfähigkeit von Verkehrsinformationssystemen.

---

[19] Gemeint ist hier die Wirkung, welche das politische Programm in Bezug auf dessen Zielgruppe erreicht, also im Fall der Verkehrsinformationssysteme deren Akzeptanz durch die Nutzer (als grundlegende Wirksamkeitsbedingung); Schubert 1991, 32

1.3 Methodische Vorgehensweise

Ausgehend von der Tatsache, daß soziale Ereignisse ausschließlich durch menschliches Handeln hervorgebracht werden, soll die zentrale Analyseeinheit der vorliegenden Untersuchung das Individuum sein. Kollektive aller Art sind Gebilde, die aus Individuen bestehen und Aggregate dieser Individuen und ihrer Interaktionen darstellen.[1] Kollektives Verhalten kann also immer als Ergebnis individuellen Handelns erklärt werden. Der zugrundeliegende methodologische Individualismus ist demnach "ein sozialwissenschaftliches Erkenntnisprogramm, das von der Annahme ausgeht, daß soziale Beziehungen, Strukturen und Prozesse erklärt werden können mit Theorien, deren grundlegende Aussagen (Axiome) solche über individuelles Verhalten sind".[2] Als individualistische Theorien sind in diesem Zusammenhang solche Theorien zu verstehen, die Bedingungen gleichwelcher Art für das Auftreten individueller Verhaltensweisen angeben.[3] Zu dem Wissen darüber, wie sich die Individuen verhalten, muß bei Betrachtung der kollektiven Ebene dann allerdings zusätzlich Wissen darüber vorhanden sein, wie die Individuen innerhalb des betreffenden Kollektivs organisiert sind, d.h. wie sie interagieren.[4] Die Erfassung dieser Interaktionsbeziehungen soll im Rahmen dieser Analyse mittels des Strukturkonzepts der Policy Netzwerke ("policy networks") versucht werden.

Ein wesentliches Kennzeichen der Politikfolgenabschätzung ist, schon allein durch ihre "Abstammung" von der Politikfeld-Analyse einerseits und der Technikfolgenabschätzung andererseits, der Pluralismus theoretischer und methodischer Ansätze. Konkret heißt das, daß die Auswahl zu verwendender theoretischer Ansätze, Methoden und Arbeitsinstrumente recht beliebig und einzig entlang dem Kriterium der Angemessenheit bezogen auf das jeweilige Arbeitsgebiet und die Fragestellung erfolgen kann.[5]

---

1 Abel 1983, 97; Zintl 1983, 34; Minsky veranschaulicht diese Vorstellung so: Das, was aus einer Kette mehr macht als die Summe ihrer Glieder, ist deren Interaktion; Minsky 1990, 27; trotzdem handelt es sich immer noch um die Glieder der Kette mit ihren jeweiligen spezifischen Eigenschaften, quasi aggregiert durch ihre Interaktion
2 Lehner 1981, 166; Kirchgässner 1991, 234; siehe dazu auch Zintl 1990, 267; McKenzie/ Tullock 1984, 28; im Gegensatz dazu behauptet der methodologische Holismus, "daß soziale Strukturen und die gesellschaftliche Organisation eine Eigengesetzlichkeit aufweisen, die nicht allein das Produkt individuellen Verhaltens ist"; Lehner 1981, 12
3 Opp 1979, 6
4 Minsky 1990, 25
5 Berg-Schlosser/ Stammen 1992, 107 f.; Schubert 1991, 44; Lohmeyer 1984, 69; weder für die TA noch für die Politikfeld-Analyse gibt es ein anerkanntes, einheitliches methodisches Verfahren; Böhret/ Franz 1985, 7; Paschen 1986, 23; begrenzt wird insbesondere

Vor dem beschriebenen theoretischen und konzeptionellen Hintergrund bieten sich allerdings insbesondere die Methoden der empirischen Sozialforschung an.[6] Die empirische Sozialforschung muß dabei gewissen grundlegenden Kriterien genügen: Die Vorgehensweise muß intersubjektiv wiederholbar sein und Argumentation sowie Forschungsstrategie müssen von ihrem Aufbau her logisch konsistent sein.[7]

Allgemein kommen aus dem Bereich empirischer Sozialforschung für die Belange politikwissenschaftlicher Untersuchungen vier verschiedene methodische Verfahrensweisen in Frage: Experiment, statistische Methoden, vergleichende (komparative) Methoden und (Einzel)Fallstudie.[8] Da die Problemlösungskapazität einer gegebenen Policy nur in engem Bezug auf das betreffende Politikfeld, seine Strukturen, Akteure und Rahmenbedingungen ermittelt werden kann und es sich bei der behandelten Thematik um ein recht neues Forschungsproblem handelt, erfolgt die vorliegenden Analyse als Fallstudie. Innerhalb dieser Fallstudie, die der möglichst genauen Abbildung der tatsächlichen politischen Verhältnisse und Vorgänge dient, wird eine vorwiegend qualitative Zielsetzung verfolgt, d.h. angestrebt werden vertiefte Einblicke in Problemzusammenhänge.[9] Von der zeitlichen Dimension her kann die Untersuchung als Querschnitt charakterisiert werden, also eine punktuelle Erhebung. Die notwendige Dynamik der Analyse erhält die Politikfolgenabschätzung demnach nicht im Rahmen der einzelnen, sondern erst im Zusammenhang der im Zeitverlauf gestaffelten Analysen.

Es geht also um eine tendenziell eher qualitative Fallstudie auf einem spezifischen Politikfeld, die mittels des kombinierten Einsatzes von Methoden und theoretischen Ansätzen als Querschnitt die Gewinnung strategischer Erkenntnisse anstrebt.[10] Dabei sollen neben sekundären Daten unterschiedlicher Herkunft auch primäre, d.h. selbst erhobene, Daten, insbe-

---

die Methodenvielfalt durch die knappen "Ressourcen" an Zeit, finanziellen Mitteln usw. des Forschers; Bellers/ Kipke 1993, 135
6 Konegen 1992, 144; Schubert 1991, 43; siehe einführend Atteslander 1986; Atteslander 1991; Friedrichs 1990 sowie Alemann/ Forndran 1990; mit speziellem Bezug zur parlamentarischen Politikberatung Thienen 1990
7 Atteslander 1986, 99
8 Berg-Schlosser/ Stammen 1992, 127
9 Jann 1985, 96; Schubert 1991, 46; Atteslander 1986, 101 f.; laut Schubert handelt es sich bei der Differenzierung von quantitativen und qualitativen Methoden häufig um einen konstruierten Scheinwiderspruch. Seiner Ansicht nach überlappen sich quantitative und qualitative Zugänge grundsätzlich in jeder Form empirischer Forschung; Schubert 1991, 44 f.
10 Atteslander 1991, 85

sondere aus Expertenbefragungen, Verwendung finden.[11] Unter Expertenbefragung soll in diesem Zusammenhang ein mündliches, teilstrukturiertes
und offenes Interview verstanden werden.[12] Die jeweiligen Gesprächspro-
tokolle sind der vorliegenden Analyse beigefügt.

Die Verwendung theoretischer und methodischer Ansätze richtet sich
- dem pragmatischen Erkenntnisinteresse entsprechend - sehr stark nach
der jeweils zu analysierenden Situation. Im Rahmen der Untersuchung der
politischen Durchsetzbarkeit erstreckt sich dies auf einen Erklärungsver-
such mittels des Verhaltensmodells des "modernen"[13] Homo Oeconomicus
unter Anwendung des Strukturkonzepts der Policy Netzwerke (bzw.
"Issue"-Netzwerke) und unter Beachtung des spezifischen institutionellen
Kontextes.[14] Versucht werden soll eine Abschätzung möglicher Ergebnisse
menschlichen Entscheidungsverhaltens: Gefragt ist also nicht vollkommen
wirklichkeitsgetreue Abbildung, sondern Skizzierung der groben Züge individuellen Verhaltens und kollektiver Entscheidungsfindung. Auch die Analyse der potentiellen Akzeptanz beruht auf dem ökonomischen Verhaltensmodell, doch treten hier soziologische und psychologische Erklärungsfakto-
ren noch stärker in den Vordergrund.

---

11 Alemann/ Forndran unterscheiden neben primären und sekundären Daten noch individuelle (z.B. Einzelinterviews) und Aggregatdaten (z.B. Wahlstatistiken); Alemann/ Forndran
1990, 159
12 Ein Interview ist die planmäßige (systematische) Erhebung von Informationen durch gezielte Fragen zur Erforschung von Motivationen, Meinungen, Einstellungen, etc.; ibid., 170;
mündliche Befragungen eignen sich insbesondere für qualitative Erhebungen; Atteslander
1991, 163; dabei ist allerdings der möglicherweise auftretende verzerrende Einfluß des In-
terviewers auf die erhobenen Daten ("interviewer bias") zu beachten; Friedrichs 1990,
215; der Befragende kann allerdings beim mündlichen Interview nicht nur verzerrend, sondern auch regelnd und kontrollierend eingreifen. Teilstrukturierte Befragungen sind Gespräche aufgrund vorbereiteter und vorformulierter Fragen, deren Abfolge allerdings offengelas-
sen wird (Gesprächsleitfaden). Der Begriff offene Fragen beschreibt das Fehlen fester Ant-
wortkategorien; Atteslander 1991, 162 f. + 179; die Delphi-Methode ist eine Form struk-
turierter, wiederholter Expertenbefragung mit systematischer Antwortenauswertung; siehe
dazu Linstone 1985; Atteslander 1991, 176
13 Darunter ist eine "weiche" Form des ökonomischen Verhaltensmodells zu verstehen, die
z.T. auch Elemente der soziologischen Verhaltenstheorie und psychologische Verhaltenser-
klärungen einschließt. Dem theoretischen Inhalt des Homo Oeconomicus i.S. des enthaltenen Erklärungspotentials ist ein solches Vorgehen zwar nicht zuträglich, doch wird die Nähe zur Realität erhöht. Wie bereits mehrfach gesagt: Stärkere Annäherung an die Realität
zieht Einbußen an Wissenschaftlichkeit nach sich (vide supra, p. 9)
14 Wobei Institutionen im Rahmen der ökonomischen Verhaltenstheorie als Restriktionen
aufgefaßt werden; Kirchgässner 1991, 32 + 35 f.; unter Institutionen sollen im folgenden
"auf Dauer gestellte soziale Beziehungen" jeder Art verstanden werden. Der institutionelle
Kontext umfaßt also - neben den politischen Institutionen im althergebrachten Sinne -
auch rechtliche und soziale Normen, unabhängig von der jeweiligen Art und Weise ihrer
Entstehung. In diesem Verständnis sind Institutionen sowohl Produkt als auch Kontext
menschlichen Handelns; Zintl 1990, 267

Darüber hinaus umfaßt die Datenbasis der vorliegenden Untersuchung verschiedene Formen von Publikationen und PR-Material, Unterlagen
öffentlicher und anderer Stellen sowie Protokolle von Sitzungen öffentlicher
Entscheidungsgremien. Auf dieser Grundlage werden Inhaltsanalysen i.s.
systematischer Interpretation durchgeführt, hinzu kommen - allerdings in
sehr kleinem Maßstab - Sekundäranalysen fremderhobener Daten. Insbesondere im Rahmen der Abschätzung der potentiellen Benutzerakzeptanz
von Verkehrsinformationssystemen, wo von gegenwärtigen Einstellungen
und Verhaltensmustern auf zukünftiges Verhalten geschlossen werden soll,
sind Sekundäranalysen sozialwissenschaftlicher Erhebungen und Meinungsumfragen vorgesehen.[15] Abschätzung bezeichnet dabei eben den bereits erwähnten (vide supra, p. 22 f.) Versuch, unter Ausnutzung akkumu-
lierter sozialwissenschaftlicher Erkenntnisse und des Alltagswissens mit
Hilfe einer systematischen Vorgehensweise wenigstens ein kleines Stück
weit über "alltägliche" ("vorwissenschaftliche") Überlegungen hinauszugrei-
fen.

Einer besonderen Bemerkung bedarf noch der in der vorliegenden Arbeit häufig anzutreffende Begriff des Systems: "System" bezeichnet im
Rahmen dieser Analyse Zusammenhänge prinzipiell jeder Art, welche durch
hohe Komplexität und Interdependenz gekennzeichnet sind. Er gilt also sowohl für technische Systeme wie z.B. große Computernetze (WAN oder
GAN)[16] als auch für "soziale Systeme" im weitesten Sinne. Auch der Verkehr in der Gesamtschau trägt, wie dies auch für einzelne Verkehrsinformationssysteme zu zeigen sein wird, die Züge eines Systems in diesem
Sinne: Auch und insbesondere das Verkehrsgeschehen ist geprägt von
hochkomplexen und stark interdependenten Zusammenhängen.

Im folgenden soll nun zunächst auf die technischen und volkswirtschaftlichen Rahmenbedingungen des Einsatzes von Verkehrsinformationssystemen in der Bundesrepublik eingegangen werden.

---

15 Friedrichs 1990, 314 + 353; Endruweit 1986, 81 + 83; neben der Meinungsfor-
schung finden in der Akzeptanzforschung auch Experimente Verwendung, meist in Gestalt
von Feldversuchen; ibid., 82
16 WAN = Wide Area Networks; GAN = Global Area Networks; in Abgrenzung zu LAN =
Local Area Networks, d.h. hausinterne (Indoor-) Netzwerke; Löns 1990, 779; Kulla 1993,
227

2. Telematik im Verkehr : Vernetzung und Integration

2.1 Das Gesamtsystem Verkehr

2.1.1 Entwicklungen, Probleme, verkehrspolitische Ziele

Die Entstehung und Weiterentwicklung von Verkehr ist ein grundlegendes Merkmal des Zivilisationsprozesses. Das starke Wachstum der Bevölkerung erhöht die Zahl potentieller Teilnehmer, deren räumliche Interaktion sich gleichzeitig im Rahmen immer weiter fortschreitender struktureller Differenzierung - das Stichwort lautet hier Arbeitsteilung - verstärkt. Verkehr ist die direkte Folge dieser wachsenden Mobilität.[1] Die westlichen Industriestaaten sind inzwischen durchweg geprägt von einer feinmaschigen internationalen Vernetzung mit sehr weiträumigen Strukturen. Dies gilt in besonderem Maße für die Staaten des Europäischen Binnenmarktes. Die konsequente Ausnutzung von Größenvorteilen aus Arbeitsteilung, Automatisierung, Massenvertrieb etc. ist eine Folge, aber auch die zunehmende Auflösung kultureller Identitäten sowie eine fortschreitende Fragmentierung der Zeitnutzung gehen mit dieser Entwicklung einher.[2] Hinzu kommt die evolutionäre Unumkehrbarkeit des Zivilisationsprozesses: Ein einmal erreichtes Zivilisationsniveau wird unter normalen Umständen, d.h. ohne Zutun "zivilisatorischer Katastrophen", nicht wieder aufgegeben und mit allen Mitteln verteidigt.[3] Daher kann es nicht verwundern, daß das Verkehrsaufkommen häufig als Indikator des erreichten Zivilisationsniveaus bzw. der Wirtschaftsentwicklung betrachtet wird. In dieses Bild paßt die bisher gleichläufige Entwicklung des Bruttosozialprodukts (BSP) und des Güterverkehrsaufkommens bzw. des Pro-Kopf-BSP und des Motorisierungsgrades. Allerdings sollten hier Korrelation und Kausalität nicht verwechselt werden: Das Vorliegen einer (bisher) positiven Korrelation zwischen zwei

---

1 Im weiteren soll hier unter Mobilität Verkehrsmobilität - im Gegensatz zu Wanderungsmobilität - verstanden werden. Mobilität bezeichnet demnach eine ständig verfügbare Möglichkeit zur Ortsveränderung, über deren Ziel und Beginn das Individuum frei entscheiden kann und niemandem Rechenschaft schuldig ist und die unter Gewährleistung der freien Wahl des Verkehrsmittels und der Reisebedingungen abläuft; Cerwenka 1993, 698 f.; zu Siedlungs- und Raumstrukturen als Grundbedingung der Verkehrsentstehung siehe Maier/ Atzkern 1992
2 Thomson 1978, 23 ff.; Cerwenka 1992, 422 f.; Rothengatter 1991a, 239 f.; Prätorius/ Steger 1994, 21; welche Formen die konsequente Ausnutzung der Größenvorteile annehmen kann, zeigt die Berechnung des Wuppertaler Instituts für Klima, Umwelt und Energie, derzufolge ein Becher Joghurt, bevor er auf dem Frühstückstisch landet, insgesamt 9.115 km zurücklegt; Schäfers, Manfred: Verkehrs-Lasten, FAZ (21.04.1994) 92, 15
3 Cerwenka 1992, 422 f.

Indikatoren impliziert noch lange nicht, daß es hier auch einen kausalen Zusammenhang gibt.[4]

Ohne die Existenz einer Kausalität zu behaupten, kann aber festgehalten werden, daß bislang wirtschaftliches Wachstum immer mit einer Zunahme des Verkehrsaufkommens einhergegangen ist und daß es aus heutiger Sicht keinerlei Anzeichen dafür gibt, daß sich dies in naher Zukunft ändert.[5] Das folgende Schaubild veranschaulicht die Entwicklung zunächst des Güterverkehrsaufkommens in Deutschland [6] :

Abbildung 1

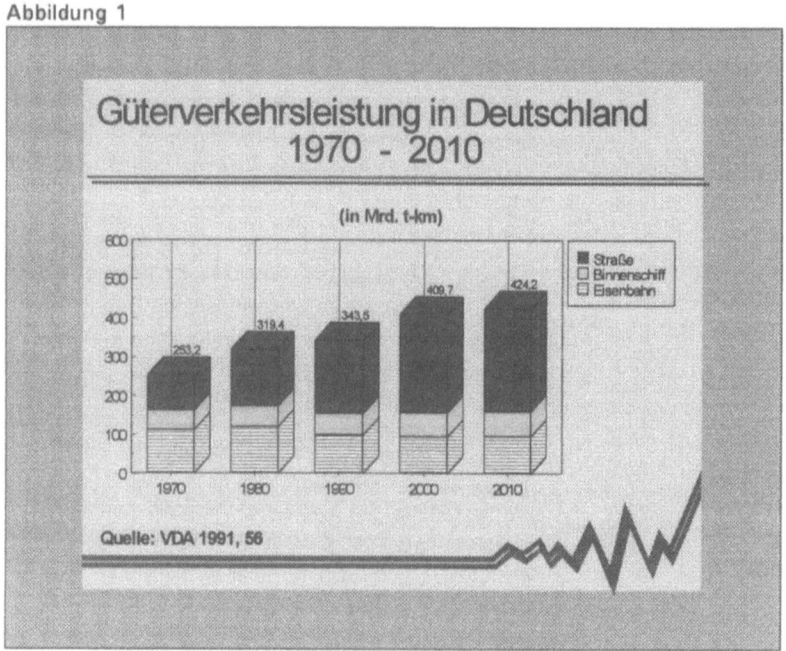

Güterverkehrsleistung in Deutschland
1970 - 2010

(in Mrd. t-km)

Straße
Binnenschiff
Eisenbahn

Quelle: VDA 1991, 56

---

4 Aus der empirisch feststellbaren Korrelation zwischen der Entwicklung des BSP und derjenigen des volkswirtschaftlichen Energieverbrauchs wurde über Jahrzehnte hinweg die Schlußfolgerung gezogen, eine Zunahme des Energieverbrauchs sei für weiteres Wirtschaftswachstum unumgänglich; diese Schlußfolgerung wurde inzwischen von der Realität widerlegt; so ist auch für die Korrelation z.b. zwischen Wirtschaftsentwicklung und Entwicklung des Güterverkehrsaufkommens oder der Verkehrsinfrastrukturkapazität eine Korrelation noch keineswegs erwiesen; "Korrelation bedeutet also keineswegs notwendigerweise Kausalität."; Cerwenka 1992, 427f.
5 Interview mit Robert J. Coleman am 17. Juni 1994, siehe Befragungsprotokoll 6, 1; Interview mit Ulrich Näke am 20. Juni 1994, siehe Befragungsprotokoll 7, 1
6 Für die Zeit vor 1990 finden die Zahlen aus der ehemaligen DDR Berücksichtigung, auch wenn sich aus der dort praktizierten starken Bevorzugung des Schienenverkehrs Verzerrungen im modal split ergeben

Augenfällig ist dabei der "Siegeszug" des Straßengüterverkehrs auf
Kosten des Schienenverkehrs und der Binnenschiffahrt, der sich auch EG-
weit feststellen läßt: Zwischen 1970 und 1990 stieg der Anteil des Straßenverkehrs an der Güterverkehrsleistung innerhalb der EG von gut der
Hälfte auf fast 70%, während derjenige des Schienenverkehrs von fast
28% auf gut 15% sank.[7] Dies liegt zum einen an der Veränderung der
Aufkommensstruktur im Güterverkehr weg von den (binnenschiff- und ei-
senbahn-affinen) Massengütern im Kontext der Absatzkrise der Montan-
und Schwerindustrie sowie am sinkenden Rohstoffeinsatz pro Produktein-
heit. Zum anderen kam und kommt dem Straßengüterverkehr der anhaltende Trend zu kleineren, eilbedürftigen Partiegrößen infolge der Reduzierung der Fertigungstiefe und der verstärkten Anwendung des Just-in-time-
Prinzips zugute, wobei hier auch die straßenorientierte Siedlungsstruktur
Deutschlands eine Rolle spielt.[8] Außerdem profitierte der Straßentransport
im Bereich des - durch wachsende europäische Integration immer wichtiger
werdenden - grenzüberschreitenden Verkehr von der fehlenden technischen
Harmonisierung des europäischen Schienenverkehrs.[9] Die Güterverkehrs-
prognosen sagen im wesentlichen ein Anhalten dieses Trends voraus:
Übereinstimmend werden ein weiter steigendes Verkehrsaufkommen im
Güterverkehr sowie ein sinkender Anteil des Binnenfernverkehrs auf der
Straße zugunsten eines steigenden Anteils im grenzüberschreitenden
Straßengüterfernverkehr prognostiziert.[10] So steigt im Bezugsfall der dem
Bundesverkehrswegeplan (BVWP) '92 zugrundeliegenden Prognose von
1988 bis 2010 die Verkehrsleistung im Straßengüterfernverkehr um 111%,

---

7 Die genauen Zahlen: 50,6% (1970) und 69,9% (1990) im Straßen- und 27,8% (1970)
und 15,4% (1990) im Schienenverkehr; der Anteil der Binnenschiffahrt an der gesamten
Güterverkehrsleistung innerhalb der EG sank von 13,6% 1970 auf 9,2% 1990; European
Communities - Bulletin Supplement 3/93, 7
8 Die Haus-zu-Haus-Bedienung ist einer der wesentlichen Vorteile des Straßengüterverkehrs; Deutsche Bank 1990, 9; Diekmann 1989, 32; Schröder 1994, 182; als eisenbahn-
affin (die Binnenschiffahrt ist von der gleichen Güteraffinität wie der Schienenverkehr gekennzeichnet) gelten insbesondere Kohle, Eisen und Stahl, Steine und Erden, als Lkw-affin
hingegen Nahrungs- und Futtermittel, Mineralöl- und chemische Erzeugnisse, Fahrzeuge,
Maschinen, Halb- Fertigwaren; Deutsche Bank 1990, 10
9 Beispielsweise arbeiten die europäischen Eisenbahnen heute noch mit unterschiedlichen
Stromsystemen und Spurbreiten, was langwierige Umrüstarbeiten an der Grenze erforderlich macht; dadurch verlor der Schienenverkehr im expandierenden internationalen Verkehr
entscheidende Marktanteile; Schröder 1994, 182
10 Je nach ihrer Entstehungszeit unterscheiden sich die einzelnen Prognosen hauptsächlich
hinsichtlich der angegebenen Prozentwerte, jedoch i.d.R. nicht in der Vorhersage des allgemeinen Trends; so geht die dem BVWP '92 zugrundeliegende Prognose von Kessel + Partner von einer Steigerung der territorialen Güterverkehrsleistung in Deutschland 1988 bis
2010 um 78% aus, während die DIW-Prognose - die später entstand und daher über die
ungünstige Wirtschaftsentwicklung informiert war - 60% veranschlagt; Rommerskirchen
1994, 136 f.

im Schienenverkehr dagegen nur um 42% und in der Binnenschiffahrt um 81%.[11]

Die deutlichen Zuwächse sowohl im gesamten Güterverkehrsaufkom-men als auch in der gesamten Güterverkehrsleistung in den kommenden 20 Jahren erklären sich aus der weiteren Vertiefung der europäischen Integra-tion auf der einen Seite sowie andererseits aus der Öffnung Osteuropas im allgemeinen und der deutschen Vereinigung im besonderen. Es ist davon auszugehen, daß sich der - vorher auf dem Wege erheblicher staatlicher Eingriffe zugunsten des Schienenverkehrs "beschönigte" - Modal Split in den neuen Bundesländern dem des alten Bundesgebietes angleicht, was deutliche Einbußen für den Schienenverkehr mit sich bringen wird.[12] Hinzu kommt noch die "Renaissance" der straßengüternahverkehrsintensiven Bauwirtschaft in Ostdeutschland.[13] Dabei kommen die bereits beschriebe-nen strukturellen und systemeigenen Vorteile des Straßengüterverkehrs im Hinblick auf den weiter steigenden Stellenwert des grenzüberschreitenden Verkehrs und vor dem Hintergrund weiter sinkender durchschnittlicher Transportentfernungen - 80% aller Strassentransporte finden innerhalb ei-nes Radius von 100 km statt [14] - verstärkt zum Tragen.

Im Personenverkehr bietet sich in etwa das gleiche Bild, allerdings mit noch höheren Zuwachsraten sowohl im Hinblick auf die gesamte Ver-kehrsleistung als auch - und in ganz besonderem Maße - beim motorisierten Individualverkehr (MIV). Einen Überblick verschafft das folgende Schau-bild[15] :

---

11 Dokumentation 164 IntV 1991, 503; diese Prognose ist insofern etwas einzuschränken, als sich die Konjunktur weitaus ungünstiger als erwartet entwickelte; so sank die gesamte Güterverkehrsleistung in der Bundesrepublik Deutschland von 1992 auf 1993 um 2,4%, wobei allerdings der Straßengüterfernverkehr an diesen Einbußen nur unterdurchschnittlich beteiligt war (Verringerung um 0,1%), während die Eisenbahn in überdurchschnittlichem Maße betroffen war (nämlich mit einer Einbuße von 9,4%); DVZ (19.10.1993) 124, 3
12 Willeke 1990b, 70; Busch 1991, 5; Cerwenka 1992, 426; zu beachten ist dabei, daß das ostdeutsche Ausgangsniveau (für Zuwächse auf seiten des Straßenverkehrs und für Einbußen auf seiten der Eisenbahn) sehr hoch ist: Noch 1990 betrug in den neuen Bundes-ländern der Anteil der Eisenbahn an der gesamten Güterverkehrsleistung 80%; Schröder 1994, 182 f.
13 Deutsche Bank 1990, 7
14 Deutscher Bundestag, Drucksache 12/6841 vom 16.02.1994, 7 f.
15 Für den Zeitraum vor 1990 waren lediglich Daten für die alten Bundesländer verfügbar; ÖV = Öffentlicher Verkehr; IV = Individualverkehr

Abbildung 2

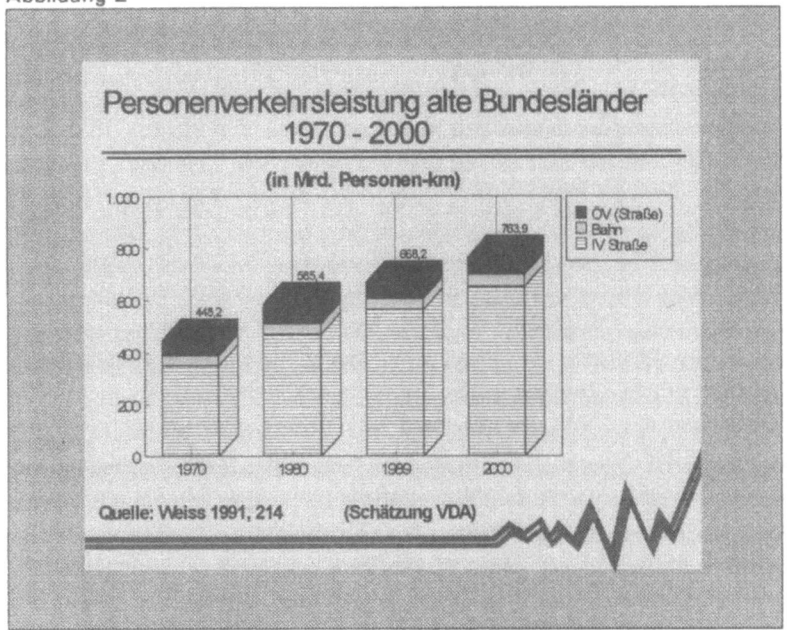

Einen guten Indikator für den erheblichen Zuwachs der Verkehrsleistung im Personenverkehr stellt die Jahreswegstrecke dar, also die pro
Jahr und Einwohner durchschnittlich zurückgelegte Wegstrecke: Im Jahre
1960 betrug die Jahreswegstrecke in der Bundesrepublik Deutschland etwa
4.500 km, 1990 dagegen etwa 11.400 km. Innerhalb von 30 Jahren hat
sich der individuelle Aktionsradius verzweieinhalbfacht.[16] Dabei lag auch
im Personenverkehr der Schwerpunkt der Verkehrsleistungssteigerung auf
der Straße. Zwischen 1974 und 1991 sank der Anteil der Eisenbahn an den
Personenverkehrsleistungen im alten Bundesgebiet von 8,5% auf 6,4%,
während gleichzeitig der Anteil des MIV von gut 76% auf knapp 82%
stieg.[17] Ein Blick auf die EG-weite Entwicklung zeigt, daß der Zuwachs des
Straßenverkehrs in der Bundesrepublik sogar leicht überdurchschnittlich
ausfiel.[18] Erwähnenswert ist darüber hinaus insbesondere die Entwicklung

---

16 Cerwenka 1992, 423
17 Der Anteil des gesamten Straßenpersonenverkehrs - also incl. des ÖV und des Taxi-
und Mietwagenverkehrs - stieg in diesem Zeitraum von 89,9% auf 91,2%; Schröder 1994,
183
18 EG-weit sank der Anteil des Schienenverkehrs am gesamten Personenverkehrsaufkom-
men von 10% im Jahre 1970 auf 6,6% 1990, während der Anteil des MIV von 76,1% auf
79% stieg; European Communities - Bulletin Supplement 3/93, 69

im Luftverkehr. Innerhalb der EG stieg sein Anteil am gesamten Personen-
verkehrsaufkommen von 1970 bis 1990 von 2% auf fast 6%,[19] die
BVWP´92-Prognose geht von einer Veranderthalbfachung im Passagierflug-
verkehr zwischen 1988 und 2010 aus. Bei einem prognostizierten Wachstum der gesamten Verkehrsleistung von 39% im Vergleich zu 1988 wird
für 2010 ein Modal Split im Personenfernverkehr von 77% MIV, 15,4% Eisenbahn und 7,6% Luftverkehr vorhergesagt.[20]

Als Ursache für diese Entwicklung ist grundlegend die infolge der -
stetig steigenden Bedürfnisse der Individuen fortschreitende funktionelle
Differenzierung anzusehen. Wichtige Trends sind außerdem die zunehmende Pkw-Dichte[21], der sinkende durchschnittliche Besetzungsgrad der
Kraftfahrzeuge[22] sowie die stetige Zunahme des Freizeitverkehrs, der heute
bereits rund ein Drittel des gesamten Personenverkehrs ausmacht.[23] Von
Bedeutung ist hier die Hypothese vom konstanten Reisezeitbudget: Entsprechend dieser Annahme nimmt das Reisezeitbudget, d.h. die pro Person
und Tag im Verkehr zugebrachte Zeit, mit steigender Transportgeschwin-
digkeit nicht ab, sondern diese Reisezeitgewinne werden in größere Entfernungen umgesetzt. Diese Hypothese läßt sich gut auf die "Explosion" des
individuellen Aktionsradius anwenden: Mit steigendem Einkommen und
damit gesteigerter Verfügbarkeit schneller Verkehrsmittel konnten die Individuen bei gleichbleibendem Reisezeitbudget größere Entfernungen realisieren.[24]

---

19 ibid.
20 Das Wachstum der gesamten Verkehrsleistung im Personenverkehr macht dabei absolut
127,3 Mrd. Personen-km aus; für den MIV wird mit einem Zuwachs von 39% gerechnet
und im Bahnverkehr mit einer Steigerung um 58%; Dokumentation 165 IntV 1991, 565 f.
21 D.h. der Zahl der Pkw je 1.000 Einwohner, wird häufig auch als Motorisierungsgrad bezeichnet; 1987 betrug die Pkw-Dichte im EG-Durchschnitt 381, im Jahre 2010 werden es
voraussichtlich 503 sein; EG KOM (92) 46 endg., 37
22 In den Städten sind Pkw beispielsweise im Durchschnitt mit weniger als 1,5 Personen
besetzt, das entspricht einem Auslastungsgrad von nur rund einem Drittel; Deutsche Bank
1990, 13
23 Cerwenka 1992, 429; Deutsche Bank 1990, 11
24 Ein höheres Einkommen erlaubt es dem Individuum also, schnellere Verkehrsmittel zu
nutzen und somit bei gleichbleibender Reisezeit größere Entfernungen zurückzulegen; Pflei-
derer/ Braun 1993, 414; ein Blick auf die Gesamtfahrtenzahl bestätigt diese Annahme: In
Deutschland (und auch in Frankreich) ergibt sich für den Zeitraum 1960 bis 1988 eine
weitgehende Stabilität der Gesamtfahrtenzahl; Orfeuil/ Zumkeller 1993, 116 + 114; während im Güterverkehr sowohl Verkehrsaufkommen als auch die durchschnittliche Trans-
portweite wachsen, sind im Personenverkehr nur die durchschnittlichen Wegstrecken gewachsen und die durchschnittliche Wegehäufigkeit (Fahrtenzahl) sowie die durchschnittliche Verkehrsdauer, d.h. die pro Tag und Person im Verkehr verbrachte Zeit, blieben kon-
stant; Krostitz/ Köthner 1993, 649; Krämer, Michael: Das Ziel: Umwelt schonen, Staus
entflechten, umsteigen, DVZ (19.10.1993) 124, 46f.; den Ergebnissen der bisherigen em-

Vor dem Hintergrund der hier skizzierten vergangenen und zukünfti-
gen Entwicklungen sind die Probleme zu sehen, die der Verkehr in seiner
Gesamtheit der Gesellschaft und insbesondere der Politik heute stellt.
Thomson faßt das grundlegende Problem folgendermaßen zusammen: "Der
Verkehr ist der Bereich externer Effekte *par excellence*."[25] Das liegt ihm
zufolge zum einen darin begründet, daß Verkehrsleistungen quasi in der
Öffentlichkeit "produziert" werden und zum anderen an der Tatsache, daß
Verkehr heutzutage hochtechnisiert abläuft.[26] Ein weiterer Grund ist der
besondere Charakter des Gutes Verkehr bzw. Mobilität: Allein schon durch
den besonderen Stellenwert, den die Mobilität im Leben des Einzelnen einnimmt, wird dessen besonderer Charakter geprägt.[27] Festzuhalten ist jedoch zunächst, daß Verkehr ein nicht-isolierbarer und v.a. von vielfältigen
Rück- und Nebenwirkungen geprägter Bereich ist. Deshalb läßt sich nie eindeutig bestimmen, welche Faktoren dem Verkehr als Gesamtsystem zuzu-
rechnen sind und welche nicht. Verkehr ist untrennbar mit der Gesellschaft
verbunden, in der er abläuft. Folglich bleibt keine verkehrliche Maßnahme
ohne Auswirkungen auf die Gesellschaft.[28]

Diese für den weiteren Verlauf der vorliegenden Analyse zentrale
Feststellung verdeutlicht das folgende Schaubild bereits im Vorgriff auf die
interdependenten Wirkungszusammenhänge im Politikfeld Verkehrspolitik.[29]

---

pirischen Untersuchungen zufolge ist die Annahme vom konstanten Reisezeitbudget zutreffend; Marte 1994, 266
25 Thomson 1978, 59; Hervorhebung im Original
26 ibid., 59 f.
27 So dient das Automobil nicht nur wirtschaftlicher Zweckmobilität, sondern hat auch eine Vielfalt von Sekundärfunktionen, die von der privaten Liebeslaube bis zur Machtausübung über andere Verkehrsteilnehmer reichen; Übersicht zu den Sekundärfunktionen des
Automobils in Vester 1990, 315
28 Kramer 1991, 251
29 Die folgende Darstellung berücksichtigt aus Gründen der Übersichtlichkeit lediglich die
aus der Sicht des Verkehrs zentralen Wirkungsstränge, zeichnet also kein vollständiges Bild
des zugrundeliegenden Wirkungsgefüges, falls dies überhaupt durchführbar ist.

Abbildung 3

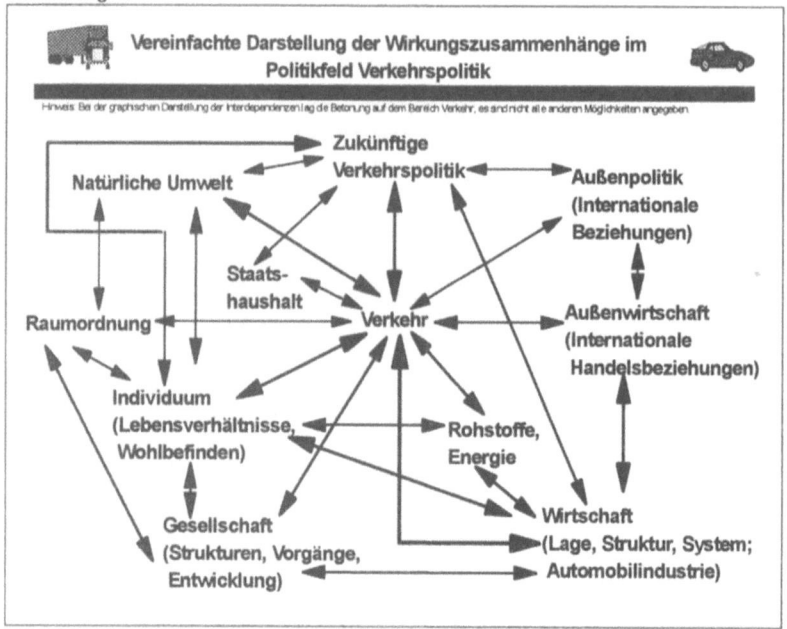

Vereinfachte Darstellung der Wirkungszusammenhänge im Politikfeld Verkehrspolitik

Hinweis: Bei der graphischen Darstellung der Interdependenzen lag die Betonung auf dem Bereich Verkehr; es sind nicht alle anderen Möglichkeiten angegeben.

Die externen Kosten des Verkehrs - so schwierig sie auch objektiv zu erfassen sind - lassen sich grob in Unfall-, Stauungs-, Infrastruktur- und Umweltkosten differenzieren.[30] Bei den Verkehrsunfällen ist der Straßenverkehr eindeutig Spitzenreiter: Im Jahr 1991 ereigneten sich auf Deutschlands Straßen 385.147 Unfälle mit Personenschaden, der gesamtwirtschaftliche Schaden aus diesen Unfällen betrug nach Angaben der Bundesregierung rd. 52 Mrd. DM.[31] Allerdings sinkt die Zahl der im Straßenverkehr Getöteten aufgrund einer stark verbesserten aktiven und passiven Sicherheit der Fahrzeuge trotz steigender Fahrleistung stetig.[32] Im Gegenzug steigt allerdings die Zahl der leichteren Unfälle.[33]

---

30 Suntum 1986, 145 ff.
31 Antwort der Bundesregierung vom 17. Mai 1994 auf eine Kleine Anfrage von SPD-Abgeordneten; von diesen 52 Mrd.DM gesamtwirtschaftlichem Schaden durch Straßenverkehrsunfälle entfielen dabei 41 Mrd. DM auf die alten und 11 Mrd. DM auf die neuen Bundesländer; WIB 24 (25.05.1994) 10, 71; Statistisches Jahrbuch 1993
32 Setzt man die Zahl der Unfalltoten in Beziehung zur gesamten Fahrleistung, so ergibt sich folgendes Bild: 1970 waren 82 Unfalltote pro 1 Mrd. Fahrzeug-km zu beklagen, 1988 waren es "nur" noch 19; Deutsche Bank 1990, 13; siehe außerdem Fiedler 1992, 24; Stahl 1993a, 159
33 Weinspach 1991, 9

Einen weiteren Problembereich des Verkehrs bilden - nicht zuletzt auch im Hinblick auf die Verkehrssicherheit - unterschiedliche Formen von Kapazitätsproblemen. Die bekannteste und auch von ihren externen Effekten her kostspieligste Form bilden Kapazitätsüberlastungen, die wiederum v.a. im Straßenverkehr, aber auch - insbesondere auf den Hauptmagistralen und an Knotenpunkten - im Schienenverkehr sowie in letzter Zeit in zunehmendem Maße im Luftverkehr auftreten. Diese Kapazitätsengpässe lassen sich für den Straßenverkehr an folgenden Zahlen festmachen: Seit 1960 wuchs das Straßennetz auf dem Gebiet der alten Bundesländer um 35%, die Verkehrsleistung im Straßenverkehr, also Güter- und Personenverkehr zusammengenommen, stieg im gleichen Zeitraum jedoch um 370%.[34] Die Verkehrsnachfrage wuchs also deutlich schneller als die Verkehrsinfrastruktur, in diesem Fall das Straßennetz. Die Folge ist eine stark gestiegene Verkehrsdichte auf bundesdeutschen Straßen und hier insbesondere den Autobahnen, aus der bei Belastungsspitzen (z.B. Ferienzeit, Berufsverkehr) und/oder bei Auftreten besonderer Umstände (z.B. Baustellen, Unfälle) Stauungen resultieren.[35]

Auch im Flugverkehr stößt das Wachstum des Verkehrsaufkommens deutlich auf Grenzen. Bei stark frequentierten Flughäfen treten ernsthafte Kapazitätsprobleme auf, weil der Infrastrukturausbau nicht mit der Nachfragesteigerung mithalten kann.[36] Zudem werden die Flugsicherungseinrichtungen in wachsendem Maße überfordert, was nicht zuletzt an den äußerst unübersichtlichen Verhältnissen aufgrund der Vielzahl verschiedener Flugsicherungssysteme in Europa liegt.[37] Unflexible Flugleitsysteme und die starre Luftraumordnung, die große Teile des Luftraumes für den militärischen Luftverkehr reserviert, tragen ein Übriges zur steigenden Zahl an Flugverspätungen und -annullierungen bei.[38] Im Schienenverkehr steht

---

34 Harmsen/ König 1992, 158
35 Deutsche Bank 1990, 11; Thomson 1978, 43 ff.; Weinspach 1991, 5; DIHT 1991, 5; auf dem nur 1,7% Anteil am Gesamtstraßennetz ausmachenden Bundesautobahnen(BAB)-Netz werden 30% der jährlichen Fahrleistungen erbracht; trotzdem sind die BAB gemessen an der Unfallstatistik die sicherste Straßenart; Ostle, Dorothée: Der Einsatz von Technik erhöht die Verkehrssicherheit, FAZ (17.05.1994) 113, T1
36 Das liegt nicht zuletzt an der hohen Sensibilität bei der Bevölkerung gegenüber Flughafenausbauten (siehe Startbahn West); EG KOM (92) 494 endg., 36 f.; dieses Akzeptanz-Problem existiert - zwar nicht in so scharfer Form - auch bei Straßen- und Schienenverkehrsinfrastrukturvorhaben
37 Allein in der Bundesrepublik Deutschland gibt es sechs verschiedene Flugsicherungsregionen und auch die europäische Koordinierung ist bislang mangelhaft; Deutsche Bank 1990, 11
38 Der Luftraum über rd. 70% des Bundesgebietes ist der ausschließlichen Benutzung durch Militärmaschinen vorbehalten, dem zivilen Verkehr incl. der Transitflüge und Privat-

starken Infrastrukturüberlastungen auf bestimmten Strecken, ebenfalls infolge von Investitionsversäumnissen, allerdings auch die zweite Form der
Kapazitätsprobleme gegenüber, nämlich zeitweilige oder ständige Kapazi-
tätsüberhänge. Dies gilt auch - in mehr oder weniger starkem Maße - für
die anderen Verkehrsträger. Trotz Überlastungen an einzelnen Stellen in
Zeiten von Belastungsspitzen ist das Verkehrssystem im ganzen gesehen
kapazitätsmäßig nicht ausgelastet.[39]

Eng mit diesen Kapazitätsproblemen verknüpft ist das Wegekosten-
problem, also die Frage der Anlastung der Kosten für Bau und Erhaltung
der jeweiligen Infrastruktur. Dieses Thema gibt immer wieder Anlaß zu hef-
tigen Auseinandersetzungen und gegenseitigen Schuldzuweisungen.[40] Externe Kosten entstehen hier insofern, als die Kosten nicht in jedem Fall ver-
ursachergerecht getragen werden. Bei allen Verkehrsträgern hat der globale
Wegekostendeckungsgrad seit 1966 abgenommen, am stärksten bei der
Deutschen Bundesbahn. Mitte der achtziger Jahre erreichte der Straßenverkehr den höchsten globalen Wegekostendeckungsgrad (mit knapp
90%), den niedrigsten (mit 9%) die Binnenschiffahrt.[41]

Die externen Umweltkosten stellen den am häufigsten thematisierten
und problematisierten Bereich negativer verkehrlicher Wirkungen dar. Neben den Umweltschäden durch Überlastung der Verkehrsinfrastruktur sind
hier Landschaftsverbrauch und -zerschneidung, Risiken durch Gefahrgut-
transporte sowie betriebsbedingte, also direkt durch den Betrieb der Verkehrsmittel verursachte, Umweltbelastungen zu nennen.[42] Allgemein ist
anzumerken, daß auch hier aus der positiven Korrelation zwischen Verkehr
und Umweltzerstörung nicht leichtfertig eine Kausalität abgeleitet werden
sollte. Zutreffender ist wohl die Aussage, daß zur Befriedigung der ständig
wachsenden menschlichen Bedürfnisse eine strukturelle Differenzierung
notwendig wird, deren Folgen sowohl mehr Verkehr als auch mehr Umweltzerstörung sind. Die Beziehung zwischen Verkehr und Umweltzerstö-

---

maschinen bleiben nur enge Korridore; Deutsche Bank 1990, 11; EG KOM (92) 494 endg.,
36 f.
39 EG KOM (92) 494 endg., 36; Deutsche Bank 1990, 13
40 Beispiel: "Deutsche Straßenliga: Bahn erhielt 100 Milliarden mehr als die Straße", IntV
45 (1993) 5, 244; aus der Summe aller bundesdeutschen Nachkriegsausgaben (!) für Verkehrsinfrastruktur errechnete die Deutsche Straßenliga einen deutlichen Nachteil für die
Straße...
41 Selbst unter Einbeziehung sämtlicher Ausgleichszahlungen des Bundes kam die Deutsche Bundesbahn nur auf einen Wegekostendeckungsgrad von 66%; Suntum 1986, 127
42 Dazu gehört die Verschmutzung von Luft, Wasser und Boden sowie Lärmemissionen;
EG KOM (92) 46 endg., 11 ff.; Bracher 1990, 148 f.

rung ist demnach keine Ursache-Folge Beziehung, sondern eine Folge-Folge Beziehung mit Wechselwirkungen.[43] Außerdem wäre es auch angemessener, zunächst von Ressourcenverbrauch statt von Umweltzerstörung zu reden. Denn Ressourcenverbrauch wird erst dann zur Umweltzerstörung und damit zum negativen externen Effekt, wenn die Verbrauchsgeschwindigkeit die Regenerationsgeschwindigkeit längerfristig überschreitet.[44]

Doch auch aus diesem Verständnis heraus ist es im Falle des Verkehrs in seiner heutigen Ausprägung angemessen, von Umweltzerstörung zu sprechen. Von den großen Engpässen der Zukunft - begrenzten Rohstoffen, begrenzten Energien und begrenzten Umweltverschmutzungskapazitäten[45] - ist der Verkehr direkt betroffen. Dabei stellen die betriebsbedingten Umweltkosten bei allen Verkehrsträgern das größte Problem dar, das sich allerdings beim Straßenverkehr mit besonderer Schärfe stellt. Ein Beispiel: Insgesamt hat der Verkehr einen Anteil von rd. 18% am gesamten CO_2-Ausstoß, fast 80% davon stammen aus dem Straßenverkehr.[46] Bei allen Arten verkehrlicher Umweltbelastungen - gleichgültig, ob man sie nun getrennt oder gemeinsam betrachtet - zeitigt der Straßenverkehr das höchste Schadensausmaß.[47] Diese Feststellung gilt auch für die Gesamtbetrachtung der externen Kosten des Verkehrs, die Wegekosten vielleicht ausgenommen: Sowohl bei den externen Kosten infolge von Unfällen als auch bei den Stauungskosten und v.a. bei den Umweltkosten hat der Straßenverkehr bislang eine zweifelhafte Führungsrolle inne.

Damit ist allerdings noch nicht das Ende der Betrachtung erreicht: Denn - wie der Name es schon andeutet - gehört zu einer volkswirtschaftlichen Beurteilung, einer Kosten-Nutzen-Analyse nicht nur die Betrachtung der externen Kosten, sondern auch der externen Nutzen.[48] Dies wird im Falle des Verkehrs häufig vergessen, zumal hier deutliche Nutzeneffekte

---

43 Cerwenka 1992, 429
44 Denn letztlich bedeutet ja jede Form von Leben Ressourcenverbrauch; ibid.
45 Gesprächsrunde des Bundes Junger Unternehmer (BJU) mit Bundesumweltminister Klaus Töpfer am 15. April 1994 in Saarbrücken
46 Die Luftfahrt ist mit 10,9%, der Schienenverkehr mit 3,9% und die Binnenschiffahrt mit 0,7% am CO_2-Ausstoß beteiligt; European Communities - Bulletin Supplement 3/93, 10; Eberlein 1991, 196; EG KOM (92) 46 endg., 34
47 EG KOM (92) 46 endg., 35; allerdings ist eine ökologische Schadensbilanz laut Aussage der Bundesregierung "nicht seriös quantifizierbar"; WIB 24 (25.05.1994) 10, 71
48 Aberle/ Engel 1992, 169 f.; eine solche Gegenüberstellung von externen Kosten und externen Nutzen des Straßenverkehrs fordert auch Werner 1993, 7; Rothengatter geht hingegen davon aus, daß ein externer Nutzen des Straßenverkehrs nur in Sonderbereichen nachweisbar sei und nicht pauschal kompensiert werden dürfe; daher plädiert er für ein vollständige Anlastung der externen Kosten des Straßenverkehrs; Rothengatter 1993a, 11

auszumachen sind. Im EG-Durchschnitt werden rd. 4% des Bruttoinland-
produkts (BIP) im Transportsektor erwirtschaftet, rechnet man den Werkverkehr und den Privatverkehr hinzu, so sind es 7 - 8% Prozent. Der Verkehr spielt eine zentrale Rolle für die Leistungskraft und Funktionsfähigkeit
des gesamten Wirtschaftssystems und nicht zuletzt auch im Rahmen der
europäischen Integration. Außerdem hängt im speziellen Fall der Bundesrepublik Deutschland laut Angaben des VDA jeder sechste Arbeitsplatz direkt
oder indirekt vom Automobil ab.[49] Die von den unterschiedlichen Verkehrsträgern verursachten externen Kosten müssen also vor dem Hintergrund
des jeweils hervorgebrachten externen Nutzens gesehen werden, wobei
beide externen Effekte erhebliche Quantifizierungsprobleme aufwerfen.[50]

Verkehrspolitik bezeichnet die Planung und Durchführung von Maßnahmen zur Gewährleistung der Mobilität von Gütern und Personen auf allen Verkehrsträgern seitens öffentlicher Akteure, also kommunaler, staatlicher und überstaatlicher Stellen.[51] Dabei kann davon ausgegangen werden, daß die Bedingungen und Faktoren verkehrspolitischer Entscheidungen
sich von denen wirtschafts- oder umwelt- oder sozialpolitischer Enschei-
dungen unterscheiden. Grundlegend ergibt sich diese Trennung nach Entscheidungsbedingungen aus der institutionellen Struktur, also auf der Res-
sortteilung in verschiedene Ministerien.[52] Verkehrspolitik bildet also ein gesondertes Politikfeld, dessen Zugänge, Ansätze und Ziele sich von denen
anderer Politikfelder unterscheiden, auch wenn - wie bereits in Abbildung 3
dargestellt - z.T. sehr direkte Wechselwirkungen bestehen.[53]

---

49 European Communities - Bulletin Supplement 3/93, 10 ff.; Weise, Horst: Deutsche sind
Weltmeister in der falschen Disziplin, DVZ (02.09.1993) Nr. 104, 3
50 Aberle/ Engel fassen das Problem - bezogen auf den Straßengüterverkehr - folgendermaßen: "Eine vollständige Erfassung und Bewertung der volkswirtschaftlichen Nutzeneffekte des Verkehrssystems Straßengüterverkehr würde eine totalanalytische Untersuchung
der Volkswirtschaft mit und ohne Existenz des Nutzfahrzeuges erfordern (with-and-
without-Betrachtung). Eine solche universelle Betrachtungsweise ist jedoch in entwickelten
Volkswirtschaften mit all ihrer Komplexität und ihren Interdependenzen unmöglich."; Aber-
le/ Engel 1992, 170
51 Eißel 1992, 740; zur Verkehrspolitik allgemein siehe Brandt u.a. 1994; Hesse/ Lucas
1990; Klatt 1987; Prätorius/ Steger 1994; Suntum 1986; Suntum 1993; Thomson 1978;
Wille 1993; Willeke 1989
52 Betrachtet man weltweit die vorherrschende staatliche Ressort-Einteilung, so läßt sich
Verkehrspolitik fast überall als gesondertes Politikfeld ausmachen, allerdings ist der Verkehrsbereich in Entwicklungsländern im Vergleich zu den westlichen Industriestaaten relativ
unbedeutend; Fischer Weltalmanach 1994, Sp. 1049
53 Das gilt in besonderem Maße für die Beziehungen zwischen Verkehrs- und Umweltpolitik, Verkehrs- und Wirtschaftspolitik sowie Verkehrs- und Strukturpolitik (Raumordnung);
Thomson 1978, 60; Vester 1990, 56 f.; häufig wird daher die Verkehrspolitik als Unterkategorie der Wirtschaftspolitik verstanden; Frerich beispielsweise definiert Verkehrspolitik als
"eine sektorale Wirtschaftspolitik, die sich auf den Transport von Gütern, Personen und
Nachrichten bezieht und der Realisierung wachstums-, struktur-, raumordnungs- und vertei-

Oberstes Ziel der Verkehrspolitik ist demnach die Sicherung der Mobilität von Gütern und Personen. Dazu gehört prinzipiell die Wahrung der Freiheit der Verkehrsmittelwahl. Das bedeutet jedoch nicht, daß die Verkehrspolitik sich jeglicher Beeinflussung der Ausgangsbedingungen der Verkehrsmittelwahl enthalten soll. Weder soll noch kann dies von verkehrspolitischer Seite geleistet werden. Schon allein der Anspruch der Mobilitätsgewährleistung erfordert Eingriffe im Falle von kontraproduktiven Entwicklungen.[54] Darüber hinaus ist die öffentliche Hand - zumindest de jure und bis heute in den meisten Fällen auch de facto - für die Bereitstellung und Instandhaltung der Verkehrsinfrastruktur zuständig. Über die Verkehrsinfrastrukturinvestitionen kann jedoch erheblicher Einfluß auf die Wettbewerbsbedingungen der einzelnen Verkehrsträger ausgeübt werden. Außerdem stellt die Verkehrsinfrastruktur - wie jede andere Form der Infrastruktur auch - einen bedeutenden Standort- und damit letzlich Wirtschaftsfaktor dar. So können sich Engpaßprobleme in der Verkehrsinfrastruktur schnell zu einem Hemmschuh für das Wirtschaftswachstum ganzer Regionen oder sogar Staaten auswachsen.[55] Als weitere verkehrspolitische Ziele sind die Verbesserung der Verkehrssicherheit, die Wahrung der Chancengleichheit im Raum sowie in wachsendem Maße die Verringerung der ökologischen Belastungen zu nennen.[56] Hinsichtlich seiner negativen Umweltwirkungen stellt der Verkehr, und zwar insbesondere der Straßenverkehr, die Politik vor große Probleme. Den zentralen Bereich bildet dabei der Verbrauch an natürlichen Ressourcen und damit an Energie, dessen direkte Folge der hinsichtlich der weltweiten Klima-Entwicklung bedenkliche Formen annehmende CO_2-Ausstoß ist. Die Selbstverpflichtung der Bundesregierung zur

---

lungspolitischer Ziele dient."; Frerich 1988, Sp. 1613; ebenso Olsson/ Piekenbrock 1993, 356; andere Ansätze wiederum betreiben in der Annahme "Verkehr bedeutet Umweltzerstörung" Verkehrspolitik als Umweltpolitik; Cerwenka 1992,
54 Wie z.B. der Defizit- und Attraktivitätsprobleme der ehemaligen Deutschen Bundesbahn oder eben der zu starken Zunahme des Straßenverkehrs; solche Entwicklungen können im Ernstfall die Funktions-, zumindest aber die Leistungsfähigkeit des Gesamtverkehrssystems in Frage stellen
55 Thomson 1978, 23 ff.; DIHT 1991, 12 f.; Bundesministerium für Wirtschaft 1993, 97; Bürgel 1983, 22; nicht umsonst wurden die Belange der Verkehrsinfrastruktur in den Bericht zur Zukunftssicherung der Attraktivität des Standortes Deutschlands des Bundesverkehrsministeriums aufgenommen; siehe Bundesministerium für Wirtschaft 1993
56 Das Interesse der Wahrung und Verbesserung der Verkehrssicherheit steht dabei als eine Art "Mitziel" bei jeder verkehrspolitischen Maßnahme im Hintergrund, d.h. evtl. sicherheitsabträgliche Maßnahmen werden nicht ergriffen; Interview mit Ulrich Näke am 20. Juni 1994, siehe Befragungsprotokoll 7, 1; die Gewährleistung der Chancengleichheit betrifft z.B. die Bereiche Tarifgleichheit im Raum, Aufrechterhaltung von Verkehrsverbindungen, Sicherung der Anbindung entlegener Regionen sowie der Mobilitätsbedürfnisse der dort ansässigen Bevölkerung etc.; hier handelt es sich also um struktur- und sozialpolitische Zielsetzungen auf dem Gebiet der Verkehrspolitik (siehe Abb. 3); Bürgel 1983, 20; Eißel 1992, 740; VDA 1993, 3

Senkung der jährlichen CO_2-Emissionsmenge bis 2005 um 25 - 30% betrifft auch den Verkehrsbereich.[57] Ohne an dieser Stelle näher auf die genauen "Frontverläufe" im Bereich Verkehr und Umwelt einzugehen, gilt als
Fazit, daß insbesondere hier ausgeprägte Zielkonflikte - aufgrund ihres
stark interdependeten Charakters ohnehin ein "Markenzeichen" der Verkehrspolitik - auftreten.[58]

So kann es auch nicht verwundern, daß die Bewältigung dieser Zielkonflikte zwischen Sicherung der Mobilität und Schutz der Umwelt eine der
grundlegenden Desiderate und die "umweltgerechte Mobilität" derzeit in
aller Munde ist.[59] Die "umweltgerechten Sicherung der Mobilität von Personen und Gütern" wird von seiten des BMV offiziell als allgemeines Ziel
der Verkehrspolitik genannt.[60] Auch alle anderen genannten Ziele finden
sich in der bundesdeutschen verkehrspolitischen Strategie wieder, wobei
im Bereich der Infrastrukturzuständigkeit die besondere Herausforderungen
des schnellen Auf- bzw. Ausbaus der desolaten Verkehrswege auf dem
Gebiet der ehemaligen DDR sowie die Verknüpfung der Verkehrswege zwischen Ost und West hinzukommen.[61] Zu diesem Zweck wurden u.a. ein
Gesetz zur Beschleunigung der Planungsverfahren für Infrastrukturprojekte

---

57 Diese auf UN-Ebene ausgesprochene Selbstverpflichtung faßte das Bundeskabinett am
7. November 1990 in einen entsprechenden Beschluß, der in der Koalitionsvereinbarung im
Januar 1991 sowie auf der Welt-Umweltkonferenz in Rio de Janeiro im Juni 1992 noch-
mals bekräftigt wurde; Rommerskirchen 1994, 141; Schäfers, Manfred: Verkehrs-Lasten,
FAZ (21.04.1994) 92, 15; auch der DIHT fordert eine Verringerung des Energieverbrau-
ches im Verkehr, allerdings begründet er diese Forderung mit der Notwendigkeit der Reduzierung der Abhängigkeit des Verkehrsbereichs und damit indirekt auch der gesamten Wirtschaft von Erdöl-Importen; zusätzlich finden im DIHT-Verkehrskonzept jedoch auch Um-
weltbelange Erwähnung; DIHT 1991, 11
58 Interview mit Ulrich Näke am 20. Juni 1994, siehe Befragungsprotokoll 7, 1; Zielkonflikte treten allerdings auch an anderen Stellen auf, wo Ansinnen benachbarter Politikfelder
in die verkehrspolitische Gestaltung hineinreichen; die Aufgabe der Bewältigung von Zielkonflikten ist bei verkehrspolitischen Entscheidungen eher die Regel als die Ausnahme;
Bürgel 1983, 24
59 Interview mit Ulrich Näke am 20. Juni 1994, siehe Befragungsprotokoll 7, 1; im Bereich
der EG-Kommission spricht man von "sustainable mobility", dauerhaft verträglicher Mobilität; Interview mit Josef Grüter am 17. Juni 1994, siehe Befragungsprotokoll 5, 2; European Communities - Bulletin Supplement 3/93, 14; der Titel von EG KOM (92) 46 endg. lautet: "Grünbuch zu den Auswirkungen des Verkehrs auf die Umwelt. Eine Gemeinschaftsstrategie für eine dauerhaft umweltgerechte Mobilität"; als zentraler Bereich in diesem Zusammenhang gelten dabei die Verhältnisse im Stadtverkehr; siehe dazu Zemlin 1991
60 BMV 1993, 47; zur bundesdeutschen Verkehrspolitik siehe Böhme/ Sichelschmidt
1993; Buddenberg 1991; Bürgel 1983; Diekmann 1989; Stackelberg 1992; Suntum 1989;
Willeke 1990b
61 Angesichts der Haushaltslage in der Tat besondere Herausforderungen; die schnelle
Steigerung der Leistungsfähigkeit der Verkehrs, deren Grundlage eine entsprechende Infrastrukturkapazität ist, hat entscheidende Bedeutung für das wirtschaftliche Zusammenwachsen sowie für die Angleichung der Lebensverhältnisse zwischen Ost und West; Willeke 1990b, 61; siehe auch Ewers 1993

in den neuen Bundesländern erlassen (das sog. "Planungsbeschleunigungsgesetz") sowie insgesamt 17 "Verkehrsprojekte Deutsche Einheit" als vordringliche Verkehrsinfrastrukturvorhaben mit einem Gesamtinvestitionsvolumen von rd. 56 Mrd. DM in Angriff genommen.[62] Die Haushaltsengpässe infolge dieses erhöhten Investitionsbedarfs sind aber andererseits auch eine der Ursachen für die verstärkte Diskussion über die Privatisierung der BAB und/oder eine Einführung von Straßenbenutzungsgebühren (Road Pricing). Mit letzterem ließe sich nicht nur die Haushaltslage entschärfen, sondern auch steuernder Einfluß auf die Nachfrage im Straßenverkehr nehmen.[63] Ein weiterer Ausbau der Infrastruktur ist jedenfalls in den meisten Fällen auch aus anderen als rein finanziellen Gründen nicht mehr realisierbar.[64]

Außer den genannten Möglichkeiten verkehrspolitischer Einflußnahme auf dem Wege über die Infrastrukturgestaltung[65] sowie der angedeuteten finanziellen Anreizsetzung[66] sind noch der Bereich der Regulierung[67] sowie organisatorische Vorkehrungen[68] zu nennen, wohingegen

---

62 Kohl 1991, 10 f.; bei den 17 "Verkehrsprojekten Deutsche Einheit" handelt es sich um Korridore für den Ost-West-Verkehr und zwar neun Schienen-, sieben Straßen- und ein Wasserstraßenprojekt; Schröder 1994, 187
63 So ist die weitestmögliche Privatisierung der Verkehrsinfrastruktur eine der Forderungen im Standortsicherungs-Papier des Bundesministeriums für Wirtschaft; Bundesministerium für Wirtschaft 1993, 99; zur Thematik Road Pricing siehe weiterführend Brenck 1992; Ewers 1992; Radermacher 1993; Rothengatter 1991b; Talvitie 1993
64 Z.B. aufgrund mangelnder ökologischer Verträglichkeit und fehlender Akzeptanz insbesondere der jeweils ortsansässigen Bevölkerung; Hübner/ Hager 1992, 152; überdies ist es sehr fraglich, ob ein weiterer Ausbau der Verkehrsinfrastruktur wirklich zur Milderung von Überlastungsproblemen beitragen würde; im Gegenteil kann davon ausgegangen werden, daß mit Bereitstellung zusätzlicher Infrastrukturkapazitäten die Beförderungseffizienz und damit die Attraktivität des jeweiligen Verkehrsmittels steigt und so ein erhöhtes Verkehrsaufkommen induziert wird; Vester 1990, 80 + 155 + 410
65 Also z.B. durch die Investitionsschwerpunkten oder die künstliche Schaffung von Engpässen, wobei letztere Möglichkeit mit z.T. erheblichen, kontraproduktiven Nebenwirkungen verbunden ist; Thomson 1978, 187 ff.
66 In diesen Bereich gehören alle Maßnahmen, die auf dem Wege über die Preise Einfluß auf die Bedingungen der Verkehrsmittelwahl nehmen, also Steuern, Gebühren und Abgaben, aber auch Abschreibungsmöglichkeiten und Subventionen; so wäre alternativ zu einer Einführung von Straßenbenutzungsgebühren beispielsweise auch eine weitere Erhöhung der Mineralölsteuern denkbar; Schäfers, Manfred: Verkehrs-Lasten, FAZ (21.04.1994) 92, 15
67 Die Setzung rechtlicher Rahmenbedingungen für den Wettbewerb der Verkehrsträger, also z.B. technische Standards für Fahrzeuge, Regulierung des Marktzuganges (Konzessionierung), Straßenverkehrsordnung (StVO), Geschwindigkeitsbegrenzungen etc.; Rothengatter 1991a, 258 f.
68 Hierunter ist eine weichere Form der Regulierung zu verstehen, indem keine festen Vorschriften getroffen, sondern lediglich Voraussetzungen geschaffen, Möglichkeiten eröffnet werden; Beispiele sind etwa die Förderung der Arbeitszeitflexibilisierung sowie der Entzerrung der Ferientermine in den einzelnen Bundesländern als Maßnahmen zum Abbau von Belastungsspitzen (die Freigabe der Ladenöffnungszeiten wäre hier eine sinnvolle unterstüt-

sich der Bereich der strukturpolitischen Gestaltung der Bedingungen der
Verkehrsentstehung der direkten verkehrspolitischen Einwirkung - zumindest in der Bundesrepublik Deutschland - weitgehend entzieht.[69]

Teilweise außerhalb des direkten und uneingeschränkten Einwir-
kungsbereiches bundesdeutscher Verkehrspolitik liegt auch ein weiteres,
bisher noch nicht thematisiertes verkehrspolitisches Ziel, nämlich die Harmonisierung der Wettbewerbsbedingungen sowohl zwischen den einzelnen
Verkehrsträgern als auch international. Die Liberalisierung und Harmonisierung der nationalen Verkehrsmärkte im Rahmen der Vollendung des Europäischen Binnenmarktes spielt dabei eine besondere Rolle: Aufgrund einer
Untätigkeitsklage des Europäischen Parlaments (EP) aus dem Jahre 1983
entschied der Europäische Gerichtshof am 22. Mai 1985, daß der Ministerrat bisher seinen eindeutig bestehenden Verpflichtungen zur Einführung der
Dienstleistungsfreiheit auf dem Gebiet des Verkehrs nicht nachgekommen
sei und daß die Liberalisierung nicht von der Harmonisierung abhängig gemacht werden dürfe.[70] Dieses Urteil brachte die Wende in der europäischen Verkehrspolitik, - von seiten der EG-Kommission wird es dementsprechend als "landmark judgement" bezeichnet[71] - denn von diesem Zeitpunkt machte die Liberalisierung der europäischen Verkehrsmärkte schnelle
Fortschritte, bei denen allerdings die Harmonisierung, insbesondere im Bereich der steuerlichen Belastung, auf der Strecke blieb.[72] Grundlegend soll
die europäische Verkehrspolitik die allgemeinen Ziele der europäischen Integration unterstützen, insbesondere den freien Personen- und Warenver-
kehr ermöglichen, die wirtschaftliche und soziale Kohäsion fördern, zur
positiven Entwicklung der Beziehungen zu Drittländern beitragen sowie die
Entwicklung eines zusammenhängenden, integrierten Gesamtverkehrssystems in Europa vorantreiben.[73] Dabei besteht die Aufgabe der gemeinsa-

zende Maßnahme aus dem Bereich der Regulierungen bzw. in diesem Fall Deregulierungen)
oder Schaffung von Kooperationsvoraussetzungen z.B. durch den Betrieb von Güterverkehrszentren (GVZ); Weinspach 1991, 11
69 Allerdings wären die hier vorfindbaren Bedingungen nur sehr langfristig beeinflußbar;
Rothengatter 1991, 258 f.; Thomson 1978, 187 ff.
70 Busch 1991, 6 f.
71 European Communities - Bulletin Supplement 3/93, 5
72 Nachdruck wurde den europäischen Liberalisierunsbemühungen im Verkehrsbereich jeweils mit der Einheitlichen Europäischen Akte von 1987 und mit dem Vertrag über die Europäische Union von Maastricht verliehen; ibid.; allgemein zur europäischen Verkehrspolitik
siehe Button u.a. 1992; Leyendecker 1992; Reh 1993
73 Weiterhin werden als allgemeine verkehrspolitische Ziele die Verbesserung der Verkehrssicherheit sowie die Förderung einer "umweltgerechten Mobilität", also Lösungen im
Zielkonflikt zwischen Verkehr und Umwelt, genannt; European Communities - Bulletin
Supplement 3/93, 14; Interview mit Josef W. Grüter am 17. Juni 1994, siehe Befragungsprotokoll 5, 1

men Verkehrspolitik - gemäß des Subsidiaritätsprinzips - lediglich in der Vorgabe recht allgemeiner verkehrspolitischer Zielsetzungen, wohingegen deren konkrete Ausgestaltung und die Festlegung einer Zielhierarchie weiterhin Sache der Mitgliedstaaten ist.[74]

Trotzdem ist der Einfluß der europäischen gemeinsamen Verkehrspolitik auf die bundesdeutsche verkehrspolitische Gestaltung nicht zu verkennen: Nach Jahrzehnten der Vorherrschaft mehr oder weniger regulierender Ansätze und weitgehender staatlicher Eingriffe in die Verkehrsmärkte heißen die heutigen Trends Deregulierung und Privatisierung.[75] Beispiele sind hier die Bahnreform, das sog. Tarifaufhebungsgesetz, die Senkung der Kfz-Steuer für schwere Nutzfahrzeuge in Annäherung an das europäische Niveau (alle zum ersten Januar 1994) sowie der Beschluß zur Einführung einer Straßenbenutzungsgebühr - mittels der sog. Euro-Vignette - für Lkw, basierend auf dem EG-Beschluß zum Road Pricing vom Juni 1993.[76] Darüber hinaus läßt sich jedoch noch eine weitere, ebenfalls von allen verkehrspolitischen Seiten bekräftigte und vertretene Tendenz erkennen: Die Optimierung einzelner Verkehrsträger sowie ihre konsequente Verknüpfung untereinander mit Hilfe des Einsatzes moderner IuK-Technologie.[77]

---

74 Interview mit Josef W. Gruter am 17. Juni 1994, siehe Befragungsprotokoll 5, 1
75 Mit dieser Liberalisierung im Zuge der fortschreitenden europäischen Integration sieht Diekmann das Ende der "interventionistischen Ära" deutscher Verkehrspolitik, deren Beginn er Mitte des 19. Jahrhunderts festmacht, gekommen; Diekmann 1989, 27; zur Geschichte der bundesdeutschen Verkehrspolitik siehe außerdem ausführlich Suntum 1986, 95 ff.
76 Alle genannten Maßnahmen und Beschlusse lassen sich zu erheblichen Teilen auf Aktivitäten und Verhandlungsergebnisse auf EG-Ebene zuruckfuhren; Bundesministerium fur Wirtschaft 1993, 99 f., BMV 1993, 47; Busch 1991, 32 ff.; Wissmann, Matthias: Eine neue Marktordnung in Europa aufbauen Rede anläßlich des DVZ-Forums "Tarife weg - was nun?", DVZ (12.10.1993) 118, 3
77 Kohl 1991, 10 f.; Hubner/ Hager 1992, 152; EG KOM (92) 46 endg., 50

2.1.2 Anforderungen an Verkehrsinformationssysteme

Wichtige verkehrspolitische Impulse für die Einführung von Telematiksystemen sind also bereits gegeben, von der Bahnreform und der Schaffung der europäischen Voraussetzungen für Road Pricing über die Regionalisierung des ÖPNV in der Verantwortung der Länder und die Aufnahme der
Förderung von Telematiksystemen und Güterverkehrszentren (GVZ) in das
Gemeindeverkehrsfinanzierungsgesetz (GVFG) bis hin zum BVWP 92 mit einem Standort-Konzept für die Terminals des Kombinierten Verkehrs (KV)
als logistische Schnittstellen in Gütertransportketten.[78] Die Anforderungen
an Verkehrsinformationssysteme von verkehrspolitischer Seite sind vielfältig und hoch. Vom Telematikeinsatz erwartet man sich Lösungen für viele
der drängenden Probleme des Verkehrs: Neue innerstädtische Verkehrssysteme sollen aufgebaut und die Übergänge zwischen den einzelnen Verkehrsmitteln, die Schnittstellen, verbessert werden. Sie sollen zur Schaffung gleicher Wettbewerbsbedingungen sowohl zwischen den Verkehrsträgern als auch grenzüberschreitend eine verursachergerechte Anlastung der
Wegekosten sowie der externen Umweltkosten ermöglichen; Unfallrisiken
sollen minimiert und Verkehrsströme zugunsten eines höheren Aus-
lastungsgrades der Infrastruktur gebündelt werden; sie sollen nicht nur zu
einer Reduzierung der verkehrlichen Umweltbelastungen beitragen, sondern
gleichzeitig auch die Qualität im Gütertransport erhöhen; durch verbesserte
Information der Verkehrsteilnehmer sollen schließlich auch Umweg- und
Suchfahrten verhindert und somit Verkehrsvermeidung erreicht werden.[79]
Dabei ist mit dem Gedanken der Vernetzung insbesondere die Ansicht verknüpft, daß das Verkehrssystem im Ganzen - allen Kollapsmeldungen zum
Trotz - eher unterausgelastet ist und so erhebliche Kapazitätsreserven ver-
fügbar sind, wenn es nur gelingt, Verkehrsströme intelligent zu steuern.[80]

Zusammenfassend soll der Einsatz von Telematik im Verkehr also dazu verhelfen, die Verkehrsträger jeweils als Einzelsysteme zu optimieren,
und zwar auch im Hinblick auf ihre Umweltwirkungen und die Verkehrssicherheit, sowie sie gleichzeitig zu einem integrierten, effizienten Gesamt-
verkehrssystem zu vernetzen.[81] Der Begriff "Effizienz" bezeichnet dabei die

---

78 BMV 1993, 49; Dicke 1992, 200
79 Diekmann 1989, 43; Deutsche Bank 1990, 43; Thomson 1978, 312 f.; Harmsen/ Ko-
nig 1992, 156; BMV 1993, 47 f.; Stahl 1993a, 159; Interview mit Josef W. Gruter am
17. Juni 1994, siehe Befragungsprotokoll 5, 2 f.
80 Deutsche Bank 1990, 13; vide supra, p. 40 f.
81 Holler 1993, 30; VDA 1993, 3; Ball 1993, 88 f.; Reinhard Schult das Ziel des Einsatzes
von Verkehrsinformationssystemen allgemein und in Kurzform so zusammen:

Relation zwischen den jeweiligen Einsatzmengen an Ressourcen und der Menge und Qualität der damit produzierten Leistungen, wobei diese Relation möglichst günstig gestaltet werden soll.[82] Ziel ist demnach nicht nur eine Integration des Verkehrssystems i.s. der Zusammenführung der einzelnen Verkehrsträger, sondern zusätzlich auch eine im Ergebnis bezogen auf den Mitteleinsatz optimale Leistungsfähigkeit des Gesamtverkehrssystems. Robert J. Coleman, Generaldirektor Transport der EG-Kommission, sprach in diesem Zusammenhang von der intelligenten Nutzung bekannter und neuer Technologien zur effizienten Ausnutzung begrenzter Ressourcen, oder, um es prägnant und in seinen Worten zu formulieren : "Use technology to transport things smarter."[83]

Im Vordergrund des Einsatzes der Telematik stehen also - parallel zum Informationsmanagement in (einzelwirtschaftlichen) Unternehmen[84] - zunächst Ziele der Rationalisierung, der Kostensenkung, in diesem Falle externer Kosten, durch den effizienteren Einsatz von Ressourcen.[85] Das folgende Schaubild soll die Zusammenhänge zwischen bestehenden Verkehrsproblemen und Lösungsansätzen auf der Basis von IuK-Technologien noch einmal verdeutlichen.

"Umweltschonende Sicherung der Mobilität für den Individualverkehr und den Wirtschaftsverkehr unter Ausnutzung der Systemvorteile der unterschiedlichen Verkehrsträger."; Interview mit Reinhard Schult am 29. Juni 1994, siehe Befragungsprotokoll 10, 2
82 Schwuchow 1990, 933; Haubold versteht in einer strenger ökonomischen Definition unter Effizienz, "daß ein gegebenes Ziel - die Produktion einer gegebenen Menge eines bestimmten Gutes unter Einhaltung eines vorgegebenen Leistungsniveaus - mit einem möglichst geringen Aufwand vorgenommen wird, welcher sich als Summe aus Produktions- und Transaktionskosten darstellt."; Haubold 1993, 12
83 Interview mit Robert J. Coleman am 17. Juni 1994, siehe Befragungsprotokoll 6, 1
84 Effizienz, Unterstützung der Zielsetzungen des Unternehmens sowie der zentralen Abläufe und Kosteneinsparung durch Rationalisierung werden als Ziele betrieblichen Informationsmanagements genannt; Ischebeck 1991, 87 ff.; Brombacher 1991, 113; Heinrich/ Burgholzer 1990, 14 f.; Informationsmanagement meint alle Führungsaufgaben innerhalb einer Organisation mit Bezug auf Information und Kommunikation; Heinrich/ Burgholzer 1990, 6; Stahl 1993b, 24 f.; Vetter 1990; dieses Verständnis dokumentiert deutlich den neuen Stellenwert von Information in Unternehmen, nämlich den eines Produktionsfaktors; Kulla 1993, 229; weiter gefaßt kann unter Informationsmanagement die Planung, Realisierung und Kontrolle von Informationsverarbeitungsvorgängen im weitesten Sinne mit Hilfe von Informationssystemen verstanden werden; Oberschulte, 10;
85 Henckel/ Nopper 1990, 20; Kaske 1991, 39 f.; generell zur Telematik als Problemlösungsstrategie siehe Gaßner 1993

Abbildung 4

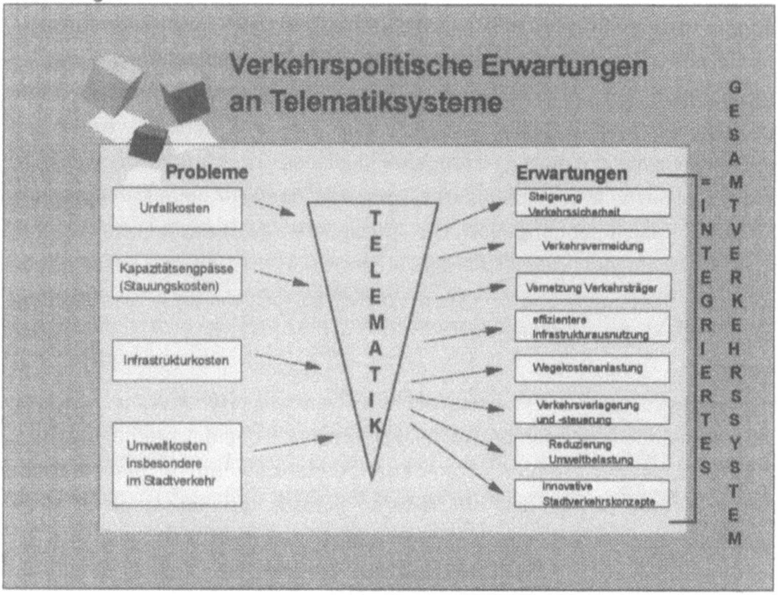

Verkehrspolitische Erwartungen an Telematiksysteme

GESAMTSYSTEM VERKEHR: INTEGRIERTES TELEMATIKSYSTEM

Probleme

- Unfallkosten
- Kapazitätsengpässe (Stauungskosten)
- Infrastrukturkosten
- Umweltkosten insbesondere im Stadtverkehr

TELEMATIK

Erwartungen

- Steigerung Verkehrssicherheit
- Verkehrsvermeidung
- Vernetzung Verkehrsträger
- effizientere Infrastrukturausnutzung
- Wegekostenanlastung
- Verkehrsverlagerung und -steuerung
- Reduzierung Umweltbelastung
- innovative Stadtverkehrskonzepte

basierend auf: ADAC (Hrsg.) : Zusammenfassung des Strategiepapiers des BMV zur Einfuhrung und Nutzung von neuen Informationstechniken (Stand: 31.08.1993)

Da - wie im vorhergehenden Teil gezeigt - der Straßenverkehr der insgesamt problematischste Bereich im gesamten Verkehrssystem ist, kann es eigentlich nicht verwundern, daß Telematik-Konzepte am häufigsten eben hier ansetzen.[86] Dabei bleiben die Erwartungen im Hinblick auf den Einsatz der Telematik im wesentlichen die gleichen: Zu allen oben genannten Funktionen von Verkehrsinformationssystemen sollen auch die speziell auf den Straßenverkehr ausgerichteten Teilsysteme ihren Beitrag leisten. Die Einsatzbereiche von IuK-Technologien im Straßenverkehr sind vielfältig - sie reichen von Informationssystemen im Individualfahrzeug selbst, die den Fahrer beispielsweise durch Verkehrswarnungen, Routenempfehlungen sowie die Auslösung von Sicherheitsautomatismen unterstützen, über dynamische Verkehrsbeeinflussungsanlagen wie z.B. Wechselverkehrszeichen oder -wegweiser bis hin zu komplexen Verkehrsmanagementsystemen.[87] "Verkehrsmanagement meint die Verknüpfung der vorhandenen technischen Bausteine in den Fahrzeugen und der infrastrukturseitigen Anlagen

---

86 Höller 1993, 2
87 Vester 1990, 379; Handelsblatt (28.03.1994) 61, 1; Krämer, Michael : Das Ziel: Umwelt schonen, Staus entflechten, umsteigen, DVZ (19.10.1993) 124, 46 f.

nach einem planvollen, auf die jeweiligen regionalen oder lokalen Probleme
abgestimmten Konzept zur Verkehrsbeeinflussung."[88] Die größten Probleme bereitet dabei i.d.R. der Stadtverkehr in Ballungsräumen, für den die
Schnittstellenoptimierung zwischen dem Individualverkehr (IV) und dem
öffentlichen Verkehr (ÖV) von entscheidender Bedeutung ist. Daher spielt -
neben der optimierten Steuerung im IV, z.B. durch Parkleitsysteme[89] - die
Organisation der Übergänge zwischen den Verkehrsträgern eine zentrale
Rolle im Verkehrsmanagement, weshalb sehr häufig auch von Kooperati-
vem Verkehrsmanagement die Rede ist.[90]

Hinsichtlich der Kapazität der vorhandenen Verkehrsinfrastruktur erwartet man sich seitens des BMV vom Telematik-Einsatz im Straßen- und
im Schienenverkehr eine Erhöhung um 15 bis 30%, insbesondere in Eng-
paßbereichen.[91] Außerdem wird im Bereich des Schienenverkehrs eine
Steigerung der Leistungsfähigkeit angestrebt, um den Anforderungen der
politisch gewollten Verkehrsverlagerung gerecht werden zu können.[92] Im
Bereich der Schiffahrt steht insbesonders die Optimierung der Schnittstellen
zu den anderen Verkehrsträgern sowie der hafeninternen Abläufe im Vordergrund. Im Luftverkehr werden v.a. die effizientere Nutzung vorhandener
Kapazitäten im Flughafen- und Flugsicherungsbereich sowie eine Verbesserung und Harmonisierung europäischer Flugleit- und -sicherungssysteme
angestrebt. Ein weiteres, allerdings nicht verkehrspolitisches Argument für
die Einführung von Verkehrsinformationssystemen, das - wie noch zu zeigen sein wird - einen nicht zu unterschätzenden Stellenwert einnimmt, sind
die erheblichen Investitionen, die von seiten der deutschen Industrie bereits
für die Entwicklung dieser Telematiksysteme aufgewandt wurden. Die
deutsche Industrie gilt auf diesem Gebiet z.Zt. als weltweit führend.[93] Dazu Bundesverkehrsminister Wissmann wörtlich: "Verkehrsmanagement mit
Hochtechnologieprodukten wird sich weiter zu einem neuen Industriezweig
entwickeln, der für die Sicherung des Standortes Deutschland von erhebli-

---

88 Stahl 1993a, 162; Rothengatter bezeichnet Verkehrsmanagement als "Software" des
Verkehrssystems, während er die Verkehrsinfrastruktur als "Hardware" bezeichnet; Rothengatter 1993b, 13
89 Siehe Glossar; ein großer Teil der innerstädtischen Fahrten dient der Parkplatzsuche;
Weinspach 1991, 4
90 Deutsche Bank 1990, 75; Stahl 1993a, 162, Ernst/ Walpuski 1993, 118
91 BMV 1993, 47
92 Kramer, Michael . Das Ziel: Umwelt schonen, Staus entflechten, umsteigen, DVZ
(19.10 1993) 124, 46 f , Kracke 1991, 208 f.
93 Nach Angaben von Bundesverkehrsminister Wissmann in Handelsblatt (28.03.1994)
61, 1; vertrauliche Information an die Verfasserin in mehreren der Interviews

chem Interesse ist. Die Interessen der Verkehrspolitik und der Volkswirtschaft ergänzen sich."[94]

---

94 Handelsblatt (28 03.1994) 61, 1

2.2 Informations- und Kommunikationstechnologien:
Grundlegende Ansätze

Technik i.s. der vorliegenden Analyse wird immer in einem Zusammenspiel vieler einzelner Komponenten realisiert. Dabei gilt auch im technischen Bereich, daß eine Kombination verschiedener technischer Ansätze qualitativ mehr ist als die Summe ihrer Teile und zwar aufgrund des besonderen Charakters der Interaktion der einzelnen Komponenten (vide supra, p. 28).[1] Verkehrsinformationssysteme sind zum größten Teil keine technischen Innovationen i.e.s., sondern Kombinationen aus bereits bekannten Technologien, nämlich solchen aus dem Bereich der Informations- und Kommunikationstechnologie.[2] Als solche tragen sie alle Charakteristika großer technischer Systeme: Eine hohe Komplexität, geringe Transparenz, Integriertheit in und interdependente Wirkungen mit sozialen Vorgängen sowie ein Vorherrschen formaler, digitaler Rationalität.[3] Insbesondere bei Informationssystemen, die hier als aus informations- und kommunikationstechnischen Elementen zusammengesetzt, eben als Telematik, betrachtet werden sollen, ist dabei das Moment der Einbindung in soziale Vorgänge und Entwicklungen von entscheidender Bedeutung: Es bedingt die Komplexität und Intransparenz dieser Systeme genau so wie Ausmaß und Verbreitung ihrer Wirkungen.[4]

Betrachtet man die Geschichte der Technikentwicklung, so wird deutlich, daß Kapazitätsengpässe unterschiedlicher Art häufig technikinduzierend wirkten, dadurch daß sie die Forschung und Entwicklung auf dem jeweiligen Gebiet anregten.[5] Dies gilt auch für die bisherige technische

---

1 Heppner 1989, 8; Otto/ Sonntag 1985, 14
2 Interview mit Rainer Neuwerk am 13. Juni 1994, siehe Befragungsprotokoll 3, 6
3 Joerges spricht von "large technical systems" und definiert technische Systeme im allgemeinen so: "I have suggested to consider technical systems as systems of machineries and freestanding structures performing, more or less reliably and predictably, complex standardized operations by virtue of being integrated with other social processes, governed ang legitimated by formal, knowledge-intensive, impersonal rationalities."; Joerges 1988a, 23 f.
4 Brombacher hält fest, daß es sich bei IuK-Systemen (die im Rahmen der vorliegenden Untersuchung als Informationssysteme bezeichnet werden) um sozio-technische Systeme handelt, die aus den Komponenten Mensch, Organisation, Aufgabe und eingesetzte Techniken bestehen; Brombacher 1991, 114; als von besonders hoher Bedeutung für die Eigenschaften komplexer Systeme der Informationstechnik sehen Otto/ Sonntag dabei die Schnittstelle, d.h. den Übergang zwischen, Mensch-Maschine an; Otto/ Sonntag 1985, 18
5 Diese Meinung vertritt u.a. auch der derzeitige Bundesumweltminister Töpfer, wenn er darauf hinweist, daß man technische Antworten nur da erhalten könne, wo Knappheiten Fragen aufwerfen; Gesprächsrunde des Bundesverbands Junger Unternehmer (BJU) am 15.04.1994 in Saarbrücken

Entwicklung im Verkehrsbereich: Neue Systeme wurden bisher aus Situationen heraus entwickelt, in denen die traditionellen Verkehrsmittel dem in Wechselwirkung mit Veränderungen der gesellschaftlichen Strukturen entstandenen Verkehrsdruck nicht mehr gewachsen waren.[6] Dem Sichtbarwerden erreichter Kapazitätsgrenzen sowie dazugehöriger verkehrstechnischer Innovationen folgten dann Verbesserungen des bisherigen Verkehrssystems durch vereinzelte Einführung der neuen Techniken, woraus eine Steigerung der Nachfrage resultierte. Diese erhöhte Nachfrage erlaubte schließlich in einem vierten Schritt die vollständige Einführung des neuen technischen Systems. Allerdings sind auch auf der Grundlage dieses schlüssigen dynamischen Modells Voraussagen darüber, welche Techniken sich an welchen Verzweigungen wie verhalten, sehr schwierig.[7] Soziale Bedingungen und Strukturen, situative Faktoren und dadurch nicht zuletzt die Veränderung der zugrundeliegenden Engpässe selbst sind von entscheidendem Einfluß für den weiteren Weg der neuen technischen Systeme. Zudem unterliegen auch die technischen Ansätze selbst im Verlaufe des von vielen spezifischen Faktoren geprägten Entwicklungs- und Durchsetzungsvorganges Veränderungen unterschiedlicher Art. Außerdem drängen neue technische Systeme die bisher im Einsatz befindlichen zwar zurück, verdrängen sie aber i.d.R. nicht, woraus neue Wechselwirkungen entstehen.[8]

Die Informationstechnik als Telematik, als Verbindung der Telekommunikationstechnik[9] mit der Informatik, ist ein zentraler Bereich technischer Entwicklung. Unter neuen Informationstechnologien werden dabei technische Entwicklungen auf dem Gebiet der Mikroelektronik, der Lichtwellenleitertechnologie, der Lasertechnik, der Satellitenkommunikation und damit auch der Raumfahrttechnik zusammengefaßt.[10] Für diesen besonderen

---

6 Dabei bestanden die neuen technischen Systeme zumeist eben - wie auch schon für den Bereich der Verkehrsinformationstechnologie angedeutet - nicht aus einer speziellen bahnbrechenden Erfindung, sondern aus bereits bekannten technischen Ansätzen in neuer organisatorischer Zusammenstellung; Heinze/ Kill 1987, 41 f.
7 ibid., 39 f.
8 ibid., 39 f. + 47; Hoberg 1987, 74; Tietz 1987, 28
9 Die Bezeichnung Telekommunikation hat in den letzten Jahren den früher vorherrschenden Begriff Nachrichtentechnik weitgehend ersetzt; Benda 1988, 9; in ähnlicher Weise verschwindet der Begriff Großtechnologie zunehmend zugunsten des Gebrauchs der Bezeichnung Hochtechnologie; Rammert 1993, 129; ebenso hat sich der Begriff Informationsverarbeitung oder Informatik anstelle von elektronischer Datenverarbeitung (EDV) in den Vordergrund geschoben; Kulla 1993, 219; Szyperski 1991, 34
10 Spehl 1987, 5; Heppner 1989, 60 ff.; Tietz 1987, 33 f.; allerdings bauen diese technologischen Neuerungen nach wie vor auf technischen Ansätzen aus den "älteren" Bereichen, wie Mechanik, Kupfer- bzw. Koaxialkabel, elektromagnetische Schwingungen, auf bzw. werden von diesen ergänzt; Höller 1993, 5; nähere Informationen zu technischen Ansätzen enthält das Glossar dieser Arbeit

Stellenwert der Telematik - sie wird übereinstimmend als sog. Schlüsseltechnologie[11] eingeordnet - gibt es vielerlei Indizien. Beispielsweise werden
im Jahre 2000 zwei von drei Arbeitsplätzen direkt oder indirekt von Produkten oder Dienstleistungen des IuK-Sektors abhängig sein, derzeit belegt
die Telematikindustrie mit 10% jährlichem Wachstum einen Spitzenplatz in
Europa.[12]

Weitere Kennzeichen der Entwicklung im Telematik-Bereich sind im
Falle der Informatik die Tendenz zur ständig fortschreitenden Miniaturisie-
rung gekoppelt mit einer immer weiter anwachsenden Speicher- und Übertragungskapazität sowie gleichzeitig mit einem deutlichen Preisverfall der
angebotenen Produkte und Dienstleistungen.[13] Im Jahre 1970 betrug die
Verarbeitungskapazität einer EDV-Anlage noch ein MIPS (= million instructions per second), 1980 waren es bereits zehn MIPS und um die
Jahrtausendwende werden es voraussichtlich 1.000.000 MIPS sein.[14] Der
Grund für die plötzliche Dynamik im Telekommunikationsbereich liegt in der
- aus der Informatik stammenden - Digitaltechnik, der Digitalisierung der
Datendarstellung, mit der eine sehr starke Ausweitung der realisierbaren
Übertragungskapazität und -qualität bei gleichzeitig sinkenden Preisen einhergeht.[15] Darüber hinaus sind digitale Daten der direkten Verarbeitung
durch Computer zugänglich. Daher fördert die fortschreitende Durchsetzung der Digitaltechnik die Verschmelzung und Kombination der unterschiedlichen technischen Ansätze. Die Entstehung einer IuK-Technologie
bzw. Telematik ist eine der Folgen, aber auch der Trend zur Verflechtung

11 Das Battelle-Institut nannte Mitte der achtziger Jahre neben Telekommunikation und Mikroprozessoren als Schlüsseltechnologien noch die folgenden Bereiche: Roboter- bzw. Sen-
sortechnik, Oberflächentechnik, Gentechnologien, Biomassetechnologien, Verbundwerk-
stoffe, Energiespeichertechniken, CAD/ CAM sowie Recyclingverfahren; Bullinger 1985,
47; siehe auch Kubicek 1988; Heppner definiert Schlüsseltechnologie als einen Bereich, der
einhellig als entscheidend für die Zukunft der (Industrie)Gesellschaft angesehen wird und
außerdem einen besonderen Stellenwert hinsichtlich der wirtschaftlichen Leistungsfähigkeit
einnimmt; Heppner 1989, 56; in der FAZ wurden sowohl die Informations- als auch die
Verkehrstechnik als Schlüsseltechnologien genannt, sowie die Materialforschung, physikalische und chemische Technologien und Biotechnologie; FAZ (16.07.1994) 163, 11
12 EG-Kommission 1991, 8; 1990 betrug der weltweite Umsatz an informationstechnischen Produkten allein für den Straßenverkehr 25 Mrd. ECU; ibid., 55; vom deutschen Au-
tomobilbau wurden im Jahre 1993 1,125 Mrd. DM allein für Mikroelektronik ausgegeben,
2000 werden es voraussichtlich 2,55 Mrd. DM sein; ZVEI o.J., 5
13 Tietz 1987, 52 ff.; Bullinger 1985, 48; Neuhaus 1993, 65
14 Die Speicherkapazität der Chips - 1970 betrug sie noch ein Kilobit - wird bis 2000 voraussichtlich die Gigabit-Grenze erreicht haben; Deutsche Bank 1990, 29 + 58
15 Conrads 1989, 1 f.; Höller 1993, 6; Kommunikationstechnik bedeutet hier im weitesten
Sinne Senden - Übertragen - Empfangen; Benda 1988, 11

der Schlüsseltechnologien untereinander sowie zur Verschmelzung von Branchen, Konzernen und Unternehmensbereichen werden verstärkt.[16]

So hat die Dynamik, Parallelität und Synchronisierung der Entwicklungen inzwischen auch den Informations- und Kommunikationsbereich gleichermaßen erfaßt. Ende der achtziger Jahre betrugen die Innovationszyklen für Mikroprozessoren beispielsweise lediglich ein bis zwei Jahre, für sonstige Hardware-Produkte zwei bis fünf Jahre.[17] Weitere Kennzeichen der Telematik sind ihre weitgehende Funktionsoffenheit, ihre Ubiquität und Interaktivität, eine kritische Masse der Diffusion, die erreicht sein muß, um die wirtschaftliche Rentabilität der angebotenen Dienstleistungen bzw. Produkte zu gewährleisten sowie der fortschreitende Ersatz geistiger - statt wie bisher körperlicher - menschlicher Arbeit durch Maschinen.[18]

Die Entwicklung von Telematiksystemen für den Verkehrsbereich setzt an den Engpässen Infrastrukturkapazität, menschliches Reaktionsvermögen bzw. menschliche Leistungsfähigkeit, Primärenergieverbrauch sowie Umweltverschmutzung an. Die Forschungsansätze und -anstrengungen sind dabei ausgesprochen weitgespannt und vielfältig, sie reichen von geringfügigen Verbesserungen der Fahrzeugelektronik bis hin zu anspruchsvollen, hochkomplexen Gesamtinformationssystemen.[19] Information als problemlösendes, zweckbezogenes Wissen ist eine wesentliche Grundlage menschlichen Handelns (vide supra, p. 3 f.). Dementsprechend sind Verkehrsinformationssysteme generell solche Systeme, die zweckbezogenes Wissen im Verkehrsbereich erfassen, verarbeiten und/ oder übermitteln. Verkehrsleitsysteme dienen der Beeinflussung des Verkehrsgeschehens mittels der Informationsübermittlung an Verkehrsteilnehmer und stellen in diesem Sinne ebenso Verkehrsinformationssysteme dar wie beispielsweise automatische Gebührenerhebungssysteme oder rechnergestützte Betriebsleitsysteme (RBL) im ÖPNV.[20] Informationssysteme sind also - indem sie

16 Steinmüller 1985, 10; Rammert 1993, 130 f.; Heppner 1989, 55 f.
17 Tietz 1987, 990; Conrads 1989, 3; im Bereich der Verkehrsinformationssysteme geht Josef W. Grüter von einer "Halbwertzeit" der Innovationen zwischen zwei und vier Jahren aus; Interview mit Josef W. Grüter am 17. Juni 1994, siehe Befragungsprotokoll 5, 4
18 Tietz 1987, 52 ff.; Neuhaus 1993, 65; Rammert 1993, 132 f. + 139; Steinmüller 1985, 10
19 Rothengatter 1991a, 254; allein in Europa arbeiten z.Zt. etwa 500 Teams voneinander unabhängiger Firmen, Forschungseinrichtungen und sonstiger Organisationen an Telematik-Projekten im Bereich des Straßenverkehrs, also Anstrengungen im Schienen-, Luft-, Binnenschiff- und Seeverkehr noch gar nicht mitgerechnet; Kramer 1991, 248 f.
20 Weitergehende Informationen etwa bezüglich technischer Details enthält das Glossar im Anhang der vorliegenden Analyse; bei automatischen Gebührenerhebungssystemen (AGE, auch ERP, siehe Glossar) bezieht sich die erfaßte, verarbeitete und übermittelte Information

der Unterstützung konkreter Tätigkeiten dienen[21] - prinzipiell handlungsre-
levant und können somit beeinflussend eingesetzt werden.

Eine unabdingbare Voraussetzung, sozusagen Dreh- und Angelpunkt
einer wirksamen Beeinflussung der Verkehrsabläufe ist jedoch die rechtzei-
tige, zuverlässige und systematische Erfassung der notwendigen Daten.
Dabei geht es um eine möglichst detaillierte Erfassung der Ist-Situation des
Verkehrs, also sowohl um Umweltdaten, in erster Linie bezüglich der Witte-
rungsbedingungen, als auch um direkt verkehrsbezogene Informationen.[22]
Erst auf dieser Basis kann eine aktuelle und genaue Information der Verkehrsteilnehmer erfolgen. Zusätzlich sind die genannten Daten speicher-
und statistisch auswertbar und können so als Grundlage der Verkehrsplanung Verwendung finden.[23] Verkehrsinformationen als problembezogenes
Wissen im Verkehrsbereich können dabei empfehlenden Charakter haben,
sie können (sicherheitsrelevante) Verkehrswarnungen darstellen und sie
können bindenden Charakter haben, also Vorschriften sein.[24] Je nach dem
Aktualitätsgrad der angebotenen Informationen wird darüber hinaus zwischen statischen und dynamischen Systemen unterschieden.[25]

Eine weitere, für die Belange der vorliegenden Analyse zentrale Unterscheidung ist die zwischen kollektiven und individuellen Verkehrsinformationssystemen. Kollektive Verkehrsinformationssysteme zeichnen sich
dadurch aus, daß allen Verkehrsteilnehmern grundsätzlich die gleichen In-

---

beispielsweise auf Zahlungsmodalitaten; wie bereits dargelegt (vide supra, p. 3 f.) ist dabei
das Charakteristikum der Informationsubermittlung (bzw. Datenubertragung) bereits im Begriff des Informationssystems enthalten
21 Scheer 1991, 6
22 Kill 1994, 3; Umweltdaten werden i.d.R. uber Sensoren und Meßstationen an den jeweiligen Strecken erhoben und/oder von Wetterstationen zur Verfugung gestellt; verkehrsbezogene Daten konnen sowohl aus Erhebungen im Verkehrsgeschehen selbst stammen
(z.B Fahrzeugzahlungen mittels Induktionsschleifen) als auch von der Polizei (z.B. Unfall-
warnungen) bzw. (lokalen) Behorden (z.B. Straßensperrung infolge Volksfest) ubermittelt
werden, alle diese Informationen mussen dem entsprechenden Verkehrsleitrechner zugang-
lich gemacht werden; Weling u.a. 1991, 3
23 Stahl 1993a, 162; Holler 1993, 30 + 32; die weitergegebenen Informationen mussen
dabei aktuell und zutreffend sein, da bei Wiedergabe veralteter oder sogar falscher Informationen die Akzeptanz des Informationssystems langfristig gefahrdet wird; Krämer, Michael: Das Ziel: Umwelt schonen, Staus entflechten, umsteigen, DVZ (19.10.1993) 124,
46 f.; Interview mit Rainer Neuwerk am 13. Juni 1994, siehe Befragungsprotokoll 3, 7
24 Die "starkste" Form der Information ware in diesem Bereich eine vollstandige Uber-
nahme der Fahrzeugfuhrung durch das Informationssystem; OECD 1992, 79; diese Mog-
lichkeit soll aber hier realistischerweise außer Acht gelassen werden; solche Moglichkeiten
stehen zwar technisch offen, werden aber kaum auf Akzeptanz stoßen
25 Deutsche Bank 1990, 51; Sparmann 1990, 30; VDA 1993, 20; ein Beispiel fur statische Verkehrsinformationen sind die uber Verkehrs- und Hinweisschilder vermittelten, mehr
oder weniger dynamische Verkehrsinformationen liefert der Verkehrsfunk

formationen bereitgestellt werden, während bei individuellen Systemen die angebotenen Informationen situationsbezogen auf die jeweiligen Bedürfnisse abgestimmt sind. Kollektive Systeme übermitteln dabei sowohl empfehlende als auch anordnende Informationen, während sich individuelle Informationssysteme auf das Angebot von Empfehlungen und ggf. Verkehrswarnungen beschränken.[26] Der große Vorteil individueller Systeme besteht in der Möglichkeit der individuellen Auswahl aus der "Informationsflut". Darüber hinaus lassen sich fahrzeuginterne und fahrzeugexterne Systeme unterscheiden.[27] Das folgende Schaubild soll diese Typologie verdeutlichen.

Abbildung 5

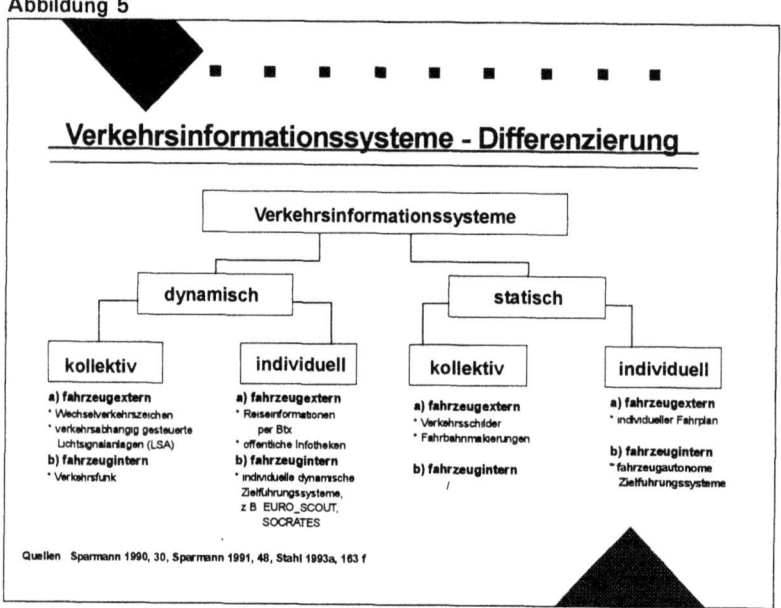

Von der Kommunikationsrichtung her unterscheidet man im Bereich der Verkehrsinformationssysteme zwischen Ein-Weg- und Zwei-Wege-Kommunikation. Die Ein-Weg- oder unidirektionale Kommunikation verläuft dabei in Richtung Verkehrsteilnehmer und zwar i.d.R. von der Infrastruktur aus. Die Zwei-Wege- oder bidirektionale Kommunikation ist entweder ein wechselseitiger Datenaustausch zwischen Infrastruktur und einzelnem Fahrzeug oder von Fahrzeugen untereinander.[28] Das Attribut bidirektional

---

26 Sparmann 1991, 47 f.; Holler 1993, 33 f.; Toplak 1993, 117
27 Stahl 1993a, 166
28 Der "Normalfall" im Bereich der Verkehrsinformationssysteme ist eine Infrastruktur-Fahrzeug-Kommunikation, auch wenn in einigen Fällen (z.B. Mobilfunksystem) keine speziellen infrastrukturseitigen Einrichtungen notwendig sind; der "Spezialfall" eines Fahrzeug-

bezieht sich darauf, daß es den zwei-Wege-fähigen Datenübertragungssy-
stemen möglich ist, sowohl zentrale Ressourcen des Informationssystems
dezentral - nämlich in den einzelnen Fahrzeugen - zur Verfügung zu stellen
als auch Verkehrsdaten von den passierenden Fahrzeugen aufzunehmen
und an den zentralen Rechner weiterzugeben.[29] Alle kollektiven Verkehrsinformationssysteme fallen in den Bereich der Ein-Weg-Kommunikation. Bei
der kollektiven dynamischen Verkehrsbeeinflussung werden beispielsweise
die notwendigen Verkehrs- und Umweltdaten getrennt vom eigentlichen
Informationssystem erfaßt und auf unterschiedlichen Wegen an die zuständige Verkehrsrechnerzentrale (VRZ) weitergegeben.[30] Von der VRZ aus
wird dann entweder direkt oder vermittels Unterstationen die Steuerung der
Wechselverkehrszeichen bzw. Wechselwegweiser übernommen. Diese Art
der dynamischen, kollektiven Verkehrsbeeinflussung kann sich auf das gesamte Netz, eine bestimmte Strecke oder Linie oder auch auf einen Knotenpunkt beziehen.[31]

Die erste dynamische kollektive Verkehrsbeeinflussungsanlage in
Deutschland wurde 1960 in Betrieb genommen. Derzeit gibt es etwa 40
solcher Anlagen auf BAB und weitere 60 auf Bundesstraßen. Für die 35 in
Planung bzw. im Bau befindlichen Anlagen sind zwischen 1990 und 1995
bundesweit rd. 550 Mio. DM vorgesehen.[32] Im April 1992 wurde im
Münchner Norden ein kollektives Verkehrsleitsystem bestehend aus einer
Linienbeeinflussung an der A9 sowie mehreren Wechselwegweisern zunächst probeweise in Betrieb genommen. Die bisherigen, durchweg positiven Erfahrungen mit den Wirkungen der kollektiven Verkehrsbeeinflussung
auf Verkehrssicherheit und Verkehrsfluß konnten auch hier bestätigt werden: Die durchschnittliche Länge der Verkehrsstauungen sank, die Zahl der
Unfälle nahm um fast 14% ab und es gab fast 31% weniger Verletzte -

---

Fahrzeug-Kommunikationsverbundes wird z.Zt. im Teilprojekt PRO-NET von PROMETHEUS
(Programme for an European Traffic with Highest Efficiency and Unprecedented Safety) erprobt (siehe Glossar)
29 Löns 1990, 779; eine wesentliche Voraussetzung für die Funktionsfähigkeit derartiger
Systeme ist offensichtlich die Kompatibilität der Hardware und Standardisierung der Software; Heppner 1989, 53
30 Hierunter fallen sowohl Datenübertragungen über Leitungen von Streckenstationen als
auch Handeingaben in der VRZ; siehe Glossar
31 Dementsprechend unterscheidet man Netz-, Strecken- und Knotenpunktbeeinflussung
im Bereich der fahrzeugexternen, kollektiven, dynamischen Verkehrsinformationssysteme;
Reichelt 1990, 20 f.; Rodi 1993, 38; siehe Glossar
32 Weise 1993, 136; Siegle 1993, 79; Daimler-Benz AG 1993, 16 f.; Bundesverkehrsminister Wissmann spricht von weiteren 60 kollektiven Verkehrsbeeinflussungsanlagen bis
1997 und einem gesamten Investitionsvolumen von 650 Mio. DM; Handelsblatt
(28.03.1994) 61, 1

und dies alles vor dem Hintergrund eines infolge der Eröffnung des neuen Flughafens (München II) steigenden Verkehrsaufkommens.[33] Das (kollektive) "Verkehrsleitsystem München-Nord" wurde von seinem volkswirtschaftlichen Ertrag her sehr positiv beurteilt und soll in den nächsten Jahren weiter ausgebaut werden.[34]

Im Grenzbereich zwischen individueller und kollektiver dynamischer Verkehrsinformation bewegt sich RDS/ TMC (Radio Data System/ Traffic Message Channel, siehe Glossar). Zwar stehen die über den TMC übertragenen digitalisierten Verkehrsinformationen grundsätzlich jedem zur Verfügung, doch bietet RDS/ TMC gegenüber dem herkömmlichen Verkehrsfunk den Vorteil der individualisierten Selektion und Ausgabe der relevanten Verkehrsinformationen.[35] Außer dieser selektiven, individualisierten Verkehrsinformation ist das RDS/ TMC-System dem bisherigen Verkehrsfunk auch auf dem Gebiet der Aktualität der übermittelten Nachrichten weit überlegen.[36] Der TMC kann im übrigen auch zur Übermittlung z.B. von Parkplatz- oder sonstigen Reiseinformationen ins Fahrzeug genutzt werden.[37] Die praktische Erprobung von RDS/ TMC im Feldversuch "Bessere Verkehrsinformation" (BEVEI)[38] seit März 1993 ist so gut wie abgeschlossen, das System ist als marktreif zu bezeichnen. Die Auffassung, daß RDS/

---

33 Autobahndirektion Südbayern 1993, 5; Kill 1994, 3; Sommer, Arno: Konzepte gegen den Verkehrskollaps, FAZ Beilage "Verkehr 2000" (06.10.1992) 232, B16; die Verkehrsbeeinflussungsanlage an der A4 zwischen Köln und Aachen führte zu einem fast 40 prozentigen Rückgang der Unfälle mit schwerem Personenschaden; Bajohr 1993, 209; die kollektive Verkehrsbeeinflussung auf dem BAB-Abschnitt zwischen dem Bad Homburger Kreuz und dem Westkreuz Frankfurt erzielte einen Rückgang der Unfälle um fast 19%; Topp 1992, 10

34 Die Autobahndirektion Südbayern faßt es folgendermaßen: "Die Erfahrungen mit dem Verkehrsleitsystem München-Nord zeigen deutlich auf, daß derartige verkehrs- und witterungsabhängig arbeitende Anlagen sehr gut in der Lage sind, im Bereich sehr hochbelasteter und störanfälliger Streckenabschnitte zur Verbesserung der Verkehrsqualität beizutragen, die Sicherheit zu erhöhen und damit einen hohen volkswirtschaftlichen Nutzen zu bringen."; Autobahndirektion Südbayern 1993, 12; im nächsten Schritt sollen die Einbindung des "Verkehrsleitsystems München-Nord" in das Münchner Pilotprojekt "Kooperatives Verkehrsmanagement München" (KVM, siehe Glossar) erfolgen sowie weitere kollektive Verkehrsbeeinflussungsanlagen, insbes. im Süden von München, für insgesamt 75 Mio. DM errichtet werden; ibid.; IntV 45 (1993) 12, 694

35 Das RDS/ TMC-Autoradio gibt ausschließlich die für die jeweilige Fahrtroute relevanten Verkehrsinformationen an den Fahrzeugführer weiter; die Art der Informationsausgabe (auf einem Display oder akustisch) sind wählbar; darüber hinaus sind die Informationen auch speicher- und abrufbar; siehe Glossar

36 Die digitalen Daten aus den Verkehrsrechnerzentralen können prinzipiell direkt und ohne Unterbrechung des laufenden Hörfunkprogramms an die Fahrzeuge weitergegeben werden; außerdem ist RDS/ TMC mehrsprachenfähig, was die Verkehrsinformation für ausländische Autofahrer erheblich verbessert; siehe Glossar; VDA 1993, 12

37 OECD 1992, 60

38 Siehe Glossar; BEVEI ist in die europäischen RDS/ TMC-Projekte ACCEPT und EURO-TRIANGLE eingebunden; siehe Glossar

TMC so etwas wie die Vorstufe der echten Zwei-Wege-Kommunikation auf dem Gebiet der Verkehrsinformationssysteme werden könnte, erscheint durchaus plausibel.[39]

Einen möglichen fahrzeugseitigen Verknüpfungspunkt mit Informationsübermittlungssystemen wie beispielsweise RDS/ TMC stellen autarke Zielführungssysteme mit Koppelnavigation dar.[40] Diese Systeme sind fahrzeugautonom, d.h. sie benötigen keinerlei straßenseitige Infrastruktur und liefern statische Informationen zur Routenführung. Die Koppelnavigation wird mittels Radsensoren, eines Kompasses sowie einer digitalisierten Landkarte auf CD-ROM realisiert, auf der der fahrzeuginterne Navigationsrechner die Positionsbestimmung des Fahrzeugs vornimmt und die optimale Route errechnet.[41] Fahrzeugautonome Navigationssysteme können alternativ auch auf Satellitenortung basieren, wie z.B. CARIN (siehe Glossar). Neben den Satelliten für die Rundfunk- und Nachrichtenübertragung gibt es auch solche zur Ortung und Navigation. Die Satellitennavigation wurde bisher v.a. militärisch genutzt, steht aber seit einiger Zeit auch der zivilen Nutzung offen.[42] Systeme der Satellitenortung und -navigation finden im Güterverkehr auf der Straße und in der Seeschiffahrt Verwendung, allerdings aufgrund der relativ hohen Kosten bisher nur in eng begrenztem Maße. Wenn jedoch der Trend des Preisverfalls weiter anhält, könnten die Satellitenkommunikationssysteme in Zukunft - insbesondere im wichtiger werdenden europaweiten Transport - an Bedeutung gewinnen.[43] Die Ortung

---

39 Zackor äußert diese Auffassung so: "Der Einstieg in die neuen Verkehrsleittechnologien wird über den Verkehrsinformationskanal (Traffic Message Channel) des Radio Data System (RDS/ TMC) erfolgen."; Zackor 1993, 73; auf ähnliche Weise löst derzeit der Bündelfunk - quasi als Zwischenstufe zum ständigen Kommunikationsverbund - den bisher üblichen Betriebsfunk in der Kommunikation der Lkw mit ihren Fuhrparkzentralen ab; Trans Aktuell (1993) 24, 13
40 Beispiele sind hier Travelpilot, EVA oder - als inzwischen erhältliches System - Berlin RCM 303 A (siehe Glossar)
41 Siehe Glossar unter Koppelnavigation, Travelpilot
42 Dementsprechend gehört das hauptsächlich genutzte Satellitennavigationssystem GPS der NASA, sein bisher einziger Konkurrent GLONASS liegt in den Händen Rußlands; für die zivile Nutzung dieser Systeme werden von seiten der Systembetreiber keinerlei Garantien übernommen; siehe Glossar
43 Die Ausrüstung für das EUTELTRACS-System (siehe Glossar) beispielsweise kostete 1992 ca. 10.000 DM je Fahrzeug zuzüglich 12.000 DM für die entsprechende Software in der Fuhrparkzentrale; Preißl 1992, 9; bereits 1993 wurde die Satellitenkommunikation bereits als preislich wettbewerbsfähig mit terrestrischen Netzen angesehen; Weber, Herbert: Schnelle Wellen statt langer Leitungen, FAZ "Beilage CeBIT `93" (22.03.1993) 68, B5; im Lichte dieser Entwicklung kann auch mit einem weiteren Preisverfall auf dem Gebiet der Satellitennavigation gerechnet werden; neben EUTELTRACS stehen noch die Systeme INMARSAT C und PRODAT zur Verfügung; siehe Glossar

und Positionsbestimmung stellt eine der Grundbestandteile von Flottenmanagementsystemen (FMS) dar.[44]

Der Nachteil fahrzeugautonomer Zielführungssysteme - nämlich, daß
sie lediglich statische, nicht aber aktuelle Informationen in die Routenemp-
fehlung einbeziehen - läßt sich durch ihre Verknüpfung mit Kommunikationssystemen wie etwa RDS/ TMC beheben. Auf diesem Wege erhält der
fahrzeuginterne Navigationsrechner zusätzlich zu den Koppelnavigationsda-
ten aktuelle Verkehrsinformationen, die er in die Berechnung der optimalen
Route einbezieht. Dies wird als Duale Zielführung bezeichnet, die entsprechende fahrzeugseitige Ausrüstung als Dual-Mode-Gerät.[45] Eine dynamische Zielführung nach diesem Prinzip läßt sich noch effizienter unter Nutzung von Zwei-Wege-Kommunikationsmöglichkeiten verwirklichen.[46] Dieser bidirektionale Informationsaustausch läßt sich im wesentlichen über das
Mobilfunksystem (D-Netz, siehe Glossar) sowie die Datenübertragung zwischen infrastrukturseitig angebrachten Baken und dem Fahrzeug über Infrarot oder Mikrowellen realisieren.[47]

Der entscheidende Vorteil der Zwei-Wege-Kommunikation liegt darin,
daß die Übermittlung von Verkehrsinformationen und die Erfassung von
Verkehrsdaten mit ein und demselben System möglich sind. Bezogen auf
die bakengestützten Kommunikationssysteme läßt sich dabei grundsätzlich
festhalten, daß - wenn man die jeweils erreichbare Übertragungskapazität
betrachtet - Mikrowellen leistungsfähiger als Infrarot und dieses wiederum
leistungsfähiger als beispielsweise Ultraschall ist.[48] Generell haben solche
Systeme, die nicht auf eine spezifische straßenseitige Infrastruktur angewiesen sind, wie dies z.B. bei dem auf Mobilfunktechnik basierenden
SOCRATES-System (siehe Glossar) der Fall ist, einen erheblichen Kostenvorteil gegenüber infrastrukturgestützten Systemen, wie z.B. dem auf Infra-

---

44 Siehe 2.3.1 und Glossar
45 VDA 1993, 28; Zimdahl 1991, 33; Lorenz, Ralph: Pfadfinder am Armaturenbrett, Das
Parlament (07.08.1992) 33, 12; ein Dual-Mode-Gerät ist im Prinzip ein fahrzeugautonomes
Navigationssystem ergänzt mit einem oder mehreren Empfangsgeräten für Kommunikationssysteme; siehe Glossar
46 Effizienter, weil auf diese Weise die Erfassung von Verkehrsdaten mit ein und demselben System möglich ist
47 Über Charakteristika, Funktionsweise sowie Vor- und Nachteile dieser unterschiedlichen
Kommunikationsarten informiert das Glossar
48 Je kürzer die Wellenlänge des Übertragungsmediums ist, desto höher ist die Datendichte und dementsprechend auch die Übertragungskapazität; Interview mit Dieter Lentz
am 6. Juni 1994, siehe Befragungsprotokoll 1, 4

rotbaken angewiesenen EURO-SCOUT (siehe Glossar).[49] Somit stellen Baken-Systeme - deren bundesweite flächendeckende Einführung ohnehin "unbezahlbar" ist[50] - lediglich eine Lösung für den Stadtverkehr dar, wo sie insbesondere aufgrund der Möglichkeit der Mitnutzung vorhandener Kabelwege an Lichtsignalanlagen (LSA) angebracht werden können.

Der Trend geht bei allen genannten Anwendungen und in besonderem Maße bei den auf Verkehrsmanagement abzielenden dynamischen individuellen Informationssystemen in Richtung Vernetzung und Integration und zwar auf mehreren Ebenen.[51] Neben diesen system- und netzbezogenen Anwendungen der Telematik im Verkehrsbereich findet Informationstechnik auch auf dem Gebiet der Fahrzeugtechnik und Betriebsablaufoptimierung sowie in der Logistik Verwendung. Auf diese Anwendungen soll im folgenden näher eingegangen werden. Vom Telematik-Einsatz in anderen Bereichen - die Stichworte sind hier Teleshopping, Telebanking oder auch Tele-Heimarbeit - erwarten sich darüber hinaus viele eine direkte Substituierungswirkung auf den physischen Verkehr.[52] Dies ist jedoch meiner Meinung nach, u.a. aufgrund fehlender Akzeptanz der Substituierung wirklicher sozialer Kontakte durch "Tele-Sozialkontakt" sowie aufgrund des bekanntermaßen konstanten Reisezeitbudgets (vide supra, p. 37), eher skeptisch zu beurteilen.[53] Wie solche Visionen an der tatsächlichen Entwicklung vorbeigehen können, zeigt das "papierlose Büro", welches man sich vom Computereinsatz im Arbeitsleben erwartete. Dies ist bis heute nicht abzusehen - eher im Gegenteil. So bleibt auch im Bereich der Verkehrsinformationssysteme abzuwarten, ob intelligente Autos auf intelligenten Straßen wirklich den derzeit mit ihnen verknüpften Visionen gerecht werden können.

---

49 ibid., 4 f.; eine Zwei-Wege-Kommunikation zu Verkehrsinformationszwecken wurde anfangs auch mittels in die Fahrbahn eingelassener Induktionsschleifen realisiert; diese Möglichkeit ist inzwischen aus mehreren Gründen als veraltet anzusehen, u.a. führt die Wanderung der Straßendecke zu Schäden an den Induktionsschleifen und damit zu ständigem, verkehrsflußstörendem Reparaturbedarf; Interview mit Klaus Everts am 8. Juni 1994, siehe Befragungsprotokoll 2, 9
50 Interview mit Rainer Neuwerk am 6. Juni 1994, siehe Befragungsprotokoll 3, 4
51 Auf der Ebene der physikalischen Integrierung beispielsweise werden Einzelgeräte in zunehmendem Maße zu multifunktionalen, kombinierten Geräten integriert; VDA 1993, 36; Beispiele sind hier das Dual-Mode-Gerät, wie es beispielsweise im Pilotprojekt STORM Verwendung findet oder auch Berlin RCM 303 A (siehe Glossar); grundsätzlich gilt, daß die Datenintegrierung immer die Vorstufe einer Funktionsintegrierung sein muß, was die im späteren Verlaufe der vorliegenden Untersuchung noch zu behandelnde Standardisierung im Bereich der Telematik besonders dringlich erscheinen läßt; Venitz 1991, 37
52 Fiedler 1992, 227; Tietz 1987, 269; Pällmann 1994, 7; Neuhaus 1993, 66 f.
53 Ernst/ Walpuski 1993, 114 f.; siehe auch Meissner 1993; Ollmann 1993

2.3 Pilotprojekte, Feldversuche, Forschungsvorhaben - Ein Überblick

2.3.1 Kooperatives Verkehrsmanagement

Pilotprojekte und Feldversuche haben, allgemein gefaßt, die Anliegen, die technische Realisierbarkeit unter Beweis zu stellen, die Vorteile für die Systembenutzer bzw. -betreiber zu quantifizieren, die regionalen und gesellschaftlichen Auswirkungen des entsprechenden Systems abzuschätzen sowie Daten zur Vorausschätzung evtl. auftretender Umweltwirkungen bereitzustellen. Kurz gesagt: Feldversuche und Pilotprojekte sollen die Grundlagen für eine umfassende Bewertung technischer Systeme zur Verfügung stellen.[1] Dementsprechend haben die umfangreichen - und v.a. auch zahlreichen - Pilotprojekte für Verkehrsmanagementsysteme das Ziel, die technischen, volks- und betriebswirtschaftlichen, rechtlichen, sozialen, ökologischen, regionalen und kommunalen sowie politischen Aspekte der Einführung eines solchen Systemes im voraus und in relativ kleinem Maßstab zu überprüfen. Im Mittelpunkt dieser Projekte steht dabei der System-Gedanke: "Vernetzung" und "Integration" sind die Leitvokabeln in den Projektbeschreibungen. Vom technischen Ansatz her ist allen Systemen gemeinsam, daß ihre Grundlage ein möglichst weitgehender Datenverbund zwischen z.T. bereits bestehenden Systemen des IV und des ÖV bildet, i.d.R. realisiert auf einem separaten, zentralen Verkehrsleitrechner (Verkehrsrechnerzentrale).[2] Auf dieser Basis sind dann - entsprechend der Schwerpunktsetzung des jeweiligen Pilotprojektes - unterschiedliche Dienste möglich, die prinzipiell im Zugriff auf die Daten des zentralen Verkehrsrechners ablaufen.[3] Von diesen, grundsätzlich auf irgendeine Form der Kommunikation zwischen Fahrzeugen und dem Verkehrsleitrechner angewiesenen, Verkehrsmanagementsystemen zu unterscheiden sind rein fahrzeugautonome Systeme, wie z.B. Systeme zur automatischen Abstandswarnung oder zum autonomen Fahren.[4]

---

1 OECD 1992, 37 f.
2 FGSV 1992, 10; Stahl 1993a, 170 f.
3 Beispielsweise als "pre-trip information" vor Fahrtantritt durch Routen- und sonstige Reiseinformationen im Dialog mit der Verkehrsrechnerzentrale per Btx oder per Telefon, als "on-trip information" während der Fahrt im Kraftfahrzeug über ein dynamisches individuelles Autofahrer-Informationssystem oder am Bahnhof über eine öffentliche Infothek; Höller 1993, 35
4 Etwa das Projekt Vita der Daimler-Benz AG (siehe Glossar); auf solche fahrzeugautonomen Systeme sowie die Möglichkeit eines Fahrzeug-Fahrzeug-Verbundes wird in Punkt 2.3.7 näher eingegangen, siehe auch unter PROMETHEUS im Glossar; Interview mit Robert Schüssler am 13. Juni 1994, Befragungsprotokoll 4, 1

Die erste Generation von Verkehrsmanagementsystemen wurde bereits in den siebziger Jahren getestet, namentlich in Form des Projektes ALI (siehe Glossar), welches auf einer Kommunikation zwischen Verkehrsleitrechner und fahrzeuginternem Navigationsrechner über Induktionsschleifen basierte. Dieses erste Pilotprojekt verlief zwar erfolgreich, jedoch scheiterte eine Implementierung des ALI-Systems an den sehr hohen Investitionskosten und dessen doch relativ zahlreichen technischen Problemen.[5] Die zweite Generation von in Feldversuchen erprobten Systemen basiert auf Kombinationen aus fahrzeugautonomen Navigationssystemen und einer Zwei-Wege-Kommunikation mittels Baken - vorwiegend über Infrarot[6] - in Ballungsräumen bzw. einer regionalen Ein-Weg-Kommunikation über RDS/ TMC. Beispiele sind hier LISB (Leit- und Informationssystem Berlin) bzw. in jüngerer Zeit LIAISON (Linking Autonomous and Integrated Systems for On-Line Network and Demand Management), STORM (Stuttgart Transport Operation by Regional Management), KVM (Kooperatives Verkehrsmanagement München) sowie MOVE (Mobilität und Verantwortung) in Hannover.[7] Die dritte und z.Zt. jüngste Generation von integrierten Verkehrsinformationssystemen sind von einer Zwei-Wege-Kommunikation zwischen dem fahrzeugautonomen Zielführungssystem und der jeweils zuständigen Verkehrsrechnerzentrale über Mobilfunk auf dem GSM-Standard geprägt. Das System heißt SOCRATES, der dazugehörige Feldversuch auf deutschem Boden ist RHAPIT (Rhein-Main Area Project for Integrated Traffic Management) in der Region Frankfurt/Main.[8] Alle drei Generationen von Verkehrsmanagementsystemen verfügen dabei grundsätzlich über dieselben Funktionsmerkmale, wobei ein Trend zur Funktionserweiterung bei gleichzeitig sinkenden Infrastrukturkosten unverkennbar ist.[9]

Wenn überhaupt ein direktes Konkurrenzverhältnis zwischen Pilotprojekten auszumachen ist, so gilt das für die Beziehung STORM - RHAPIT. Die Rollen der Siemens AG und der Robert Bosch GmbH als Lieferanten grundlegender technischer Bausteine werden in RHAPIT von der DeTeMobil und von Philips B.V. übernommen. Darüber hinaus ist STORM in Form ei-

---

5 OECD 1992, 34
6 Noch genauer: vorwiegend über das EURO-SCOUT System von Siemens
7 Siehe jeweils Glossar; in LIAISON wird versucht, die - infolge der Vorreiterrolle Berlins auf diesem Gebiet - bereits vorhandenen Informationssysteme (v.a. RBL, LISB und TRANSLISB) zu integrieren und vernetzen; alle genannten Projekte - bis jetzt mit Ausnahme von MOVE - werden von europäischer Seite aus gefördert
8 Auch RHAPIT (siehe Glossar) wird zur Hälfte der Projektkosten, also mit 12,1 Mio.DM, von europäischer Seite gefördert und zwar im Rahmen von DRIVE II/ ATT (siehe Glossar und Punkt 2.3.7); FGSV 1992, 53
9 OECD 1992, 34

nes Konsortiums organisiert, während RHAPIT im Auftrag des Landes Hessen läuft, was eine grundlegend andere Einstellung zum Thema Verkehrsinformationssysteme reflektiert.[10] Diese grundlegend differente Einstellung wird auch in der Ausrichtung der Verkehrsmanagementsysteme deutlich: Während man bei STORM auf eine "weiche" Form der Verkehrsbeeinflussung setzt, bilden bei RHAPIT auch regulative, interventionistische Eingriffe wie Zufahrtsdosierungen und -sperrungen Teile des Konzepts.[11] Anzahl und Verbreitung der Pilotprojekte von Systemen der zweiten Generation verdeutlichen darüber hinaus zweierlei: Zum einen die Strategie der Siemens AG, über Sachzwang, d.h. eine hohen Verbreitungsgrad ihres Infrarot-Systems EURO-SCOUT, zu einem europäischen Standard zu gelangen.[12] Zum anderen jedoch auch den Prestige-Charakter, den solche Verkehrsmanagement-Projekte insbesondere für die Ballungsräume besitzen.

Bei STORM - um ein Beispiel herauszunehmen - handelt es sich um ein ursprünglich probleminduziertes Projekt eines regionalen Verkehrsmanagementsystems.[13] Organisiert ist STORM als Konsortium privater und öffentlicher Akteure, von denen allerdings die private Seite etwa Dreiviertel der Gesamtkosten von 60 Mio. DM aufbringt.[14] Dieses starke Engagement

---

10 In Baden-Württemberg befürwortet man eine weitestmöglich private Betreiberschaft von Verkehrsinformationssystemen, während man in Hessen die Zügel doch mehr in öffentlichen Händen halten will, was aber auch mit der stärker interventionistischen Ausrichtung der Verkehrsinformationstechnik zusammenhängt; auch in Köln (VIKTORIA, siehe Glossar und Punkt 2.3.3) fungiert die öffentliche Seite als Auftraggeber des Pilotprojektes; Interview mit Reinhard Schult am 29. Juni 1994, siehe Befragungsprotokoll 10, 8 f.; für STORM existieren bereits konkrete Pläne für die Zukunft nach dem offiziellen Ende des Projekts: Geplant ist eine Übernahme durch mehrere private Betreibergesellschaften; siehe dazu Befragungsprotokoll 10, 3 ff.
11 STORM-Büro (Hrsg.) : Miteinander ans Ziel. STORM - ein regionales Verkehrsmanagement Stuttgart. Informationsbroschüre o.J.; Interview mit Rainer Neuwerk am 13. Juni 1993, siehe Befragungsprotokoll 3
12 Vom Ansatz her STORM sehr ähnlich ist z.B. KVM; nachdem Siemens, vertraulichen Informationen aus einigen Interviews zufolge, sowohl auf Ebene der Bundesregierung als auch der EG-Kommission bereits den Versuch der Durchsetzung einer regulativen Standardisierung der Infrarot-Kommunikation für Verkehrsinformationssysteme betrieben hat und jeweils scheiterte; dabei ist zu beachten, daß die Siemens AG in die Entwicklung des EURO-SCOUT-Systems sehr viel an Zeit und finanziellen Mitteln investiert hat - ein nationaler Feldversuch, nämlich LISB, ist bereits seit 1990 abgeschlossen, ohne daß bisher greifbare Ergebnisse erzielt worden sind; allein für LISB mußten von seiten der Industrie und damit maßgeblich durch die federführende Siemens AG 13 Mio. DM aufgebracht werden; Hoffmann 1993a, 99; insofern hat Siemens ein vitales und verständliches wirtschaftliches Interesse an einer zumindest teilweisen Implementierung bakeninfrastrukturgestützter Kommunikationssysteme via Infrarot
13 STORM entstand aus einer Machbarkeitsstudie heraus, welche zu äußerst pessimistischen Ergebnissen bezüglich der künftigen Verkehrsentwicklung im Raum Stuttgart kam; Interview mit Rainer Neuwerk am 13. Juni 1994, siehe Befragungsprotokoll 3, 1
14 Das Land Baden-Württemberg trägt mit rd. 4,5 Mio.DM, die Stadt Stuttgart mit etwa 3 Mio. DM und die Stuttgarter Straßenbahnen mit 3,5 Mio. DM zu STORM bei, was 18,3%

von privatwirtschaftlicher Seite ist als charakteristisch für STORM anzusehen: Zum einen wird hier am deutlichsten eine weitestmöglich private Betreiberschaft angestrebt, zum anderen sind im Falle von STORM starke
wirtschaftspolitische Interessen offensichtlich.[15] So wurde in den Interviews mit Dieter Lentz, Rainer Neuwerk und Reinhard Schult[16] deutlich,
daß am Anfang von STORM zwar verkehrspolitische Erwägungen standen,
im Verlaufe des Projektes jedoch zunehmend wirtschaftspolitische Erwägungen in den Vordergrund traten.[17] Dieser Trend ist vor dem Hintergrund
der weltweiten Rezession der letzten Jahre sowie der internationalen politischen Entwicklung zu sehen, denn bei einigen der technischen Grundlagen
von Verkehrsinformationssystemen handelt es sich um Produkte der Konversionsindustrie.[18] Nicht zuletzt von daher rührten auch die anfänglichen
organisatorischen Probleme, die allerdings inzwischen gelöst wurden.[19]

Zwar sind die Ergebnisse der Pilotprojekte noch nicht vollständig verfügbar, doch zeigen sich von der Tendenz her durchaus positive Aspekte.
In Auswertung des Projekts LISB ergab sich ein direkter Nutzen für die Verkehrssicherheit, die individuellen Leitempfehlungen wurden weitgehend be-

---

der Gesamtinvestitionen ausmacht; hinzu kommen noch EG-Fördermittel; von den Industrie-Unternehmen sind die Daimler-Benz AG, die Siemens AG sowie die Robert Bosch
GmbH am stärksten engagiert; Interview mit Rainer Neuwerk am 13. Juni 1994, siehe Befragungsprotokoll 3, 2; Ball 1993, 88
15 Was nicht heißen soll, daß wirtschaftspolitische Interessen bei den anderen Feldversuchen keine Rolle spielen; man bekennt sich nur nicht offen dazu; dies strich Dieter Lentz im
Interview am 6. Juni 1994 heraus, siehe Befragungsprotokoll1, 1
16 Siehe Befragungsprotokolle 1, 3 und 10
17 Man wollte zunächst lediglich herausfinden, was die Telematik konkret zur Lösung anstehender regionaler Verkehrsprobleme leisten kann; die wirtschaftspolitischen Erwägungen
beziehen sich dabei in erster Linie auf die (inter)nationale Wettbewerbsfähigkeit der Industrie vor Ort, in zweiter Linie auch in ganz Deutschland; Interview mit Reinhard Schult am
29. Juni 1994, siehe Befrgungsprotokoll 10, 1 f.; Interview mit Rainer Neuwerk am
13.Juni 1994, siehe Befragungsprotokoll 3, 1
18 Dies gilt u.a. für die fahrzeugautonomen Leitsysteme, teil- und vollautomatisches Fahren und in ganz besonderem Maße - dies ist schon an der Trägerschaft der entsprechenden
Systeme GPS und GLONASS (siehe Glossar) erkennbar - für die Satellitenortung und -na-
viga-tion; Interview mit Reinhard Schult am 29. Juni 1994, siehe Befragungsprotokoll 10,
2
19 Nicht nur in technischer, sondern v.a. auch in organisatorischer Hinsicht handelte es
sich bei STORM um ein Pilotprojekt, das von zu Anfang erheblichen Verständigungsschwierigkeiten zwischen öffentlichen Stellen und den beteiligten Unternehmen geprägt
war; diese Kommunikationsschwierigkeiten resultierten aus der Organisationsform, die für
beide Seiten ungewohnt war; von staatlicher Seite war zunächst die Angst vorherrschend,
von den beteiligten Unternehmen übervorteilt zu werden, während sich die Industrie strik-
tere und genauere Vorgaben von öffentlicher Seite wünschte, was vor dem Hintergrund der
früheren Tätigkeit in der militärischen Forschung und Produktion durchaus plausibel ist; Interview mit Reinhard Schult am 29. Juni 1994, siehe Befragungsprotokoll 10, 3; Interview
mit Rainer Neuwerk am 13. Juni 1994, siehe Befragungsprotokoll 3, 6; der Wunsch nach
genaueren und festeren Vorgaben von öffentlicher Seite wird im Interview mit Robert
Schüssler am 13. Juni 1994 deutlich, siehe Befragungsprotokoll 4

folgt und damit Umwegstrecken reduziert[20], die Kommunen profitierten in hohem Maße von der optimalen Erfassung und Speicherung des jeweiligen aktuellen Verkehrszustands sowie den insgesamt guten Ausgangsmöglichkeiten für Verkehrssteuerung und -management. Außerdem genügt bereits ein Verbreitungsgrad der entsprechenden Sende-/ Empfangsgeräte in den Fahrzeugen von etwa 1 - 2%, um über die Verkehrsdatenerfassung eine ausreichende Datenbasis zu gewährleisten.[21]

Allerdings wurden auch einige Probleme deutlich, von denen negative Einflüsse auf das Fahrverhalten durch die geteilte Aufmerksamkeit des Fahrers zwischen Verkehr und Display noch das geringste, weil technisch lösbare darstellt.[22] Schwerwiegender ist die deutliche Ausrichtung auf die Belange des motorisierten Individualverkehrs (MIV) der angesprochenen Verkehrsmanagementprojekte, die bisher nur in Ansätzen durchbrochen wird: Optimiert und gesteuert werden soll hauptsächlich der private Pkw-Verkehr, der Wirtschaftsverkehr bleibt dabei bisher weitgehend außen vor, der ÖPNV hat in vielen Fällen lediglich eine "Überlauffunktion" inne.[23] Dies ist v.a. vor dem Hintergrund bedenklich, daß ein wesentlicher vermeidender Einfluß auf die private Pkw-Nutzung durch reine Information den bisherigen Erfahrungen nach nicht zu erwarten ist, vielleicht sogar im Gegenteil.[24] Zumindest zu Beginn der Einführung von Verkehrsinformationssystemen werden diejenigen Autofahrer, die über ein solches System verfügen, ihren Informationsvorsprung zugunsten einer größeren Zeitsicherheit des Transportes nutzen.[25] Zwar relativiert sich dieser Nutzen mit steigender Verbreitung der entsprechenden fahrzeugseitigen Ausrüstung, jedoch bedeutet diese gesteigerte Zeitsicherheit eine Erhöhung der Attraktivität des Ver-

---

20 Untersuchungen des britischen Transport and Road Research Laboratory ergaben, daß Autofahrer aufgrund unzureichender Ortskenntnisse im Durchschnitt 7% längere Strecken fahren; Kill 1994, 5
21 Hoffmann 1993a, 103 f.; DeTeMobil 1994b, 7
22 Harmsen/ König 1992, 155 + 159; weitgehend lösbar ist dieses Problem durch das sog. Head-Up Display (siehe Glossar und Punkt 4 der vorliegenden Arbeit)
23 D.h. Umsteige-Empfehlungen auf den ÖPNV werden erst dann gegeben, wenn im IV auf der Straße praktisch nichts mehr geht; DVZ (19.10.1993) 124, 44; zum Wirtschaftsverkehr und ÖPNV siehe weitergehend die Punkte 2.3.2 und 2.3.3 im Anschluß
24 Dieter Lentz geht davon aus, daß die private Autonutzung weitgehend unbeeinflußt bleibt, also weder gefördert noch beeinträchtigt wird; für ihn wird es durch verbesserte Verkehrsinformations-Möglichkeiten im privaten Bereich maximal zu einer geographischen Umorientierung bei der Wahl der Ausflugsziele kommen; dagegen wird seiner Meinung nach im gewerblichen Bereich viel stärker mit Zeitkosten kalkuliert, wodurch eine gemäß den Zeitkosten optimale Verkehrsmittelwahl zu erwarten sei; Interview mit Dieter Lentz am 6. Juni 1994, siehe Befragungsprotokoll 1, 2
25 ibid.

kehrsmittels Pkw, woraus zumindest verkehrspolitisch unerwünschte MIV-induzierende Effekte resultieren könnten.[26]

Zusammenfassend kann also gesagt werden, daß die technische Machbarkeit integrierter Verkehrsmanagementsysteme, als in der Vernetzung einzelner Systeme komplexeste Stufe von Verkehrsinformationssystemen, gegeben ist. Fragen werfen jedoch die Finanzierung und der Entwurf von Betreibermodellen sowie die Standardisierung der Schnittstellen und damit die möglichst europaweite Interoperabilität und Interkonnektivität der entsprechenden Systeme auf.[27]

2.3.2 Ansätze im Straßengüterverkehr

Das zentrale Schlagwort der letzten Jahre im Gütertransport ist Logistik. Dieser ursprünglich aus dem militärischen Bereich stammende Begriff hebt auf die effiziente, integrierte Organisation aller Transport-, Lager- und Umschlagsvorgänge im Realgüterbereich ab. Ziel ist der termin- und bedarfsgerechte, kostenoptimierte Aufbau von Materialflußketten über räumliche Entfernungen hinweg.[28] Der Einsatz von Telematik im Bereich des Straßengüterverkehrs soll dazu beitragen, die Logistik im Gütertransport weiter zu optimieren sowie einen dem Warenfluß vorauseilenden Informationsfluß zu realisieren.[29] Logistische Informationssysteme konzentrieren sich deshalb auf den Straßengüterverkehr, weil dieser den jüngsten Entwicklungen in diesem Bereich von allen Verkehrsträgern am weitesten entgegenkommt. Der Trend der letzten Jahre ging im Logistik-Bereich deutlich in Richtung einer starken Ausdifferenzierung der Dienstleistungspalette der Speditionen - speditionelle Dienstleistungen bilden den Kernbereich der Transportlogistik[30] - bei steigender Wettbewerbsintensität. Daraus resultieren gestiegene Anforderungen an Logistik-Dienstleister und zwar bezüglich

---

26 Dies wäre zumindest gemäß des Satzes vom konstanten Reisezeitbudget, wonach Reisezeitgewinne in weitere Transportentfernungen umgesetzt werden, plausibel; Krostitz/Köthner 1993, 652

27 Interview mit Robert Schüssler am 13. Juni 1994, siehe Befragungsprotokoll 4, 1; OECD 1992, 12 f.; FGSV 1993, 13

28 Zur Definition des Logistik-Begriffes siehe Glossar; Venitz 1991, 36; BSL 1990, 35

29 Höller 1993, 25

30 BSL 1990, 37; lt. HGB bildet übrigens allein die Besorgung der Durchführung eines Gütertransports den Arbeitsbereich der Spedition, die Durchführung selbst ist Sache des Frachtführers, also eines vom Grundsatz her anderen Gewerbes

aller Komponenten des Lieferservices.[31] Zusammengefaßt wird diese Entwicklung häufig mit dem Schlagwort "Just-in-time" etikettiert.[32]

Der logistische Ablauf im Güterverkehr läßt sich grob in die Fahr-
zeug-, die Fuhrpark- sowie die logistische Ebene unterteilen.[33] Beispiele für
den Telematikeinsatz auf Fahrzeugebene sind das Integrierte Fahrerinformationssystem (IFIS) sowie Bordcomputer unterschiedlicher Art.[34] Dabei
unterstützen Bordcomputer bereits Funktionen der Fuhrparkebene, die wiederum mittels IuK-gestützter Fracht- und Laderaumbörsen[35] sowie Flottenmanagementsystemen (FMS) optimiert werden kann.[36] Auch hier sind
die Übergänge zur nächsten Ebene, der Logistikebene fließend. Auf dieser
Ebene sind beispielsweise Sendungsverfolgungssysteme angesiedelt.[37]

In erster Linie geht es beim Telematik-Einsatz im Güterverkehr jedoch
um die Zusammenführung der einzelnen Bausteine, bestehend aus Informationssystemen zur Optimierung der verkehrsträgerinternen und -übergrei-
fenden Abläufe, zu einem integrierten Gesamtinformationssystem. Einen
ersten Schritt auf dem Weg zu dieser umfassenden Vernetzung könnte die
sich abzeichnende Einigung auf ein standardisiertes Datenaustauschformat,

---

31 Diese Komponenten sind: Lieferschnelligkeit, Lieferzuverlässigkeit, d.h. die Einhaltung
eng begrenzter Zeitfenster, Lieferflexibilität, Sicherheit des Transports für die Frachtgüter
sowie maßgeschneiderte Konzepte für individuelle Kunden; Stahl 1993b, 37; Preißl 1992,
6 f.; Fietzek/ Rode 1994, 192 f.; Haubold 1993, 79
32 Was allerdings eine starke Vereinfachung darstellt, da nur ein kleiner Ausschnitt der relevanten Faktoren erfaßt wird
33 FGSV 1993, 26
34 Siehe Glossar; VDA 1993, 36; Bordcomputer sind bereits markteingeführt, werden bisher jedoch nur in Teilbereichen oder versuchsweise eingesetzt; mit ihrer schrittweisen Einführung ist mit der Ersetzung des Fuhrparks zu rechnen, so daß in absehbarer Zeit der
größte Teil der Nutzfahrzeuge im Straßengüterverkehr IuK-unterstützt fahren wird; Preißl
1992, 10
35 Fracht- und Laderaumbörsen dienen der besseren Kapazitätsauslastung durch Zusammenführung freier Kapazitäten mit zu transportierenden Ladungen; Preißl 1992, 13; sie
können realisiert werden als reine Informationsbörsen i.S. eines "schwarzen Brettes", als
interaktive Informationsbörsen mit direktem und willentlich herbeigeführten Kontakt zwischen Anbieter und Nachfrager oder aber als Matching-Börsen mit automatischer optimaler
Zusammenführung der bis zu einem bestimmten Zeitpunkt eingetroffenen Nachfragen und
Angebote durch das Informationssystem selbst; Höller 1993, 23 f.
36 Siehe Glossar; FMS zur Ortung und Positionsüberwachung der Fahrzeuge werden häufig mittels Satellitennavigationssystemen wie z.B. GPS (siehe Glossar) realisiert; Ernst/
Walpuski 1993, 112; Stahl 1993a, 168; zusätzlich werden die Fahrzeuge in zunehmendem
Maße mit Mobilfunksystemen (D-Netz im internationalen Transport) ausgestattet; VDA
1993, 32; FMS beziehen sich nicht nur auf das Management von Lkw-Flotten, sondern
können auch bei allen sonstigen Nutzfahrzeugen sowie Taxi-Fuhrparks eingesetzt werden;
FGSV 1993, 5
37 Ein Beispiel ist hier TRANSPO-TRACK im Rahmen von EURO-LOG, siehe Glossar

nämlich den EDIFACT-Standard, sein.[38] Ansätze für solche integrierten Flottenmanagementsysteme sind bereits vorhanden und in der Erprobungsphase. Beispiele sind hier IFMS (Integrated Freight Logistics Fleet & Vehicle Management System) sowie FLEET (Freight and Logistics Efforts for European Traffic), beide auf europäischer Ebene sowie das konzerneigene "Güterverkehrskonzept 2000" (GVK 2000) der Daimler Benz AG und das Transportleit- und Informationssystem Berlin (TRANS-LISB).[39]

Zusammenfassend ist also ein deutlicher Trend in Richtung einer umfassenden IuK-technischen Unterstützung der logistischen Abläufe feststellbar. Von der Vermeidung von Umwegen und Irrfahrten durch Verkehrsinformationssysteme im Gütertransportbereich wird eine Reduzierung der Fahrleistung von 4 - 7% erwartet.[40] Eine wesentliche Abnahme der Gesamtzahl der Leerfahrten ist allerdings durch die Implementierung von Informationssystemen alleine nicht zu erwarten.[41] Das größte Rationalisierungspotential bieten Informationssysteme im Güterverkehr auf betriebswirtschaftlicher Ebene, also für die betroffenen Unternehmen. Durch eine bessere Kontrolle der Wirtschaftlichkeit des Fuhrparks, die Vermeidung von Standzeiten der Fahrzeuge, Ablaufoptimierung im Umschlaglager und an der Rampe sowie einer insgesamt verbesserten Informationsbasis der Disposition können sie ihre Produktionskosten senken bei gleichzeitig gesteigerter Attraktivität der angebotenen Dienstleistungen.[42] Doch genau darin könnte auch das Problem liegen, wenn eine steigende Attraktivität des Straßengütertransports noch mehr Verkehr auf die Straße lockt. Diese Ambivalenz der Wirkungen haftet auch der Möglichkeit an, über Verkehrsinformationssysteme die Einhaltung der Sozialvorschriften im

---

38 Damit würde sich der Datenaustausch zwischen verschiedenen Stellen und Organisationen wesentlich vereinfachen und ein wichtiger Schritt in Richtung offene Systeme getan - deren notwendiger Bestandteil allerdings auch die Kompatibilität der Hardware ist; Preißl 1992, 8; BSL 1990, 64
39 Siehe Glossar; ein Beispiel für einen dahingehenden kommerziellen Versuch von seiten einiger europäischer Telekommunikationsgesellschaften ist EURO-LOG (siehe Glossar)
40 Preißl 1992, 13
41 Lediglich die Hälfte aller stattfindenden Leerfahrten (nämlich solche infolge von Kommunikationslücken) ist überhaupt durch den Einsatz von Informationssystemen beeinflussbar; in diesem Bereich wird sich das Einsparungspotential schätzungsweise auf 20% (d.h. 10% insgesamt) belaufen; Preißl 1992, 12 f.; ein wesentlich wichtigerer Schritt zur Senkung des Leerfahrtenanteils im Straßengüterverkehr ist die Aufhebung der Beschränkungen für den Werkverkehr
42 Allein durch verbesserte Disposition und eine zügigere Abfertigung der Fahrzeuge kann auf dem Wege der Verringerung der Standzeiten die Einsatzzeit der Lkw mit ihren Fahrern um die Hälfte erhöht werden; Fietzek/ Rode 1994, 192; BSL 1990, 61; Saffer 1993, 79 ff.; siehe auch Meister 1993; für den Kunden bedeuten umfassende Informationsmöglichkeiten über den Ablauf des Transportgeschehens, wie sie Sendungsverfolgungssysteme bieten, eine subjektiv erhöhte Zuverlässigkeit der Lieferung; Preißl 1992, 7

Straßengüterverkehr zu überwachen: Sicher ein positiver Effekt, doch datenschutzrechtlich ziemlich bedenklich.[43]

Integrierte Informationssysteme im Güterverkehr werden auch weiterhin mit den für vernetzte Systeme typischen Problemen der zu geringen Verbreitung bei den Geschäftspartnern sowie der mangelnden Normung und Standardisierung zu kämpfen haben.[44] Darüber hinaus könnte ein verstärkter Einsatz von Informationssystemen im gewerblichen Gütertransport die bereits vorhandene Tendenz in Richtung Unternehmenskonzentrierung bzw. verstärkte Unternehmenskooperation weiter fördern.[45] Ein organisatorisches Problem könnte aus den bisher fehlenden Garantien für die zivile Nutzung der - für die Zwecke des Flottenmanagements zentralen - Satellitennavigationssysteme GPS (Global Positioning System) und GLONASS (Global Navigation Satellite System) entstehen.[46]

2.3.3 Stadtverkehrskonzepte und City-Logistik

Die allgemein für den Verkehrsbereich aufgezeigten Probleme - insbesondere seine externen ökologischen und sozialen Kosten - treten im Bereich der Städte in konzentrierter Form auf. Die städtischen Verkehrswege dienen z.T. sehr unterschiedlichen und widersprüchlichen Funktionen: Sie sollen Verbindungen herstellen, Erschließung sichern, Aufenthaltsqualität bieten, Ver- und Entsorgung gewährleisten sowie sich in das städtische Erscheinungsbild harmonisch einfügen. Dadurch kommt es zwangsläufig zu Zielkonflikten. Dennoch müssen Stadtverkehrskonzepte an dieser gewollten Funktionalität ansetzen.[47] Dafür, daß sich die fortschreitende funktionale Differenzierung im städtischen Bereich in den kommenden Jahren zugun-

---

43 Bracher 1990, 163; datenschutzrechtliche Probleme dürfte es darüber hinaus auch an den Übergängen zwischen offenen (WAN) und betriebsinternen (LAN) Informationssystemen geben, wenn offene Systeme Wirklichkeit werden; FGSV 1993, 27 f.
44 Preißl 1992, 11
45 Außerdem können IuK-Technologien durchaus als "Markteintrittsbarriere" bzw. "Marktverbleibskriterium" wirken; Haubold 1993, 63; diese Auffassung wird durch einen Blick auf die Rechnereinsatzquote in Speditionen nach Betriebsgröße untermauert: während nur 36% der Betriebe mit bis zehn Beschäftigten EDV-Anwender sind, ist dies bei mehr als 97% der Betriebe mit über 100 Beschäftigten der Fall; BSL 1990, 59
46 Siehe Glossar; aus diesem Grunde wird im BMV bereits laut über den Aufbau eines allein für die zivile Nutzung konzipierten Satellitennavigationssystems in Europa nachgedacht; BMV 1993, 45
47 Boesefeldt/ Schneider 1990, 25; Dehmelt/ Krampe 1992, 290; Willeke 1990a, 14

sten eines Umbaus in eine "Dörferstadt" mit fahrrad- und fußgängerfreundlichen "Binnenverkehrsvierteln" aufhalten lassen wird, gibt es derzeit keinerlei Anzeichen.[48]

Städtische Verkehrsmanagementmaßnahmen beziehen sich auf den MIV, auf den Straßengüternahverkehr, den ÖPNV sowie Fahrradfahrer und Fußgänger. Auch hier kann zwischen kollektiver und individueller Verkehrsbeeinflussung unterschieden werden. Parkleitsysteme können auf beiderlei Weise realisiert werden: Entweder kollektiv mittels dynamischer Anzeigetafeln oder auch individuell über das fahrzeuginterne Leitsystem, hier ist sogar eine Reservierung von Parkplätzen denkbar.[49] Die Einbindung der P & R-Plätze in ein Parkleitsystem ist dabei kein Problem und von direktem Vorteil für den städtischen ÖPNV sowie die Lebens- und Aufenthaltsqualität in der Innenstadt.[50] Außer zur Bewältigung des ruhenden Verkehrs dienen solche Systeme zur Vermeidung von überflüssigem Parksuchverkehr, wobei das verkehrsvermeidende Potential als ganz erheblich eingeschätzt wird.[51] Direkt auf eine Attraktivitätssteigerung des ÖPNV abzielend sind beispielsweise Rechnergestützte Betriebsleitsysteme (RBL), dynamische Fahrgastinformations- und Anschlußsicherungssysteme (ASI), das Bord-Informations- und Steuersystem (BISS) sowie Anstrengungen in Richtung eines bargeldlosen Zahlungsverkehrs im ÖPNV.[52]

---

48 Heinze/ Kill entwerfen in ihrem Stadtverkehrskonzept diese "Dörferstadt", die jedoch meines Erachtens zumindest für geraume Zeit Utopie bleiben wird; Heinze/ Kill 1992, 11 f.; von weiter fortschreitender funktionaler Differenzierung geht hingegen Retzko aus und hofft, dem damit noch disperser werdenden Verkehr mittels verkehrslenkender und -beschränkender Maßnahmen durch elektronische Steuerungssysteme, einem durch Telematik-Einsatz individualisierten Verkehr sowie Abflachung der Verkehrsspitzen durch zeitliche Flexibilisierung begegnen zu können; Retzko 1994, 325 ff.
49 Dabei werden die Parkplatz-Informationen an den fahrenden Pkw übermittelt, z.B. über RDS/ TMC (RDS-Parkfunk) oder über Baken im Stadtbereich; die Möglichkeit einer Parkplatz-Vorbuchung eröffnet sich über das Mobilfunksystem, mittels dem per Knopfdruck ein Kontakt zwischen dem betreffenden Autofahrer bzw. Kfz und der jeweiligen Parkhausgesellschaft hergestellt werden kann; Zimdahl 1991, 37; VW AG 1990, 9
50 Der Grundgedanke des P & R besteht in der Arbeitsteiligkeit der Verkehrsträger durch Kombination ihrer jeweiligen Stärken, d.h. Flächenerschließung des Umlandes durch den MIV und Strangbedienung auf den Radialen von und zur Innenstadt durch den ÖPNV; Topp 1992, 8; die Innenstadt wird von Dauerparkern entlastet; VDV 1993, 9
51 Die Rede ist von einer Reduzierung des innerstädtischen Parksuchverkehrs um bis zu 70%; Bundesumweltminister Klaus Töpfer in einer Gesprächsrunde des BJU am 15.04.1994 in Saarbrücken; Zimdahl 1991, 35; Ernst/ Walpuski 1993, 119
52 Siehe Glossar; ein Beispiel für auf dem EFA-Protokoll (Elektronische Fahrplanauskunft) basierende dynamische Fahrgastinformationssysteme ist das Auskunft Service System (ASS) des Verkehrsverbunds Rhein-Sieg (VRS); siehe Glossar; eine bestehend einfache Lösung für eine dynamische Fahrgastinformation hat man in Erfurt gefunden: Aktuelle ÖPNV-Informationen werden per Funk an die Haltestellen übermittelt und dort durchgesagt; Schmidt 1993; speziell auf den U-Bahn-Betrieb ausgerichtet ist beispielsweise das Hamburger OPUS-System; siehe Glossar; zu den Erfahrungen mit RBL siehe Resch/ Will 1994;

Wie auch schon im Falle des Personen- und Güterverkehrs auf der Straße besteht auch beim innerstädtischen Verkehr die eigentliche Herausforderung für den Telematik-Einsatz darin, bestehende und innovative Einzel-systeme miteinander zu verknüpfen und zu vernetzen. Auch hier sind in letzter Zeit zahlreiche Ansätze erkennbar, beispielsweise das Projekt der Berliner Verkehrsbetriebe zur Verknüpfung ihrer ÖPNV-Informationssysteme, das City-Konzept "Blaue Zone" im Rahmen von KVM, ASTRA (Assistance Services for Travel and Traffic) in Bochum, VIKTORIA (Verkehrs-Informationssystem Köln - Technik, Organisation, Integrierende Anwendungen) sowie FRUIT (Frankfurt Urban Integrated Traffic Management) in Frankfurt/ Main.[53]

Wesentlicher Bestandteil dieser integrierenden Konzepte ist dabei der städtische Güterverkehr, Verkehrsmanagementmaßnahmen in diese Richtung werden unter dem Schlagwort City-Logistik zusammengefaßt. City-Logistik soll hier - parallel zum betriebswirtschaftlichen Logistik-Begriff - als Gesamtheit aller operativen und dispositiven Tätigkeiten zur bedarfsgerechten, nach Güterart und -menge, Zeit, Raum und Umweltfaktoren abgestimmten, Ver- und Entsorgung von Realgütern im städtischen Bereich verstanden werden.[54] Gegenstand der City-Logistik ist demnach die kapazitätsmäßige, organisatorische und technische Ausgestaltung der städtischen Ver- und Entsorgungskanäle im Güterverkehr.[55] Herzstück der City-Logistik ist wiederum das Konzept des Güterverkehrszentrums (GVZ), von dem man sich eine Steigerung der Standortqualität, eine effizientere und damit umweltfreundlichere Abwicklung des städtischen Güterverkehrs sowie Vorteile insbesondere für kleine Speditions-, Fuhr- und sonstige

---

Versuche mit bargeldlosem Zahlungsverkehr finden u.a. in Lüneburg und Oldenburg (Fahrsmart, siehe Glossar), in Hamburg mit EC-Karten, in Kiel mit Telefonkarten sowie in Berlin und Freiburg mit aufladbaren Smart-Cards statt; Bodenstab, Helga: Ohne Bargeld in Bussen und Bahnen fahren, FAZ (26.04.1994) 96, T10; Hilden/ Lamla 1993, 46; DVWG B 170 1994

53 Siehe Glossar; die Berliner Verkehrs-Betriebe arbeiten an der Vernetzung der Systeme BERTA zur Fahr- und Dienstplangestaltung, DAISY als dynamisches Fahrgastinformationssystem sowie dem RBL im Rahmen von LISI; siehe Glossar; am Konzept der "Blauen Zone" kritisieren Schlüter/ Schwerdtfeger den hohen finanziellen Aufwand sowie verkehrsinduzierende Effekte durch Parkhausneubauten und Attraktivitätssteigerung des Pkw; Schlüter/ Schwerdtfeger 1993, 506

54 Wittenbrink 1993, 252; siehe auch Glossar; Boese arbeitet die Parallelität zum betriebswirtschaftlichen Logistik-Begriff stärker heraus, indem er City-Logistik definiert als "Planung, Abwicklung und Koordinierung der Warenströme, Ressourcen (insbesondere Fahrzeuge und Infrastrukturen) und Informationsströme im innerstädtischen Raum (Region, Stadt, Stadtteil, Kernzonen) nach rationalen und übergeordneten Prinzipien der modernen Logistik (Analogie zu Unternehmenslogistik !)."; Boese 1993, 46; zur City-Logistik siehe auch DVWG B 172 1994

55 Dehmelt/ Krampe 1992, 290; BMV 1993, 29

Dienstleistungsunternehmen durch Ausnutzung der Synergie-Effekte erwartet.[56] Ein speziell auf die Anwendung in GVZ ausgelegtes Informationssystem ist beispielsweise DUKIS (Dienste- und Kooperation-Informationssystem).[57]

Insbesondere von den Systemen und Maßnahmen zur Attraktivitätssteigerung und Betriebsablaufsoptimierung im ÖPNV sind positive Auswirkungen hinsichtlich des städtischen Modal Split zu erwarten, wohingegen die Wirkung von GVZ stark von ihrer - zum jetzigen Zeitpunkt kaum abzuschätzenden - Akzeptanz durch die Unternehmen sowie deren Kunden abhängt. Problematisch sind die potentiell MIV-induzierende Wirkung von Parkleit- und individuellen Zielführungssystemen sowie die Tatsache, daß der ÖPNV beim überwiegenden Teil der bisherigen Ansätze eines integrierten Stadtverkehrsmanagements lediglich eine "Überlauffunktion" inne hat.[58] Weiterhin muß darauf geachtet werden, daß vorhandene Systeme insbesondere im ÖPNV in ihrer Funktionstüchtigkeit nicht beeinträchtigt und neue Systeme kompatibel zu diesen gestaltet werden, um einen integrierenden Ansatz zu ermöglichen.[59] Die stärksten Wirkungen in Richtung der propagierten verkehrspolitischen Ziele werden jedoch - auch und wiederum in stärkerem Maße im Stadtverkehr - über massive und direkte Eingriffe regulativer und v.a. finanzieller Art erreicht.[60]

---

56 Pannek/ Talke 1994, 106; in GVZ werden neben primären Transportleistungen auch transportbegleitende und Fuhrparkdienstleistungen, Kontroll- und Sicherheitsdienste, Beratungs-, Planungs- und sonstige Hilfsdienste erbracht; ibid., 107 f.; ein GVZ im Versuchsstadium gibt es derzeit lediglich in Bremen, doch sind zahlreiche Planungen im Gange, u.a. in Thüringen (GVZ-Logistik-Business Zentrum Vieselbach) und Brandenburg (Standorte Großbeeren, Wustermark sowie Teilstandort Freienbrink); DVZ (21.09.1993) 112, 8; DVZ (25.11.1993) 140, 3; DVZ (30.09.1993) 116, 18; GVZ gibt es außer in Deutschland noch ın Dänemark, Frankreich, Italien und Spanien, allerdings in recht unterschiedlichen Realisierungen; Wiedemann 1993, 579
57 Siehe Glossar
58 D.h. der ÖPNV soll lediglich den überzähligen, über die städtische Kapazität hinausgehenden MIV auffangen; Sistenich 1994, 57; Heinze/ Kill 1992, 227 f.
59 FGSV 1993, 21 f.
60 Heinze/ Kill 1992, 227 f.; angesprochen sind hier zeitliche, lokale oder totale Sperrungen fur den Verkehr, Zufahrtsbeschränkungen sowie - als städtisches Pendant zu Autobahngebühren - feste oder flexible Gebührenerhebung für die Benutzung von Stadtstraßen bzw. dıe Einfahrt in den innerstädtischen Bereich

2.3.4 Informationssysteme im Schienenverkehr

Integraler Bestandteil des GVZ-Konzepts ist der Kombinierte Verkehr (KV), d.h. der Transport von Gütern im Vor- und Nachlauf auf der Straße und im Hauptlauf auf der Schiene.[61] Unterschieden wird zwischen begleitetem und unbegleitetem KV, also dem Transport ganzer Lkw mitsamt ihrer Fahrbesatzung und dem Transport von Containern, Wechselbehältern und Sattelanhängern auf der Schiene.[62] Im KV Schiene-Straße sollen die systemimmanenten Vorteile beider Verkehrsträger ausgenutzt werden. Diese systemimmanenten Vorteile bestehen für die Eisenbahn im Transport hoher Lasten bei relativ geringem Energieverbrauch, in der großen Kapazität der Infrastruktur sowie insbesondere in der Beförderungssicherheit. Die Stärken des Straßentransports liegen in der flexiblen Haus-Haus-Beförderung, der geringen Notwendigkeit von Umschlagvorgängen sowie in den individuellen und zeitsparenden Transportgestaltungsmöglichkeiten.[63] So kann es nicht verwundern, daß der KV in beinahe allen Konzepten für den zukünftigen Güterverkehr eine zentrale Rolle spielt: Die Deutsche Bahn AG beförderte 1990 insgesamt etwas über 26 Mio. t im KLV, im Jahre 2000 sollen es 50 Mio. t sein. Der BVWP´92 geht gar von einer Vervierfachung des KV bis 2010 aus. Daher sind Leistungssteigerungen dringend erforderlich.[64]

Diese sollen zum einen mittels einer Steigerung der Leistungsfähigkeit der Umschlag-Terminals im KV erreicht werden, also über die Optimierung der Schnittstellen im kombinierten Gütertransport.[65] Beispiele sind hier die Entwicklung des Terminal-Betriebsführungssystems (TBFS), das Dispositions- und Informationssystem für den Kombinierten Verkehr (DISK), TS´90 (Transportsystem für die 90er Jahre) oder der COMBICOM-Feldver-

---

61 Allgemein bezeichnet der Begriff KV den Transport von Gütern auf zwei oder mehr Verkehrsträgern ohne Wechsel des Transportgefäßes; siehe Glossar; die DB AG hat aufgrund der zentralen Rolle von GVZ für den KV Ende 1992 einen "Masterplan - GVZ Deutschland" herausgegeben und sich dort für eine Reihe von GVZ-Standorten ausgesprochen; Wiedemann 1993, 576
62 Siehe Glossar; der begleitete KV wird auch als "Rollende Landstraße" bezeichnet, der unbegleitete KV als Kombinierter Ladungsverkehr (KLV); Kennzeichen des begleiteten KV ist der horizontale Umschlag, während der Umschlag im KLV i.d.R. vertikal erfolgt; Frank u.a. 1992, 8
63 Nachteile der Bahn sind ihre Schienen- und Fahrplangebundenheit und infolgedessen mangelnde Flexibilität sowie Zeitverluste aufgrund der häufigen Umschlagvorgänge, wohingegen als Nachteile des Lkw insbesondere dessen relativ ungünstige Energiebilanz, die Unfallhäufigkeit sowie der relativ niedrige Kapazitätsauslastungsgrad zu nennen sind; Milz/ Körber 1993, 12; Hübner 1990, 15
64 Deutsche Bundesbahn 1992; Henning u.a. 1994, 349
65 Dabei geht es nicht nur für die physische Transportkette um die Optimierung der Schnittstellenüberwindung, sondern auch für den Informationsfluß; Jahncke 1993, 25

such auf der Strecke Köln-Brenner-Verona.[66] Zum anderen ist aber auch die Kapazitätssteigerung der bestehenden Schieneninfrastruktur wesentlich für eine weitere Erhöhung der Leistungsfähigkeit und Attraktivität der Bahn. Die IuK-gestützte Linienzugbeeinflussung (LZB) ist im bundesdeutschen Schienenverkehr bereits seit längerer Zeit im Einsatz. Ab Mitte der neunziger Jahre soll die LZB im Rahmen des Leitplans CIR (Computer Integrated Railroading) der Deutschen Bahn AG durch das Informationssystem CIR-ELKE (Erhöhung der Leistungsfähigkeit im Kernnetz) ersetzt werden.[67] Von CIR-ELKE erwartet man sich dabei eine Steigerung der Leistungsfähigkeit der Deutschen Bahn AG von insgesamt rd. 40%.[68] Ansätze zur Vernetzung einerseits der Verkehrsträger und andererseits über Grenzen hinweg bietet das Projekt DIBMOF (Dienste Integrierter Bahn-Mobilfunk) als deutscher Teil des deutsch-französischen DEUFRAKO-M-Projekts.[69] Auch oder speziell für den Personenverkehr konzipiert sind die Systeme zur Ablaufoptimierung und Betriebssicherung in Bahnhöfen, gesteuert durch den Bahnhofsrechner (BFR) sowie das Fahrgast-Informations-System (FIS) des ICE.[70]

Insgesamt sind von diesen vielfältigen Ansätzen zu mehr oder weniger umfassenden Informationssystemen im Schienenverkehr eine Fülle positiver Effekte im kleinen zu erwarten. In der Gesamtbetrachtung ist jedoch nicht davon auszugehen, daß der Telematik-Einsatz im Bereich der Eisenbahn die systemimmanenten Nachteile gegenüber dem MIV, insbesondere aber dem Straßengüterverkehr, ausgleichen können und somit zu maßgeblichen Veränderungen des Modal Split führen wird.[71]

---

66 Siehe Glossar; TS´90 gliedert sich in die Teilprojekte HERMES, HIPPS, PGV, WIS sowie GATEWAY; letztgenanntes befaßt sich mit dem Datenaustausch, wobei sich auch hier eine Einigung auf den EDIFACT-Standard bzw. andere EDI-Normen abzeichnet; Nitezki/ Wank 1993, 787
67 Siehe Glossar; Kaske 1991, 39; Ernst/ Walpuski 1993, 114; der Leitplan CIR dient der Integrierung der unterschiedlichen Informationssysteme im Schienenverkehr sowie - im Rahmen seiner Einbindung in ETCS (European Train Control System) - ihrer kompatiblen Gestaltung zu den Systemen der anderen europäischen Bahnen; Heinisch 1993, 58 f.; parallel zum Leitplan CIR der Deutschen Bahn AG gibt es GIPAS (Güterverkehrs-, Informations-, Planungs-, Abrechnungs- und Steuerungssystem) für den Betrieb der nicht-bundeseigenen Bahnen (NE-Bahnen); siehe Glossar
68 Siehe Glossar
69 Deutsch-Französische Kooperation - Anhang M; siehe Glossar
70 Siehe Glossar
71 siehe auch Preißl 1992, 15

2.3.5 Luftverkehr und Schiffahrt - Potential zur Vernetzung

Da die zukünftige deutsche Verkehrspolitik den Gegenstand der vorliegenden Analyse bildet, steht der - grundsätzlich auf weite Entfernungen
und daher international ausgerichtete - Verkehrsträger Luft nicht im Zentrum des Interesses, das gleiche gilt auch für die Seeschiffahrt. Von Bedeutung sind jedoch in jedem Fall die Schnittstellen zwischen diesen und den
im nationalen Verkehr dominierenden Verkehrsträgern Straße und Schiene.

In allen Bereichen des Luftverkehrs sind vor dem Hintergrund ständig
und stark wachsenden Transportaufkommens sowohl im Güter- als auch im
Personenverkehr - nicht zuletzt infolge der europäischen Luftverkehrslibera-
lisierung - Bemühungen zur Steigerung vorhandener Kapazitäten im Gange.
Dies bezieht sich auf die seit langer Zeit ausstehende Harmonisierung der
europäischen Flugsicherungssysteme unter Federführung von EUROCON-
TROL[72], auf die Optimierung der Schnittstellen zwischen Luftverkehrs- und
Flughafensystemen im Rahmen von APATSI (Airport/ Air Traffic Systems
Interface) sowie auf die Optimierung der Flughafenabläufe.[73] Außerdem
wird z.Zt. auf der Ebene der ICAO (International Civil Aviation Organisation)
darüber gestritten, ob und wenn ja, bis wann das derzeit im Einsatz befindliche ILS (Instrument Landing System) durch das auch nicht ganz unum-
strittene MLS (Microwave Landing System) ersetzt werden soll.

Noch stärker auf den Hafenbereich konzentriert sind die Informationssysteme der Binnen- und Seeschiffahrt.[74] Der Trend der letzten Jahre
im Hafenbereich war ein deutlicher Strukturwandel weg vom reinen Mas-
sengutumschlag und hin zu modernen und leistungsfähigen Güterverkehrs-
und Dienstleistungszentren auch für hochwertige Stückgüter. Die zentrale
Aufgabe des IuK-Einsatzes in Häfen ist die Vernetzung der Verkehrsträger
und Dienstleister zur Unterstützung der Verwirklichung eines transportvor-
auseilenden Informationsflusses.[75] Denn auch der Übergang vom Schiffs-
beispielsweise zum Schienentransport stellt Kombinierten Verkehr und

---

72 Angesprochen sind hier die Programme EATCHIP und EATMS; siehe Glossar
73 Beispiele sind hier STCA (Short Term Conflict Alert System), FATMAC (Frankfurt Airport Throughput Management) und TARMAC (Taxi and Ramp Management Control); siehe
Glossar; diese Systeme sind u.a. aufgrund wachsender Schwierigkeiten mit Aus- und Neu-
bauten von Flughäfen (siehe Frankfurter Startbahn West) sehr gefragt
74 Die Abläufen in den Häfen sind bei Binnen- und Seeschiffahrt prinzipiell dieselben, zumal - z.B. bei Containern - häufig ein Umschlag vom See- aufs Binnenschiff oder umgekehrt
erfolgt; daher können beide hier zusammengefaßt behandelt werden
75 Krüger/ Kösters 1994, 148 f.

damit eine zu überwindende Schnittstelle dar. Wie auch in allen anderen bisher betrachteten Bereichen sind die Ansätze und Projekte zu Informationssystemen im Hafenbereich sehr vielfältig. Genannt werden sollen folgende: ISETEC (Innovative Seehafentechnologien) im Bereich der deutschen Seehäfen, HABIS (Hafenbahn-Betriebs- und Informationssystem) und WADIS (Wagen-dispositions- und Informationssystem) zur Verknüpfung mit dem Verkehrsträger Schiene, DAKOSY (Datenkommunikationssystem Hamburger Hafen) als Beispiel für ein hafeninternes IuK-System sowie TELE-PORT als Beispiel für ein integriertes System im Binnenhafen.[76] Wie schon im Falle des Schienenverkehrs so gilt auch hier, daß mittels des Telematik-Einsatzes im Luft- und Schiffsverkehr zwar interne Kapazitätssteigerungen und Qualitätsverbesserungen möglich sind, dies aber insgesamt ohne direkte Auswirkungen auf den Modal Split bleiben wird.

2.3.6 Elektronische Mautsysteme

Road Pricing, die Erhebung von Straßenbenutzungsgebühren, dient grundlegend zwei Zielen: Zum einen sollen die Autofahrer angemessen an den Bau- und Instandhaltungskosten der Straßeninfrastruktur beteiligt werden; zum anderen sollen Knappheitspreise dazu beitragen, "überflüssigen" Verkehr und somit Engpässe zu vermeiden.[77] Durch Einsatz marktwirtschaftlicher Instrumente, nämlich die Setzung von Anreizen durch Beeinflussung der (finanziellen) Restriktionen, soll also eine verkehrssteuernde Wirkung erzielt werden. Die Entlastung des Staatshaushalts könnte dabei ein angenehmes Nebenprodukt werden, denn die bundesdeutschen Anstrengungen in Richtung der Einführung von Autobahngebühren sind, wie noch zu zeigen sein wird, eng mit dem Gedanken der Privatisierung der Bundesautobahnen (BAB) verbunden.

---

76 Ein bereits seit vielen Jahren im Einsatz befindliches System ist COMPASS in Bremen; zu ISETEC gehören u.a. ISAM und ISAN; siehe Glossar
77 Benutzungsabgaben stellen eine nicht zu unterschätzende Restriktion für die Kfz-Nutzung bzw. die Fahrt auf einer bestimmten Strecke dar; das Konzept der Knappheitspreise beinhaltet im Falle der Straßenbenutzungsgebühren eine Staffelung je nach Zeitpunkt (z.B. hohere Gebuhren in den Morgen- und frühen Abendstunden), Belastung des Streckenabschnitts (je hoher das Verkehrsaufkommen, desto hoher die Gebuhren), nach Streckenbeschaffenheit (z.B. hohere Benutzungsgebuhren bei Paßstraßen oder vielen Tunnels) oder auch nach Fahrzeugklassen (etwa Gebuhren gestaffelt nach zulassigem Gesamtgewicht, Hubraum o.a.), BMV 1993, 26 ff.

Wenn die Erhebung von Straßenbenutzungsgebühren jedoch diese Ziele erreichen soll, so muß sie mehreren Anforderungen genügen. Zunächst muß die Möglichkeit der strecken-, belastungs-, tageszeit- und fahrzeugabhängigen Gebührenanlastung grundsätzlich gegeben sein. Die Erfassung Nicht-Zahlender sollte schon allein aus Gründen der Akzeptanz des gesamten Gebührensystems und der Gerechtigkeit gewährleistet und die Fehlerquote möglichst gering sein.[78] Trotzdem müssen Datenschutzbelange gewahrt bleiben. Hohe Anforderungen werden daher an die Witterungs-, Manipulierungs- und Störungsunempfindlichkeit von Verfahren zur Erhebung von Straßenbenutzungsgebühren gestellt. Außerdem darf der Verkehrsfluß nicht behindert werden: Die Aufstellung von Mauthäuschen etwa würde sich bei der Verkehrsdichte auf deutschen Autobahnen katastrophal auswirken.[79] Darüber hinaus dürfen auch die Kosten des Gebührenerhebungssystems selbst ein bestimmtes Maß nicht überschreiten, soll das zugrundeliegende Konzept rentabel gehalten werden.

Diesen Anforderungen können herkömmliche Gebührenerhebungssysteme nicht genügen. Daraus erklärt sich das besondere Interesse, nicht zuletzt seitens des BMV, an Telematik-gestützten Systemen zur automatischen (elektronischen) Gebührenerfassung.[80] Beispiele für solche - bis zur Anwendungsreife entwickelten und z.Zt. in der Felderprobung befindlichen - Systeme sind Sagem, ROBIN und TT-AGE.[81] Unabhängig von der jeweiligen technischen Abwicklung der Gebührenerhebung, also der Frage, auf welchem technischen Wege die Kommunikation zwischen Fahrzeug und Infrastruktur realisiert wird, muß entschieden werden, ob ein Tag- oder ein Smart-Card-System Anwendung finden soll.[82] Der Tag, eine elektronische Plakette, enthält Daten zur Fahrzeugkennung sowie persönliche Daten des Fahrers, nämlich Kontonummer und Bankverbindung. Diese Tatsache macht das Tag-System, trotz niedriger Kosten und hoher Fälschungssicherheit, datenschutzrechtlich mehr als bedenklich. Durch die Speicherung dieser Informationen im elektronischen Gebührenerfassungssystem wäre ein lückenloses "Routing" eines einzelnen Fahrzeugs kein Problem. Diese da-

---

78 Zur Verfolgung von Nicht- bzw. Falsch-Zahlern sind Beweise nötig, z.B. in Form von Foto- oder Filmaufnahmen; Rittich/ Zurmuhl 1993, 36
79 Holler 1993, 37; Rittich/ Zurmuhl 1993, 36; Kill 1994, 6
80 Auch Electronic Road Pricing (ERP); siehe Glossar
81 Siehe Glossar; das besondere an Sagem (System zur automatischen Gebühren-Erhebung durch GSM-Mobilfunktechnik) und ROBIN (Road Billing Net; auf der Basis von Satellitenkommunikation und -navigation) ist, daß beide Systeme keinerlei straßenseitiger Infrastruktur bedürfen, ein wesentlicher Kostenvorteil
82 Oder eine Kombination aus beidem bei freier Wahlmoglichkeit der Benutzer; zu Tag-System und Smart-Card-System siehe Glossar

tenschutzrechtlichen Bedenken entfallen beim Smart Card-System, da die aufladbaren Karten keinerlei persönliche Kennung enthalten. Allerdings sind Smart Cards weitaus weniger fälschungssicher als Tags, Funktionsstörungen sind hier häufiger und vergessene Nachladungen und/ oder Karten werden an der Tagesordnung sein.[83]

Ein Feldversuch zur Erprobung unterschiedlicher Systeme zur automatischen Gebührenerfassung läuft z.Zt. als Projekt des BMV auf der A 555 zwischen Bonn und Köln. An diesem Projekt, es firmiert unter der Bezeichnung AGE (Automatische Gebührenerhebungssysteme, siehe Glossar) sind außerdem die Bundesanstalt für Straßenwesen (BASt), die zuständige Landesstraßenverwaltung, der TÜV Rheinland sowie das Ingenieurbüro Heusch/ Boesefeldt beteiligt.[84] Der Schlußbericht aus diesem Feldversuch, dessen Gesamtkosten sich auf rd. zehn Mio. DM belaufen,[85] soll bis Mai 1995 vorliegen. Dennoch gibt es schon einige Hinweise auf mögliche Problembereiche bzw. Notwendigkeiten der technischen Nachbesserung. So bereitet die tolerierbare Fehlerquote des Datenaustausches bei hohen Geschwindigkeiten der Fahrzeuge immer noch einige Probleme, die Videoüberwachung gestaltet sich bei dicht aufeinanderfolgenden Fahrzeugen schwierig.[86] Gesundheitliche Probleme infolge des Datenaustausches per Mikrowellen können dagegen ausgeschlossen werden: Das System arbeitet mit einer weitaus geringeren Sendeleistung als etwa ein Mobiltelefon und die Kommunikation dauert maximal eine Zehntelsekunde.[87]

Was der Feldversuch AGE allerdings nicht lösen kann, ist das Problem der Einbeziehung ausländischer Kraftfahrer in Systeme der elektronischen Gebührenerhebung. Eine EU-einheitliche Regelung ist derzeit noch nicht in Sicht, zudem steigt die Zahl der Kraftfahrzeuge aus Drittländern auf deutschen Straßen.[88] Eine Lösungsmöglichkeit könnte hier der Verleih der entsprechenden Geräte an den Grenzen sein, was allerdings einen erhebli-

---

83 Höller 1993, 38 f.; außerdem können selbst bei anonymer Smart Card-Zahlung Datenschutzprobleme auftreten, nämlich im Rahmen der Überwachung der Zahlungen mit Videokameras; Ansorge, Peter: Maut oder Benzinpreis?, FAZ Beilage "Kartengesteuerte Dienstleistungen" (01.03.1994) 50, B10; ADAC Verkehrstechnik 1993; bei Sagem wird unter Einsatz eines Tag-Systems das Datenschutzproblem übrigens auf dem Wege der Abrechnung von Sammelbeträgen, d.h. den Gebühren mehrerer Stationen zusammengefaßt, "gelöst"; siehe Glossar
84 Siehe Glossar
85 Zuzüglich noch einmal 1,2 Mio. DM für die Systemanalyse
86 Das gilt insbesondere für dicht hinter Lkw fahrende Pkw; Höller 1993, 39
87 Reuber, Claus: In voller Fahrt zur Kasse gebeten, SZ (30.03.1994) 74, 43
88 IntV 45 (1993) 4, 112

chen administrativen und personellen Aufwand sowie längere Wartezeiten nach sich ziehen würde. Das Anliegen der - zumindest EU-weiten - Standardisierung und Normung der ERP-Systeme bezieht sich im übrigen nicht nur auf die grenzüberschreitende Einsetzbarkeit, sondern auch auf die Kompatibilität mit anderen Verkehrsinformationssystemen (z.B. dynamischen Zielführungssystemen).[89]

Als positiven Effekt dürfte eine Einführung von Systemen zur automatischen Erfassung strecken-, tageszeit-, aufkommens- und fahrzeugabhängiger Straßenbenutzungsgebühren eine Entlastung insbesondere von Engpässen der Straßenverkehrsinfrastruktur durch bessere zeitliche und räumliche Verteilung des Verkehrsaufkommens sowie durch - allerdings wohl eher marginale - Verkehrsvermeidung und -verlagerung auf andere Verkehrsträger bewirken. Darüber hinaus wäre dies ein Schritt in Richtung auf die Harmonisierung der Abgaben im internationalen Straßengüterverkehr. Gegenüber herkömmlichen Mautstellen zeichnen sich ERP-Systeme durch eine deutlich höhere Abfertigungskapazität bei deutlich geringeren laufenden Kosten aus, außerdem läßt sich ein gespaltener, gestaffelter Tarif so am besten realisieren.[90] Ein nicht zu unterschätzender potentieller negativer Effekt könnte allerdings eine Verkehrsverlagerung auf andere - gebührenfreie - Straßen sein.[91] Dies ist insbesondere im Falle einer Einführung von Straßenbenutzungsgebühren lediglich auf den BAB der Fall. Negative Auswirkungen auf die Verkehrssicherheit sowie die soziale und ökologische Umwelt entlang der Bundes- und Landstraßen könnten die Folge sein.

Da die Wirkungsebenen von Verkehrsabgaben vielfältig und interdependent sind, ist es relativ schwierig, weitere positive und negative Wirkungen einer Einführung von ERP-Systemen mit auch nur hinlänglicher Wahrscheinlichkeit zu prognostizieren.[92] So kann an dieser Stelle lediglich festgehalten werden, daß - wie immer man auch dazu stehen mag - auf deutschen Autobahnen in absehbarer Zeit Benutzungsgebühren zum Alltag gehören werden und daß - wahrscheinlich im Anschluß an eine Vignette als Übergangslösung - die Erhebung dieser Gebühren mit Telematiksystemen realisiert werden wird.[93] Die größten Einführungschancen haben dabei

---

89 BMV 1993, 28
90 Rodi 1993, 17
91 BMV 1993, 26
92 Rothengatter 1991b
93 Reuber, Claus: In voller Fahrt zur Kasse gebeten, SZ (30.03.1994) 74, 43

meiner Einschätzung nach diejenigen Systeme, die auf eine straßenseitige Infrastruktur verzichten können, also Mobilfunk- und satellitengestützte Systeme.[94]

2.3.7 Europäische Förderung: Nationale und modale Integration

Die Bemühungen um und zu Verkehrsinformationssystemen auf europäischer Ebene lassen sich mit den Schlagworten Interkonnektivität und Interoperabilität zusammenfassen und zwar sowohl in internationaler als auch in intermodaler Hinsicht.[95] So zielt insbesondere das Förderungsprogramm DRIVE (Dedicated Road Infrastructure for Vehicle Safety in Europe) der EG-Kommission auf die grenz- und verkehrsträgerübergreifende Harmonisierung der technischen und Systemansätze auf dem Gebiet der Telematik im Verkehr ab. Darüber hinaus dient DRIVE als Beitrag zur Stärkung der Wettbewerbsfähigkeit der europäischen Industrie sowie zur Stärkung der ökonomischen und sozialen Kohäsion in Europa.[96] Die erste Phase von DRIVE lief von 1989 bis 1991, die zweite (DRIVE II) unter der offiziellen Bezeichnung ATT (Advanced Transport Telematics) wird Ende 1994 beendet sein.[97] Während sich DRIVE primär mit Forschung und Entwicklung befaßte, wurde der Schwerpunkt in DRIVE II auf die Erprobung und Bewertung von Telematik-Systemen gelegt. DRIVE II/ ATT gliedert sich in insgesamt sieben Bereiche (areas) und elf Themengruppen (topic groups), deren Vertreter sich dreimal jährlich zur Koordinierung treffen.[98]

---

94 Zumal sowohl die Satellitenkommunikation und -navigation als auch die Mobilfunktechnik z.Zt. einen erheblichen Preisverfall erleben; Interview mit Josef W. Grüter am 17. Juni 1994, siehe Befragungsprotokoll 5, 4
95 Interview mit Josef W. Grüter am 17. Juni 1994, siehe Befragungsprotokoll 5, 4
96 Siehe Glossar; Interview mit Klaus Everts am 8.Juni 1994, siehe Befragungsprotokoll 2, 1; Boch 1993, 55; weitere Beispiele für EG-Forschungsprogramme sind COST (Coopération européenne dans le domaine de la recherche Scientifique et Technique) u.a. im Verkehrsbereich sowie ESPRIT (European Strategic Programme for Research in Information Technologies) im Bereich Informationssysteme; siehe Glossar; allgemein zur Technologieförderung der EG siehe Linkohr 1986; Starbatty/ Vetterlein 1990; Starbatty/ Vetterlein 1992
97 Eine Fortsetzung des Programmes in einer dritten Phase ist geplant, das "Vierte Rahmenprogramm" der EU im Bereich der Forschung, Entwicklung und Demonstrierung sieht für 1994 bis 1998 insgesamt 30 Mio. ECU für den Bereich Verkehrssysteme sowie 3,9 Mrd. ECU für IuK-Technologien vor; Reimers 1994, 275
98 FGSV 1992, 2 f.

Die geförderten Pilotprojekte sind u.a. unterteilt in solche, die sich auf Verkehrskorridore von europäischer Bedeutung beziehen und solche, die sich auf Verkehrsinformationssysteme in Ballungsräumen beziehen. Die Projekte der ersten Kategorie sind im Rahmen von CORRIDOR (Cooperation on Regional Road Informatics - Demonstrations on Real Sites) zusammengefaßt, Beispiele sind hier CITRA (Corridor Initiative for Transit Route Through the Alps) und MELYSSA (Mediterranean-Lyon-Stuttgart-Site for Advanced Transport Telematics).[99] Die Förderung von Telematik-Projekten in Ballungsräumen richtet sich im Rahmen von DRIVE II/ ATT auf Vorhaben der POLIS-Initiative. POLIS (Promoting Operational Links with Integrated Service through Road Traffic Information between European Cities) ist eine selbständige Kooperation europäischer Städte, die sich zusammengeschlossen haben, um gemeinsam und in Erfahrungsaustausch Telematik-Lösungen für - vergleichbare - Verkehrsprobleme in Ballungsräumen zu erproben. Zu diesem Zweck schlossen sich einige Städte zu Arbeitsgemeinschaften zusammen, die dann unter der Bezeichnung "Europrojekte" eine Förderung im Rahmen von DRIVE II/ ATT beantragten und auch erhielten. Beispiele für solche Europrojekte sind QUARTET (Quadrilateral Advanced Research on Telematics for Environment and Transport), in dessen Rahmen u.a. Teile von STORM gefördert werden, LIAISON in Berlin sowie SCOPE (Southampton-Köln-Piräus) mit der Teilförderung von VIKTORIA.[100]

Ein zweites europäisches Projekt - beispielhaft für eine andere Form der internationalen Forschungsförderung - ist PROMETHEUS, eine Kooperation europäischer Automobilproduzenten, gefördert im Rahmen von EUREKA (European Research Coordination Agency).[101] PROMETHEUS unterscheidet sich von DRIVE durch einen stärker automobilzentrierten Ansatz, verbessert werden soll in erster Linie die "Intelligenz" des Kfz selbst. Ziele sind die Steigerung der Effizienz, Sicherheit sowie des Komforts im Straßenverkehr.[102] Sie sollen anhand von zwölf Funktionsgruppen erreicht werden, von denen die Hälfte direkt auf die Verbesserung der Verkehrssicherheit hin ausgerichtet ist.[103] Die höchsten Sicherheitseffekte erzielen

---

99 Siehe Glossar; an MELYSSA ist das Land Baden-Württemberg mit den Erfahrungen und einigen Bausteinen aus STORM beteiligt
100 Siehe Glossar; im Rahmen von LLAMD (London-Lyon-Amsterdam-München-Dublin) wird KVM gefördert; auch die Stadt Frankfurt (FRUIT) ist Mitglied von POLIS
101 Siehe Glossar
102 Hübner/ Hager 1992, 153; Deutsche Bank 1990, 51 f.
103 Diese zwölf Funktionsgruppen sind: "monitoring and information of road and environment"; "distance warning/ control"; "intelligent cruising"; "intelligent manoeuvering"; "local speed enforcement"; "intersection control"; "emergency call"; "static route guidance"; "dynamic route guidance"; "commercial fleet management"; "trip planning"; "road

dabei Geschwindigkeitsüberwachungs- und -kontrollsysteme sowie Systeme zur Überwachung des Verkehrs an Kreuzungen.[104] Auch die Beeinflussung des Längsverkehrs (Spurwechsel) ist in hohem Maße sicherheitsrelevant.[105] Fahrtenplanung und Verkehrsmanagement-Ansätze wirken sich dagegen kaum in Richtung einer Steigerung der Verkehrssicherheit aus, wohl aber auf eine Senkung von Reisezeit und Kraftstoffverbrauch.[106]

Sowohl an DRIVE als auch - hier natürlich in stärkerem Maße - an PROMETHEUS läßt sich kritisieren, daß sie relativ deutlich auf den Straßenverkehr hin ausgerichtet sind und andere Verkehrsträger nur am Rande behandeln.[107] So gibt es zwar eigene Förderungs- und Forschungsprogramme der Verkehrsträger Luft, Schiene und Wasser - ETCS (European Train Control System) sowie die Technologieförderung im Schienenverkehr im Rahmen von EURET (European Research Programme for Transport)[108] - doch es fehlen wirkliche Ansätze zur modalen Integration. Stattdessen kommt ob der unglaublichen Vielfalt - allein mit die Dechiffrierung der Abkürzungen füllt Bände - auch und nicht zuletzt auf europäischer Ebene zunehmend Verwirrung auf.[109] Kritisiert werden an den europäischen Projekten - in erster Linie PROMETHEUS und DRIVE - weiterhin: ihre zu starke Ausrichtung an Interessen der Industrie i.s. einer Überbetonung des wirtschaftspolitischen Zieles Steigerung der Wettbewerbsfähigkeit auf Kosten verkehrspolitischer Ziele; mangelhafte Zielvorgaben und daher fehlender Programmcharakter sowie zu geringes Augenmerk auf der praktischen Realisierbarkeit sowie dem zu erwartenden Problemlösungsbeitrag.[110] Zusammenfassend läßt sich festhalten, daß die europäische Förderung auf dem

---

pricing"; Klöckner 1991, 82; sie lassen sich unter den Oberbegriffen "Verkehrsmanagement" und "Sicheres Fahren" einordnen; FGSV 1992, 3 f.
104 Diese Systeme arbeiten mittels eines Fahrzeug-Fahrzeug-Kommunikationsverbundes; siehe Glossar; ibid., 88
105 Zackor 1993, 71
106 ibid.
107 So kritisiert der VDV an beiden Programmen, daß sie lediglich auf die Nutzung der in Teilbereichen noch vorhandenen Leistungsreserven des Straßenverkehrs bedacht seien, was im Endeffekt einer MIV-induzierten Wirkung zeitige und somit einer stadt- und umweltverträglichen Verkehrsplanung abträglich sei; VDV o.J., 1
108 Diese wie auch die anderen verkehrsträgerspezifischen Programme zeichnen sich durch ein starkes Engagement der internationalen Verbände aus, also der GEB (Gemeinschaft Europäischer Bahnen) im Falle von ETCS und zusätzlich der UIC (Union Internationale des Chemins de Fer) im Falle von EURET; die Ausnahme bildet wie gesagt der Straßenverkehr
109 Diese Ansicht teilt Kramer 1991, 267
110 Harmsen/ König 1992, 158; diese Kritik kam auch im Interview mit Robert Schüssler am 13. Juni 1994 zum Ausdruck, siehe Befragungsprotokoll 4

Gebiet der Verkehrsinformationssysteme bisher zwar noch eher guter Wille als Programm ist, jedoch mit zunehmendem Elan verfolgt wird und trotz allem auf erste wichtige Erfolge zurückblicken kann.

2.4 Zwischenbilanz: Technische Problemlösungskapazität

2.4.1 Erhoffter Nutzen

Das vorhergehende Kapitel hat gezeigt, daß die technische Realisierbarkeit - ungeachtet ausstehender Probleme im organisatorischen und
rechtlichen Bereich - weitgehend gegeben ist. Betrachtet man nun den Nutzen von Verkehrsinformationssystemen, so ist damit zunächst das Ausmaß
angesprochen, in dem sie den an sie gestellten verkehrspolitischen Erwartungen entsprechen.[1] Dabei ist es von zentraler Bedeutung für die Durchsetzungschancen der Telematik im Verkehr, sich weder allzu großen Illusio-
nen hinzugeben noch ihren Problemlösungsbeitrag stark zu unterschätzen:
Ersteres könnte verbreitete Enttäuschung hervorrufen, der dann evtl. auch
die wirklich positiven Effekte zum Opfer fallen, zweiteres wirkt sich von
vorneherein negativ auf den Vorgang der politischen Durchsetzung aus.[2]

Das Potential zur Steigerung der Verkehrssicherheit durch Telematik-
Anwendungen ist z.t. in sehr erheblichem Maße bei allen Verkehrsträgern
gegeben, wobei die größten Sicherheitseffekte im Straßenverkehr realisiert
werden können. Die anderen Verkehrsträger weisen von vorneherein ein
weitaus höheres Niveau der Beförderungssicherheit auf, so daß z.B. mit
dem Nautischen Informationsfunkdienst (NIF) in der Schiffahrt oder dem
STCA (Short Term Conflict Alert System) im Flugverkehr lediglich marginale
weitere Verbesserungen erreicht werden können. Anders im Straßenverkehr: Bereits die Erfahrungen mit kollektiven Verkehrsbeeinflussungsanlagen weisen auf erhebliche Verbesserungsmöglichkeiten hin, die Zahl der
Unfälle mit Personenschäden ging an solchen Anlagen um 20 - 30%, z.T.
sogar um die Hälfte zurück.[3] Weitere sicherheitsrelevante Effekte sind darüber hinaus von individuellen dynamischen Zielführungssystemen zu erwarten und zwar durch aktuelle Informationen über und Warnungen vor verkehrlichen Gefahrensituationen sowie einer gesteigerten Konzentration des
Fahrers auf das Verkehrsgeschehen durch "Routensicherheit" und klare
Fahrhinweise.[4] Den deutlichsten Beitrag zur Steigerung der Verkehrssicherheit im motorisierten Straßenverkehr werden jedoch kraftfahrzeuginter-

---

1 Der Nutzen einer Informationsdienstleistung entspricht dabei übrigens dem Ausmaß der
Befriedigung eines konkreten Informationsbedürfnisses; Schwuchow 1990, 933
2 Diese Auffassung kam u.a. im Interview mit Dieter Lentz am 6. Juni 1994 zum Ausdruck, siehe Befragungsprotokoll 1, 2 f.
3 BMV 1993, 30; Angaben von Bundesverkehrsminister Matthias Wissmann in einem Interview, Handelsblatt (28.03.1994) 61, 1; vide supra, p. 59 f.
4 Wobei der letztgenannte Effekt durch zu viel und unübersichtliche Elektronik und Displays
im Auto schnell wieder zunichte gemacht werden kann

ne Warnungs- und Eingriffssysteme entfalten, wie sie z.Zt. u.a. im Rahmen von PROMETHEUS erprobt werden.[5]

In den obigen Ausführungen klingt allerdings schon an, daß Verkehrsinformationssysteme - zumindest in den bisher erprobten Ansätzen - einem anderen verkehrspolitischen Desiderat, nämlich der Vernetzung der Verkehrsträger, nicht gerecht werden. Dies liegt allerdings viel weniger an der Telematik, als an den dahinterstehenden Ansätzen und v.a. dem individuellen Verhalten: Vernetzung der Verkehrsträger im Rahmen von Verkehrsinformationssystemen kann - wenn Zwangsmaßnahmen vermieden werden sollen - nie mehr als ein Angebot darstellen. Bei weiter bestehenden Unterschieden in der Attraktivität der Verkehrsträger im Personen- und in ihrer Affinität im Gütertransport werden rein informative Vernetzungsansätze zu kurz greifen und damit auch keine Veränderung des Modal Split bewirken. Die Vernetzung und Verlagerung von Verkehr muß - wiederum abgesehen von Zwangsmaßnahmen - mit einer Attraktivitätssteigerung im als umweltfreundlich angesehenen ÖPNV bzw. Schienenverkehr einhergehen.

Aber auch die Attraktivitätssteigerung ist nur eine Komponente unter vielen: Die Verkehrsmittelwahl wird im Güterverkehr beispielsweise beeinflußt u.a. durch das Wert-Gewichts-Verhältnis des Transportgutes, die gesamten Beförderungskosten, von Schnelligkeit und Zuverlässigkeit der Lieferung, dem Angebot an zusätzlichen Dienstleistungen; im Personenverkehr zählen z.B. die Fahrtdauer einschließlich der Wartezeiten, die variablen Fahrkosten - da Fixkosten notorisch unberücksichtigt gelassen werden -, Komfort, Sicherheit und Statuswert der Beförderung sowie der Fahrtzweck.[6] Der überwiegende Teil dieser Faktoren ließe sich über politische Maßnahmen, unterstützt von Verkehrsinformationssystemen beeinflussen, beispielsweise ein flächendeckendes, tageszeit-, belastungs-, strecken- und fahrzeugabhängiges Road Pricing zur gerechten Wegekostenanlastung sowie der Einführung von Knappheitspreisen.[7] Diese Maßnahme wäre dann auch einer effizienteren Infrastrukturausnutzung förderlich und damit der Vermeidung von Straßeninfrastrukturneubauten. Denn mit Verkehrsinformationssystemen lassen sich lediglich Qualitätsverbesserung, nicht aber

---

5 Diese Systeme setzen am schwächsten Glied der Verkehrssicherheit im Straßenverkehr an, nämlich dem Menschen; siehe Glossar; Hoffmann 1993b, 47;
6 EG KOM (92) 46 endg., 41 f.; Thomson 1978, 28
7 Nicht beeinflussen lassen sich hingegen Faktoren wie die grundsätzliche Affinität der Güter oder Beförderungsentfernungen

echte Quantitätsverbesserungen erreichen.[8] Das heißt im Klartext: Vergangene und zukünftige Zuwächse im Straßenverkehrsaufkommen, die deutlich über den Ausbau der Straßenverkehrsinfrastruktur hinausgehen, lassen sich auch mit Verkehrsinformationssystemen nicht kompensieren.[9] Telematik-Systeme im Verkehr sind demnach - auch wenn häufig anderslautend argumentiert wird - zunächst und per se **kein** Ersatz für Infrastrukturinvestitionen.[10] Diese Wirkung könnten sie nur in Kombinierung mit organisatorischen, regulierenden und v.a. finanziellen Maßnahmen entfalten - also im Rahmen eines wirklich integrierten und vernetzten Ansatzes.[11] Wie die Realisierungschancen eines solchen "echten" vernetzten Ansatzes zu beurteilen sind, wird Teil drei der vorliegenden Analyse untersuchen.

Von einem solchen, vom inneren Zusammenhang der Maßnahmen und Ziele her integrierten und vernetzten Ansatz der Anwendung der Telematik im Verkehr hängen auch ihre Beiträge zur Reduzierung der Umweltbelastungen und - eng damit zusammenhängend - zur Verkehrsvermeidung ab. Sollte ein derartiges Gesamtverkehrsinformationssystem verwirklicht werden, so könnten selbst so optimistische Einschätzungen wie die des VDA (Verband der Automobilindustrie), der von einer Verringerung des CO_2-Ausstoßes im Verkehrsbereich zwischen 20% (BAB) und 40% (innerorts) ausgeht, Wirklichkeit werden.[12] Verkehrsvermeidung läßt sich

---

8 Interview mit Dieter Lentz am 6. Juni 1994, siehe Befragungsprotokoll 1, 3
9 Deutsche Bank 1990, 43; Robert Schüssler bezifferte im Interview am 13. Juni 1994 die kapazitätsteigernde Wirkung von Verkehrsinformationssystemen auf etwa 10%, was bei weitem nicht ausreiche, die prognostizierten Zuwächse im Straßenverkehr aufzufangen; siehe Befragungsprotokoll 4, 2; ebenfalls von einer Erhöhung der Strecken-Leistungsfähigkeit von 10% spricht Behrendt, weist aber gleichzeitig auch darauf hin, daß damit trotzdem erhebliche Reduzierungseffekte im Hinblick auf Stausituation und -dauer erreicht werden können; Behrendt 1993, 53
10 Interview mit Dieter Lentz am 6. Juni 1994, siehe Befragungsprotokoll 1, 3; Ball 1993, 89; Steierwald/ Wacker fassen es folgendermaßen: "Es sollte jedoch angesichts der prognostizierten Zuwächse bei der Nachfrage nach Verkehrsleistungen der Eindruck vermieden werden, als konnten durch derartige Maßnahmen (intelligente Verkehrstechnik, I.D.) die notwendigen, z.B. im Rahmen der Bundesverkehrswegeplanung ausgewiesenen Straßenbauinvestitionen auch nur in Ansätzen substituiert werden."; Steierwald/ Wacker 1993, 116
11 Beispiele für ergänzende organisatorische Maßnahmen sind Arbeits- und Ferienzeitenflexibilisierung oder eine Förderung des Mitnahmeverkehrs; Beispiele für ergänzende regulierende Maßnahmen sind Zufahrtssperrungen bzw. -beschränkungen, Abgasvorschriften oder auch Geschwindigkeitsbeschränkungen; ergänzende finanzielle Maßnahmen wären in erster Linie die Einführung eines flächendeckenden (!) ERP-Systems auch in den Städten, aber auch die Streichung steuerlicher Vergünstigungen für Arbeitswege mit dem Kfz
12 VDA 1993, 8; Stahl 1993a, 174; Eberlein schätzt die Wirksamkeit auf die CO_2-Emissionen von weniger Lkw-Leerfahrten auf ca. 8%, von einem generellen Tempolimit von 100 km/h auf BAB, 80 km/h auf Außerortsstraßen und 30 km/h innerorts auf 5%, des Ausbaus des Kombinierten Verkehrs auf etwa 1%, von neuen sparsamen Motorkonzepten jedoch auf 30%; Eberlein 1991, 197

mit Verkehrsinformationssystemen über entfallenden Umweg-, Ziel- und Parkplatzsuchverkehr sowie einen höheren Fahrzeugauslastungsgrad und weniger Leerfahrten im Güterverkehr betreiben.[13] Darüber hinaus bietet der Einsatz von Telematik im Verkehr ein erhebliches Potential zur umweltfreundlichen Verkehrssteuerung - wenn die dahinterstehende politische Strategie und die Integration der Maßnahmen stimmen.[14]

Dies ist um so wichtiger vor dem Hintergrund, daß die jetzigen Erfahrungen mit Verkehrsinformationssystemen und der vergangenen Entwicklung im Verkehrsbereich auch - vom verkehrspolitischen Standpunkt aus betrachtet - kontraproduktive Wirkungen zeitigen können: Gesteigerte Verkehrssicherheit, dynamische Zielführung und infolgedessen erhöhter Beförderungskomfort bei verkürzten Fahrtzeiten könnten das Automobil für den Verkehrsteilnehmer durchaus attraktiver machen. Sinkende Fahrtzeiten führen - konstantes Reisezeitbudget vorausgesetzt - zu steigenden Transportweiten.[15] Verkehrsinformationssysteme würden so verkehrsinduzierend auf den MIV und den Straßengüterverkehr wirken und damit bestehende Verkehrsprobleme weiter verschärfen sowie zur fortdauernden Festigung der verkehrspolitischen Vorzugsbehandlung des Straßenverkehrs beitragen.[16] Ebenso in den Bereich kontraproduktiver Nebenwirkungen fallen möglicherweise bei der Einführung von Straßenbenutzungsgebühren auf Autobahnen auftretende Verkehrsverlagerungen auf Nebenstrecken.

---

13 Hoffmann 1993b, 49; das Einsparpotential an Verkehrsleistung im Straßengütertransport beziffert Preißl auf (vorsichtig geschätzt) etwa 10%, was allerdings bezogen auf den insgesamt deutlich wachsenden Straßengüterverkehr lediglich eine relative, keine absolute Reduzierung der Umweltbelastung bedeute; Preißl 1992, 16; darüber hinausgehende verkehrsvermeidende Effekte sind mit stärkeren regulierenden und finanziellen verkehrspolitischen Maßnahmen zu erreichen
14 Bracher 1990, 157
15 Obendrein lassen sich einmal ausgeweitete Transportentfernungen nur unter hohen persönlichen Kosten und Einbußen an Lebensqualität wieder verringern, z.B. durch einen Umzug aus einer preisgünstigen Wohnung auf dem Land in eine teure, kleinere und von den Umweltfaktoren her unangenehmere Wohnung in die Stadt oder einen Urlaub im Schwarzwald statt an der Costa Blanca; außerdem erwartet Neuhaus als indirekte verkehrliche Wirkung eines insgesamt verstärkten Telematik-Einsatzes eine weiter zunehmende räumliche Dispersion sowie einen weiter steigenden individuellen Freizeitanteil, was beides tendenziell straßenverkehrsinduzierend wirkt; Neuhaus 1993, 67 ff.
16 Bracher 1990, 148 f.; Harmsen/ König 1992, 156; auch die meisten Verkehrsmanagementprojekte sind relativ stark auf den Straßenverkehr fokussiert, was man allerdings auch damit begründen könnte, daß dort die meisten Verkehrsprobleme ihre Ursache haben; Bundesumweltminister Klaus Töpfer hält denn auch Verkehrsleitsysteme aus Umweltsicht für begrüßenswert, wenn sie verkehrsvermeidend, z.B. im Hinblick auf Parkplatzsuchverkehr, wirken, jedoch für bedenklich, wenn sie das Automobil "fahrenswerter" machen; Töpfer 1991, 191; letzteren Einwand machte Töpfer allerdings auf eine Anfrage im Rahmen der Gesprächsrunde des BJU in Saarbrücken am 15. April 1994 hin wieder rückgängig

So ist als Ergebnis festzuhalten, daß Verkehrsinformationssysteme von ihrer technologischen Seite her grundlegend policy-neutral sind, d.h. daß sich mittels ihres Einsatzes jede nur erdenkliche verkehrspolitische Strategie verwirklichen läßt.[17] Worauf es zur Lösung anstehender Verkehrsprobleme also ankommt, sind nicht ausgeklügelte technische Systeme, sondern eine kohärente verkehrspolitische Strategie, deren Maßnahmen den verkehrlichen Zusammenhängen entsprechend, also vernetzt und integriert, angelegt sind.[18] Allerdings bietet die Telematik bisher ungeahnte Chancen zur Realisierung einer solchen zusammenwirkenden, ganzheitlichen Verkehrspolitik. Das ändert nichts an der Notwendigkeit, diese Chancen auch zu ergreifen.

Neben dem rein verkehrspolitischen Nutzen zeitigen Verkehrsinformationssysteme allerdings auch auf anderen Ebenen positive Wirkungen. Bereits mehrfach angesprochen wurde ihr betriebswirtschaftlicher Nutzen für ÖPNV-Betriebe und Eisenbahnen sowie - wiederum in sehr hohem Maße - für Speditionen und Frachtführer im Straßenverkehr. Hier kommen die generellen Kriterien des Technik-Einsatzes - Rationalisierung, Kostensenkung, effizienterer Ressourceneinsatz - am stärksten zum Tragen (vide supra, p. 50). Von modernem Streckenmanagement mit Telematik-Systemen im Schienenverkehr erwartet man sich beispielsweise nennenswerte wirtschaftliche Verbesserungen für die Verkehrsbetriebe und Eisenbahnen bei kurzen Amortisationszeiten.[19] Der Straßentransport profitiert von Verkehrsinformationssystemen u.a. in Form von sinkenden Betriebskosten durch entfallende Such- und Umwegfahrten sowie verringerten Warte- und Standzeiten, verbesserte Fuhrparkdisposition und -überwachung und insbesondere der Unterstützung der immer wichtiger werdenden logistischen Dienstleistungen.[20] Über den Verkehrsbereich hinaus entsteht in erster Linie betriebswirtschaftlicher Nutzen allerdings auch für jene Unternehmen, die sich mit Entwicklung, Planung, Produktion, Realisierung, Betrieb und Vermarktung von Verkehrsinformationssystemen befassen. Daraus - wie

---

17 Robert Schüssler im Interview am 13. Juni 1994, siehe Befragungsprotokoll 4, 2
18 Und eine Ansammlung von Einzelprojekten, die sehr unterschiedlichen, heterogenen Zielkonstellationen verpflichtet sind, bedeutet noch lange kein Programm; Rothengatter 1991a, 254
19 Riebesmeier 1993, 182; insgesamt wird der Schienenverkehr durch Telematik-Einsatz begünstigt im Hinblick auf flexiblere Zugsteuerung und besseren Verkehrsfluß im Schienennetz, beschleunigten Umschlag im KV, bedarfsorientierten Waggon-Einsatz sowie ein erweitertes Service-Angebot für die Kunden; Preißl 1992, 3
20 Hoffmann 1993b, 48; Preißl 1992, 2; Höller 1993, 22; so ist mittlerweile die Preiselastizität der Nachfrage im Güterverkehr im Vergleich zur Elastizität der Nachfrage bezüglich der logistischen Qualität der Transportleistungen relativ gering; Bracher 1990, 152

auch aus dem betriebswirtschaftlichen Erfolg der auf dem Verkehrssektor tätigen Unternehmen - entstehen dann in zweiter Linie auf gesamtgesellschaftlicher Ebene positive Effekte, volkswirtschaftlicher Nutzen.

Der gesamtgesellschaftliche Nutzen umfaßt alle Vorteile, die den Gesellschaftsmitgliedern in Bereichen und Situationen zukommen, in denen sie nicht unmittelbar von Verkehrsinformationssystemen profitieren. In diesen Bereich gehören Kategorien wie die Verbesserung der Lebens- und Arbeitsbedingungen, die Steigerung der wirtschaftlichen Leistungs- und Wettbewerbsfähigkeit, eine Erhöhung der Chancengleichheit sowie auch eine Verbesserung der Planungs- und Entscheidungstätigkeit von Regierungen, öffentlichen Verwaltungen und Organen der Rechtsprechung.[21] Natürlich ergeben sich auch aus Problemlösungen im Verkehrsbereich volkswirtschaftliche Nutzen, doch sollen die darüber hinausgehenden Vorteile Thema der folgenden Betrachtungen sein.[22] Es ist außerordentlich schwierig, den potentiellen volkswirtschaftlichen Nutzen der Telematik im Verkehr zu quantifizieren.[23] Dies liegt zum einen am bereits beschriebenen äußerst komplexen Wirkungsspektrum mit vielfältigen Interdependenzen.[24] Zum anderen ist die - zum heutigen Zeitpunkt noch nicht abzusehende - konkrete Ausgestaltung von Verkehrsinformationssystemen von zentraler Bedeutung dafür, welche Nutzungsmöglichkeiten erschlossen werden und welche Wirkungen auf welche Bereiche dabei auftreten.[25]

---

21 Schwuchow 1990, 952 f.; letzteres ist z.B. durch die verbesserte Datensituation zu Zwecken der Verkehrsplanung bei Vorhandensein umfassender Verkehrsinformationssysteme gegeben; dabei müssen natürlich die gesamtgesellschaftlichen Vorteile mit negativen Auswirkungen auf gesamtgesellschaftlicher Ebene in Relation gebracht werden, um den "Nettonutzen" beurteilen zu können; ibid., 952; zu Folgenabschätzungen bezüglich des Einsatzes von IuK-Technologien siehe Akademie für Raumforschung und Landesplanung 1987; Briefs 1984; Brunnstein 1981; Cordewener/ Speckmann 1991; Dey 1985; Ernst 1990; Franck 1993; Ganzhorn 1992; Garbe/ Lange 1991; Henckel 1990; Heppner 1989; Karlsen u.a. 1985; Klöpper 1984; Lange u.a. 1985; Redeker 1988; Reese u.a. 1979b; Schaifers 1989; Schatz 1986; Schmitt-Egenolf 1990; Schnöring 1986; Szyperski 1983
22 Beispiel ist die Reduzierung der sozialen Kosten infolge sinkender Unfallzahlen; die Allgemeinheit profitiert am direkten verkehrlichen Nutzen von Verkehrsinformationssystemen also hauptsächlich in Form verringerter externer Lasten; Rothengatter 1993b, 16
23 An der Universität Köln wurde der Versuch dennoch unternommen und man kam zu dem Ergebnis, daß sich jede in die Verkehrsleittechnik investierte DM mit einem volkswirtschaftlichen Nutzen von bis zu vier DM auszahlen werde; VDA 1993, 8
24 Lenk 1984, 12 f.; eine Kausalität kann letzten Endes nur dann exakt beschrieben werden, wenn alle Elemente der Kausalkette sowie deren Beziehungen bekannt sind; dies kommt im sozialwissenschaftlichen Kontext praktisch nie vor; Sandschneider 1993, 23
25 Wollnik 1986, 10; außerdem hängen die potentiellen gesamtgesellschaftlichen Wirkungen auch in erheblichem Maße von der künftigen Verbreitungsgeschwindigkeit und vom Verbreitungsgrad der entsprechenden Systeme ab; von einer ubiquitären Nutzung ist nicht per se auszugehen; Hoberg 1987, 74

Im Hinblick auf die sozialen Strukturen läßt sich vom heutigen Standpunkt aus nur wenig über die potentiellen Wirkungen von Verkehrsinformationssystemen vorhersagen. Allgemein gilt, daß sich sowohl die Technik bestehenden sozialen Strukturen anpaßt als auch umgekehrt.[26] Aufgrund dieser Wechselwirkung sind Prognosen schwierig. Vermuten lassen sich z.B. eine weitere Auflösung fester örtlicher und zeitlicher Strukturen, eine Verstärkung der Wirkungen der Computerisierung (Informatisierung) des Alltagslebens sowie eine weiter anwachsende soziale und räumliche Mobilität.[27] Ebenso schwierig zu bestimmen sind die Auswirkungen der Telematik auf die räumlichen Strukturen. Vom heutigen Forschungsstand aus wird vermutet, daß die Telematik im allgemeinen von ihren räumlichen Wirkungen her ambivalent ist.[28] Demnach kann keine Prognose dahingehend gewagt werden, ob Verkehrsinformationssysteme nun tendenziell eher zentralisierend oder eher dezentralisierend wirken. Festzuhalten ist, - quasi als Generalaussage für alle Formen gesellschaftlicher, politischer und ökonomischer Wirkungen - daß IuK-Technologie lediglich als Trendverstärker bereits angelegter Entwicklungen fungiert, eigenständige Folgen also zunächst nicht zu erwarten sind.[29]

Ökonomische Wirkungen der Telematik zeigen sich im wesentlichen auf drei Ebenen: Der bereits angesprochenen mikroökonomischen Ebene der einzelnen Unternehmen, der volkswirtschaftlichen Ebene, also bei den nationalen Wirtschaftsstrukturen sowie auf der Ebene des internationalen Wettbewerbs. Dabei stößt man auch hier auf komplexe, interdependente Wirkungsgefüge. Telematik ist eine wesentliche Triebfeder des ökonomischen Strukturwandels und wird gleichzeitig aus diesem gespeist.[30] So ist auch in diesem Bereich lediglich mit einer Verstärkung bereits bestehender Trends zu rechnen, so z.B. des steigenden Stellenwertes der Telematik-Produzenten und -Diensteanbieter sowie einer weiteren Ausdehnung des

---

26 Zur soziologischen Techniktheorie siehe Biervert/ Monse 1990; Bijker u.a. 1987; Dierkes/ Marz 1992; Hennen 1992; Joerges 1988c; Rammert u.a. 1982 ff.; Rammert 1988; Rammert 1993; Ropohl 1985; Schatz-Bergfeld 1986; Sieferle 1983
27 Schmitt-Egenolf 1990, 201; Rammert 1993, 269
28 Ernst/ Walpuski 1993, 110; Bullinger 1985, 59; Mettler-Meibom 1983, 32 f.; siehe auch Meyer-Abich/ Steger 1982; Picot 1985; Lange u.a. fassen diese Tatsache folgendermaßen: "Die nationale und internationale Fachliteratur kommt überwiegend zu dem Ergebnis, daß die neuen Informations- und Kommunikationstechniken **selbständig keine bestimmten räumlichen Impulse auslösen** (Hervorhebung im Original), was einerseits an dem komplexen Wirkungszusammenhang der räumlichen Entwicklung und andererseits an der Inflexibilität der sozialen, ökonomischen und baulich-räumlichen Strukturen liegt."; Lange u.a. 1985, C-1
29 Henckel/ Nopper 1990, 39
30 Heppner 1989, 71 f.; Henckel/ Nopper 1990, 17 + 20

Dienstleistungssektors insgesamt. Von besonderer Bedeutung ist die Telematik - auch in ihren Anwendungen im Verkehrsbereich - jedoch als Faktor
des wirtschaftlichen Wachstums: In vielen Branchen - die Automobilindustrie ist nur ein Beispiel - läßt sich die konkurrenzfähige und exportorien-
tierte Stellung nur noch mit Hilfe einer leistungsfähigen Informationstechnologie halten.[31] Telematik eröffnet neue Märkte; gerade auf dem Gebiet der
Verkehrsinformationstechnik wird der deutschen Industrie weltweite
Marktführerschaft bescheinigt.[32] Insbesondere die Erhaltung der internationalen Wettbewerbsfähigkeit macht jedoch eine aufgeschlossene Haltung
zur Einführung neuer Technologien und zur Förderung der Anstrengungen
auf wirtschaftlich interessanten Gebieten notwendig.[33] Ein großer Teil des
Nutzens und damit auch der politischen Attraktivität von Verkehrsinformationssystemen beruht also - ohne dies negativ werten zu wollen - eher auf
wirtschaftlichen denn auf verkehrspolitischen Erwägungen.

---

31 Heppner 1989, 73; allerdings haben einige nicht ganz unmaßgebliche Konzerne ausgesprochen hohe Summen in Verkehrsinformationssysteme investiert und dabei zu lange an
veralteten Systemen festgehalten, was die Gefahr von nationalem Protektionismus birgt;
Telefonat mit Dieter Lentz (DEKRA AG, Stuttgart) am 5. April 1994; vertrauliche Einschätzungen in mehreren der Interviews; diese Gefahr hat man auf europäischer Ebene aber bereits erkannt; Interview mit Robert J. Coleman am 17. Juni 1994, siehe Befragungsprotokoll 6
32 IntV 45 (1993) 11, 620; Tietz 1987, 1073; Sparmann 1990, 31; allgemein zum internationalen technologischen Wettlauf um Märkte siehe Ammon 1992; Grewlich 1991; Kohler-Koch 1986
33 Bullinger 1985, 60

2.4.2 Erwartete Kosten

Die Kosten von Entwicklung, Planung, Aufbau und Einrichtung sowie des Betriebs von Verkehrsinformationssystemen in Deutschland lassen sich nur sehr schwer einschätzen. Zum einen ist über die konkrete Ausgestaltung der entsprechenden Systeme noch nicht entschieden; zum anderen stehen auch noch Entscheidungen über Finanzierungs- und Betreibermodelle aus, so daß vollkommen unklar ist, wer welche Kosten übernehmen soll. Grundsätzlich steht bisher lediglich fest, daß sowohl auf seiten der individuellen Benutzer - seien dies nun Privatleute oder Organisationen - als auch auf Infrastrukturseite Kosten entstehen werden.[34] Einer Schätzung des BMV zufolge werden die Kosten für ein System zur automatischen Gebührenerfassung auf den 11.500 km deutsche BAB etwa fünf bis sechs Mrd. DM betragen, zuzüglich verpflichtenden 150 bis 200 DM pro Fahrzeug für ein Gerät zur Gebührenabrechnung.[35] Da allerdings ERP-Systeme eine der Voraussetzungen einer BAB-Privatisierung sind, ist es durchaus möglich, daß die infrastrukturseitigen Kosten dieser Systeme von den privaten Autobahnbetreibern und damit letztlich den Autobahnbenutzern übernommen werden.[36] In den kurzfristigen Finanzplänen des BMV sind laut Bundesverkehrsminister Wissmann bis 1997 1,1 Mrd. DM für Telematik an BAB und 650 Mio. DM für den Bau von 60 weiteren Verkehrsbeeinflussungsanlagen vorgesehen.[37]

Grundsätzlich festzuhalten ist, daß im Rahmen der Einführung von Verkehrsinformationssystemen Privatfinanzierungsmodelle stark favorisiert werden, die Investitionskosten also wahrscheinlich zum überwiegenden Teil

---

[34] Die Kosten für den Benutzer sind bestimmten Akzeptanzgrenzen unterworfen, siehe Punkt 4; die infrastrukturseitigen Investitionserfordernisse schwanken sehr stark je nach Systemtyp
[35] FAZ (04.02.1994) 29, 14; der ADAC geht von infrastrukturseitigen Kosten zwischen drei und sechs Mrd. DM aus und von einem Preis der fahrzeugseitigen Ausrüstung von unter 100 DM; ADAC Verkehrstechnik 1993; diese Schätzungen können jedoch nach einer weiteren - jederzeit und kurzfristig möglichen - Systeminnovation wiederum Geschichte sein, wobei aufgrund des starken Wettbewerbs tendenziell mit fallenden Preisen zu rechnen ist
[36] Ansorge, Peter: Maut oder Benzinpreis?, FAZ Beilage "Kartengesteuerte Dienstleistungen" (01.03.1994) 50, B10
[37] Handelsblatt (28.03.1994) 61, 1; an anderer Stelle nannte Matthias Wissmann 6 Mrd. DM als Gesamtsumme der Investitionen in Telematik "in den nächsten Jahren", bestätigte jedoch das Investitionsvolumen von 650 Mio. DM für 60 neue Verkehrsbeeinflussungsanlagen; ADAC motorwelt (1994) 8, 21; Heinz Sandhäger, leitender Ministerialdirektor im BMV zufolge beläuft sich das im BVWP '92 vorgesehene Investitionsvolumen auf 2 Mrd. DM, was allerdings keine Garantie für öffentliche Investitionen in dieser Höhe bedeute; Interview mit Heinz Sandhäger am 9. August 1994, siehe Befragungsprotokoll 11, 2 f.

von den Systembenutzern getragen werden müssen. Inwieweit diese aber zur Zahlung dieser Kosten bereit sein werden, ist nicht Gegenstand eines volkswirtschaftlichen, sondern eines individuellen bzw. eines betriebswirtschaftlichen Nutzenkalküls. Die Kosten-Nutzen-Rechnung der einzelnen Unternehmen umfaßt dann aber nicht nur die bloßen Geräte- und Ausstattungskosten, sondern auch Kosten infolge der Umstellung von Organisationsstrukturen und durch notwendige Schulungen der Mitarbeiter.[38]

Die Kosten von Verkehrsinformationssystemen umfassen jedoch nicht nur die direkt mit ihnen in Verbindung stehenden finanziellen Aufwendungen, sondern auch quantifizierbare und nicht-quantifizierbare, direkte und indirekte, individuelle, organisatorische, ökonomische, soziale und politische Negativfolgen. So stellt die Manipulierung von Telematik-Systemen beispielsweise durch Hacker zumindest eine potentielle Gefahr dar.[39] Die Folgen einer solchen Manipulierung könnten - infolge der hohen Verwundbarkeit von informationstechnischen Systemen - verheerende Ausmaße annehmen.[40] Von besonderer Brisanz sind in diesem Bereich Haftungsfragen: Wer trägt z.B. die Beweislast, wenn via ERP-System das Konto geplündert wurde? Wer haftet für Wirtschaftsspionage etwa über logistische Informationssysteme? Auch in anderen Bereichen stellen rechtliche und organisatorische Fragen noch bedeutsame Hindernisse im Rahmen der Einführung von Verkehrsinformationssystemen dar.[41] Das grundle-

---

[38] Oberschulte 1991, 8 f.; Kulla 1993, 220
[39] Ob und in welchem Maße Verkehrsinformationssysteme anfällig für den Zugriff von außen sind, ist strittig; Dieter Lentz ging im Interview am 6. Juni davon aus, daß Fehleranfälligkeit und Manipulierbarkeit von Verkehrsinformationssystemen kein Problem seien, siehe Befragungsprotokoll 1, 6; Klaus Everts verwies im Interview am 8. Juni 1994 darauf, daß Verkehrsinformationssysteme Hybridsysteme seien, d.h. die jeweils untersten lokalen Einheiten, z.B. Lichtsignalanlagen (LSA), auch im Falle eines vollständigen Ausfalls des Verkehrsinformationssystems im sicherheitserforderlichen Maße funktionstüchtig blieben, siehe Befragungsprotokoll 2, 3; Rainer Neuwerk äußerte im Interview am 13. Juni 1994 die Auffassung, Verkehrsinformationssystemen drohe von Hackern keine Gefahr, da es sich grundsätzlich um geschlossene Systeme handele, siehe Befragungsprotokoll 3, 5
[40] Die Probleme im Zusammenhang mit Hackern reichen vom Diebstahl geistigen Eigentums (Software etc.) bis hin zu Sabotage-Akten mittels Virenprogrammen; Schmitt-Egenolf 1990, 184 f.; bereits im Jahre 1983 betrug die durchschnittliche Schadenshöhe bei Systemausfall von Büro-Computern in der Bundesrepublik Deutschland eine Mio. DM, wobei allerdings 80% der Schäden von Mitarbeitern verursacht wurden; Tietz 1987, 113; zwei Beispiele für die Ausmaße, die Schäden durch Computer-Fehler annehmen können: 1983 wurden im US-Bundesstaat Nevada katastrophale Überschwemmungen am Colorado River durch eine fehlerhafte Computerberechnung verursacht, infolge derer zu viel Wasser in einem Staubecken zurückgehalten wurde; zwei Mariner-Raumsonden gingen verloren, weil in einem Computerprogramm anstatt eines Punktes ein Komma programmiert wurde; Heppner 1989, 15
[41] So mußte das Vorhaben der Realisierung eines Buchungssystems für Hotels, Gastronomie sowie Veranstaltungen über die öffentlichen Infotheken im Rahmen von STORM aufgrund rechtlicher Schwierigkeiten im Zusammenhang mit dem bargeldlosen Zahlungs-

gende Problem ist jedoch die Unentbehrlichkeit der Informationstechnik. "Man kann also heute ohne Übertreibung sagen, daß ohne Informationssysteme und ihre Technologien unsere Sozial- und Wirtschaftsordnung genauso wie die Staatsverwaltung zusammenbrächen."[42]

Gefahren birgt in dieser Hinsicht eine zu weitgehende Vernetzung: Das System wird unüberschaubar, intransparent, Wirkungen verselbständigen sich und werden unkontrollierbar, die Informationstechnik übersteigt das Auffassungsvermögen des Menschen.[43] Hier beginnt bereits der Bereich der gesamtgesellschaftlichen negativen Folgewirkungen, die sich nicht auf die Verkehrsinformationstechnik beschränken lassen, sondern grundsätzlich generell für Telematik-Anwendungen gelten. So lassen sich ökologische Beeinträchtigungen durch IuK-Technologien insbesondere im Bereich ihrer Produktion und ihrer Entsorgung feststellen sowie - dies ist allerdings umstritten - im Bereich der Telekommunikationsinfrastruktur infolge von Strahlung und Wellen.[44] Eine Verschärfung dieser Umweltgefährdungen könnte sich aus einer weiterhin stark expansiven Entwicklung im Telematik-Bereich ergeben, wobei allerdings die unbestreitbaren positiven Umweltwirkungen von Informationstechnologie angerechnet werden sollten. Für Organisationen bedeutet der zunehmende Trend zur umfassenden IuK-Unterstützung einen wachsenden Modernisierungs- und Kostendruck, den sie an ihre Mitarbeiter weitergeben werden.[45]

Den zentralen Bereich der Diskussion um negative Folgen der Telematik bildet jedoch die Diskussion um die Frage ihrer Arbeitsmarktwirkun-

---

verkehr zunächst aufgegeben werden; Interview mit Reinhard Schult am 29. Juni 1994, siehe Befragungsprotokoll 10, 6
42 Steinmüller 1985, 14
43 Ganzhorn 1992, 7; laut Henckel/ Nopper können Telematik-Systeme so komplex angelegt werden, daß der Mensch zum Anhängsel seiner eigenen Produkte wird; Henckel/ Nopper 1990, 39; Otto/ Sonntag führen dazu aus: "Nur durch Schutz der eigenen Informationen vor beliebigem Gebrauch kann es einem System gelingen, seine Verwundbarkeit klein und gleichzeitig seine Steuerbarkeit groß zu halten."; Otto/ Sonntag 1985, 137; aber genau diese Bedingung ist im Falle von offenen Informationssystemen, um die es sich im Falle von Verkehrsinformationssystemen tendenziell handelt, nicht gegeben
44 Die Produktion der Hardware umfaßt z.T. sehr umweltgefährdende Stoffe, Recycling wird durch die Heterogenität der verwendeten Stoffe erschwert; Henckel/ Nopper 1990, 21 ff.; Schweikl merkt zur Einschätzung der Gefahr durch elektromagnetische Wellen des Mobilfunksystems an: "Nach dem heutigen Wissensstand gibt es keine Beweise, daß von einem elektromagnetischen Feld, zu dem "Normalbürger" Zugang haben, eine Gesundheitsgefährdung ausgeht. Ein solches Risiko ist aber mit völliger Sicherheit auch künftig nicht auszuschließen."; Schweikl 1990, 71
45 Lenk 1984, 17

gen.[46] Dabei bildet das Schreckgespenst der Informationstechnologie als Jobkiller den einen, die Vision vom zweiten Wirtschaftswunder durch Telematik den anderen Pol der Diskussion. Die Wahrheit wird - wie so oft - dazwischen liegen.[47] Und wiederum ist die IuK-Technologie nur ein Faktor unter vielen: Die seit Anfang der achtziger Jahre in der Bundesrepublik schubartig gestiegene Erwerbslosigkeit ist eine Folge beschleunigten technologischen Strukturwandels, für den die Telematik jedoch nicht alleine verantwortlich ist. Negative Beschäftigungseffekte - und das gilt auch für Verkehrsinformationssysteme - werden v.a. auf Anwenderseite auftreten. Damit, daß sie durch die positiven Beschäftigungswirkungen auf der Produzentenseite vollständig kompensiert werden, ist derzeit nicht zu rechnen.[48] So wird auch im Verkehrsbereich ein zunehmender Druck auf die Qualifizierung des Personals wirksam werden, ungelernte und minderqualifizierte Arbeitskräfte, die bisher insbesondere im Gütertransport beschäftigt waren, werden endgültig freigesetzt.[49] Zum Qualifizierungsverlust kommen für die Mitarbeiter die zunehmenden Möglichkeiten der Kontrolle und Überwachung ihrer Arbeit, - beispielsweise die minutiöse Überwachung von Berufskraftfahrern über Flottenmanagementsysteme - was Streß und somit erhebliche gesundheitliche Schäden nach sich ziehen kann.[50] Der Mißbrauch der Telematik ist immer gegenwärtig, Datenschutz also ein grundlegendes Problem.[51]

Im Bereich der politischen Auswirkungen der Telematik herrscht insbesondere Angst vor möglichen zentralisierungsfördernden Wirkungen infolge zentralisierter Informationssysteme.[52] In den politischen Aufgabenbereich fällt aber auch die auf der Abwägung der skizzierten Kosten und Nutzen der Verkehrsinformationstechnik basierende Entscheidung über die

---

46 Zur Diskussion um die Arbeitsmarktwirkungen der Telematik siehe Benz-Overhage u.a. 1982; Blazejczak/ Kirner 1990; Briefs 1984; Hagemann/ Kalmbach 1983; Reichwald 1987; zur Wirkung von IuK-Systemen in und für Organisationen siehe Land 1985, Lange/ Rock 1992
47 Heppner 1989, 10 + 82
48 ibid., 85 ff.; zu einer etwas optimistischeren Einschätzung kommt (aufgrund des früheren Entstehungszeitpunktes) Bullinger 1985, 54 ff.
49 Lenk 1984, 18; Reichwald 1987, 196; Bullinger 1985, 53
50 Zoche 1991, 177; Bullinger 1985, 53; Land 1985, 59; dasselbe gilt für eine anhaltende Informationsüberlastung infolge eines die menschliche Verarbeitungskapazität überschreitenden Informationsangebotes; Otto/ Sonntag 1985, 24; zur gewerkschaftlichen Auseinandersetzung mit Personalinformationssystemen siehe Steinmüller 1984
51 Tietz 1987, 900; das Datenschutz-Problem wird in Punkt 3.2.4 der vorliegenden Untersuchung gesondert behandelt
52 Lenk 1984, 27; Mettler-Meibom 1983, 33; die politischen Folgen von Verkehrsinformationssystemen im besonderen sowie der Informationstechnik allgemein werden im weiteren Verlaufe der vorliegenden Analyse noch diskutiert

Einführung und Ausgestaltung entsprechender Systeme. Eine Kosten-Nutzen-Analyse ist eine Bilanz aus allen Vor- und Nachteilen eines bestimmten
Vorschlags in wenn irgendmöglich quantifizierter Form.[53] In politische Kosten-Nutzen-Analysen gehen neben den das eigentliche Vorhaben und Politikfeld betreffenden Erwägungen immer auch Zielvorgaben anderer Politikfelder sowie allgemeine politische Überlegungen mit ein.[54] Der Wert von
Informationsdienstleistungen allerdings kann letzten Endes nur durch den
Benutzer eines Informationssystems selbst eingeschätzt werden.[55]

So ist es auch nicht verwunderlich, daß wirtschaftspolitische Erwägungen im Bereich der Diskussion um Verkehrsinformationssysteme eine
vitale Rolle spielen. Die technische Realisierbarkeit vernetzter, integrierter
und umfassender Informationssysteme ist gegeben, wobei solche Systeme
einen grundlegend instrumentellen Charakter haben, dh. sie können zur
Realisierung gleichwelcher Ziele gewinnbringend eingesetzt werden.[56] Dies
ist Chance und Risiko zugleich. Worauf es also wesentlich ankommt, ist eine angemessene verkehrspolitische Füllung des Konzepts Verkehrsinformationssysteme, wenn es nicht zum reinen wirtschaftspolitischen Instrument
verkümmern soll.

Mit Stand und Chancen einer solchen verkehrspolitischen Strategie,
die eben auch in ganz erheblichem Maße über die politische Problemlösungskapazität von Verkehrsinformationssystemen entscheidet, beschäftigt
sich der nun folgende Teil der vorliegenden Analyse. An diesem Punkt der
Untersuchung bleiben noch zahlreiche Fragen offen: Rechtliche, organisatorische und finanzielle Fragen im Zusammenhang mit Telematik-Systemen
im Verkehrsbereich sind noch weitgehend ungeklärt, das Datenschutzproblem sowie Standardisierung und Normung ungelöst, die Akzeptanz zumindest von Teilen der vorgeschlagenen Systeme fraglich. In den Bereich der
System- und Maßnahmen-Akzeptanz fällt darüber hinaus auch die Frage
nach den Nettoeffekten für Verkehrssicherheit und -verhalten.[57] Festzuhalten bleibt: "Die Verkehrsprobleme des nächsten Jahrhunderts sind durch

---

53 Thomson 1978, 152
54 So gehen in die Kosten-Nutzen-Analysen zur Beurteilung von Infrastrukturprojekten für
den BVWP neben verkehrspolitischen Zielvorgaben auch struktur-, umwelt-, beschäfti-
gungs- und wirtschaftspolitische Faktoren ein; Suntum 1986, 159
55 Zu Ansätzen zur Evaluierung von Informationssystemen siehe Bjørn-Andersen/ Davis
1988
56 Bullinger hält fest, daß die neuen technologischen Möglichkeiten einen weitgehend instrumentellen Charakter besitzen, ihre Auswirkungen je nachdem ausfallen, welche Gruppen mit welchen Machtpositionen sie nutzen; Bullinger 1985, 60
57 Harmsen/ König 1992, 159

technische Ansätze allein nicht lösbar."[58] Hinzu kommen muß eine kohärente verkehrspolitische Strategie i.s. eines Kataloges zusammenhängen-
der, aufeinander abgestimmter Maßnahmen, die zwar vom Telematik-Einsatz sinnvoll unterstützt bzw. z.T. überhaupt erst ermöglicht wird, nicht
aber ersetzt werden kann.

Das vorläufige Fazit an dieser Stelle lautet: Verkehrsinformationssysteme sind ein für sich allein genommen leeres Konzept, ein reines Hilfsinstrument, beliebig füllbar. Dennoch lassen sich einige Strategien - etwa die
Einführung von wirklichen Knappheitspreisen für Infrastruktur oder auch
gesamtsystemoptimierendes Verkehrsmanagement - nur mit Hilfe von Telematik realisieren. Diese Tatsache verleiht dem - von der technischen Realisierbarkeit her gesehen weitgehend ausgereiften - Konzept der Verkehrsinformationssysteme große Attraktivität und macht es wahrscheinlich un-
ausweichlich.

---

58 Topp 1992, 15; Retzko faßt es - bezogen auf städtische Verkehrsprobleme - folgendermaßen: "Wer also jetzt allein auf moderne Verkehrsleittechnik setzt und von ihr eine rasche Milderung der städtischen Verkehrsprobleme erhofft, ist entweder gutgläubig oder
wenig sachkundig."; Retzko 1990, 9

3. Verkehrsinformationssysteme im politischen Entscheidungsvorgang

3.1 Die Implementierung der Verkehrstelematik - Tendenzen

3.1.1 Finanzierungsmodelle und organisatorische Konzepte

Die Planung der Verkehrswege fällt in der Bundesrepublik Deutschland in den gemischten Kompetenzbereich. Während der Bund auf den Gebieten Luftverkehr, See- und Binnenschiffahrt und - mit sinkender Tendenz infolge der Bahnreform - noch im Bereich der Deutschen Bahn AG weitgehend allein entscheiden kann, erfolgt die Bedarfsplanung für die Straßeninfrastruktur seitens der jeweiligen, nach Straßentypen unterschiedlichen Baulastträger. Unterschieden werden Landes-, Kreis- und Gemeindestraßen, bei Ortsdurchfahrten des überörtlichen Verkehrs entscheidet die Gemeindegröße darüber, ob der Bund oder die betreffende Gemeinde der Baulastträger ist. Allein der Ausbau der Bundesfernstraßen, also der Bundesstraßen und BAB, obliegt der Planung des Bundes, festgelegt in der langfristigen Bedarfsplanung des Bundesverkehrswegeplanes (BVWP).[1] Der BVWP ist allerdings ein reines Planungs-, kein Finanzierungsinstrument. Über die wirkliche Höhe der öffentlichen Investitionen in die Verkehrsinfrastruktur entscheidet der Einzelplan zwölf des jährlichen Bundeshaushaltes, der Verkehrshaushalt.[2] Neben der langfristigen Investitionsplanung für Bundesfernstraßen und Bundeswasserstraßen umfaßt der BVWP auch die Schieneninfrastrukturinvestitionen des Bundes sowie die Finanzhilfen im Rahmen des Gemeindeverkehrsfinanzierungsgesetzes (GVFG).[3] Seit Mitte 1994 ist nun - nach der Privatisierung der Flugsicherung und der auf den Weg gebrachten Bahnprivatisierung - auch die Privatfinanzierung von Fernstraßen möglich.[4] Die in diesem Bereich wie auch bei der Zuteilung der Bundeszuschüsse im Rahmen des GVFG vorhandenen erheblichen Eingriffsmöglich-

---

1 Suntum 1986, 156 f.; nähere Informationen über BVWP enthält das Glossar
2 Interview mit Heinz Sandhäger am 9. August 1994, siehe Befragungsprotokoll 11, 2 f.; IntV 44 (1992) 11, 419; Bürgel 1983, 99 ff.
3 Seit der Privatisierung der Flugsicherung 1993 entfallen Investitionen des Bundes in diesem Bereich; Kraft u.a. 1992, 371; nähere Informationen zum GVFG siehe Glossar
4 Am 24. Juni 1994 hat der Deutsche Bundestag dem im Vermittlungsausschuß ausgehandelten Kompromiß zum "Fernstraßenbauprivatfinanzierungsgesetz" (FStrPrivFinG) zugestimmt, welches damit in einer geänderten Fassung in Kraft getreten ist; das Gesetz erlaubt es privaten Investoren, im Rahmen von sog. "Betreibermodellen" Fernstraßen zu bauen und von den Nutzern Maut zu verlangen; die Maut wird direkt vor, nach oder während jeder Benutzung fällig und darf auch automatisch eingezogen werden; das BMV muß allerdings, bevor es per Rechtsverordnung diejenigen Straßen oder Bauwerke bestimmt, für die Benutzungsgebühren erhoben werden dürfen, "Einvernehmen" mit den betroffenen obersten Landesstraßenbaubehörden herbeiführen; WIB 24 (29.06.1994) 13, 64 und WIB 24 (25.05.1994) 10, 70; damit tritt ein "echtes" Privatfinanzierungsmodell an die Seite des in der Probephase befindlichen sog. "Konzessionsmodells" der Privatfinanzierung; Schmitz 1992, 7 f.

keiten der Länder deuten bereits den insbesondere im Verkehrsbereich ausgesprochen hohen Koordinierungsbedarf im bundesdeutschen kooperativen
Föderalismus an, der auch für die Belange von Verkehrsinformationssystemen nicht ganz unproblematisch ist.

Die technischen Fragen im Bereich der Telematik im Verkehr sind -
wie gezeigt - weitgehend geklärt. Die derzeitigen Probleme und Kooperationsschwierigkeiten ranken sich i.w.s. um die zu wählende Implementie-
rungsstrategie, also um die Frage, wie man die zur Verfügung stehenden
technischen Hilfsinstrumente konkret umsetzen will. Dies betrifft in erster
Linie die Frage der Finanzierung, also ob entsprechende Systeme nun öffentlich oder privat finanziert werden sollen sowie - eng damit verknüpft -
organisatorische Konzepte. In zweiter Linie gehören aber auch technische
Entscheidungen für oder gegen bestimmte Systeme hierher sowie die Auswahl bestimmter Strategien aus den beinahe unbegrenzten Möglichkeiten
der Telematik.[5] Konflikte gab und gibt es auf allen Ebenen und zwar zwischen sämtlichen beteiligten Akteuren.

Die Finanzierungs- und damit auch die organisatorischen Konzepte
reichen von einer vollständig privaten Betreiber- und Trägerschaft - wie sie
beispielsweise in Baden-Württemberg vertreten wird [6] - bis hin zu vollständig öffentlich betriebenen und finanzierten Systemen, welche allerdings
aufgrund der derzeitigen Finanznot der Staatshaushalte ein wenig aus der
Mode geraten sind.[7] Gemeinsam ist allen Finanzierungsmodellen, daß die
Infrastrukturkosten des Verkehrsinformationssystems letztendlich vom individuellen Benutzer getragen werden.[8] Mit unterschiedlichen organisatorischen Konzeptionen sind jedoch auch verschiedene Auffassungen von Verkehrssteuerung durch Telematik verbunden. Dabei läßt sich für den

---

5 Interview mit Heinz Sandhäger am 9. August 1994, siehe Befragungsprotokoll 11, 2
6 zur geplanten künftigen Betreiberstruktur von STORM siehe Interview mit Reinhard
Schult am 29. Juni 1994, Befragungsprotokoll 10, 3 ff.; Interview mit Dieter Lentz am 6.
Juni 1994, siehe Befragungsprotokoll 1, 6; Rainer Neuwerk entwarf im Interview am 13.
Juni 1994 ein umfassendes Szenario einer vollständig privaten Finanzierung und Betreiberschaft, siehe Befragungsprotokoll 3, 2 f.
7 Trotzdem besteht neben der Konzeption vollständig privat finanzierter und betriebener
Systeme beispielsweise auch die Idee, die Infrastruktur öffentlich bereitzustellen und dann
an die privaten Systembetreibergesellschaften zu vermieten; dieses Modell favorisiert man
beispielsweise z.Zt. in Hamburg; Interview mit Heinz Sandhäger am 9. August 1994, siehe
Befragungsprotokoll 11, 3
8 Auch für die öffentliche Hand bestehen einige Möglichkeiten, die Infrastrukturkosten des
Systems aus Abgaben seiner Benutzer (Lizenzen, Straßenbenutzungsgebühren, etc.) zu
decken; Interview mit Hanskarl Protzmann am 11. August 1994, siehe Befragungsprotokoll
12, 3

regionalen und kommunalen Bereich - allgemein gehalten - folgende Tendenz feststellen: Je weiter der privat finanzierte Teil von Verkehrsmanagementsystemen abgesteckt wird, desto weniger beabsichtigt man, auf "harte", regulierende Maßnahmen wie z.B. zeitlich beschränkte oder auch totale Zufahrtssperrungen zurückzugreifen. Umgekehrt steigt der Anteil öffentlicher Investitionen mit wachsendem Interesse für wirkliche Eingriffe.[9] Ein Beispiel für die erstgenannte Strategie ist Baden-Württemberg bzw. die Stadt Stuttgart mit dem STORM-Projekt, eher in die zweitgenannte Kategorie fallen das Land Hessen bzw. die Stadt Frankfurt/ Main mit den Projekten RHAPIT und FRUIT.[10] Gleichzeitig ist damit der - wenn auch nur tendenzielle - Unterschied in der Auffassung der beiden großen Parteien angedeutet.[11]

Grundsätzlich gilt jedoch: Soll wirkliches Verkehrsmanagement i.S. einer am Nutzen der Allgemeinheit orientierten Optimierung der Verkehrsströme betrieben werden, so sind öffentliche Eingriffe nicht vollständig zu vermeiden.[12] Denn wird erst einmal steuernd in Verkehrsströme eingegriffen, dann entscheiden diese Eingriffe in nicht zu unterschätzendem Maße über die Chancenverteilung zwischen den Individuen.[13] Auch der Hinweis auf Marktlösungen entbindet hier nicht von zumindest grundlegenden öf-

---

9 Ulrich Näke hielt im Interview am 20. Juni 1994 fest, daß sich bei einer gemischt öffentlich-privaten Betreibergesellschaft der öffentliche Partner (z.B. eine Kommune) tendenziell je nach der Stärke des dahinterstehenden öffentlichen Interesses finanziell beteiligen wird; siehe Befragungsprotokoll 7, 2

10 So lautet die Philosophie bei STORM "informieren statt reglementieren", bei RHAPIT/ FRUIT hingegen ist zumindest sanfte Reglementierung vorgesehen; Weise 1993, 137; die Pilotprojekte unterscheiden sich schon von der Form der öffentlichen Beteiligung her: Während bei STORM die öffentlichen Akteure gleichberechtigte Partner eines Konsortiums sind, treten sie bei RHAPIT und FRUIT als Auftraggeber auf; Interview mit Reinhard Schult am 29. Juni 1994, siehe Befragungsprotokoll 10, 8; das "Verkehrs-System-Management Rhein-Main" mittels der Projekte RHAPIT/ FRUIT dient nach Angaben des Hessischen Verkehrsministeriums folgenden Zielen: der Vermeidung von Verkehr über eine bessere Vernetzung der Verkehrsträger sowie eine verbesserte Information der Verkehrsteilnehmer, zusätzlich einer deutlichen Verkehrsverlagerung auf den ÖPNV mittels einer Attraktivitätssteigerung des ÖV sowie gezielter Begrenzungen des IV und schließlich auch der umweltfreundlicheren und sichereren Abwicklung des verbleibenden IV; wörtlich heißt es: "Im Einzelfall muß aber auch der einzelne bereit sein, sinnvoll begründete und zumutbare Einschränkungen (z.B. Parkmöglichkeiten, Zufahrtsbeschränkungen bzw. entsprechende Abgaben) zugunsten der Allgemeinheit hinzunehmen."; Hessisches Ministerium für Wirtschaft, Verkehr und Technologie 1992, 8 + 23

11 So stimmten in Stuttgart die SPD zusammen mit B 90/ Die Grünen gegen STORM, während sie in Frankfurt/ Main bzw. Hessen (als Regierungskoalition) maßgeblich an RHAPIT und FRUIT beteiligt waren; Weise 1993, 136

12 OECD 1992, 63

13 Letztlich ist für die Zwecke der Verkehrssteuerung immer irgendeine Form von Zwang notwendig; Interview mit Hanskarl Protzmann am 11. August 1994, siehe Befragungsprotokoll 12, 3 f.; Interview mit Elke Ferner am 24. Juni 1994, siehe Befragungsprotokoll 8, 2

fentlichen Entscheidungen.[14] Beispielsweise ist es kaum vorstellbar, daß man die Entscheidung über die Anschaffung eines Gerätes zur automatischen Entrichtung von Straßenbenutzungsgebühren vollkommen im Ermessen des individuellen Verkehrsteilnehmers belassen wird.[15] Darüber hinaus bedarf wirkungsvolle Verkehrssteuerung der überregionalen Koordinierung, also gemeinsamer Vorgaben und ständiger Abstimmung.[16] Dies betrifft auch und nicht zuletzt technische Fragen und Details, Entscheidungen darüber, welche Dienste auf welchem technischen Wege zur Verfügung gestellt werden sollen.[17] Schließlich muß auch bei rein fakultativen Diensten der Verkehrsinformation der Weg zur Markteinführung öffentlich geebnet werden, z.B. über Verträge zur Mitnutzung öffentlicher (Kabel)Infrastruktur.[18]

In diesem Bereich, nämlich dem öffentlichen Verkehrsmanagement via Verkehrsinformationssysteme, liegen im bundesdeutschen politischen System bedeutsame politisch-administrative Widerstände. Ein eindrucksvolles Beispiel: Wer soll denn bei einem Verkehrsmanagementsystem in einem Ballungsraum "am Hebel sitzen", die gesamte Verantwortung - von Zu-

---

14 Infrastrukturmaßnahmen und i.w.S. regulierende Maßnahmen sind in jedem Fall notwendig; Interview mit Klaus Everts am 8. Juni 1994, siehe Befragungsprotokoll 2, 4; Behrendt 1993, 51
15 Wenn - wie geplant - AGE-Systeme der einzige Modus der Gebührenentrichtung sind; Interview mit Heinz Sandhäger am 9.August 1994, siehe Befragungsprotokoll 11, 2; Interview mit Elke Ferner am 24. Juni 1994, siehe Befragungsprotokoll 8, 3; Interview mit Reinhard Schult am 29. Juni 1994, siehe Befragungsprotokoll 10, 10
16 Hessisches Ministerium für Wirtschaft, Verkehr und Technologie 1992, 12
17 Also z.B. Entscheidungen darüber, ob Baken-, Mobilfunk- oder Satellitengestützte Systeme eingeführt werden bzw. ob man sich mit fahrzeugautonomen Systemen ergänzt durch RDS/ TMC begnügt, aber auch Fragen der Gestaltung der Terminals im Fahrzeug (Verkehrssicherheit!) und des Zugangs zu Systemen; OECD 1992, 65 ff.; Interview mit Georg Brunnhuber am 27. Juni 1994, siehe Befragungsprotokoll 9, 2; Heinz Sandhäger sprach im Interview am 9. August 1994 in diesem Zusammenhang vom "Telematik-Menü", welches insbesondere die Länder und Kommunen als Systemgestalter aus der Vielfalt der verfügbaren Telematik-Anwendungen zusammenstellen müßten, siehe Befragungsprotokoll 11, 2; über derartige Entscheidungen macht man sich sogar auf der Ebene der CEMT Gedanken; Deutscher Bundestag - Verkehrsausschuß, Ausschußdrucksache 696/1994, 20; Robert J. Coleman betonte im Interview am 17. Juni 1994 den äußerst weitreichenden Charakter bestimmter technischer Entscheidungen, siehe Befragungsprotokoll 6, 2; Joerges faßt den hier angesprochenen Sachverhalt folgendermaßen: "And, as in moving towards LTS [large technical systems, I.D.] practical engineering becomes big political negotiation and decision-making ... so practical politics become, among other things, big engineering negotiation and decision-making."; Joerges 1988a, 24
18 Dicke 1993, 20; das BMV beschäftigt sich z.Zt. mit der Ausarbeitung eines Mustervertrages eines "Gestattungsvertrages", welcher die Mitnutzung öffentlicher Kabelinfrastruktur durch Verkehrsmanagementgesellschaften regelt; außerdem steht sich ein Rahmenvertrag für die Regelung der Beziehungen zwischen Verkehrsmanagementgesellschaften und Kommunen ab; Interview mit Ulrich Näke am 20. Juni 1994, siehe Befragungsprotokoll 7,
3

fahrtssperrungen für Wohngebiete über die Steuerung des durchreisenden Fernverkehrs bis hin zu Verkehrsbeschränkungen aufgrund von erreichten Schadstoffgrenzen - übernehmen? Einem solchen "allmächtigen" Arbeitsplatz, wie ihn viele der von Technikern kreiierten Systeme erfordern würden, steht die komplizierte und v.a. zersplitterte Kompetenzstruktur (nicht nur) im kommunalen Bereich entgegen.[19] Allein schon die Schwierigkeiten, welche die Kooperation der Beteiligten im allgemeinen sowie die Schaffung einer gemeinsamen Verkehrsdatenbasis im besonderen im Rahmen der bisherigen Pilotprojekte bereiteten, deuten hier auf große Probleme hin.[20] Insbesondere der Dialog zwischen öffentlichen Akteuren und der Industrie gestaltete sich, ob des gegenseitigen Unverständnisses für die jeweilige Situation des Partners, sehr schwierig.[21] So wird von politisch-administrativen Akteuren mangelndes Verständnis auf seiten der Industrie für bestehende institutionelle und politische Restriktionen reklamiert,[22] während privatwirtschaftliche Akteure zunehmend den Eindruck erhalten, auf politisch-administrativer Ebene habe man es eher mit Bedenkenträgern als mit Entscheidungsträgern zu tun.[23] Ein Fingerzeig für die außerordentlichen Koordinierungsprobleme, die wohlmöglich europaweit integrierte Telematik-Systeme aufwerfen werden. Aber Verkehrsinformationssysteme, insbesondere wenn sie einen Anspruch auf Verkehrsmanagement, auf Vernetzung der Verkehrsträger erheben, bedürfen eines gut koordinierten Vorgehens, einer engen Kooperation aller beteiligten Akteure, von Kommunen und Län-

---

19 Es ist in Einzelfällen - beispielsweise bei Verkehrsbeschränkungen infolge Sommersmog - sehr schwierig, den Verantwortlichen für spezielle Anordnungen zu bestimmen, zumal die Kompetenzen hier von Land zu Land, z.T. sogar von Kommune zu Kommune unterschiedlich verteilt sind; Interview mit Hanskarl Protzmann am 11. August 1994, siehe Befragungsprotokoll 12, 1 f.; Interview mit Robert Schüssler am 13. Juni 1994, siehe Befragungsprotokoll 4, 1 f.
20 Beipielsweise berichtete Josef W. Grüter im Interview am 17. Juni 1994 über Schwierigkeiten der Schaffung einer Verkehrsdatenbasis in Nordrhein-Westfalen aufgrund der Weigerung der dortigen Polizei, entsprechende Verkehrsinformationen zur Verfügung zu stellen, siehe Befragungsprotokoll 5, 5; Interview mit Hanskarl Protzmann am 11. August 1994, siehe Befragungsprotokoll 12, 2 f.; Interview mit Reinhard Schult am 29. Juni 1994, siehe Befragungsprotokoll 10, 3
21 Interview mit Rainer Neuwerk am 13. Juni 1994, siehe Befragungsprotokoll 3, 6; Interview mit Ulrich Näke am 20. Juni 1994, siehe Befragungsprotokoll 7, 3; Interview mit Reinhard Schult am 29. Juni 1994, siehe Befragungsprotokoll 10, 3; Interview mit Hanskarl Protzmann am 11. August 1994, siehe Befragungsprotokoll 12, 1
22 Interview mit Hanskarl Protzmann am 11. August 1994, siehe Befragungsprotokoll 12, 1 f.
23 Interview mit Klaus Everts am 8. Juni 1994, siehe Befragungsprotokoll 2, 1 f.; eine kohärente Strategie von öffentlicher Seite vermißte auch Robert Schüssler im Interview am 13. Juni 1994, siehe Befragungsprotokoll 4, 2

dern über Industrie- und Verkehrs-Unternehmen und Betreiber-Firmen bis hin zu Bund und EU.[24]

Gefragt ist also Kooperation auf allen Ebenen, was jedoch die Chancen revolutionär neuer Konzepte des Verkehrsmanagements erheblich schmälert. Zudem verlaufen überregionale Planungen unter den Bedingungen föderativer Strukturelemente und Machtpositionen - wie nicht zuletzt die bisherige Erfahrung im Bereich der Verkehrswegeplanung lehrt - auf Kosten der gesamtstaatlichen Effizienz.[25] Der von Fritz W. Scharpf geprägte Begriff der Politikverflechtung charakterisiert die für den bundesdeutschen Föderalismus typische Entscheidungsstruktur, in der als Ergebnis einer ausgeprägten institutionellen Fragmentierung der Handlungskompetenzen sowohl in der horizontalen als auch in der vertikalen Differenzierung die meisten öffentlichen Aufgaben durch kooperatives Zusammenwirken statt durch selbständige Entscheidungen der einzelnen Gebietskörperschaften wahrgenommen werden.[26] In der vertikalen Politikverflechtung, also den Beziehungen zwischen Ländern und Bund - und auch zwischen EU-Mitgliedstaaten und EU - werden also politische Entscheidungen, die in ihren Wirkungen über die Grenzen eines Landes hinausgehen, auf die nächsthöhere Ebene verlagert, dort jedoch nicht majoritär, sondern nur mit Zustimmung der Untereinheiten entschieden. Dies zieht in der politischen Praxis einen erhöhten horizontalen Abstimmungsbedarf nach sich.[27]

---

24 BMV 1993, 48; allerdings darf der (Verwaltungs)Aufwand dabei - soll er in Relation zu den Ergebnissen bleiben - auch nicht übertrieben werden; Interview mit Georg Brunnhuber am 27. Juni 1994, siehe Befragungsprotokoll 9, 3; Interview mit Elke Ferner am 24. Juni 1994, siehe Befragungsprotokoll 8, 2

25 Reh 1988, 5; Gräf zählt insbesondere die öffentliche Infrastruktur-, Struktur- und Investitionspolitik zu den horizontal zu koordinierenden Politikfeldern; Gräf 1977, 148; Benz stellt fest: "Der Schwerpunkt überregionaler Koordinationsprobleme scheint jedoch seit langem bei der Planung und beim Ausbau der Verkehrsinfrastruktur zu liegen."; Benz 1992b, 33

26 Ein weiteres Schlagwort ist der Begriff "kooperativer Föderalismus"; Reissert 1991, 503; Scharpf setzt dem einfachen Zentralisierungs-/ Dezentralisierungs-Schema den Begriff der Politikverflechtung entgegen, um auf diesem Wege zu verdeutlichen, daß zwar die Entscheidungsautonomie dezentraler Entscheidungseinheiten faktisch eingeschränkt wird, daraus jedoch trotzdem keine Zentralisierungstendenz erwächst, da die übergeordneten Entscheidungseinheiten (Länder, Bund, EU) keine kompletten Entscheidungsbereiche an sich gezogen haben, sondern stattdessen direkte und indirekte Steuerungs- und Einflußinstrumente gegenüber den nach wie vor entscheidungszuständigen lokalen und regionalen Entscheidungseinheiten ausgebildet haben; Scharpf 1976, 18 + 28 f.

27 Scharpf 1992, 12; außer der Koordinierung durch vertikale und/ oder horizontale Politikverflechtung ist eine hierarchische Koordinierung möglich; Zintl 1992, 97; Scharpf 1976, 34 f.

In der Verfassungspraxis der Bundesrepublik Deutschland werden mit der vertikalen Politikverflechtung insbesondere die Gemeinschaftsaufgaben nach Art. 91a GG und Art. 91 b GG sowie die Investitionshilfen des Bundes nach Art. 104a Abs. 4 GG verbunden, aber auch der "Vollzugsföderalismus", d.h. die weit überwiegende Ausführung von Bundesgesetzen durch die Verwaltungen der Länder. Der Handlungsspielraum der Länder beim Vollzug der Bundesgesetze sollte dabei nicht unterschätzt werden. Darüber hinaus bedürfen inzwischen alle wichtigen Bundesgesetze der Zustimmung des Bundesrates.[28] Die horizontale Politikverflechtung zwischen den einzelnen Bundesländern läßt sich beispielsweise an politikfeldspezifischen Abstimmungen auf Ministerkonferenzen, Staatsvertägen oder Verwaltungsabkommen festmachen.[29] Die Politikverflechtung führt insgesamt zur tendenziellen Beschränkung der Handlungsautonomie aller Entscheidungseinheiten, zu einer Vermischung der Verantwortlichkeiten, zu einer Einschränkung der parlamentarischen Kontrollmöglichkeiten sowie durch die Förderung sequentieller und konsensgeprägter Entscheidungen auf dem kleinsten gemeinsamen Nenner zu politischem Immobilismus. "Vertikale Ressortkumpanei" (Frido Wagener), d.h. Durchsetzungsvorteile der Fachressorts aufgrund einheitlicher Ausbildungs- und Karrieremuster sowie eines Informationsvorsprungs, verstärkt den Trend zu Status quo-Programmen zusätzlich.[30] "Die institutionelle Fragmentierung bewirkt nämlich, daß Entscheidungszuständigkeiten und politische wie finanzielle Verantwortung auseinanderfallen ("Mischfinanzierung", "Mischverantwortung") und zu befürchten ist, daß das "kollektive Optimum" durch Entscheidungen in solchen Verflechtungssystemen systematisch verfehlt wird."[31]

---

28 Scharpf 1976, 29 f.; Reissert 1991, 503; Reh 1988, 10; Scharpf 1985, 325; in Art. 104 Abs. 4 GG, Grundlage u.a. auch des GVFG, heißt es: "Der Bund kann den Ländern Finanzhilfen für besonders bedeutsame Investitionen der Länder und Gemeinden (Gemeindeverbände) gewähren, die zur Abwehr einer Störung des gesamtwirtschaftlichen Gleichgewichts oder zum Ausgleich unterschiedlicher Wirtschaftskraft im Bundesgebiet oder zur Förderung des wirtschaftlichen Wachstums erforderlich sind."; GG Textausgabe 1993, 64
29 Reissert 1991, 503
30 ibid.; Reh 1988, 8 f.; Scharpf 1976, 66; König 1977, 79; Scharpf 1985, 329 f.; neben der augenfälligen Entscheidungs-Segmentierung fiel Zeh in seiner Analyse der Entscheidungsmuster der Politikverflechtung am Beispiel der Enquête-Kommission Verfassungsreform noch die Tendenz zur Verminderung der Zahl der notwendigen Beteiligten sowie die Technik der Konfliktvertagung auf; Zeh 1977, 133 f.; ein gutes Beispiel für die komplizierten Entscheidungsstrukturen der Politikverflechtung ist auch die Postreform, siehe Grande 1989 und Werle 1990
31 Reh 1988, 5 (Hervorhebung im Original)

Die Verkehrspolitik im allgemeinen und insbesondere die Straßenver-
kehrspolitik ist ein besonders stark von der Politikverflechtung geprägtes
Politikfeld. Art. 74 Nr. 22 GG erteilt dem Bund die konkurrierende Gesetzgebung über den Straßenverkehr, das Kraftfahrzeugwesen sowie den Bau
und die Unterhaltung der Fernverkehrsstraßen, Art. 90 GG schreibt die
Auftragsverwaltung der Bundesfernstraßen durch die Länder vor.[32] Doch
bleibt die Steuerungsleistung des Bundes in der Praxis hinter seinen formalen Möglichkeiten in der Auftragsverwaltung zurück. Die Entscheidungsmuster in der Fernstraßenplanung sind geprägt von einer schematisierten
Finanzverteilung, einem weitgehenden Eingriffsverzicht des Bundes, einer
segmentierten Entscheidungsfindung sowie von einstimmigen Entscheidungen aufgrund des Informationsvorsprunges der Länder sowie ihren Kartelli-
sierungsbestrebungen untereinander und in Abgrenzung zum Bund.[33] Aber
auch der horizontale Koordinierungsbedarf ist im Politikfeld Verkehr außerordentlich hoch, ohne daß der Bund hier helfend eingreifen könnte, weil
seine Koordinierungsmechanismen auf die Aggregierung von Länderinteres-
sen, nicht aber auf die Konfliktregelung zwischen Ländern hin ausgelegt
sind.[34]

Da aber der Koordinierungsbedarf für ein integriertes Verkehrsinformationssystem an sich - ohne die genannten zusätzlichen Koordinierungs-
schwierigkeiten infolge der Politikverflechtung - bereits hoch genug ist,[35]
ergibt sich für die Implementierung der Telematik im Verkehr ein eher pes-
simistisches Szenario: Querschnittsorientierte, integrierte Entwicklungspla-

---

32 Die in Art. 85 GG kodifizierte Bundesauftragsverwaltung gibt dem Bund im Vergleich
zum Normalfall - dem Vollzug der Bundesgesetze durch die Länder als eigene Angelegen-
heit nach Art. 84 GG - weitergehende Aufsichts- und Weisungsrechte; so ist die Bundes-
aufsicht in der Auftragsverwaltung echte Fachaufsicht, d.h. erstreckt sich nicht nur auf die
Rechtmäßigkeit der Ausführung, sondern auch auf deren Zweckmäßigkeit; Reh 1988, 27
33 Reh 1988, 19 f.; zur Bundesfernstraßenplanung siehe auch Garlichs 1980; den deutlichen Trend zu einstimmigen Entscheidungen faßt Scharpf folgendermaßen: "In our own
studies of federal-state relations in Germany, we also observed a practice of unanimous
agreement even in policy areas where majority decisions by the federal government are
formally prescribed."; Scharpf 1991, 59; und: "Das Interesse der Länder an einer
"Kartellisierung" untereinander und gegenüber dem Bund war sogar so stark, daß es sich
selbst in der Planung der Bundesfernstraßen durchsetzte, wo der Bund formell allein zu
entscheiden hat."; Scharpf 1985, 328
34 Benz 1992b, 33 f.; Benz nennt folgendes Beispiel: "Die Verkehrserschließung Schles-
wig-Holsteins ist in fast jeder Hinsicht von Entscheidungen des Stadtstaates [Hamburg,
I.D.] abhängig, die dieser eher im eigenen als im gemeinsamen Interesse zu treffen gewohnt ist - ebenso wie umgekehrt Schleswig-Holstein und Niedersachsen im eigenen Interesse die Deiche an der Unterelbe erhöht und damit die Gefahr von Sturmflutschäden in der
Hamburger Innenstadt gesteigert hat." "Solche oder ähnliche Probleme treten bei der gel-
tenden Kompetenzordnung im Bundesstaat an jeder Ländergrenze auf."; Benz 1992b, 33
35 Der Koordinierungsbedarf steigt zusätzlich mit dem Grad der Verflechtung mit anderen
Politikfeldern; Windhoff-Héritier 1980, 41

nung ist im bundesdeutschen kooperativen Föderalismus unwahrscheinlich, einheitliche, konkrete Zielsysteme können auf Bundesebene nicht entwickelt werden. Der Konsensbedarf ist hoch und Konsens bedeutet letztlich eine Einigung auf dem kleinsten gemeinsamen Nenner.[36] Da die Entscheidungsmuster auf europäischer Ebene ebenfalls starke Züge der Politikverflechtung tragen, ist auch von dort kein Ausweg zu erwarten. Die spezifischen Entscheidungsbedingungen der Politikverflechtung stellen also im Rahmen der Einführung von Verkehrsinformationssystemen Restriktionen, Begrenzungen des Handlungsspielraumes dar, an denen sich der politische Entscheidungsvorgang ausrichten wird. Die Anerkennung dieser Tatsache bringt für die Analyse der Durchsetzungschancen der Telematik im Verkehr mehr als das - aufgrund der dargestellten institutionellen Situation nutzlose - Rufen nach klaren und kohärenten verkehrspolitischen Strategien und Zielkatalogen. Für die Zwecke der vorliegenden Analyse muß sich an diesen vorfindbaren Entscheidungsbedingungen orientiert werden. Der verkehrspolitische Handlungs- und Entscheidungsbedarf im Zusammenhang mit der Einführung von Verkehrsinformationssystemen umfaßt neben der Benennung der jeweiligen Entscheidungsträger und der Schaffung von rechtlichen Rahmenbedingungen für konkrete Finanzierungs- und organisatorische Konzepte auch die Sicherstellung der nationalen und europäischen Kompatibilität und Standardisierung der Systeme, auf deren Bedingungen im folgenden eingegangen werden soll.[37]

---

36 Reh 1988, 8 f.
37 BMV 1993, 35 f.

3.1.2 Technische Harmonisierung

Die Vorteile technischer Standards und Normen sind unmittelbar ersichtlich: Sie wirken transaktionskostensenkend und fördern damit - sowie außerdem mittels der Überbrückung von Sprachbarrieren - den (internationalen) Handel, verringern den Lernaufwand des Benutzers und senken damit Schulungskosten der Unternehmen. Speziell im Falle von Informationssystemen wird die Transferierbarkeit der Daten und damit die Vernetzung der einzelnen Systemkomponenten erst durch einheitliche technische Standards machbar, der Systemzugang für Dritte wird ermöglicht und die Zuverlässigkeit des Datentransfers gesteigert.[38] Für Verkehrsinformationssysteme muß auf dem Wege der Schaffung technischer Normen sichergestellt werden, daß die verschiedenen Systeme und ihre Komponenten problemlos und effizient über modale, geographische und technische (System)Grenzen hinweg zusammenarbeiten.[39] Technische Normen i.S. einer Standardisierung, einer Festschreibung bestimmter technologischer Anforderungen und Merkmale entstehen zum einen im Vorgang der Normung durch öffentlich-rechtliche Institutionen (standards bodies), zum anderen aber auch in der Privatwirtschaft, entweder durch Übereinkommen zwischen maßgeblichen Unternehmen oder aber einfach auf dem Wege der Verbreitung eines bestimmten Produktes, der sog. "Sachzwang-Standardisierung".[40] Die Entscheidung für bestimmte Normen, als "institutionellen Aspekt" technischer Systeme, ist von ganz erheblicher Tragweite: Die Durchsetzung der diesen Normen entsprechenden Technologie ist dann - unabhängig von der technischen Leistungs- und Wettbe-

---

38 Gerade der möglichst problemlose Systemzugang ist es, der moderne, offene IuK-Systeme von den firmen- und branchenspezifischen "Insellösungen" der Vergangenheit unterscheidet; Höller 1993, 18; Katz 1991, 65; Ernst 1990, 152; Presse- und Informationsamt der Bundesregierung 1993, 42; EG EUR 13209DE 1991, 2 f. + 13
39 EC-Bulletin Supplement 3/93, 28 f.; dieses Anliegen wird auf europäischer Ebene mit den Schlagworten Interoperabilität und Interkonnektivität versehen; Interview mit Josef W. Grüter am 17. Juni 1994, siehe Befragungsprotokoll 5, 2 f.; möglichst europaweit kompatible Systeme werden von allen Seiten als unbedingt erforderlich betrachtet; siehe z.B. Deutscher Bundestag - Verkehrsausschuß, Sitzungsprotokoll 59/1994, 30 ff.; auf der CEMT (Europäische Konferenz der Verkehrsminister) im Juni 1994 wurde es so ausgedrückt: "Wenn es gelingt, die Rahmenbedingungen für europaweit kompatible Systeme festzulegen, ist die beste Voraussetzung für bedarfsgerechte Angebote von Telematikdiensten durch die Privatwirtschaft in einem offenen Wettbewerb."; Deutscher Bundestag - Verkehrsausschuß, Ausschußdrucksache 696/1994, 18 f.
40 Welzel 1993, 6 f.; als Beispiel für eine solche "Sachzwang-Standardisierung" über die Verbreitung auf dem Markt gab Rainer Neuwerk im Interview am 13. Juni 1994 das VHS-Videosystem an, siehe Befragungsprotokoll 3, 6

werbsfähigkeit - weitgehend gesichert, und zwar um so stärker, je größer der Einzugsbereich der verabschiedeten Normen ist.[41]

Die für die nationale Normung in der Bundesrepublik Deutschland zuständige öffentlich-rechtliche Institution ist das Deutsche Institut für Normung (DIN), welches wiederum Mitglied in internationalen Normungsgremien wie der ISO (International Organization for Standardization) und dem CEN (Comité Européen de Normalisation Electrotechnique) ist. Betraut mit der Normung im Bereich Verkehrsinformationssysteme wurde die DKE (Deutsche Kommission für Elektrotechnik), ein gemeinsames Gremium von DIN und VDE (Verband Deutscher Elektrotechniker). Die DKE ist ihrerseits Mitglied der entsprechenden internationalen Gremien, nämlich des IEC (International Electrotechnical Committee) und des CENELEC (Comité Européen de Normalisation Electrotechnique).[42] Mit nationalen Normungsaktivitäten im Bereich "Interaktives Dynamisches Verkehrsmanagement" befaßt sich das Gemeinschafts-Komitee (GK) 717 der DKE. Das GK 717 verabschiedete 1991 in insgesamt acht Arbeitsbereichen eine nationale Grundnorm als Verhandlungsbasis für die internationale Abstimmung im CEN Technical Committee (TC) 278, im ISO TC 204 sowie in den Standardisierungs-Aktivitäten des ETSI (European Telecommunication Standardization Institute).[43] Im Juli 1993 wurde im Rahmen des DIN außerdem die Deutsche EDI Gesellschaft (DEDIG) gegründet, welche für die Förderung und Unterstützung des EDI-Standards als einheitliches Datenaustauschformat zuständig ist.[44] Allerdings vollzieht sich technische Normung heute

---

41 So bedeuten beispielsweise europäische Normen einen ganz erheblichen Marktvorteil für diejenigen Unternehmen, deren Produkte bereits diesen Normen entsprechen; Interview mit Hanskarl Protzmann am 11. August 1994, siehe Befragungsprotokoll 12, 4; Joerges interpretiert technische Normen folgendermaßen: "Technical norms are the structural or institutional aspects of machinery: They regulate what technical artifacts are allowed to do and forced to do, and how they are allowed to interact among themselves, with people and nature."; Joerges 1988a, 30
42 Conrads 1989, 63 f.; FGSV 1993, 55
43 Mitarbeiter im GK 717 sind z.B. Vertreter verschiedener Automobilhersteller, des TÜV und der DEKRA, des VDV und des ADAC, verschiedener Hersteller von Verkehrsinformationstechnik sowie Mitarbeiter von Hochschulinstituten; die genannten acht Arbeitsbereiche sind: (1) Fahrtenplanung mit Buchungsmöglichkeit; (2) Dynamische Zielführung mit aktuellen Angeboten zur ÖPNV-Benutzung; (3) Park- und P&R-Management mit Möglichkeiten der Vorbuchung, Kontrolle der Zufahrtsberechtigung und Angabe aktueller ÖPNV-Anschlüsse; (4) Flottenmanagement (Schnittstellen zwischen Verkehrsrechner und Flottenzentrale); (5) Bevorrechtigung; (6) Sicherheits- und straßenbezogene Hinweise, Notrufe; (7) Informationsdienste; (8) Gebührenerhebung, Zufahrtsregelung; FGSV 1993, 55
44 Bzw. des EDIFACT-Standards im Bereich des Transportwesens; BMV 1993, 23; der Unterstützung des EDIFACT-Standards haben sich u.a. auch der BSL (Bundesverband Spedition und Lagerei e.V.) und die IATA (International Air Transport Association) verschrieben; BSL 1993, 129; IATA 1993, 1

kaum noch ausschließlich national, der Löwenanteil der Normen entsteht auf internationaler, insbesondere europäischer Ebene.[45]

Im Bereich der internationalen Normungsaktivitäten ist bei den "standards bodies" zu unterscheiden zwischen Organisationen, die weltweit operieren und häufig auf UNO-Ebene angesiedelt sind und europäischen Organisationen. Zur ersten Kategorie gehört v.a. die ISO als Zusammenschluß der nationalen Normungsorganisationen, aber - in Kooperation mit der ISO - das IEC sowie die CCITT (Comité Consultatif International de Télégraphique et Téléphonique).[46] Die entsprechenden europäischen Organisationen sind CEPT, CEN, CENELEC und ETSI. Die Standardisierungsarbeit im Bereich Verkehrsinformationssysteme wird dabei aufgrund einer Empfehlung des "Transport Expert Teams" von 1992 in erster Linie vom CEN TC 278 "Road Transport and Traffic Telematics" geleistet, mit parallelen Aktivitäten bei den anderen genannten Organisationen.[47] Zusammenschlüsse auf Herstellerseite und als solche ebenfalls an der Entstehung von Normen beteiligt sind beispielsweise ECMA (European Computer Manufacturers Association), SPAG (Standards Promotion and Application Group) und ECTEL (European Telecommunications and Professional Electronics Industry).[48] Über die Struktur der anerkannten Normungs-Organisationen informiert das folgende Schaubild.

---

45 Nach Angaben des Umweltbundesamtes entstehen nur noch 20% der heute vorhandenen Normen rein national, vier Fünftel jedoch international, insbesondere auf europäischer Ebene; Umweltbundesamt 1992, 142

46 Nähere Angaben über die einzelnen Organisationen enthält das Glossar; zuständig für die Normung im Bereich Verkehrstelematik ist auf der Ebene der ISO das TC 204 "Transport Information and Control Systems"; Behrendt 1993, 49; das CCITT ist übrigens u.a. auch für die - allerdings bis auf den Verkehrsdatenkanal und die Fahrzeugortung bereits weitgehend abgeschlossene - Normung im Bereich des Mobilfunk-D-Netzes verantwortlich; Kedaj 1991, 150; VDA 1993, 31

47 Das Arbeitsprogramm des TC 278 orientiert sich übrigens ebenfalls an den Empfehlungen des "Transport Expert Teams"; FGSV 1993, 55

48 Die Standards der Hersteller-Vereinigungen sind von hoher praktischer Bedeutung, weil die Produktionskapazitäten bedeutender Hersteller dahinter stehen; daher stellen beispielsweise ECMA-Standards häufig Vorläuferstandards dar, welche die Basis für eine Normung etwa durch das CCITT oder die ISO bilden; Conrads 1989, 63

Abbildung 6 :

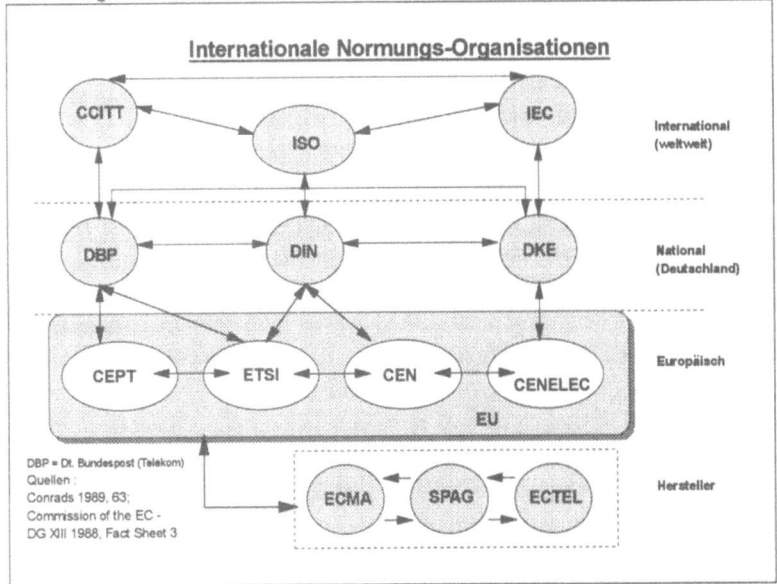

Die EU fördert die Anerkennung der Normen der offiziellen Normungsgremien insbesondere auf europäischer, aber auch auf internationaler Ebene. Seit 1983 besteht ein Informationsverfahren, in dessen Rahmen die Mitgliedstaaten verpflichtet sind, die EG-Kommission von sämtlichen nationalen technischen Spezifizierungs- und Normungsvorhaben im voraus zu informieren.[49] Seit 1984 erfolgt im Rahmen der Vollendung des Europäischen Binnenmarktes die gegenseitige Anerkennung der technischen Normen und Standards.[50] Darüber hinaus arbeitet die EG-Kommission eng mit den europäischen Standardisierungs-Organisationen - den offiziellen, aber auch den Hersteller-Vereinigungen - zusammen.[51] Mit der UNO Economic Commission for Europe (ECE) - genauer gesagt dem EDIFACT-Board für Eu-

---

49 Richtlinie 83/ 189/ EWG; EP - Generaldirektion Wissenschaft 1991, DE III/ F/ 6b, 2; EG-Kommission 1991, 62; EC-Bulletin Supplement 3/93, 27

50 D.h. Produkte, die in einem EU-Mitgliedstaat rechtmäßig produziert und in den Verkehr gebracht wurden, können in der gesamten EU ungehindert verkauft werden. Sie müssen lediglich den Standards und Spezifikationen auf EU-Ebene genügen, die lediglich Mindestanforderungen sind (kleinster gemeinsamer Nenner); Presse- und Informationsamt der Bundesregierung 1993, 42

51 EP - Generaldirektion Wissenschaft 1991, DE III/ F/ 6b, 2; EG-Kommission 1991, 62; dies gilt übrigens auch für die CEMT, deren im Juni 1994 verabschiedete "Resolution über neue Informationstechnologien" u.a. Empfehlungen über die Interoperabilität der Systeme enthält; diese Empfehlungen werden durch den CEMT-Stellvertreterausschuß an die zuständigen internationalen Gremien (CEN, CENELEC, ETSI) übermittelt; Deutscher Bundestag - Verkehrsausschuß, Ausschußdrucksache 696/1994, 2 + 72

ropa - arbeitet die EG an der Durchsetzung des EDIFACT-Datenaustausch-formats.[52]

Insgesamt stellt sich die Frage der möglichst internationalen technischen Harmonisierung, die - wie gezeigt - von ganz erheblicher Bedeutung sowohl für die Funktionsfähigkeit integrierter Informationssysteme als auch für die Vermarktungsinteressen der Industrie ist, also als Wettlauf unterschiedlicher technischer Lösungen um Monopole durch technische Normung in einem insgesamt durch die Vielzahl der beteiligten Akteure und Organisationen äußerst unübersichtlichen Feld dar. Dabei wird der Vorgang der technischen Normung umso reibungsloser und schneller ablaufen, je weniger wirkliche System-Entscheidungen, also Normen für ein spezielles und gegen alle anderen Systeme, notwendig werden. Eine solche Umgehung von technischen System-Entscheidungen ist für Verkehrsinformationssysteme beispielsweise durch eine Standardisierung der "Luft-Schnittstelle", also der Einigung auf mehrsystemfähige Empfangsgeräte als Norm, möglich.[53]

---

[52] Mitglieder des EDIFACT-Boards für Europa der ECE sind die EG-Kommission, die EFTA, Handelsorganisationen, gesamteuropäische Anwendergruppen sowie CEN; der COST-Verkehrsausschuß (COST = Coopération Européenne dans le domaine de la recherche Scientifique et Technique; siehe Glossar) begann 1983 ein Vorhaben zur Erforschung und Entwicklung der "Automatischen Datenübertragung im Bereich des Transports", die COST-Aktion 306, welche dann später mit dem EDIFACT-Standard harmonisiert wurde; EG EUR 13209DE 1991, 14 + 18

[53] Interview mit Ulrich Näke am 20. Juni 1994, siehe Befragungsprotokoll 7, 5

3.1.3 Verbleibende Probleme: Datenschutz und Sicherheit

Datenschutz als Schutz des Freiheitsraums der privaten Lebens-
sphäre des Individuums nimmt in der Bundesrepublik Deutschland einen
bedeutenden Stellenwert ein. Schon die Staaten der EU befinden sich, was
die Sensibilisierung der Bevölkerung für Fragen des Datenschutzes angeht,
auf einem sehr unterschiedlichen Stand.[54] Datenschutz ist als Antwort auf
die tiefgreifenden Änderungen der sozialen Informationsstrukturen durch
den verstärkten Einsatz von IuK-Technologien zu verstehen: Informationssysteme zur Verarbeitung u.a. auch personenbezogener Informationen ermöglichen ein bisher unbekanntes Datenvolumen sowie - in der Vernetzung
solcher Systeme - den mehr oder weniger unkontrollierten Zugriff auf Daten
aus verschiedenen Bereichen in kürzester Zeit und ungeachtet geographi-
scher Entfernungen.[55] Bezogen auf die Gefährdung des individuellen privaten Freiheitsraumes sind die Grundgedanken der Datenschutzproblematik
folgende: Zum einen die Erhaltung der Selbstbestimmung des Individuums,

---

[54] Hilligen 1992a, 151 f.; während sich Frankreich und Deutschland im Bezug auf datenschutzrechtliche Fragen in einer Vorreiterrolle befinden, haben einige andere EU-Mitgliedstaaten bisher noch nicht einmal die Konvention des Europarates zum Schutz persönlicher
Daten ("Konvention zum Schutz des Menschen bei der automatischen Verarbeitung personenbezogener Daten" vom 28. Januar 1981, ratifiziert in Deutschland am 13. April 1985)
ratifiziert und verfügen über keinerlei Datenschutzgesetzgebung; Ungerer 1991, 30; allerdings macht sich das EP seit vielen Jahren für eine EU-spezifische Datenschutz-Rechtset-
zung stark, konnte sich bisher jedoch kein Gehör verschaffen; EP - Generaldirektion Wissenschaft 1991, DE III/ B/ 3, 1; Riegel 1988, 168 f.; die in Deutschland zu beobachtende
ausgeprägte Sensibilisierung für Datenschutzfragen wird u.a. dadurch deutlich, daß datenschutzrechtliche Bedenken die von allen Seiten am häufigsten gegen Verkehrsinformationssysteme eingeräumten Vorbehalte sind; siehe z.B. Deutscher Bundestag - Verkehrsausschuß, Sitzungsprotokoll 59/1994, 30 f.
[55] Auf diesem Wege wäre beispielsweise die Zusammenstellung mosaikartig aus vielfältigen Einzelinformationen unterschiedlicher Quellen zusammengesetzter Dossiers über jeden
einzelnen Bürger möglich; Mallmann 1986, 72; Riegel 1988, 15 + 26 f.; Bräutigam u.a.
fassen es folgendermaßen: "Noch gar nicht ganz überschaubare Datenschutzprobleme entstehen aus der sich immer stärker durchsetzenden Tendenz zur Vernetzung von Rechnern
und dem Zusammenwachsen von Nachrichtentechnik und Informationstechnik unter der Te-
lekommunikations-technik."; Bräutigam u.a. 1990, 14; in der Entscheidungsbegründung
des "Volkszählungsurteils" des BVerfG aus dem Jahre 1983 (BVerfGE 65, 1) wurde festgehalten: "Sie [die "informationelle Selbstbestimmung" des Einzelnen, I.D.] ist vor allem
deshalb gefährdet, weil bei Entscheidungsprozessen nicht mehr wie früher auf manuell zusammengetragene Karteien und Akten zurückgegriffen werden muß, vielmehr heute mit
Hilfe der automatischen Datenverarbeitung Einzelangaben über persönliche und sachliche
Verhältnisse einer bestimmten oder bestimmbaren Person (personenbezogene Daten [vgl. §
2 Abs. 1BDSG]) technisch gesehen unbegrenzt speicherbar und jederzeit ohne Rücksicht
auf Entfernungen in Sekundenschnelle abrufbar sind. Sie können darüber hinaus - vor allem
beim Aufbau integrierter Informationssysteme - mit anderen Datensammlungen zu einem
teilweise oder weitgehend vollständigen Persönlichkeitsbild zusammengefügt werden, ohne
daß der Betroffene dessen Richtigkeit und Verwendung zureichend kontrollieren kann.";
Studienauswahl Entscheidungen BVerfG 1991, 40 f.; daher wurde der Datenschutz - so
Bull - "zur Normalität, zu einem selbstverständlichen Regulativ der technisierten Verwaltung
und der Informationsgesellschaft."; Bull 1991, 70

d.h. es muß ihm möglich sein, zu erfahren, wer was wann und in welcher Situation über seine Person weiß; zum anderen erfordert die freie Entfaltung der Persönlichkeit den Schutz des Einzelnen vor unbeschränkter Erhebung, Speicherung, Verwendung und Weitergabe seiner persönlichen Daten;[56] außerdem hat der Bürger ein Recht auf "informationelle Selbstbestimmung", wie sie das BVerfG in seinem sog. "Volkszählungsurteil" (BVerfGE 65, 1) aus dem Jahre 1983 aus den Grundrechten in Art. 1 Abs. 1 GG (Unantastbarkeit der Würde des Menschen) und Art. 2 Abs. 1 GG (Recht auf freie Entfaltung der Persönlichkeit) ableitete.[57] "Informationelle Selbstbestimmung" bedeutet dabei, daß der Bürger grundsätzlich selbst über die Preisgabe und Verwendung seiner persönlichen Daten entscheidet.[58] Neben Beeinträchtigungen für das Individuum und seine Freiheitsrechte infolge wachsender sozialer Kontrolle sollen datenschutzrechtliche Bestimmungen auch der Gefahr der Herausbildung von Informationsungleichgewichten vorbeugen, denn Informationsmöglichkeiten i.S. des Zugangs zu Wissen sind Quellen der Machtausübung.[59]

---

56 Bräutigam u.a. 1990, 8; die datenschutzrechtlichen Anforderungen an Informationsflüsse sind also Transparenz, Zweckbindung und Kanalisierung; Roßnagel u.a. 1990b, 290
57 Bull 1991, 68; Mallmann 1986, 73; GG Textausgabe 1993, 12; das BVerfG verschob zunächst per einstweiliger Verfügung die ursprünglich für 1983 vorgesehene Volkszählung und legte im sog. "Volkszählungsurteil" neue Bedingungen für die Erhebung, Speicherung, Verarbeitung und Weitergabe von Daten fest; Hilligen 1992a, 152; ein ausdrückliches Grundrecht auf Datenschutz enthalten z.B. die Landesverfassungen von Nordrhein-Westfalen und dem Saarland (seit 1980 bzw. 1985); Riegel 1988, 36
58 Bräutigam u.a. 1990, 8; eine Einschränkung der "informationellen Selbstbestimmung" ist dabei nur im überwiegenden Allgemeininteresse auf Grund eines dem rechtsstaatlichen Gebot der Normenklarheit entsprechenden Gesetzes zulässig; Mallmann 1986, 73; in der Urteilsbegründung des BVerfG heißt es, das schutzwürdige Persönlichkeitsrecht umfasse "die Befugnis des Einzelnen, grundsätzlich selbst zu entscheiden, wann und innerhalb welcher Grenzen persönliche Lebenssachverhalte offenbart werden."; Studienauswahl Entscheidungen BVerfG 1991, 40
59 insbesondere Wissen über andere Individuen bedeutet Macht - v.a. dann, wenn diese Individuen selbst nicht wissen, in welchem Maße sie "gläsern" sind; eine derart gesteigerte soziale Kontrolle stellt jedoch eine ernsthafte Bedrohung für die individuellen Freiheitsrechte dar; alle Maßnahmen zur Sicherung personenbezogener Daten gegen unbeschränkte und v.a. unbefugte Verwendung sind also gleichzeitig ein Beitrag zur Sicherung der "informationellen Gewaltenteilung"; Bull 1991, 68; Lenk 1984, 20 f.; es darf nicht zu einer "Informationsübermacht" einzelner staatlicher Stellen kommen; Riegel 1988, 16; in der Begründung des "Volkszählungsurteils" des BVerfG heißt es: "Wer nicht mit hinreichender Sicherheit überschauen kann, welche ihn betreffenden Informationen in bestimmten Bereichen seiner sozialen Umwelt bekannt sind, und wer das Wissen möglicher Kommunikationspartner nicht einigermaßen abzuschätzen vermag, kann in seiner Freiheit wesentlich gehemmt werden, aus eigener Selbstbestimmung zu planen und zu entscheiden. Mit dem Recht auf informationelle Selbstbestimmung wären eine Gesellschaftsordnung und eine diese ermöglichende Rechtsordnung nicht vereinbar in der Bürger nicht mehr wissen können, wer was wann und bei welcher Gelegenheit über sie weiß."; Studienauswahl Entscheidungen des BVerfG 1991, 41

Datenschutzbelange sind für die Bundesrepublik Deutschland im Bundes-Datenschutz-Gesetz (BDSG) vom 27. Januar 1977, in den einzelnen Landesdatenschutzgesetzen sowie in diversen bereichsspezifischen Gesetzen und Verordnungen geregelt.[60] Neben datenschutzrechtlichen Bestimmungen gilt für die Datenübertragung im übrigen auch das Fernmeldegeheimnis.[61] Aufgabe des Datenschutzes ist es laut § 1 BDSG, "durch den Schutz personenbezogener Daten vor Mißbrauch bei ihrer Speicherung, Übermittlung, Veränderung und Löschung (Datenverarbeitung) der Beeinträchtigung schutzwürdiger Belange der Betroffenen entgegenzuwirken."[62] Dabei ist unter einem personenbezogenen Datum jede "Einzelangabe über persönliche und sachliche Verhältnisse einer bestimmten oder bestimmbaren natürlichen Person" zu verstehen,[63] "schutzwürdige Belange" meint sämtliche Aspekte der Gewährleistung des Rechts auf informationelle Selbstbestimmung.[64] Adressaten des BDSG sind Behörden und sonstige öffentliche Stellen des Bundes, welche mit der Verarbeitung personenbezogener Daten befaßt sind sowie Wirtschaftsunternehmen und sonstige personendatenverarbeitende Private. Die Landesdatenschutzgesetze gelten jeweils für die Landes- und Kommunalbehörden.[65] Gemäß dem BDSG hat der Bürger Anspruch auf Auskunft über die zu seiner Person gespeicherten Daten sowie Anspruch auf Berichtigung, Sperrung und Löschung von Daten. Außerdem sieht das BDSG als Kontrollinstitutionen vor, im Bereich der Bundesverwaltung in Person des "Bundesbeauftragten für den Datenschutz".[66] In der jüngsten Änderung des BDSG vom 20.12.1990 wurde die

---

60 Zu bundesdeutschen Datenschutzbestimmungen sowie anderen rechtlichen Fragen im Zusammenhang mit Informationssystemen siehe Bräutigam u.a. 1990; Bull 1991; Goebel u.a. 1983; Hilligen 1992a; Katz 1991; Leuze 1986; Mallmann 1986; Redeker 1988; Riegel 1988; Roßnagel 1988; Roßnagel u.a. 1990b; das BDSG trat 1978 in Kraft; Hilligen 1992a, 152; bereichsspezifische Datenschutzbestimmungen enthalten z.B. das Straßen-Verkehrs-Gesetz (StVG), die Fahrzeugregister-Verordnung (FahrzeugregisterVO), die Straßen-Verkehrs-Zulassungs-Ordnung (StVZO), das Bundeszentralregistergesetz (BZRG) sowie das Personal-Ausweis-Gesetz (PersAuswG); Riegel 1988, 69 ff. + 82 ff.
61 Welzel 1993, 19; Verschwiegenheitspflichten haben eine lange Tradition in vielen Bereichen der Rechtsordnung, die wohl älteste Verschwiegenheitspflicht ist das Arztgeheimnis; im BDSG wurde der Gedanke der Verschwiegenheitspflicht auf das Datengeheimnis (§ 5 BDSG) übertragen; ein Verstoß gegen das Datengeheimnis lt. § 5 BDSG ist nach § 41 BDSG oder nach § 203 StGB strafbar; Riegel 1988, 53
62 Riegel 1988, 177; Bräutigam u.a. 1990, 19
63 § 2 Abs. 1 BDSG; Bräutigam u.a. 1990, 58; Riegel 1988, 49 + 178
64 Riegel 1988, 49
65 Mallmann 1986, 73; Bull 1991, 70; Riegel 1988, 40
66 In den Bundesländern sind dies jeweils die Landesbeauftragten für den Datenschutz bzw. in Rheinland-Pfalz eine Datenschutzkommission; Mallmann 1986, 73 f.; seit der Neufassung des BDSG 1990 wird der Bundesbeauftragte für Datenschutz vom Deutschen Bundestag gewählt, organisatorisch ist er jedoch nach wie vor der Exekutive zuzuordnen (unterliegt der Dienstaufsicht des Bundesministers des Inneren und der Rechtsaufsicht der Bundesregierung); der Datenschutzbeauftragte ist weisungsunabhängig; Bull 1991, 70;

Zweckbindung der Erhebung, Verarbeitung und Nutzung personenbezogener Daten entlang dem "Volkszählungsurteil" des BVerfG verstärkt.[67] Allerdings sieht das BDSG keinen eigenständigen Schadensersatzanspruch bei Beeinträchtigung durch unzulässige oder rechtswidrige Datenverarbeitung vor.[68]

Datenschutzrechtlich bedenklich werden Verkehrsinformationssysteme immer dann, wenn bei einer Zwei-Wege-Kommunikation Daten vom (individuellen) Fahrzeug aus übermittelt werden.[69] Dies ist jedoch insbesondere für die Erfassung von Verkehrsdaten und auch für Systeme zur automatischen Gebührenerhebung wesentlich. An technischen Lösungswegen, wie z.b. dem "Scrambling" bei der Verkehrsdatenerfassung durch Baken oder der Einsatz von Smart-Cards bei ERP-Systemen, herrscht kein Mangel.[70] Doch ändert dies nichts an der grundlegenden Tatsache, daß sich Telematik-Systeme allgemein und eben auch Verkehrsinformationssysteme im besonderen - eine entsprechende Absicht vorausgesetzt - problemlos in Überwachungsinstrumente umfunktionieren lassen.

Dieser Vorbehalt umreißt auch die weiteren Bedenken im Zusammenhang mit der Einführung von Verkehrsinformationssystemen: Denkbar ist grundsätzlich jede Form der Zweckentfremdung und Manipulierung.[71] Diese Erkenntnis sollte jedoch nicht zur   Bewertungsgrundlage werden, denn sie gilt für alle Arten technischer Artefakte, woraufhin man - wollte man die Möglichkeit der Zweckentfremdung und damit jegliches Risiko

---

auch für den privaten Bereich sind gemäß BDSG (§§ 28, 29 und 38) interne Datenschutzbeauftragte vorgeschrieben, sofern im Unternehmen personenbezogene Daten verarbeitet werden und die mit der Datenverarbeitung befaßte Stelle mehr als fünf Arbeitnehmer beschäftigt; Riegel 1988, 119
67 Kauffmann 1994, 262 f.; zuvor enthielt das BDSG (in § 9) lediglich den Grundsatz der "Erforderlichkeit" der Verarbeitung personenbezogener Daten; Mallmann 1986, 73; Bräutigam u.a. 1990, 9
68 Einen solchen Anspruch enthalten jedoch die Landesdatenschutzgesetze z.b. von Bayern, Berlin, Hessen, Nordrhein-Westfalen und Rheinland-Pfalz; für den Bereich der Bundesverwaltung sowie die private Datenverarbeitung gelten zivilrechtliche Schadenersatzansprüche; Riegel 1988, 151 f.
69 Interview mit Klaus Everts am 8. Juni 1994, siehe Befragungsprotokoll 2, 2; zur datenschutzrechtlichen "Brisanz" von Abrechnungsdaten siehe Redeker 1988, 28 f.
70 Siehe Glossar und Interview mit Rainer Neuwerk am 13. Juni 1994, siehe Befragungsprotokoll 3, 5; allerdings sind auch Smart-Card Systeme kein vollständige Lösung des Datenschutz-Problems, denn eine Überwachung ist in jedem Fall notwendig und die vorgeschlagene Variante der Installierung von Videokameras ist datenschutzrechtlich gesehen ebenfalls bedenklich; Interview mit Elke Ferner am 24. Juni 1994, siehe Befragungsprotokoll 8, 3; punktuelle oder permanente Videoaufzeichnungen datenschutzrechtlich "problematisch"; Riegel 1988, 28
71 Vide supra, p. 94 f.; starke Vernetzung und hochkomplexe Informationssysteme bergen zusätzlich die Gefahr der Kumulierung und Fortsetzung von Fehlern; Riegel 1988, 33 f.

konsequent vermeiden - auf jede Form der Technikanwendung verzichten müßte. Diese Frage ist jedoch seit vielen tausend Jahren, seit Beginn der Menschheitsgeschichte mit dem Gebrauch von Werkzeugen, beantwortet.[72] Die Frage, mit der man sich heutzutage und auch im Zusammenhang mit Verkehrsinformationssystemen allerdings zu beschäftigen hat, ist die der Tragbarkeit, der Verantwortbarkeit der Risiken. Erscheint diese Frage auch zunächst im Hinblick auf Für oder Wider beispielsweise eines einzelnen Verkehrsmanagementsystems als maßlos übertrieben, so wird sie doch in einer Erweiterung des Blickwinkels plausibler: Dann erkennt man nämlich dieses einzelne Verkehrsmanagementsystem als Teil eines übergreifenden Verkehrsinformationssystems, welches wiederum mit vielerlei Informationssystemen anderer Bereiche kommunikationsfähig ist. Von dieser nahezu allumfassenden Vernetzung sind wir heute natürlich noch ein gutes Stück entfernt. Doch ist es immer ratsam, sich über die Konsequenzen und die Wünschbarkeit einer Entwicklung klar zu werden **bevor** diese abgeschlossen ist.

---

72 So kann beispielsweise ein Hammer als Werkzeug verwendet werden, aber auch dazu, einem anderen Menschen den Kopf einzuschlagen, ein Messer zur Zerkleinerung der Mahlzeit oder als Kampfwaffe in Auseinandersetzungen; die potentiellen negativen Auswirkungen einer Zweckentfremdung scheinen sich jedoch mit zunehmender Komplexität der Technik zu potenzieren (z.B. Kernspaltung); siehe auch Interview mit Reinhard Schult am 29. Juni 1994, Befragungsprotokoll 10, 10

3.2 Telematik im Verkehr - Interessen und Positionen
3.2.1 Ein offenes Policy-Fenster?

Der folgende Teil der vorliegenden Untersuchung beschäftigt sich mit den unterschiedlichen Interessen und politischen Positionen der künftigen Akteure des politischen Entscheidungsvorganges um die Einführung von Verkehrsinformationssystemen. Zu Anfang dieser Überlegungen steht jedoch die Frage, warum die Verkehrstelematik gerade jetzt und nicht zu einem früheren oder späteren Zeitpunkt auf die politische Agenda gesetzt wurde. Erste nationale Feldversuche gab es bekanntlicherweise bereits 1974, das EURO-SCOUT System von Siemens wurde vor zehn Jahren entwickelt und ist spätestens seit Beendigung des LISB-Pilotprojektes vor einigen Jahren voll einsatzbereit, ohne daß bisher Anstrengungen zur Implementierung dieser Systeme unternommen wurden. Welche Erklärungen gibt es für diese Entwicklung?[1]

Die politische Agenda ist John W. Kingdon zufolge "the list of subjects or problems to which governmental officials, and the people outside of government closely associated with those officials, are paying some serious attention at any given time."[2] Ein Erklärungsansatz dafür, warum und wie bestimmte Lösungvorschläge (Alternativen) auf die politische Agenda gelangen und andere nicht, liefert das aus der Organisationstheorie entstammende "Garbage-Can"-Modell.[3] Die Grundkonzeption des "Garbage-Can"-Modells besteht dabei in drei weitgehend unabhängig voneinander fließenden Strömen: Der erste, die "Probleme", enthält Informationen und Wahrnehmungen über als drängend erachtete offene Fragen sowie Wirkungen früherer Policies; der zweite, der Policy-Strom, umfaßt die Akteure eines Politikfeldes und ihre Beziehungen untereinander, also das Policy Netzwerk; der dritte Strom, Politics, besteht aus verschiedenen politischen, gesellschaftlichen und ökonomischen Ereignissen.[4] Unter bestimmten Bedingungen konvergieren diese drei Ströme. Dann eröffnet sich die Gelegenheit zur Durchsetzung einer bestimmten Policy, das sog. Policy-Fenster

---

1 Kingdon hält fest, daß auf die Frage an Politiker und Verwaltungsbeamte, wie "issues" zum Gegenstand politischer Entscheidungen werden, sehr häufig geantwortet wird, es habe sich um eine Idee gehandelt, "deren Zeit gekommen war"; Kingdon 1984, 1
2 ibid., 3
3 Zum "Garbage-Can"-Modell siehe Héritier 1993a, 18; Kingdon 1984, 20 f.; Behrens 1980, 97 f.; eine Anwendung des "Garbage-Can"-Modells auf informelles Verwaltungshandeln enthält Seibel 1992; einen guten Überblick über theoretische Ansätze der Organisationstheorie sowie deren Verbindungen zur Politikwissenschaft bietet Olsen 1991
4 Héritier 1993a, 18

(policy window). "The separate streams of problems, policies and politics come together at certain critical times. Solutions become joined to problems, and both of them are joined to favorable political forces: this coupling is most likely when policy windows - opportunities for pushing pet proposals or conceptions of problems - are open."[5]

Policy-Fenster werden dabei Kingdon zufolge durch die gemeinsame Perzeption eines drängenden Problems (problem window) und/oder durch Ereignisse im Politics-Strom (political window) geöffnet. Dabei wirken bestimmte Ereignisse, z.b. anstehende Wahlen oder - wichtig insbesondere im Zusammenhang mit Technologien - auch Unfälle und Katastrophen, eher als Rahmenbedingungen. In jedem Fall sind solche "Durchsetzungsfenster" schmal und selten.[6] Worauf es wesentlich ankommt, ist, daß ein Sachverhalt bzw. ein Komplex anstehender praktischer Fragen innerhalb eines Politikfeldes, also durch die beteiligten Akteure, als Problem definiert wird.[7] Was also zusammentreffen muß, sind ein von den Akteuren im Politikfeld (bzw. dem Policy Netzwerk) gemeinsam als drängend wahrgenommenes Problem, günstige politische, ökonomische und gesellschaftliche Rahmenbedingungen sowie - auf der inhaltlichen Seite - eine Reihe politischer Maßnahmen, die von den Mitgliedern des Policy Netzwerkes näher in Betracht gezogen werden (Alternativen).[8]

Im Falle von Verkehrsinformationssystemen deutet nun einiges darauf hin, daß hier ein vorhandener Lösungsvorschlag, eine Alternative, an ein Problem gekoppelt wurde und diese Idee in dem Moment auf die politische Agenda gebracht werden konnte, als sich unter politisch günstigen Rahmenbedingungen ein Policy Fenster öffnete. Die Kopplung der z.T. als Rüstungstechnologie entworfenen, telematik-gestützten Lösungsvorschläge

---

5 Kingdon 1984, 21
6 ibid., 21 + 204 + 213
7 Es handelt sich also wirklich um Probleme i.S. übergreifender, wahrnehmungsabhängiger Konstrukte und nicht um Fragen, die eher auf der praktischen Ebene angesiedelt sind; zur Differenzierung zwischen Fragen und Problemen vide supra, p. 9; in Kingdons Worten: "Problem recognition is critical to agenda setting. The chances of a given proposal or subject rising on an agenda are markedly enhanced if it is connected to an important problem."; Kingdon 1984, 207; Lindblom hält fest: "Policy makers are not faced with a *given* problem. Instead they have to identify and formulate their problem."; Lindblom 1968, 13 (Hervorhebung im Original)
8 Kingdon 1984, 4 + 211; die Chancen einer Alternative auf Durchsetzung im politischen Entscheidungsvorgang steigen dabei mit zunehmender Gewährleistung der folgenden Anforderungen: technische Realisierbarkeit; Übereinstimmung mit den bei den Akteuren des betreffenden Politikfeldes vorherrschenden Werten; Antizipierung künftiger Engpässe (incl. Haushaltsengpässe); voraussichtliche öffentliche Akzeptanz; positive Einstellung der Politiker gegenüber der entsprechenden Alternative; Kingdon 1984, 210

(insbeson-dere Satelliten- und Koppelnavigation) mit einem als solches anerkannten Problem - dem drohenden "Verkehrsinfarkt" - besteht bereits seit
längerer Zeit. Was fehlte, waren günstige Rahmenbedingungen. Diese sind
inzwischen eingetreten und lassen sich meiner Meinung nach an drei Faktoren festmachen: Zum einen rückte das "Problem Verkehr", also im wesentlichen dessen externe Kosten, im Zuge einer sich verschärfenden Umwelt-
Diskussion - die Stichworte sind hier Ozon und Treibhauseffekt - noch stärker in den Mittelpunkt der öffentlichen Diskussion. Wachsender politischer
Handlungsdruck war die Folge. Zum anderen traf das Ende des Ost-West-
Konflikts die - in Deutschland stark repräsentierte - Rüstungsindustrie erheblich, und zwar genau im Moment einer weltweiten Rezession sowie zusätzlicher ökonomischer Schwierigkeiten im Zuge der deutschen Vereinigung. Neue Absatzmärkte für ehemals militärtechnologische Produkte waren und sind noch das Gebot der Stunde. Dieser Faktor wird als Hand-
lungsanreiz für Politiker weiter verstärkt durch die Tatsache, daß die deutsche Industrie auf dem Gebiet der Verkehrstelematik weltweit in einer führenden Position ist. Der dritte Faktor liegt auf der personalen Ebene und
zwar in der "Beförderung" Matthias Wissmanns vom Bundesminister für
Forschung und Technologie zum Bundesminister für Verkehr: Auf diese
Weise war Wissmann mit den forschungs- und technologiepolitischen Be-
weggründen und dem Sachstand bestens vertraut und wußte als früherer
wirtschaftspolitischer Sprecher der Unionsfraktion zudem um den potentiellen zukünftigen Stellenwert der Telematik im Verkehr für Deutschland als
Wirtschaftsstandort.[9] Daß er von dieser Position aus die Forcierung der
Verkehrstelematik mit hohem persönlichen und politischen Engagement
betrieb, bekräftigt die hinter dem "Garbage-Can"-Modell stehende Auffassung vom politischen Unternehmer.[10]

So hatte Baden-Württemberg mit seinem STORM-Projekt das Glück,
auf ein offenes Durchsetzungsfenster zu treffen, ganz im Gegensatz beispielsweise zu LISB in Berlin. Damit erreichte Baden-Württemberg eine Vorreiterrolle, welche ihm von seiten der anderen Bundesländer geneidet wird.

---

9 Im Januar 1993 wurde Matthias Wissmann Bundesminister für Forschung und Technologie, gut hundert Tage später wechselte er ins Bundesministerium für Verkehr; außerdem
stammt er aus einer schwäbischen Unternehmerfamilie; Kurbjuweit, Dirk: Unerbittlich effizient, Die Zeit (16.09.1994) 38, 33
10 Den Stellenwert der Person Matthias Wissmanns für das Auftauchen der Verkehrsinformationssysteme auf der politischen Tagesordnung bekräftigte Georg Brunnhuber im Interview am 27. Juni 1994, siehe Befragungsprotokoll 9, 4; der Zusammenhang ist aber
auch rein zeitlich augenfällig: mit dem Tag der Amtsübernahme Wissmanns steigt die Zahl
der Presse-Berichte über Verkehrsinformationssysteme sowie das Engagement seitens des
BMV zusehends

Aus diesem Sachverhalt - dem mehr oder weniger zufälligen "Abpassen" eines Policy-Fensters - erklären sich übrigens auch einige andere Mißtöne im Policy-Netzwerk, auf die im folgenden näher eingegangen werden soll.[11] Grundsätzlich richtet sich - gemäß dem "Garbage Can"-Modell - die Handlungsorientierung der Akteure in einem gegebenen Politikfeld (bzw. Policy Netzwerk) am Öffnen und Schließen der Durchsetzungsfenster aus. Der politische Unternehmer ist in dieser Konzeption nicht nur jemand, der seine Ressourcen für die Unterstützung bestimmter Maßnahmen bzw. die Problematisierung bestimmter Fragen aufwendet und um Aufmerksamkeit für seine spezifischen Belange wirbt, sondern zusätzlich jemand, der aktiv Lösungen mit Problemen und umgekehrt verbindet und auf seine Durchsetzungschance, auf ein offenes Policy-Fenster wartet.[12] Je nach eigenem Nutzenkalkül und institutionell sowie zufallsbedingten Chancen "wirft" also jeder Akteur seinen Lösungsvorschlag in den Politics-Strom hinein. Es ist also durchaus - wie im dargestellten Fall - üblich, daß sich Lösungen ihre Probleme suchen bzw. aktiv durch politische Unternehmer in den einzelnen Politikfeldern an gemeinsame Problemwahrnehmungen gekoppelt werden.[13]

---

11 Beispielsweise drohen für die Siemens AG Entwicklungs- und Erprobungskosten in mehrstelliger Millionenhöhe zu einer Fehlinvestition zu werden, weil ein Durchsetzungsfenster verpaßt - in diesem Falle kam die Lösung zu früh - und sich nicht rechtzeitig damit abgefunden, also auf modernere Lösungen umgestellt wurde.
12 Kingdon spricht in diesem Zusammenhang auch von "policy entrepreneurs" und hält fest: "Policy entrepreneurs are people willing to invest their resources in return for future policies they favor."; Kingdon 1984, 214 + 21 + 207; diese Konzeption entspricht einer Erweiterung des politischen Unternehmers auf der Basis des des ökonomischen Verhaltensmodells; vide supra, p.30 und vide infra, p.153
13 Aber auch diese Art der Entscheidungsfindung führt i.d.R. zu brauchbaren Ergebnissen; Seibel 1992, 144 f.

3.2.2 Länder und Kommunen

Sollten sich die Vorstellungen der derzeitigen Bundesregierung dahingehend erfüllen, daß Verkehrsinformationssysteme vornehmlich in privater
Trägerschaft realisiert werden, so werden Einführung und konkrete Gestaltung dieser Systeme weitgehend Sache der Länder und Kommunen bzw.
Gegenstand jeweils bilateraler Verhandlungen zwischen diesen und privaten
Betreibergesellschaften sein.[14] Gefährdet ist dabei - angesichts der Auffassungsunterschiede[15] - allerdings die Koordinierung der Systemansätze i.S.
einer zusammenhängenden verkehrspolitischen Steuerungs-Strategie. Insofern könnte ein echtes Verkehrsmanagement via Telematik in Frage gestellt
werden. Gestritten wird dabei zwischen allen beteiligten föderativen Ebenen um Kompetenzen, finanzielle Beteiligungen, wirtschaftspolitische Interessen und z.T. auch noch über bestimmte technische Ansätze. Augenfällig
sind dabei insbesondere die z.T. scharf geführten Auseinandersetzungen
zwischen einzelnen Bundesländern.[16] Hier bahnt sich ein regelrechter
"System-Krieg" an, wobei weniger bestimmte technische Lösungen als
vielmehr die verwendeten Steuerungsmechanismen zur Debatte stehen
(vide supra, p. 100 f.). Auf der Grundlage des bisherigen Ergebnisse der
vorliegenden Analyse erscheint dabei der Vorschlag der Bildung einer ko-

---

14 Interview mit Reinhard Schult am 29. Juni 1994, siehe Befragungsprotokoll 10, 9 f.
15 Diese unterschiedlichen Auffassungen führen zu Meinungsverschiedenheiten unter den
Bundesländern - siehe den Gegensatz zwischen Baden-Württemberg und Hessen (vide supra, p. 100 f.) - und zwischen Kommunen und dem jeweiligen Bundesland, aber auch zwischen dem Bund und einzelnen Bundesländern bzw. Kommunen; Ergebnis werden jeweils
verschiedene Ansätze der Verkehrssteuerung mittels Telematik sein
16 Dahingehende Informationen enthält beispielsweise das Schreiben von Dr. Thomas Kortenhaus vom Hessischen Ministerium für Wirtschaft, Verkehr, Technologie und Europa-Angelegenheiten an die Verfasserin vom 19. Juli 1994 sowie ein Aktenauszug mit einem verkehrspolitischen Statement der Landesregierung als Anhang zu diesem Schreiben; in diesem verkehrspolitischen Statement heißt es wörtlich: "In diesem Zusammenhang [gemeint
sind die Pilotprojekte RHAPIT/ FRUIT, I.D.] ist zu vermerken, daß es eine Vielzahl von Te-
lematik-Themen (Verkehrs- und Reiseinformation im Auto, Parkmanagement, City-Logistik,
Flottenmanagement, Straßendatenerhebung, Road-Pricing, Verkehrslenkung, GVZ, ÖPNV-
Steuerung, u.s.w.) mit unterschiedlichen Zuständigkeiten und verschiedenen organisatorischen, rechtlichen und finanziellen Rahmenbedingungen gibt. Diese zu koordinieren und in
ein strategisches Konzept umzusetzen, sehe ich als sehr schwierig an, zumal zu befürchten
ist, daß einzelne Länder (z.B. Berlin; BW [= Baden-Württemberg, I.D.]) und kommunale
Gebietskörperschaften ihr eigenes "Süppchen" kochen werden."; zur Position Baden-Württembergs siehe Interview mit Reinhard Schult am 29. Juni 1994, Befragungsprotokoll 10,
7; in einigen der Interviews sowie in Telefongesprächen wurden diese z.T. wohl erheblichen Meinungsverschiedenheiten zwischen den Bundesländern, in erster Linie zwischen
Berlin, Baden-Württemberg und Hessen (wegen der jeweiligen Beteiligungen an Feldversuchen und Pilotprojekten) thematisiert, ohne daß die betreffenden Personen genannt werden
möchten, um die bestehenden Konflikte nicht weiter zu verschärfen

ordinierenden Bund-Länder Arbeitsgemeinschaft Telematik wenig zweckmäßig.[17]

Obwohl die deutschen Bundesländer de facto keine Gesetzgebungsbefugnisse auf dem Gebiet der Verkehrspolitik haben, ist ihre Position im Bereich Verkehrsinformationssysteme als sehr stark einzuschätzen.[18] Die alleinige Kompetenz der Länder auf dem Gebiet der Polizei und des Kommunalrechts sowie ihre Verwaltungskompetenzen (Vollzug der Bundesgesetze durch Länderverwaltungen) sind von entscheidender Bedeutung.[19] Einen gemischten Kompetenzbereich stellt - wie bereits gezeigt (vide supra, p. 99 f.) - die Infrastruktur dar. Institution der horizontalen Koordinierung unter den Ländern im Politikfeld Verkehr ist die Konferenz der Verkehrsminister und -senatoren (VMK) der Länder, die sich bereits grundsätzlich für eine umfassende Anwendung der Verkehrstelematik ausgesprochen hat.[20] Die VMK ist für den politischen Entscheidungsvorgang über die Einführung von Verkehrsinformationssystemen von entscheidender Bedeutung, weil sie

---

17 Da die institutionelle Struktur des Bundes nicht auf eine Vermittlungstätigkeit zwischen Bundesländern hin ausgelegt ist; vide supra, p.106; sinnvoller dürfte wohl die Konzeption einer horizontalen Koordinierung unter den Ländern sein, wobei ehrgeizige weil innovative Konzepte hierbei zugunsten eines gemeinsamen Nenners auf der Strecke bleiben werden; beide Vorschläge - der vertikal und der horizontal koordinierenden Telematik Arbeitsgemeinschaft - stammen aus dem Aktenauszug als Anlage zum Schreiben von Dr. Thomas Kortenhaus vom Hessischen Ministerium für Wirtschaft, Verkehr, Technologie und Europa-Angelegenheiten an die Verfasserin vom 19. Juli 1994
18 Zwar fallen nach Art. 74 Nr. 21, 22 und 23 GG die Hochsee- und Küstenschiffahrt, die Binnenschiffahrt, die See- und Binnenwasserstraßen, der Straßenverkehr und das Kraftfahrwesen (incl. Bau und Unterhaltung der Landstraßen für den Fernverkehr sowie Erhebung und Verteilung von Gebühren für die Benutzung öffentlicher Straßen mit Fahrzeugen) und auch die nichtbundeseigenen Eisenbahnen (NE-Bahnen) unter die konkurrierende Gesetzgebung, doch wurde diese vom Bund inzwischen vollständig ausgeschöpft; unter die Rahmengesetzgebungskompetenz des Bundes nach Art. 75 GG fallen beispielsweise Bestimmungen der Raumordnung; Berkemann 1991, 180; GG Textausgabe 1991, 45 f.; Bjelicic 1990, 101
19 Dies gilt u.a. auch deshalb, weil alle die durch die Länderverwaltungen auszuführenden verfahrensregelnden Gesetze der Zustimmung des Bundesrates bedürfen; Berkemann 1991, 180 ff.; zur Rolle des Bundesrates vide infra, p.126; die Zuständigkeit der Länder für die Polizei ist von Bedeutung, weil der Verkehrswarnfunk und damit beispielsweise auch RDS/ TMC als Medium der kollektiven Verkehrsbeeinflussung im Regelungsbereich der Polizei liegt; Interview mit Reinhard Schult am 29.Juni 1994, siehe Befragungsprotokoll 10, 9; außerdem entscheidet die Bereitschaft bzw. Weigerung der Polizei, ihre Verkehrsinformationen für eine gemeinsame Verkehrsdatenbasis zur Verfügung zu stellen in ganz erheblichem Maße über die Voraussetzungen eines Verkehrsmanagementsystem; siehe beispielsweise Interview mit Josef W. Grüter am 17.Juni 1994, Befragungsprotokoll 5, 5; die Regionalisierung des Schienenpersonennahverkehrs im Zuge der Bahnreform wird den Ländern und Kommunen neue Zuständigkeiten zuführen; IntV 45 (1993) 12, 691
20 Bjelicic 1990, 101; VDA 1993, 6

das Forum einer gemeinsamen Position der Länder ist.[21] Nicht zu unterschätzen ist darüber hinaus auch die Rolle der Länderverwaltungen, selbst
wenn diese im Auftrag des Bundes, also sowohl unter Rechts- als auch
unter Fachaufsicht, agieren.[22] Denn der Handlungs- und Auslegungsspiel-
raum der Verwaltungen auf Landesebene ist z.T. erheblich, wie das Beispiel
des Tempolimits auf BAB eindrucksvoll belegt.[23] Dieser administrative Ermessensspielraum wird je nach individueller Risikobereitschaft der Verwaltungsbeamten, aber auch gemäß den verkehrspolitischen Vorgaben der
Landesregierung gefüllt und verleiht so eigenen Konzepten der Länder recht
weitgehende Durchsetzungsmöglichkeiten.[24]

Auch die Kommunen bzw. kommunale Verwaltungen führen Gesetze
in Auftragsverwaltung aus. Zu den Kompetenzen im Rahmen der in Art. 28
GG garantierten kommunalen Selbstverwaltung gehören außerdem u.a. der
Bau und die Unterhaltung der Gemeindestraßen, die Unterstützung der ÖP-
NV-Betriebe, bestimmte Aufgaben der Verkehrsplanung sowie die Regelung
beispielsweise des ruhenden Verkehrs incl. der Errichtung von P&R-Anla-
gen.[25] Auf dieser Grundlage gilt, daß Verkehrsinformationssysteme soweit

---

21 Die ihrerseits - entlang den Erkenntnissen im Rahmen der Politikverflechtung - wiederum
zentral für eine Einigung der Länder mit dem Bund ist (Trend zur "Kartellisierung" der Länder untereinander; vide supra, p.105 f.)
22 Die Durchführung von Gesetzen durch Länderverwaltungen im Auftrage des Bundes
(Bundesauftragsverwaltung) regelt Art. 85 GG; Rudzio 1991, 344; zur bundesdeutschen
Verwaltungsstruktur siehe Arndt u.a. 1990, 48 f. und Rudzio 1991, 346 f.
23 Die Verhängung einer generellen Geschwindigkeitsbegrenzung auf BAB fällt in die Zuständigkeit des Bundes und ist bisher nicht erfolgt; trotzdem nutzen viele Bundesländer ihre
Verwaltunskompetenzen zur Verhängung von z.T. flächendeckenden Tempolimits auf BAB
aus; ein Beispiel ist Rheinland-Pfalz, wo nach Regierungsantritt der Sozialdemokraten auf
der A 61 über eine Strecke von 200 km ein durchgehendes Tempolimit von 130 km/h ver-
hängt wurde; von 1.900 km BAB in Ostdeutschland sind lediglich 90 km nicht mit einem
Tempolimit versehen, in Westdeutschland sind von knapp 18.000 km Richtungsfahrbahnen
4.200 km (= 23%) permanent limitiert; Peters, Wolfgang/ Spira, Johann-Christoph: Jenseits aller Langsamkeit, FAZ (10.05.1994) 108, T1
24 Klaus Everts hielt im Interview am 8. Juni 1994 fest, daß die individuelle Risikofreudigkeit der Verwaltungsbeamten (nicht nur) auf Länderebene von entscheidender Bedeutung
für die Durchsetzung von innovativen Konzepten, wie z.B. Verkehrsinformationssysteme,
seien, siehe Befragungsprotokoll 2, 4; eine ähnliche Auffassung drückte auch Reinhard
Schult im Interview am 29. Juni 1994 aus, siehe Befragungsprotokoll 10, 9; im Rahmen
der "Politisierung" der Verwaltung hat dieser administrative Ermessensspielraum laut Benz
dadurch zusätzliche Erweiterung erfahren, daß Konfliktentscheidungen bei komplexen Ma-
terien vielfach von der Gesetzgebung in den Gesetzesvollzug verlagert werden; so werde
die Verwaltung in zunehmendem Maße zur Ebene der Konfliktaustragung; Benz 1992a, 33
25 Das GG schützt allerdings einen interpretationsbedürftigen Kern der kommunalen
Selbstverwaltung (Wesensgehaltsgarantie); Andersen 1992, 165; Rudzio 1991, 375;
Hesse/ Ellwein 1992, 68 ff.; Bürgel 1983, 14 f.; Domes 1994, 190 f.; Gisevius differenziert die kommunalen Kompetenzen im Rahmen der Selbstverwaltung in Personal-, Organi-
sations-, Planungs-, Rechtsetzungs-, Finanz- und Steuerhoheiten; Gisevius 1991, 24; einen
aktuellen Überblick zur bundesdeutschen Kommunalpolitik bieten Roth/ Wollmann 1994

und so lange sie das Gebiet einer Stadt, einer Gemeinde bzw. eines Landkreises betreffen - was bei jedem halbwegs sinnvollen System der Fall ist -
größtenteils in die Zuständigkeit der Kommunen fallen.[26] Eine Ausnahme
bilden hier lediglich Ortsdurchfahrten von Bundesstraßen bis zu einer bestimmten Gemeindegröße.

Die kommunalen Spitzenverbände, d.h der Deutsche Städtetag, der
Deutsche Städte- und Gemeindebund sowie der Deutsche Landkreistag, haben sich in einer gemeinsamen Stellungnahme der Bundesvereinigung der
kommunalen Spitzenverbände zum Strategiepapier Telematik des BMV
grundsätzlich für die Einführung von Verkehrsinformationssystemen ausgesprochen. Allerdings wurde kritisch angemerkt, daß eine Erhöhung der Infrastrukturkapazität mittels Telematik-Einsatzes für unwahrscheinlich gehalten und vor einer Verdrängung des Verkehrs auf Wohnstraßen gewarnt
wird. Außerdem werde im Rahmen einer Installierung von individuellen
Verkehrsleitsystemen die Pkw-Fahrleistung steigen. Aspekte des Verkehrssystemmanagements sowie Vorschläge über neu zu entwickelnde Organi-
sationsformen und Entscheidungsebenen wurden vermißt. Außerdem ver-
wiesen die kommunalen Spitzenverbände auf die Notwendigkeit vordringli-
cher Telematik-Investitionen im ÖPNV sowie einer stärkeren Beteiligung der
Kommunen an Koordinierungsgesprächen zwischen Bund, Ländern, EU,
Verkehrsunternehmen und der Industrie. Die finanzielle Belastung der
Kommunen dürfe nicht weiter steigen, notwendig seien außerdem bundes-
einheitliche Kriterien und technische Normen.[27]

Im Bereich der AGE-Systeme stehen Konflikte zwischen Bund und
Kommunen, insbesondere in den Ballungsräumen ins Haus, die allerdings
weniger am Für und Wider der automatischen Gebührenerhebung als an
der Einführung von Autobahnbenutzungsgebühren im allgemeinen entbren-
nen: Die Kommunen befürchten nämlich, daß der Verkehr von den - ursprünglich zur Verkehrsentlastung der Ballungszentren konstruierten - BAB
im Zuge eines Road Pricing in die Städte ausweicht und dort ein Verkehrschaos verursacht.[28] Die grundlegende Schwierigkeit liegt für die Kommunen darin, daß zwar wesentliche Teile von Verkehrsinformationssystemen

---

26 Interview mit Ulrich Näke am 20. Juni 1994, siehe Befragungsprotokoll 7, 4
27 BMV - A 10 1994a, Tabelle 3; an einer stärkeren Frequentierung des ÖPNV sind die
Kommunen im übrigen nicht nur aus verkehrs- sondern auch aus haushaltspolitischen
Gründen interessiert, denn häufig ist die Kommune selbst Betrieberin des lokalen ÖPNV
und dieser bisher ein Verlustgeschäft
28 Interview mit Hanskarl Protzmann am 11.August 1994, siehe Befragungsprotokoll 12,
3

in ihren Bereich fallen, sie aber andererseits - unabhängig davon, ob es sich um Städte oder Landkreise handelt - nicht in der Lage sind, derartige Systeme im Alleingang zu verwirklichen. Neben der Möglichkeit zur notwendigen überregionalen Koordinierung fehlen ihnen dazu v.a. die finanziellen Mittel. Daher werden sich die Kommunen letztenendes den Vorgaben der sie umgebenden Bundesländer beugen müssen, zumal diese nach der Novellierung des GVFG zu wesentlichen Teilen über die Mittelvergabe in diesem Rahmen mitentscheiden. Auch hier gilt also das Motto: "Wer zahlt, schafft an."[29]

    Grundlegend gilt, daß die Kompetenzverflechtung im angesprochenen Bereich derart ausgeprägt ist, daß kaum je eine trennungsscharfe Unterscheidung vorgenommen werden kann.[30] Im günstigsten Falle - wenn nämlich eine Kompatibilität der Grundtechnologien erreicht wird - kann die Realisierung von Verkehrsinformationssystemen frei nach dem jeweilig vorherrschenden Konzept erfolgen, ohne daß die Interoperabilität gefährdet wäre.[31] Dann werden sich die - öffentlichen oder auch privatwirtschaftlichen - Betreiber von Verkehrsinformationssystemen allerdings mit allen Seiten, von jeder einzelnen Kommune bis zum betreffenden Bundesland, in bilaterale, koordinierende Gespräche begeben müssen, was die Kostenseite der Systeme entsprechend belasten dürfte. Zudem gehören ehrgeizige Ansätze der Optimierung des Gesamtsystems Verkehr dann der Vergangenheit an.

---

29 VDA 1993, 6; zwischen Kommunen und den sie umgebenden Bundesländern bestehen wiederum z.T. erhebliche Auffassungsunterschiede; Interview mit Hanskarl Protzmann am 11. August 1994, siehe Befragungsprotokoll 12, 4 f.
30 So stehen beispielsweise dem Bund und auch der EU grundsätzlich Einwirkungsmöglichkeiten über finanzielle Unterstützungsmaßnahmen (Stichwort "goldener Zügel") offen, insbesondere gegenüber den häufig von Geldsorgen geplagten Kommunen
31 Diese Kompatibilität der Grundtechnologien hängt von der Standardisierung einer "Luft-Schnittstelle" ab, also einer multisystemfähigen Empfangseinrichtung (vide supra, p. 111); Interview mit Heinz Sandhäger am 9.August 1994, siehe Befragungsprotokoll 11, 4

3.2.3 Der Bund

Betrachtet man die Gesetzgebungsbefugnisse, so sind die Einwirkungsmöglichkeiten des Bundes weit gesteckt: Laut Art. 73 Nr. 6 und 7 GG fallen die Bundeseisenbahnen, der Luftverkehr sowie das Post- und Fernmeldewesen in den Bereich der ausschließlichen Gesetzgebung des Bundes gemäß Art. 71 GG.[32] Unter die vom Bund mittlerweile ausgeschöpfte konkurrierende Gesetzgebung nach Art. 72 GG fallen das Recht der Wirtschaft (Art. 74 Nr. 11 GG), die Hochsee- und Küstenschiffahrt, die Binnenschiffahrt, Seewasserstraßen sowie dem allgemeinen Verkehr dienende Binnenwasserstraßen (Art. 74 Nr. 21 GG), der Straßenverkehr, das Kraftfahrwesen, Bau und Unterhaltung von Bundesfernstraßen sowie Gebührenerhebung für die Benutzung öffentlicher Straßen (Art. 74 Nr. 22 GG) und die Schienenbahnen, die nicht Bundeseisenbahnen sind mit Ausnahme der Bergbahnen (Art. 74 Nr. 23 GG).[33] Gesetzgebungszuständigkeiten fehlen dem Bund im angesprochenen Bereich also lediglich noch in Teilbereichen des Datenschutzrechts sowie im Medienrecht. Den Ländern verbleiben in der Gesetzgebung als eigenständige Bereiche nur das Medienrecht und einige versprengte Teilzuständigkeiten.[34] Dies wird jedoch von ihrer starken Stellung bei der Gesetzesausführung sowie von den Mitwirkungs- und Eingriffsmöglichkeiten des Bundesrates voll ausgeglichen. Der Kreis der im Bundesrat zustimmungspflichtigen Gesetze weitete sich in den letzten Jahrzehnten immer weiter aus, zudem sind die vom BMV in Einzelfragen erlassenen Rechtsverordnungen und Verwaltungsvorschriften nur beim Bundesrat, nicht aber beim Bundestag zustimmungspflichtig.[35]

---

32 Außerdem ist auch Art. 73 Nr. 5 GG ("die Einheit des Zoll- und Handelsgebietes, die Handels- und Schiffahrtsverträge, die Freizügigkeit des Warenverkehrs und den Waren- und Zahlungsverkehr mit dem Auslande einschließlich des Zoll- und Grenzschutzes") von Bedeutung für das Verkehrswesen; GG Textausgabe 1991, 43; in den Bereich des Post- und Fernmeldewesens gehören dabei alle Datenübermittlungsdienste sowie alle diejenigen Informationsverarbeitungsleistungen, die unmittelbar der Übermittlung dienen; Redeker 1988, 117 + 142
33 GG Textausgabe 1991, 44 f.; auf der Grundlage konkurrierender Gesetzgebungsbefugnis wurden beispielsweise erlassen: das Straßenverkehrsgesetz (StVG) vom 19.12.1952 sowie die Straßenverkehrs-Ordnung (StVO) vom 16.11.1970; Kauffmann 1994, 1144
34 Redeker 1988, 238
35 Bürgel 1983, 13; im Bundesrat zustimmungsbedürftig sind solche Gesetze, die die Verfassung ändern (Art. 79 Abs. 2 GG) sowie Gesetze, die das Bund-Länder-Verhältnis berühren und zwar indem sie durch die Bundesländer auszuführen sind und Regelungen zum Verwaltungsverfahren enthalten, sie Steuern mit Länderanteilen, den Finanzausgleich und/oder die Finanzverwaltungen betreffen oder sie Gebietsstände verändern; Rudzio 1991, 301

Sowohl im Bundestag als auch im Bundesrat beschäftigen sich spezialisierte Ausschüsse mit den Gesetzesvorlagen.[36] Für den Bereich der
Verkehrsinformationssysteme dürfte es sich dabei in erster Linie um den
jeweiligen Verkehrsausschuß handeln.[37] Die eigentlichen Impulse in der
Verkehrspolitik des Bundes gehen jedoch nicht von Bundesrat oder Bundestag aus, sondern von den Bundesministerien, genauer von der dort angesiedelten Ministerialbürokratie. Grund dafür ist v.a. die bessere Personal-
ausstattung bei diesen sowie den nachgeordneten Bundesbehörden.[38] Die
nachgeordneten Bundesbehörden sind im Politikfeld Verkehr die Bundesanstalt für den Güterfernverkehr (BAG), die unter Bundesverwaltung stehenden Wasser- und Schiffahrtsbehörden, das Luftfahrt-Bundesamt (LBA),
das Kraftfahrt-Bundesamt (KBA) sowie die Bundesanstalt für das Straßenwesen (BASt).[39] Diese Behörden fungieren im wesentlichen als Aufsichts-
behörden und sind dem BMV unterstellt, weshalb sie im weiteren Verlauf
der vorliegenden Untersuchung unter diesem subsumiert werden.

Das BMV ist das tonangebende Bundesministerium auf dem Gebiet
der Verkehrsinformationssysteme. Mit der Vorlage des Strategiepapiers
"Telema-tik im Verkehr" im Herbst 1993 wurde von seiten des BMV der
Wille zur Koordinierung und Führerschaft der Einführung von Verkehrsinformationssystemen bekundet.[40] Die freiwillige Übernahme der Führungsrolle durch das BMV und auch das starke persönliche Engagement von
Matthias Wissmann als Bundesverkehrsminister haben jedoch eine Reihe
von Ursachen, die wenig mit Verkehrsmanagement-Enthusiasmus zu tun

---

36 Im Bundestag werden nahezu alle Gesetzesvorlagen nach der ersten Lesung im Plenum
den Ausschüssen zur weiteren Bearbeitung zugeleitet, wobei das Plenum darüber entscheidet, welcher Ausschuß federführend und welche beratend tätig werden sollen; Bjelicic
1990, 11
37 Im Bundestag ist der Verkehrsausschuß - wie alle anderen Bundestagsausschüsse auch
- gemäß der Mehrheitsverhältnisse im Plenum besetzt
38 Bürgel 1983, 13; in zehn Bundestagslegislaturperioden (zweite bis elfte) kamen zwischen 72% und 83% der Gesetzesinitiativen von seiten der Bundesregierung, d.h. der Ministerialbürokratie, während der Anteil des Bundestages zwischen 11% und 26%, derjenige
des Bundesrates zwischen 0,5% und 10% schwankten; eigene Berechnung auf der
Grundlage von Beyme 1991, 260
39 Bjelicic 1990, 97; Suntum 1986, 98; einen eigenen Verwaltungsunterbau unterhält der
Bund im Bereich der Schiffahrts-, Bundeswasserstraßen- und Luftverkehrsverwaltung sowie
früher im Bereich der Deutschen Bundesbahn; Beyme 1991, 297
40 Dieses Strategiepapier wurde im August 1993 vom Bundesverkehrsminister vorgestellt;
IntV 45 (1993) 11, 615; neben einem Überblick über die zur Verfügung stehenden technischen Lösungen enthält es - allerdings vage - programmatische Aussagen zur Einführung
und Nutzung neuer Informationstechniken im Verkehrsbereich, wie sie in Teil 2 der vorliegenden Analyse vorgestellt wurden

haben.[41] Zum einen ist Telematik im Verkehr sehr eng mit dem Gedanken der Erhebung von Autobahngebühren und damit letztlich mit dem Plan der Privatisierung der BAB verknüpft. Ein Gedanke, dem die prekären Lage des Bundeshaushalts besondere Dringlichkeit verleiht.[42] Ulrich Näke, Ministerialrat im BMV, äußerte sich im Interview dahingehend, daß eine Einführung von AGE Systemen auf deutschen Autobahnen ohne deren Privatisierung nicht denkbar sei.[43] Angepriesen wird die - verständlicherweise relativ unpopuläre - Aussicht auf die künftige Erhebung von Straßenbenutzungsgebühren mit dem Hinweis auf die verbesserten Möglichkeiten zur Heranziehung ausländischer Straßenverkehrsteilnehmer zur Ableistung ihres Anteils an den Infrastrukturkosten, mit dem Versprechen der gleichzeitigen Entlastung der inländischen Autobesitzer bei der Kfz-Steuer sowie mit dem Argument einer anreizorientierten Steuerung der Kapazitätsreserven der Straßeninfrastruktur durch Knappheit repräsentierende Benutzungsgebühren.[44] Bedenkenswert ist in diesem Zusammenhang allerdings der Einwand, daß sich mit der Privatisierung der deutschen Autobahnen auch die ihnen zugrundliegende Orientierung verändere: Weg vom Gedanken der Entlastung der Ballungsräume und Stadtdurchfahrten vom Fernverkehr und hin zur optimalen Vermarktung der Autobahnen, also eines attraktiven Angebots an freien Fahrtmöglichkeiten für die zahlungskräftige Kundschaft.[45]

Zum anderen verschließt natürlich auch das BMV seine Augen nicht vor den verlockenden ökonomischen Aussichten, die mit der Förderung der Verkehrsinformationstechnik verbunden sind. Hier befindet sich der Anknüpfungspunkt zu anderen Bundesministerien, insbesondere dem Bundesministerium für Wirtschaft (BMWi) und dem Bundesministerium für For-

---

41 Auch wenn der meistbetonte Aspekt des Strategiepapiers die Förderung des Verbunds der Verkehrsträger hin zu einer Optimierung des Gesamtsystems Verkehr ist; Näke 1993, 3; das Strategiepapier selbst enthält die Formulierung, man müsse "das Verkehrssystem insgesamt ertüchtigen"; außerdem wird auf den hohen Koordinierungsbedarf zwischen Bund, Ländern, Kommunen, Verkehrswirtschaft und Industrie hingewiesen; BMV 1993, 48; siehe auch Wissmann 1993, 8
42 Wissmann machte in einem Gespräch mit dem Kölner Express die Entscheidung über die Einführung von Autobahngebühren für Pkw vom Ausgang des AGE-Feldversuches abhängig; FAZ (24.08.1994) 196, 2; den besonderen Stellenwert der AGE-Systeme betonte auch Heinz Sandhäger im Interview am 9.August 1994, siehe Befragungsprotokoll 1, 1
43 Interview mit Ulrich Näke am 20.Juni 1994, siehe Befragungsprotokoll 7, 2
44 Mit Knappheitspreisen kann dabei nicht zuletzt auch den externen Kosten des Verkehrs entgegengewirkt werden; FAZ (24.08.1994) 196, 2; Interview mit Ulrich Näke am 20. Juni 1994, siehe Befragungsprotokoll 7, 1; im Vorfeld der Bundestagswahlen wurde es erwartungsgemäß relativ still um die Einführung von Straßenbenutzungsgebühren und die Privatisierungspläne für die BAB
45 Interview mit Reinhard Schult am 29.Juni 1994, siehe Befragungsprotokoll 10, 10; diese Bedenken räumen auch die Kommunen ein, siehe Stellungnahme der Bundesvereinigung der kommunalen Spitzenverbände

schung und Technologie (BMFT).[46] Berührungspunkte der Verkehrspolitik zur Haushaltspolitik des Bundesministeriums für Finanzen (BMF) sowie zum Bundesministerium für Umwelt, Naturschutz und Reaktorsicherheit (BMU) wurden bereits verdeutlicht.[47] Aber auch andere Bundesministerien sind für Teilbereiche der Verkehrspolitik relevant, so z.b. das Bundesministerium für Arbeit und Sozialordnung (BMA) bei verkehrsspezifischen Fragen der Sozialpolitik oder auch das Bundesministerium für Raumordnung, Bauwesen und Städtebau (BM-Bau) zu regional- und strukturpolitischen Aspekten des Verkehrs. Zusammenfassend läßt sich zu allen diesen Fachressorts der einzelnen Politikfelder auf Bundesebene sagen, daß sie die Einführung von Verkehrsinformationssystemen im allgemeinen befürworten, allerdings mit mehr (BMWi, BMFT) oder weniger (BMF, BMU) großem Engagement. Die Federführung liegt jedoch derzeit in den Händen des BMV.

Zumindest die z.Zt. im BMV vorherrschende Auffassung von Verkehrsmanagement durch Telematik-Systeme und auch die in der Unions-Fraktion mehrheitlich vertretene Meinung bewegt sich entlang der in Baden-Württemberg favorisierten Linie.[48] Auf "harte" Eingriffe soll - von nicht zuletzt auch haushaltspolitisch motivierten Straßenbenutzungsgebühren einmal abgesehen - weitgehend verzichtet, Verkehrssteuerung hauptsächlich durch "weiche" Information erreicht werden.[49] Umstrittener sind die organisatorischen Konzepte für Bereitstellung und Betrieb von Verkehrsinformationssystemen. Hier sind zumindest Teile der Beamtenschaft des BMV gegenüber radikal privatwirtschaftlichen Betreibermodellen, wie sie in Ba-

---

46 Das BMWi verfügt über eine eigene verkehrspolitische Abteilung und ist zur Realisierung seiner wirtschaftspolitischen Ziele - allgemein die Eckpunkte des "magischen Vierecks" (Preisniveaustabilität, hoher Beschäftigungsstand, außenwirtschaftliches Gleichgewicht, stetiges und angemessenes Wachstum) - auf Wachstumsimpulse aus dem Verkehrsbereich - durch Absatz an Produkten und Dienstleistungen, aber auch durch eine leistungsfähige Infrastruktur - angewiesen; diese Ziele teilt das BMWi übrigens mit dem Bundesministerium für Finanzen (BMF); Bjelicic 1990, 100; Helmstädter/ Kromphardt 1990, 341; das BMFT unterstützt alle anderen Bundesministerien, insbesondere aber das BMWi in Form der Evaluierung zukunftsträchtiger Absatzmärkte
47 Bezug zum BMF liefert beispielsweise das Vorhaben der BAB-Privatisierung, der Erhebung von Straßenbenutzungsgebühren sowie allgemein der jährliche Verkehrshaushalt insbesondere im Zuge der deutschen Vereinigung (Stichwort: Verkehrsprojekte "Deutsche Einheit"); Berührungspunkte mit dem BMU gibt es z.B. bei Planung und Bau von Verkehrsinfrastrukturvorhaben; Reschke 1993, 19
48 Nach Angaben von Georg Brunnhuber im Interview am 27.Juni 1994 gibt es keinerlei Differenzen zwischen der Position des BMV bzw. des Bundesministers für Verkehr und derjenigen der CDU/CSU-Fraktion, siehe Befragungsprotokoll 9, 1; dies geht auch von den Stellungnahmen des Unions-Abgeordneten Brunnhuber und Blank im Bundestags-Verkehrsausschuß bei der Aussprache über das Strategiepapier Telematik des BMV hervor; Deutscher Bundestag - Verkehrsausschuß, Sitzungsprotokoll 59/1994, 30 f.
49 So liegt z.B. das den Fahrer korrigierende sowie das teil- oder vollautomatische Automobil derzeit jenseits der vom BMV gezogenen Grenzlinie; Behrendt 1993, 48

den-Württemberg angestrebt werden, skeptisch eingestellt, während andere Beamte sowie Mitglieder der Unionsfraktion diese befürworten.[50] Außer
einer tendenziell noch stärkeren Betonung der privaten Finanzierung und
Betreiberschaft von Verkehrsinformationssystemen schließt sich die FDP-
Fraktion der Zustimmung zu einer schnellen und lückenlosen Einführung
entsprechender Systeme auf seiten der Unionsfraktion an.[51]

In Abgrenzung dazu bewegt sich die SPD auf Bundesebene eher entlang der verkehrspolitischen Linie, wie sie z.Zt. beispielsweise in Hessen
vertreten wird, also unter mehr oder weniger ausdrücklichem Einschluß
"harter" Eingriffe, wie Zufahrtsregulierungen oder -sperrungen, weitere Mi-
neralölsteueranhebung und Straßenbenutzungsgebühren sowie höhere ge-
setzliche Auflagen, etwa Schadstoffausstoßgrenzen. Die Auffassungsunterschiede lassen sich recht gut am Beispiel der generellen Geschwindig-
keitsbeschränkung auf BAB illustrieren: Während die SPD inzwischen -
nach langwieriger, komplizierter innerparteilicher Entscheidungsfindung -
ein solches allgemeines Tempolimit fordert, sprechen sich BMV und Regierungskoalition für je nach Verkehrs- und Wetterlage flexible Geschwindigkeitsbeschränkungen mittels Wechselverkehrszeichen aus.[52] Das SPD-Re-
gierungsprogramm sieht insgesamt im Rahmen des Aufbaus einer "sozialen
und ökologischen Gesellschaft" eine Politik gegen den Straßenverkehr auf
Infrastrukturebene vor, der Automobilverkehr soll zur Deckung seiner sozialen Kosten herangezogen werden.[53] Vor diesem Hintergrund ist die SPD -
natürlich auch schon aus rein ideologischen Gründen - gegen eine Privatisierung von Straßenverkehrsinfrastruktur eingestellt, demzufolge nehmen

---

50 Als Befürworter weitestgehender Privatbetreiberschaft von Verkehrsinformationssystemen zumindest auf BAB äußerte sich Ulrich Näke im Interview am 20.Juni 1994, siehe Befragungsprotokoll 7, 5; ebenfalls zugunsten privater Betreiberschaft sprach sich Georg
Brunnhuber im Interview am 27.Juni 1994 aus, siehe Befragungsprotokoll 9, 2; vorsichti-
ger äußerte sich Heinz Sandhäger im Interview am 9.August 1994, siehe Befragungsprotokoll 11, 3
51 Beschluß "Verkehrsleitsysteme" der 100. Fraktionsvorsitzendenkonferenz der FDP vom
14. bis 16.November 1993 in Berlin, übermittelt an die Verfasserin von Roland Kohn MdB
(FDP) am 12.Juli 1994; siehe auch Stellungnahme des FDP-Abgeordneten Friedrich im
Bundestags-Verkehrsausschuß bei der Aussprache über das Strategiepapier Telematik des
BMV; Friedrich legte in seinem Beitrag desweiteren besondere Betonung auf den Aspekt
der Sicherung und Neuschaffung von Arbeitsplätzen durch Verkehrsinformationstechnologie, Deutscher Bundestag - Verkehrsausschuß, Sitzungsprotokoll 59/1994, 31
52 Peters, Wolfgang/ Spira, Johann-Christoph: Jenseits aller Langsamkeit, FAZ
(10.05.1994) 108, T1; Handelsblatt (28.03.1994) 61, 1; Interview mit Elke Ferner am
24.Juni 1994, siehe Befragungsprotokoll 8, 1 f.
53 Information an die Mitglieder der Deutschen Straßenliga über den Entwurf des SPD-Regierungsprogramms in einem offenen Schreiben von Dr. W. Neumann, Deutsche Straßenliga, an die Mitglieder vom 8. April 1994; Interview mit Elke Ferner am 24.Juni 1994,
siehe Befragungsprotokoll 8, 1 f.

AGE-Systeme keinen so hohen Stellenwert ein. Außerdem ist unter einer SPD-geführten Regierung, wiederum entlang der z.Zt. in Hessen vorherrschenden Auffassung - eine stärkere öffentliche Beteiligung an Aufbau und Betrieb von Telematik-Systemen im Verkehrsbereich zu erwarten.[54] Jedoch sprechen sich sowohl das Regierungsprogramm als auch einzelne SPD-Abgeordnete grundsätzlich für die Einführung von Verkehrsinformationssystemen aus.[55] Einen Unterschied zur Unions-Position bildet lediglich der dahinterstehende Ansatz, der bei B90/ Die Grünen noch stärker in Richtung staatlicher Eingriffe orientiert ist.[56] Den besonderen Stellenwert der technischen Standardisierung sowie die Notwendigkeit der Berücksichtigung datenschutzrechtlicher Bestimmungen betonen Politiker aller Parteien.[57]

Insgesamt ist festzuhalten, daß der Ausgang der Bundestagswahl im Oktober diesen Jahres für die Weiterentwicklung der Diskussion um Verkehrs-informationssysteme deshalb von entscheidender Bedeutung ist, weil er da-rüber entscheidet, welche der in den Bundesländern verfolgten Ansätze des Verkehrsmanagements in den nächsten Jahren auf Bundesebene Unterstützung finden werden und welche nicht. Parteien üben also durchaus Einfluß auf die inhaltliche Gestaltung von Politik aus.[58]

---

54 Schon allein deshalb, weil dies als Grundlage stärker eingriffsorientierter Verkehrsmanagement-Ansätze notwendig ist; Interview mit Elke Ferner am 24.Juni 1994, siehe Befragungsprotokoll 8, 3 f.
55 Information an die Mitglieder der Deutschen Straßenliga über den Entwurf des SPD-Regierungsprogramms in einem offenen Schreiben von Dr. W. Neumann, Deutsche Straßenliga, an die Mitglieder vom 8. April 1994; Interview mit Elke Ferner am 24. Juni 1994, siehe Befragungsprotokoll 8, 2; Stellungnahme des SPD-Abgeordneten Daubertshäuser im Bundestags-Verkehrsausschuß bei der Aussprache über das Strategiepapier Telematik des BMV; Deutscher Bundestag - Verkehrsausschuß, Sitzungsprotokoll 59/1994, 30 f.
56 Eine Privatfinanzierung im Straßenbau wird von B90/ Die Grünen vollständig abgelehnt, eine Reduzierung der Mobilitätserfordernisse will man über eine Änderung der Siedlungsstruktur erreichen, der Flugverkehr soll auf Kurzstrecken durch Schienenverkehr ersetzt, auf Langstrecken erheblich verteuert werden, eine schrittweise Anhebung der Kraftstoffpreise auf 5,-DM je Liter bis 2005 sowie ein Wegfall der Steuerermäßigung für Kraftstoffpreise wird gefordert, noch stärkere ÖPNV-Subventionierung befürwortet, die Einführung von Flottenverbrauchsregelungen sowie Verbrauchsobergrenzen für Neufahrzeuge, ein absolutes Fahrverbot ab 110 Mikrogramm Ozon sowie ein generelles Tempolimit von 100 km/h auf BAB, 80 km/h außer- und 30 km/h innerorts sollen als Regulierungsmaßnahmen hinzukommen; B 90/ Die Grünen 1994, 23 f.
57 siehe beispielsweise Deutscher Bundestag - Verkehrsausschuß, Sitzungsprotokoll 59/1994, 30 ff.; eine verkehrspolitische Stellungnahme der PDS war leider nicht zu bekommen, was mit der Tatsache zusammenhängt, daß aufgrund der spärlichen Repräsentierung der PDS im Deutschen Bundestag die Abgeordneten in mehreren Ausschüssen gleichzeitig tätig und daher sehr beschäftigt sind; doch wird sich das verkehrspolitische Eigengewicht der PDS auch nach der kommenden Bundestagswahl wahrscheinlich in Grenzen halten
58 Diese Beobachtung läuft parallel mit denjenigen von Beymes in Beschäftigung mit der Frage "Do Parties matter?"; Beyme 1981, 356

3.2.4 Auf europäischer Ebene

Die Standardisierung und Normung als Gewährleistung der Interoperabilität und Kompatibilität der eingesetzten Systeme ist als sinnvollerweise
europäischer Wirkungsbereich weitestgehend anerkannt. Das erleichtert der
EG-Kommission, der zudem inzwischen auch die zu diesen Aufgaben notwendigen Instrumente zur Verfügung stehen, die Arbeit.[59] Die Anforderungen, die aus dieser Sicht von europäischer Seite an Verkehrsinformationssysteme zu stellen sind, wurden bereits definiert: Zum einen müssen sie
europaweite Interoperabilität und Interkonnektivität gewährleisten, zum anderen dürfen sie nicht der Förderung von Monopolstellungen dienlich sein.
Aus konkreten technischen Lösungen will sich die Kommission demnach
heraushalten, auch hier wäre wiederum die Standardisierung mehrsystem-
fähiger Empfangseinrichtungen die optimale Lösung.[60] Rahmenbedingungen für einen marktlichen Wettbewerb auf dem Gebiet der Verkehrstelematik will die Kommission also bereitstellen.[61] Dabei kann sie sich der Unterstützung des Rates gewiß sein: Im Rahmen eines informellen Treffens des
Verkehrsministerrates im Juli diesen Jahres wurde eine gemeinsame Wil-
lenserklärung für die möglichst schnelle Schaffung europäischer Rahmenbedingungen für elektronische Verkehrsleitsysteme abgegeben.[62]

Alles, was über den als europäische Kompetenz anerkannten Bereich
der technischen Standardisierung hinausgeht - ob es sich nun um Förder-

---

59 Vide supra, p.110; Interview mit Elke Ferner am 24.Juni 1994, siehe Befragungsprotokoll 8, 3; EG KOM (94) 106 endg., 19; allerdings obliegt die Kontrolle der Einhaltung bestimmter technischer Normen und Standards - wie bei allen anderen Regulierungen auch -
nach wie vor den einzelnen Mitgliedstaaten, welche auf dieser Ebene unliebsame Vorschriften umgehen können; Reh 1993, 37
60 Interview mit Josef W. Grüter am 17.Juni 1994, siehe Befragungsprotokoll 5, 4; Interview mit Robert J. Coleman am 17.Juni 1994, siehe Befragungsprotokoll 6, 3; Deutscher
Bundestag - Verkehrsausschuß, Sitzungsprotokoll 59/1994, 32; hier sind im übrigen auch
die Gründe angegeben, warum Siemens mit seinen Avancen bei der EG-Kommission "auf
Granit gebissen" hat; Parteinahme für bestimmte Hersteller und technische Lösungen seitens der Kommission hätte im übrigen auch fatale Folgen
61 Die größte Gefahr liegt für den Generaldirektor der GD VII (Verkehr) Robert J. Coleman
dabei darin, daß einer der Mitgliedstaaten - geleitet von egoistisch-rationalen wirtschaftspolitischen Überlegungen - evtl. auf die Idee kommen könnte, ab einem bestimmten Zeitpunkt seinen nationalen Markt für Verkehrsinformationssysteme zu schließen und so übergreifende Marktlösungen zu verhindern; allerdings habe die EG-Kommission inzwischen die
Machtbasis, dies wirkungsvoll zu verhindern; Interview mit Robert J. Coleman am 17.Juni
1994, siehe Befragungsprotokoll 6, 3
62 Dieses Treffen fand am 23./24.Juli 1994 in Ludwigsburg statt, erstmals unter Beteiligung der Verkehrsminister der Beitrittskandidaten Finnland, Norwegen, Österreich und
Schweden; die Einführung eines europäischen Verkehrswarndienstes (via RDS/ TMC)
wurde dabei als erster Schritt zur Realisierung umfassender Verkehrsinformationssysteme
bezeichnet; FAZ (25.07.1994) 170, 5

maßnahmen zur Beschleunigung der Markteinführung neuer Technologien oder um Ansätze einer eigenständigen europäischen Verkehrspolitik handelt - ist jedoch Gegenstand von Kompetenzstreitigkeiten, bezogen auf die Situation der Bundesrepublik Deutschland vornehmlich zwischen der EG-Kommission und den Bundesländern.[63] Es ist weitgehend unumstritten, daß die Ausweitung der Kompetenzen der EU insbesondere auf Kosten des Handlungsspielraums der Bundesländer geht.[64] Für den Bereich der Verkehrsinformationssysteme läßt sich dies konkret an den transeuropäischen Infrastrukturnetz-Vorhaben der EG-Kommission im Gefolge des Vertrages von Maastricht festmachen: Während die EG-Kommission - genauer gesagt die GD VII (Verkehr) - Telematik-Systeme im Transportbereich als Infrastruktur interpretiert, stellen sich einige deutsche Bundesländer dieser Auffassung entgegen, um ihre Einwirkungsmöglichkeiten in diesem Bereich (vide supra, p.121 ff.) nicht preisgeben zu müssen.[65] Von seiten der EG-Kommission fügen sich die Anstrengungen im Bereich Verkehrstelematik gut ins Bild der Bemühungen hin zu einer gemeinsamen europäischen Verkehrspolitik ein, die ja immerhin seit vielen Jahren reklamiert wird.[66] Seit der Schaffung der EU mit dem Vertrag von Maastricht stehen für das Vorhaben einer gemeinsamen Verkehrspolitik nun auch endlich die erforderlichen Finanzmittel zur Verfügung - vornehmlich in Gestalt der Mittel für die transeuropäischen Infrastrukturnetze.[67] Allerdings umfaßt der Vertrag von

---

63 EG-Kommission 1991, 10; Interview mit Ulrich Näke am 20.Juni 1994, siehe Befragungsprotokoll 7, 5
64 Hesse/ Ellwein 1992, 91
65 Interview mit Reinhard Schult am 29.Juni 1994, siehe Befragungsprotokoll 10, 8; Europäische Kommission 1994, 33 f. + 104 f.; Interview mit Josef W. Grüter am 17.Juni 1994, siehe Befragungsprotokoll 5, 2; Interview mit Robert J. Coleman am 17.Juni 1994, siehe Befragungsprotokoll 6, 1; der Vertrag von Maastricht enthält in Titel XII Art. 129b die Aspekte Verkehrssicherheit und transeuropäische Netze (Transport, Energie, Telekommunikation) als künftigen Handlungsbereich der EU; Reh 1993, 36; EG KOM (93) 246 endg., 29; der Entscheidungsvorschlag für Rat und EP über gemeinschaftliche Leitlinien eines transeuropäischen Verkehrsnetzes (auf der Grundlage dieser Entscheidung sollen die Bestimmungen von Titel XII des Vertrags von Maastricht ausgeführt werden) hält fest: "Von größter Wichtigkeit für das transeuropäische Verkehrsnetz wird der Aufbau eines auf den Verkehrssektor zugeschnittenen Informations- und Managementsystems sein, damit der Benutzer (Passagiere und Industrie) über die verschiedenen Möglichkeiten, die das Netz nach den oben genannten Kriterien bietet, besser informiert wird." und "Ein solches System ist als Teil der Verkehrsnetzinfrastruktur zu betrachten."; EG KOM (94) 106 endg., 18 [Hervorhebung im Original]; nähere Informationen bezüglich der transeuropäischen Netze enthält das Glossar
66 Die Art. 3e, 74 und 75 EWG-Vertrag enthalten die Verpflichtung, eine gemeinsame Verkehrspolitik einzuführen; EP - Generaldirektion Wissenschaft 1991, DE III/ S, 1
67 Nienhaus 1993, 34; Interview mit Klaus Everts am 8.Juni 1994, siehe Befragungsprotokoll 2, 4; außerdem sind die "gesetzgeberischen" (Verordnungen, Richtlinien, Entscheidungen) Kompetenzen der EU auf verkehrspolitischem Gebiet inzwischen relativ gut ausgebildet; Reh 1993, 36; auch zuvor standen bereits finanzielle Mittel für eigenständige europäische Infrastrukturvorhaben zur Verfügung, jedoch reichten diese bei weitem nicht aus

Maastricht auch die Festschreibung des Subsidiaritätsprinzips, zu dem sich die EG-Kommission bekennt und angibt, sie wolle bei der Schaffung transeuropäischer Netze lediglich eine Katalysatorfunktion übernehmen.[68]

Inwieweit damit die Bedenken der deutschen Bundesländer ausgeräumt sind, bleibt fraglich.[69] Grundsätzlich ist anzumerken, daß unklar ist, inwieweit der Versuch einer gemeinsamen europäischen Verkehrspolitik unter den Bedingungen derzeitiger institutioneller Strukturen zur verkehrspolitischen Effizienz beitragen wird. Die europäische Agrarpolitik ist hier das am häufigsten thematisierte abschreckende Beispiel, doch es gibt noch weitere.[70] Die "Politikverflechtungsfalle" (Fritz W. Scharpf) schnappt auch auf europäischer Ebene zu. Für die europäische Politikverflechtung gelten die gleichen problematischen Tendenzen, wie sie im bundesdeutschen kooperativen Föderalismus zu beobachten sind: Sequentielle Entscheidungen auf dem kleinsten gemeinsamen Nenner vorbei am gesamtwirtschaftlichen Optimum sind die Folge, kohärente, gemeinsame politische Strategie-Entscheidungen praktisch unmöglich.[71] Die "Politikverflechtungsfalle" läßt sich dabei auf europäischer Ebene an der bislang in zentralen Bereichen

---

für eine Politik des "goldenen Zügels" gegenüber den Mitgliedstaaten und v.a. den Regionen; Reh 1993, 40; allerdings setzt auch die EG-Kommission im Rahmen ihrer Finanzierungspläne auf eine weitestmögliche Mobilisierung von privaten Investitionen; Europäische Kommission 1994, 34 + 36 f.; Reinhard Schult hegte beim Interview am 29.Juni 1994 die Befürchtung, sobald einmal ein eigenständiger europäischer Finanztopf vorhanden sei, werde man daraus auch einen eigenen europäischen Kompetenzbereich aufbauen; im Gegensatz zu den institutionellen Tatsachen auf Länder- und Bundesebene stünde der sich auf diese Weise verselbständigenden europäischen Verwaltung jedoch keine angemessene demokratisch legitimierte Kontrollinstanz gegenüber, siehe Befragungsprotokoll 9, 7 f.
68 Europäische Kommission 1994, 98; Interview mit Josef W. Grüter am 17.Juni 1994, siehe Befragungsprotokoll 5, 2; Interview mit Robert J. Coleman am 17.Juni 1994, siehe Befragungsprotokoll 6, 1; wörtlich heißt es im Entscheidungsvorschlag für Rat und EP über gemeinschaftliche Leitlinien eines transeuropäischen Verkehrsnetzes: "Entsprechend dem Subsidiaritätsprinzip überlassen es die Leitlinien den Mitgliedstaaten, nach ihren eigenen Plänen und finanziellen Möglichkeiten tätig zu werden; ihre Maßnahmen müssen jedoch mit den auf Gemeinschaftsebene aufgestellten Leitlinien zu vereinbaren sein."; EG KOM (94) 106 endg., 9
69 Bedenken werden aber u.a. auch aus dem BMV angemeldet: So hielt Ulrich Näke im Interview am 20.Juni 1994 fest, die Rolle der EU sei im Bereich der Standardisierung zu suchen, alles andere verstoße gegen das Subsidiaritätsprinzip; die Tendenz der EG-Kommission zur Einmischung in Systementscheidungen durch die "Hintertür" transeuropäische Netze sei verfehlt; siehe Befragungsprotokoll 7, 5; beispielhaft für die Bedenken der Bundesländer: Interview mit Reinhard Schult am 29.Juni 1994, siehe Befragungsprotokoll 10, 7 f.
70 Doch sind die Parallelitäten der Verkehrs- zur Agrarpolitik besonders augenfällig: Beide waren ursprünglich als Felder gemeinsamer europäischer Politik konzipiert; Teske 1991, 3
71 Vide supra, p.105; Reh 1993, 35; Scharpf interpretiert insbesondere auch das Gefangensein der EU zwischen quantitativer Erweiterung und qualitativer Stagnation (Koexistenz von Stabilität und suboptimalen Politikergebnissen) als Ergebnis der Politikverflechtung; Scharpf 1985, 324

immer noch ungebrochenen Gültigkeit des Einstimmigkeitsprinzips im Rat festmachen, welche aufgrund heterogener nationaler Interessen häufig eine Handlungs- und Entscheidungsunfähigkeit des Rates in wichtigen politischen Fragen nach sich zieht.[72]

Opfer dieses politischen Immobilismus von seitens des Rates, aber auch von seiten der CEMT ist immer wieder das - nicht nur in verkehrspolitischen Fragen - relativ progressive Europäische Parlament (EP).[73] Als Beispiel kann hier die mühsame und langwierige europäische Entscheidungsfindung zur Abgeltung der Wegekosten im Straßenverkehr dienen: Während das EP seit vielen Jahren ein flächendeckendes und europaweit harmonisiertes Wegekostenanlastungs-System fordert, konnte sich bisher lediglich auf eine Euro-Vignette für schwere Nutzfahrzeuge für die Benelux-Staaten und Deutschland geeinigt werden, die die erheblichen regionalen Unterschiede in der Wegekostenfrage nur marginal ausgleicht.[74] Deshalb ist es als besonders positiv zu bewerten, daß sich das EP, die Kommission und die CEMT - als "Probebühne" der Entscheidung im EU-Ministerrat - von den Grundsätzen der Implementierung von Verkehrsinformationssystemen her einig sind: Befürwortet werden die weitestmögliche Realisierung von Marktlösungen und mithin auch die private Finanzierung und Betreiberschaft.[75] Dabei sind für diese Übereinstimmung auch auf europäischer

---

[72] Also politischen Immobilismus zur Folge hat; vide supra, p.105; Reh 1993, 43; die Einstimmigkeitsregel entspricht dabei dem rationalen Kalkül der Mitgliedstaaten, auch wenn sie im Einzelfall von mehrheitlichen Entscheidungen profitieren könnten; auch hier besteht der bereits im bundesdeutschen Rahmen beobachtete Trend zum "Schulterschluß" der Gliedstaaten untereinander; das institutionelle Eigeninteresse der Mitgliedstaaten an der Erhaltung ihrer Veto-Position dominiert; Scharpf 1985, 334
[73] Die Bedeutung der CEMT hat allerdings in den letzten Jahren in dem Maße abgenommen, in dem die EG-Kommission eigene verkehrspolitische Konturen entwickelt hat; Bjelicic 1990, 116; trotzdem macht sich die CEMT mit diversen Resolutionen u.a. auch auf den Gebieten transeuropäische Netze und Verkehrsinformationssysteme bemerkbar; Deutscher Bundestag - Verkehrsausschuß, Ausschußdrucksache 696/1994, 2
[74] Interview mit Robert Schüssler am 13.Juni 1994, siehe Befragungsprotokoll 4, 3; EP - Generaldirektion Wissenschaft, DE/ III/ S/ 1e, 1; außerdem fordert das EP auch die Förderung von Telematikanwendungen im städtischen Raum durch die Kommission; Deutscher Bundestag, Drucksache 12/ 6841 vom 16.02.1994, 9 + 12; Anfang 1992 legte das EP zudem ein umfassendes Verkehrsmanagement-Modell incl. eines Road-Pricing-Systems vor, welches allerdings bisher von der Kommission nicht aufgegriffen wurde; Reh 1993, 38; die Euro-Vignette stellt nur eine Übergangslösung bis zur Einführung eines elektronischen Gebührensystems in den Unterzeichnerstaaten dar; WIB 24 (04.05.1994) 9, 51; laut Ministerratsbeschluß vom 19.Juni 1993 dürfen die Mitgliedstaaten strecken- und zeitbezogene Benutzungsgebühren für Autobahnen und vergleichbare Straßen gemäß Territorialitätsprinzip erheben; Zobel 1994, 32
[75] Deutscher Bundestag - Verkehrsausschuß, Ausschußdrucksache 696/1994, 17 ff.; Deutscher Bundestag, Drucksache 12/ 6841, 8 f. + 12; Interviews mit Josef W. Grüter und Robert J. Coleman am 17. Juni 1994, siehe Befragungsprotokolle 5 und 6

Ebene wirtschaftspolitische Erwägungen mindestens ebenso wichtig wie verkehrspolitische.[76]

Was die Position zu Verkehrsinformationssystemen betrifft, so laufen die deutsche und die europäische Verkehrspolitik also im großen und ganzen parallel. Diese Übereinstimmung, die z.zt. führende Stellung der deutschen Industrie auf dem Gebiet der Verkehrsinformationstechnik sowie die zentrale Lage Deutschlands in Europa erklären das starke deutsche Engagement auf europäischer Ebene in diesem Bereich.[77] Abzuwarten bleibt, welche Wirkung die sich abzeichnende Auseinandersetzung um Zuständigkeiten zwischen den Bundesländern und der EG-Kommission auf die Implementierung von Verkehrsinformationssystemen zeitigen wird und inwieweit europaweite Interoperabilität und Interkonnektivität gewährleistet werden können.

3.2.5 Industrie, Verkehrsunternehmen, Verbände

Der folgende Teil der Analyse beschäftigt sich mit den Positionen der maßgeblichen Verbände zu Einführung und Betrieb von Verkehrsinformationssystemen. "Unter einem Verband soll eine Vereinigung verstanden werden, die kontinuierlich als Organisation für ihre Mitglieder Dienstleistungen erbringt und wirtschaftliche Bedingungen verhandelt, sowie wirtschaftliche, gesellschaftliche oder kulturelle Gruppen- oder Schichteninteressen vertritt und für sie wirbt, um sie in politischen Entscheidungsvorgängen zur Gel-

---

76 Es geht um die Sicherung der wirtschaftlich-technologischen Wettbewerbsfähigkeit Europas, insbesondere im Vergleich zur (südost)asiatischen Region (Japan, Singapur, (Süd)Korea, Hongkong, Taiwan, aber in wachsendem Maße auch Indien, China, Malaysia, Indonesien, Thailand etc.); Grewlich 1992, 209; FAZ (04.06.1994) 127, 12; dabei gilt (nicht nur) für die EU: "Technologiepolitik ist im Grunde eine auf Modernisierung gerichtete Spielart der Industriepolitik."; Starbatty/ Vetterlein 1992, 16
77 Bekanntermaßen kürten die Deutschen Verkehrsinformationssysteme zu einem der wesentlichen Themen ihrer Ratspräsidentschaft in der zweiten Hälfte 1994; Interview mit Robert J. Coleman am 17.Juni 1994, siehe Befragungsprotokoll 6, 2; Interview mit Heinz Sandhäger am 9. August 1994, siehe Befragungsprotokoll 11, 4

tung zu bringen und die zu diesem Zweck auf Verfassungsorgane, Verwaltung, Parteien und Medien einzuwirken versucht."[78] Interessengruppen sind demnach Organisationen, freiwillig gebildete soziale Einheiten mit spezifischen Zielen und arbeitsteiliger Gliederung.[79] Die Organisationsfähigkeit von Interessen wird dabei von der ausreichend vorhandenen Fähigkeit determiniert, die zur Etablierung einer Interessenorganisation notwendigen motivationalen und materiellen Ressourcen zu mobilisieren.[80] Wesentlich ist auch, daß Verbände über die reine Interessenaggregierung und - förderung hinweg ihren Mitgliedern selektive (und häufig materielle) Anreize bieten, da sie nur auf diesem Wege die erforderlichen Ressourcen mobilisieren können.[81]

Verbände verfolgen immer zwei Arten von Interessen gleichzeitig: Die artikulierten Interessen der Mitglieder auf der einen Seite und die Organisationsinteressen des korporativen Akteurs an Bestandserhaltung, Macht, Ressourcenverfügung und Autonomie auf der anderen Seite.[82] Für beide Arten der Interessenverfolgung soll im folgenden ein egoistisch-rationales Kalkül unterstellt werden. Für die Durchsetzungsfähigkeit von Interessenverbänden ist es außerdem entscheidend, daß sie innerhalb eines bestimmten Sozialbereichs konkurrenzlos, d.h. ohne maßgebliche Parallelorganisationen wirken.[83]

---

78 Domes 1994, 134; Parteien unterscheiden sich von Verbänden dabei insbesondere durch ihre - zumindest theoretisch und programmatisch vorhandene - Ausrichtung auf die Übernahme der Regierungsverantwortung; Massing 1991, 251
79 "Organisation heißt jedes soziale System, das einer zielgerichteten und zentralen Steuerung unterliegt. Eine Organisation kann also definiert werden durch ein bestimmtes Ziel und eine Steuerung und Kontrolle des Verhaltens aller Mitglieder durch eine zentrale Instanz."; Lehner 1981, 168
80 Alemann 1989, 30 + 45
81 Mancur Olson zufolge stellen Interessenverbände durch die Verfolgung eines gemeinsamen Interesses ein Kollektivgut zur Verfügung, d.h. am Durchsetzungserfolg eines Verbandes haben alle Interessen des fraglichen Sozialbereiches Anteil, ohne daß notwendigerweise eine Verbandsmitgliedschaft vorliegen muß; für ein rational handelndes Individuum besteht daher keinerlei Veranlassung, einer Interessenorganisation beizutreten; bietet jedoch der Verband selektive materielle Anreize, - wie z.B. die Versicherungs- und Pannenhilfedienstleistungen des ADAC - so kann er auf diesem Wege die notwendigen Ressourcen mobilisieren; diese Vorgehensweise ist insbesondere für große, weite Interessenbereiche abdeckende Verbände (wie z.B. den ADAC) unbedingt notwendig; Olson 1985 (1965/68), 163 + 165; Kirchgässner 1991, 119 ff.; Lehner 1981, 83; zu Olson siehe weiterführend Schubert 1992
82 Deshalb ist die Autonomie des korporativen Akteurs von Mitgliederinteressen eine Voraussetzung für die Handlungsfähigkeit der Verbandsführung; Mayntz 1992a, 17; siehe auch Czada 1991
83 Im Vorgang der Interessenaggregierung werden Prioritäten gesetzt und Abstriche von Einzelinteressen gemacht, wobei die finanz- und organisationsstarken Gruppen innerhalb eines Verbandes die anderen Interessen insoweit berücksichtigen müssen, daß die Gründung einer lebensfähigen Parallelorganisation verhindert wird; Varain 1986, 534 f.

Die Möglichkeiten der Interessenverbände zur Durchsetzung bzw.
Förderung ihrer Interessen aktiv zu werden sind vielfältig. Sie reichen vom
Versuch der Beeinflussung der öffentlichen Meinung über verbandliche
Medien- und Öffentlichkeitsarbeit über Kundgebungen und Boykottaktionen
bis hin zu Vergabe und Entzug finanzieller Unterstützung. Allgemein unterteilen lassen sich die Einwirkungsmöglichkeiten in Ausübung öffentlichen
Drucks (pressure) - einschließlich der Drohung des Entzugs von Wähler-
stimmen - und Lobbying.[84] Adressaten der Verbandseinflüsse sind demnach Abgeordnete des Bundestages und der Länderparlamente, die Landes-
regierungen (auch wegen deren Funktion im Bundesrat), die Bundesregierung einschließlich der Ministerialbürokratie sowie - allerdings in Maßen -
die Länderverwaltungen.[85] Die Konfliktfähigkeit eines Verbandes beruht auf
dessen Fähigkeit, bezogen auf den von ihm vertretenen Sozialbereich, kollektiv die Leistung zu verweigern bzw. eine solche Leistungsverweigerung
glaubhaft anzudrohen.[86] Zudem reklamieren Interessenorganisationen für
die   von   ihnen   vertretenen   Policies   in   überwiegendem   Maße
"Gemeinwohlqualität", d.h. sie behaupten, die vom Verband vertretenen
Interessen seien mit dem Gemeinwohl identisch oder diesem zumindest
förderlich.[87] Wesentlicher Bestandteil verbandlicher Lobby-Arbeit ist dabei
die Plazierung von Interessenvertretern im Deutschen Bundestag, insbesondere in denjenigen Ausschüssen, welche die Materie des Interesses be-
arbeiten. Dabei gilt der Verkehrsausschuß des deutschen Bundestages als
von einer hohen Verbandsdichte geprägt.[88]

Das Politikfeld Verkehr ist geprägt von einer außerordentlichen Vielzahl dort aktiver Verbände. Die im Verkehrsbereich tätigen Interessenorganisationen lassen sich grob in primär mit dem Güterverkehr und primär mit
dem Personenverkehr befaßte und dort wiederum in Anbieter- (von Verkehrsdienstleistungen i.w.S.), Nachfrager- (von Verkehrsdienstleistungen,
also verladende Wirtschaft, Verkehrsteilnehmer) sowie Hersteller-Interessen
(von Produktionsgütern für Verkehrsdienstleistungen, also beispielsweise
die Automobilindustrie) vertretende differenzieren. Hinzu kommen Verbän-

---

84 Lobbying reicht von allen Formen der Beeinflussung von Abgeordneten (Argumentation
und Vergabe von (Exclusiv-)Informationen, Avisieren bzw. Verweigern von Investitionsentscheidungen in bestimmten Regionen oder Branchen, Parteispenden und Postenvergabe an
Politiker, Bestechung, Bedrohung) bis hin zum personellen Eindringen von Verbandsvertre-
tern in Parteien, Parlamente und Regierungen); Alemann 1989, 172; Lindblom 1968, 63;
Beyme 1991, 191 f.; Domes 1994, 139
85 Beyme 1991, 195 ff.
86 Alemann 1989, 45; Lehner 1981, 84
87 Vobruba 1992, 97
88 Beyme 1991, 192

de, die andere Interessen, wie z.B. Umweltschutzbelange, Arbeitnehmer-
bzw. Arbeitgeberinteressen sowie - bereits thematisiert (vide supra, p.123)
- öffentliche Gebietskörperschaften vertreten.[89]

Zu den Interessenorganisationen, die im Bereich des Güterverkehrs
Interessen der Anbieter von Verkehrsdienstleistungen vertreten, gehört der
Bundesverband Spedition und Lagerei (BSL). In seiner Stellungnahme zum
Strategiepapier "Telematik im Verkehr" des BMV am 9.Februar 1994
schloß sich der BSL inhaltlich der Stellungnahme des DIHT an und wies zusätzlich auf die Vielfalt der Anwendungsmöglichkeiten im Speditionsbereich
hin.[90] Skeptischer hingegen wird das Thema automatische Gebührenerhebung aufgenommen, allerdings nicht aufgrund von Vorbehalten gegen die
automatischen Erhebungssysteme, sondern aufgrund der Ablehnung der
Erhebung von Straßenbenutzungsgebühren an sich.[91] Der Bundesverband
des Deutschen Güterfernverkehrs (BDF), zusammengeschlossen mit dem
Bundesverband des Deutschen Güternahverkehrs (BDN) sowie der Arbeitsgemeinschaft Möbeltransport Bundesverband (AMÖ) in den Bundesverbän-
den des Deutschen Güterverkehrs (BDG), vertritt in seiner Stellungnahme
zum Strategiepapier die Interessen der Fuhrunternehmer im Gütertransport
auf der Straße. Hier zeigte man sich grundsätzlich zur Zusammenarbeit bereit und bewertete die Möglichkeiten der Telematik im Verkehr positiv.
Hinsichtlich der Einführung von Straßenbenutzungsgebühren verlangte der
BDF, diese in erster Linie auf eine Beseitigung der Wettbewerbsverzerrun-
gen im fiskalischen Bereich hin auszurichten.[92] Die AMÖ fügte in einer eigenen Stellungnahme noch die Befürchtung hinzu, die Gebührenerhebung
führe zu einer Verkehrsverlagerung auf untergeordnete Straßen und erhöhe
außerdem das Unfallrisiko.[93]

Die Interessen des Schienenverkehrs - genauer gesagt des Kombinierten Verkehrs - vertritt im Rahmen des Verbändegesprächs zur Telematik

---

89 Diese Typologie ist natürlich nicht ganz frei von Überschneidungen; sie beruht auf Bjelicic 1990, 101; Alemann 1989, 71; Domes 1994, 136; im folgenden werden zugunsten
einer besseren Übersicht nur die jeweils wichtigsten Interessenverbände behandelt
90 Außerdem arbeitet der BSL mit dem VDA zusammen; BMV - A 10 1994a, Tabelle 15
91 Straßenbenutzungsgebühren seien aufgrund mangelnder Nachfrageelastizität zu Steue-
rungszwecken ungeeignet, außerdem müsse nicht nur auf der Nachfrage- sondern auch auf
der Angebotsseite etwas verändert werden; BMV - A 10 1994b, 5
92 BMV - A 10 1994a, Tabelle 11; Bjelicic 1990, 104 f.
93 Außerdem stellte die AMÖ die Frage der Finanzierbarkeit von Telematik-Diensten seitens kleiner bis mittelgroßer Betriebe; der deutsche Möbeltransportbereich wird derzeit in
überwiegendem Maße von Klein- bis Mittelunternehmen versehen; BMV - A 10 1994a, Tabelle 16

im Verkehr die Kombiverkehr GmbH & Co. KG, das für die Abwicklung des Kombinierten Verkehrs (KV) Schiene/Straße zuständige Unternehmen.[94] Kombiverkehr verkündete eine positive Einstellung zur Telematik im Verkehr und sagte dem BMV ihre Unterstützung zu. Angemahnt wurde eine kompatible, den Kriterien offener Kommunikation entsprechende Gestaltung der Systeme bei möglichst niedrigen Instandhaltungskosten und möglichst hohem Maß an Daten- und Kundenschutz.[95] Der Zentralverband der Deutschen Seehafenbetriebe (ZDS) hob in seiner Stellungnahme hervor, daß hafeninterne Telematik-Systeme bereits sehr erfolgreich im Einsatz seien und es nun auf die Realisierung der Anbindung an den Schnittstellen zu anderen Verkehrsträgern ankomme. Er bot dem BMV dafür seine Mitarbeit an.[96] Ähnlich äußerte sich auch der Bundesverband Öffentlicher Binnenhäfen (BÖB), der sich ausdrücklich über Partikular- und Inseldenken beklagte und ebenfalls seine Kooperationsbereitschaft unterstrich.[97] Der Verband Deutscher Reeder (VDR) lobte die Fortschritte der Standardisierung bei Telematik-Systemen im Container-Umschlag.[98]

Stellvertretend für die Interessen der Nachfrageseite im Güterverkehr sollen die Stellungnahmen des Bundesverbands der Deutschen Industrie (BDI) sowie des Deutschen Industrie- und Handelstages (DIHT) zum Strategiepapier "Telematik im Verkehr" stehen. Der BDI äußerte eine grundlegend positive Einstellung gegenüber Verkehrsinformationssystemen, hielt jedoch fest, daß Verkehrsverlagerungen seiner Ansicht nach nicht in Betracht kämen, da es <u>den</u> umweltfreundlichen Verkehrsträger nicht gebe. Zudem dürften Telematik-Systeme nicht zu einer weiteren Verteuerung des Verkehrs führen. Von staatlicher Seite erwartet sich der BDI die Schaffung der Rahmenbedingungen für die Errichtung der erforderlichen Infrastruktur.[99] Der DIHT als Dachverband der die Gesamtheit der (regionalen) gewerblichen Interessen vertretenden Industrie- und Handelskammern (IHK) spricht sich ebenfalls positiv zur Einführung von Telematik-Systemen im Verkehr aus und zwar einschließlich solcher zur automatischen Erhebung

---

94 Die Deutsche Bahn AG ist an der Kombiverkehr GmbH & Co. KG beteiligt; nähere Angaben über die Kombiverkehr sowie den KV enthält das Glossar
95 BMV - A 10 1994a, Tabelle 10; BMV - A 10 1994b, 6
96 BMV - A 10 1994b, 6; BMV - A 10 1994a, Tabelle 9
97 Der BÖB forderte insbesondere schnelle Fortschritte auf dem Gebiet der Implementierung der EDIFACT-Standards; BMV - A 10 1994a, Tabelle 8; BMV A 10 1994b, 6
98 BMV - A 10 1994b, 6
99 BMV - A 10 1994a, Tabelle 2; BMV - A 10 1994b, 3; in einem Schreiben des BDI (Abteilung Verkehrs- und Telekommunikationspolitik) an das BMV vom 28.10.1993 heißt es: "Soweit allerdings von einer Verlagerung auf umweltfreundliche Verkehrsträger gesprochen wird, bedarf dies der Präzisierung, was darunter zu verstehen ist."

von Straßenbenutzungsgebühren. Das Road Pricing solle der verursacher-
gerechten Anlastung von Wegekosten dienen.[100] Allerdings sprach sich
auch der DIHT gegen Ansätze zur Verkehrslenkung via Telematik aus und
empfahl stattdessen freiwillige Verlagerung durch bessere Information.
Darüber hinaus wurden eine öffentliche Anschubfinanzierung, eine Differenzierung des Sammelbegriffs Telematik, Rücksichtnahme auf die betrieblichen Kosten-Nutzen-Analysen der Verkehrsteilnehmer sowie eine Einsicht
in die Tatsache, daß Verkehrsinformationssysteme keinen Ersatz für Infrastrukturinvestitionen darstellen, gefordert.[101]

Die Hersteller von Produktionsgütern für die Erbringung von Verkehrsleistungen sind im Güterverkehr weitgehend dieselben wie im Personenverkehr, so daß beide Kategorien hier gemeinsam behandelt werden
können. Die wohl mächtigste Interessenorganisation in diesem Bereich ist
der Verband der Automobilindustrie (VDA), ein dem BDI angeschlossener
Verband, der die Interessen seiner Klientel jedoch eigenständig vertritt. Die
Macht des VDA steht dabei in unmittelbarem Zusammenhang mit der bundesdeutschen Arbeitsmarktsituation: In der Bundesrepublik Deutschland
hängt z.Zt. jeder sechste Arbeitsplatz direkt oder indirekt von der Automobilindustrie ab.[102] Andererseits hat aber insbesondere die Automobilindustrie ein vitales Interesse an der Lösung bestehender Verkehrsprobleme,
was ihre hohe Kooperationsbereitschaft erklärt.[103] Darüber hinaus geht
man auf seiten der Automobilhersteller davon aus, daß On-Board-Geräte für
Verkehrsinformationssysteme - insbesondere solche, die der dynamischen,
individuellen Zielführung dienen - in einigen Jahren zur serienmäßigen
Ausstattung der Kraftfahrzeuge gehören werden.[104] Daher ist es kaum

---

100 Eine Differenzierung der Nutzungsgebühren zu Zwecken der Verkehrsverlagerung auf
andere Verkehrsträger lehnt der DIHT hingegen ab; BMV - A 10 1994a, Tabelle 1; auch
das DIHT-Verkehrskonzept aus dem Jahre 1991 äußert sich in dieser Weise; DIHT 1991,
14 f.
101 BMV - A 10 1994a, Tabelle 1
102 Weise, Horst: Deutsche sind Weltmeister in der falschen Disziplin, DVZ (15.08.1993)
104, 3; andere dem BDI angeschlossene Verbände im Verkehrsbereich sind z.B. der Bundesverband der Deutschen Luft-, Raumfahrt- und Ausrüstungsindustrie (BDLI), der Verband
für Schiffsbau und Meerestechnik (VSM), der Verband der Fahrrad- und Motorradindustrie
(VFM) sowie der Verband der Deutschen Lokomotivindustrie (VDL); Bjelicic 1990, 107
103 Und auch das große Interesse von Automobilproduzenten an Telematik-Pilotprojekten;
Szelenyi, Andreas : Wider den Infarkt, FAZ Beilage "Umwelt und Technik" (17.05.1994)
113, B10; Dicke 1993, 7 f. + 11
104 Wobei der Verkauf der Geräte das Geschäft der Zulieferer ist; Interview mit Robert
Schüssler am 13.Juni 1994, siehe Befragungsprotokoll 4, 1; diese Absicht ist inzwischen -
zumindest im Daimler Benz Konzern - Wirklichkeit geworden: Vom Frühjahr 1995 an bietet
Mercedes-Benz ein von Bosch-Blaupunkt entwickeltes Navigationssystem, das Auto Pilot
System (APS; siehe Glossar) als Sonderausstattung für Limousinen und Coupés der S-
Klasse an; das APS soll zunächst rd. 3.500 DM kosten und 1996 auch für die C-, E- und

verwunderlich, daß sich der VDA in seiner Stellungnahme zum Strategiepapier des BMV für eine rasche Einführung von Verkehrsinformationssystemen einsetzt. Allerdings wendet er sich in deutlicher Sprache gegen Ansätze der Verkehrslenkung und -verlagerung - die als Eingriffe in die freie
Verkehrsmittelwahl bezeichnet werden - und sieht in Systemen zur automatischen Gebührenerfassung ein reines "Inkasso-Instrument". Gegen
Road Pricing ist der VDA nicht grundsätzlich, knüpft dessen Einführung jedoch an verschiedene Bedingungen: So dürfen Straßenbenutzungsgebühren
nach Ansicht des VDA nicht zu einer fiskalischen Mehrbelastung des Straßenverkehrs führen und als Instrument zur Erhebung von Marktpreisen nur
dann eingesetzt werden, wenn Wettbewerb sowohl auf der Angebots- als
auch auf der Nachfrageseite zugelassen wird.[105]

Auch der Verband der Deutschen Bahnindustrie (VDB) befürwortet
die Einführung von Verkehrsinformationssystemen.[106] Diese Feststellung
gilt - aus naheliegenden Gründen - auch für den Zentralverband Elektro-
technik- und Elektronikindustrie (ZVEI), wo die Interessen der Hersteller von
Telematik-Systemen selbst im wesentlichen angesiedelt sind. Der ZVEI
zeigte sich sehr kooperationsbereit und forderte im Gegenzug vom BMV die
Übernahme der Federführung sowie die Schaffung von Klarheit hinsichtlich
finanzieller, organisatorischer und terminlicher Fragen angesichts der Probleme in diesen Bereichen infolge der föderativen Struktur der Bundesrepublik Deutschland. Der Verband betonte insbesondere die Notwendigkeit,
die momentan führende Rolle Deutschlands auf dem Gebiet der Verkehrsinformationstechnik wahrzunehmen und den Vorgang der internationalen
Standardisierung voranzutreiben und zu deutschen Gunsten zu beeinflussen.[107] Lobby-Arbeit seitens einzelner Unternehmen bzw. Konzerne findet

---

SL-Klasse , später auch für Nutzfahrzeuge zur Verfügung stehen; Spira, Johann-Christoph:
Keine Umwege mehr für die S-Klasse, FAZ (30.08.1994) 201, T4; die vom Standpunkt der
Automobilhersteller optimale Lösung sind dabei mehrsystemfähige, also in einem gewissen
Rahmen von Systementscheidungen unabhängige Empfangseinrichtungen in den Fahrzeugen; Interview mit Reinhard Schult am 29.Juni 1994, siehe Befragungsprotokoll 10, 7
105 BMV - A 10 1994a, Tabelle 14; Georg Brunnhuber äußerte im Interview am 27.Juni
1994, daß die Sorge zu starker Regulierung der Autofahrer im Verkehrsmanagement v.a.
von seiten der Automobilverbände geäußert würde (= VDA, aber insbesondere auch
ADAC, DSL), Befragungsprotokoll 9, 2; außerdem macht sich der VDA für staatliche Infra-
struktur-(System-) entscheidungen stark; VDA 1993, 21; eine derartige Entscheidung
würde die Kosten auf Geräte-Ebene senken sowie die Einführung des entsprechenden Systems beschleunigen
106 BMV - A 10 1994a, Tabelle 12
107 BMV - A 10 1994a, Tabelle 13; BMV - A 10 1994b, 3 f.; ähnlich stellt sich die Position des VDI dar, der sich in seinem Memorandum Verkehr von 1993 zusätzlich auch für
zweckgebundene Verkehrsabgaben "zur Erzielung eines umwelt- und ressourcenschonen-

auch und in nicht unerheblichem Maße statt - derartige Anstrengungen insbesondere der Siemens AG wurden in den Interviews mehrfach angesprochen - doch ist es schwierig, dies konkret nachzuweisen, weil diese Art der
Interessenvertretung vornehmlich im informellen Bereich stattfindet. Daher
soll sich im folgenden auf die Verbände als offizielle Interessenvertreter
konzentriert werden. Die Bauwirtschaft steht zwar Verkehrsleitsystemen
nach wie vor skeptisch gegenüber, - wegen deren behaupteter
"Infrastrukturausbau-Ersatz-Eigenschaft" - befürwortet jedoch die Einführung von Straßenbenutzungsgebühren, welche sie als Anreiz und Vorstufe
der Privatisierung der Infrastruktur interpretiert.[108]

Der wohl wichtigste nationale Verband auf der Seite der Anbieter
von Personenverkehrsleistungen ist der Verband Deutscher Verkehrsunternehmen (VDV), er vertritt Unternehmen des öffentlichen Verkehrs.[109] Daher ist es verständlich, daß eine Verkehrsverlagerung auf öffentliche Verkehrsmittel im ureigensten Interesse des VDV liegt. In seiner Stellungnahme
zum Strategiepapier "Telematik im Verkehr" des BMV meldete der VDV
trotz grundsätzlicher Zustimmung zur Einführung von Verkehrsinformationssystemen eine ganze Reihe von Kritikpunkten an. Insbesondere zwei-
felte er die verkehrsvermeidende Wirkung von individuellen Zielführungs-
und Parkleitsystemen an und warnte vor diesbezüglichen überzogenen
Vorstellungen. Dahingegen sei eine deutlichere Festschreibung der Bevorrechtigung des ÖPNV erwünscht. Aus Sicht des VDV gehört es zu den wesentlichen Zielen eines Verkehrssystemmanagements, Verkehr auf den ÖP-
NV zu verlagern und diesen vor anderen Verkehrsmitteln zu priorisieren.
Dies solle erreicht werden durch eine Attraktivitätssteigerung auf seiten
des ÖPNV sowie gleichzeitige beschränkende Eingriffe in den MIV, also
Straßenbenutzungsgebühren, Zuflußdosierungen, Parkraumverknappung
und Sperrung der Innenstädte.[110]

Auch der Bundesverband Deutscher Omnibusunternehmer (BDO)
steht der Einführung von Verkehrsinformationssystemen grundsätzlich po-

---

den Verkehrs" einsetzt; VDI 1993, 1; zur Rolle von Technikanbietern im Implementierungs-
vorgang siehe Döhl 1989
108 FAZ (26.07.1994) 171, 12
109 Der VDV besteht seit dem 1.Januar 1991 als Interessenorganisation der Unternehmen
des ÖPNV sowie des Güterverkehrs mit Schwerpunkt Eisenbahn-Güterverkehr; der VDV
wurde als Zusammenschluß des Verbandes Öffentlicher Verkehrsbetriebe (VÖV) mit dem
VÖV der ehemaligen DDR und dem Bundesverband Deutscher Eisenbahnen, Kraftverkehre
und Seilbahnen (BDE) gegründet; VDV 1994, 2; Oldenburg 1994, 439
110 BMV - A 10 1994a, Tabelle 4; BMV - A 10 1994b, 4; VDV o.J., 5 f.

sitiv gegenüber, äußerte jedoch seine Besorgnis über absehbare Probleme kleiner Unternehmen bei der Anschaffung der für Telematik-Systeme notwendigen Ausrüstung.[111] Große Chancen für das von ihm vertretene Gewerbe in der Einführung von Telematik-Systemen sieht der Bundes-Zentralverband Personenverkehr - Taxi und Mietwagen (BZP) in seiner Stellungnahme zum Strategiepapier.[112] Positiv gegenüber der Einführung von Verkehrsinformationssystemen, wie das Strategiepapier des BMV sie vorsieht, zeigte sich schließlich - als Vertreter des in erster Linie mit Personentransport befaßten Luftverkehrs - auch die Arbeitsgemeinschaft Deutscher Verkehrsflughäfen (ADV), die darüber hinaus konstruktive Vorschläge zu erfolgversprechenden Projekten liefern konnte.[113]

Den Anbietern von Verkehrsdienstleistungen stehen jedoch mächtige Interessenorganisationen auf der Verbraucherseite, also in Vertretung der Interessen der Verkehrsteilnehmer gegenüber. Aufgrund des hohen Stellenwertes, den Mobilität, und insbesondere Automobilität, in der Freizeitgestaltung der Bürger spielt, ist bei einigen dieser Organisationen kaum unterscheidbar, wo und inwieweit sie sich Verbraucherinteressen widmen bzw. sie Freizeitorganisationen darstellen. Der wohl bekannteste Verband in diesem Bereich und gleichzeitig einer der fleißigsten Lobbyisten überhaupt ist der Allgemeine Deutsche Automobilclub (ADAC).[114] Der ADAC ist ein freiwilliger Mitgliederverband von Autofahrern und seinem Selbstverständnis entsprechend deren Interessenwahrer und Konsumentenverband. Seine bedeutende Mitgliederzahl - 1989 waren es 7,5 Mio. - verdankt der ADAC allerdings einem breiten Spektrum an mitgliederexclusiven Dienstleistungen und Angeboten.[115] Auf dem Gebiet Verkehrsinformationssysteme ist der Verband bereits seit vielen Jahren und mit großem Engagement tätig. Telematik-Systeme beurteilt der ADAC grundsätzlich positiv, mit Ausnahme von elektronischen Mautsystemen. Hier werden sowohl das Vorhaben der Einführung von Road Pricing an sich als auch die vorgesehene Art der Gebührenerhebung sehr scharf kritisiert. Der gegenüber dem BMV geäußerten Ansicht des ADAC nach darf die fiskalische Gesamt-

---

111 BMV - A 10 1994a, Tabelle 6; ebenso wie bereits der Bereich des Möbeltransports ist auch die Branche der Omnibus-Unternehmer von einem relativ hohen Anteil kleiner und mittlerer Unternehmen gekennzeichnet
112 BMV - A 10 1994a, Tabelle 5
113 BMV - A 10 1994a, Tabelle 17
114 Beyme 1991, 192; mit der Zeitschrift "ADAC motorwelt" verfügt der ADAC außerdem über ein ausgesprochen weit verbreitetes Organ; Alemann 1989, 115
115 Denn sonst wäre ein so allgemeines, breites Interesse - Olson zufolge - kaum organisierbar; vide supra, p.136; Alemann 1989, 16 + 114

belastung der Autofahrer nicht weiter steigen. Das BMV plane die Einführung von Straßenbenutzungsgebühren jedoch zur Erzielung von Zusatzeinnahmen, zu Zwecken der Verkehrslenkung sowie zur Verkehrsreduzierung durch Verteuerung. Außerdem drohe durch die derzeit in der Erprobungsphase befindlichen AGE-Systeme die Gefahr des "gläsernen Bürgers". Auf den übrigen Gebieten der Verkehrsinformationstechnik wendet sich der ADAC in seiner Stellungnahme gegen "politisch motivierte Verkehrslenkvorstellungen" und fordert, daß die Entscheidungsfreiheit der Verkehrsteilnehmer gewahrt bleiben müsse.[116]

Eine ähnliche Position wie der ADAC nimmt auch die Deutsche Straßenliga (DSL) ein. Die Interessen der Straßen-Lobby werden hier allerdings noch stärker zur Geltung gebracht. Das Strategiepapier "Telematik im Verkehr" des BMV sei dirigistisch, die Telematik solle als Instrument der Verkehrslenkung sowie als Ersatz für Straßeninfrastrukturinvestitionen "mißbraucht" werden.[117] Weitaus positiver gegenüber Telematik-Systemen eingestellt zeigte sich der Automobilclub von Deutschland (AvD) in seiner Stellungnahme. Der AvD mahnte eine zur künftigen Telematik-Infrastruktur "kompatible" Verkehrsplanung an und sprach sich für eine organisatorische Abkopplung der AGE-Systeme von den übrigen Verkehrsinformations-Dienstleistungen aus. Auch nach Ansicht des AvD sei darauf zu achten, daß der Verkehr bezahlbar bleibe und restriktive Maßnahmen nicht um ihrer selbst willen ergriffen würden.[118] Ganz im Gegensatz zu ADAC, AvD und erst recht DSL setzt sich der Verkehrsclub Deutschland (VCD) für einen Umweltverbund aus umweltfreundlichen Verkehrsmitteln als volle Alternative zum Auto ein. Die Kritik des VCD an den bisherigen Telematik-Konzepten bewegt sich entlang der Linie des VDV. Grundsätzlich beklagt der VCD, die Verkehrspolitik arbeite zusammen mit der Autoindustrie an der Lösung von Detailproblemen, einen grundlegenden Wandel wolle sie jedoch nicht.[119]

---

116 BMV - A 10 1994a; Tabelle 7; Linde 1993, 1 ff.; BMV - A 10 1994b, 3
117 SVW-Info-Dienst (Straße-Verkehr-Wirtschaft, der Presse- und Informationsdienst der DSL) am 13. Dezember 1993; BMV - A 10 1994b, 4 f.
118 BMV - A 10 1994b, 5; im Gesamt-Verkehrskonzept des AvD von 1992 heißt es: "Populismus und Opportunismus sind keine Maximen des AvD, er verurteilt alle Restriktionen, die um ihrer selbst Willen verordnet werden. Ein Beispiel: Tempo 100, pauschal verordnet, ist im 24-Stunden-Zyklus nicht nur unsinnig, sondern wird durch mangelnde Akzeptanz auch unterlaufen"; Hübner 1992, 14
119 "Das Konzept des intelligenten Autos und der intelligenten Straße ist das Grundprinzip des Programms. Man hofft anscheinend, damit auf intelligente Verkehrsteilnehmer und Verkehrspolitiker verzichten zu können."; Tönjes 1991, 18

Stellvertretend für die - in der Kritik von VDV und VCD bereits ange-
klungene - Ansicht der Umweltschutzvertreter zu Einführung und Nutzung
von Verkehrsinformationssystemen soll hier die Position des Bundes für
Umwelt und Naturschutz Deutschland (BUND) stehen.[120] Der BUND fordert
u.a. ein generelles Tempolimit von 100 km/h auf BAB, 80 km/h außer- und
30 km/h innerorts, eine Begrenzung der Fahrzeugzahl insgesamt sowie des
Verkehrs in bestimmten Gebieten, eine verbrauchsabhängige Kfz-Besteue-
rung sowie eine schrittweise Anhebung der Mineralölsteuer. Straßenbenutzungsgebühren werden nicht im Katalog der erwünschten Maßnahmen aufgeführt, doch ist davon auszugehen, daß dem VCD im Rahmen der praktischen Realisierbarkeit auch dieses Mittel der Verteuerung des Straßenverkehrs recht sein wird.[121]

Darüber hinaus könnten noch einige andere Organisationen für Einführung und künftiges Erscheinungsbild von Telematik-Systemen im Verkehr Bedeutung erlangen. Der Technische Überwachungsverein (TÜV) beispielsweise ist als privatrechtlicher Verein mit quasi-öffentlichem Charakter
auf dem Gebiet der technischen Überprüfung und Regelsetzung von erheblicher Bedeutung. Allerdings dominiert bei ihm ein technisches Interesse.[122] Arbeitnehmer- und auch Arbeitgeberverbände werden sich mit
Verkehrsinformationssystemen erst in dem Moment befassen, in dem sie
greifbare Auswirkungen auf die Arbeitsbedingungen zeigen, also beispielsweise erste Bordgeräte in Nutzfahrzeugen installiert werden. Ähnliches gilt
für die Unternehmerverbände.[123] Die Willensbildung in den relevanten internationalen Interessenverbänden ist vom unterschiedlichen Sachstand
von Verkehrsinformations-systemen in den einzelnen Staaten geprägt und
für die bundesdeutsche Entscheidungsfindung wahrscheinlich zweitrangig.[124] Es geht in erster Linie darum, jeweils auf internationaler Ebene einen gemeinsamen Nenner für die Interessen der nationalen Mitgliederver-
bände zu finden.

---

120 Der BUND kann im Rahmen von Planfeststellungsverfahren ("Anhörung des BUND"
auf der Grundlage des Bundesnaturschutzgesetzes) Einfluß nehmen und wird inzwischen
auch von einigen Bundesländern u.a. bei Straßenbauprojekten beteiligt; Alemann 1989,
140
121 BUNDargumente 1993, 10; Haubold/ Ribbe o.J., 9
122 Ein direktes ökonomisches Gewinninteresse darf der TÜV als Verein sowieso nicht haben; es bleibt das Interesse an der Sicherung und evtl. Erweiterung des Arbeitsbereiches;
Alemann 1989, 16
123 Siehe dazu BJU 1992
124 Es ist damit zu rechnen, daß in Deutschland bereits erste definitive Entscheidungen
gefallen sind, bis die Willensbildung innerhalb der internationalen Verbände hinreichend
konkret abgeschlossen ist

3.3 Verkehrsinformationssysteme - politisch durchsetzbar?

3.3.1 Das Policy-Netzwerk

Policy Netzwerke sind komplexe, mehr oder weniger etablierte Beziehungsgeflechte politischer Entscheidungsfindung zwischen einer Vielzahl
interdependenter korporativer Akteure (Organisationen) unterschiedlicher
Ebenen und Bereiche zur Formulierung und Implementierung politischer Programme.[1] Dabei werden Policy Netzwerke empirisch identifiziert, indem
diejenigen Akteure erfaßt werden, die de facto an den Gesprächen, Verhandlungen und Konflikten im Rahmen der Entstehung und Implementierung einer Policy beteiligt sind.[2] Hohe Interdependenz und Komplexität sind
dabei ebenso charakteristisch wie undeutliche, fließende Grenzen zwischen
Netzwerk und Umwelt, also zwischen Akteuren und Außenstehenden.[3]
Grundsätzlich werden im Strukturkonzept der Policy Netzwerke die Grenzen
zwischen dem politischen Bereich, den Bürokratien und den Interessengruppen aufgelöst, wobei jedoch die Netzwerke selbst aufgrund der zu beob-
achtenden Abschottungstendenz wiederum zur Institutionalisierung nei-
gen.[4] Diese neue Art der Institutionalisierung in Netzwerken ist jedoch von

---

1 Schubert 1991, 36; Jordan/ Schubert 1992, 11; Mayntz 1993, 40; Marin/ Mayntz halten fest: "Policy networks do not refer any longer to "networking" of individual personali-
ties, to group collusions, to the interlocking of cliques, elites, party or class factions, as in
older traditions, but to the *collective action of organized corporate actors*, and conse-
quently to *interorganizational relations in public policy making*." und: "Policy Networks are
explicitly defined not only by their structure as *interorganizational* arrangements, but also
by their function - the *formulation and implementation of policy*."; Marin/ Mayntz 1991a,
14 + 16 (Hervorhebung im Original)
2 ibid., 19
3 Lehmbruch 1991, 127; Jordan/ Schubert 1992, 15 + 22; Mayntz/ Marin 1991a, 22;
Heclo faßt die Situation gut zusammen: "Issue networks, on the other hand, comprise a
large number of participants with quite variable degrees of mutual commitment or of de-
pendence on others in their environment; in fact it almost is impossible to say where a
network leaves off and its environment begins."; Heclo 1978, 102; das von Heclo thematisierte Konzept des Issue Netzwerkes wird dabei i.d.R. als Unterkategorie der Policy Netzwerke betrachtet; Pappi 1993, 84; diese Unterscheidung ist jedoch meiner Ansicht nach
nicht sehr sinnvoll, da die Kategorie des Policy Netzwerkes gegenüber dem Konzept des
Politikfeldes mit seinen Akteuren (des "Politikfeld-Netzwerkes", wie Pappi sich ausdrückt;
Pappi 1993, 92) bereits eine Verengung darstellt, deren "Issue" eben eine bestimmte Policy ist
4 Die Abschottungstendenz eines Policy Netzwerkes - die übrigens nichts an den fließenden Grenzen zur Umwelt ändert, eben weil die Wahrnehmung der Netzwerk-Grenzen individuell unterschiedlich erfolgt - ergibt sich daraus, daß infolge der längerfristigen Zusammenarbeit innerhalb des Netzwerkes ein eigenständiges und nach außen hin gegenüber Nichtbe-
teiligten abgegrenztes Problemverständnis entsteht, dem gegenüber andere Interessen bzw.
Alternativen nur schwer vermittelbar sind; Schubert 1991, 36 + 90; Lehmbruch zufolge
enthält bereits die Netzwerk-Metapher das Element der Kohäsion und Abgrenzung von der
Umwelt mittels eines gemeinsamen Themas, welches die Interaktion zusammenhält; wörtlich hält Lehmbruch fest: "Not only are networks seen as emerging out of processes of
collective social learning in institutional contexts. Rather they become *institutionalized*
themselves."; Lehmbruch 1991, 127 + 126 (Hervorhebung im Original); Marin/ Mayntz

weitaus größerer Unübersichtlichkeit und Undurchsichtigkeit geprägt, als die gewohnten Formen institutionalisierter politischer Entscheidungsfindung.[5]

So reflektiert das Konzept der Policy Netzwerke dem heute überwiegenden wissenschaftlichen Verständnis nach eine empirisch feststellbare Veränderung politischer Entscheidungsstrukturen: Wachsender Problemdruck sowie steigende Komplexität zu bearbeitender Probleme und in Reaktion darauf expandierender öffentlicher Regelungsbedarf ("policy growth") fördern die immer weitergehende Spezialisierung und funktionale Differenzierung. Die Dezentralisierung und Informalisierung der politischen Entscheidungsvorgänge, also die Interaktion in informellen Netzwerken, dient unter diesen Voraussetzungen der Senkung politischer Entscheidungs- und Implementierungskosten.[6] Hinzu kommen verschwimmende Grenzen und wachsende Verflechtung zwischen privatem und öffentlichem Bereich sowie zunehmende transnationale Verflechtung als weitere Charakteristika der zugrundeliegenden Entwicklungstendenz.[7] Daher haben Policy Netzwerke als analytisches Werkzeug derzeit Konjunktur. Ihre Abstammung von der Pluralismus-, insbesondere aber der (Neo-)Korporatismus-Forschung ist ebenso offensichtlich wie ihre Nähe zu verwandten Konzepten der Policy Forschung ("policy community", "policy sub-system"). Aber auch Scharpfs Politikverflechtungs-Ansatz läßt sich gut mit dem analytischen Strukturkonzept des Policy Netzwerks kombinieren, stellen doch die horizontale und vertikale Politikverflechtung "Urtypen" informeller, vernetzter Entscheidungsstrukturen dar.[8]

---

bezeichnen Policy Netzwerke als "soziale Infrastruktur der Politikformulierung und -implementierung"; Marin/ Mayntz 1991a, 15
5 Eben durch fließende Netzwerk-Grenzen, Komplexität, Interdependenz, Vielzahl beteiligter Akteure etc.
6 Für Schneider sind diese Veränderungen "Ausdruck langfristiger Transformationen in den politischen Entscheidungsstrukturen moderner Demokratien"; Schneider 1992, 113 f. + 111; Mayntz 1993, 40; Benz 1992a, 31; Jordan/ Schubert 1992, 11 f.; Pappi 1993, 91; Kevenhörster 1979, 107; gleichzeitig steigen auch Anzahl, Bedeutung und Interdependenz der Organisationen im politischen, sozialen und ökonomischen Bereich; Kenis/ Schneider 1991, 34 f.
7 Alle genannten Trends beschleunigen ihrerseits wiederum das Anwachsen der Komplexität sozialer, ökonomischer und politischer Sachverhalte und Vorgänge, so daß der Stellenwert des Zugangs zu Informationen für die Erhaltung und den Ausbau gesellschaftlicher Machtpositionen immer weiter zunimmt; Kenis/ Schneider 1991, 36; insbesondere sind hier - höhere Komplexitätsstufen verarbeitende - Informationssysteme gefragt; vide infra, p.178
8 Hanf/ O'Toole 1992, 168; Schubert 1991, 29; Lehmbruch 1991, 146; Brodkin 1987; Heinelt 1993; einige Autoren gehen sogar davon aus, daß der Begriff Policy Netzwerke das Korporatismus-Konzept abgelöst hat; Pappi 1993, 84; Waarden 1992, 30; die Policy Community und viele andere verwandte Konzepte werden häufig als spezielle Typen von

Die Beziehungsstrukturen im Rahmen der anstehenden politischen Entscheidung über Telematik-Systeme im Verkehrsbereich weisen die oben genannten Charakteristika eines Policy Netzwerkes auf.[9] Das Policy Netzwerk "Telematik im Verkehr" besteht aus einer Vielzahl an am Entscheidungsfindungsvorgang auf formelle und/oder informelle Art beteiligten Organisationen, die wiederum untereinander auf vielfältige Art und Weise in wechselseitiger Interaktion stehen. Verkehrsinformationssysteme sind innerhalb dieses Netzwerkes allerdings ein Konsens-Konzept, wirkliche Gegner ihrer Einführung sind derzeit nicht auszumachen. Dieser breite Konsens beruht insbesondere auch auf ökonomischen Erwägungen.

Differenzieren lassen sich lediglich verschiedene Auffassungen vom Einsatz der Telematik im Verkehr sowie - eng damit verbunden - von praktikablen Finanzierungsmodellen. Bezogen auf generelle, mit Telematik-Systemen verbundene, Vorstellungen von Verkehrsmanagement lassen sich stark vereinfachend zwei Lager unterscheiden: Auf der einen Seite diejenigen, die mittels Telematik Verkehrslenkung betreiben, also unter Einschluß "harter" Eingriffe wie z.B. Zufahrtssperrungen und Fahrverbote eine Verkehrsvermeidung und -verlagerung erreichen wollen. Auf der anderen Seite stehen die Befürworter eines Verkehrsmanagements quasi auf freiwilliger Basis, also mittels reiner Information der Verkehrsteilnehmer, deren Entscheidungsfreiheit nicht eingeschränkt werden soll.[10] Während der zweitgenannte Ansatz, also der Verkehrssteuerung via optimierter Informationsflüsse, weitgehend auf Modelle der Privatfinanzierung setzt, ist ein mehr oder weniger ausgedehnter öffentlich betriebener Bereich bei Telematik-Systemen Voraussetzung für die Verwirklichung verkehrslenkerischer Vorstellungen.[11] Ausdrücklich ausgenommen von dieser Zweiteilung sind jedoch die Systeme der automatischen Gebührenerhebung. In Fragen des ERP stellt sich die Situation - wie noch zu zeigen ist - etwas anders dar. Das folgende Schaubild soll auf der Basis der bereits dargestellten Interes-

---

Policy Netzwerken genannt; eine sehr umfassende Typologie entwirft Waarden 1992, 33 ff. + 39 ff.; siehe auch Marin/ Mayntz 1991a, 18; Jordan/ Schubert 1992, 12; Rhodes/ Marsh 1992, 187
9 Beispiele von Policy Netzwerk-orientierten Untersuchungen der Entscheidungs- und Implementierungsbedingungen in anderen Politikfeldern bzw. bei anderen technischen Systemen sind: Döhler 1990; Keck 1984; Mayntz/ Schneider 1988; Nelkin 1984; Schneider 1989; Schneider/ Werle 1991
10 Ein gutes Beispiel für diese Position ist die Stellungnahme des DIHT zum Strategiepapier Telematik des BMV
11 So ist beispielsweise die Regelung des Verkehrszuflusses in einen Ballungsraum mittels zeitlicher Zufahrtsdosierung bzw. -sperrung eine Aufgabe, die sinnvollerweise nur unter festen politischen Zielvorgaben und von öffentlicher Seite erfolgen kann, da hier eine Chancenverteilung erfolgt, die Legitimierung bedarf

senstruktur (vide supra, p. 120 ff.) einen stark vereinfachten Überblick über die Positionen der zentralen Akteure ermöglichen.[12]

Abbildung 7

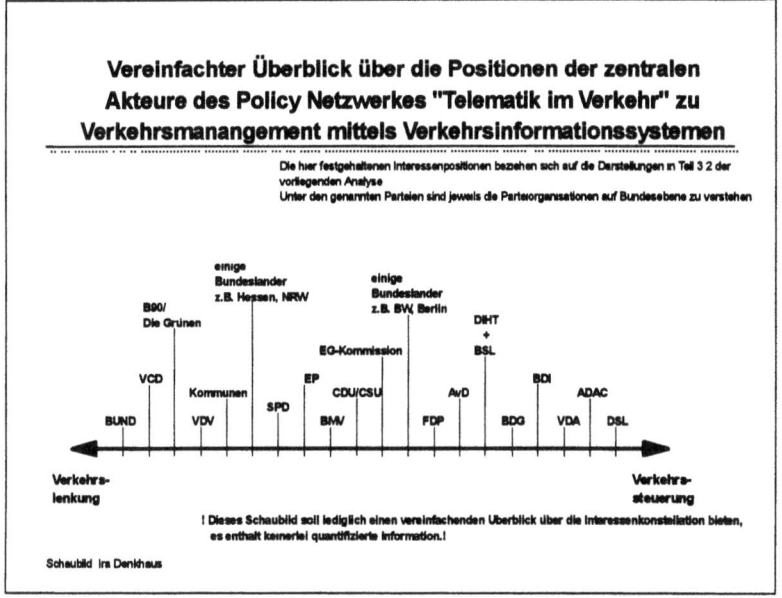

Vereinfachter Überblick über die Positionen der zentralen Akteure des Policy Netzwerkes "Telematik im Verkehr" zu Verkehrsmanangement mittels Verkehrsinformationssystemen

Die hier festgehaltenen Interessenpositionen beziehen sich auf die Darstellungen in Teil 3.2 der vorliegenden Analyse
Unter den genannten Parteien sind jeweils die Parteiorganisationen auf Bundesebene zu verstehen

Auf der linken Seite des obigen Schaubilds befinden sich die stark an Ansätzen der Verkehrslenkung orientierten Akteure, denen eine hohe umweltpolitische Motivation gemeinsam ist. Zur Mitte hin werden die Lenkungsabsichten moderater und damit auch mehrheitsfähiger. Auf der rechten Seite sind diejenigen Akteure angesiedelt, die sich jeglichen Eingriffsabsichten widersetzen und mit keinerlei zusätzlichen staatlichen Vorgaben konfrontiert werden wollen. Die Unterschiede sind z.T., nämlich insbesondere in den dicht gedrängten Bereichen auf der linken wie auf der rechten Seite, graduell, die Akteure je nach Stimmungs- und Meinungslage austauschbar. In der Gesamtschau stimmt jedoch der optische Eindruck des Schaubilds: Zumindest bei den maßgeblichen Akteuren im Policy Netzwerk "Telematik im Verkehr" überwiegen z.Zt. die Verfechter freier Verkehrsmittelwahl und gleichzeitig Gegner staatlicher Eingriffe in Verkehrsabläufe.[13] Allerdings sind einige Akteure auch indifferent, da sie primär das Ob und

---

12 Dabei handelt es sich in erster Linie um Interessenvertreter im Umfeld des Straßenverkehrs, da sich Verkehrslenkungs- und -steuerungsmaßnahmen auf den Straßenverkehr als größten Problembereich konzentrieren; vide supra, p.42; die vertikalen Positionsunterschiede der Akteure orientieren sich lediglich an Anforderungen der Lesbarkeit der Beschriftung
13 Diese Beobachtung stimmt mit dem allgemeinen bundesdeutschen verkehrspolitischen "Klima" der letzten Jahre überein; vide supra, p.43 ff.

erst in zweiter Linie das Wie der Einführung von Verkehrsinformationssystemen interessiert. Diese Beobachtung trifft beispielsweise für den ZVEI, den TÜV und auch den VDI zu.[14]

Der Stand der Entscheidungsfindung über die Einführung eines Road Pricing weist ein anderes Bild auf: Hier steht eine große Gruppe von Befürwortern einer kleinen Gruppe von Gegnern gegenüber, wobei allerdings die Auffassungen über Sinn und Zweck, Reichweite und v.a. Gestaltung von Straßenbenutzungsgebühren weit auseinandergehen. Zunächst wiederum ein grober, stark vereinfachter Überblick:

Abbildung 8

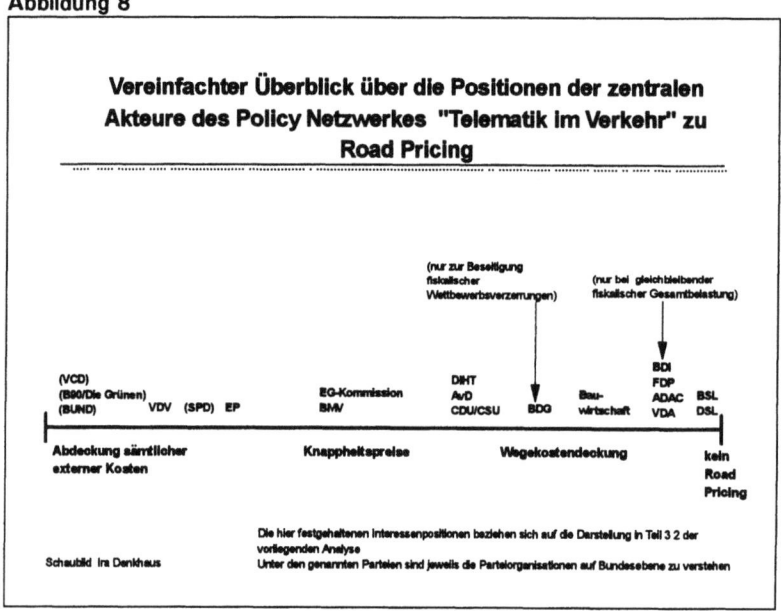

Vereinfachter Überblick über die Positionen der zentralen Akteure des Policy Netzwerkes "Telematik im Verkehr" zu Road Pricing

Die in Klammern gesetzten Akteure befürworten zwar die jeweilige Kostenanlastung für den Straßenverkehr, präferieren dafür jedoch nicht unbedingt den Weg der Erhebung von Straßenbenutzungsgebühren. Die Kommunen sind zwar grundsätzlich für Straßenbenutzungsgebühren, jedoch nur, wenn diese flächendeckend eingeführt werden.[15] Die einzelnen Bundesländer sind im obigen Schaubild nicht aufgeführt, ihre Position ergibt sich daraus, welche Partei bzw. Koalition die jeweilige Landesregierung

---

14 Aber auch für einige andere Bundesministerien, wie z.B. das BMFT und das BMWi
15 Von einer reinen Autobahnbenutzungsgebühr befürchtet man, daß sie den Verkehr in die Ballungsräume drücken könnte; vide supra, p.124

stellt.[16] Im Zusammenhang mit AGE-Systemen ist anzumerken, daß die Frage ihrer Einführung eng mit der hinter Straßenbenutzungsgebühren stehenden Absicht verknüpft ist: Zur Abdeckung von Wegekosten und auch von darüber hinausgehenden externen Kosten des Straßenverkehrs sind andere Wege, z.B. eine Vignettenlösung für Straßenbenutzungsgebühren oder eine weitere Anhebung der Mineralölsteuer zumindest gangbar. Das Konzept der Knappheitspreise setzt jedoch AGE-Systeme zwingend voraus.

Auch in diesem Bereich - der der Natur der Sache gemäß wiederum stark auf den Straßenverkehr konzentriert ist - sind eine Reihe von Akteuren indifferent eingestellt. Das trifft beispielsweise für die Interessenorganisationen aus dem Schiffs- und Luftverkehrsbereich zu, aber auch für den TÜV. Die Interessen der Produzenten von Verkehrsinformationstechnik sowie künftiger Anbieter von Verkehrsinformationsdiensten lassen sich nicht ins oben dargestellte Interessenschema einfügen, da sie zwar für die Einführung von AGE-Systemen und damit auch von Straßenbenutzungsgebühren sind, die konkrete Gestaltung der Gebühren für sie aber nur nachgeordnete Bedeutung besitzt.

Auf der Grundlage der aufgezeigten Interessenkonstellation im Policy Netzwerk "Telematik im Verkehr" soll nun eine grobe Abschätzung des Ergebnisses des politischen Entscheidungsvorgangs im Zusammenhang mit Verkehrsinformationssystemen versucht werden.

---

16 Die Sachlage in diesem Bereich wird sich im Zuge von Wahlen in mehreren Bundesländern im Oktober diesen Jahres noch ändern; die hier für die Bundesländer gezogene Schlußfolgerung der Regierungspartei(-koalitions-)abhängigkeit der Wahl der Verkehrsmanagement-Strategie gilt für die Kommunen nur in sehr eingeschränktem Maße, weil sie sehr viel näher mit dem inzwischen sehr starken Problemdruck konfrontiert und damit zu pragmatischem Handeln gezwungen sind (insbesondere Ballungsräume); allerdings haben weder Länder noch Kommunen die Befugnis zur Erhebung von Straßenbenutzungsgebühren

3.3.2 Entscheidungsverhalten im Netzwerk

Die Akteure in einem Policy Netzwerk sind also Organisationen. Diese Organisationen, korporativen Akteure werden jedoch von Individuen vertreten. Von diesen Individuen wird im folgenden angenommen, daß sie sich auch in Vertretung von Organisationen (z.B. einer Regierung, Verwaltung oder Interessenorganisation) rational egoistisch-nutzenmaximierend verhalten.[17] Dabei hält das Rationalitätsaxiom fest, daß Individuen grundsätzlich in der Lage sind, ihren Handlungsspielraum abzuschätzen und gemäß ihrem jeweiligen relativen Vorteil zu handeln.[18] Das Eigennutzaxiom postuliert, daß ein Individuum immer nur entsprechend seiner eigenen Interessen handelt.[19] Die Individuen an der Spitze von Organisationen agieren daher - bezogen auf den politischen Entscheidungsfindungsvorgang - als politische Unternehmer.[20] Politiker handeln nutzenmaximierend, indem sie eine Wiederwahl, ein Verbleiben im Amt anstreben. Bürokraten maximieren ihren Nutzen, indem sie eine Sicherung und möglichst auch Ausweitung und Verbesserung ihrer Position anstreben.[21] Ähnlich handeln auch Vertreter von Interessen-organisationen, wobei sie sich dabei zwangsläufig an den Interessen der Mitglieder des von ihnen vertretenen Verbandes ausrichten müssen.[22] Eine zentrale rationale Strategie aller beteiligten Akteure ist dabei insbesondere das Streben nach Monopolpositionen.[23]

---

17 Kirchgässner 1991, 124; Böhret 1987, 8; für die Verwendung des ökonomischen Modells individuellen Verhaltens in der Policy Analyse spricht sich u.a. Lynn 1987 aus; weiterführend zum hier zugrundeliegenden ökonomischen Verhaltensmodell (homo oeconomicus) siehe Becker 1982; Elster 1986; Frey 1990; Hogarth/ Reder 1987; Kirchgässner 1991; Kirchgässner/ Pommerehne 1988; Lehner 1981; McKenzie/ Tullock 1984; den Versuch einer interdisziplinären, übergreifenden Theorie (politischen) Verhaltens wagen Lindenberg 1990; Newman/ Sheth 1987
18 Kirchgässner 1991, 17; dabei ist es wichtig, anzuerkennen, daß Rationalität immer begrenzt ("bounded") ist, und zwar insbesondere durch die menschliche Informationsverarbeitungskapazität; Arrow 1987, 213; siehe als Kritik am Rationalitätsaxiom: Menkes 1985; Simon 1986; Tversky/ Kahnemann 1986; Tversky/ Kahnemann 1987
19 Kirchgässner 1991, 16
20 Lehner 1981, 86; das Konzept des politischen Unternehmers stammt ursprünglich von Schumpeter; Schumpeter hält fest, daß in der modernen Demokratie Politik notwendigerweise immer auch Karriere sei und: "Diese wiederum bedeutet die Anerkennung besonderer Berufsinteressen beim einzelnen Politiker und eines besonderen Gruppeninteresses beim politischen Berufszweig als solches."; Schumpeter 1950, 453; später nahm sich Downs den politischen Unternehmer Schumpeters zum Vorbild für seinen Entwurf einer ökonomischen Theorie der Demokratie; Kirsch/ Mackscheidt 1985, 36; Meyer-Krahmer hält die Downs Theorie zugrundeliegende Auffassung so fest: "Dem gewinnmaximierenden Unternehmer entspricht der stimmenmaximierende Politiker."; Meyer-Krahmer 1979, 26
21 Daher sind Bürokraten an einer Ausweitung des behördlichen Tätigkeitsfeldes interessiert; Kirchgässner 1991, 117 f.; Seibel 1992, 151
22 Kirchgässner 1991, 119; zum einen werden die "Erfolge" von führenden Vertretern von Interessenorganisationen - parallel zur Wahlsituation bei Politikern - direkt von den Mitgliedern bzw. den maßgeblichen Mitgliedern bewertet, zum anderen werden Vertreter von

Die Entscheidungsstrukturen in Netzwerken weisen spezifische Charakteristika auf. Policy Netzwerke bestehen aus Akteuren mit z.t. konfligierenden Interessen. Diese Akteure verfügen allerdings auch über ein gemeinsames Interesse, welches darin besteht, daß sie sich i.d.R. von einer Übereinkunft mehr versprechen als von einer Nicht-Einigung.[24] Diese Situation impliziert Tauschbeziehungen und Verhandlung i.s. einer Netzwerklogik.[25] Das Konzept des "generalisierten politischen Tausches" (generalized political exchange) geht davon aus, daß derartige Tauschvorgänge eher multi- als bilateral ablaufen (Ringtausch), eher indirekt als direkt erfolgen sowie eine Vielzahl von Ressourcen ohne Marktpreis umfassen und damit Aushandeln notwendig machen.[26] Allgemein gilt: Je größer das Policy Netzwerk ist, desto höher sind die Interdependenzkosten der Entscheidungen.[27] Hinsichtlich der Ausrichtung von Verhandlungsvorgängen lassen sich solche, die primär auf Problemlösung ausgerichtet sind ("problem-solving") unterscheiden von denjenigen, die in erster Linie auf Interessenausgleich hin ausgelegt sind ("bargaining"). Während der erstgenannte Typus kooperatives Zusammenwirken im Hinblick auf die Erreichung eines gemeinsamen Zieles erfordert, ist im zweitgenannten Fall lediglich negative Koordinierung vonnöten, der Entscheidungsausgang typischerweise ein Kompromiß.[28]

Verbänden immer bestrebt sein, die Mitgliederinteressen derart abzudecken, daß sich im von ihnen vertretenen Interessenbereich keine Parallelorganisation bilden kann, denn dies würde Machteinbußen bedeuten; vide supra, p.136
23 Friedberg 1990, 191
24 Liepmann 1987, 361; Mayntz 1993, 45
25 Mayntz 1993, 45; allgemein zur Netzwerkanalyse siehe Pappi 1987; Pappi 1993
26 Mayntz 1993, 45 f.; das Konzept des "generalized political exchange" stammt ursprünglich von Marin 1990a; der generalisierte politische Tausch stellt dabei eine Erweiterung des Konzepts des politischen Unternehmers dar: "Hence, all the basic elements for a genuine social science theory, which does not shrink political exchange to market behaviour of political actors, are at hand: Functional interdependence and mutual interest contingency, corresponding strategic complexity and political indeterminacy of exchange rates as well as the crucial role of time and history of political in contrast to market exchange patterns."; Marin 1990b, 42; Benz hält fest, daß bei auf Tauschvorgängen basierenden Verhandlungen die Beteiligten typischerweise Vertreter von Organisationen, also institutionellen, rechtlichen oder von Mitgliederversammlungen beschlossenen Vorgaben unterworfen sind; von diesen Vorgaben können sie dann in der Verhandlung kaum abweichen, sie sind relativ starr an diese gebunden und müssen sie möglichst weitgehend realisieren; damit ist der Konzessionsspielraum eingeengt, innovative Lernvorgänge sowie kooperative Interaktionsmuster sind meist ausgeschlossen; Benz 1992a, 50
27 Die Interdependenzkosten einer politischen Entscheidung ergeben sich aus der Summe der externen Kosten (welche mit zunehmender Abweichung vom Einstimmigkeitsprinzip steigen) und der Entscheidungskosten (welche sich umgekehrt zu den externen Kosten verhalten, also bei Einstimmigkeit am höchsten sind); Lehner 1981, 53
28 Mayntz 1993, 47 f.; Scharpf nennt zusätzlich den Entscheidungs-Typus Konfrontation und verbindet mit diesem eine klare Gewinner-Verlierer-Konstellation als Entscheidungsausgang; Scharpf 1991, 63; zur Theorie des "Bargaining" siehe Bachrach/ Lawler 1981

Es deutet vieles darauf hin, daß die politische Entscheidung über die Einführung von Verkehrsinformationssystemen als "Bargaining", als ein auf Interessenausgleich ausgerichteter Verhandlungs- und Tauschvorgang im Policy Netzwerk verlaufen wird. Diese Auffassung wird durch die Einbeziehung der institutionellen Struktur weiter bestärkt: Die für den bundesdeutschen kooperativen Föderalismus typische Entscheidungsstruktur begünstigt Kompromißlösungen und koordinierenden Interessenausgleich zusätzlich. Insofern ist also ein durchaus von der vorfindbaren institutionellen Landschaft geprägter Entscheidungsausgang zu erwarten, üben nicht nur Politics, sondern auch Polity konkreten Einfluß auf die inhaltliche Gestaltung von Politik aus.[29]

Vor diesem Hintergrund ist für den Entscheidungsfindungsvorgang um Telematiksysteme im Verkehr folgendes zu erwarten: Die Einführung von Verkehrsinformationssystemen steht als solche nicht in Frage. Der breite Konsens über die Einführung als solche beruht allerdings primär auf wirtschaftspolitischen und erst in zweiter Linie auf verkehrspolitischen Erwägungen. Telematik im Verkehr wird sich eher sequentiell durchsetzen, eine einheitliche verkehrspolitische Strategie als Grundlage für ein telematik-unterstütztes Verkehrsmanagement ist ebenso unwahrscheinlich wie die Einführung eines vollständigen, alle Verkehrsträger integrierenden Systems. Daher wird der Erfolg oder Mißerfolg der Standardisierung und Normung der verschiedenen Systemkomponenten möglichst auf europäischer Ebene ein entscheidendes Kriterium für die Einsetzbarkeit, Verbreitung und infolgedessen auch Problemlösungskapazität von Verkehrsinformationssystemen darstellen. Der Ausgang der kommenden Bundestagswahl wird maßgeblichen Anteil daran haben, welcher Auffassung von Verkehrsmanagement via Telematik - der eher steuernden oder der eher lenkenden - in den nächsten Jahren tendenziell mehr politische Aufmerksamkeit zuteil werden wird. Ländern und Kommunen wird es wahrscheinlich gelingen, im Bereich Verkehrsinformationssysteme eigenständige Teil-Kompetenzen und Gestaltungsbereiche zu sichern, wobei sie sich allerdings dem Zugriff der EG-Kommission im Zuge der Schaffung einer gemeinsamen Verkehrspolitik erwehren müssen. Eine Generalzuständigkeit für Verkehrsinformationssysteme wird es aufgrund der vorfindbaren institutionellen Ausgangsbedingungen sowie der Verhandlungskonstellation im Netzwerk weder auf euro-

---

29 Héritier spricht in diesem Zusammenhang von der "Pfadabhängigkeit" von Policies; Héritier 1993a, 13; Scharpf hält fest: "Given institutional conditions cannot fully determine policy choices but will, at most, define a set of constraints limiting the set of feasible choices."; Scharpf 1991, 54

päischer, noch auf Bundes- oder Länderebene geben. Vor diesem Hintergrund ist weiterhin nicht zu erwarten, daß sich eine der beiden Extrempositionen - völliger staatlicher Rückzug aus dem Verkehrsbereich gegenüber völliger staatlicher Übernahme des Verkehrsbereichs - im Bereich Verkehrsmanagement auf Kosten der jeweils anderen durchsetzen wird. Stattdessen wird es zu einem Kompromiß kommen. Es deutet einiges darauf hin, daß sich dieser Kompromiß auf Endgeräte-Ebene an einer Mehrsystem-Lösung festmachen läßt, also an der Einführung von Empfangsgeräten für mehrere verschiedene Kommunikationssysteme im Rahmen von Telematik-Systemen.[30]

Damit ist der Versuch einer Politikfolgenabschätzung jedoch noch keineswegs abgeschlossen. Denn zum einen sollten die Auswirkungen mangelnder Akzeptanz von Verkehrsinformationssystemen sowohl auf politischer als auch auf Benutzer-Ebene nicht unterschätzt werden. Die Akzeptanz entscheidet maßgeblich über die Problemlösungskapazität der Telematik im Verkehr und damit den Ausgang der Politikfolgenabschätzung. Zum anderen erscheinen Verkehrsinformationssysteme in ihren bisher erkennbaren Grundrissen durchaus geeignet, einen weiteren Schritt in Richtung "Informationsgesellschaft" oder auch "Risikogesellschaft", also einer durch vernetzte Informationssysteme geprägten Zukunft, darzustellen.[31]

---

30 Dieser Ansicht waren beispielsweise auch Dieter Lentz im Interview am 6.Juni 1994, siehe Befragungsprotokoll 1, 5 sowie Heinz Sandhäger im Interview am 9.August 1994, siehe Befragungsprotokoll 11, 3
31 Wie noch gezeigt werden soll weisen die unterschiedlichen Entwürfe der "Informationsgesellschaft" sowie das Konzept der "Risikogesellschaft" durchaus gemeinsame Charakteristika auf

4. Die Akzeptanz von Telematik-Systemen im Verkehr

4.1 Der "große Bruder" fährt mit?

In den kommenden beiden Kapiteln begibt sich die vorliegende Analyse auf erkenntnistheoretisch noch dünneres Eis als dies in den vorhergehenden Analysepunkten z.T. ohnehin schon der Fall war. Dies liegt nicht zuletzt an den begrifflichen und methodischen Unsicherheiten im Bereich der Akzeptanzforschung. Der Begriff "Akzeptanz" wird in der Literatur sehr häufig undefiniert, quasi als "Slogan", verwendet und mit vielerlei Bedeutungen versehen: So werden unter dieser Bezeichnung sowohl (aggregierte) Einstellungen gegenüber der Technik im allgemeinen und/oder speziellen technischen Systemen verstanden als auch die "Annahme" einer technischen Innovation durch den (potentiellen) Benutzer oder der Verweis auf ungelöste Fragen der Legitimität technologiepolitischer Entscheidungen.[1] Entsprechend vielfältig sind auch die Ansätze der Akzeptanzforschung, wobei allerdings regelmäßig ein Interesse ökonomischer oder politischer Art als Motiv im Hintergrund steht.

Deutlich ökonomisch geprägt ist der in Richtung Begleit-, Projekt- und Wirkungsforschung gehende Bereich, hier sollen die Chancen bzw. das Maß der Durchsetzung und Anwendung einer bestimmten Technik auf dem Markt erhoben werden.[2] Dieser Ausrichtung entspricht der hier verwendete Begriff der Benutzerakzeptanz, welche im folgenden Kapitel einer genaueren Betrachtung unterzogen werden soll (vide infra, p.167 ff.). Stark politisch motiviert zeigt sich der andere Bereich, die mehr einstellungsorientierte Akzeptanzforschung. Im Eindruck der Kernenergie-Debatte - übrigens dem paradigmatischen Beispiel für Technikakzeptanzkrisen schlechthin - und auch des Streits und schließlich BVerfG-Urteils über die Volkszählung 1983 wurden sich die Sozialwissenschaften der Probleme in diesem Bereich bewußt. Sie interpretierten diese als allgemeine Technikkritik, Wissenschaftsfeindlichkeit, Abkehr vom Fortschrittsdenken, summa summarum als Indikatoren des Wertwandels in der jungen Generation.[3] Die politische

---

1 Aus diesem Grunde wurde der Akzeptanz-Begriff zu Beginn der vorliegenden Analyse absichtlich ausgesprochen weit und allgemein gefaßt; Degenhardt 1986, 36; Bechmann 1987, 46 f.; Petermann/ Thienen 1988, 211 + 214 f.; Heinrich/ Burgholzer 1990, 215; Döhl 1983, 64; häufig wird Akzeptabilität von Akzeptanz unterschieden, wobei mit ersterem Begriff i.d.R. ein gleichwie gearteter Allgemeinwille (Akzeptabilität für die Gesellschaft) belegt wird, während zweiterer den Willen der Vielen (aggregierte Einstellungen) bezeichnet (Akzeptanz in der Gesellschaft); Tschiedel 1989, 92 + 95; Dierkes/ Thienen 1982, 1
2 Petermann/ Thienen 1988, 227; Alemann 1986b, 28 f.
3 Das "Volkszählungsurteil" (BVerfGE 65, 1) markiert übrigens auch das erste öffentliche Aufbegehren gegen IuK-Technologie; Balkhausen 1983, 25; Bull 1983, 14; Bull 1985,

Dimension der Akzeptanz, i.s. der Förderung einer tolerierenden Haltung der Bevölkerungsmehrheit gegenüber technischen Innovationen und Systemen bzw. der möglichst frühzeitigen Erkennung und Beseitigung von Akzeptanzbarrieren, trat zu dieser Zeit besonders in den Vordergrund.[4] Mit dieser Dimension des Akzeptanzbegriffs soll sich im folgenden auseinandergesetzt werden. Der Begriff der "Weisungsakzeptanz" behandelt ein Spezifikum von Informationssystemen - die Frage nach dem Befolgungsgrad der vom System an den Benutzer gegebenen Empfehlungen (vide infra, p. 173 ff.).[5] Während Akzeptanz in seiner politischen Dimension passiv gewendet lediglich die Tolerierung, die Hinnahme einer politischen Maßnahme erfordert, verlangen die beiden anderen Dimensionen - die Benutzer- und die Weisungsakzeptanz - nach positiver Überzeugung von Qualität und Nutzen des jeweiligen technischen Systems.

Zunächst soll also die Wahrscheinlichkeit des Auftretens öffentlichen Widerstands gegen die Einführung von Verkehrsinformationssystemen untersucht werden. Denn ein leicht mobilisierbares "Protestpotential" würde nicht nur die politische Durchsetzbarkeit, sondern - auf dem Umweg über ein negatives "Image" - auch die Verbreitungschancen und somit insgesamt die Problemlösungskapazität dieser Systeme schmälern. Allerdings gestalten sich halbwegs zuverlässige Prognosen hinsichtlich Akzeptanzfragen - und zwar über sämtliche Dimensionen dieses Begriffes hinweg - sehr schwierig: Der technische Entwicklungsvorgang ist noch nicht angeschlossen, konkrete Nutzungsformen sind unklar. Zudem ist Akzeptanz nicht nur gegenstands-, sondern auch und in deutlicher Ausprägung situationsbezogen. Die sozialen, ökonomischen und auch situativen Rahmenbedingungen der Einführung sind aber vom heutigen Standpunkt aus noch nicht abzusehen.[6] Noch weiter ins Ungewisse ragen die Mutmaßungen und Visionen

---

154; Tschiedel 1989, 95 + 117; Peters 1991, 17; Dierkes/ Thienen 1982, 4; Müller-Brandeck 1986, 167; zur Wertwandel-Theorie siehe weiterführend Hillmann 1989; einen international vergleichenden Überblick über die Kernenergie-Debatte bietet Rüdig 1986
4 Kevenhörster 1984, 22; Degenhardt 1986, 36 f.; Akzeptanz"barrieren" für die Durchsetzung technologischer Innovationen ergeben sich dadurch, daß sich ein bestimmter Öffentlichkeitsausschnitt konstituiert, der sich für betroffen erklärt; Mettler-Meibom 1985, 271; die insbesondere in der Anti-AKW-Bewegung sehr einflußreichen Bürgerinitiativen sind dabei nur ein möglicher Weg, Protest und Widerstand auszudrücken; andere Formen des Protests sind z.B. Abwanderung (Umzug, Kündigung, Auswanderung), Streik, Sabotage ("Maschinenstürmer-tum"), Aufruhr; Langenheder 1987, 25; Rohrmann/ Prester 1987, 477; Schatz 1986, 217
5 Interessant ist diese Frage im Zusammenhang der vorliegenden Analyse, weil die Befolgung der Systemempfehlungen - wenn man vom steuernden Ansatz durch reine Information der Verkehrsteilnehmer ausgeht - wesentlich über die verkehrspolitischen Effekte der entsprechenden Systeme entscheidet
6 Dierkes/ Thienen 1982, 2; Degenhardt 1986, 54; Fuchs 1987, 218

hinsichtlich der Konturen der zukünftigen Gesellschaft, auf die im Anschluß eingegangen werden soll. Die bereits angesprochenen (vide supra, p.22), vielfältigen und ernstzunehmenden Schwierigkeiten (nicht nur) der Sozialwissenschaften im Bereich des Prognostizierens tragen ein Übriges dazu bei, daß der folgende Teil der Analyse nicht sehr weit über recht allgemeine, tendenzielle Aussagen hinauskommen wird.[7]

Die dem öffentlichen Protest zugrundeliegende Frage nach Sinn, Richtung und Kontrollierbarkeit des technischen Fortschritts erreichte Ende der siebziger bis Mitte der achtziger Jahre schon deshalb politische Relevanz, weil sie von einer immer größeren Zahl der Bürger immer häufiger gestellt wurde.[8] Ergebnisse aus Meinungsumfragen verweisen für diesen Zeitraum auf eine insgesamt gesehen deutlich kritischere Einstellung gegenüber dem technischen Fortschritt bzw. technischen Innovationen im allgemeinen im Unterschied zum in den fünfziger und sechziger Jahren vorherrschenden vorbehaltlosen Technikoptimismus. Allerdings schlug das wachsende Bewußtsein für die negativen Begleiterscheinungen des technischen Fortschritts nicht in generell ablehnende Einstellungen um, sondern steigerte die Sensibilität der Öffentlichkeit für dessen Ambivalenz und für "Folgen-Ereignisse".[9] Als Beleg soll hier eine seit 1966 regelmäßig wiederholte Allensbach-Umfrage dienen, in der danach gefragt wurde, ob Technik alles in allem eher als Fluch oder eher als Segen wahrgenommen wird. Während 1966 noch 72% mit "eher ein Segen" antworteten, waren es 1984 nur noch 32%. Die Einstellungsänderungen machten sich jedoch weniger bei der Kategorie "eher ein Fluch" (1966 sagten dies 3%, 1984 dann 11%) bemerkbar als vielmehr bei der Zahl der mit "teils, teils" Antwortenden, deren Anteil zwischen 1966 und 1984 von 17% auf 54% stieg.[10] Als nicht haltbar erwiesen sich allerdings die "Vorwürfe" einer

---

7 Inwieweit dies den folgenden Überlegungen zum Nachteil gereicht oder sogar künftige Anstrengungen in diese Richtung insgesamt überflüssig macht, soll im Anschluß diskutiert werden (vide infra, p. 188)
8 Böhret 1983, 1
9 Peter u.a. 1986, 86; Jonas 1985, 7; Fritsch 1986, 143; Birnbacher 1991, 81; Fuchs 1987, 218; Jaufmann/ Kistler 1991, 37; Jaufmann, Dieter/ Kistler, Ernst: Herbeigeredete Technikfeindlichkeit - ein Phantom, Das Parlament (20.05.1994) 20, 15; Balkhausen 1983, 11; wobei ambivalente Einstellungen zum technischen Fortschritt wahrscheinlich seit Beginn der Menschheitsgeschichte existieren, jedoch in jeweils unterschiedlichem Maße öffentlich thematisiert werden; Lompe 1987a, 13; Böhret 1983, 8
10 Für die Antwortkategorie "kein Urteil" sprachen sich 1966 8% und 1984 3% der Befragten aus; Gloede 1987, 233; Fijalkowski 1986, 351; Jaufmann u.a. 1988, 26; siehe auch Bücker-Gärtner 1987; allerdings sind die undifferenzierte Übertragung von Einstellungsmustern zu einem technischen System auf ein anderes ebenso wie die Konstruktion generalisierter Einstellungen (gegenüber "der" Technik im allgemeinen) mit Vorsicht zu ge-

speziell bundesdeutschen "Technikfeindlichkeit" oder auch - wie es den Annahmen des Wertwandels entsprochen hätte - einer Häufung technikablehnender Einstellungen unter Jugendlichen.[11] Gegen Ende der achtziger Jahre machte sich ein erneut wachsender Technikoptimismus bemerkbar.[12]

Mangelnde Technikakzeptanz ist ein Ausdruck des Unbehagens, verknüpft entweder mit der stark technisch geprägten gesellschaftlichen Entwicklung - "dem Fortschritt" - insgesamt oder mit speziellen technologischen Systemen. So stehen die Chancen auf soziale Akzeptanz bei hoher Durchschaubarkeit des betreffenden Systems gut und sinken mit wachsender Komplexität und Interdependenz, also auch Intransparenz. Weiterhin sind auch auf der hier zu betrachtenden Aggregatebene der Akzeptanz Nutzenerwägungen von hoher Bedeutung: Wird der (gesellschaftliche) Nutzen einer bestimmten Technologie als groß angesehen, so wirkt sich dies günstig auf deren Akzeptanzbedingungen aus.[13] Natürlich hängen solche Nutzenerwägungen auch stark von den jeweils erreichbaren Alternativen ab.[14] Akzeptanzbeeinträchtigend wirken allerdings potentielle militärische Anwendungen einer speziellen Technologie, ein befürchteter Arbeitsplatzverlust infolge technischer Rationalisierung sowie die Angst davor, sich in starke Abhängigkeiten zu begeben.[15] Persönlicher Umgang mit einer Tech-

---

nießen - obwohl es sich hier um die gängige Praxis handelt; Petermann/ Thienen 1988, 217 f.
11 "Defizite" in der Technikakzeptanz als typisch bundesdeutsches Phänomen reklamieren z.B. Meier 1987, 17 und Kepplinger 1989, 13; Jaufmann/ Kistler halten dentgegen fest: "Von einer "Technikfeindlichkeit" der Bevölkerung, von einer spezifischen Sondersituation der Deutschen oder gar einer besonders negativen Einstellung der Jugend kann aber keine Rede sein."; stattdessen stellten sie bei älteren Menschen eine tendenziell größere Skepsis und Distanz zum technischen Fortschritt fest: "Nicht "Jugend und Technik", sondern "Ältere Menschen und Technik" ist das eigentliche Thema. Dies gilt insbesondere dann, wenn man sich die künftige demographische Entwicklung vor Augen hält."; Jaufmann/ Kistler 1991, 37; Jaufmann, Dieter/ Kistler, Ernst: Herbeigeredete Technikfeindlichkeit - ein Phantom, Das Parlament (20.05.1994) 20, 15; Jaufmann u.a. 1988, 38; analog: Albrecht 1993, 465; zu Technikbildern Jugendlicher siehe Gloede/ Bücker-Gärtner 1988, 127 ff.; Fischer 1988
12 So war im Februar 1987 in der bereits angesprochenen Allensbach-Umfrage der Anteil derjenigen, die in der Technik "eher einen Segen" sahen wieder auf 46% angestiegen, mit "eher als Fluch" antworteten 10%, während sich 36% für "teils, teils" entschieden und 8% kein Urteil abgaben; Albrecht 1993, 464; Noelle-Neumann/ Hansen 1991, 92; unterbrochen wurde dieser Trend durch die Reaktorkatastrophe von Tschernobyl; Böhret ging von einer Wellenbewegung der individuellen (und - in Aggregierung - gesellschaftlichen) Wahrnehmung der negativen Folgen technischer Anwendungen aus: Phasen der mehr oder weniger unbedenklichen Hinnahme dieser Folgen wechseln sich mit Phasen krisenhafter Stimmungen bis hin zu "Folgenfatalismus" ab; Böhret 1990, 17; siehe auch Böhret 1991
13 Böhret 1983, 11 ff.; Böhret/ Franz 1985, 10
14 Hierin lag und liegt, wenn man so will, das Akzeptanzproblem der Kernenergie - sie kann leicht durch andere Energiegewinnungsarten substituiert werden
15 Etwa Abhängigkeit des gesamten intraorganisatorischen Ablaufs vom ordnungsgemäßen Funktionieren der Informationssysteme, volkswirtschaftliche Abhängigkeit von der Entwick-

nologie fördert deren Akzeptanz ebenso wie eine bestimmte Parteipräferenz: Die Wähler konservativer Parteien beurteilen Technik inzwischen generell positiver als die Wähler linker Parteien, obwohl dieses Phänomen noch vor einigen Jahrzehnten genau umgekehrt gelagert war.[16]

Außerdem - und dies ist für das hier zu bearbeitende Thema von besonderer Brisanz - ist ein immer wiederkehrendes Muster bei Akzeptanzproblemen mit technischen Innovationen die Angst der Bürger vor deren Verwendung zu Überwachungs- und Lenkungszwecken, empfunden als Einschränkung der individuellen Freiheit. Diese Beobachtung läßt sich gut am Beispiel der "Polizeistaatdiskussion" im Vorfeld und auch der Nachbearbeitung des "Volkszählungsurteils" des BVerfG von 1983 belegen.[17] Der besondere Stellenwert dieser Beobachtung für die potentielle Akzeptanz der Einführung von Telematik-Systemen als verkehrspolitische Maßnahme ergibt sich daraus, daß derartige Überwachungs- und Gängelungsängste in erster Linie bei öffentlicher Verwendung von Informationstechnik auftreten.[18] Diese Situation wird bei Verkehrsinformationssystemen zumindest in Teilbereichen gegeben sein.[19] So kann zunächst festgehalten werden, daß eines der Grundprobleme im wachsenden Überwachungs-, Eingriffs- und Kontrollpotential zu liegen scheint, welches öffentlich betriebene, aber auch intraorganisationale Informationssysteme nach sich ziehen. Einen zweiten

---

lung auf bestimmten Teilmärkten, individuelles Angewiesensein auf bestimmte technische Einrichtungen; Böhret/ Franz 1985, 10; Tschiedel 1989, 84; Schatz 1986, 219
16 Kepplinger 1989, 11 f. + 220 f.
17 BVerfGE 65,1; siehe Studienauswahl Entscheidungen BVerfG 1991, 38 ff.; das hier zugrundeliegende Problem wurde z.T. bereits unter Pkt. 3.1.3 der vorliegenden Analyse (Datenschutz) thematisiert; vide supra, p. 111 ff.; Tschiedel 1989, 84; Stromeyer 1990, 220; Balkhausen 1983, 25 f.; Bull 1983, 14
18 In einer repräsentativen Infratest-Umfrage von 1985 befürworteten 45% der Bevölkerung über 14 Jahren die Einschätzung "Computer und Informationstechnik führen zum Überwachungsstaat, in dem die Freiheitsrechte der Bürger bedroht sind"; 16% der befragten Männer und 40% der weiblichen Befragten gaben zudem an, Computer seien ihnen unheimlich; Rosenblatt 1988, 103 + 108; Ortmann faßt es in Referenz auf George Orwells "1984" folgendermaßen: "Totalität der Überwachung, das meint auch: Systematik, Logik, Geschlossenheit, rationale Planung und Organisation, Perfektion. Mit all dem werden Computer und computergestützte Kontrollsysteme assoziativ in Verbindung gebracht."; Ortmann 1985, 66; Riesenhuber bezeichnet Orwells Vision "1984" als "inzwischen technisch erfüllt" (geht jedoch davon aus, dies sei "politisch bewältigt" worden); Riesenhuber 1991, 8; Überwachungsängste sind jedoch nicht ausschließlich mit öffentlich betriebenen Informationssystemen verbunden, sondern ebenso mit betrieblichen, welche zur Leistungs- und Verhaltenskontrolle verwendet werden können; Zinn 1988, 214; auch hier besteht politischer Handlungsbedarf - z.B. im Hinblick auf Bordcomputer in Nutzfahrzeugen und die damit verbundenen Fahrerüberwachungsmöglichkeiten
19 Zumal diese z.T. sogar zu polizeilichen Überwachungszwecken - man denke nur an die geplante Videoüberwachung der AGE-Systeme - verwendet werden sollen

grundlegenden Problembereich bildet das parallel zur in allen Lebensberei-
chen kumulativ anwachsenden Technik steigende Risikopotential.[20]

Die individuelle Risikowahrnehmung, also die Perzeption einer bestimmten technischen Anwendung als relativ risikolos bzw. mit hohem Risiko verbunden, entscheidet in sehr starkem Maße über die gesellschaftliche Akzeptanz, verstanden als aggregierte Einstellungsmuster der Bevölkerung und möglicherweise daraus resultierenden Protestaktionen.[21] Böhret
entwirft eine Typologie von "Folgen", unter denen er Un- und Störfällen,
schleichenden und normalen Katastrophen die höchste Mobilisierungswir-
kung bescheinigt.[22] Dabei deckt sich Böhrets "Folgen"-Begriff auf augen-
fällige Art und Weise mit der vorherrschenden Definition des Begriffs Risiko: Beide postulieren mehr oder weniger abichtsvolles menschliches Handeln als grundlegende Ursache, wobei "Folgen" das Moment des Unbeab-
sichtigten etwas stärker betont, während "Risiko" von in gewissem Maße
kalkulierten negativen Nebenwirkungen ausgeht.[23] Aus- und Störfälle bis
hin zu Katastrophen sind auch bei Informationssystemen zumindest nicht
auszuschließen. Computersystemen haftet zwar der Mythos der Unfehlbar-
keit an, doch hat diese Auffassung nur wenig Kontakt mit der Realität -
Computer-Systeme können durchaus versagen und beweisen dies regelmäßig.[24] Zudem können Telematik-Systeme nie vollständig gegen einen
Zugriff von außen - und schon gar nicht gegen einen solchen von
"Insidern" - geschützt werden und da sie die von Merkmale von
"Hochrisikosystemen", nämlich hohe Komplexität und enge Kopplung tra-

---

20 Müller-Brandeck 1986, 166 f.
21 Böhret 1983, 11
22 Unter "schleichenden Katastrophen" versteht Böhret "langfristige (spätwirkende) und
zumeist vernetzte Folgen von Ereignissen und Bedingungen, aus denen sich schwer ab-
schätzbare und häufig zufällige Verläufe oder überraschende Phänomene entwickeln" und
nennt das "Waldsterben" als Beispiel; der Begriff "normale Katastrophen" bezeichnet das
Zusammenwirken mehrerer Ereignisse (Störfälle, Systemausfälle) und/oder ungünstiger
Bedingungen mit hoher Schadenswirkung; als Beispiel nennt Böhret Reaktorunfälle; Böhret
1990, 64 + 63; diese Art von Unfällen wird deshalb als "normal" bezeichnet, weil ihr Auftreten mit dem Betrieb entsprechender "Hochrisikosysteme" (z.B. Kernkraftwerke) mehr
oder weniger vorprogrammiert ist; als diejenigen Eigenschaften, die technische Systeme zu
"Hochrisikosystemen" - unabhängig von manifesten Gefahren - inhärenter Unausweich-
lichkeit von Systemunfällen macht, nennt Perrow eine hohe Komplexität (Möglichkeit des
Interagierens von Systemausfällen) sowie eine enge Kopplung (schnell ablaufende und nur
schwer zu unterbrechende Systemfunktionen, Probleme mit der Fehlererkennung); Perrow
1992, 1 + 16 f.
23 Bechmann 1990, 124; Böhret 1990, 27; Meyer-Abich 1989, 31; Blanke widerspricht
dieser Auffassung, indem er Risiko definiert als "spannungsreich-ungewisser Nebeneffekt
von Handlungen"; Blanke 1991, 276
24 Beispielsweise entfallen heute 40% bis 80% der Gesamtkosten für Software-Pro-
gramme auf "Wartung", also die Fehlerbehebung nach Fertigstellung und Auslieferung an
den Kunden; Valk 1988, 21 ff.

gen, sind Unfälle mit bis hin zu katastrophalen Ausmaßen greifbar, gerade-
zu "normale Katastrophen".[25] Die "Beherrschbarkeit" von Informationssystemen steht mit wachsender Komplexität und Interdependenz in deren
Entwurf also zunehmend infrage.[26]

Inwieweit dies als Risiko aufgefaßt und problematisiert werden wird,
ist jedoch anhand rein mathematischer Risikoabschätzungen, also beispielsweise Wahrscheinlichkeitsrechnungen hinsichtlich des Eintritts eines
Schadensfalles, nicht vorherzusagen. Denn die individuelle Risikowahrnehmung verläuft "paradox": Rein mathematisch gesehen sind die Risiken
technischer Systeme, also beispielsweise von Atomkraftwerken, ver-
schwindend gering - insbesondere dann, wenn man sie in Relation zu alltäglichen und ohne besonderes Aufhebens akzeptierte, ja z.T. so freiwillig
eingegangene Risiken wie z.B. Autofahren, Rauchen oder Skilaufen setzt.[27]
Bestimmend für die Risikoperzeption ist demnach nicht die abstrakte Risi-
kowahrscheinlichkeit, sondern bestimmte qualitative Risikomerkmale, die
ein "Angstrisiko" definieren. Dazu gehören beispielsweise die Unfreiwillig-
keit eines Risikos und mangelnde Wahrnehmbarkeit der Gefährdung - das
"Ausgesetztsein", z.B. bei radioaktiver Strahlung -, befürchtete und nicht
mit letzter Gewißheit auszuschließende katastrophale Schadensausmaße
sowie entsprechend unabsehbare Folgen, mögliche Einschränkungen der
individuellen Freiheit durch das System selbst und/ oder in dessen Rahmen
notwendigen Sicherheitsvorkehrungen.[28]

Durchsetzungsbarrieren infolge öffentlichen Protests und Widerstands entstehen dadurch, daß eine zumeist von Experten konstruierte,
mathematisch fundierte und schließlich von Politikern übernommene Risiko"wirklichkeit", nach der die Verwendung eines bestimmten technischen
System akzeptabel erscheint, zur in der Bevölkerung vorherrschenden individuellen Risikowahrnehmung in Konflikt gerät. Dabei gilt, daß Risiken, die

---

25 Perrow 1992, 16 f.
26 Brunnstein 1988, 38 ff.
27 Fischer 1992, 30; Tschiedel 1989, 84; Dierkes 1981, 126; Perrow 1992, 360; Beck
1994, 248; die EG-Kommission beschreibt die Problematik folgendermaßen: "Während im
mittleren Risikenbereich eine durchaus vernünftige Abschätzung feststellbar ist, versagt
dieses in den Extrembereichen großer Risiken geringer Wahrscheinlichkeit sowie offenbar
bei kleinen Risiken großer Wahrscheinlichkeit."; EG EUR 9179 DE 1984, V; Japp 1990,
37; Renn 1982, 64; zur Risiko-Forschung siehe Bechmann 1993; Birnbacher 1991; Blanke
1991; Compes 1992; Dierkes 1981; Douglas 1985; Fischer 1992; Halfmann/ Japp 1990;
Hosemann 1989; Johnson 1987; Lau 1989; Luhmann 1986; Perrow 1992; Prittwitz 1993;
Sjoeberg 1987; Slovic u.a. 1985; Stallen 1985; Wynne 1985
28 Tschiedel 1989, 84; Peters 1991, 19 f.; Perrow 1992, 381

individuell als solche wahrgenommen werden, unabhängig von Expertenur-
teilen real, also für den politischen Bereich bedeutsam werden.[29] Diese Erkenntnis unterstreicht die besondere Rolle der Medien als Bestimmungsfak-
tor der öffentlichen Meinung hinsichtlich Fragen der gesellschaftlichen Akzeptanz neuer Technologien. Unbestritten ist, daß Medien Einfluß auf das
"Agenda-Setting", auf die Auswahl der Themen der politischen Diskussion
ausüben. Darüber hinaus wird davon ausgegangen, daß sie auch Auswirkungen auf individuelle politische Orientierungen ausüben.[30] Problematisch
für Fragen der Technikakzeptanz wird die Medienberichterstattung durch
ihren Hang zur Simplifizierung, wodurch komplexe technische Zusammenhänge nur unzureichend dargestellt werden können, sowie durch ihre Fixierung auf das Atypische, Besondere, Aufsehenerregende, was insbesondere
die Berichterstattung über technische Katastrophen interessant macht, Berichte über technische Errungenschaften hingegen geraten zu einem
"Unthema".[31]

Kepplingers quantitative Medienanalyse des Zeitraumes 1965 bis
1986 zeigt ab Mitte der siebziger Jahren einen Anstieg der Zahl der Medi-
enberichte über Technik und zwar am deutlichsten in den am stärksten be-
achteten politischen Teilen der untersuchten Printmedien. Während jedoch
in den Wirtschaftsteilen, Feuilletons und speziellen Technikseiten überwiegend positiv über Technologien berichtet wurde, war die Berichterstattung
im politischen Teil von einer neutralen und ab Anfang der achtziger Jahre
leicht negativen Tendenz geprägt.[32] Darüber hinaus stellte Kepplinger fest,
daß mit zunehmender Intensität und negativer Tendenz der Technikberichterstattung sich die Einstellungsmuster der Bevölkerung zu einer skeptische-

---

29 Peters 1991, 29; Tschiedel 1989, 75
30 Sarcinelli beschreibt den Medieneinfluß so: "Zur öffentlichen Meinung werden Meinungen nur dann, wenn sie als herrschende Meinungen die Einschätzungen bedeutender Akteure, Gruppen oder Institutionen zu gesamtgesellschaftlich oder gesamtstaatlich relevanten Fragen bestimmen und in den Massenmedien ihren Niederschlag finden." und "Was
nicht über die Massenmedien thematisiert wird, kann in der Regel nicht öffentlich mei-
nungsbildend werden."; Sarcinelli 1992, 381; Rudzio 1991, 198; Stober 1992, 28 f.; Jarren u.a. 1993, 25
31 Hunnius 1988, 115; Rudzio 1991, 213; zur Medienwirkungsforschung, z.T. mit besonderem Bezug auf die Technikberichterstattung siehe Berg/ Kiefer 1992; Biser u.a. 1986;
Boventer 1993; DFG 1986; Donsbach u.a. 1993; Fessenden-Raden u.a. 1987; Janshen
1985; Kaase/ Schulz 1989; Kepplinger 1989; Kepplinger 1992; Krüger/ Ruß-Mohl 1991;
Lukesch 1989; Maletzke 1981; Merten u.a. 1992; Peters/ Hennen 1990; Proske 1982;
Ruß-Mohl 1993; Scharioth/ Uhl 1988; Schenk 1987; Schulz 1993; Wittkämper 1992
32 Am stärksten ausgeprägt war die positive Bewertung bei der Berichterstattung in den
Wirtschaftsteilen über die Gebieten Verkehrstechnik sowie IuK-Technik, den Grund für die
"Sonderentwicklung" in den politischen Teilen der untersuchten Printmedien sieht Kepplin-
ger darin, daß diese sich im Gegensatz zu den übrigen Teilen nur dann mit Technik-Themen
befaßten, wenn Anlaß für negative Äußerungen bestand; Kepplinger 1989, 30 + 32 + 55

ren Haltung verschoben, beide Entwicklungen jedoch keinerlei Bezug zur
tatsächlichen Intensität der Technikfolgen aufwiesen.[33] Als Hauptauslöser
der offensichtlich realitätswidrigen Darstellung in den Medien sieht Kepplinger die Kollegenorientierung der Journalisten. Diese führe zu berufsspe-
zifischen Meinungstrends, welche wiederum - über homogene Berichterstattung von Medien mit unterschiedlicher redaktioneller Linie - den stärksten Einfluß auf die in der Bevölkerung vorherrschende Meinung ausüben
könne.[34] Zwar war die Medienberichterstattung sicher nicht die einzige Ursache der Einstellungsverschiebungen in der Bevölkerung, doch sicherlich
eine der wesentlichen.[35]

Vor diesem Hintergrund muß die deutlich negative, z.T. sogar reißeri-
sche Berichterstattung in erster Linie über Systeme zur automatischen Erhebung von Straßenbenutzungsgebühren in einigen Medien nachdenklich
stimmen.[36] Zwar handelt es sich dabei z.Zt. noch um Randerscheinungen,
doch gerade AGE-Systeme tragen einige Charakteristika, die einen öffentlichen Protest gegen ihre Einführung wahrscheinlich machen. Dies gilt umso
mehr, als bereits die Einführung von Road Pricing an sich in Deutschland
schon stark umstritten ist.[37] Es ist also nicht auszuschließen, daß sich ins-

---

33 Kepplinger 1989, 138 + 220; Noelle-Neumann/ Hansen, 99; diese themen- und
medienunspezifische Kluft zwischen wirklichen und dargestellten Entwicklungen gehört
nach Kepplingers Aussage zu den am besten gesicherten Erkenntnissen der empirischen
Medienwirkungsforschung; Kepplinger 1989, 138 f.
34 Als weiter medienspezifische Faktoren nennt Kepplinger die nur in seltenen Fällen natur-
wissenschaftlich-technische Ausbildung der Journalisten, die Publikumsorientierung der Berichterstattung, die Selektionskriterien entlang des "Nachrichtenwertes" von Ereignissen
sowie den Zwang zur Simplifizierung und Knappheit der Berichterstattung; Kepplinger
1989, 165 ff. + 221; Noelle-Neumann/ Hansen 1991, 103
35 Kepplinger 1989, 221
36 Eine "Kostprobe" des ADAC: "Und wehe, der Fahrer hat vergessen, seine Guthaben-
Karte rechtzeitig mit 50 oder 100 Mark aufzufüllen, so daß ihr elektronisch eingespeister
Geldvorrat zu Ende geht: Blitzschnell läuft dann eine Videokamera an, ein Infrarotblitz wird
ausgelöst, Kennzeichen, Fahrer und Beifahrer werden fotografiert und abgespeichert.
Gleichzeitig druckt ein Videoprinter dem diensthabenden Fahnder in der Datenzentrale ein
präzises Beweisbild mit Uhrzeit und Örtlichkeit aus - die Jagd nach dem Sünder kann be-
ginnen."; und: "Was der britische Schriftsteller George Orwell in seinem beklemmenden
Zukunftsroman "1984" schildert - die elektronische Überwachung der Bürger durch den
Staatsapparat -, droht jetzt den Bundesbürgern: Durch automatisch erstellte "Sünderlisten"
und unter Bruch des Datenschutzes weiß der "große Bruder" Staat oder die von ihm beauf-
tragten privaten Inkassogesellschaften haargenau, wer mit wem wann und wo unterwegs
war."; ADAC motorwelt: Überwacht und abkassiert, Sonderdruck 8/ 1993; siehe auch: Der
Spiegel: Die 1000 Augen des Dr. Krause, (1993) 10, 35; Interview mit Ulrich Näke am
20.Juni 1994, Befragungsprotokoll 7, 5
37 Ein Vergleich mit Staaten, in denen bereits AGE-Systeme (v.a. im City-Bereich) in Betrieb sind, bringt relativ wenig, da die Erfahrungen sehr unterschiedlicher Art sind: während
in Norwegen (Oslo, Trondheim, Bergen) - allerdings bei sehr moderaten Gebühren - positive
Erfahrungen gemacht wurden, mußte ein AGE-System im Probebetrieb in Hongkong aufgrund starker öffentlicher Proteste wieder eingestellt werden; Keuchel/ Rodi 1994; Keuchel

besondere auf dem Gebiet der - vom BMV favorisierten und zur Privatisierung der Autobahnen als unumgänglich angesehenen - AGE-Systeme ein öffentlicher Widerstand konstituieren und evtl. auch auf andere Bereiche der Verkehrsinformationstechnik ausgreifen wird.[38] Das grundsätzlich nicht von der Hand zu weisende Argument, Verkehrsinformationssysteme wirkten straßenverkehrsinduzierend, kommt als potentieller Einwand ökologisch orientierter Gruppierungen hinzu.[39] Widerstand kann sich darüber hinaus auch daran entzünden, daß es sich bei weiten Teilen der Verkehrsinformationstechnik um (nach Perrows Definition) "Hochrisikosysteme" handelt.[40] Mildernd wirkt hier die Tatsache, daß es zur Informationstechnik insgesamt keine wirklichen Alternativen gibt und ein "Ausstieg" seitens der Bundesrepublik - wenn internationale Wettbewerbsfähigkeit und Wirtschaftskraft nicht aufs Spiel gesetzt werden sollen - nicht in Frage kommt.[41] Im Verweis auf wirtschaftspolitische Notwendigkeiten liegt auch das Hauptargument für die Einführung von Verkehrsinformationssystemen, welches je nach ökonomischer Entwicklung an Schlagkraft gewinnen oder einbüßen wird. Zudem besteht bei Telematik-Systemen die Möglichkeit der Erprobung und ggf. Anpassung, welche - auf dem Wege über die individuelle Akzeptanz der Benutzer - auch gesamtgesellschaftliche Akzeptanzhindernisse beseitigen helfen kann.[42]

In der weiteren politischen Diskussion wird darauf geachtet werden, das "schlummernde" Protestpotential nicht zu mobilisieren, d.h. man wird mit weiterem Fortschreiten der Debatte um die Einführung von Verkehrsinformationssystemen darauf bedacht sein, Konflikte so weit wie möglich außen vor zu halten.[43] Dies bedeutet jedoch weitere Abstriche an dem,

---

1992; in Hongkong war u.a. der Einführungszeitpunkt (direkt im Anschluß an die britische Absichtserklärung, Hongkong 1997 an die Volksrepublik China zu übergeben) ungeschickt gewählt, da er den systeminhärenten Überwachungsmöglichkeiten besondere politische Brisanz verlieh; Keuchel 1992, 378; in Stockholm soll es ab 1996 ein AGE-System geben; Aring 1994
38 Es gibt bereits Bürgerinitiativen gegen GVZ in der Nachbarschaft; Pannek/ Talke 1994, 106
39 In Westdeutschland gehen 77%, in Ostdeutschland 84% der Bevölkerung über 14 Jahren davon aus, daß bei Einführung und Ausbau elektronischer Verkehrsleitsysteme das Auto seine zentrale Stellung behalten wird; SPIEGEL Dokumentation 1993, 135 der siehe auch Interview mit Reinhard Schult am 29. Juni 1994, siehe Befragungsprotokoll 10, 11
40 Aufgrund hoher Komplexität und enger Kopplung; dies gilt beispielsweise für Flugleit- und -sicherungssysteme; Lutterbeck 1985, 18
41 Petermann/ Thienen 1988, 220; hierin sowie in der potentiellen Anwendungsvielfalt der Informationstechnik liegt auch der Hauptunterschied beispielsweise zur Kernenergie; Dierkes/ Thienen 1982, 10; Peter u.a. 1986, 114 f.
42 Petermann/ Thienen 1988, 222
43 Zudem ist Datenschutzfragen höchste Priorität einzuräumen; Interview mit Hanskarl Protzmann am 11.August 1994, siehe Befragungsprotokoll 12, 5 f.

was als verkehrspolitische Strategie und an verkehrspolitischen Absichten
hinter dem Konzept der Telematik-Systeme steht: "Das Image des Verkehrsmanagements darf nicht mit dem Stigma vom "Gängeln und Schröpfen" belastet werden."[44] Wirkliche Verkehrsbeeinflussung ist ohne jegliches "Gängeln und Schröpfen", also ohne Einsatz von Regulierung und/
oder die Setzung von finanziellen Anreizen nicht zu bewerkstelligen.

---

[44] Rothengatter 1993b, 16; beispielsweise betonte Georg Brunnhuber im Interview am
27.Juni 1994, daß die Einführung von (elektronisch erhobenen) Straßenbenutzungsgebühren keinesfalls zu einer weiteren Verteuerung des Straßenverkehrs führen dürfe, siehe Befragungsprotokoll 9, 4

4.2 Verkehrsinformationssystem und Verkehrsteilnehmer

4.2.1 Benutzerakzeptanz auf Geräte-Ebene

Im folgenden soll versucht werden, die potentielle Verbreitung von Verkehrsinformationssystemen sowie der zugehörigen Produkte und Dienstleistungen abzuschätzen. Welche Schwierigkeiten mit diesem - in den Arbeitsbereich der Marktforschung gehörigen - Vorhaben verbunden sind, zeigt ein kurzer Blick auf die vorab prognostizierte Benutzerakzeptanz von Btx: Demnach sollten Ende der achtziger Jahre fast zwei Millionen Teilnehmer an Btx angeschlossen sein. Faktisch waren es im Frühjahr 1989 lediglich 150.000.[1] Zwar geht es auch bei Informationssystemen grundlegend um einen Bedarf, einen potentiellen Markt mit einer potentiellen Nachfrage, also die Bereitschaft seitens Konsumenten und/oder anderen Unternehmen für die betreffenden Produkte oder Dienstleistungen zu zahlen.[2] Diese kaufkräftige und zahlungsbereite potentielle Nachfrage richtet sich wiederum an Kriterien der Nutzenmaximierung des Einzelnen bzw. der Organisationen aus und wäre als solche noch hinreichend abschätzbar.[3] Was sich aber im Falle von Telematik-Systemen als besondere Hürde für eine Abschätzung der Benutzerakzeptanz erweist, sind ihre Netzeigenschaften. Der Aufbau eines Kommunikationsnetzes bedeutet für den Anbieter eine Investition von besonderer Tragweite.[4] Zudem folgt die Diffusion in Netzwerken eigenen Gesetzmäßigkeiten, es kann schnell ein "Teufelskreis" entstehen: Das Netz bietet dem Benutzer erst dann einen ausreichenden Nutzen, wenn es viele Teilnehmer gibt. Da jedoch alle potentiellen Netzteilnehmer von dieser Kalkulation ausgehen, kommt das Netz nie über eine relativ geringe Größenordnung hinaus und entfaltet so keine Anziehungskraft für eine kaufkräftige Nachfrage.[5]

---

1 Schneider 1989, 13; im Falle von Btx ging es - ebenso wie bei Verkehrsinformationssystemen - um eine latente Nachfrage, die erst stimuliert werden mußte; die Verbreitungserwartung der Benutzerakzeptanzprognosen wurde dabei insbesondere im Hinblick auf Privatanwender schwer enttäuscht; Mayntz/ Schneider 1988, 293 f.; siehe auch Degenhardt 1986; Tonnemacher/ Seetzen 1985
2 Döhl 1983, 65 f.; Interview mit Georg Brunnhuber am 27.Juni 1994, siehe Befragungsprotokoll 9, 3;
3 Zugrunde liegt eine - individuelle oder auch organisationale - Kosten-Nutzen-Analyse; Däubler 1989, 171; zu den hier wirksamen Kriterien gehört in erster Linie der Preis des Produkts bzw. der Dienstleistung, welcher mit massenhafter Durchsetzung sinkt; Heinze/ Kill 1987, 39; Schneider 1989, 234
4 Daher müssen potentielle Anwender ausreichende Gewinnerwartungen mit dem Aufbau eines Netzinfrastruktur verbinden; Schneider 1989, 234
5 Welzel 1993, 19; Schneider 1989, 15 + 226

Weitere Probleme ergeben sich aus dem besonderen Charakter der "Ware" Information. "Information ist nicht gegenständlich, hat keinen bleibenden Wert an sich, ist flüchtig, wird in der Regel nicht "verbraucht" und veraltet in manchen Fällen, in anderen aber nicht. Der Wert einer Information läßt sich nicht "objektiv" bestimmen, er variiert von Situation zu Situation, von Nutzer zu Nutzer und je nach dem umgebenden Kontext."[6] Trotzdem zeitigen Informationen einen volks- und betriebswirtschaftlichen sowie einen individuellen Nutzen, der sich i.d.R. in Einsparungen von Zeit und Geld und/ oder inhaltlichem Fortschritt ausdrücken läßt, doch nicht immer zuverlässig zu quantifizieren ist.[7] Im folgenden soll daher angenommen werden, daß ein Informationssystem für den Anwender dann von Nutzen ist, wenn er die angebotenen Funktionen für die in seiner jeweiligen Situation auftretenden Aufgaben gewinnbringend, eben - denn das ist die eigentliche Bedeutung von Information im Unterschied zu Wissen - problemlösend einsetzen kann.[8]

Zudem stammen ein Großteil derjenigen Erkenntnisse, welche die Grundlage von Prognosen der Benutzerakzeptanz bilden, aus Pilotprojekten und Feldversuchen. Bezüglich der Verallgemeinerbarkeit dieser Ergebnisse sind jedoch erhebliche Bedenken anzumelden. Die untersuchten Stichproben und Samples sind häufig zu klein.[9] Im Fall von Verkehrsinformationssystemen ergeben sich daraus zusätzlich Probleme für den Systembetrieb, welche wiederum auf Akzeptanzergebnisse zurückwirken können.[10] Darüber hinaus haben Pilotprojekte einen nicht zu unterschätzenden Sachzwangcharakter - sie sind i.d.R. eher Demostrationsvorhaben als Feldver-

---

6 Schäuble 1990, 1017
7 ibid., 1020; entsprechend groß sind auch die Schwierigkeiten betriebswirtschaftlicher Investitionsrechnung, wenn es um Informationssysteme geht; Insellösungen lassen sich dabei leichter rechnen und halten sich zudem meist auch vom Investitionsvolumen her eher in Grenzen; Günter 1990, 42 + 60; Brüne nennt neben preisgünstigem Anschaffungspreis und niedrigen laufenden Kosten, die Ausbaufähigkeit des Systems, das Renomee des Herstellers sowie Service- und Kundendienstangebote, die Kompatibilität und ein auf unterschiedliche Belange zugeschnittenes Software-Angebot als betriebswirtschaftliche Kriterien für eine Investition in ein Informationssystem; Brüne 1990, 121; einen ausführlichen Katalog an Bestimmungsfaktoren des Technologie-Beschaffungsverhaltens von Unternehmen enthält Biller u.a. 1990, 31 ff.
8 vide supra, p.3 f.; Degenhardt 1986, 246
9 Zudem ist der genaue Zusammenhang zwischen Kognitionen ("beliefs"), Einstellungen ("attitudes"), Verhaltensabsichten ("intentions") und tatsächlichem späteren Verhalten ("behaviour") noch weitgehend ungeklärt; Degenhardt 1986, 91 f.; Herkner 1991, 211 f.
10 So ist eine relativ große Anzahl an Fahrzeugen zur hinreichend exakten Verkehrsdatenerfassung notwendig, welche in Pilotprojekten aus Kostengründen i.d.R. nicht vorhanden sein kann; eine kontinuierliche und möglichst genaue Verkehrsdatenerfassung bildet jedoch die Grundlage dynamischer Routenempfehlungen; diese Erfahrung machte man u.a. beim LISB-Pilotprojekt; Sparmann 1991, 58

suche -, welcher sich durchaus trübend auf die Ergebnisse der Akzeptanz-untersuchungen auswirken kann.[11] Grundsätzlich gilt, daß der weitere Verlauf der internationalen Normung und Standardisierung von ganz erheb-licher Bedeutung für die Verbreitung von Verkehrsinformationstechnik so-wohl bei privaten als auch bei gewerblichen Benutzern sein wird, denn er entscheidet über Einsatzbereich und damit über den aus dem Systeman-schluß entspringenden Nutzen.[12]

Die grundlegendste Anforderung an Telematik-Endgeräte in Fahrzeu-gen und mit direktem Kontakt zum Fahrer ist, daß sie dessen Fahraufmerk-samkeit und damit Verkehrssicherheit nicht beeinträchtigen. Der Fahrer, insbesondere im gefährlichen Straßenverkehr, darf also durch die ihm zuge-leiteten Informationen möglichst wenig beansprucht und vom Verkehrsge-schehen abgelenkt werden. Daher sollte die Zahl sichtbarer Anzeigen mög-lichst gering gehalten, zentrale (z.B. sicherheitsrelevante) Informationen sollten mit Meldung und alle weniger relevanten Informationen nur auf Ab-ruf bereitgehalten werden.[13] Die im Rahmen der Pilotprojekte auffällig ge-wordenen Probleme in dieser Hinsicht sind allerdings inzwischen mit Ent-wicklung eines Head-Up Displays, welches die jeweiligen Informationen di-rekt in das Sichtfeld des Fahrers einspiegelt, weitgehend gelöst.[14]

Abgesehen von dieser sicherheitsrelevante Aspekte berücksichtigen-den Gestaltung der Hard- und Software von Verkehrsinformationssyste-men, sind auch ergonomische, d.h. die Ausführbarkeit und Erträglichkeit der Arbeit betreffende, Anforderungen zu berücksichtigen.[15] Ob ein Mitar-beiter eine neue Technologie in seinem Arbeitsbereich lediglich "billigt" oder ob er sie aktiv "annimmt", sich mit ihr identifiziert, macht einen gro-

---

11 Degenhardt 1986, 79; Mettler-Meibom 1985, 284 ff.; Cronbach u.a. unterscheiden zwischen experimentellen Pilotprojekten ("demonstrations for policy formulation") und ex-emplarischen Pilotprojekten ("demonstrations for policy implementation"); Cronbach u.a. 1980, 42
12 Wie gesagt ist mit der Einigung auf mehrsystemfähige Empfangsvorrichtungen als Standard zu rechnen und damit mit einer recht weitreichenden Einsetzbarkeit der entspre-chenden Endgeräte; vide supra, p. 111
13 VDA 1993, 37
14 Harmsen/ König 1992, 159; nähere Informationen zum Head-Up Display enthält das Glossar; außerdem wurden inzwischen die Displays der fahrzeugautonomen Navigationssy-steme unter Berücksichtigung der oben festgehaltenen Erkenntnisse überarbeitet; auf ver-wirrende digitale Kartenausschnitte wie beim ursprünglichen Travelpilot (siehe Glossar) wird nun zugunsten einfacher und zudem oft sprachunabhängiger Piktogramme verzichtet; Friebolin 1990, 47; außerdem fanden akustische Umsetzungen stärkere Verwendung; Linde 1993, 3
15 "Die Wissenschaft der Ergonomie sucht nach Erkenntnissen, aus denen sich Regeln zur Gestaltung von Arbeitsbedingungen ableiten lassen."; Laurig 1990, 10 + 17

ßen Unterschied für die betreffende Organisation aus.[16] Die Ausrichtung
der Hard- und Software, aber auch der organisationalen Implementie-
rungsstrukturen an ergonomischen Erkenntnissen bildet die Voraussetzung
für die Arbeitszufriedenheit. Arbeitsaufgaben werden allgemein dann als
attraktiv angesehen, wenn sie Vielfalt und Ganzheitlichkeit bieten, Selb-
ständigkeit bei Aufgabenerledigung und Zeiteinteilung bieten, Entschei-
dungsfreiräume lassen, soziale Kontakte beinhalten und den Arbeitenden
nicht überfordern.[17] Die für Informationssysteme relevanten ergonomischen Erkenntnisse und Anforderungen beziehen sich zum einen auf die
Hardware, wobei hier häufig von Geräte- oder Bediener-Ergonomie gesprochen wird, zum anderen auf die Gestaltung der Software.[18] In beiden Bereichen sind diverse ISO-Normen, EG-Richtlinien sowie Empfehlungen des
VDI, DIN sowie der Berufsgenossenschaften wirksam.[19]

Ziel soft- und hardware-ergonomischer Gestaltung ist es, die Bedingungen der bei Benutzung von Informationssystemen zwangsläufig stattfindenden Mensch-Maschine-Kommunikation an menschliche Fähigkeiten
und Eigenschaften anzupassen.[20] Grundsätzlich gilt dabei, daß das System
für den Benutzer verständlich sein bzw. gemacht werden muß, Handlungs-
flexibilität und Entscheidungsspielräume gewahrt bleiben sollen, Informationstechnologie in der Unternehmenshierarchie immer von oben nach unten
sowie in kleinen, verarbeitbaren Schritten eingeführt werden sollte und der
Benutzer weder von der Komplexität noch von der Arbeitsgeschwindigkeit
des Systems her überfordert werden darf. Zudem sollte der mit der Benutzung des Systems verbundene Lernaufwand in engen Grenzen gehalten
werden.[21] "Die Benutzbarkeit eines Systems hängt entscheidend von sei-

---

16 Keller/ Tippmann sprechen hier von "aktiver Akzeptanz"; Keller/ Tippmann 1984, 6
17 DAG Bundesvorstand 1991, 11
18 Nach DIN 44.300 Teil 1, 1.13 wird Software definiert als die Gesamtheit oder Teile
derjenigen Programme für Rechensysteme, welche - zusammen mit den Eigenschaften der
Rechensysteme - den Betrieb der Rechensysteme, ihre Nutzung zur Lösung gestellter Aufgaben und/ oder zusätzliche Anwendungsarten gewährleisten; DAG Bundesvorstand 1991,
13; Bjørn-Andersen führt zusätzlich den Begriff der Organisations-Ergonomie bei der Implementierung von Informationssystemen ein und subsumiert darunter die Gewährleistung
einer möglichst weitgehenden Partizipation der Mitarbeiter bei der Systemgestaltung, des
Weiterbestehens sozialer Kontakte, der Beibehaltung einer angemessenen Komplexität, von
Transparenz und Lernunterstützung, von individuellen Modifizierungsmöglichkeiten der Benutzer, des Fortbestehens von Anforderungen an Kreativität und Intuition sowie dessen,
daß keinerlei Überwachung des Benutzers durch das System erfolgt; Bjørn-Andersen 1988,
386 ff.
19 Laurig 1990, 13; DAG Bundesvorstand 1991, 25 ff.
20 Laurig 1990, 19; Prussog 1992, 11; Paetau 1990, 1
21 Keller/ Tippmann 1984, 7 f.; Paetau 1990, 284; für die Unternehmen bedeutet ein hoher Lernaufwand des Benutzers hohe Schulungskosten, im Privatbereich wirkt er i.d.R. als
Zugangsbarriere; Otto/ Sonntag 1985, 146 f.; der DAG Bundesvorstand nennt als allge-

ner Angemessenheit für den einzelnen Benutzer ab. Aufgrund der vielfältigen interindividuellen Unterschiede ist eine Adaption der Informationssysteme an die Bedürfnisse und Fähigkeiten des individuellen Benutzers notwendig."[22] Als Beispiel für detailliertere Regelungen soll hier die DIN-Emp-
fehlung 66.234, Teil 8 mit Regeln für die Dialoggestaltung bei Software
dienen.[23] Dort gelten folgende Grundsätze: Aufgabenangemessenheit,
Selbstbeschreibungsfähigkeit, Steuerbarkeit, Erwartungskonformität sowie
Fehlerrobustheit.[24]

Überträgt man diese Anforderungen nun auf Verkehrsinformationssysteme, so ergibt sich im Bereich der gewerblichen Nutzung im großen und
ganzen kein Unterschied zu den oben ausgeführten Implementierungsbedingungen von Informationssystemen im allgemeinen. Besondere Anforderungen bringen allerdings die geplanten privaten Anwendungsmöglichkeiten
mit sich - sei es nun mittels entsprechender Empfangsgeräte in den Fahrzeugen oder via öffentlich zugänglichen Infotheken.[25] Im Falle von Infotheken, die ÖPNV-Fahrgastinformationssysteme, Fahrscheinverkauf und sonstige Informationsangebote öffentlich zugänglich vorhalten ist insbesondere

---

meine software-ergonomische Gestaltungsziele Ausführbarkeit, Schädigungslosigkeit, Be-
einträchtigungsfreiheit und Persönlichkeitsförderlichkeit; DAG Bundesvorstand 1991, 30;
Prussog   umschreibt   diese   allgemeinen   Anforderungen   zusammengefaßt   als
"Benutzerfreundlichkeit"; Prussog 1992, 69 f.; ähnlich argumentiert Degenhardt 1986,
246; zur Benutzerfreundlichkeit von Informationssystemen siehe auch Spinas 1987; Balzert
faßt unter den Schlagworten Persönlichkeitsförderlichkeit, Zumutbarkeit, Unterstützung der
Mensch-Computer-Kommunikation sowie Unterstützung menschlicher Informationsverarbeitung insgesamt 23 aus Arbeitswissenschaft und kognitiver Psychologie abgeleitete Gestaltungsziele der Software-Ergonomie zusammen; Balzert 1987, 477 ff.
22 Haaks 1992, 18
23 DIN 66.234 enthält noch weitere Empfehlungen hinsichtlich software-ergonomischer
Gestaltung; so befaßt sich beispielsweise Teil 3 mit der Maskengestaltung auf dem Bildschirm (siehe auch EG-Bildschirmrichtlinie 90/270/EWG) und Teil 5 hält Gestaltungsregeln
für die Codierung von Bildschirminhalten vor; DAG Bundesvorstand 1991, 36 + 45 + 25
f.
24 Prussog 1992, 67; Paetau 1990, 281 f.; DAG Bundesvorstand 1991, 40 ff.; Haaks
fügt als weitergehende Anforderungen Partizipation (bei Systemgestaltung), Transparenz
und Konsistenz, d.h. ein gleichmäßiges Erscheinungsbild und einheitliche Arbeitsweise
hinzu; Haaks 1992, 55 ff.; der EVADIS-Leitfaden, ein stichprobenorientiertes Software-
Evaluierungsverfahren der Forschungsgruppe Mensch-Maschine-Kommunikation der GMD,
orientiert sich größtenteils an DIN 66.234, Teil 8; er ist jedoch nicht allein auf die Dialoggestaltung beschränkt, sondern erfaßt alle Software-Elemente; der EVADIS-Leitfaden sieht
folgende Kriterien vor: Aufgabenangemessenheit, Erwartungskonformität, Fehlerrobustheit,
Flexibilität, Transparenz sowie Übersichtlichkeit; Paetau 1990, 289 + 294 ff.; Murchner
u.a. 1987
25 Eine Ergänzung des Angebots an ÖPNV-Informationen stellt beispielsweise der Vertrieb
von Fahrplandisketten dar, mit denen am heimischen PC ein persönlicher Fahrplan erstellt
werden kann; der Verkehrsverbund Rhein-Sieg (VRS) berichtet über gute Erfahrungen mit
einem derartigen Angebot (ASS light) zusätzlich zu einem umfassenden Fahrgastinformationssystem (ASS; siehe Glossar); Schmidt-Freitag/ Sistenich 1993, 30

auf ein gleichmäßiges Erscheinungsbild - und damit einen hohen Wiederer-
kennungswert - sowie eine über Systemgrenzen hinweg möglichst einheitliche Bildschirmgestaltung und Bedienungsweise entlang der Alltagskenntnisse der Benutzer zu achten. Denn auch die Ratlosigkeit eines potentiellen
Fahrgastes bei Routenwahl und Fahrscheinkauf stellt ein echtes Zugangs-
hindernis zum ÖPNV dar. Schließlich sind auch die Standorte solcher ma-
schineller Informationsschalter umsichtig zu wählen, es müssen Vorkehrungen gegen Vandalismus und Zweckentfremdung getroffen werden.[26]

Für den Bereich der Empfangsgeräte für Telematik-Systeme in privaten Kraftfahrzeugen gilt, daß die Vielseitigkeit der Nutzungsmöglichkeiten
sowie die Attraktivität des Informationsangebots von entscheidender Bedeutung sein werden. Aktualität und Zuverlässigkeit (Richtigkeit) der
übermittelten Informationen sind also sehr wichtig.[27] Dies impliziert außerdem einen Trend zur Geräte-Integration, der mit der Markteinführung der
fahrzeugautonomen Navigationssysteme in Geräte-Einheit mit dem herkömmlichen Autoradio bereits begonnen hat.[28] Dieter Lentz setzt auf eine
Vermarktung entlang des "Spieltriebs" der Benutzer und verweist außerdem
darauf, daß sich der beschriebene "Teufelskreis" der Einführung von Kom-
munikationsnetzen im Falle von Verkehrsinformationssystemen ab einem
bestimmten Niveau aller Wahrscheinlichkeit nach in sein Gegenteil verkehrt:
Ist nämlich die zur hinreichenden Verkehrserfassung notwendige Teilneh-
merzahl einmal erreicht, so ist der aus der Anwendung des Informationssystems entspringende Nutzen bei den relativ wenigen angeschlossenen
Teilnehmern besonders hoch. Die Wenigen, welche über die entsprechenden dynamische Verkehrsinformationen verfügen, haben bei verkehrspro-

---

26 BMV 1993, 11; detaillierte Aussagen über Probleme der Gestaltung und Plazierung von
Infotheken machte Rainer Neuwerk im Interview am 13. Juni 1994, siehe Befragungsprotokoll 3, 8 f.; Fahrplanauskunftssysteme können auch verhaltensorientiert programmiert
werden; Faust 1993
27 Prussog 1992, 203; Reinhard Schult im Interview am 29.Juni 1994, siehe Befragungsprotokoll 10, 11; daher wäre auch eine - möglicherweise verkehrspolitisch motivierte -
Manipulierung der übermittelten Informationen, wenn der Benutzer sich ihrer einmal bewußt geworden ist, katastrophal für die Akzeptanz zumindest der Weisungsempfehlungen,
wahrscheinlich aber des ganzen Systems an sich; Interview mit Rainer Neuwerk am
13.Juni 1994, siehe Befragungsprotokoll 3, 8
28 Siehe Glossar, z.B. unter APS; bei Mobilfunk-Anwendungen ist meist ein D-Netz-Auto-
telefon "verpflichtend"; dieser Trend könnte bei Einführung eines Kaufzwanges für Empfangsgeräte von AGE-Systemen evtl. zur Verbreitung "durch die Hintertür" genutzt werden, nämlich dann, wenn zusätzlich zu den Fahrzeugvorrichtungen für die Gebührenabbu-
chung zu einem geringen Aufpreis andere Systemkomponenten angeboten werden
(möglicherweise im selben Bauteil); Interview mit Rainer Neuwerk am 13.Juni 1994, siehe
Befragungsprotokoll 3, 5; zudem könnten die Transaktionskosten des ERP durch sy-
stemübergreifende Nutzung der Smart-Cards gesenkt werden; Keuchel 1992, 385

blematischen Umständen die Gewähr, zeitsicher ans Ziel zu kommen, da sie davon ausgehen können, exklusiv über eine verkehrsarme Route geleitet zu werden.[29]

So ist bei einem derzeitigen Gerätepreis für fahrzeugautonome Zielführungssysteme von ca. 1.000 bis 2.000 DM, der mit weiterer Verbreitung sinken wird, während gleichzeitig die Attraktivität dieser Systeme durch die "Dynamisierung" der Navigationsinformationen mittels des wahrscheinlichen Anschlusses an RDS/ TMC zunehmen wird, zu erwarten, daß die in Kaufbereitschaft manifeste Benutzerakzeptanz groß sein wird.[30] Die Tatsache, daß das erste Angebot einer Zusatzausstattung von Automobilen mit autonomen Navigationssystemen ab Werk für die Luxusklasse erfolgt, weist einen weiteren Weg: Es ist davon auszugehen, daß Zielführungssysteme für Pkw in naher Zukunft zum Statusmerkmal avancieren.[31] Inwieweit dies auch impliziert, daß Stellenwert und damit Benutzungshäufigkeit des Automobils beibehalten oder sogar ausgeweitet werden, läßt sich heute nicht mit Sicherheit vorhersagen. Eine Entwicklung in diese Richtung steht zumindest zu vermuten.

---

29 Demnach würde der individuelle Nutzen aus der Anwendung des Systems mit weiterer Verbreitung sinken, da nun viele rechtzeitig umgeleitet werden; Interview mit Dieter Lentz am 6.Juni 1994, siehe Befragungsprotokoll 1, 2
30 Der Preis für die wahrscheinlich jährlich erscheinenden Updates der digitalisierten Straßenkarten soll zwischen 30 und 100 DM betragen; Interview mit Rainer Neuwerk am 13.Juni 1994, siehe Befragungsprotokoll 3, 2
31 Ab Frühjahr 1995 bietet Mercedes Benz das APS von Bosch-Blaupunkt als Zusatzausstattung für die S-Klasse an; eine spätere Ausweitung des Angebots auf die anderen Fahrzeugklassen ist vorgesehen; siehe Glossar unter APS

4.2.2 Weisungsakzeptanz im System

Die Frage, ob die zukünftigen Benutzer den Empfehlungen des Verkehrsinformationssystems hinsichtlich Routenwahl und v.a. auch hinsichtlich des ggf. sinnvollen Umstiegs auf den ÖPNV folgen werden, stellt sich unabhängig vom Kauf der entsprechenden (Fahrzeug-)Ausrüstung. Denn zum einen kann diese lediglich als Statussymbol dienen, zum anderen ist durchaus denkbar, daß nur eine bestimmte Art von Empfehlungen (z.B. Umleitungen, Stau-Umfahrungen) auf Akzeptanz stößt, während andere systematisch ignoriert werden. Die Erfahrungen mit der vielerorts nur marginalen Nutzung vorhandener P & R-Anlagen und auch mit der Einhaltung von Geschwindigkeitsbeschränkungen lassen hier Probleme vermuten.[32]

Akzeptanzuntersuchungen bei kollektiven Verkehrsbeeinflussungsanlagen ergaben eine insgesamt gesehen recht hohe Weisungsbefolgungsquote seitens der Verkehrsteilnehmer, wobei allerdings ein Teil der über diese Anlagen vermittelten Informationen - im Unterschied zur Situation bei individuellen Verkehrsinformationssystemen - verpflichtender Natur ist. Bei kollektiver Verkehrsbeeinflussung mittels Wechselwegweisern lag die Befolgungsquote zwischen 25 und 60%. Allerdings zeigte sich, daß die Akzeptanz der jeweils geschalteten Geschwindigkeit auch vom Schaltgrund abhängig ist. Wurden beispielsweise "Nässe" oder "Nebel" als Schaltgrund angegeben, so war die Bereitschaft der Verkehrsteilnehmer, sich an die empfohlene bzw. vorgeschriebene Geschwindigkeit zu halten deutlich geringer als bei den übrigen Schaltungen.[33] Die Begründung der jeweiligen geschwindigkeitsbegrenzenden Schaltung ist notwendig, weil derartige Maßnahmen sofort in Frage gestellt werden, wenn ihr Grund nicht offensichtlich ist.[34] Neben der Begründbarkeit stellen Wahrnehmbarkeit, Richtigkeit, Auffälligkeit, Aktualität, Widerspruchsfreiheit, Zuverlässigkeit, Verfügbarkeit sowie Schnelligkeit des zugrundeliegenden Systems weitere Kriterien für die Akzeptanz von Wechselverkehrszeichen dar. Diese Kriterien

---

32 Viele P & R-Angebote werden - auch wenn sie nachweislich sowohl schneller als auch preiswerter als die eigene Pkw zum Fahrtziel in der Innenstadt führen - meist erst über Zwangsmaßnahmen (Parkraumverknappung, Zufahrtsdosierung oder -sperrung) angenommen; gleiches gilt für die Möglichkeit der Bildung von Fahrgemeinschaften; Hübner/ Hager 1992, 151; auch hinsichtlich der Akzeptanz des Sicherheitsgurtes sind meist Zwangsmaßnahmen notwendig; Raab 1990; Probleme hinsichtlich der Akzeptanz von Tempo 30-Zonen thematisierte Hanskarl Protzmann im Interview am 11.August 1994, siehe Befragungsprotokoll 12, 5
33 Autobahndirektion Südbayern 1993, 10 f.
34 Außerdem dient die Begründung einer Schaltung auch der Vorbereitung des Autofahrers auf eine kommende Gefahrensituation; Friebolin 1990, 47

gelten auch für Systeme der individuellen Verkehrsinformation. Wichtig ist dabei, das Auftreten eines Widerspruchs zwischen der Anzeige und der Beurteilung des Autofahrers zu vermeiden, da ansonsten **alle** Komponenten des Systems in Frage gestellt werden.[35]

Die bisher vorliegenden Erkenntnisse über die Weisungsakzeptanz bei individuellen Verkehrsinformationssystemen stammen überwiegend aus dem bereits seit einiger Zeit abgeschlossenen LISB-Pilotprojekt. Dort sprachen sich über 90% der Versuchsteilnehmer für eine Fortführung des Systembetriebes aus.[36] Gelobt wurden insbesondere die Orientierungs- und Zielfindungshilfen, die mit dem System erreichbaren Reisezeitgewinne wurden von den Benutzern überschätzt - zugunsten der Weisungsakzeptanz. Allerdings wies das Akzeptanzniveau erhebliche Schwankungsbreiten auf, je nachdem, ob sich der Verkehrsteilnehmer im betreffenden Stadtteil auskannte oder nicht. Erwartungsgemäß werden Leitempfehlungen weniger befolgt, wenn der Fahrer über Ortskenntnisse verfügt. Zudem war die Weisungsakzeptanz bei gewerblich genutzten Fahrzeugen geringer als bei Privatfahrzeugen, was sich auf die noch zu umständliche Fahrtzieleingabe zurückführen ließ.[37] Insgesamt weisen die bisherigen Erfahrungen mit der Weisungsakzeptanz bei Verkehrsinformationssystemen auf bestehende Gestaltungsanforderungen sowie auf ein gewisses Maß an Skepsis hin, das gegenüber Verkehrsmanagement-Absichten angebracht erscheint. Telematik-Systeme scheinen nicht geeignet zu sein, aus sich heraus grundlegende Verhaltensänderungen - wie z.B. den Umstieg vom eigenen Auto auf den ÖPNV - zu stimulieren.

---

35 Diese Beobachtung gilt auch für individuelle Informationssysteme; Friebolin 1990, 42
36 Den Kauf bzw. die Weiterempfehlung der notwendigen Fahrzeugausstattung machten sie allerdings von der weiteren - also über den lokalen Bereich hinaus - Verbreitung des Systems abhängig; Tomkewitsch 1993, 8
37 Auch dieses Problem ist inzwischen behoben; Siemens AG o.J., 22; Harmsen/ König 1992, 159; Sparmann 1991, 58 f.; Tomkewitsch 1993, 8

4.3 Verkehrstelematik: Schlüssel zum Verkehr der Zukunft?

Der Akzeptanz - zumindest der "weichen" Form der Verkehrsbeeinflussung mittels besserer Information der Verkehrsteilnehmer - scheint nichts im Wege zu stehen. Den Schritt von Akteptanz-Überlegungen aus in die nähere Zukunft und damit auch in Richtung diverser Zukunftsentwürfe bilden Überlegungen hinsichtlich der möglichen Auswirkungen des verstärkten Einsatzes von Informationstechnik auf das Individuum. Hier gehen die Meinungen stark auseinander. Pessimistische Entwürfe gehen von einer ständigen Informationsüberflutung mit allen ihren negativen Auswirkungen aus, von einer fortschreitenden kulturellen Einebnung, von einer Dequalifizierung breiter Arbeitnehmerschichten und einer Benachteiligung älterer Menschen, von der Digitalisierung menschlichen Denkens, von Kreativitätsverlust, zunehmenden Verfremdungs- und Isolierungstendenzen im Zuge des Abbaus sozialer Kontakte, von einem Vordringen der technisch-ökonomischen Rationalität in die Privatsphäre, von einem Verlust an direkter Umwelterfahrung und damit von Realitätsverlust.[1] Optimistische Prognosen versprechen hingegen einen weiteren Anstieg der Lebensqualität durch Maschinisierung schwerer und gefährlicher Arbeit, mehr Freizeit sowie durch weiteres ökonomisches Wachstum, steigende Arbeitszufriedenheit, zunehmende Transparenz bei größerem Informationsangebot, einen Zuwachs an zwischenmenschlichen Kontakten durch Freisetzung von Zeitpotentialen, unbegrenzte Informationsmöglichkeiten und Kommunikationsformen, ein Mehr an individueller Selbstbestimmung.[2] Die tatsächlichen Wirkungen werden wahrscheinlich irgendwo dazwischen liegen und sind nicht vorher-

---

[1] Mögliche individuelle Reaktionen auf eine Informationsüberlastung thematisieren Deutsch/ Sonntag 1981, 6; Jonas spricht von einer "Schrumpfung des Selbstbegriffs und Seins" des Menschen; Jonas 1985, 32; Janshen 1990, 273 + 283; Zettelmeier 1992, 9; Brunnstein 1981, 30; Steinmüller 1982, 13 ff.; Reese 1980, 138 ff.; Müller-Doohm 1985, 80; Schatz-Bergfeld 1986, 566; Ulrich 1984, 19 ff.; Ulrich 1986, 136; Bull 1983, 13 + 17 f.; Dortmann 1986, 517 ff.; Greif/ Holling 1987, 507; Ganzhorn 1992, 5; Reese u.a. 1979b, 47 ff.; Mertens 1985, 78 f.; Janshen 1985, 103 f.; Lafontaine 1991, 205; Zinn 1988, 214; Briefs 1983, 231; Pflüger/ Schurz 1987; Weizenbaum 1977; Weizenbaum 1985; Volpert bemüht das Zauberlehrlingsmotiv zur Beschreibung der Wirkungen der Informationstechnologie auf das Individuum; Volpert 1985; besonders negative individuelle Wirkungen der Informationstechnik werden insbesondere bei Kindern und Jugendlichen erwartet; siehe Hejl u.a. 1988; Eurich 1985; diese skeptische Vision der Informatisierung des Alltagslebens bezeichnet Rammert als "Industriekritik"; Rammert 1993, 273 f.
[2] Schatz-Bergfeld 1986, 565 f.; Zapf u.a. 1989, 72; Keller/ Tippmann 1984, 12; Mertens 1985, 78 f.; Breuel spricht zusätzlich von verbesserten Erwerbstätigkeits-Möglichkeiten für Frauen im Zuge des Trends zur Tele-Heimarbeit; Breuel 1985, 45; Rammert nennt diese optimistische Vision der Informatisierung des Alltagslebens "Modernisierungsthese", Rammert 1993, 273

zusagen.[3] Auch hier - wie schon bei ihren räumlichen, ökologischen und ökonomischen Folgen - offenbart sich also wieder der ambivalente Charakter der Informationstechnologie. Dabei muß sich diese Ambivalenz nicht notwendigerweise in einem "entweder - oder" kristallisieren, sondern kann durchaus auch als "und" in Erscheinung treten: Verlust an sozialen Kontakten bei den einen **und** Vertiefung zwischenmenschlicher Beziehungen bei den anderen, Steigerung der Lebensqualität der einen **und** Verarmung der Individualität der anderen.[4]

Einen weiteren Beleg für diese Beobachtungen stellen die politischen und administrativen Wirkungen von Informationssystemen dar. Auch hier widerstreiten Horroszenarien mit der Vision der schönen neuen Welt. Auf der einen Seite wird eine weitere Zunahme politisch-administrativer Steuerungsprobleme einhergehend mit Informationsüberlastung und "Politisierung" nahezu aller Lebensbereiche befürchtet, vor totalitärer Kontrolle der Bürger, neuen Formen des Terrorismus über Computernetze, wachsender Bürokratisierung und einem Übergewicht der Exekutive sowie einem Verlust an demokratischer Kontrolle gewarnt. Auf der anderen Seite stehen Entwürfe der "Tele-Demokratie" mit direkter Partizipation theoretisch aller Bürger und einem gestärkten individuellen Demokratie-Bewußtsein seitens des "mündigen Bürgers".[5] Wiederum wirken sich Informationssysteme also ambivalent aus und es gilt: "Wie ein Messer in der Hand des Chirurgen andere Auswirkungen hat als in der Hand eines Gewaltverbre-

---

[3] Peter u.a. formulieren: "Given the structure of this technology, [information technology, I.D.] the fact that it is able to pervade many sectors of society and has a multitude of applications, which are moreover constantly changing, then it follows that it is difficult to draw a full picture of its consequences or a clear "acceptance profile"."; Peter u.a. 1986, 114
[4] Hier zeigt sich eine trendverstärkende Wirkung; so sind beispielsweise insbesondere introvertierte Menschen mit Kontaktschwierigkeiten anfällig für eine "Computersucht", einen Ersatz sozialer Kontakte durch die Interaktion mit einer Rechenmaschine
[5] Böhret/ Franz 1985, 12; Europäische Kommission 1994, 25; Reese u.a. 1979b, 69; Petermann/ Westphalen 1985, 126; Roßnagel u.a. 1990b, 54 ff.; Hammer 1989, 49; Rüttgers 1991, 427 ff.; Fetscher 1986, 33; Thienen 1983a, 286; Kevenhörster 1984, 21 + 346 ff.; Pordesch 1989, 96; die optimistische Version geht davon aus, daß Informationssysteme für das politisch-administrative System künftig unabdinglich seien, da nur sie in der Lage wären, die wachsende Komplexität tatsächlicher Verhältnisse zu verarbeiten; Ganzhorn 1992, 2; Haefner spricht gar von "epochalen Chancen für eine Entfaltung von Freiheit und Demokratie"; Haefner 1989, 31; allerdings bedeutet auch Unentbehrlichkeit eine Gefährdung; die Frage ist außerdem, ob man die Bewältigung dieser Komplexität ausgerechnet mit hochkomplexen Informationssystemen anstreben sollte; Otto/ Sonntag 1985, 27; die skeptischen Entwürfe faßt Tofflers "Krise der repräsentativen Demokratie" gut zusammen; Schmitt-Egenolf 1990, 206 f.; zu den politischen und administrativen Wirkungen der Informationstechnik siehe Alemann 1986b; Frankenbach/ Reinermann 1984; Grimmer 1986; Kevenhörster 1984; Kubicek 1991; Kübler 1987; Lemke 1983; Mambrey 1992; Reese u.a. 1979a; Reinermann 1986; Schumacher-Wolf 1988; Wedde 1989

chers, so wirken sich computergestützte Informationssysteme in einem
demokratischen Gesellschaftssystem anders aus als in autoritären Strukturen".[6]

Was hier deutlich wird ist die trendverstärkende Wirkung der Informationstechnik: Sie kann aus sich selbst heraus keinerlei eigenständige
Entwicklungen bewirken, sondern bestärkt lediglich manifeste oder latente
soziale, ökonomische und politische Trends.[7] So ist beispielsweise der im
öffentlichen wie im privaten Bereich zu verzeichnende Trend zu mehr
Überwachung nicht Folge der Entwicklung von entsprechenden Informationssystemen, sondern entspringt einem angesichts wachsender Intransparenz und Komplexität der Verhältnisse sowie größer werdender Bedrohun-
gen gestiegenen Sicherheitsbedürfnis, dem mit der Entwicklung solcher
Kontroll- und Überwachungssysteme erst entsprochen wurde. Allerdings
wird durch die Vorhaltung dieser Systeme der zugrundeliegende Trend
weiter verstärkt.[8] Francis Bacon prägte 1598 den Ausdruck "Wissen ist
Macht". Heute bedingen sich die Informatisierung von Macht und die Ver-
machtung von Information wechselseitig, schrauben sich damit spiralförmig
hoch.[9]

Es ist die Erkenntnis des trendverstärkenden Charakters von Verkehrsinformationssystemen, welche über die verkehrspolitische Problemlösungskapazität von Telematik-Systemen entscheidet. Im Klartext heißt das:
Verkehrsinformationssysteme können aus sich heraus keine verkehrspolitische Umsteuerung   bewriken. Dies liegt bereits im rein instrumentellen
Charakter der Technik (vide supra, p. (2.4)) begründet. Aber auch bei
ernsthaften politischen Umsteuerungsbemühungen ist die "Verkehrswende"
nicht machbar. Zum einen sind zusammenhängende, wirklich reformerische
politische Strategien vor dem Hintergrund der institutionellen Struktur der
Bundesrepublik Deutschland wenig wahrscheinlich. Zum anderen bedarf es
zur verkehrspolitischen Umsteuerung mit Verkehrsinformationstechnik eines
dahingehenden gesellschaftlichen und ökonomischen Trends, der sich nur
bedingt "herbeireden" läßt, da er im wesentlichen in bestehenden Struktu-

---

[6] Steimüller 1982, 18 ff.
[7] Janshen 1990, 280; Zapf u.a. 1989, 72 f.; Greif/ Holling 1987, 508; Petermann/ Westphalen 1985, 17; Dierkes/ Thienen 1982, 6 ff.
[8] Bull 1983, 16
[9] Becker 1983, 241; Technik als Herrschaftsinstrument thematisiert Ulrich 1988

ren der Industriegesellschaft angelegt ist. Von einer Trendwende in die vielbeschworene Richtung ist bisher jedoch nur wenig zu spüren.[10]

So stellen sich Verkehrsinformationssysteme eher als Schlüssel zum ökonomischen System der Zukunft als zum Verkehr der Zukunft dar. Im Verlaufe der vorliegenden Analyse wurden ökonomische Erwägungen als Faktor der - weitgehend widerspruchslosen, einstimmigen - Entscheidung für die Verkehrsinformationstechnik zunehmend klarer. Die Informationsindustrie gilt als die Schlüsselindustrie der Zukunft und das Mithalten mit der Entwicklung auf dem Weltmarkt wird als entscheidend über Wohl und Wehe ganzer Volkswirtschaften angesehen. Es wird erwartet, daß sich die Massenproduktion weiterhin in die Entwicklungs- und Schwellenländer verlagert und damit der High Tech-Bereich für die westlichen Ex-Industriegesellschaften zunehmend an Stellenwert gewinnt, sie zu Informationsgesellschaften werden läßt.[11] Daraus ergeben sich starke Gründe dafür, deutsche Straßen als Testfeld und deutsche Verkehrsteilnehmer als Testmarkt für die aussichtsreiche Verkehrsinformationstechnik zu nutzen: Der Markt für Informationstechnologie ist sehr stark differenziert, keine Volkswirtschaft ist in allen Teilbereichen führend.[12] Die bundesdeutsche Volkswirtschaft führt auf dem Gebiet der Verkehrsinformationstechnik.[13] Diese Chance will man nutzen.[14]

Am Stellenwert dieser Beweggründe soll hier nicht gezweifelt werden, doch ist fraglich, ob es vor diesem Hintergrund so sinnvoll ist, Verkehrsinformationssysteme in erster Linie in verkehrspolitischen anstatt in wirtschaftspolitischen Reden zu thematisieren. Denn enttäuschte Erwartungen hinsichtlich der versprochenen verkehrlichen "Wunderwirkungen" wir-

---

[10] Das Automobil ist nach wie vor - und besonders in Deutschland - kein bloßes Transportmittel, sondern ein kulturelles Symbol; Sachs 1987, 135; auf den ungebrochen hohen Stellenwert des Autos weisen außerdem hin Glaser, Beate: Die Kluft zwischen Leben und Funktionieren, Faz (14.06.1994) 135, T4; Roßnagel u.a. 1990a, 53
[11] Breuel 1985, 40; Reese 1980, 131; Roßnagel u.a. 1990a, 19; Europäische Kommission 1994, 26; Balkhausen 1983, 152; zur Informationsgesellschaft vide infra Pkt. 5.1
[12] Roßnagel u.a. 1990a, 20 + 23
[13] Die zu weiten Teilen ehemalige Rüstungstechnologie darstellt; zudem stellen Verkehrsinformationssysteme - soweit sie tatsächlich zur Verkehrsoptimierung beitragen - einen Standortfaktor dar
[14] Und damit die häufigen Klagen über die bundesdeutsche Innovationsfeindlichkeit und die Neigung zu Innovationsblockade Lügen strafen; siehe beispielsweise Simen, Hermann: Der Terror des Status quo, FAZ Beilage "Deutsche Wirtschaft" (14.06.1994) 135, 1 f.; Deutsch faßt es folgendermaßen: "Man müßte bei diesen Dingen nicht nur fragen, was ist das Risiko einer neuen Technologie, sondern ebenso, was ist das Risiko ihrer Nicht-Einführung."; Deutsch 1983, 77

ken sich weder auf die Akzeptanz (aller Ebenen) der Systeme noch auf die "Reklamewirkung" der deutschen Markteinführung sonderlich positiv aus.

Verkehrsinformationssystemen sind in der Lage, zur Lösung verkehrlicher Probleme beizutragen und die verkehrspolitische Steuerungskapazität zu erhöhen. Jedoch sind sie kein Ersatz für eine zusammenhängende politische Strategie oder für staatliche Eingriffe, wenn man denn Verkehrsverlagerung lenkend herbeiführen will. Telematik-Systeme haben Werkzeug- und trendverstärkenden Charakter und werden ihre Wirkungen in diese Richtung entfalten. Ein unbedachter Einsatz der Verkehrsinformationstechnik ist also durchaus geeignet, den herrschenden Trend zum Individualverkehrsmittel Automobil weiter zu bestärken und damit konträr zur derzeitigen verkehrspolitischen Ettikettierung zu wirken. Verkehrspolitische Steuerung tut also not, auch wenn die Einführung von Verkehrsinformationssystemen sowohl von der Motivation als auch von der Zielsetzung her eher eine ins Politikfeld Wirtschaft gehörige Policy ist. Auf diese verkehrspolitischen Steuerungserfordernisse hin ausgerichtet sollten Systemkonzeption und -implementierung von anfang an erfolgen, öffentliche Einwirkung bei Systemaufbau und -betrieb läßt sich - auch vor dem Hintergrund des Mißbrauchs- und Zweckentfremdungspotentials - zwar minimieren, jedoch nicht völlig vermeiden.

Die Einführung von Verkehrsinformationssystemen hat bereits begonnen, die politischen Weichen sind auf europäischer und bundesdeutscher Ebene weitgehend gestellt.[15] Es deutet z.Zt. nichts darauf hin, daß die Verbreitung der Verkehrsinformationstechnik durch mangelnde Akzeptanz auf einer der Ebenen gefährdet werden könnte. Man muß sich demnach auf eine Zukunft einstellen, zu deren Alltag, deren sozialer, ökonomischer und auch politischer Situation Telematik-Systeme im Verkehrsbereich in unterschiedlichen Ausprägungen mit allen positiven und negativen Wirkungen gehören. Der Frage, inwieweit sich diese Prognose in die unterschiedlichen Visionen der zukünftigen Gesellschaftsentwicklung einfügt und welche Schlußfolgerungen hinsichtlich der momentan noch vorhandenen Gestaltungspotentiale daraus zu ziehen sind. Mögliche Gefahren der Verkehrsin-

---

15 Den Anfang bildeten solche Elemente der Verkehrsinformationstechnik die wenig (RDS/TMC) oder gar kein (autonome Zielführungssysteme) staatliches Steuerungserfordernis beinhalten; langsamer geht die Einführung der "steuerungsintensiven" Systemkomponenten vor sich, also v.a. Verkehrsmanagementsysteme und dynamische Zielführung; der Ausgang der kommenden Bundestagswahl im Oktober diesen Jahres bleibt für die endgültige Weichenstellung auf bundesdeutscher Ebene abzuwarten

formationstechnik - Überwachung und Kontrolle, Zweckentfremdung von
(Personen)Daten, Stör- und Unfälle mit neuen Schadensdimensionen[16] -
sollten rechtzeitig ins Bewußtsein der politischen Entscheidungsträger gerückt werden, um sie zu einem entsprechend verantwortungsvollen Umgang mit den in näherer Zukunft anstehenden Entscheidungen bezüglich
der Netze dynamischer Verkehrsinformation zu bewegen.

---

[16] Man denke nur an einen Ausfall beispielsweise eines kompletten Flugsicherungssystems
durch eine Schadensverkettung im Zuge einer "normalen Katastrophe"; Flugzeuge sind bereits heute so stark automatisiert, daß ein menschliches Eingreifen häufig nicht mehr möglich ist; Roßnagel u.a. 1990a, 83 f.; die Informationstechnik übernimmt damit bestimmte
Risiken (z.B. menschlichen Versagens in der Flugsicherung) und schafft gleichzeitig neue,
potenzierte Risieken (nz.B. eines Kopplungsschadens im Flugsicherungssystem)

5. Perspektiverweiterung: Wege in die Zukunft

5.1 Mit Verkehrsinformationssystemen in die "Risikogesellschaft"?

Mit der Verbreitung der Telematik und der zunehmenden Vernetzung der Informationssysteme wird in der sozialwissenschaftlichen Diskussion ein Wandel der gesamten gesellschaftlichen Kommunikationsstruktur verknüpft, mit dem auch Veränderungen der ökonomischen Produktionsstruktur sowie des politischen Lebens einhergehen. Dahingehende Zukunftsvisionen und Theorien gehen von Trends der zunehmenden Vernetzung und Infrastrukturgebundenheit der Information und Kommunikation, der Lockerung der Raum- und Zeitabhängigkeit, der Internationalisierung der Informationskanäle und der Verwischung von Grenzen etwa zwischen Individual- und Massenkommunikation, zwischen einzelnen Branchen und auch zwischen früher getrennten technischen Bereichen aus und bezeichnen diese Entwicklungen häufig zusammengefaßt als "Informatisierung".[1] Auf dieses grundlegende Phänomen aufbauend wurden bereits eine Fülle von Theorien und theoretischen Ansätzen entwickelt, die jeweils unterschiedliche Aspekte der sich als Resultat der genannten Veränderungen abzeichnenden Gesellschaftsordnung in den Vordergrund rücken. Von der "informatisierten Gesellschaft", der "Informationsgesellschaft", der "zweiten (oder dritten) industriellen Revolution", der "kommunikativen Revolution", der "Wissenschaftsgesellschaft", der "nachindustriellen Gesellschaft" ist die Rede, aber auch - und dieser Ansatz erfreut sich z.Zt. der stärksten Resonanz - von der "Risikogesellschaft".[2]

Je nach individueller Schwerpunktsetzung wird die jeweils ausgerufene neue Gesellschaftsordnung dabei an unterschiedlichen Indikatoren festgemacht. Die Informationsgesellschaft wird beispielsweise als eine Gesellschaftsordnung verstanden, in der Menge und Komplexität der zur angemessenen Orientierung in der physischen und sozialen Umwelt notwendigen Informationen ständig wachsen, die Menschen somit in zunehmendem Maße auf die Unterstützung durch Informationssysteme angewiesen und diesen letztlich ausgeliefert sind.[3] Als "handfester" quantitativer Indi-

---

1 Schatz-Bergfeld 1986, 570 + 603; Hörisch 1992, 105; Danzin 1980, 47 ff.; Wersig 1983b, 12; Petermann/ Westphalen 1985, 40 ff.; Roßnagel 1990b, 289 f.; Spinner 1991, 407 f.; Becker 1983, 240
2 Wersig 1983b, 12; Buder/ Windel 1983, 217; Kreibich 1986, 7
3 Otto/ Sonntag definieren Informationsgesellschaft als "eine stark von Informationstechnik geprägte Gesellschaft."; Otto/ Sonntag 1985, 49 + 26 f.; Deutsch macht eine der möglichen Definitionen der Informationsgesellschaft an steigenden Informationsraten und -dichten sowohl privater Firmen als auch öffentlicher Institutionen fest; Deutsch 1983, 70; die

kator für den Übergang zur Informationsgesellschaft wird die Zahl der in "Informationsberufen" Beschäftigten angesehen. Steigt deren Anteil über 50%, so sieht man sich in der Informationsgesellschaft angekommen.[4] Hier sind allerdings Zweifel angebracht, denn zur Erreichung dieses Schwellenwertes werden die "Informationsberufe" sehr extensiv definiert: Häufig handelt es sich um symbolische "Umbuchungen" (beispielsweise bei Lehrern und Postboten), die keinerlei reale Veränderung markieren. Zudem bildet auch der Bereich der sog. Informationsberufe - wie früher auch schon der Dienstleistungsbereich - eine Restkategorie, ein heterogenes Gemenge an Erwerbstätigkeiten ohne inhärente typenbildende Kraft.[5] Als weitere Kennzeichen der herannahenden neuen Gesellschaftsordnung werden angesehen: Ein wachsender Beitrag der informationstechnischen Industrie und Dienstleistungsbetriebe am gesamten BSP, also steigende Bedeutung der mit Informationstechnik befaßten Wirtschaftsbereiche sowie - und hier liegt der Anknüpfungspunkt zu Entwürfen, die eine zweite oder gar dritte industrielle Revolution thematisieren - den fortschreitenden Ersatz geistiger menschlicher Arbeit durch Maschinen.[6]

---

auch heute schon starke Abhängigkeit von Informationstechnik belegt Steinmüller mit folgendem Beispiel: "Wenn allein die Telefonverbindungen noch per Hand geschaltet würden, müßte die ganze Bundesbevölkerung einschließlich der Kinder stöpseln."; Steinmüller 1982, 11; zur Informationsgesellschaft siehe Cordewener/ Speckmann 1991; Dupuy 1980; Friedrichs/ Schaff 1982; Janshen 1990; Kiefer 1982; Kubicek/ Rolf 1985; Mettler-Meibom 1987; Neumann 1992; Nora/ Minc 1978; Otto/ Sonntag 1985; Roßnagel 1989; Roßnagel u.a. 1990a; Schoeler 1986; Sonntag 1983; Späth 1985; Spinner 1986; Spinner 1991; Steinmüller 1988; Tietz 1987; Ulrich 1984; Volkmann 1992; Wersig 1983a; Wiedemeyer 1991
4 Deutsch 1983, 69 f.; Danzin 1980, 50; Neumann 1992, 356
5 Spinner 1991, 406; Deutsch bezeichnet die Kategorie der Dienstleistungen als "sozialwissenschaftliches Unding" und führt aus: "Die Dienstleistungen vor allem wurden ein Sammelsurium von allem, was nicht Schwielen an den Händen hatte und doch wurden noch zum beträchtlichen Teil Leute mitgezählt, die in Wirklichkeit Schwielen an den Händen hatten, wie z.B. so manche Leute, die als Kraftfahrer dann doch Dinge in die Lastautos verluden."; Deutsch 1983, 69 + 68; dasselbe Phänomen erleben wir z.Zt. bei den "Informationsberufen"
6 Auch bezüglich des Anteils am BSP werden i.d.R. 50% als Schwellenwert für die Informationsgesellschaft festgesetzt; Deutsch 1983, 70; Dortmann 1986, 508; Albrecht 1993, 453; Petermann/ Westphalen 1985, 40 f.; Ulrich 1984, 18; Neumann definiert Informationsgesellschaft - allerdings mit einiger begrifflichen Unschärfe - als: "Gesellschaft, in der die Ware "Information" einen immer höheren gesellschaftlichen Stellenwert einnimmt und dem warenproduzierenden Gewerbe an volkswirtschaftlicher Bedeutung gleichkommt."; Neumann 1992, 356; die Europäische Kommission vertritt im "Weißbuch Wachstum, Wettbewerbsfähigkeit und Beschäftigung" folgende Auffassung: "Es entsteht eine neue "Informationsgesellschaft", in der Informationsmanagement, -qualität und -übertragungsgeschwindigkeit mitentscheidend für die Wettbewerbsfähigkeit sind, da die Informations- und Kommunikationstechnologien als Grundlage aller Industriezweige und in Form eines Dienstes für Endverbraucher die Wirtschaft auf allen Stufen beeinflussen."; Europäische Kommission 1994, 115; einen völlig anderen Weg der Abgrenzung wählen die "soziologisch-politologischen Achsenmodelle" (Spinner), die im wachsenden Stellenwert theoretischen und technischen Wissens das axiale Prinzip der veränderten Gesellschaftsordnung sehen;

Eine   andere   sozialwissenschaftliche   Sichtweise   der
"Informatisierung" ist die einer neuen Runde der Rationalisierung im Zuge
einer weiteren industriellen Revolution.[7] "Produktionssysteme, Arbeitsor-
ganisation und Konsumverhalten machen derzeit weltweit einen Wandel
durch, dessen Auswirkungen letzlich denen der ersten industriellen Revolution vergleichbar sein werden."[8] Und wie auch ihre Vorgängerin, so wird
auch diese neue Revolution, obschon sie über einen sehr langen Zeitraum
verläuft, erhebliche Strukturumstellungen erfordern, Entwicklungsbrüche
und Anpassungskrisen nach sich ziehen.[9]

Es gibt allerdings noch einen anderen Aspekt der "Informatisierung",
nämlich den des in ihrem Verlaufe steigenden Risikopotentials. Kennzeichen
der Informationsgesellschaft ist eine sehr hohe Verletzlichkeit und zwar in
mehrerer Hinsicht. Durch ihre wachsende Abhängigkeit von Informationstechnik und -systemen wird die Gesellschaft als Ganzes verwundbar, anfällig für die Folgen krimineller Delikte, neuer Formen von Terroranschlägen
("logische Bomben"), normalen Katastrophen in Informationsnetzwerken,
Zweckentfremdung von Daten, etc.[10] "Es hat den Anschein, als ob Tech-
nologiesysteme ab einer gewissen Größenordnung ihren Werkzeugcharak-
ter (das heißt ihre Beherrschbarkeit und ihre Einsetzbarkeit für mehrere

---

Spinner 1991, 406; diese Art von Theorien - die meines Erachtens nach lediglich einen anderen Schwerpunkt derselben Entwicklung thematisieren, die auch den Informationsgesell-
schafts-Ansätzen zugrunde liegt - werden häufig als "Wissensgesellschaft" oder
"Wissenschaftsgesellschaft" bezeichnet (sofern nicht Expertokratie oder Technokratie bemüht werden); die "Wissenschaftsgesellschaft" begründet Kreibich folgendermaßen: "Da
die Produktion und Verwertung von wissenschaftlichem Wissen und wissenschaftlicher
Technologie heute und in der Zukunft die Grundlagen aller hochentwickelten Gesellschaften
bestimmen, handelt es sich nicht primär um eine Industrie-, Dienstleistungs- oder Informationsgesellschaft, sondern um eine Wissenschaftsgesellschaft."; Kreibich 1986, 9; siehe
auch Kreibich 1991
7 Janshen 1990, 274; von einer dritten industriellen Revolution sprechen u.a. Hack 1988;
Balkhausen 1983; Kevenhörster 1984; diese Autoren machen die zweite industrielle Revolution dabei an der Automation fest, die allerdings meiner Meinung nach lediglich einen
Zwischenschritt, einen Übergang von der Maschinisierung physischer zur Maschinisierung
geistiger Arbeit darstellt, da die Automation Maschinensteuerungsprozesse und Produkti-
onsabläufe, die vorher Menschen übertragen waren, Computern und Robotern überläßt;
daher sollte im thematisierten Zusammenhang eher von einer zweiten industriellen Revolution gesprochen werden
8 Europäische Kommission 1994, 25
9 Otto/ Sonntag 1985, 8; es ist davon auszugehen, daß diese zweite industrielle Revolution - die nun bereits seit einigen Jahrzehnten im Gange ist - in ähnlich langen Entwick-
lungsperioden verläuft, wie sie schon bei der ersten industriellen Revolution zu beobachten
waren (etwa 1760 - 1860 in England und 1830 - 1890 in Deutschland; Deutsch/ Sonntag
1981, 7; Petermann/ Westphalen 1985, 18; die Auswirkungen der ersten industriellen Revolution thematisieren Hoffsten/ Kuhn 1993
10 Lutterbeck 1985, 18 ff.; Danzin 1980, 65 f.; Petermann/ Westphalen 1985, 45; Roßnagel u.a. 1990a, 208 ff.

Zwecke) verlieren. Sie werden dann "ohne Alternative", machen also die Gesellschaft von dieser Technologie abhängig und - im Krisenfall - verwundbar, bis zur Selbstzerstörung."[11] Moderne Informationssysteme sind demnach nicht beherrschbar, Sicherungssysteme werden immer einen Schritt hinter den Angriffs- und Fehlermöglichkeiten herhinken und zudem in ihrer praktischen Realisierung Rücksicht auf den Schutz der Freiheit des Individuums nehmen müssen.[12] Resultat ist ein allenthalben steigendes Risiko, da mit fortschreitender Übertragung wichtiger sozialer, ökonomischer und politisch-administrativer Funktionen auf Informationssysteme auch Katastrophen mit sehr weitgreifenden Wirkungen in den Bereich des Wahrscheinlichen rücken.[13] Doch herrscht auch hier Ambivalenz, denn Informationssysteme werden vielerorts erfolgreich zur Verringerung von Verletzlichkeit eingesetzt, wirken also risikensenkend **und** risikensteigernd zugleich.[14]

Das **und**, die ständige Gegenwärtigkeit der Ambivalenz, ist neben steigenden Risiken im gesamten Lebensumfeld des Menschen eines der wesentlichen Charakteristika der "Risikogesellschaft".[15] Die Risikogesellschaft als "andere Seite des Veraltens der Industriemoderne" "bezeichnet eine Entwicklungsphase der modernen Gesellschaft, in der die durch die Neuerungsdynamik hervorgerufenen sozialen, politischen, ökologischen und individuellen Risiken sich zunehmend den Kontroll- und Sicherungsinstitutionen der Industriegesellschaft entziehen."[16] Der Übergang zur Risikogesellschaft - die eben in wesentlichen Bestandteilen auch Informationsgesell-

---

11 Steinmüller 1982, 21
12 "Sicherheit der IuK-Technik ist nur auf Kosten von Freiheit und Demokratie möglich, Freiheit und Demokratie können nur auf Kosten der Sicherheit erhalten werden."; Roßnagel u.a. 1990a, 212; Murswiek 1985, 277; siehe auch Teusch 1993
13 Roßnagel u.a. 1990a, 211; Informationssysteme tragen mit der ihnen inhärenten hohen Komplexität und engen Kopplung die Charakteristika von Hochrisiko-Systemen; vide supra, p.162; bereits 1982 gab es zahlreiche Computerprogramme, bei denen etwa 1×10^{13} Rechenoperationen fehlerfrei durchgeführt werden müssen, damit das Programm als Ganzes ordnungsgemäß läuft; angesichts dieser Tatsache hält Weizenbaum fest: "Nie zuvor in der Geschichte der Wissenschaft und Technologie haben ganz gewöhnliche Sterbliche - das heißt Programmierer - versucht, eine so ungeheuer Zahl von Operationen in so enger Verknüpfung miteinander mit so hoher Präzision zu steuern. Der Glaube der Benutzer von Computersystemen an das ordnungsgemäße Funktionieren ihrer Systeme und daran, daß sogar in jedem Einzelfall spezifiziert werden kann, was unter ordnungsgemäßem Funktionieren zu verstehen ist, ist wahrlich rührend!"; Weizenbaum 1982, 21
14 Deutsch/ Sonntag 1981, 17; Roßnagel u.a. 1990a, 69 f.
15 Beck hält fest: "Wir leben im Zeitalter des und - was heißt: der Ambivalenz."; Beck 1993, 27; "Die selbsterzeugten Gefährdungspotentiale wachsen."; Simonis 1989; zur Risikogesellschaft siehe Beck1986; Beck 1988; Beck 1989; Beck 1991; Beck 1993; Dätwyler u.a. 1991; Hesse u.a. 1989; Koslowski 1989; Meyer-Abich 1989; Schmidt 1989; Zöpel 1988
16 Beck 1993, 35

schaft ist und eine weitere industrielle Revolution beinhaltet - vollzieht sich dabei Beck zufolge in zwei Phasen: Zunächst werden Folgen zwar systemisch erzeugt, jedoch nicht öffentlich und in politischen Konflikten thematisiert, sondern als "Restrisiko" legitimiert und zwar unter der Annahme vollständiger Beherrschbarkeit, denn nur so ist das Restrisiko tolerierbar. Dann werden die Folgen, die Gefahren der Industriegesellschaft zunehmend in der öffentlichen Diskussion und politischen Auseinandersetzungen thematisiert.[17] Institutionen der Industriegesellschaft werden zu Erzeugern und gleichzeitig Legitimierern von Gefahren, die sie nicht kontrollieren können, die offensichtlich nicht beherrschbar sind. Dieser Übergang erfolgt nahezu unmerklich bei konstanten Macht- und Eigentumsverhältnissen, wodurch sich die herkömmlichen Institutionen schließlich Anforderungen gegenübersehen, denen sie nicht gewachsen sind, für die sie nicht konzipiert wurden.[18] "Kurz, die industrielle Moderne *veraltet*, ihr Rationalitätsglaube, ihre technische Magie wird entzaubert, säkularisiert; und es entsteht eine *zweite* Moderne, deren Konturen unscharf sind, weil in ihr das *und*, seine Dilemmata und Ambivalenzen, regieren."[19]

Mit und in der Risikogesellschaft gerät also die Steigerung der Technisierung, Bürokratisierung, Ökonomisierung an ihre Grenzen.[20] Die Menschheit hat ihre Grenzen bereits überzogen, Bevölkerung, Produktion von Nahrungsmitteln und Industriegütern, Rohstoffverbrauch und Umweltbelastung wachsen exponentiell. Nur der Einsatz der Technologie macht es möglich, daß die gegenwärtige Art zu handeln - wenn auch nur noch begrenzte Zeit - weiter aufrechterhalten werden kann.[21] Erreichte Grenzen lassen sich durch den Einsatz von Technologie hinausschieben oder beseitigen: Wird eine Ressource knapp, so steigt ihr Preis und es erfolgen ökonomische Reaktionen, die ihrerseits wiederum eine technische Lösung stimulieren.[22] Wenn jedoch Grenzen beseitigt oder hinausgeschoben werden, so geht das Wachstum zunächst ungehindert weiter und die Wahrschein-

---

17 ibid.; Schmid 1991, 218
18 Beck 1993, 35 f.; Sandschneider hält fest, das 20.Jahrhundert sei ein Jahrhundert rasanter naturwissenschaftlich-technischer Fortschritte, welche fast durchweg exponentiell verlaufende Entwicklungen einleiteten; die Anpassung der menschlichen Fähigkeiten an diese exponentiell verlaufenden Entwicklungen erfolge jedoch bestenfalls linear; Sandschneider 1993, 96 f.; ebenso erfolgt - auf der Aggregatebene - die Anpassung politischer Institutionen und ökonomischer Organisationen bestenfalls linear
19 Beck 1993, 59 (Hervorhebungen im Original); siehe auch Dörre 1991, 232
20 ibid., 45
21 Meadows u.a. 1993, 12 + 35 + 198
22 Engpässe induzieren technische Lösungen (vide supra, p.53); dieser Regelkreis funktioniert auch mit Preis- bzw. Kostenanstieg infolge höherer Umweltverschmutzung; Meadows u.a. 1993, 202

lichkeit, später - meist unerwartet rasch - an gleich mehrere neue Grenzen zu stoßen, wächst mit.[23] Spätestens dann stoßen auch Fortschritts- und Technologiegläubigkeit als Grundmotive der Industriegesellschaft an ihre Grenzen, zerbricht die Koalition aus Technik und Ökonomie.[24]

Verkehrsinformationssysteme bedeuten als Teilmenge der "Informatisierung" potentiell einen Schritt in Richtung Risikogesellschaft, ökonomisch eine weitere Anpassung an die im Gang befindliche zweite industrielle Revolution und gleichzeitig eine Überschreitung von Grenzen (der Infrastrukturkapazität, der Luftverschmutzung etc.). Insgesamt gesehen sind Informationssysteme in allen Anwendungsbereichen "eine Lösung auf der Suche nach Problemen".[25] Die Frage, wie weit man sich diesem Movens beugen und sich nach ökonomisch-technischem Diktat richten will, oder vielmehr muß - unter Hinnahme eines Risikos, das längst kein Restrisiko mehr ist - kann nur in einem möglichst umfassenden, politisch-öffentlichen Diskurs beantwortet werden. Keinesfalls sollte man sie jedoch zufälligen Entwicklungen, rein ökonomisch-profitorientierten Überlegungen und kurzlebiger Symbolpolitik überlassen, denn dies könnte verheerende Auswirkungen zeitigen.

---

23 ibid., 217 f.; und damit wächst auch das Risiko eines Zusammenbruchs infolge des "Überwältigtwerdens" von der Vielzahl erreichter Grenzen
24 ibid., 198; Beck formuliert: "Wohlfahrts- und Gefährdungssteigerung bedingen sich wechselseitig. In dem Maße, in dem dies (öffentlich) bewußt wird, sitzen die Verteidiger der Sicherheit nicht mehr in demselben Boot mit den Planern und Erzeugern des wirtschaftlichen Reichtums. Die Koalition aus Technik und Ökonomie wird wacklig, weil die Technik zwar Produktivität steigert, zugleich aber die Legitimität aufs Spiel setzt."; Beck 1993, 156
25 Weizenbaum 1982, 39

5.2 Und der Beitrag der Politikfolgenabschätzung

Welches Fazit ist nun aus den dargestellten Ergebnissen für das zu
Anfang der Analyse entworfene Konzept der Politikfolgenabschätzung zu
ziehen? Politikfolgenabschätzung fragt - im Unterschied zur Technikfolgenabschätzung - danach, ob eine bestimmte Policy potentiell in der Lage ist,
die Probleme, deren Lösung sie reklamiert, auch tatsächlich zu lösen. Dieses Vorhaben verlangt eine Abwägung der Vor- und Nachteile, der Risiken
und Chancen, aber auch eine eingehende Beschäftigung mit dem jeweiligen
politischen Rahmenbedingungen. Für den speziellen Fall der Verkehrsinformationssysteme kam die vorliegende Abschätzung aus politikwissenschaftlicher Perspektive auf der Grundlage einer Mixtur verschiedener sozialwissenschaftlicher Ansätze zu plausiblen Ergebnissen, deren Realitätsnähe erst
anhand zukünftiger Entwicklungen beurteilbar sein wird.

Es zeigte sich, daß die analytische Dreiteilung des Politikbegriffes
durchaus praktikabel ist und sich Policy, Polity und Politics im Zuge der Untersuchung der politischen Durchsetzbarkeit gewinnbringende Art wieder
zusammenführen lassen. Dabei erwies sich im Rahmen der vorliegenden
Analyse das Policy Netzwerk als ein zwar methodisch kompliziertes, aber
relativ realitätsnahes Konzept für die Darstellung und aufbauende Analyse
von Interessenstrukturen. Politikverflechtungs-Ansatz und "Garbage Can"-
Modell lieferten gute Erklärungen für einzelne politische Zusammenhänge,
die durchaus auch auf andere politische Forschungsvorhaben übertragen
werden können. Zudem ließen sich alle diese theoretischen Ansätze sehr
gur mit dem dieser Analyse zugrundeliegenden Zugang - dem ökonomischen Verhaltensmodell - kombinieren. In dieser Verbindung entfaltete sich
dann - entgegen den anfänglichen Befürchtungen - trotz bisher mangelnder
Ausrichtung des politikwissenschaftlichen "Rüstzeuges" auf diese Zwecke,
durchaus gute Möglichkeiten zur (begrenzten) Prognose. Bedingungen und
Modifizierungen der Übertragung des homo oeconomicus auf politische
Vorgänge und politikwissenschaftliche Problemstellungen sowie Kombinie-
rungsmöglichkeiten mit bestehenden politikwissenschaftlichen Ansätzen
werden in Zukunft noch näher zu untersuchen sein. Generalisieren lassen
sich die Ergebnisse der vorliegenden Analyse zumindest auf alle Fälle der
Einführung von Telematik-Systemen mit Netzcharakter, die in nächster Zeit
noch in verschiedenen anderen Bereichen zu erwarten sind.[1] In Teilbereichen ist die Übertragung auf Entstehungsbedingungen derjenigen politi-

---

1 Z.B. Fernwirksysteme, Bildtelefon

schen Programme möglich, die eine überregionale Planung erfordern. Ebenfalls in Teilbereichen können Erkenntnisse auf die Bedingungen der Einführung - und der in deren Rahmen anfallenden politischen Entscheidungen - von Technik-Systemen im allgemeinen übertragen werden.

Der Zeitpunkt der Analyse war zumindest für den gewählten Spezialfall günstig angesetzt, da spätestens in der Implementierungsphase der entsprechenden Systeme kritische sozialwissenschaftliche Anmerkungen nicht mehr gefragt sein und Gestaltungspotentiale schnell schrumpfen werden. Diese Erkenntnis läßt sich zumindest auf alle Fälle technologiepolitischer Entscheidungen verallgemeinern. Denn schließlich können selbst Horrorszenarien eine positive Wirkung entfalten, wenn sie für ein im Entstehen begriffenes Problem sensibilisieren und damit helfen, es zu lösen, bevor es akut wird.[2] Die möglichst frühzeitige Beschäftigung mit den Bedingungen einer sich in den Umrissen einer Policy abzeichnenden politischen, ökonomischen und/ oder sozialen Entwicklung erscheint vor dem Hintergrund des in der vorliegenden Untersuchung Ausgeführten nicht nur sinnvoll, sondern dringend angeraten. Zwar sind sozialwissenschaftliche Methoden einem solchen Vorhaben bisher noch nicht ganz gewachsen, doch kann man zumindest - in einer weiteren Verallgemeinerung - darauf spekulieren, daß auch hier gilt: Engpässe induzieren Lösungen. Außerdem gilt Deutsch zufolge: "Wir brauchen den Versuch, soweit als möglich die Folgen vorauszusehen. Wir wollen so vorsichtig wie möglich sein, aber am Schluß, wenn wir nicht alles voraussehen können, sollen wir doch mit gebührender Vorsicht etwas wagen."[3]

Es wäre wünschenswert, wenn dem Erfordernis der Interdisziplinarität der Politikfolgenabschätzung - dem hier aus naheliegenden Gründen nicht entsprochen werden konnte - in zukünftigen dahingehenden Versuchen nachgekommen werden könnte. Denn dies wäre - zusätzlich zur Zulassung antizipatorischer und damit notwendigerweise spekulativen, aber dennoch wissenschaftlichen Wissens - eine Möglichkeit, "Zeitgefängnisse" zu verlassen und auf künftige Entwicklungen vorbereitet zu sein.[4]

---

2 Was in diesem Stadium häufig noch relativ leicht zu bewerkstelligen ist; Riesenhuber 1991, 9
3 Deutsch 1983, 75
4 Unter Zeitgefängnissen versteht Jungk das zu einer bestimmten (Lebens)Zeit für die Individuen kaum zu überwindende Netz aus herrschenden Vorstellungen und angeblichen Selbstverständlichkeiten, welches Denken und Vorstellungskraft regiert; Jungk 1991, 303 ff.

Die informationstechnische Entwicklung, die fortschreitende Informatisierung der Gesellschaft ist eine sehr wichtiges sozialwissenschaftliches Arbeitsfeld der kommenden Jahre, dem auch seitens der Politikwissenschaft genügend Beachtung gezollt werden sollte, eben weil es sich dabei - wie gezeigt - um eine Entwicklung mit sehr weitreichenden politischen Implikationen handelt.[5] Die Frage, wie dieser Entwicklung angemessen begegnet werden kann, ob und inwieweit bestehende Institutionen und fertige Konzepte - wie etwa das "Prinzip Verantwortung" oder auch die Renaissance der aktiven Politik[6] - hier tragfähig sind, wird eines der zentralen Themen der wissenschaftlichen, politischen und - hoffentlich - öffentlichen Diskussion der nächsten Jahre sein. Die Risiken in diesem Bereich betreffen nicht nur die derzeitige gesamte Weltbevölkerung, sondern auch die Belange künftiger Generationen, die in keinem politischen Gremium repräsentiert sind. Insofern stellt sich auch die Frage nach Umrissen, Gestaltungsvorschlägen und -entwürfen künftiger Institutionen, Begriffe und Konzeptionen des Politischen.[7] Zu diesem Zweck sollte sich zunächst um mehr begriffliche Klarheit auf dem Gebiet alternativer Zukunftsentwürfe durchgerungen bzw. ausstehende Kategorisierungsarbeit geleistet und die einzelnen, stückwerkartigen Aspekte zu einem Zukunftsspektrum zusammengesetzt werden. Daß dies durchaus möglich ist, haben die - zugegebenermaßen rudimentären - Ansätze im vorhergehenden Kapitel gezeigt.

Unbeantwortet bleiben müssen zunächst auch Fragen hinsichtlich der Möglichkeit der Erprobung sozialwissenschaftlicher theoretischer und methodischer Ansätze an der Realität in Form von Prognosen, die sich ja in der Politikfolgenabschätzung zwangsläufig bietet. Inwieweit dieses erfolgversprechend ist, wird der Rückblick auf die vorliegende Analyse in naher Zukunft zeigen. Weiterführend wäre es außerdem interessant, die dem Verkehr in seiner heutigen Erscheinungsform zugrundeliegenden Trends besser zu erforschen, um auf dieser Grundlage dann genauere Aussagen

---

5 Wersig 1985, 25
6 Jonas 1985; Murswiek 1985; Rüttgers 1991, 433; Böhret versucht sich im Rahmen seiner Beschäftigung mit den negativen Folgen technischer Errungenschaften an einer Wiederbelebung der aktiven Politik, wobei meiner Ansicht nach jedoch höchst fraglich ist, ob dieses Konzept den heutigen (noch weitaus komplexeren, interdependenteren) Bedingungen im Hinblick auf seine Durchführbarkeit eher angemessen ist, als es dies in den siebziger Jahren war; Böhret 1990, 209 ff.; Beck hält diese traditionellen sozialwissenschaftlichen und ethischen Methoden und Kategorien ebenso wie traditionelle politische Entscheidungsverfahren eben nicht für geeignet, der Rückkehr der Ungewißheit und Nichtkontrollierbarkeit angemessen zu begegnen; Beck 1993, 50; dieser Einwand gilt erst recht für die aktive Politik
7 Nachdem die Gängigen immer häufiger an die Grenzen ihrer Tragfähigkeit geraten; Beck 1993, 18; Gottweis 1991, 372

über die Richtung der verstärkenden Wirkung von Verkehrsinformationssystemen machen zu können. Ähnliches gilt für die Beziehung zwischen Medienberichterstattung und vorherrschendem Meinungstrend in der Bevölkerung, die zwar als existent angesehen wird, deren genaue Umrisse jedoch
unbekannt sind. Die beobachteten Verständigungsschwierigkeiten zwischen
öffentlichen Stellen und der Industrie bieten Anlaß zur verstärkten Ursa-
chenforschung, insbesondere mit Blickrichtung auf Belange der For-
schungs- und Technologieförderung.

Schluß

Bei Verkehrsinformationssystemen handelt es sich um eine technische Lösung - ursprünglich als Rüstungstechnologie entwickelte Navigations- und Ortungsverfahren in Verbindung mit unterschiedlichen informationstechnischen Komponenten -, die ihr Problem und damit ihren potentiellen (zivilen) Markt gefunden hat - und zwar bereits seit einigen Jahren. Das "Policy Window", das Durchsetzungsfenster für Telematik im Verkehr (zumindest in Form individueller dynamischer Informationssysteme[1]) öffnete sich erst in letzter Zeit infolge einer Verkettung günstiger Umstände, welche Problem, Lösung und politische Diskussion zur Übereinstimmung brachten. Diese günstigen Umstände bestanden in einer erhöhten öffentlichen Aufmerksamkeit für das "Problem Verkehr", insbesondere im Lichte seiner ökologischen externen Kosten, sowie im Zusammenwirken des Endes des Ost-West-Konflikts mit seinen Wirkungen auf die Rüstungsindustrie, der deutschen Vereinigung sowie einer weltweiten Rezession, also einem entsprechend gestiegenem wirtschaftspolitischen Handlungsdruck im Hinblick auf die Möglichkeiten der Informationstechnik im allgemeinen sowie auf die Konversion ehemaliger Rüstungsindustrie im besonderen. Weiterhin fördernd wirkte sich die Ernennung Matthias Wissmanns zum Bundesverkehrsminister aus.[2]

Technisch gesehen steht der Einführung von Verkehrsinformationssystemen nichts mehr im Wege: Sie sind inzwischen wohlerprobt und in allen Komponenten marktreif, oder stehen zumindest kurz davor. Politischer Einflußnahme bedürfen dabei insbesondere Systeme der Zwei-Wege-Kommunikation, auf deren Einsatz nicht verzichtet werden kann, wenn die Möglichkeiten der Telematik im Verkehr über ein weiteres Produkt der Unterhaltungselektronik hinaus ausgeschöpft, diese Systeme also wirklich problemadressiert eingesetzt werden sollen.

Mit dem allgemeinen politischen Regulierungsbedarf, also Anforderungen der Standardisierung und übergreifenden Koordinierung im Zusammenhang mit Verkehrsinformationssystemen sehen sich in erster Linie der

---

1 Systeme der kollektiven Verkehrsbeeinflussung befinden sich bereits in der Implementierungsphase; außerdem sind in diesem Bereich die Grenzen zum herkömmlichen Verkehrsfunk fließend; individuelle statische Zielführungssysteme bedürfen im Grunde keiner sie betreffenden politischen Entscheidung
2 Als ehemaliger wirtschaftspolitischer Sprecher der Unionsfraktion und Ex-Bundesminister für Forschung und Technologie

Bund und die EU konfrontiert. Beide befürworten aus grundlegenden wirtschaftspolitischen Erwägungen heraus deren Einführung - Telematik gilt als
Schlüsseltechnologie für die künftige Wirtschaftsentwicklung, die deutsche
Industrie als führend im Bereich der Telematik-Anwendungen im Verkehr.
Hinzu kommen auf seiten der Bundesregierung das starke Interesse an der
finanzpolitisch attraktiven Privatisierung der BAB, deren Voraussetzung
funktionstüchtige und einführungsreife Systeme zur automatischen Gebüh-
renabbuchung sind, und auf seiten speziell der EG-Kommission ein Interesse an der - mit Telematik-Systemen in Verbindung mit den transeuropäischen Infrastrukturvorhaben realisierbaren - Ausweitung der verkehrspolitischen Gestaltungsmöglichkeiten. Der verkehrspolitische Regulierungsbedarf
im Zusammenhang mit Verkehrsinformationssystemen, also die Wahl der
konkreten zugrundeliegenden Verkehrsmanagement-Strategie wird eher den
Ländern und Kommunen überlassen bleiben. Hier sind Kompetenzstreitigkeiten, insbesondere zwischen den Bundesländern und der EU vorherzuse-
hen. Die Erkenntnis des rein instrumentellen Charakters von Verkehrstelematik-Systemen zeigt, daß ohne einen zugrundeliegenden Verkehrsmana-
gement-Entwurf keinerlei verkehrspolitische Einwirkung i.S. der Lösung
anstehender Fragen realisiert werden kann.

Während im Bereich des allgemeinen politischen Regulierungsbedarfs
weitgehend Übereinstimmung herrscht, lassen sich auf der Ebene der Ver-
kehrsmanagement-Strategien zwei konkurrierende Ansätze ausmachen: Eine eher eingriffsorientierte Strategie der Verkehrslenkung via Telematik wi-
derstreitet mit einem eher "weichen", von wirklichen Eingriffen weitgehend
absehenden und stattdessen auf die Wirkung besserer Information bauen-
den Verkehrssteuerungs-Ansatz. Dabei gehören Befürworter der erstge-
nannten verkehrspolitischen Strategie eher dem linken Parteienspektrum
an, während zweitgenannte in erster Linie von Konservativen und Liberalen
vertreten wird. Diese parteipolitische Zuordnung entfaltet ihre Wirkung allerdings stärker auf Landesebene als im Hinblick auf die Kommunen.[3] Dies
liegt wohl darin begründet, daß letztere näher an den alltagspraktischen
Problemen des Verkehrs angesiedelt sind und daher auch in erster Linie
problemorientiert handeln. Vor diesem Hintergrund zeigen sich die Kommunen in erster Linie an der Bewältigung der besonderen Schwierigkeiten des
Stadtverkehrs interessiert, während im Falle der Bundesländer - wie die re-

---

3 Vor diesem Hintergrund kommt dem Ausgang der Bundestagswahl im Oktober diesen
Jahres, aber auch der nächsten Landtagswahlen einige Bedeutung für die Schwerpunktsetzung im Verkehrsmanagement via Telematik zu

ge Beteiligung an Pilotprojekten trotz Haushaltsnöten zeigt - wirtschaftspolitische Erwägungen anscheinend verkehrspolitischen gleichgeordnet
sind.

Auch auf seiten der am politischen Entscheidungsfindungsvorgang
beteiligten Verbände läßt sich in Bezug auf die Einführung von Verkehrsinformationssystemen sowie den damit einhergehenden allgemeinen politischen Regulierungsbedarf weitgehend Übereinstimmung konstatieren. Eine
Ausnahme bilden hier AGE-Systeme, die z.Zt. von einigen Automobil-Lob-
byisten, insbesondere dem ADAC und der DSL, scharf abgelehnt werden.
Praktische Relevanz werden diese Extrempositionen allerdings nur dann
entfalten können, wenn es ihnen gelingt, die öffentliche Meinung - also den
Erkenntnissen der Medienwirkungsforschung zufolge v.a. die unter Journalisten vorherrschende Einstellung - gegen AGE-Systeme zu mobilisieren.
Allerdings besteht diese Möglichkeit durchaus: Die Erfahrungen mit der
bundesdeutschen "Polizeistaats-Diskussion" im Umkreis der Volkszählung
von 1983 deuten auf ein erhebliches "Protestpotential" in diesem Bereich
hin, welches sich am Verkehrsinformationssystemen im allgemeinen und
ganz besonders AGE-Systemen inhärenten Kontroll- und Überwachungspo-
tential entzünden könnte. Und es ist auch darüber hinaus der Werkzeug-
charakter, die instrumentelle Einsetzbarkeit für praktisch jedweden Zweck,
welcher die Einführung von Telematik-Systemen zu einem nicht ganz
zweifelsfreien Unternehmen macht. Diese Systeme sind nie vollständig gegen Zweckentfremdung und Mißbrauch absicherbar und zudem tragen sie
mit der ihnen innewohnenden hohen Komplexität und engen Kopplung die
Kennzeichen von "Hochrisikosystemen".

Bei den Positionen der maßgeblichen Interessenverbände hinsichtlich
der mit Telematik-Systemen anzuwendenden Verkehrsmanagement-Strategie überwiegen die Befürworter der "weichen", eher steuernden Strategie.
Während also die Einführung von Verkehrsinformationssystemen grundsätzlich nicht in Frage gestellt wird und auch im Falle der AGE-Systeme im
Zuge von Datenschutz-Zugeständnissen erreichbar erscheint, sind deren
konkrete Implementierungskonturen z.Zt. noch verschwommen. Prinzipiell
entscheidet dabei die gewählte Verkehrsmanagement-Strategie über das
Ausmaß der finanziellen und auch organisatorischen Beteiligung der öffentlichen Seite: Während bei einem lediglich durch bessere Information steuernden Ansatz noch sehr weitgehende Privatbetreibermodelle möglich sind,

steigt die Notwendigkeit der öffentlichen Beteiligung mit wachsender Tendenz zu politisch motivierten Eingriffen in den Verkehr.

Besondere Schwierigkeiten für Implementierung und Betrieb von Verkehrsinformationssystemen offenbarten sich im Verlaufe der vorliegenden Analyse auf dem Gebiet der Kompetenzen. Die bundesdeutschen institutionellen Gegebenheiten der Politikverflechtung - im betrachteten Politikfeld sehr deutlich vorhanden - machen die Einigung auf eine kohärente und gleichzeitig reformerische, dem Problemdruck im Verkehrsbereich angepaßte Verkehrsmanagement-Strategie als Grundlage der Telematik-Systeme sehr unwahrscheinlich, fast unmöglich. Eine zusammenhängende Strategie ist nur auf kleinstem gemeinsamen und damit notwendigerweise nicht mehr sehr innovativen Nenner möglich, oder auf eine gemeinsame Strategie wird völlig verzichtet und jede Untereinheit verfolgt ihr eigenes Konzept. Beides bedeutet Einbußen an Effizienz, an Problemlösungskapazität. Weiterhin ergeben sich aus der gegebenen Kompetenzstruktur Schwierigkeiten im Betrieb von Telematik-Systemen, denn diese zentralisierten Systeme schaffen Arbeitsplätze mit Generalzuständigkeiten, die institutionell nicht vorgesehen sind. Die Schaffung von Generalkompetenzen im Bereich Verkehrsinformationssysteme ist wiederum sehr unwahrscheinlich, da kein Akteur seine bisherigen Teilkompetenzen aufgeben wird.

Der Bund wird also weiterhin - mögliche Privatisierungen vorbehalten - für die Bundesfernstraßen, den Luftverkehr und die Schiffahrt und somit auch für die dort angesiedelten Informationssysteme zuständig sein. Länder und Kommunen teilen sich die Kompetenzen im Bereich der Auswahl der zugrundeliegenden Management-Strategie sowie der konkreten Ausgestaltung der Systeme. Die EU wird sich Aufgaben der Standardisierung und der übergreifenden Koordinierung widmen, in Teilbereichen der Systemgestaltung und verkehrspolitischen Einwirkung zudem möglicherweise in Kompetenzstreitigkeiten mit den Ländern geraten. Während bis vor kurzem - angesichts deutlichen Monopolstrebens einiger betroffener Konzerne - im Bereich der Standardisierung noch mit einem "System-Krieg" hinsichtlich der Zwei-Wege-Kommunikation gerechnet werden mußte, ist inzwischen die Einigung auf mehrsystemfähige Empfangsvorrichtungen, die dann selbständig auf das jeweils greifbare Kommunikationssystem umschalten, die wahrscheinlichste Lösung.

Bezüglich der Reihenfolge der Einführung ist vor dem Hintergrund der vorliegenden Analyse zu erwarten, daß es zunächst zu einer Dynamisierung der Informationen individueller fahrzeugautonomer Leitsysteme, ab nächstem Jahr auf dem Markt erhältlich, durch das in Deutschland ebenfalls bereits weitgehend eingeführte RDS/ TMC kommen wird. Parallel zu dieser Entwicklung ist mit einer europaweiten Verbreitung von RDS/ TMC zu rechnen. Längerfristig werden sich wahrscheinlich Mobilfunk-Systeme der Zweiwegkommunikation in der Verkehrsinformationstechnik aufgrund ihres Preisvorteils - sie erfordern keinerlei straßenseitige Infrastruktur - durchsetzen und zwar in der flächenhaften Bereitstellung dynamischer Verkehrsinformation für Fahrzeugrechner sowie wohl auch bei Systemen der automatischen Gebührenerhebung. Doch werden sie andere Kommunikationssysteme dabei nicht vollständig verdrängen. Alternativen zum Einsatz von Verkehrsinformationssystemen waren nur in Teilbereichen erkennbar und entwickelten auch dort bei weitem keine vergleichbare Attraktivität. Die Gegenüberstellung von vollautomatischen Systemen zur Erhebung von Straßenbenutzungsgebühren in Kommunikation mit fahrenden Automobilen mit der Möglichkeit der Aufstellung von Mauthäuschen soll als Beleg dieser Beobachtung genügen. Diese Alternativlosigkeit ist - neben starken wirtschaftspolitischen Interessen - einer der Faktoren, der im politischen Entscheidungsvorgang den breiten Konsens für die Einführung von Verkehrstelematik-Systemen fördert.

Die politische Durchsetzbarkeit von Verkehrsinformationssystemen ist demnach weitgehend gegeben, wobei der "weiche", verkehrssteuernde Ansatz ohne besonders weitgehende Eingriffe sowohl aufgrund der vorfindbaren Interessenstruktur als auch infolge der institutionellen Bedingungen des bundesdeutschen kooperativen Föderalismus einen Durchsetzungsvorteil besitzt. Dies wirkt sich - wie auch insgesamt die stark zersplitterten Zuständigkeiten sowie die Unwahrscheinlichkeit kohärenter Entwürfe - mindernd auf die Problemlösungskapazität von Verkehrstelematik-Systemen aus. Damit wird man sich abfinden müssen, wenn man die föderative Struktur der Bundesrepublik Deutschland befürwortet.

Wie es darüber hinaus mit der Problemlösungskapazität von Verkehrsinformationssystemen bestellt ist, ist nur schwer zu beantworten. Die Wirkungen der Telematik sind durchgängig ambivalent und somit höchstens in Umrissen zu prognostitzieren. Die Benutzerakzeptanz der entsprechenden verkehrsinformationstechnischen Endgeräte wird aller Voraussicht und den bisherigen Ergebnissen nach keine Probleme bereiten - zumal sich inzwischen abzeichnet, daß fahrzeuginterne Navigationssysteme im privaten Bereich zu einem Statusmerkmal avancieren könnten. Auf gewerblichem Gebiet stehen die Verbreitungschancen ebenso gut, da mit Telematik-Systemen bei allen Verkehrsträgern, aber auch bei logistischen Ketten erhebliche Rationalisierungspotentiale aktiviert werden können. Bei der Systemgestaltung zu berücksichtigen sind die, evtl. die Verkehrssicherheit beeinträchtigenden Effekte der fahrzeuginternen Komponenten sowie, insbesondere bei Verwendung von Verkehrstelematik im beruflichen Kontext, soft- und hardware-ergonomische Anforderungen. Der anhaltende Trend zur Geräte-Integration wird die in der Kaufbereitschaft manifeste Benutzerakzeptanz weiter steigern.

Skeptischer stimmen da schon die bisherigen Erfahrungen mit der Weisungsakzeptanz, dem Befolgungsgrad der vom Informationssystem jeweils vorgehaltenen Empfehlungen oder Weisungen. Die Verkehrsteilnehmer folgen anscheinend nur einer bestimmten Art von Empfehlungen (solchen, die die Reise im gewählten Verkehrsmittel unterstützen), während andere Arten von Informationen (insbesondere solche, die eine wirkliche Verhaltensänderung erfordern), systematisch mißachtet werden. Hier zeichnet sich eine Erkenntnis ab, die ebenfalls durchgängiger Bestandteil der vorliegenden Analyse war: Verkehrsinformationssysteme wirken - wie andere technische Artefakte auch - lediglich trendverstärkend, sie können aus sich heraus keinerlei eigenständige Wirkungen entfalten, sondern lediglich bereits angelegte Trends unterstützen. Fehlt also ein zugrundeliegender Trend weg vom IV und hin zum ÖPNV, so kann vernünftigerweise auch von Telematik-Systemen nicht erwartet Werden, derartige Verhaltensänderungen herbeizuführen.

Vor diesem Hintergrund ist nicht zu erwarten, daß Verkehrsinformationssysteme in dem Maße, wie es derzeit in der politischen Diskussion behauptet wird, zur Lösung von Verkehrsproblemen beitragen werden. Die stärksten Effekte der Verkehrsinformationstechnik werden, wenn man ihre heute erkenntlichen Konturen auf die konkrete Implementierungssituation fortschreibt, auf dem Gebiet der Steigerung der Verkehrssicherheit liegen. Dabei sollte allerdings im Auge behalten werden, daß für diese Risikenminimierung ein Preis gezahlt werden muß und zwar in Form von wachsenden Risikopotentialen. Der häufig zu verzeichnende Verweis auf die mittels Telematik-Einsatz zu realisierende signifikante Erhöhung der Straßeninfrastruk-

turkapazität ist ein Beispiel für ein übertriebenes Wirkungsszenario. Tatsächlich lassen sich mit Verkehrsinformationssystemen lediglich Qualitäts-,
nicht aber Quantitätsverbesserungen erreichen. Ihre besondere finanzpoliti-
sche Attraktivität entfaltet die Telematik nicht als Ersatz für Infrastrukturinvestitionen, sondern - in Form von elektronischen Mautsystemen, als Voraussetzung für die Privatisierung von Straßeninfrastruktur. Im Gegenteil
könnte sich die erhoffte mildernde Wirkung auf die angespannte Situation
im Straßenverkehr in ihr Gegenteil verwandeln, wenn die Telematik-Systeme auch auf den anhaltenden Trend zum individuellen Verkehrsmittel
Automobil verstärkend wirken. Dies ist eine nicht auszuschließende Möglichkeit, wobei allerdings genaue Prognosen hier an der bisher mangelhaf-
ten Erforschung der verkehrspolitischen Problemen zugrundeliegenden Motivationen und Verhaltensmuster scheitern. Zumindest sollte man sich auf
politischer Seite der Möglichkeit des Auftretens derartiger Reaktionen bewußt sein und gegensteuernde Maßnahmen vorbereiten.

Das Bewußtsein darüber sollte wachsen, daß Verkehrsinformationssysteme nicht nur in technologischer und alltagspraktischer, sondern auch
in politischer, ökonomischer und sozialer Hinsicht einen Schritt in die Zukunft bedeuten, und zwar in eine ungewisse und riskante Zukunft, die neue
Aufgaben für alte - vielleicht auch veraltete - Institutionen und Organisationsstrukturen bereithält. Eine öffentliche Diskussion über Anpassungserfordernisse und -risiken, Gestaltungspotentiale und Reformen ist erforderlich, um den Herausforderungen des gesellschaftlichen, politischen und
ökonomischen Lebens in der "reflexiven", der unmerklich und innerhalb
bestehender Strukturen sich verwirklichenden Moderne, an deren Ende die
Risikogesellschaft steht, gerecht zu werden, ohne demokratische politische
Verhältnisse aus den Augen zu verlieren. Dazu gehört auch, den politischen
Umgang mit den Risiken, mit der Ambivalenz technischer Innovationen
nicht wie bisher auf eine Restgröße des Bestrebens um internationale
Wettbewerbsfähigkeit und nationale Standortattraktivität zu reduzieren.[4]
Aber auch ein Verfallen in das andere Extrem, die vollständige Ablehnung
jeglicher Innovation, ist angesichts der Lage, in die sich die Menschheit inzwischen hineinmanövriert hat, fatal. Auf Technik vollständig verzichten zu
wollen, ist eine - heute mehr denn je - ausgesprochen realitätsferne Forderung. Jedoch steigen mit weiterem Vordringen der Technologie in alle Lebensbereiche auch das "Zweckentfremdungspotential" und damit die Risi-

---

4 Beck 1993, 184

ken. Vor diesem Hintergrund ist die Risikogesellschaft unvermeidlich und Verkehrsinformationssysteme sind ein weiterer Schritt in ihre Richtung.

Der Versuch einer vorausschauenden Abschätzung der Folgen einer sich abzeichnenden Policy scheint vor dem Hintergrund der im Rahmen der vorliegenden Analyse erreichten Erkenntnisse zunächst sinnvoll. Dabei wird jedoch die nähere Zukunft abzuwarten sein, um die praktische Relevanz eines solchen Vorgehens näher beurteilen zu können. Eine einzelne Politikfolgenabschätzung aus der Perspektive einer speziellen wissenschaftlichen Disziplin liefert zumindest Material für aufbauende Überlegungen sowie für eine - wünschenswerte - öffentliche Auseinandersetzung mit dem betreffenden Sachgebiet. Geht man von einer Reihe solcher Analysen aus der Perspektive jeweils unterschiedlicher wissenschaftlicher Disziplinen - und zwar sowohl natur- als auch geistes- und sozialwissenschaftlicher - aus, also von Interdisziplinarität im hier zugrundeliegenden Verständnis, so ergibt sich ein ganzes Spektrum möglicher positiver wie negativer Folgen, dessen Gesamtschau wahrscheinlich auch für die politischen Entscheidungsträger wertvolle Aufschlüsse über die jeweils in Betracht gezogene Policy liefert.

Inwieweit auf dem Wege der vorausschauenden Politikfolgenabschätzung auch die Möglichkeit zur Erprobung theoretischer Hypothesen besteht, kann nicht im Rahmen, sondern erst in retrospektiver Betrachtung der vorliegenden Analyse beantwortet werden. Dabei erweist es sich in einigen Bereichen - dies gilt v.a. im Hinblick auf die potentiellen Wirkungen von Telematik-Systemen - als problematisch, daß die auf der Basis bisheriger sozialwissenschaftlicher Erkenntnisse und Methoden möglichen Aussagen zu vage sind, als daß sie eine ernsthafte Überprüfung zulassen würden. Damit muß man sich zunächst abfinden. Abgemildert wird diese Einschränkung dadurch, daß es andere Bereiche gibt - und hier beziehe ich mich insbesondere auf die Aussagen bezüglich der politischen Durchsetzbarkeit -, in denen eine solche Überprüfung an der späteren wirklichen Entwicklung durchaus möglich erscheint. Trotz einiger methodischer Schwierigkeiten scheint die Politikfolgenabschätzung also ein durchaus gewinnbringendes Konzept zu sein, dessen Potential allerdings noch weitergehender Erforschung bedarf.

Ein (Informations-)Maschinenstürmertum ist nicht angebracht, denn für viele der anstehenden Probleme gibt es zur Zeit keine andere Lösung als eben eine informationstechnische. Deren positive Wirkungen sollten nicht verkannt werden. Dennoch ist ein gesundes Maß an Skepsis und offene Augen für potentielle Probleme angebracht, um auch künftigen Generationen noch ein selbstbestimmtes, freies Leben ermöglichen zu können.

Literaturverzeichnis

A. Quellen

ADAC Verkehrstechnik : BMV-Projekt "Automatische Gebührenerhebungssysteme (AGE)". Zusammenstellung von Informationsmaterial.
Stand: Oktober 1993 (ADAC Verkehrstechnik 1993)

Autobahndirektion Südbayern : Pressetermin Verkehrsleitsystem München-Nord
(München: Autobahndirektion Südbayern, 1993) (Autobahndirektion
Südbayern 1993)

Bosch Telecom : Bosch Travelpilot IDS. Ein elektronisches Navigationssystem
für Autofahrer (Hildesheim: Robert Bosch GmbH, o.J.) (Bosch Telecom
o.J.)

Bündnis 90/ Die Grünen : Nur mit uns: Programm zur Bundestagswahl 94,
verabschiedet auf der Bundesdelegiertenkonferenz in Mannheim im
Februar 1994 (Bornheim: Bundesgeschäftsstelle Bündnis 90/ Die Grünen,
1994) (B 90/ Die Grünen 1994)

Bund für Umwelt und Naturschutz Deutschland (BUND) : BUNDargumente: Klima
und Verkehr. Hat die Zukunft schon begonnen? (Bonn: BUND, 1993)
(BUND 1993)

Bundesministerium für Umwelt, Naturschutz und Reaktorsicherheit, Referat
Öffentlichkeitsarbeit : Ökologischer Aufbau. Umweltschonender
Stadtverkehr (Bonn: BMU, 1993) (BMU 1993)

Bundesministerium für Verkehr : Strategiepapier Telematik im Verkehr zur
Einführung und Nutzung von neuen Informationstechniken. Stand: 31.
August 1993, A10/14.06.15-00 (Bonn: BMV, 1993) (BMV 1993)

Bundesministerium für Verkehr, Referat A10 : Synoptische Darstellung der
Stellungnahmen der Verbände zum Strategiepapier "Telematik im
Verkehr". Stand: 10.Februar 1994 (Überarbeiteter Stand nach dem
Verbändegespräch am 9. Februar 1994) (Bonn: BMV, 1994) (BMV A10
1994a)

Bundesministerium für Verkehr, Referat A 10 : Vermerk über eine Besprechung
mit Verbänden am 9. Februar 1994 über Telematik im Verkehr (Bonn:
BMV, 1994) (BMV A 10 1994b)

Bundesministerium für Wirtschaft : Bericht der Bundesregierung zur
    Zukunftssicherung des Standortes Deutschland (Bonn: Bundesministerium
    für Wirtschaft, 1993) (Bundesministerium für Wirtschaft 1993)

Bundesverband Junger Unternehmer (BJU) : Chancengleichheit für alle
    Verkehrsträger. Für ein integriertes Verkehrskonzept unter konsequent
    marktwirtschaftlichen Bedingungen! BJU-Leitfaden zur Umsetzung in den
    Regionalkreisen (Bonn: BJU, 1992) (BJU 1992)

Bundesverband Spedition und Lagerei (BSL) : Strukturdaten aus Spedition und
    Lagerei 1990 (Bonn: BSL, 1990) (BSL 1990)

Bundesverband Spedition und Lagerei (BSL) : Jahresbericht 1992/93, nach § 8
    Abs. 5 der BSL-Satzung vorgelegt zur ordentlichen Mitgliederversammlung
    des BSL am 11. November 1993 in Bonn (Bonn: BSL, 1993) (BSL 1993)

CAP debis GEI - Gesellschaft für Elektronische Informationsverarbeitung mbH :
    Verkehrsleittechnik für den öffentlichen Nahverkehr (Hamburg: CAP debis
    GEI, o.J.) (CAP debis GEI o.J.)

Commission of the European Communities - Directorate General XIII
    (Telecommunications, Information Industries and Innovation) :
    Standardization in Information Technology and Telecommunications
    (Luxemburg: Office for Official Publications of the European Communities,
    1988) (Commission of the EC - DG XIII 1988)

Daimler-Benz AG - Öffentlichkeitsarbeit : New Routes for Traffic (Stuttgart:
    Daimler-Benz AG, 1993) (Daimler-Benz AG 1993)

DeTeMobil GmbH : Sagem, das System zur automatischen Gebührenerhebung
    durch GSM-Mobilfunktechnik. Ein Beitrag der DeTeMobil zum
    Verkehrskonzept von Morgen (Bonn: DeTeMobil GmbH, 1993) (DeTeMobil
    1993)

DeTeMobil GmbH : D1-Anwendungen im Verkehr (Bonn: DeTeMobil
    GmbH, 1994) (DeTeMobil 1994a)

DeTeMobil GmbH : Integriertes Verkehrsleitsystem mit dem D1-Netz. Ein Beitrag
    zu neuen Telematiksystemen (Bonn: DeTeMobil GmbH, 1994) (DeTeMobil
    1994b)

Deutsche Bundesbahn : Kombinierter Ladungsverkehr. Systemvorteile intelligent
    verknüpft (Frankfurt/ Main: Deutsche Bundesbahn, 1991) (Deutsche
    Bundesbahn 1991)

Deutsche Bundesbahn : DISK: leistungsfähiges Datnsystem für den KLV von
    morgen (Frankfurt/ Main: Deutsche Bundesbahn, 1992) (Deutsche
    Bundesbahn 1992)

Deutscher Bundestag, Ausschuß für Verkehr : Ausschußdrucksache 696:
    Vermerk des Bundesministers für Verkehr, Matthias Wissmann, an den

Vorsitzenden des Verkehrsausschusses, Dr. Dionys Jobst, über das
Ergebnis der 78. Tagung der Europäischen Konferenz der Verkehrs-
minister am 26./27. Mai 1994 in Annecy (Frankreich) vom 22. Juni 1994
(Bonn: BMV, 1994) (Deutscher Bundestag - Verkehrsausschuß,
Ausschußdrucksache 696/1994)

Deutscher Bundestag, Ausschuß für Verkehr : Kurzprotokoll der 59. Sitzung des
Ausschusses für Verkehr am 12. Januar 1994 (Bonn: Deutscher
Bundestag, 1994) (Deutscher Bundestag - Verkehrsausschuß,
Sitzungsprotokoll 59/1994)

Deutscher Bundestag, Drucksache 12/ 6841 vom 16. Februar 1994:
Unterrichtung durch das Europäische Parlament: Entschließung zur
künftigen Entwicklung der gemeinsamen Verkehrspolitik vom 18. Januar
1994, zugeleitet vom Generalsekretär des EP am 8. Februar 1994
(Deutscher Bundestag, Drucksache 12/ 6841 vom 16.02.1994)

Deutscher Bundestag, Referat Öffentlichkeitsarbeit : Gentechnologisch
hergestelltes Rinderwachstumshormon: Bericht der Enquête-Kommission
"Gestaltung der Technischen Entwicklung, Technikfolgen-Abschätzung
und -Bewertung" (Bonn: Deutscher Bundestag - Referat
Öffentlichkeitsarbeit, 1989) (Deutscher Bundestag 1989)

Deutscher Industrie- und Handelstag (DIHT) : Verkehrspolitik in Deutschland.
Zukunftsaufgaben (Bonn: DIHT, 1991) (DIHT 1991)

Deutsche Umschlaggesellschaft Schiene-Straße (DUSS) mbH u.a. : Terminal-
Management für Umschlagbahnhöfe des Kombinierten Verkehrs
(Bodenheim u.a.: DUSS u.a., o.J.) (DUSS u.a. o.J.)

EURO-LOG European Logistics Communication Services : EURO-LOG: Der neue
Kommunikations-Service für die Transportkette (o.O.: EURO-LOG, o.J.)
(EURO-LOG o.J.a)

EURO-LOG European Logistics Communication Services : TRANSPO-NET: Der
Informations-Schnellweg zu Ihren Kunden (o.O.: EURO-LOG, o.J.) (EURO-
LOG o.J.b)

EURO-LOG European Logistics Communication Services : TRANSPO-TRACK:
Vorfahrt für Logistik-Informationen (o.O.: EURO-LOG, o.J.) (EURO-LOG
o.J.c)

Europäische Kommission : Wachstum, Wettbewerbsfähigkeit, Beschäftigung.
Herausforderungen der Gegenwart und Wege ins 21. Jahrhundert.
Weißbuch (Luxemburg: Amt für amtliche Veröffentlichungen der
Europäischen Gemeinschaften, 1994) (Europäische Kommission 1994)

Europäisches Parlament - Generaldirektion Wissenschaft : Das Europäische
Parlament und die Tätigkeit der Europäischen Gemeinschaft. Kurzdar-

stellungen (Luxembourg: Amt für amtliche Veröffentlichungen der
Europäischen Gemeinschaften, 1991) (EP - Generaldirektion Wissenschaft
1991)

European Communities - Commission : The future development of the common
transport policy - A global approach to the construction of a Community
framework for sustainable mobility. Communication from the Commission;
Document drawn up on the basis of COM (92) 494 final. Bulletin of the
European Communities Supplement 3/93 (Luxembourg: Office for Official
Publications of the European Communities, 1993) (European Communities
- Bulletin Supplement 3/93)

Eurostat : Begegnung in Zahlen. Ein statistisches Porträt der Europäischen
Gemeinschaft im Europäischen Wirtschaftsraum (Luxembourg: Amt für
amtliche Veröffentlichungen der Europäischen Gemeinschaften, 1992)
(Eurostat 1992)

Forschungskonsortium Kombinierter Verkehr (FKV) : Strategiekonzept für den
Kombinierten Verkehr. Deutsche Bundesbahn - DUSS - Kombiverkehr -
Transfracht. FKV-Schriftenreihe Band 7 (Neu-Isenburg: Verlag für
Publikationen im Kombinierten Verkehr, 1990) (FKV 1990)

Grundgesetz für die Bundesrepublik Deutschland. Textausgabe. Stand: Juni
1993 (Bonn: Bundeszentrale für politische Bildung, 1993) (GG
Textausgabe 1993)

Haubold, Dieter/ Ribbe, Lutz : Verkehrspolitisches Grundsatzprogramm.
BUNDpositionen 3 (Bonn: BUND, o.J.) (Haubold/ Ribbe o.J.)

Hessisches Ministerium für Wirtschaft, Verkehr und Technologie : Ausweg aus
der Sackgasse. Verkehrs-System-Management Rhein-Main RHAPIT/ FRUIT
(Wiesbaden: Hessisches Ministerium für Wirtschaft, Verkehr und
Technologie, 1992) (Hessisches Ministerium für Wirtschaft, Verkehr und
Technologie 1992)

IFMS Consortium : DRIVE II Project IFMS - General Information (Stuttgart:
Daimler-Benz AG, o.J.) (IFMS Consortium o.J.)

INCA Consortium : INCA. Stand: 29.06.1992 (INCA Consortium o.J.)

Innenministerium Baden-Württemberg/ Landeshauptstadt Stuttgart : STORM.
Darstellung der Situation und Vorschlag einer Machbarkeitsstudie im
Rahmen der europäischen Initiative POLIS und des EG-Programmes DRIVE
(Stuttgart: Innenministerium Baden-Württemberg/ Landeshauptstadt
Stuttgart, 1990) (Innenministerium Baden-Württemberg/ Landeshauptstadt
Stuttgart 1990)

International Air Transport Association (IATA) : Annual Report 1993. 49th
Annual General Meeting, Dallas, Texas, November 1-2, 1993 (Geneva:
IATA, 1993) (IATA 1993)

Internationales Verkehrswesen : Güterverkehrsprognose 2010 für Deutschland.
Dokumentation 164. - FE 90299/90, IntV 43 (1991) 11, 501 - 504
(Dokumentation 164 IntV 1991)

Internationales Verkehrswesen : Personenverkehrsprognose 2010 für
Deutschland. Dokumentation 165. - FE 90300/90, IntV 43 (1991) 12,
564 - 566 (Dokumentation 165 IntV 1991)

Kombiverkehr GmbH & Co. KG : Brückenschlag zwischen Straße und Schiene.
Präsentation (Frankfurt/ Main: Kombiverkehr, 1991) (Kombiverkehr 1991)

Kombiverkehr GmbH & Co. KG : Jahresbericht ´92 (Frankfurt/ Main:
Kombiverkehr, 1993) (Kombiverkehr 1993)

Kommission der Europäischen Gemeinschaften - Forschungs- und Entwicklungs-
programm für Telematiksysteme im Verkehrswesen (DRIVE II) : MELYSSA
Mediterranean - Lyon - Stuttgart Site for ATT. DRIVE II Projekt V2040
(Luxembourg: Amt für amtliche Veröffentlichungen der Europäischen
Gemeinschaften, o.J.) (EG-Kommission o.J.)

Kommission der Europäischen Gemeinschaften : Technik und Gesellschaft IV.
Risikoeinschätzung und Akzeptanz neuer Technologien. EUR 9179 DE
(Luxembourg: Amt für amtliche Veröffentlichungen der Europäischen
Gemeinschaften, 1984) (EG EUR 9179 DE 1984)

Kommission der Europäischen Gemeinschaften : Informations- und Kommunika-
tionstechnologien. Die Rolle Europas (Luxembourg: Amt für amtliche
Veröffentlichungen der Europäischen Gemeinschaften, 1991) (EG-
Kommission 1991)

Kommission der Europäischen Gemeinschaften - Generaldirektion
Telekommunikation, Informationsindustrie und Innovation : COST 306
Automatische Datenübertragung im Bereich des Transports. EDI-Leitfaden
- Unterstützung für die Implementierung im internationalen Verkehrswesen
EUR 13209DE (Luxembourg: Amt für amtliche Veröffentlichungen der
Europäischen Gemeinschaften, 1991) (EG EUR 13209 1991)

Kommission der Europäischen Gemeinschaften : Grünbuch zu den
Auswirkungen des Verkehrs auf die Umwelt. Eine Gemeinschaftsstrategie
für eine "dauerhaft umweltgerechte Mobilität". Mitteilung der Kommission
KOM (92) 46 endg. vom 6. April 1992 (Luxembourg: Amt für amtliche
Veröffentlichungen der Europäischen Gemeinschaften, 1992) (EG KOM
(92) 46 endg.)

Kommission der Europäischen Gemeinschaften : Die künftige Entwicklung der
    Gemeinsamen Verkehrspolitik. Globalkonzept einer Gemeinschafts-
    strategie für eine auf Dauer tragbare Mobilität. Mitteilung der Kommission
    KOM (92) 494 endg. vom 2. Dezember 1992 (Luxembourg: Amt für
    amtliche Veröffentlichungen der Europäischen Gemeinschaften, 1992) (EG
    KOM (92) 494 endg.)
Kommission der Europäischen Gemeinschaften : Mitteilung der Kommission an
    den Rat über ein Aktionsprogramm zur Straßenverkehrssicherheit. KOM
    (93) 246 endg., Brüssel, den 9.Juni 1993 (Luxembourg: Amt für amtliche
    Veröffentlichungen der Europäischen Gemeinschaften, 1993) (EG KOM
    (93) 246 endg.)
Kommission der Europäischen Gemeinschaften : Vorschlag für eine
    Entscheidung des Europäischen Parlaments und des Rates über
    gemeinschaftliche Leitlinien für den Aufbau eines transeuropäischen
    Verkehrsnetzes. KOM (94) 106 endg., Brüssel, den 7.April 1994
    (Luxembourg: Amt für amtliche Veröffentlichungen der Europäischen
    Gemeinschaften, 1994) (EG KOM (94) 106 endg.)
OECD - Road Transport Research : Intelligent Vehicle Highway Systems:
    Review of Field Trials. Report prepared by an OECD Scientific Expert
    Group (Paris: OECD, 1992) (OECD 1992)
Presse- und Informationsamt der Bundesregierung : Europa 2000. Schritte zur
    Europäischen Union. Der Vertrag von Maastricht. Der Binnenmarkt. Die
    Wirtschafts- und Währungsunion (Bonn: Presse- und Informationsamt der
    Bundesregierung, 1993[2]) (Presse- und Informationsamt der
    Bundesregierung 1993)
PROMETHEUS-Office : PROMETHEUS. Programme for a European Traffic with
    Highest Efficiency and Unprecedented Safety (Stuttgart: PROMETHEUS-
    Office, o.J.) (PROMETHEUS-Office o.J.)
Siemens AG : Kooperation statt Konfrontation: dynamisches Verkehrsmanage-
    ment mit EURO-SCOUT (München: Siemens AG, o.J.) (Siemens AG o.J.)
SPIEGEL-Verlag : Auto, Verkehr und Umwelt. Cars, Traffic and Environment.
    Automobiles, Circulation et Environment. SPIEGEL Dokumentation
    (Hamburg: Augstein, 1993) (SPIEGEL Dokumentation)
Umweltbundesamt : Jahresbericht 1992 (Berlin: Umweltbundesamt, 1992)
    (Umweltbundesamt 1992)
Verband der Automobilindustrie (VDA) : Informationstechnik für den Verkehr.
    Mobilität sichern - Umwelt bewahren (Frankfurt/Main: VDA, 1993) (VDA
    1993)

Verband der Deutschen Bahnindustrie (VDB) : ICE InterCity Express - Fakten und Argumente (Krefeld: EuroPublic, 1992[3]) (VDB 1992)

Verband Deutscher Verkehrsunternehmen (VDV) : Verkehrsunternehmen und Verkehrs-System-Management (Köln: VDV, o.J.) (VDV o.J.)

Verband Deutscher Verkehrsunternehmen (VDV) : VDV aktuell '93/94 (Köln: VDV, 1994) (VDV 1994)

Verein Deutscher Ingenieure (VDI) - Gesellschaft Fahrzeug- und Verkehrstechnik : Memorandum Verkehr (Düsseldorf: VDI, 1993) (VDI 1993)

Volkswagen AG : Mikroelektronik für Auto, Verkehr und Umwelt (Wolfsburg: VW AG, o.J.) (VW AG o.J.)

Volkswagen AG : Autofreie Stadt? Parken mit System (Wolfsburg: Volkswagen AG, 1990[2]) (VW AG 1990)

Volkswagen AG, Konzernforschung : MOVE (Wolfsburg: Volkswagen AG, 1992) (VW Konzernforschung 1992)

Wissmann, Matthias : Rede vor dem Ausschuß für Verkehr des Deutschen Bundestages am 30.Juni 1993. Anlage zum Kurzprotokoll der 49.Sitzung des Ausschusses für Verkehr des Deutschen Bundestages (Bonn: Deutscher Bundestag, 1993) (Wissmann 1993)

Zentralverband Elektrotechnik- und Elektronikindustrie (ZVEI) : Automobilelektrik, Automobilelektronik. Mobilität und Sicherheit für die Zukunft (Frankfurt/ Main: ZVEI, o.J.) (ZVEI o.J.)

B. Literatur

Abel, Bodo : Grundlagen der Erklärung menschlichen Handelns. Zur Kontroverse zwischen Konstruktivisten und Kritischen Rationalisten (Tübingen: Mohr, 1983) (Abel 1983)

Aberle, Gerd/ Engel, Michael : Theoretische Grundlagen zur Erfassung und Bewertung des volkswirtschaftlichen Nutzens, IntV 44 (1992) 5, 169 - 175 (Aberle/ Engel 1992)

Akademie für Raumforschung und Landesplanung (Hrsg.) : Räumliche Wirkungen der Telematik (Hannover: Vincentz, 1987) (Akademie für Raumforschung und Landesplanung 1987)

Albach, Horst u.a. (Hrsg.) : Technikfolgenforschung und Technikfolgenab-
    schätzung. Tagung des Bundesministers für Forschung und Technologie
    22. bis 24. Oktober 1990 (Berlin u.a.: Springer, 1991) (Albach u.a. 1991)
Albrecht, Helmuth : Technik - Gesellschaft - Zukunft. Albrecht/ Schönbeck 1993
    (Albrecht 1993)
Albrecht, Helmuth/ Schönbeck, Charlotte (Hrsg.) : Technik und Gesellschaft
    (Düsseldorf: VDI, 1993) (Albrecht/ Schönbeck 1993)
Alemann, Ulrich von : Demokratie, politische Macht und neue Technologien.
    Alemann/ Schatz 1986 (Alemann 1986a)
Alemann, Ulrich von : Partizipation oder Akzeptanz. Bemerkungen zur
    Verträglichkeit von Demokratie und Technologie. Jungermann u.a. 1986
    (Alemann 1986b)
Alemann, Ulrich von : Organisierte Interessen in der Bundesrepublik Deutschland
    (Opladen: Leske + Budrich, 1989[2]) (Alemann 1989)
Alemann, Ulrich von/ Forndran, Erhard : Methodik der Politikwissenschaft. Eine
    Einführung in Arbeitstechnik und Forschungspraxis (Stuttgart u.a.:
    Kohlhammer, 1990[4]) (Alemann/ Forndran 1990)
Alemann, Ulrich von/ Schatz, Heribert (Hrsg.) : Mensch und Technik.
    Grundlagen und Perspektiven einer sozialverträglichen Technikgestaltung
    (Opladen: Westdeutscher Verlag, 1986) (Alemann/ Schatz 1986)
Alemann, Ulrich von u.a. : Sozialverträgliche Technikgestaltung. Entwurf eines
    politischen, wissenschaftlichen, gesellschaftlichen Programms. Alemann/
    Schatz 1986 (Alemann u.a. 1986)
Alemann, Ulrich von u.a. : Gesellschaft- Technik - Politik. Perspektiven der
    Technikgesellschaft (Opladen: Leske + Budrich, 1989) (Alemann u.a.
    1989)
Allemeyer, Werner : Das Güterverkehrszentrum - eine verkehrspolitische und
    verkehrswirtschaftliche Antwort auf aktuelle Probleme. Kombinierter
    Ladungsverkehr (KLV) - Element oder Störfaktor des GVZ?
    Binnenschiffahrt und GVZ, Netzwerke - Berichte aus dem IVM (1991) 1,
    3 - 7 (Allemeyer 1991)
Ammon, Peter : Internationale Politik und technologische Revolution an der
    Wendemarke, Aussenpolitik 43 (1992) 2, 115 - 121 (Ammon 1992)
Andersen, Uwe : Gemeinden. Andersen/ Woyke 1992 (Andersen 1992)
Andersen, Uwe/ Woyke, Wichard (Hrsg.) : Handwörterbuch des politischen
    Systems der Bundesrepublik Deutschland (Bonn: Bundeszentrale für
    politische Bildung, 1992) (Andersen/ Woyke 1992)
Aring, Jürgen : Zum Wandel der Ansprüche an ein Mautkonzept für Stockholm,
    IntV 46 (1994) 1 + 2, 37 - 42 (Aring 1994)

Arkes, Hal R./ Hammond, Kenneth R. (Hrsg.) : Judgement and decision making: An interdisciplinary reader (Cambridge u.a.: University Press, 1986) (Arkes/ Hammond 1986)

Arndt, Klaus Friedrich u.a. : Legislative, Exekutive, Rechtsprechung: Bund - Länder - Kommunen. Aufgaben, Organisation, Arbeitsweise (Bonn: Dümmler, 1990) (Arndt u.a. 1990)

Arrow, Kenneth J. : Rationality of Self and Others in an Economic System. Hogarth/ Reder 1987 (Arrow 1987)

Atteslander, Peter : Empirische Sozialforschung. Mickel 1986 (Atteslander 1986)

Atteslander, Peter : Methoden der empirischen Sozialforschung (Berlin-New York: de Gruyter, 1991[6]) (Atteslander 1991)

Bachrach, Samuel B./ Lawler, Edward J. : Bargaining. Power, Tactics, and Outcomes (San Francisco: Jossey-Bass, 1981) (Bachrach/ Lawler 1981)

Bajohr, Stefan : Die Zukunft des Verkehrs in der Multimedialen Stadt. Stoppa-Sehlbach 1993 (Bajohr 1993)

Balck, Henning/ Kreibich, Rolf (Hrsg.) : Evolutionäre Wege in die Zukunft: Wie lassen sich komplexe Systeme managen? (Weinheim-Basel: Beltz, 1991) (Balck/ Kreibich 1991)

Balkhausen, Dieter : Elektronik-Angst ... und die Chancen der Dritten Industriellen Revolution (Düsseldorf-Wien: Econ, 1983) (Balkhausen 1983)

Ball, Reinhard : Das regionale Verkehrssystem-Management STORM - Stuttgart Transport Operation by Regional Management. DVWG B155 1993 (Ball 1993)

Ballwieser, Wolfgang/ Berger, Karl-Heinz (Hrsg.) : Information und Wirtschaftlichkeit (Wiesbaden: Gabler, 1985) (Ballwieser/ Berger 1985)

Balzert, Helmut : Gestaltungsziele der Software-Ergonomie. Versuch eines neuen, umfassenden Ansatzes. Schönpflug/ Wittstock 1987 (Balzert 1987)

Bardach, Eugene : The Implementation Game: What Happens After a Bill Becomes a Law (Cambridge/Mass.: M.I.T. Press, 1977) (Bardach 1977)

Bechmann, Gotthard : Sozialwissenschaftliche Forschung und Technikfolgenabschätzung. Lompe 1987b (Bechmann 1987)

Bechmann, Gotthard (Hrsg.) : Risiko und Gesellschaft: Grundlagen und Ergebnisse interdisziplinärer Risikoforschung (Opladen: Westdeutscher Verlag, 1993) (Bechmann 1993)

Beck, Ulrich : Risikogesellschaft: Auf dem Weg in eine andere Moderne (Frankfurt/ Main: Suhrkamp, 1986) (Beck 1986)

Beck, Ulrich : Gegengifte. Die organisierte Unverantwortlichkeit (Frankfurt/ Main: Suhrkamp, 1988) (Beck 1988)

Beck, Ulrich : Risikogesellschaft. Überlebensfragen, Sozialstruktur und ökologische Aufklärung, APuZ (1989) B36, 3 - 13 (Beck 1989)

Beck, Ulrich (Hrsg.) : Politik in der Risikogesellschaft. Essays und Analysen (Frankfurt/ Main: Suhrkamp, 1991) (Beck 1991)

Beck, Ulrich : Die Erfindung des Politischen. Zu einer Theorie reflexiver Modernisierung (Frankfurt/ Main: Suhrkamp, 1993) (Beck 1993)

Beck, Ulrich : Angst vor der Freiheit, Der Spiegel (1994) 38, 248 - 250 (Beck 1994)

Beck, Ulrich/ Bonß, Wolfgang : Verwissenschaftlichung ohne Aufklärung? Zum Strukturwandel von Sozialwissenschaft und Praxis. Beck/ Bonß 1989b (Beck/ Bonß 1989a)

Beck, Ulrich/ Bonß, Wolgang (Hrsg.) : Weder Sozialtechnologie noch Aufklärung? Analysen zur Verwendung sozialwissenschaftlichen Wissens (Frankfurt/Main: Suhrkamp, 1989) (Beck/ Bonß 1989b)

Becker, Gary S. : Der ökonomische Ansatz zur Erklärung menschlichen Verhaltens (Tübingen: Mohr, 1982) (Becker 1982)

Becker, Jörg : Widersprüche bei der Informatisierung von Politik und Gesellschaft. Sonntag 1983 (Becker 1983)

Behrendt, Jürgen : Das Programm des Bundes zur Umwandlung vorhandener Straßen. DVWG B159 1993 (Behrendt 1993)

Behrens, Henning : Politische Entscheidungsprozesse. Konturen einer politischen Entscheidungstheorie (Opladen: Westdeutscher Verlag, 1980) (Behrens 1980)

Bellers, Jürgen/ Kipke, Rüdiger : Einführung in die Politikwissenschaft (München-Wien: Oldenbourg, 1993) (Bellers/ Kipke 1993)

Bellers, Jürgen/ Robert, Rüdiger (Hrsg.) : Politikwissenschaft I. Grundkurs (Münster-Hamburg: Lit, 1992[3]) (Bellers/ Robert 1992)

Benda, Dietmar : Basiswissen Elektronik. Band 8: Nachrichtentechnik (Berlin-Offenbach: VDE-Verlag, 1988) (Benda 1988)

Benz, Arthur : Normanpassung und Normverletzung im Verwaltungshandeln. Benz/ Seibel 1992 (Benz 1992a)

Benz, Arthur : Zusammenarbeit zwischen den norddeutschen Bundesländern: Probleme, Lösungsversuche und Lösungsvorschläge. Benz u.a. 1992 (Benz 1992b)

Benz, Athur/ Seibel, Wolfgang (Hrsg.) : Zwischen Kooperation und Korruption. Abweichendes Verhalten in der Verwaltung (Baden-Baden: Nomos, 1992) (Benz/ Seibel 1992)

Benz, Arthur u.a. : Horizontale Politikverflechtung. Zur Theorie von
Verhandlungssystemen (Frankfurt/ Main: Campus, 1992) (Benz u.a. 1992)

Benz-Overhage, Karin u.a. : Neue Technologien und alternative Arbeits-
gestaltung. Auswirkungen des Computereinsatzes in der industriellen
Produktion (Frankfurt/ Main-New York: Campus, 1982) (Benz-Overhage
u.a. 1982)

Berg, Fritz : Sensoren-Signale: Induktionsschleifen regeln den Autobahnverkehr,
bild der wissenschaft (1992) 9, 102 f. (Berg 1992)

Berg, Klaus/ Kiefer, Marie-Luise (Hrsg.) : Massenkommunikation IV. Eine
Langzeitstudie zur Mediennutzung und Medienbewertung 1964 - 1990
(Baden-Baden: Nomos, 1992) (Berg/ Kiefer 1992)

Berg-Schlosser, Dirk/ Stammen, Theo : Einführung in die Politikwissenschaft
(München: Beck, 1992[5]) (Berg-Schlosser/ Stammen 1992)

Berger, Rainer : Politik und Technik. Der Beitrag der Gesellschaftstheorien zur
Technikbewertung (Opladen: Westdeutscher Verlag, 1991) (Berger 1991)

Berkemann, Jörg : Gesetzgebung. Mickel 1991 (Berkemann 1991)

Bermbach, Udo (Hrsg.) : Politische Wissenschaft und politische Praxis. Tagung
der DVPW in Bonn, Herbst 1977. PVS-Sonderheft 9/ 1978 (Opladen:
Westdeutscher Verlag, 1978) (Bermbach 1978)

Beyme, Klaus von : Do Parties matter? - Der Einfluß der Parteien auf politische
Entscheidungen, PVS 22 (1981) 4, 343 - 358 (Beyme 1981)

Beyme, Klaus von : Policy Analysis und traditionelle Politikwissenschaft.
Hartwich 1985 (Beyme 1985)

Beyme, Klaus von : Das politische System der Bundesrepublik Deutschland nach
der Vereinigung (München: Piper, 1991[6]) (Beyme 1991)

Biervert, Bernd/ Monse, Kurt : Handlungsrationalität der privaten Haushalte in
der Nutzung neuer Informations- und Kommunikationstechniken -
Untersuchungsrahmen. Lutz 1989 (Biervert/ Monse 1989)

Biervert, Bernd/ Monse, Kurt (Hrsg.) : Wandel durch Technik? Institution,
Organisation, Alltag (Opladen: Westdeutscher Verlag, 1990) (Biervert/
Monse 1990)

Bijker, Wiebe E. u.a. (Hrsg.) : The Social Construction of Technical Systems.
New Directions in the Sociology and History of Technology (Cambridge/
Mass.: MIT Press, 1987) (Bijker u.a. 1987)

Biller, Martin u.a. : Ein Modell des organisationalen Beschaffungsverhaltens bei
"Teilautonomen Flexiblen Fertigungsstrukturen" (TFS) im Rahmen einer
CIM-Strategie. Kleinaltenkamp/ Schubert 1990 (Biller u.a. 1990)

Birnbacher, Dieter : Ethische Aspekte der Bewertung technischer Risiken.
Albach u.a. 1991 (Birnbacher 1991)

Biser, Eugen u.a. : Die Medien - das letzte Tabu der offenen Gesellschaft. Die
    Wirkung der Medien auf Politik und Kultur (Mainz: von Hase & Koehler,
    1986) (Biser u.a. 1986)

Bjelicic, Borislav : Die Träger nationaler und internationaler Verkehrspolitik und
    ihr Zusammenspiel in verkehrspolitischen Entscheidungsprozessen,
    Zeitschrift für Verkehrswissenschaft 61 (1990) 2, 85 - 121 und 61
    (1990) 3, 177 - 196 (Bjelicic 1990)

Bjørn-Andersen, Niels : Are "Human Factors" Human?, The Computer Journal
    31 (1988) 5, 386 - 390 (Bjørn-Andersen 1988)

Bjørn-Andersen, Niels/ Davis, Gordon B. (Hrsg.) : Information Systems
    Assessment: Issues and Challenges. Proceedings of the IFIP WG 8.2
    Working Conference on Information Systems Assessment
    Noordwijkerhout, The Netherlands, 27 - 29 August 1986 (Amsterdam
    u.a.: North-Holland, 1988) (Bjørn-Andersen/ Davis 1988)

Blanke, Thomas : Zur Aktualität des Risikobegriffs. Über die Konstruktion der
    Welt und die Wissenschaft von ihr. Beck 1991 (Blanke 1991)

Blazejczak, Jürgen/ Kirner, Wolfgang : Neue Technologien und Strukturwandel
    bei Produktion und Beschäftigung. Biervert/ Monse 1990 (Blazejczak/
    Kirner 1990)

Boch, Wolfgang : Der Beitrag von DRIVE zur intelligenten Straße. DVWG B159
    1993 (Boch 1993)

Bodemer, Klaus : Evaluierung. Nohlen 1985b (Bodemer 1985)

Böhme, Hans/ Sichelschmidt, Henning : Deutsche Verkehrspolitik: Von der
    Lenkung zum Markt. Lösungsansätze - Widersprüche - Akzeptanz-
    probleme (Kiel: Institut für Weltwirtschaft, 1993) (Böhme/ Sichelschmidt
    1993)

Böhret, Carl : Technology Assessment: Anlaß, Methode, Organisation (Speyer:
    Hochschule für Verwaltungswissenschaften, 1983) (Böhret 1983)

Böhret, Carl : Politik und Technik. Eine Aufgabe fachwissenschaftlicher und
    multidisziplinärer Forschung. Hartwich 1986 (Böhret 1986)

Böhret, Carl : Technikfolgen und Verantwortung der Politik, APuZ (1987) B19-
    20, 3 - 14 (Böhret 1987)

Böhret, Carl : Folgen. Entwurf für eine aktive Politik gegen schleichende
    Katastrophen (Opladen: Leske + Budrich, 1990) (Böhret 1990)

Böhret, Carl : Nachweltschutz. Sechs Reden über politische Verantwortung
    (Frankfurt/ Main: Lang, 1991) (Böhret 1991)

Böhret, Carl/ Franz, Peter : Die Technologiefolgenabschätzung als Instrument
    der politischen Steuerung des technischen Wandels? (Speyer: Hochschule
    für Verwaltungswissenschaften, 1985) (Böhret/ Franz 1985)

Böhret, Carl/ Franz, Peter : Die Technologiefolgenabschätzung (technology assessment) als Instrument der politischen Steuerung des technischen Wandels ? Bruder 1986 (Böhret/ Franz 1986)

Böhret, Carl u.a. : Innenpolitik und politische Theorie. Ein Studienbuch (Opladen: Westdeutscher Verlag, 1988[3]) (Böhret u.a. 1988)

Boese, Peter : Neue Konzepte für die City-Logistik. Verkehrsministerium Baden-Württemberg 1993 (Boese 1993)

Boesefeldt, Jochen/ Schneider, Heinz-Werner : Kollektive Verkehrsbeeinflussung innerorts. FGSV 1990 (Boesefeldt/ Schneider 1990)

Boltze, Manfred/ Schöttler, Ulrich : Das Projekt FRUIT. Ein Ansatz zu einem besseren Verkehrsmanagement in Frankfurt am Main und in der Rhein-Main-Region, Der Nahverkehr 11 (1993) 5, 30 - 36 (Boltze/ Schöttler 1993)

Boltze, Manfred u.a. : Ergebnisse des Projektes FRUIT. Bewertung und Bündelung von betrieblichen Maßnahmen zum Verkehrsmanagement, Der Nahverkehr 11 (1993) 10, 40 - 48 (Boltze u.a. 1993)

Bonz, Manfred : Betriebsleittechnik im öffentlichen Nahverkehr. Verkehrs-ministerium Baden-Württemberg 1993 (Bonz 1993)

Both, Martin : Integriertes Logistik- und Flottenmanagement zur europaweiten Transportsteuerung (Manuskript, der Verfasserin zugesandt am 8. Juni 1994) (Both 1994)

Boventer, Hermann : Ohnmacht der Medien. Die Kapitulation der Medien vor der Wirklichkeit, APuZ (1993) B40, 27 -35 (Boventer 1993)

Bracher, Tilman : Verkehrsoptimierung im Güterverkehr. Henckel 1990 (Bracher 1990)

Brägas, Peter : BEVEI - Bessere Verkehrsinformation. Verkehrsministerium Baden-Württemberg 1993 (Brägas 1993)

Bräutigam, Lothar u.a. : Datenschutz als Anforderung an die Systemgestaltung (Opladen: Westdeutscher Verlag, 1990) (Bräutigam u.a. 1990)

Brandt, Eberhard u.a. : Verkehrskollaps. Diagnose und Therapie (Frankfurt/ Main: Fischer, 1994) (Brandt u.a. 1994)

Braybrooke, David/ Lindblom, Charles E. : A Strategy of Decision: Policy Evaluation as a Social Process (New York: Free Press, 1963) (Braybrooke/ Lindblom 1963)

Brenck, Andreas : Theoretische Aspekte des Road Pricing, Netzwerke - Berichte aus dem IVM (1992) 3, 3 - 11 (Brenck 1992)

Brepohl, Klaus : Telematik. Die Grundlagen der Zukunft (Bergisch Gladbach: Lübbe, 1983) (Brepohl 1983)

Bretzke, Wolf-Rüdiger : Problemlösung durch logistische Dienstleistungszentren?, IntV 45 (1993) 12, 703 - 706 (Bretzke 1993)

Breuel, Birgit : Neue Kommunikationstechnologien als Chance zur Bewältigung
der Zukunft. Ballwieser/ Berger 1985 (Breuel 1985)

Brewer, Gary D./ deLeon, Peter : The Foundations of Policy Analysis
(Homewood/III.: Dorsey Press, 1983) (Brewer/ deLeon 1983)

Briefs, Ulrich : Die Informationsgesellschaft - Anmerkungen zum Mythos des
Computerzeitalters. Sonntag 1983 (Briefs 1983)

Briefs, Ulrich : Informationstechnologien und Zukunft der Arbeit. Ein politisches
Handbuch zur Mikroelektronik und Computertechnik (Köln: Pahl-
Rugenstein, 1984) (Briefs 1984)

Brodkin, Evelyn Z. : Policy Politics: If We Can´t Govern, Can We Manage?,
Political Science Quarterly 102 (1987) 4, 571 - 587 (Brodkin 1987)

Brombacher, Reinhard : Effizientes Informationsmanagement - die
Herausforderung von Gegenwart und Zukunft. Jacob u.a. 1991
(Brombacher 1991)

Bruder, Wolfgang (Hrsg.) : Forschungs- und Technologiepolitik in der
Bundesrepublik Deutschland (Opladen: Westdeutscher Verlag, 1986)
(Bruder 1986)

Brüne, Gerd : Beschaffung Neuer Technologien: Entscheidereinstellungen und
Marktstrukturen. Kleinaltenkamp/ Schubert 1990 (Brüne 1990)

Brunnstein, Klaus : Einige grundsätzliche Überlegungen zu Wirkungen der Informationstechnologie. Kruedener/ Schubert 1981 (Brunnstein 1981)

Brunnstein, Klaus : Die Verletzlichkeit der "Informatisierten Gesellschaft" und die
Verantwortung der Informatiker/innen. Kitzing u.a. 1988 (Brunnstein
1988)

Buddenberg, Hellmuth (Hrsg.) : Integrierter Verkehr 2000. Mobil bleiben
(Herford u.a.: Busse und Seewald, 1991) (Buddenberg 1991)

Buder, Marianne/ Windel, Gunther : Informatisierung und Alltagswelt. Wersig
1983a (Buder/ Windel 1983)

Buder, Marianne u.a. (Hrsg.) : Grundlagen der praktischen Information und
Dokumentation. 2 Bände (München u.a.: Saur, 1990³) (Buder u.a. 1990)

Bücker-Gärtner, Heinrich : Technikakzeptanz und -kritik - Bestandsaufnahme
empirischer Untersuchungen. Primärbericht (Karlsruhe:
Kernforschungszentrum, 1987) (Bücker-Gärtner 1987)

Bürgel, Heinrich : Grundlagen deutscher Verkehrspolitik. Aus der Werkstatt
eines Verkehrspolitikers (Darmstadt: Tetzlaff, 1983) (Bürgel 1983)

Bugl, Josef : Das Parlament und die Herausforderung durch die Technik: Zur
Arbeit der Enquête-Kommission "Einschätzung und Bewertung von

Technikfolgen; Gestaltung von Rahmenbedingungen der technischen
Entwicklung". Dierkes u.a. 1986 (Bugl 1986)

Bull, Hans Peter : Der Einzelne in der Informationsgesellschaft. Sonntag 1983
(Bull 1983)

Bull, Hans Peter : Informationstechnik als Herausforderung für Sozialwissenschaften und Politik. Dey 1985 (Bull 1985)

Bull, Hans Peter : Datenschutz. Nohlen 1991 (Bull 1991)

Bullinger, Dieter : Die Neuen Technologien. Entwicklungsstand - Perspektiven -
voraussehbare Wirkungen, APuZ (1985) B4, 47 - 61 (Bullinger 1985)

Bullinger, H.-J. u.a. : Software-Ergonomie: Stand und Entwicklungstendenzen.
Schönpflug/ Wittstock 1987 (Bullinger u.a. 1987)

Burkhardt, W. H./ Manck, O. : Mikroelektronik. Schneider 1986 (Burkhardt/
Manck 1986)

Busch, Berthold : Die Verkehrspolitik der EG unter dem Einfluß der
Binnenmarktvollendung (Köln: Deutscher Instituts-Verlag, 1991) (Busch
1991)

Button, Kenneth u.a. : Europäische Verkehrspolitik - Wege in die Zukunft
(Gütersloh: Bertelsmann, 1992) (Button u.a. 1992)

Cerwenka, Peter : Verkehrsentwicklung im Zivilisationsprozeß. Ursachen und
Wirkungen von Verkehr, IntV 44 (1992) 11, 422 - 430 (Cerwenka 1992)

Cerwenka, Peter : Mobilität - ein Grundrecht des Menschen? Hinterfragungen,
IntV 45 (1993) 12, 698 - 702 (Cerwenka 1993)

Coleman, James S. : Forms of Rights and Forms of Power. Marin 1990a
(Coleman 1990)

Compes, Peter C. (Hrsg.) : Der Mensch und seine Risiken in Gesellschaft,
Technik und Umwelt: psychologisch, pädagogisch, soziologisch. XIII.
Internationales Sommer-Symposium der Gesellschaft für Sicherheits-
wissenschaft 15.-17.6.1992, Gelsenkirchen (Bremerhaven: Verlag für
Neue Wissenschaft, 1992) (Compes 1992)

Conrads, Dieter : Datenkommunikation. Verfahren - Netze - Dienste
(Braunschweig-Wiesbaden: Vieweg, 1989) (Conrads 1989)

Cordewener, Friedrich/ Speckmann, Rolf (Hrsg.) : Auf dem Wege zur
Informationsgesellschaft. Nutzen und Risiken neuer Kommunikations-
techniken. 3. Bremer Universitätsgespräch am 9. November 1990 in
Bremen (Bremen: Initiativkreis "Bremer und ihre Universität", 1991)
(Cordewener/ Speckmann 1991)

Covello, Vincent T. : Social and Behavioral Research on Risk: Uses in Risk
Management Decisionmaking. Covello u.a. 1985 (Covello 1985)

Covello, Vincent T. u.a. (Hrsg.) : Environmental Impact Assessment, Technology Assessment, and Risk Analysis. Contributions from the Psychological and Decision Sciences (Berlin u.a.: Springer, 1985) (Covello u.a. 1985)

Cronbach, Lee J. u.a. : Toward Reform of Program Evaluation (San Francisco: Jossey Bass, 1980) (Cronbach u.a. 1980)

Czada, Roland M. : Interest Groups, Self-Interest, and the Institutionalization of Political Action. Czada/ Windhoff-Héritier 1991 (Czada 1991)

Czada, Roland M./ Windhoff-Héritier, Adrienne (Hrsg.) : Political Choice. Institutions, Rules and the Limits of Rationality (Frankfurt/ Main-Boulder/ Col.: Campus/ Westview, 1991) (Czada/ Windhoff-Héritier 1991)

Daele, Wolfgang van den : Sozialverträglichkeit und Umweltverträglichkeit. Inhaltliche Mindeststandards und Verfahren bei der Beurteilung neuer Technik, PVS 34 (1993) 2, 219 - 248 (Daele 1993)

Dätwyler, Philippe u.a. : Die Bombe, die Macht und die Schildkröte. Ein Ausweg aus der Risikogesellschaft? (Olten-Freiburg i.Br.: Walter, 1991) (Dätwyler u.a. 1991)

Däubler, Wolfgang : Recht und Akzeptanzverweigerung - zwei Wege zur Gestaltung von Technik? Roßnagel 1989 (Däubler 1989)

DAG Bundesvorstand (Hrsg.) : Computerprogramme menschengerecht gestalten. Software-ergonomische Grundsätze einer benutzerfreundlichen Gestaltung von Informations- und Kommunikationssystemen. Eine Handlungshilfe für die Praxis 2/1991 (Hamburg: DAG Bundesvorstand, 1991) (DAG Bundesvorstand 1991)

Dahrendorf, Ralf : Theorie und Praxis. Mäding 1988a (Dahrendorf 1988)

Danzin, André M. : Zwölf Probleme staatlicher Politik bei der Informatisierung der Gesellschaft. Kalbhen u.a. 1980 (Danzin 1980)

Degenhardt, Werner : Akzeptanzforschung zu Bildschirmtext. Methoden und Ergebnisse (München: Reinhard Fischer, 1986) (Degenhardt 1986)

Dehmelt, Wolfgang/ Krampe, Horst : City-Logistik - zukunftsorientierte logistische Lösungen für die bedrängten Städte, IntV 44 (1992) 7 + 8, 290 - 293 (Dehmelt/ Krampe 1992)

deLeon, Peter : Advice and Consent: The Development of the Policy Sciences (New York: Sage, 1988) (deLeon 1988)

Deutsch, Karl W. : Soziale und politische Aspekte der Informationsgesellschaft. Sonntag 1983 (Deutsch 1983)

Deutsch, Karl W./ Sonntag, Philipp : From the Industrial Society to the Information Society - Crises of Transition in Society, Politics and Culture (Berlin: Wissenschaftszentrum - Internationales Institut für Vergleichende Gesellschaftsforschung, 1981) (Deutsch/ Sonntag 1981)

Deutsche Bank, Volkswirtschaftliche Abteilung (Hrsg.) : Verkehr 2000 - Europa vor dem Verkehrsinfarkt? (Frankfurt/Main: Deutsche Bank, 1990) (Deutsche Bank 1990)

Deutsche Forschungsgemeinschaft (DFG) (Hrsg.) : Medienwirkungsforschung in der Bundesrepublik Deutschland. Teil I: Berichte und Empfehlungen. Teil II: Dokumentation, Katalog der Studien (Weinheim: Acta Humaniora, 1986)

Deutsche Verkehrswissenschaftliche Gesellschaft e.V. (DVWG) (Hrsg.) : Traffic Management - Vorhandene Transportkapazitäten besser nutzen! Verkehrswissenschaftliches Seminar vom 16. bis 18. September 1992 in Innsbruck/ Österreich. Schriftenreihe der DVWG B155 (Bergisch Gladbach: DVWG, 1993) (DVWG B155 1993)

Deutsche Verkehrswissenschaftliche Gesellschaft e.V. (DVWG) (Hrsg.) : Telekommunikation als Instrument zur optimalen Nutzung der Verkehrsinfrastruktur. Kurs XI/ 92 5. - 6. November 1992 in Hannover. Schriftenreihe der DVWG B158 (Bergisch Gladbach: DVWG, 1993) (DVWG B158 1993)

Deutsche Verkehrswissenschaftliche Gesellschaft e.V. (DVWG) (Hrsg.) : Die intelligente Straße - Möglichkeiten und Grenzen. Kurs XIII in Mannheim. Schriftenreihe der DVWG B159 (Bergisch Gladbach: DVWG, 1993) (DVWG B159 1993)

Deutsche Verkehrswissenschaftliche Gesellschaft e.V. (DVWG) (Hrsg.) :Card + Ride '94 - Bargeldloser Zahlungsverkehr im ÖPNV. Schriftenreihe der DVWG B170 (Bergisch Gladbach: DVWG, 1994) (DVWG B170 1994)

Deutsche Verkehrswissenschaftliche Gesellschaft e.V. (DVWG) (Hrsg.) : Stadtverkehr und City-Logistik. Schriftenreihe der DVWG B172 (Bergisch Gladbach: DVWG, 1994) (DVWG B172 1994)

Dey, Günther (Hrsg.) : Beherrschung der Informationstechnik - Verantwortung der Wissenschaft. Beiträge zum Symposium im Rahmen der Ossietzky-Tage '84 am 4.Mai 1984 (Oldenburg: Bibliotheks- und Informationssystem der Universität, 1985) (Dey 1985)

Dichtl, Erwin/ Issing, Otmar (Hrsg.) : Vahlens Großes Wirtschaftslexikon. 2 Bände (München: Vahlen, 1987) (Dichtl/ Issing 1987)

Dicke, Bernhard : Die finanzpolitischen Weichen sind gestellt, IntV 44 (1992) 5, 195 - 200 (Dicke 1992)

Dicke, Bernhard : Telematik im kooperativen Verkehrsmanagement aus der Sicht der Automobilindustrie. Vortrag beim Verein zur Förderung der fachlichen Fortbildung der Straßenbau- und Verkehrsingenieure in Bayern am 12. Mai

1993 (Unveröffentlichtes Vortragsmanuskript) (Kopie in Besitz der
Verfasserin) (Dicke 1993)

Diekmann, Achim : Intervention als Konstante deutscher Verkehrspolitik,
Zeitschrift für Verkehrswissenschaft 60 (1989) 2/3, 27 - 43 (Diekmann
1989)

Dierkes, Meinolf : Perzeption und Akzeptanz technologischer Risiken und die
Entwicklung neuer Konsensstrategien. Kruedener/ Schubert 1981 (Dierkes
1981)

Dierkes, Meinolf/ Marz, Lutz : Technikleitbilder und Anwenderinteressen. Ein
Beitrag zum vorbeugenden Verbraucherschutz, Verbraucherpolitische
Hefte (1992) 15, 39 - 58 (Dierkes/ Marz 1992)

Dierkes, Meinolf/ Thienen, Volker von : Akzeptanz und Akzeptabilität von
Informationstechnologien. Überarbeitete und erweiterte Fassung eines
Beitrages für das Wissenschaftsmagazin der Technischen Universität
Berlin, Heft 1, Bd. 2, Berlin 1982, 12 - 15 (Berlin: Wissenschaftszentrum,
1982) (Dierkes/ Thienen 1982)

Dierkes, Meinolf u.a. (Hrsg.) : Technik und Parlament. Technikfolgen-Abschätzung: Konzepte, Erfahrungen, Chancen (Berlin: Edition Sigma Bohn, 1986)
(Dierkes u.a. 1986)

Döhl, Volker : Die Rolle von Technikanbietern im Prozeß systemischer
Rationalisierung. Lutz 1989 (Döhl 1989)

Döhl, Wolfgang : Akzeptanz innovativer Technologien in Büro und Verwaltung:
Grundlagen, Analyse und Gestaltung (Göttingen: Vandenhoeck &
Ruprecht, 1983) (Döhl 1983)

Döhler, Marian : Gesundheitspolitik nach der "Wende". Policy-Netzwerke und
ordnungspolitischer Strategiewechsel in der Bundesrepublik,
Großbritannien und den USA (Berlin: Sigma, 1990) (Döhler 1990)

Dörks, Wolfgang : Dynamische Fahrgastinformation im ÖPNV. Verkehrsministerium Baden-Württemberg 1993 (Dörks 1993)

Dörre, Klaus : Schafft sich autoritäre Technokratie selbst ab? Oder: Welche
"Gegengifte" braucht die "Risikogesellschaft"? Beck 1991 (Dörre 1991)

Doleschal, Reinhard : Ist der Fordismus passé? Neue Tendenzen in der Automobilindustrie. Hafemann/ Schlüpen 1986 (Doleschal 1986)

Domes, Jürgen : Das politische System der Bundesrepublik Deutschland. Skript
zur Vorlesung im Wintersemester 1993/94 (Saarbrücken: Fachschaft
Politikwissenschaft und Sozialkunde der Universität des Saarlandes,
1994) (Domes 1994)

Donsbach, Wolfgang u.a. : Beziehungsspiele - Medien und Politik in der
    öffentlichen Diskussion. Fallstudien und Analysen (Gütersloh:
    Bertelsmann, 1993) (Donsbach u.a. 1993)
Dortmann, Elisabeth : Maschinisierung des Denkens? Zur Gestaltung des
    Mensch-Maschine-Verhältnisses. Alemann/ Schatz 1986 (Dortmann 1986)
Douglas, Mary : Risk Acceptability According to the Social Sciences (New York:
    Sage, 1985) (Douglas 1985)
Drechsler, Hanno u.a. (Hrsg.) : Gesellschaft und Staat. Lexikon der Politik
    (München: Vahlen, 1992²) (Drechsler u.a.1992)
Drechsler, Wolfgang : Markteffekte logistischer Systeme - Auswirkungen von
    Logistik- und unternehmensübergreifenden Informationssystemen im
    Logistikmarkt (Göttingen: Vandenhoeck & Ruprecht, 1988) (Drechsler
    1988)
Dreier, Horst/ Hofmann, Jochen (Hrsg.) : Parlamentarische Souveränität und
    technische Entwicklung (Berlin: Duncker & Humblot, 1986) (Dreier/
    Hofmann 1986)
Dunn, William N. : Public Policy Analysis: An Introduction (Englewood Cliffs,
    N.J.: Prentice Hall, 1981) (Dunn 1981)
Dupuy, Jean-Pierre : Myths of the Informational Society. Woodward, Kathleen
    (Hrsg.) : The Myths of Information (London-Henley: Routledge & Kegan
    Paul, 1980) (Dupuy 1980)
Dye, Thomas R. : Policy Analysis. What Governments Do, Why They Do It And
    What Difference It Makes (Alabama: University Press, 1976) (Dye 1976)
Dzida, Wolfgang u.a. : Der "Arbeitskontext" als Komponente der Benutzer-
    schnittstelle. Schönpflug/ Wittstock 1987 (Dzida u.a. 1987)
Eberlein, D. : Die Bedeutung des Verkehrs in einer arbeitsteiligen
    Industriegesellschaft: Anforderungen, Probleme und Perspektiven. Albach
    u.a. 1991 (Eberlein 1991)
Eichener, Volker u.a. : Von staatlicher Technikfolgenabschätzung zu gesell-
    schaftlicher Techniksteuerung, APuZ (1991) B43, 3 - 14 (Eichener u.a.
    1991)
Eißel, Dieter : Verkehrspolitik. Drechsler u.a. 1992 (Eißel 1992)
Ellwein, Thomas (Hrsg.) : Politikfeld-Analysen 1979. Wissenschaftlicher Kongreß
    der DVPW 1. - 5. Oktober 1979 in der Universität Augsburg. Tagungs-
    bericht (Opladen: Westdeutscher Verlag, 1980) (Ellwein 1980)
Elster, Jon (Hrsg.) : Rational Choice (New York: University Press, 1986) (Elster
    1986)
Endruweit, Günter : Sozialverträglichkeits- und Akzeptanzforschung als
    methodologisches Problem. Jungermann u.a. 1986 (Endruweit 1986)

Ernst, Matthias : Neue Informations- und Kommunikationstechnologien und
    marktwirtschaftliche Allokation. Eine informations- und transaktions-
    kostentheoretische Analyse (München: Florentz, 1990) (Ernst 1990)
Ernst, Matthias/ Kopf, Jürgen (Hrsg.) : Elemente volkswirtschaftlicher Forschung
    und Lehre. Festschrift für Sigurd Klatt zum 65.Geburtstag (Berlin: Duncker
    & Humblot, 1993) (Ernst/ Kopf 1993)
Ernst, Matthias/ Walpuski, Dirk : Verkehrswissenschaftliche Implikationen der
    Telekommunikation. Ernst/ Kopf 1993 (Ernst/ Walpuski 1993)
Eurich, Claus : Computerkinder. Wie die Computerwelt das Kindsein zerstört
    (Reinbek: Rowohlt, 1985) (Eurich 1985)
Evers, Adalbert/ Nowotny, Helga : Über den Umgang mit Unsicherheit.
    Anmerkungen zur Verwendung sozialwissenschaftlichen Wissens. Beck/
    Bonß 1989b (Evers/ Nowotny 1989)
Ewers, Hans-Jürgen : Editorial: Road Pricing - (k)eine Nutzung über Gebühr!,
    Netzwerke - Berichte aus dem IVM (1992) 3, 1 - 2 (Ewers 1992)
Ewers, Hans-Jürgen : Aufbau der Verkehrsinfrastruktur in den neuen Bundes-
    ländern, APuZ (1993) B5, 23 - 33 (Ewers 1993)
Faust, Morten : Verhaltensorientierte Fahrplanauskunft mit dem System
    NADOLL, Der Nahverkehr 11 (1993) 6, 62 - 66 (Faust 1993)
Fessenden-Raden, June u.a. : Providing Risk Information in Communities:
    Factors Influecing What is Heard and Accepted, Science, Technology and
    Human Values 12 (1987) 3/4, 94 - 101 (Fessenden-Raden u.a. 1987)
Fetscher, Iring : Technik als Weg zur Freiheit? Zur politischen Philosophie einer
    emanzipatorischen Hoffnung. Hartwich 1986 (Fetscher 1986)
Fiedler, Joachim : stop and go. Wege aus dem Verkehrschaos (Köln:
    Kiepenheuer & Witsch, 1992) (Fiedler 1992)
Fietzek, Peter : Hersteller bemüht sich um ein effizientes Verkehrssystem, IntV
    44 (1992) 1/2, 44 - 46 (Fietzek 1992)
Fietzek, Peter/ Rode, Peter : Was bringen integrierte Transportlogistik-
    systeme?, IntV 46 (1994) 4, 192 - 194 (Fietzek/ Rode 1994)
Fijalkowski, Jürgen : Akzeptanzprobleme und Bewältigungsstrategien. Hartwich
    1986 (Fijalkowski 1986)
Fischer, Arthur : Technikbilder Jugendlicher. Jaufmann/ Kistler 1988 (Fischer
    1988)
Fischer, Hans-Georg : Das System hat immer recht, Focus (1994) 5, 100 - 102
    (Fischer 1994)
Fischer, Klaus : Die Risiken des wissenschaftlichen und technischen Fortschritts,
    APuZ (1992) B15, 26 - 38 (Fischer 1992)

Fleck, G. : SOCRATES - Integriertes Verkehrsmanagement durch europaweit
    standardisierte digitale Mobilfunktechnik nach GSM. Kurzfassung des
    Vortrages des Projekts anwendungsbezogene Diensteentwicklung im
    digitalen Mobilfunk, DETECON, Bonn für das VSVI-Seminar am
    12.05.1993 in München (Bonn: Unveröffentlichtes Vortragsmanuskript,
    1993) (Kopie in Besitz der Verfasserin) (Fleck 1993)

Fonger, Matthias : Güterverkehrszentren in den neuen Bundesländern - Ziele,
    Funktionen und potentielle Standorte. Gibt es an den potentiellen
    Standorten geeignete Areale für Güterverkehrszentren?, Netzwerke -
    Berichte aus dem IVM (1991) 1, 8 - 14 (Fonger 1991)

Forschungsgesellschaft für Straßen- und Verkehrswesen (FGSV) (Hrsg.) :
    Verkehrsbeeinflussung. Kolloquium am 25. Januar 1990 in Bonn (Köln:
    FGSV, 1990) (FGSV 1990)

Forschungsgesellschaft für Straßen- und Verkehrswesen (FGSV) (Hrsg.) :
    Europäische Feldversuche für Verkehrsleitsysteme in Deutschland. Erste
    Aktivitätenanalyse. Arbeitskreis 3.5.13 Jahresbericht 1992 (Köln: FGSV,
    1992) (FGSV 1992)

Forschungsgesellschaft für Straßen- und Verkehrswesen (FGSV) (Hrsg.) : Neue
    Technologien zur Beeinflussung des Straßenverkehrs - Aspekte der
    Systemeinführung (Köln: FGSV, 1993) (FGSV 1993)

Franck, Georg : Aufmerksamkeit, Zeit, Raum. Ein knapper Ausdruck für das
    Veränderungspotential der neuen Informationstechniken und
    Kommunikationsmedien. Stoppa-Sehlbach 1993 (Franck 1993)

Frank, Hartmut u.a. : Leitfaden für die Teilnahme am Kombinierten Verkehr.
    Bearbeitet durch das Institut für Straßentransport und Personenverkehr
    GmbH, Dresden, und das Zentrum für Innovative Verkehrslösungen
    GmbH, Berlin (Frankfurt/ Main: Transfracht Deutsche
    Transportgesellschaft mbH, 1992) (Frank u.a. 1992)

Frankenbach, Wolfgang/ Reinermann, Heinrich : Benutzerorientierte und
    bürgerfreundliche Informationstechnik für kleinere Kommunalverwaltungen
    (Speyer: Hochschule für Verwaltungswissenschaften, 1984)
    (Frankenbach/ Reinermann 1984)

Frerich, Johannes : Staatliche Verkehrspolitik. Gabler Lexikon Band 5 1988
    (Frerich 1988)

Frey, Bruno S. : Ökonomie ist Sozialwissenschaft. Die Anwendung der
    Ökonomie auf neue Gebiete (München: Vahlen, 1990) (Frey 1990)

Frey, Dieter/ Greif, Siegfried (Hrsg.) : Sozialpsychologie. Ein Handbuch in
    Schlüsselbegriffen (München-Weinheim: Psychologie Verlags-Union,
    1987) (Frey/ Greif 1987)

Frey, Rainer : Politikwissenschaft und Politikberatung. Bellers/ Robert 1992 (Frey 1992)

Friebolin, Lothar : Die Akzeptanz von Wechselverkehrszeichen. FGSV 1990 (Friebolin 1990)

Friedberg, Erhard : Generalized Political Exchange, Organizational Analysis and Public Policy. Marin 1990b (Friedberg 1990)

Friedrichs, Günter/ Schaff, Adam (Hrsg.) : Auf Gedeih und Verderb. Mikroelektronik und Gesellschaft. Bericht an den Club of Rome (Wien u.a.: Europaverlag, 1982) (Friedrichs/ Schaff 1982)

Friedrichs, Jürgen : Methoden empirischer Sozialforschung (Opladen: Westdeutscher Verlag, 1990[14]) (Friedrichs 1990)

Fritsch, Bruno : Ambivalenzen im gesellschaftlichen Umgang mit technischem Fortschritt. Jungermann u.a. 1986 (Fritsch 1986)

Fürstenberg, Friedrich: Sozialwissenschaften. Mickel 1986 (Fürstenberg 1986)

Fuchs, Dieter : Die Akzeptanz moderner Technik in der Bevölkerung. Eine Sekundäranalyse von Umfragedaten. Lompe 1987b (Fuchs 1987)

Ganzhorn, Karl : Wirtschaftliche Herausforderungen an die Informationstechnik. Langenheder u.a. 1992 (Ganzhorn 1992)

Garbe, Detlef/ Lange, Klaus (Hrsg.) : Technikfolgenabschätzung in der Telekommunikation (Berlin u.a.: Springer, 1991) (Garbe/ Lange 1991)

Garlichs, Dietrich : Grenzen staatlicher Infratstrukturpolitik. Bund/ Länder Kooperation in der Fernstraßenplanung (Königstein/ Ts.: Hain, 1980) (Garlichs 1980)

Gaßner, Robert : Ansatzpunkte für Telematik als Problemlöser im Verkehrssektor. Stoppa-Sehlbach 1993 (Gaßner 1993)

Gibbons, John H./ Gwin, Holly L. : Technik und parlamentarische Kontrolle - Zur Entstehung und Arbeit des Office of Technology Assessment. Dierkes u.a. 1986 (Gibbons/ Gwin 1986)

Gisevius, Wolfgang : Leitfaden durch die Kommunalpolitik (Bonn: Dietz, 1991) (Gisevius 1991)

Gloede, Fritz : Vom Technikfeind zum gespaltenen Ich. Thesen zur Technikakzeptanz. Lompe 1987b (Gloede 1987)

Gloede, Fritz/ Bücker-Gärtner, Heinrich : Technikeinstellungen und Technikbilder bei jüngeren und älteren Bürgern. Jaufmann/ Kistler 1988 (Gloede/ Bücker-Gärtner 1988)

Goebel, Jürgen W. u.a. : Rechtstatsachen beim Betrieb von Informationssystemen. Handbuch zu vertraglichen, urheberrechtlichen, datenschutzrechtlichen und wettbewerbsrechtlichen Problemen (München: Schweitzer, 1983) (Goebel u.a. 1983)

Gottschalk, Bernd : Perspektiven durch Integration der Verkehrsträger, Der
    Nahverkehr 11 (1993) 6 + 7, 6 f. (Gottschalk 1993)

Gottweis, Herbert : Politik in der Risikogesellschaft. Beck 1991 (Gottweis 1991)

Gräf, Horst : Investitionspolitikverflechtung: Weiterentwicklung zur kooperativen
    Planung. Scharpf u.a. 1977 (Gräf 1977)

Grande, Edgar : Vom Monopol zum Wettbewerb? Die neokonservative Reform
    der Telekommunikation in Großbritannien und der Bundesrepublik
    Deutschland (Wiesbaden: Deutscher Universitätsverlag, 1989) (Grande
    1989)

Greif, Siegfried/ Holling, Heinz : Neue Technologien. Frey/ Greif 1987 (Greif/
    Holling 1987)

Grewlich, Klaus W. : Der technologische Wettlauf um Märkte, Aussenpolitik 42
    (1991) 4, 383 - 389 (Grewlich 1991)

Grewlich, Klaus W. : Forschungs- und Technologiepolitik. Weidenfeld/ Wessels
    1992 (Grewlich 1992)

Grimmer, Klaus (Hrsg.) : Informationstechnik in öffentlichen Verwaltungen.
    Handlungsstrategien ohne Politik (Basel u.a.: Birkhäuser, 1986) (Grimmer
    1986)

Günter, Bernd : Probleme der Wirtschaftlichkeitsrechnung bei der Beschaffung
    Neuer Technologien. Kleinaltenkamp/ Schubert 1990 (Günter 1990)

Guggenberger, Bernd : Wertwandel und gesellschaftliche Fundamental-
    polarisierung. Zur politischen Herausforderung der Ökologiebewegung.
    Ellwein 1980 (Guggenberger 1980)

Haaks, Detlef : Anpassbare Informationssysteme: Auf dem Weg zu aufgaben-
    und benutzerorientierter Systemgestaltung und Funktionalität (Göttingen:
    Verlag für Angewandte Psychologie, 1992) (Haaks 1992)

Hack, Lothar : Vor Vollendung der Tatsachen. Die Rolle von Wissenschaft und
    Technologie in der dritten Phase der Industriellen Revolution (Frankfurt/
    Main: Fischer, 1988) (Hack 1988)

Haefner, Klaus : Grundrechtsentfaltung durch Informationstechnik. Roßnagel
    1989 (Haefner 1989)

Hafemann, Michael/ Schlüpen, Detlef (Hrsg.) : Technotopia. Das Vorstellbare -
    Das Wünschbare - Das Machbare (Weinheim-Basel: Beltz, 1986)
    (Hafemann/ Schlüpen 1986)

Hagemann, Harald/ Kalmbach, Peter (Hrsg.) : Technischer Fortschritt und
    Arbeitslosigkeit (Frankfurt/ Main-New York: Campus, 1983) (Hagemann/
    Kalmbach 1983)

Halfmann, Jost : Technik und soziale Organisation im Widerspruch. Zur Unwahr-
    scheinlichkeit der Technokratie. Halfmann/ Japp 1990 (Halfmann 1990)

Halfmann, Jost/ Japp, Klaus Peter (Hrsg.) : Riskante Entscheidungen und Katastrophenpotentiale. Elemente einer soziologischen Risikoforschung (Opladen: Westdeutscher Verlag, 1990) (Halfmann/ Japp 1990)

Hammer, Volker : Die künftige Informationsinfrastruktur und das Grundrecht auf Information. Roßnagel 1989 (Hammer 1989)

Hanf, Kenneth/ O'Toole, Laurence J.Jr. : Revisiting Old Friends: Networks, Implementation Structures and the Management of Inter-Organizational Relations, European Journal of Political Research 21 (1992) 1-2, 163 - 180 (Hanf/ O'Toole 1992)

Harmsen, Dirk-M./ König, Rainer : Informationstechnik für den Verkehr - Medizin oder Droge? Langenheder u.a. 1992 (Harmsen/ König 1992)

Hartwich, Hans-Hermann (Hrsg.) : Policy-Forschung in der Bundesrepublik Deutschland. Ihr Selbstverständnis und ihr Verhältnis zu den Grundfragen der Politikwissenschaften. 1. Wissenschaftliches Symposium der DVPW am 22./23. November 1984 im Leibniz-Haus zu Hannover (Opladen: Westdeutscher Verlag, 1985) (Hartwich 1985)

Hartwich, Hans-Hermann (Hrsg.) : Politik und Macht der Technik. 16. wissenschaftlicher Kongreß der DVPW 7. bis 10. Oktober 1985 in der Ruhr-Universität Bochum. Tagungsbericht (Opladen: Westdeutscher Verlag, 1986) (Hartwich 1986)

Haubold, Verena : Die informationstechnisch gestützte Reorganisation der Arbeitsteilung zwischen Herstellern, Zulieferern und Spediteuren und ihre Folgen für den Verkehr (Münster: Unveröffentlichtes Vortragsmanuskript, 1993) (Kopie in Besitz der Verfasserin) (Haubold 1993)

Häusler, Ulf : Management- und Logistiksysteme - eine Antwort auf zukünftige Herausforderungen der Bahn. Verkehrsministerium Baden-Württemberg 1993 (Häusler 1993)

Heclo, Hugh : Issue Networks and the Executive Establishment. King, Anthony (Hrsg.) : The New American Political System (Washington D.C.: American Enterprise Institute, 1978) (Heclo 1978)

Heinelt, Hubert : Policy und Politics. Überlegungen zum Verhältnis von Politikinhalten und Politikprozessen. Héritier 1993b (Heinelt 1993)

Heinisch, Roland : Telekommunikation zur Erhöhung von Kapazität, Wirtschaftlichkeit und Sicherheit im Schienenverkehr. DVWG B158 1993 (Heinisch 1993)

Heinrich, Lutz J./ Burgholzer, Peter : Informationsmanagement. Planung, Überwachung und Steuerung der Informations-Infrastruktur (München-Wien: Oldenbourg, 1990³) (Heinrich/ Burgholzer 1990)

Heinze, G. Wolfgang/ Kill, Heinrich H. : Chancen und Grenzen der neuen
Informations- und Kommunikationstechniken. Zur Übertragung
verkehrsevolutorischer Erfahrungen auf die Telekommunikation. Akademie
für Raumforschung und Landesplanung 1987 (Heinze/ Kill 1987)

Heinze, G. Wolfgang/ Kill, Heinrich H. : Verkehrspolitik für das 21. Jahrhundert.
Ein neues Langfristkonzept für Berlin - Brandenburg. Schriftenreihe des
VDA Nr. 69 (Frankfurt/ Main: VDA, 1992) (Heinze/ Kill 1992)

Hejl, Peter M. u.a. : "Computer Kids": Telematik und sozialer Wandel.
Ergebnisse einer Pilotstudie in Nordrhein-Westfalen (Siegen: Universität-
GHS - Institut für Empirische Literatur- und Medienforschung, 1988) (Hejl
u.a. 1988)

Hellstern, Gerd-Michael/ Wollmann, Hellmut (Hrsg.) : Experimentelle Politik -
Reformstrohfeuer oder Lernstrategie? Bestandsaufnahme und Evaluierung
(Opladen: Westdeutscher Verlag, 1983) (Hellstern/ Wollmann 1983)

Hellstern, Gerd-Michael/ Wollmann, Hellmut (Hrsg.) : Handbuch zur Evaluierungsforschung (Opladen: Westdeutscher Verlag, 1984) (Hellstern/
Wollmann 1984)

Helmstädter, Ernst/ Kromphardt, Jürgen : Wirtschafts- und Finanzpolitik:
Ordnungs- und Steuerungsaufgaben im Widerstreit. Sarcinelli, Ulrich
(Hrsg.) : Demokratische Streitkultur. Theoretische Grundpositionen und
Handlungsalternativen in Politikfeldern (Opladen: Westdeutscher Verlag,
1990) (Helmstädter/ Kromphardt 1990)

Henckel, Dietrich (Hrsg.) : Telematik und Umwelt (Berlin: Deutsches Institut für
Urbanistik, 1990) (Henckel 1990)

Henckel, Dieter/ Nopper, Erwin : Umweltwirkungen der Telematik - Ein
einführender Überblick. Henckel 1990 (Henckel/ Nopper 1990)

Hennen, Leonhard : Technisierung des Alltags. Ein handlungstheoretischer
Beitrag zur Theorie technischer Vergesellschaftung (Opladen:
Westdeutscher Verlag, 1992) (Hennen 1992)

Henning, Klaus u.a. (Hrsg.) : Mensch und Automatisierung. Eine Bestandsaufnahme (Opladen: Westdeutscher Verlag, 1990) (Henning u.a. 1990)

Henning, Klaus u.a. : Videoidentifizierung im Kombinierten Verkehr, IntV 46
(1994) 6, 349 - 354 (Henning u.a. 1994)

Heppner, Andreas : Abschätzung und Bewertung von Technikfolgen. Zur
Diskussion über die Informations- und Kommunikationstechnologien in der
Bundesrepublik Deutschland (Regensburg: Roderer, 1989) (Heppner 1989)

Héritier, Adrienne : Einleitung: Policy-Analyse. Elemente der Kritik und
Perspektiven der Neuorientierung. Héritier 1993b (Héritier 1993a)

Héritier, Adrienne (Hrsg.) : Policy-Analyse. Kritik und Neuorientierung. PVS
Sonderheft 24/1993 (Opladen: Westdeutscher Verlag, 1993) (Héritier
1993b)
Herkner, Werner : Lehrbuch Sozialpsychologie (Bern u.a.: Huber, 1991[5])
(Herkner 1991)
Herzog, Dietrich : Technokratie. Nohlen 1991 (Herzog 1991)
Hesse, Joachim Jens (Hrsg.) : Politikwissenschaft und Verwaltungs-
wissenschaft. PVS Sonderheft 13/1982 (Opladen: Westdeutscher Verlag,
1982) (Hesse 1982)
Hesse, Joachim J. : "Policy"-Forschung zwischen Anpassung und
Eigenständigkeit (Speyer: Hochschule für Verwaltungswissenschaften,
1985) (Hesse 1985)
Hesse, Joachim Jens/ Ellwein, Thomas : Das Regierungssystem der
Bundesrepublik Deutschland. Band 1: Text (Opladen: Westdeutscher
Verlag, 1992[7]) (Hesse/ Ellwein 1992)
Hesse, Joachim Jens u.a. (Hrsg.) : Zukunftsoptionen - Technikentwicklung in
der Wissenschafts- und Risikogesellschaft (Baden-Baden: Nomos, 1989)
(Hesse u.a. 1989)
Hesse, Markus/ Lucas, Rainer : Verkehrswende. Ökologische und soziale
Orientierungen für die Verkehrswirtschaft (Berlin u.a.: Institut für
ökologische Wirtschaftsforschung, 1990) (Hesse/ Lucas 1990)
Hilbig, Wolfgang : Elektronische Textverarbeitung, Editoren. Buder u.a. 1990
(Hilbig 1990)
Hilden, Günter Bernd/ Lamla, Hans-Jürgen : Bargeldlos fahren mit Card + Ride.
Möglichkeiten und Grenzen von Massenzahlungskarten im ÖPNV, Der
Nahverkehr 11 (1993) 6, 45 - 48 (Hilden/ Lamla 1993)
Hilligen, Wolfgang : Datenschutz. Drechsler u.a. 1992 (Hilligen 1992a)
Hilligen, Wolfgang : Technikfolgenabschätzung. Drechsler u.a.1992 (Hilligen
1992b)
Hillmann, Karl-Heinz : Wertwandel. Zur Frage soziokultureller Voraussetzungen
alternativer Lebensformen (Darmstadt: Wissenschaftliche
Buchgesellschaft, 1989[2]) (Hillmann 1989)
Hoberg, Rolf : Zur Analyse von räumlichen Diffusionsprozessen bei der
Telematikanwendung. Akademie für Raumforschung und Landesplanung
1987 (Hoberg 1987)
Höller, Marcel : Informations- und Kommunikationstechnologien - Technik-
überblick und das Potential zur Verkehrsvermeidung (Münster:
Unveröffentlichtes Vortragsmanuskript, 1993) (Kopie in Besitz der
Verfasserin) (Höller 1993)

Hörisch, Jochen : Soziokulturelle Auswirkungen moderner Informations- und
    Kommunikationstechnologien in der Bundesrepublik Deutschland. Hörisch/
    Raulet 1992 (Hörisch 1992)

Hörisch, Jochen/ Raulet, Gérard : Sozio-kulturelle Auswirkungen moderner
    Informations- und Kommunikationstechnologien. Der Stand der Forschung
    in der BRD und in Frankreich (Frankfurt/ Main: Campus, 1992) (Hörisch/
    Raulet 1992)

Hoffmann, Günter : Das Autofahrer-Leit- und Informationssystem Berlin. DVWG
    B159 1993 (Hoffmann 1993a)

Hoffmann, Günter : Einfluß der Telekommunikation auf den Straßenverkehr im
    Rahmen eines zukünftigen Verkehrssystem-Managements. DVWG B158
    1993 (Hoffmann 1993b)

Hoffsten, Henning/ Kuhn, Axel : Allgemeine gesellschaftliche Auswirkungen der
    Industrialisierung. Albrecht/ Schönbeck 1993 (Hoffsten/ Kuhn 1993)

Hogarth, Robin M./ Reder, Melvin W. (Hrsg.) : Rational Choice. The Contrast
    between Economics and Psychology (Chicago-London: University Press,
    1987) (Hogarth/ Reder 1987)

Hosemann, Gerhard (Hrsg.) : Risiko in der Industriegesellschaft: Analysen,
    Vorsorge und Akzeptanz (Erlangen: Universitätsbibliothek, 1989)
    (Hosemann 1989)

Hoss, Willi/ Pfriem, Reinhard : Alternative Verkehrskonzepte und ihre Auswir-
    kungen auf die Automobilindustrie. Kraus u.a. 1987 (Hoss/ Pfriem 1987)

Hübener, Arend/ Halberstadt, Rudolf : Erfolgskontrolle politischer Planung:
    Probleme und Ansätze in der Bundesrepublik Deutschland (Göttingen:
    Schwartz, 1976) (Hübener/ Halberstadt 1976)

Hübner, Johannes : Lkw und Bahn. Konkurrenten oder Partner?, AvD Motor &
    Reisen (1990) 2+3, 14 - 17 (Hübner 1990)

Hübner, Johannes : AvD-Gesamt-Verkehrskonzept im Knoten-Netz-System.
    Vorgelegt zur AvD-Hauptversammlung 1991 am 1.Juni 1991, Arbeits-
    gruppe Verkehrsplanung im AvD (Frankfurt/ Main: AvD, 1992) (Hübner
    1992)

Hübner, Dirk/ Hager, Rolf : Informationstechnik im Straßenverkehr: Ziele, Wege,
    Konsequenzen. Langenheder u.a. 1992 (Hübner/ Hager 1992)

Huisinga, Richard : Technikfolgenbewertung. Bestandsaufnahme, Kritik,
    Perspektiven (Frankfurt/Main: Serapion, 1985) (Huisinga 1985)

Hunnius, Gerhard : Technikakzeptanzforschung: Irrlicht oder Orientierungshilfe?
    Anmerkungen zur Forschungspraxis. Jaufmann/ Kistler 1988 (Hunnius
    1988)

Ischebeck, Wolfram : Anforderungen an das Management von Informations-
zentren. Jacob u.a. 1991 (Ischebeck 1991)

Jacob, Herbert u.a. (Hrsg.) : Integrierte Informationssysteme (Wiesbaden:
Gabler, 1991) (Jacob u.a. 1991)

Jahncke, Ralf : Schnittstellen-Optimierung im Kombinierten Verkehr. DVWG
B158 1993 (Jahncke 1993)

Jann, Werner : Kategorien der Policy-Forschung (Speyer: Hochschule für
Verwaltungswissenschaften, 1981) (Jann 1981)

Jann, Werner : Policy-Forschung - ein sinnvoller Schwerpunkt der Politikwissenschaft?, APuZ (1983) B47, 26 - 38 (Jann 1983)

Jann, Werner : Policy-Forschung als angewandte Sozialforschung. Klages 1985
(Jann 1985)

Jann, Werner : Von der Politik zur Ökonomie. Neuere Entwicklungen der
amerikanischen Policy-Forschung (Siegen: Universität -Forschungs-
schwerpunkt Historische Mobilität und Normenwandel, 1986) (Jann
1986)

Jann, Werner : Politikfeldanalyse. Nohlen 1991 (Jann 1991)

Janshen, Doris : Neue Politik im Privatissimum. Zur Mediatisierung des
Alltäglichen, Verbraucherpolitische Hefte 1 (1985) 12, 95 - 106 (Janshen
1985)

Janshen, Doris : Neue Technik - Neuer Alltag - Neue Menschen? Denken,
Handeln, Fühlen in der sogenannten Informationsgesellschaft. Henckel
1990 (Janshen 1990)

Janssen, Lutz : City-Konzept Blaue Zone München, IntV 45 (1993) 4, 196 - 203
(Janssen 1993)

Japp, Klaus P. : Das Risiko der Rationalität für technisch-ökologische Systeme.
Halfmann/ Japp 1990 (Japp 1990)

Jarren, Otfried u.a. : Medien und Politik - eine Problemskizze. Donsbach u.a.
1993 (Jarren u.a. 1993)

Jaufmann, Dieter/ Kistler, Ernst (Hrsg.) : Sind die Deutschen technikfeindlich?
Erkenntnis oder Vorurteil (Opladen: Leske + Budrich, 1988) (Jaufmann/
Kistler 1988)

Jaufmann, Dieter/ Kistler, Ernst : Einstellungen zur Technik. Gibt es eine
Technikfeindschaft unter Jugendlichen?, APuZ (1991) B43, 26 - 37
(Jaufmann/ Kistler 1991)

Jaufmann, Dieter u.a. : Technikakzeptanz bei Jugendlichen im intergenera-
tionalen, internationalen und intertemporalen Vergleich. Jaufmann/ Kistler
1988 (Jaufmann u.a. 1988)

Joerges, Bernward : Large Technical Systems: Concepts and Issues. Mayntz/
Hughes 1988 (Joerges 1988a)

Joerges, Bernward (Hrsg.) : Technik im Alltag (Frankfurt/ Main: Suhrkamp,
1988) (Joerges 1988b)

Joerges, Bernward : Technik im Alltag. Annäherungen an ein schwieriges
Thema. Joerges 1988b (Joerges 1988c)

Johnson, Branden B. (Hrsg.) : The Social and Cultural Construction of Risk:
Essays on Risk Selection and Perception (Dordrecht u.a.: Reidel, 1987)
(Johnson 1987)

Jonas, Hans : Das Prinzip Verantwortung. Versuch einer Ethik für die
technologische Zivilisation (Frankfurt/ Main: Insel, 1985[4]) (Jonas 1985)

Jordan, Grant/ Schubert, Klaus : A Preliminary Ordering of Policy Network
Labels, European Journal of Political Research 21 (1992) 1-2, 7 - 27
(Jordan/ Schubert 1992)

Jungermann, Helmut u.a. (Hrsg.) : Die Analyse der Sozialverträglichkeit für
Technologiepolitik. Perspektiven und Interpretationen (München: High-
Tech, 1986) (Jungermann u.a. 1986)

Jungk, Robert : Risiko als gesellschaftliche Herausforderung. Beck 1991 (Jungk
1991)

Kaase, Max/ Schulz, Winfried (Hrsg.) : Massenkommunikation. Theorien,
Methoden, Befunde. Sonderheft 30 der Kölner Zeitschrift für Soziologie
und Sozialpsychologie (Opladen: Westdeutscher Verlag, 1989) (Kaase/
Schulz 1989)

Kalbhen, Uwe u.a. (Hrsg.) : Gesellschaftliche Auswirkungen der Informationstechnologie. Ein internationaler Vergleich (Frankfurt/ Main-New York:
Campus, 1980) (Kalbhen u.a. 1980)

Karlsen, Thore u.a. (Hrsg.) : Informationstechnologie im Dienstleistungsbereich.
Arbeitsbedingungen und Leistungsqualität (Berlin: Sigma Bohn, 1985)
(Karlsen u.a. 1985)

Kaske, Karlheinz : Mit innovativer Technik eine "intelligente" Bahn verwirklichen.
Buddenberg 1991 (Kaske 1991)

Katz, James E. : Privacy in der Telekommunikation: Trends und Probleme.
Garbe/ Lange 1991 (Katz 1991)

Kauffmann, Hans (Hrsg.) : Creifelds Rechtswörterbuch (München: Beck,
1994[12]) (Kauffmann 1994)

Kaufmann, Franz-Xaver : Sozialwissenschaften. Herder Staatslexikon Band 5
1989 (Kaufmann 1989)

Keck, Otto : Der Schnelle Brüter. Eine Fallstudie über Entscheidungsprozesse in
der Großtechnik (Frankfurt/Main: Campus, 1984) (Keck 1984)

Kedaj, Josef : Entwicklungstrends bei den Mobilfunktechnologien. Garbe/ Lange
    1991 (Kedaj 1991)
Kehrein, Rainer : Verkehrsbeeinflussung auf Autobahnen. FGSV 1990 (Kehrein
    1990)
Keller, Hartmut : Das POLIS-Projekt München: Kooperatives Verkehrs-
    management für die Stadt und Region München. DVWG B159 1993
    (Keller 1993)
Keller, Karl-Josef/ Tippmann, Michael : Akzeptanzprobleme bei der Arbeit mit
    Bildschirmgeräten. Nr. 148/149 der Schriftenreihe "Leistung und Lohn"
    der Bundesvereinigung der Deutschen Arbeitgeberverbände (Bergisch-
    Gladbach: Heider, 1984) (Keller/ Tippmann 1984)
Kellow, Aynsley : Promoting Elegance in Policy Theory: Simplifying Lowi´s
    Arenas of Power, Policy Studies Journal 16 (1988) 4, 713 - 728 (Kellow
    1988)
Kenis, Patrick/ Schneider, Volker : Policy Networks and Policy Analysis:
    Scrutinizing a New Analytical Toolbox. Marin/ Mayntz 1991b (Kenis/
    Schneider 1991)
Kennedy, Paul : Aufstieg und Fall der großen Mächte. Ökonomischer Wandel
    und militärischer Konflikt von 1500 bis 2000 (Frankfurt/Main: Fischer,
    1991) (Kennedy 1991)
Kepplinger, Hans Mathias : Künstliche Horizonte: Folgen, Darstellung und
    Akzeptanz von Technik in der Bundesrepublik (Frankfurt/ Main-New York:
    Campus, 1989) (Kepplinger 1989)
Kepplinger, Hans Mathias : Ereignismanagement. Wirklichkeit und
    Massenmedien (Zürich: Edition Interfrom, 1992) (Kepplinger 1992)
Keuchel, Stephan : Internationale Erfahrungen mit Straßenbenutzungsgebühren
    im Stadtverkehr, IntV 44 (1992) 10, 377 - 386 (Keuchel 1992)
Keuchel, Stephan/ Rodi, Hansjörg : Erhebung von Straßenbenutzungsgebühren.
    Beispiel Norwegen, IntV 46 (1994) 4, 203 - 213 (Keuchel/ Rodi 1994)
Kevenhörster, Paul : Synthetische Informationen und die Orientierung des
    Politikers. Reese u.a. 1979a (Kevenhörster 1979)
Kevenhörster, Paul : Politik im elektronischen Zeitalter. Politische Wirkungen der
    Informationstechnik (Baden-Baden: Nomos, 1984) (Kevenhörster 1984)
Kiefer, Heinz J. (Hrsg.) : Auf dem Weg zur Informationsgesellschaft (Bochum:
    Brockmeyer, 1982) (Kiefer 1982)
Kielmansegg, Peter Graf : Politische Orientierungshilfen. Vom Nutzen und
    Nachteil der Politikwissenschaft für das Leben, Politische Meinung 23
    (1988) 239, 10-16 (Kielmansegg 1988)

Kill, Eberhard : Leitsysteme für den Straßenverkehr. Vortrag anläßlich des Verkehrsforums "Zukunftsorientierte Verkehrslösungen zum Nutzen der Menschen, der Umwelt und der Wirtschaft" in Leipzig am 17.03.1994 (Unveröffentlichtes Vortragsmanuskript) (Kopie in Besitz der Verfasserin) (Kill 1994)

Kingdon, John W. : Agendas, Alternatives, and Public Policies (Boston-Toronto: Little, Brown & Co., 1984) (Kingdon 1984)

Kirchgässner, Gebhard : Homo Oeconomicus. Das ökonomische Modell individuellen Verhaltens und seine Anwendung in den Wirtschafts- und Sozialwissenschaften (Tübingen: Mohr, 1991) (Kirchgässner 1991)

Kirchgässner, Gebhard/ Pommerehne, Werner : Das ökonomische Modell individuellen Handelns: Implikationen für die Beurteilung staatlichen Handelns, Kritische Vierteljahresschrift für Gesetzgebung und Rechtswissenschaft (1988) 3, 230 - 250 (Kirchgässner/ Pommerehne 1988)

Kirsch, Guy/ Mackscheidt, Klaus : Staatsmann, Demagoge, Amtsinhaber. Eine psychologische Ergänzung der ökonomischen Theorie der Politik (Göttingen: Vandenhoeck & Ruprecht, 1985) (Kirsch/ Mackscheidt 1985)

Kitzing, Rudolf u.a. (Hrsg.) : Schöne neue Computerwelt. Zur gesellschaftlichen Verantwortung der Informatiker (Berlin: Verlag für Ausbildung und Studium in der Elefanten Press, 1988) (Kitzing u.a. 1988)

Klages, Helmut (Hrsg.) : Arbeitsperspektiven angewandter Sozialwissenschaft (Opladen: Westdeutscher Verlag, 1985) (Klages 1985)

Klatt, Hartmut : Technologiefolgenbewertung im Bereich des Bundestages - Ein Modell zur Optimierung parlamentarischer Kontrolle, Zeitschrift für Parlamentsfragen 15 (1984) 4, 510 - 523 (Klatt 1984)

Klatt, Sigurd : Verkehr. Dichtl/ Issing 1987 (Klatt 1987)

Kleinaltenkamp, Michael/ Schubert, Klaus (Hrsg.) : Entscheidungsverhalten bei der Beschaffung Neuer Technologien (Berlin: Erich Schmidt, 1990) (Kleinaltenkamp/ Schubert 1990)

Klöckner, Jürgen H. : Sicherheitseffekte durch PROMETHEUS - auch im Stadtverkehr? Topp 1991 (Klöckner 1991)

Klöpper, Manfred (Hrsg.) : Informationstechnologien. Ringvorlesung im Sommersemester 1983 (Oldenburg: Bibliotheks- und Informationssystem der Universität Oldenburg, 1984) (Klöpper 1984)

Klüting, Rainer : Bits gegen den Stau. Elektronik verzögert den Verkehrsinfarkt, bild der wissenschaft (1992) 9, 96 - 99 (Klüting 1992)

Koch, Eberhard : Kombinierter Verkehr - Transfracht, Eisenbahningenieur 43 (1992) 6, 335 - 337 (Koch 1992)

König, Klaus : Funktionen und Folgen der Politikverflechtung. Scharpf u.a. 1977
    (König 1977)
Kohl, Helmut : Das Verkehrswachstum der Zukunft umweltgerecht bewältigen.
    Geleitwort. Buddenberg 1991 (Kohl 1991)
Kohler-Koch, Beate (Hrsg.) : Technik und internationale Politik (Baden-Baden:
    Nomos, 1986) (Kohler-Koch 1986)
Konegen, Norbert : Politikwissenschaft und Wissenschaftstheorie. Bellers/
    Robert 1992 (Konegen 1992)
Koslowski, Peter : Risikogesellschaft als Grenzerfahrung der Moderne. Für eine
    post-moderne Kultur, APuZ (1989) B36, 14 - 30 (Koslowski 1989)
Kracke, Rolf : Die intelligente Bahn. Albach u.a. 1991 (Kracke 1991)
Kraft, Klaus u.a. : Bundesverkehrswegeplan 1992: Zukunftsorientiertes
    Infrastrukturprogramm in einem integrierten Gesamtverkehrskonzept, IntV
    44 (1992) 10, 368 - 376 (Kraft u.a. 1992)
Kramer, Ulrich : Auf der Suche nach einer neuen Systemtechnik.
    Komplexitätsprobleme und deren Bewältigung in der europäischen
    Verkehrsforschung. Balck/ Kreibich 1991 (Kramer 1991)
Kraus, Jobst u.a. (Hrsg.) : Auto, Auto über alles? Nachdenkliche Grüße zum
    Geburtstag (Freiburg i.Br.: Dreisam, 1987) (Kraus u.a. 1987)
Kreibich, Rolf : Die Wissenschaftsgesellschaft. Von Galilei zur High-Tech-
    Revolution (Frankfurt/ Main: Suhrkamp, 1986) (Kreibich 1986)
Kreibich, Rolf : Forschungskultur und Produktionskultur. Zur Krise der
    Wissenschafts- und Technikgesellschaft und Elemente eines neuen
    Fortschrittsmusters. Balck/ Kreibich 1991 (Kreibich 1991)
Krockow, Christian Graf von : Sozialverträglichkeit als Kriterium der
    Technologiebewertung. Münch u.a. 1982 (Krockow 1982)
Krostitz, Boris/ Köthner, Dietmar : High-Tech als Bremse für notwendigen
    Strukturwandel, IntV 45 (1993) 11, 649 - 652 (Krostitz/ Köthner 1993)
Kruedener, Jürgen von/ Schubert, Klaus von (Hrsg.) : Technikfolgen und sozialer
    Wandel: Zur politischen Steuerbarkeit der Technik (Köln: Verlag
    Wissenschaft und Politik, 1981) (Kruedener/ Schubert 1981)
Krüger, Jens/ Ruß-Mohl, Stephan (Hrsg.) : Risikokommunikation.
    Technikakzeptanz, Medien und Kommunikationsrisiken (Berlin: Sigma,
    1991) (Krüger/ Ruß-Mohl 1991)
Krüger, Manfred/ Kösters, Christoph : Die Binnenhäfen als Zentren des
    elektronischen Datenaustausches, IntV 46 (1994) 3, 148 - 151 (Krüger/
    Kösters 1994)
Kubicek, Herbert : Telematische Integration: Zurück in die Sozialstrukturen des
    Früh-Kapitalismus? Zu den ökologischen und sozialen Risiken des

Modernisierungsprojektes "Neue Informations- und Kommunikationstechniken". Steinmüller 1988 (Kubicek 1988)

Kubicek, Herbert : Neue Risiken - Neue Regulierungsaufgaben. Cordewener/
  Speckmann 1991 (Kubicek 1991)

Kubicek, Herbert/ Rolf, Arno : Mikropolis: mit Computernetzen in die
  Informationsgesellschaft. Pläne der Deutschen Bundespost -
  wirtschaftliche Hintergründe, soziale Beherrschbarkeit, technische Details
  (Hamburg: VSA, 1985) (Kubicek/ Rolf 1985)

Kübler, Hartmut : Informationstechnik in Verwaltungsorganisationen.
  Einsatzbedingungen, Chancen und Risiken (Stuttgart u.a.: Kohlhammer,
  1987) (Kübler 1987)

Kuenheim, Eberhard von : Beweglichkeit durch Kooperation - Mobilität als
  Aufgabe. Buddenberg 1991 (Kuenheim 1991)

Kulla, Bernhard : Ganzheitliches Informationssysteme-Management. Ernst/ Kopf
  1993 (Kulla 1993)

Laermann, Karl-Hans : Technologiebewertung - eine Gemeinschaftsaufgabe von
  Politik und Wissenschaft. Münch u.a. 1982 (Laermann 1982)

Lafontaine, Oskar : Leben in der Risikogesellschaft. Beck 1991 (Lafontaine
  1991)

Land, Frank F. : Analyse von betrieblichen Einflußfaktoren auf Technikeinsatz
  und Technikfolgen. Karlsen u.a. 1985 (Land 1985)

Lange, Bernd-Peter/ Rock, Reinhard : Gestaltung von Informations- und
  Kommunikationstechnikanwendungen in Organisationen. Von ISDN-
  Modellanwendungen zu übertragbaren Erfahrungen und
  Gestaltungsoptionen, Verbraucherpolitische Hefte (1992) 15, 117 - 129
  (Lange/ Rock 1992)

Lange, Siegfried u.a. : Telematik und regionale Wirtschaftspolitik. Fraunhofer-
  Institut für Systemtechnik und Innovationsforschung, Karlsruhe (Köln:
  TÜV Rheinland, 1985) (Lange u.a. 1985)

Langenheder, Werner : Technikfolgenabschätzung und benutzerorientierte
  Technikgestaltung. Arbeitsgemeinschaft der Großforschungseinrichtungen
  (AGF) (Hrsg.) : Systemanalyse und Technikfolgenabschätzung (Bonn:
  AGF, 1987) (Langenheder 1987)

Langenheder, Werner : Zielorientierungen und Kriterien einer menschen-
  gerechten und sozialverträglichen Technikgestaltung. Kitzing u.a. 1988
  (Langenheder 1988)

Langenheder, Werner u.a. (Hrsg.) : Informatik cui bono? GI-FB 8 Fachtagung
  Freiburg, 23. - 26.September 1992 (Berlin u.a.: Springer, 1992)
  (Langenheder u.a. 1992)

Larraß, Dieter : Bord-Informations- und Steuersystem BISS. Moderne Leittechnik
    für Nahverkehrsfahrzeuge, Der Nahverkehr 10 (1992) 2, 31 - 38 (Larraß
    1992)

Lasswell, Harold D. : The Policy Orientation. Lerner, Daniel/ Lasswell, Harold D.
    (Hrsg.) : The Policy Sciences (Stanford/Cal.: Stanford University Press,
    1951) (Lasswell 1951)

Lau, Christoph : Risikodiskurse. Gesellschaftliche Auseinandersetzungen um die
    Definition von Risiken, Soziale Welt 40 (1989) 3, 418 - 436 (Lau 1989)

Laurig, Wolfgang : Grundzüge der Ergonomie. Erkenntnisse und Prinzipien
    (Berlin-Köln: Beuth, 1990[3]) (Laurig 1990)

Lehmbruch, Gerhard : The Organization of Society, Administrative Strategies,
    and Policy Networks. Elements of a Developmental Theory of Interest
    Systems. Czada/ Windhoff-Héritier 1991 (Lehmbruch 1991)

Lehner, Franz : Einführung in die Neue Politische Ökonomie (Königstein/Ts.:
    Athenäum, 1981) (Lehner 1981)

Lehner, Franz : Neue Politische Ökonomie. Görlitz, Axel/ Prätorius, Rainer
    (Hrsg.) : Handbuch Politikwissenschaft. Grundlagen - Forschungsstand -
    Perspektiven (Reinbek: Rowohlt, 1987) (Lehner 1987)

Lemke, Günther : Informatisierung und öffentliche Verwaltung. Wersig 1983a
    (Lemke 1983)

Lenk, Klaus : Informationstechnik und Gesellschaft - Bemerkungen zum Stand
    der Diskussion. Klöpper 1984 (Lenk 1984)

Leuze, Ruth : Ohne Datenschutz keine Zukunft für die Telematik,
    Computerwoche (18.07.1986), 31 f. und (25.07.1986), 26 f. (Leuze
    1986)

Levine, Robert A. u.a. (Hrsg.) : Evaluation Research and Practice. Comparative
    and International Perspectives (Beverly Hills-London: Sage, 1981) (Levine
    u.a. 1981)

Leyendecker, Michael : Verkehrspolitik. Weidenfeld/ Wessels 1992 (Leyendecker
    1992)

Liepmann, Detlev : Verhandlungsverhalten. Frey/ Greif 1987 (Liepmann 1987)

Lindblom, Charles E. : The Policy-Making Process (Englewood Cliffs, N.J.:
    Prentice-Hall, 1968) (Lindblom 1968)

Linde, Rüdiger : Einsatz der Telekommunikation im Verkehr. Akzeptanz und
    Schritte zur Umsetzung aus der Sicht des ADAC. Gesprächskreis
    Deutsches Verkehrsforum Bonn, 03.11.1993 (Bonn: Deutsches
    Verkehrsforum, 1993) (Linde 1993)

Lindenberg, Siegwart : Homo Socio-oeconomicus: The Emergence of a General
Model of Man in the Social Sciences, Zeitschrift für die gesamte
Staatswissenschaft 146 (1990) 4, 727 - 748 (Lindenberg 1990)

Linkohr, Rolf : Europäische und nationale Orientierung der Forschungspolitik -
Plädoyer für eine Selbstbeschränkung der Gemeinschaftsforschung.
Bruder 1986 (Linkohr 1986)

Linstone, Harold A. : The Delphi Technique. Covello u.a. 1985 (Linstone 1985)

Lippert, Dieter : ÖPNV und Umlandgemeinden im Kooperativen Verkehrsmanagement, Der Nahverkehr 11 (1993) 5, 21 - 28 (Lippert 1993)

Löbler, Frank : Stand und Perspektive der Policy-Forschung in der deutschen
Politikwissenschaft. Ein empirisches Profil des Forschungsstandes
(Siegen: Universität - Forschungsschwerpunkt Historische Mobilität und
Normenwandel, 1990) (Löbler 1990)

Löns, Klaus : Datenkommunikation. Buder u.a. 1990 (Löns 1990)

Lohmeyer, Jürgen : Technology Assessment: Anspruch, Möglichkeiten und
Grenzen. Untersuchungen zum Problemkreis der Technikfolgen-
Abschätzung unter besonderer Berücksichtigung des sozialwissen-
schaftlichen Beitrages (Bonn: Universität, 1984) (Lohmeyer 1984)

Lompe, Klaus : Einführung in die Problematik. Lompe 1987b (Lompe 1987a)

Lompe, Klaus (Hrsg.) : Techniktheorie, Technikforschung, Technikgestaltung
(Opladen: Westdeutscher Verlag, 1987) (Lompe 1987b)

Lompe, Klaus : Die Verantwortung für den technischen Wandel: Zur Rolle von
Staat, Wissenschaft und Öffentlichkeit. Westphalen 1988b (Lompe 1988)

Lübbe, Hermann (Hrsg.) : Fortschritt der Technik - gesellschaftliche und ökonomische Auswirkungen (Heidelberg: Decker´s Schenk, 1987) (Lübbe 1987)

Luhmann, Niklas : Die Welt als Wille ohne Vorstellung. Sicherheit und Risiko aus
der Sicht der Sozialwissenschaften, Die politische Meinung 31 (1986)
229, 18 - 21 (Luhmann 1986)

Lukesch, Helmut : Medienforschung - Medienwirkungen - Medienpädagogik.
Sechs Vorträge. Nr. 27 Arbeitsberichte zur Pädagogischen Psychologie
(Regensburg: Universität - Institut für Psychologie, 1989) (Lukesch 1989)

Lutterbeck, Bernd : Sind Großsysteme der Informationstechnologie
beherrschbar? Dey 1985 (Lutterbeck 1985)

Lutz, Burkart (Hrsg.) : Technik in Alltag und Arbeit. Beiträge der Tagung des
Verbunds Sozialwissenschaftliche Technikforschung (Bonn,
29./30.5.1989) (Berlin: Sigma, 1989) (Lutz 1989)

Lynn, Laurence E. Jr. : The Behavioral Foundations of Public Policy-making.
Hogarth/ Reder 1987 (Lynn 1987)

Mäding, Heinrich (Hrsg.) : Grenzen der Sozialwissenschaften (Konstanz: Universitätsverlag, 1988) (Mäding 1988a)

Mäding, Heinrich : Probleme einer Beurteilung von Politik. Mäding 1988a (Mäding 1988b)

Mai, Manfred : Technikfolgenabschätzung zwischen Parlament und Regierung, APuZ (1991) B43, 15 - 25 (Mai 1991)

Mai, Manfred : Parlamentarische Technikfolgenabschätzung und Verbraucherinteressen, Verbraucherpolitische Hefte (1992) 15, 87 - 102 (Mai 1992)

Maier, Jörg/ Atzkern, Heinz-Dieter : Verkehrsgeographie: Verkehrsstrukturen, Verkehrspolitik, Verkehrsplanung (Stuttgart: Teubner, 1992) (Maier/ Atzkern 1992)

Maletzke, Gerhard : Medienwirkungsforschung: Grundlagen, Möglichkeiten, Grenzen (Tübingen: Niemeyer, 1981) (Maletzke 1981)

Mallmann, Otto : Datenschutz. Mickel 1986 (Mallmann 1986)

Mambrey, Peter : Informatisierung des politischen Systems - Leitorientierungen, Triebkräfte, Kräfteverschiebungen, Gewinner und Verlierer. Langenheder u.a. 1992 (Mambrey 1992)

Marin, Bernd (Hrsg.) : Generalized Political Exchange. Antagonistic Cooperation and Integrated Policy Circuits (Frankfurt/ Main-Boulder/ Col.: Campus-Westview, 1990) (Marin 1990a)

Marin, Bernd : Generalized Political Exchange. Preliminary Considerations. Marin 1990a (Marin 1990b)

Marin, Bernd/ Mayntz, Renate : Introduction: Studying Policy Networks. Marin/ Mayntz 1991b (Marin/ Mayntz 1991a)

Marin, Bernd/ Mayntz, Renate (Hrsg.) : Policy Networks. Empirical Evidence and Theoretical Considerations (Frankfurt/Main-Boulder/Col.: Campus-Westview, 1991) (Marin/ Mayntz 1991b)

Marte, Gert : Der Stau im Straßenverkehr. Eine neue Sichtweise, IntV 46 (1994) 5, 265 - 269 (Marte 1994)

Massing, Peter : Interessengruppen. Nohlen 1991 (Massing 1991)

Mayntz, Renate (Hrsg.) : Implementation politischer Programme. Empirische Forschungsberichte (Königstein/Ts.: Athenäum, 1980) (Mayntz 1980)

Mayntz, Renate (Hrsg.) : Implementation politischer Programme (II). Empirische Forschungsberichte (Opladen: Westdeutscher Verlag, 1983) (Mayntz 1983)

Mayntz, Renate : Interessenverbände und Gemeinwohl. Die Verbändestudie der Bertelsmann Stiftung. Mayntz 1992b (Mayntz 1992a)

Mayntz, Renate : Verbände zwischen Mitgliederinteressen und Gemeinwohl (Gütersloh: Bertelsmann, 1992) (Mayntz 1992b)

Mayntz, Renate : Policy-Netzwerke und die Logik von Verhandlungssystemen. Héritier 1993b (Mayntz 1993)

Mayntz, Renate/ Hughes, Thomas P. (Hrsg.) : The Development of Large Technical Systems (Frankfurt/ Main-Boulder/ Col.: Campus-Westview, 1988) (Mayntz/ Hughes 1988)

Mayntz, Renate/ Schneider, Volker : The Dynamics of System Development in a Comparative Perspective: Interactive Videotex in Germany, France and Britain. Mayntz/ Hughes 1988 (Mayntz/ Schneider 1988)

McKenzie, Richard B./ Tullock, Gordon : Homo Oeconomicus. Ökonomische Dimensionen des Alltags (Frankfurt/Main-New York: Campus, 1984) (McKenzie/ Tullock 1984)

Meadows, Donella H. u.a. : Die neuen Grenzen des Wachstums (Reinbek: Rowohlt, 1993) (Meadows u.a. 1993)

Meier, Bernd : Technikfolgen: Abschätzung und Bewertung. Ordnungspolitische Kritik an ihrer Institutionalisierung (Köln: Deutscher Instituts-Verlag, 1987) (Meier 1987)

Meier, Bernd : Sozialverträglichkeit. Deutung und Kritik einer neuen Leitidee (Köln: Deutscher Instituts-Verlag, 1988) (Meier 1988)

Meissner, Carl-Friedrich : Lösungsmöglichkeiten aus der Sicht einer Telekom-Betreibergesellschaft - Vermeidung von physischem Verkehr durch digitale Kommunikation. DVWG B158 1993 (Meissner 1993)

Meister, Jürg : Traffic-Management aus der Sicht der internationalen Spedition. DVWG B155 1993 (Meister 1993)

Menkes, Joshua : Limits of Rationality. Covello u.a. 1985 (Menkes 1985)

Mentz, Hans-Joachim : Das EFA-Protokoll. Grundlage für eine bundesweite Fahrplaninformation, Der Nahverkehr 11 (1993) 10, 50 - 55 (Mentz 1993)

Merten, Klaus u.a. : Grundlegende Ansätze und Methoden der Medienwirkungs-forschung (Wiesbaden: Bundesinstitut für Bevölkerungsforschung, 1992) (Merten u.a. 1992)

Mertens, Peter : Forschungsergebnisse zum Kosten-Nutzen-Verhältnis der computergestützten Informationsverarbeitung. Ballwieser/ Berger 1985 (Mertens 1985)

Mettler-Meibom, Barbara : Breitbandkommunikation auf dem Marsch durch die Institutionen. Rammert u.a. 1983 (Mettler-Meibom 1983)

Mettler-Meibom, Barbara : Bedeutung der Sozialwissenschaften bei der Ein-führung von Großtechnologien am Beispiel der Breitbandtechnologie. Klages 1985 (Mettler-Meibom 1985)

Mettler-Meibom, Barbara : Soziale Kosten in der Informationsgesellschaft
(Frankfurt/ Main: Fischer, 1987) (Mettler-Meibom 1987)

Metze, Gerhard : Grundlagen einer allgemeinen Theorie und Methodik der
Technologiebewertung - unter den Bedingungen pluralistischer
Interessenlagen und ihre Anwendung auf neue Formen der Arbeits-
organisation (Göttingen: Vandenhoeck & Ruprecht, 1980) (Metze 1980)

Meyer-Abich, Klaus M. : Von der Wohlstands- zur Risikogesellschaft, APuZ
(1989) B36, 31 - 42 (Meyer-Abich 1989)

Meyer-Abich, Klaus M./ Steger, Ulrich (Hrsg.) : Mikroelektronik und
Dezentralisierung (Berlin: Schmidt, 1982) (Meyer-Abich/ Steger 1982)

Meyer-Krahmer, Frieder : Politische Entscheidungsprozesse und Ökonomische
Theorie der Politik (Frankfurt/Main-New York: Campus, 1979) (Meyer-
Krahmer 1979)

Meyer-Krahmer, Frieder : Wirkungsforschung technopolitischer Programme: Die
Förderung von industriellem Forschungs- und Entwicklungspersonal.
Hellstern/ Wollmann 1983 (Meyer-Krahmer 1983)

Mickel, Wolfgang W. (Hrsg.) : Handlexikon zur Politikwissenschaft (Bonn:
Bundeszentrale für politische Bildung, 1986) (Mickel 1986)

Milz, Klaus/ Körber, Joachim : Die Zukunft der Bahn. Nicht Wettbewerb mit der
Straße, sondern Kooperation, Der Nahverkehr 11 (1993) 11, 8 - 13 (Milz/
Körber 1993)

Minsky, Marvin : Mentopolis (Stuttgart: Klett-Cotta, 1990) (Minsky 1990)

Müller-Brandeck, Gisela : Technologiefolgenabschätzung am Beispiel der
friedlichen Nutzung der Kernenergie in der Bundesrepublik Deutschland
(Frankfurt/Main u.a.: Lang, 1986) (Müller-Brandeck 1986)

Müller-Doohm, Stefan : Soziokulturelle Wirkungsaspekte neuer Informationstechnologien. Dey 1985 (Müller-Doohm 1985)

Müller-Rommel, Ferdinand : Sozialwissenschaftliche Politik-Beratung. Probleme
und Perspektiven, APuZ (1984) B25, 26-39 (Müller-Rommel 1984)

Müllert, Norbert (Hrsg.) : Schöne elektronische Welt. Computer - Technik der
totalen Kontrolle (Reinbek: Rowohlt, 1982) (Müllert 1982)

Münch, Erwin u.a. (Hrsg.) : Technik auf dem Prüfstand. Methoden und
Maßstäbe der Technologiebewertung (Essen: Girardet-ETV, 1982) (Münch
u.a. 1982)

Murchner, B. u.a. : EVADIS - Ein Leitfaden zur softwareergonomischen
Evaluation von Dialogschnittstellen. Schönpflug/ Wittstock 1987
(Murchner u.a. 1987)

Murswiek, Dietrich : Die staatliche Verantwortung für die Risiken der Technik. Verfassungsrechtliche Grundlagen und immissionsschutzrechtliche Ausformung (Berlin: Duncker & Humblot, 1985) (Murswiek 1985)

Nachmias, David (Hrsg.) : The Practice of Policy Evaluation (New York: St.Martin`s Press, 1980) (Nachmias 1980)

Näke, Ulrich : Strategie des Bundes bei der Einführung fortgeschrittener Informationstechniken für den integrierten Verkehrsverbund. Kurzfassung des Vortrages gehalten im Rahmen der VDA-Präsentation Verkehrs- management am 3. Februar 1993 in Bonn (Frankfurt/ Main: VDA Pressedienst, 1993) (Näke 1993)

Nelkin, Dorothy (Hrsg.) : Controversy. Politics of Technical Decisions (Beverly Hills u.a.: Sage, 1984[2]) (Nelkin 1984)

Neuhaus, Christian : Telematik und Verkehr. Stoppa-Sehlbach 1993 (Neuhaus 1993)

Neumann, Franz : Informationsgesellschaft. Drechsler u.a. 1992 (Neumann 1992)

Newman, Bruce I./ Sheth, Jagdish N. : A Theory of Political Choice Behaviour (New York u.a.: Praeger, 1987) (Newman/ Sheth 1987)

Niebur, Joachim : Gestaltungswissen und Gestaltungsoptionen bei Investitionen - Anmerkungen zum Problem des Wissenstransfers. Kleinaltenkamp/ Schubert 1990 (Niebur 1990)

Nienhaus, Volker : Der Haushalt der Europäischen Gemeinschaften, APuZ (1993) B18, 28 - 38 (Nienhaus 1993)

Nitezki, Peter/ Wank, Dieter : Elektronischer Datenaustausch bei der Bahn, Die Deutsche Bahn 69 (1993) 11, 787 - 789 (Nitezki/ Wank 1993)

Nobis, Wolfgang : MELYSSA - grenzüberschreitende Zusammenarbeit mit Frankreich. Verkehrsministerium Baden-Württemberg 1993 (Nobis 1993)

Noelle-Neumann, Elisabeth/ Hansen, Jochen : Technikakzeptanz in drei Jahrzehnten - in der Bevölkerung und in den Medien. Ein Beitrag zur Medienwirkungsforschung. Krüger/ Ruß-Mohl 1991 (Noelle-Neumann/ Hansen 1991)

Nohlen, Dieter : Inkrementalismus. Nohlen 1985b (Nohlen 1985a)

Nohlen, Dieter (Hrsg.) : Politikwissenschaft. Theorien - Methoden - Begriffe. Pipers Wörterbuch zur Politik Band 1 (München-Zürich: Piper, 1985) (Nohlen 1985b)

Nohlen, Dieter (Hrsg.) : Wörterbuch Staat und Politik (Bonn: Bundeszentrale für politische Bildung, 1991) (Nohlen 1991)

Nora, Simon/ Minc, Alain : L`informatisation de la société. Rapport à M. le
    Président de la République (Paris: La Documentation française, 1978)
    (Nora/ Minc 1978)
Oberreuter, Heinrich : Gesetzgebung/ Gesetzgebungsverfahren. Nohlen 1991
    (Oberreuter 1991)
Oberschulte, Hans : Informationsmanagement. Theoretischer Erkenntnisstand
    und kritische Analyse. Nr. 18 Arbeitspapiere des Lehrstuhls für Betriebs-
    wirtschaftslehre insb. Organisation, Personal- und Informations-
    management (Saarbrücken: Universität, 1991) (Oberschulte 1991)
Oldenburg, Behrend : Premiere mit Rekordbeteiligung. VDV-Jahrestagung vom
    6. bis 8.Juni 1994 in Dresden, IntV 46 (1994) 7 + 8, 438 f. (Oldenburg
    1994)
Ollmann, Rainer : Dienst- und Geschäftsreisen via Kabel. Die schnelle
    Alternative. Stoppa-Sehlbach 1993 (Ollmann 1993)
Olsen, Johan P. : Political Science and Organization Theory. Parallel Agendas
    but Mutual Disregard. Czada/ Windhoff-Héritier 1991 (Olsen 1991)
Olson, Mancur Jr. : Die Logik des kollektiven Handelns. Kollektivgüter und die
    Theorie der Gruppen (Auszüge). Steinberg, Rudolf (Hrsg.) : Staat und
    Verbände: zur Theorie der Interessenverbände in der Industriegesellschaft
    (Darmstadt: Wissenschaftliche Buchgesellschaft, 1985) (Olson 1985
    (1965/68))
Olsson, Michael/ Piekenbrock, Dirk (Hrsg.) : Kompakt-Lexikon Umwelt- und
    Wirtschaftspolitik (Bonn: Bundeszentrale für politische Bildung, 1993)
    (Olsson/ Piekenbrock 1993)
Opp, Karl-Dieter : Individualistische Sozialwissenschaft. Arbeitsweisen und
    Probleme individualistisch und kollektivistisch orientierter
    Sozialwissenschaften (Stuttgart: Enke, 1979) (Opp 1979)
Orfeuil, Jan Pierre/ Zumkeller, Dirk : Transportpreise und Transportpolitik mit
    Blick auf die Umweltbelastbarkeit. Erfahrungen aus Deutschland und
    Frankreich, IntV 45 (1993) 3, 111 - 120 (Orfeuil/ Zumkeller 1993)
Ortmann, Günther : Information, Kontrolle, Simulation. Dey 1985 (Ortmann
    1985)
Otto, Peter/ Sonntag, Philipp : Wege in die Informationsgesellschaft.
    Steuerungsprobleme in Wirtschaft und Politik (München: DTV, 1985)
    (Otto/ Sonntag 1985)
Pällmann, Wilhelm : Telematik im Verkehr - Lösung aller Probleme?, Der
    Nahverkehr 12 (1994) 3, 6 f. (Pällmann 1994)

Paetau, Michael : Mensch-Maschine-Kommunikation. Software, Gestaltungspotentiale, Sozialverträglichkeit (Frankfurt/ Main-New York: Campus,
1990) (Paetau 1990)

Panka, Eckhard : Beitrag der Telekommunikation zur Optimierung des
Straßengüterverkehrs. DVWG B158 1993 (Panka 1993)

Pannek, Gernot/ Talke, Wolfgang : Güterverkehrszentren - Funktionalität und
Handlungsbedarf, IntV 46 (1994) 3, 104 - 113 (Pannek/ Talke 1994)

Pappi, Franz Urban (Hrsg.) : Methoden der Netzwerkanalyse (München:
Oldenbourg, 1987) (Pappi 1987)

Pappi, Franz Urban : Politische Entscheidungsprozesse in der deutschen Arbeits-
marktpolitik, ApuZ (1992) B12, 32 - 44 (Pappi 1992)

Pappi, Franz Urban : Policy-Netze: Erscheinungsform moderner Politiksteuerung
oder methodischer Ansatz? Héritier 1993b (Pappi 1993)

Paschen, Herbert : Konzepte zur Bewertung von Technologien. Münch u.a.
1982 (Paschen 1982)

Paschen, Herbert : Technology Assessment - Ein strategisches Rahmenkonzept
für die Bewertung von Technologien. Dierkes u.a. 1986 (Paschen 1986)

Paschen, Herbert (Hrsg.) : The Role of Environmental Impact Assessment in the
Decisionmaking Process: Proceedings of an International Workshop held
in Heidelberg, Federal Republic of Germany, August 1987 (Berlin:
Schmidt, 1989) (Paschen 1989)

Paschen, Herbert/ Petermann, Thomas : Technikfolgen-Abschätzung beim
Deutschen Bundestag und ihre Relevanz für die Verbraucherpolitik. Das
Büro für Technikfolgen-Abschätzung, Verbraucherpolitische Hefte (1992)
15, 71 - 85 (Paschen/ Petermann 1992)

Paschen, Herbert u.a. : Technology Assessment: Technologiefolgenabschätzung. Ziele, methodische und organisatorische Probleme,
Anwendungen (Frankfurt/Main-New York: Campus, 1978) (Paschen u.a.
1978)

Patzelt, Werner J. : Einführung in die Politikwissenschaft. Grundriß des Faches
und studiumbegleitende Orientierung (Passau: Rothe, 1992) (Patzelt
1992)

Perrow, Charles : Normale Katastrophen. Die unvermeidbaren Risiken der
Großtechnik (Frankfurt/ Main-New York: Campus, 1992^2) (Perrow 1992)

Peter, Thomas u.a. : Public Acceptance of New Technologies in the Federal
Republic of Germany. Williams/ Mills 1986 (Peter u.a. 1986)

Petermann, Thomas (Hrsg.) : Das wohlberatene Parlament: Orte und Prozesse
der Politikberatung beim Deutschen Bundestag (Berlin: Sigma, 1990)
(Petermann 1990)

Petermann, Thomas/ Thienen, Volker von : Technikakzeptanz: Zum
    Karriereverlauf eines Begriffes. Westphalen 1988b (Petermann/ Thienen
    1988)

Petermann, Thomas/ Westphalen, Raban von : Technik und soziale Strukturen
    der Gesellschaft (Köln: Deutscher Instituts-Verlag, 1985) (Petermann/
    Westphalen 1985)

Peters, Hans Peter : Durch Risikokommunikation zur Technikakzeptanz? Die
    Konstruktion von Risiko"wirklichkeiten" durch Experten, Gegenexperten
    und Öffentlichkeit. Krüger/ Ruß-Mohl 1991 (Peters 1991)

Peters, Hans Peter/ Hennen, Leo : Orientierung unter Unsicherheit. Bewertung
    der Informationspolitik und Medienberichterstattung nach "Tschernobyl",
    Kölner Zeitschrift für Soziologie und Sozialpsychologie 42 (1990) 2, 300 -
    312 (Peters/ Hennen 1990)

Pfleiderer, Rudolf/ Braun, Lothar : Der Einfluß von Geschwindigkeitsveränderun-
    gen auf den Treibstoffverbrauch des Pkw-Verkehrs, IntV 45 (1993) 7+8,
    414 - 418 (Pfleiderer/ Braun 1993)

Pflüger, Jörg/ Schurz, Robert : Der maschinelle Charakter. Sozialpsychologische
    Aspekte des Umgangs mit Computern (Opladen: Westdeutscher Verlag,
    1987) (Pflüger/ Schurz 1987)

Picot, Arnold : Kommunikationstechnik und Dezentralisierung. Ballwieser/ Berger
    1985 (Picot 1985)

Podlech, Adalbert : Unter welchen Bedingungen sind neue Informationssysteme
    gesellschaftlich akzeptabel? Steinmüller 1988 (Podlech 1988)

Pordesch, Ulrich : Informatisierung und neue Polizeistrategien. Roßnagel 1989
    (Pordesch 1989)

Prätorius, Gerhard/ Steger, Ulrich : Verkehrspolitik und Ökologie.
    Umweltfreundlichere Gestaltung von Mobilität, APuZ (1994) B37, 20 - 28
    (Prätorius/ Steger 1994)

Preißl, Brigitte : Verminderung der Luft- und Lärmbelastung des Güterfernver-
    kehrs. Bedeutung der Telekommunikationstechnik (Berlin: DIW, 1992)
    (Preißl 1992)

Pressman, Jeffrey L./ Wildavsky, Aaron : Implementation: How Great
    Expectations in Washington Are Dashed in Oakland, or, Why It's
    Amazing That Federal Programs Work At All (Berkeley: University of
    California Press, 1973) (Pressman/ Wildavsky 1973)

Prittwitz, Volker von : Katastrophenparadox und Handlungskapazität.
    Theoretische Orientierungen der Politikanalyse. Héritier 1993b (Prittwitz
    1993)

Proske, Rüdiger : Technologiebewertung in den Medien - Instrument einer neuen
    Kulturrevolution? Münch u.a. 1982 (Proske 1982)

Prussog, Angela : Benutzerfreundlichkeit von Mehrdienste-Endgeräten. Eine
    empirische Untersuchung zum Einfluß von neuen Bedienkonzepten und
    mentalen Modellen (Frankfurt/ Main u.a.: Lang, 1992) (Prussog 1992)

Raab, Erich : Gurt und Gesetz: Ablehnung und Akzeptanz des Sicherheitsgurts.
    Eine vergleichende Motivstudie (Graz: Universität - Institut für
    Psychologie, 1990) (Raab 1990)

Radermacher, Franz Josef : Road-pricing - marktwirtschaftliches Element im
    Stadtverkehr. Verkehrsministerium Baden-Württemberg 1993
    (Radermacher 1993)

Rammert, Werner : Technisierung im Alltag. Theoriestücke für eine spezielle
    soziologische Perspektive. Joerges 1988b (Rammert 1988)

Rammert, Werner : Technik aus soziologischer Perspektive. Forschungsstand,
    Theorieansätze, Fallbeispiele. Ein Überblick (Opladen: Westdeutscher
    Verlag, 1993) (Rammert 1993)

Rammert, Werner u.a. (Hrsg.) : Technik und Gesellschaft. Jahrbuch (Frankfurt/
    Main-New York: Campus, 1982 ff.) (Rammert u.a. 1982 ff.)

Rammert, Werner u.a. (Hrsg.) : Technik und Gesellschaft. Jahrbuch (Frankfurt/
    Main-New York: Campus, 1983) (Rammert u.a. 1983)

Rapp, Friedrich/ Mai, Manfred (Hrsg.) : Institutionen der Technikbewertung
    (Düsseldorf: VDI-Verlag, 1989) (Rapp/ Mai 1989)

Rausch, Heinz : Politikberatung. Herder Staatslexikon Band 4 1988 (Rausch
    1988)

Redeker, Helmut : Neue Informations- und Kommunikationstechnologien und
    bundesstaatliche Kompetenzzuordnung (München: Reinhard Fischer,
    1988) (Redeker 1988)

Reese, Jürgen : Zur Unwiderruflichkeit von Datenverarbeitung und politischer
    Komplexität oder: Das Zauberlehrlingsmotiv im politischen DV-Einsatz.
    Reese u.a. 1979a (Reese 1979)

Reese, Jürgen : Soziale Auswirkungen der Informationstechnologie - analysiert
    aus deutscher Sicht. Kalbhen u.a. 1980 (Reese 1980)

Reese, Jürgen u.a. : Die politischen Kosten der Datenverarbeitung
    (Frankfurt/Main-New York: Campus, 1979) (Reese u.a. 1979a)

Reese, Jürgen u.a. : Gefahren der informationstechnologischen Entwicklung.
    Perspektiven der Wirkungsforschung (Frankfurt/ Main-New York: Campus,
    1979) (Reese u.a. 1979b)

Reh, Werner : Politikverflechtung im Fernstraßenbau der Bundesrepublik
    Deutschland und im Nationalstraßenbau der Schweiz (Frankfurt/ Main:
    Lang, 1988) (Reh 1988)

Reh, Werner : Die Verkehrspolitik der Europäischen Gemeinschaft. Chance oder
    Risiko für eine umweltgerechte Mobilität?, APuZ (1993) B5, 34 - 44 (Reh
    1993)

Reher, Peter : Anschlußsicherungssysteme für Bahn und Bus. Informationen für
    Fahrgäste und Betriebspersonal, Der Nahverkehr 11 (1993) 4, 62 - 64
    (Reher 1993)

Reichelt, Peter : Verkehrsbeeinflussung auf Bundesfernstraßen. FGSV 1990
    (Reichelt 1990)

Reichwald, Ralf : Die Auswirkungen der technischen Entwicklungen auf
    Produktivität und Arbeitsteilung in der Wirtschaft. Beispiel "Informations-
    und Kommunikationstechnik" aus der Sicht der Betriebswirtschaftslehre.
    Lübbe 1987 (Reichwald 1987)

Reimers, Knut : Gemeinsame Forschung und Entwicklung der Bahnen in Europa,
    IntV 46 (1994) 5, 273 - 276 (Reimers 1994)

Reinermann, Heinrich : Verwaltungsautomation und Informationsmanagement -
    105 Speyerer Thesen zur Bewältigung der informationstechnischen
    Herausforderung (Heidelberg: von Decker & Müller, 1986) (Reinermann
    1986)

Reister, Dietrich/ Braess, Hans-Hermann : Kooperatives Verkehrsmanagement
    München - Von der Idee bis zur Realisierung, IntV 46 (1994) 9, 501 - 504
    (Reister/ Braess 1994)

Reissert, Bernd : Politikverflechtung. Nohlen 1991 (Reissert 1991)

Reissert, Bernd/ Schnabel, Fritz : Fallstudien zum Planungs- und
    Finanzierungsverbund von Bund, Ländern und Gemeinden. Scharpf u.a.
    1976 (Reissert/ Schnabel 1976)

Renn, Ortwin : Methoden und Verfahren der Technikfolgenabschätzung und der
    Technologiebewertung. Münch u.a. 1982 (Renn 1982)

Resch, Hubert/ Will, Wolfgang : Einführung eines rechnergesteuerten Betriebs-
    leitsystems in Bremen, IntV 46 (1994) 6, 342 - 348 (Resch/ Will 1994)

Reschke, Dieter : Die Straßenplanung des Bundes - Neuer Bedarfsplan 1992 -
    Grundlagen, Ausbauziel, Analyse der Ergebnisse. DVWG B159 1993
    (Reschke 1993)

Retzko, Hans-Georg : Mehr Intelligenz für den Stadtverkehr, Der Nahverkehr 8
    (1990) 6, 8 f. (Retzko 1990)

Retzko, Hans-Georg : Autofreie Innenstädte - ein neumodisches Planungsziel?,
    IntV 46 (1994) 6, 325 - 333 (Retzko 1994)

Rhodes, R.A.W./ Marsh, David : New Directions in the Study of Policy
Networks, European Journal of Political Research 21 (1992) 1-2, 181 -
205 (Rhodes/ Marsh 1992)

Riebesmeier, Brigitte : Investitionskalküle zur Beurteilung intelligenter
kapazitätssteigernder Problemlösungen im Bereich der Verkehrsinfrastruktur. DVWG B155 1993 (Riebesmeier 1993)

Riegel, Reinhard : Datenschutz in der Bundesrepublik Deutschland.
Grundbegriffe. Transparenz. Internationale Aspekte. Kontrolle. Haftung
(Heidelberg: von Decker & Müller, 1988) (Riegel 1988)

Riesenhuber, Heinz : Technikfolgen in der Verantwortung von Wissenschaft,
Wirtschaft und Politik. Albach u.a. 1991 (Riesenhuber 1991)

Ritter, Ernst-Hasso : Perspektiven für die wissenschaftliche Politikberatung?
Beobachtungen aus der Sicht der Praxis. Hesse 1982 (Ritter 1982)

Rittich, Dieter/ Zurmühl, Konrad : Technische Systeme zur automatischen
Gebührenerfassung. Verkehrsministerium Baden-Württemberg 1993
(Rittich/ Zurmühl 1993)

Robert, Rüdiger : Politikwissenschaft und Politikbegriffe. Bellers/ Robert 1992
(Robert 1992)

Rodi, Hansjörg : Die optimale Nutzung der Straßenverkehrsinfrastruktur: Was
können Informations- und Kommunikationstechnologien leisten? (Münster:
Unveröffentlichtes Vortragsmanuskript, 1993) (Kopie in Besitz der
Verfasserin) (Rodi 1993)

Rohrmann, Bernd/ Prester, Hans Georg : Neue soziale und politische Verhaltens-
formen. Frey/ Greif 1987 (Rohrmann/ Prester 1987)

Rommerskirchen, Stefan : Perspektiven und Engpässe der Güterverkehrsent-
wicklung in Europa, IntV 46 (1994) 3, 136 - 142 (Rommerskirchen 1994)

Ropohl, Günter : Die unvollkommene Technik (Frankfurt/ Main: Suhrkamp,
1985) (Ropohl 1985)

Ropohl, Günther u.a. : Wertgrundlagen der Technikbewertung. Westphalen
1988b (Ropohl u.a. 1988)

Rosenbladt, Bernhard von : Einstellungen zu Wissenschaft und Technik -
Perspektiven der Umfrageforschung. Jaufmann/ Kistler 1988 (Rosenbladt
1988)

Roßnagel, Alexander : Die Verfassungsverträglichkeit von Technik-Systemen am
Beispiel der Informations- und Kommunikationstechnik. Westphalen
1988b (Roßnagel 1988)

Roßnagel, Alexander (Hrsg.) : Freiheit im Griff. Informationsgesellschaft und
Grundgesetz (Stuttgart: Hirzel-Wissenschaftliche Verlagsgesellschaft,
1989) (Roßnagel 1989)

Roßnagel, Alexander u.a. : Die Verletzlichkeit der "Informationsgesellschaft"
    (Opladen: Westdeutscher Verlag, 1990[2]) (Roßnagel u.a. 1990a)
Roßnagel, Alexander u.a. : Digitalisierung der Grundrechte? Zur Verfassungs-
    verträglichkeit der Informations- und Kommunikationstechnik (Opladen:
    Westdeutscher Verlag, 1990) (Roßnagel u.a. 1990b)
Roth, Roland/ Wollmann, Hellmut (Hrsg.) : Kommunalpolitik - Politisches Handeln
    in den Gemeinden (Opladen: Leske + Budrich, 1994) (Roth/ Wollmann
    1994)
Rothengatter, Werner : Konzeptionelle Defizite im Verkehrssystem. Albach u.a.
    1991 (Rothengatter 1991a)
Rothengatter, Werner : Road Pricing - Philosophie und Wirkungen. Topp 1991
    (Rothengatter 1991b)
Rothengatter, Werner : Die voraussichtliche Entwicklung des Straßenverkehrs.
    DVWG B159 1993 (Rothengatter 1993a)
Rothengatter, Werner : Gesamtwirtschaftliche Bedeutung von Verkehrsmana-
    gementmaßnahmen. Verkehrsministerium Baden-Württemberg 1993
    (Rothengatter 1993b)
Rudzio, Wolfgang : Das politische System der Bundesrepublik Deutschland. Eine
    Einführung (Opladen: Leske + Budrich, 1991[3]) (Rudzio 1991)
Rüdig, Wolfgang : Nuclear Power: An International Comparison of Public Protest
    in the USA, Britain, France, and West Germany. Williams/ Mills 1986
    (Rüdig 1986)
Rüttgers, Jürgen : Technikfolgen - Kann die Politik die Verantwortung
    übernehmen? Albach u.a. 1991 (Rüttgers 1991)
Ruß-Mohl, Stefan : Konjunkturen und Zyklizität in der Politik: Themenkarrieren,
    Medienaufmerksamkeits-Zyklen und "lange Wellen". Héritier 1993b (Ruß-
    Mohl 1993)
Rzehak, H. : Hybridrechner. Schneider 1986 (Rzehak 1986)
Sachs, Wolfgang : Tempomobile, Fortschrittsglaube und eine gelassene
    Gesellschaft. Kraus u.a. 1987 (Sachs 1987)
Saffer, Bernd : Marktübersicht von Bordcomputern und deren Eignung als
    Instrument zur Transportrationalisierung am Beispiel ausgewählter
    Transportaufgaben. Schriftenreihe der Gesellschaft für Verkehrsbetriebs-
    wirtschaft und Logistik e.V. (GVB) Heft 24 (Nürnberg: GVB, 1993) (Saffer
    1993)
Sandschneider, Eberhard : Transformation und Stabilität politischer Systeme.
    Politikwissenschaftliche Aspekte einer Theorie der Systemtransformation
    (Saarbrücken: Habilitationsschrift, 1993) (Sandschneider 1993)
Sarcinelli, Ulrich : Öffentliche Meinung. Andersen/ Woyke 1992 (Sarcinelli 1992)

Schäuble, Ingegerd : Benutzerforschung. Buder u.a. 1990 (Schäuble 1990)

Schaifers, Max : Technikfolgenbewertung computergestützter Informations- und Kommunikationstechnologien im Personalbereich (Bamberg: Universität (Diss.), 1989) (Schaifers 1989)

Scharioth, Joachim/ Uhl, Harald (Hrsg.) : Medien und Technikakzeptanz. Kolloquium des Bundesministeriums für Forschung und Technologie am 10. Juni 1987 in Bonn (München: Oldenbourg, 1988) (Scharioth/ Uhl 1987)

Scharpf, Fritz W. : Politische Durchsetzbarkeit innerer Reformen (Göttingen: Schwartz & Co., 1974) (Scharpf 1974)

Scharpf, Fritz W. : Theorie der Politikverflechtung. Scharpf u.a. 1976 (Scharpf 1976)

Scharpf, Fritz W. : Die Poltikverflechtungs-Falle: Europäische Integration und deutscher Föderalismus im Vergleich, PVS 26 (1985) 4, 323 - 356 (Scharpf 1985)

Scharpf, Fritz W. : Political Institutions, Decision Styles, and Policy Choices. Czada/ Windhoff-Héritier 1991 (Scharpf 1991)

Scharpf, Fritz W. : Einführung: Zur Theorie von Verhandlungssystemen. Benz u.a. 1992 (Scharpf 1992)

Scharpf, Fritz W. : Positive und negative Koordination in Verhandlungs-systemen. Héritier 1993b (Scharpf 1993)

Scharpf, Fritz W. u.a. : Politikverflechtung: Theorie und Empirie des kooperativen Föderalismus in der Bundesrepublik (Kronberg/ Ts.: Scriptor, 1976) (Scharpf u.a. 1976)

Scharpf, Fritz W. u.a. : Politikverflechtung II. Kritik und Berichte aus der Praxis (Kronberg/ Ts.: Athenäum, 1977) (Scharpf u.a. 1977)

Schatz, Heribert : Technologische Entwicklung und Technologiepolitik. Grundlagen und Perspektiven einer sozialverträglichen Technikgestaltung im Bereich der neuen Informations- und Kommunikationstechnologien. Hartwich 1986 (Schatz 1986)

Schatz-Bergfeld, Marianne : Veränderungen der Lebensbedingungen durch die Technisierung des Alltags. Alemann/ Schatz 1986 (Schatz-Bergfeld 1986)

Schaufler, Hermann : Verkehrsmanagement - zukunftsweisender Beitrag zur Lösung unserer Verkehrsprobleme. Verkehrsministerium Baden-Württemberg 1993 (Schaufler 1993)

Scheer, August-Wilhelm : Architektur integrierter Informationssysteme. Grundlagen der Unternehmensmodellierung (Berlin u.a.: Springer, 1991) (Scheer 1991)

Schenk, Michael : Medienwirkungsforschung (Tübingen: Mohr, 1987) (Schenk
1987)

Schlüter, Thomas/ Schwerdtfeger, Wilfried : Ein Konzept mit blauen Augen.
Blaue Zone München - ein Diskussionsbeitrag, IntV 45 (1993) 9, 502 -
506 (Schlüter/ Schwerdtfeger 1993)

Schmid, Thomas : Die Chancen der Risikogesellschaft. Beck 1991 (Schmid
1991)

Schmidt, Dietmar : Haltestelleninformation über Funk, Der Nahverkehr 11
(1993) 5, 44 - 47 (Schmidt 1993)

Schmidt, Hartmut u.a. : Entwicklung eines dynamischen Auskunfts- und
Informationssystems, Der Nahverkehr 11 (1993) 4, 54 - 61 (Schmidt u.a.
1993)

Schmidt, Manfred G. : Politikwissenschaft. Hartwich 1985 (Schmidt 1985)

Schmidt, Manfred G. (Hrsg.) : Staatstätigkeit. International und historisch
vergleichende Analysen. PVS-Sonderheft 19/1988 (Opladen:
Westdeutscher Verlag, 1988) (Schmidt 1988)

Schmidt, Mario (Hrsg.) : Leben in der Risikogesellschaft: der Umgang mit
modernen Zivilisationsrisiken (Karlsruhe: Müller, 1989) (Schmidt 1989)

Schmidt-Freitag, Wilhelm/ Sistenich, Hans-Joachim : Ein differenziertes Kunden-
informationssystem im VRS, Der Nahverkehr 11 (1993) 11, 28 - 34
(Schmidt-Freitag/ Sistenich 1993)

Schmitt-Egenolf, Andreas : Kommunikation und Computer. Trends und
Perspektiven der Telematik (Wiesbaden: Gabler, 1990) (Schmidt-Egenolf
1990)

Schmitz, Ronaldo H. : Wie können wir den drohenden Verkehrsinfarkt
vermeiden? Rede beim Symposium zum Thema "Verkehr 2000",
Wirtschaftsrat der CDU, Frankfurt/ Main, 24. März 1992 (Unveröffentlichtes Vortragsmanuskript) (Kopie in Besitz der Verfasserin)
(Schmitz 1992)

Schneider, Hans-Jochen (Hrsg.) : Lexikon der Informatik und Datenverarbeitung
(München-Wien: Oldenbourg, 1986[2]) (Schneider 1986)

Schneider, Volker : Technikentwicklung zwischen Politik und Markt: Der Fall
Bildschirmtext (Frankfurt/Main-New York: Campus, 1989) (Schneider
1989)

Schneider, Volker : Informelle Austauschbeziehungen in der Politikformulierung.
Das Beispiel des Chemikaliengesetzes. Benz/ Seibel 1992 (Schneider
1992)

Schneider, Volker/ Werle, Raymund : Policy Networks in the German Telecommunications Domain. Marin/ Mayntz 1991b (Schneider/ Werle 1991)

Schnöring, Thomas (Hrsg.) : Gesamtwirtschaftliche Effekte der Informations- und Kommunikationstechnologien (Berlin u.a.: Springer, 1986) (Schnöring 1986)

Schoeler,Andreas von (Hrsg.) : Informationsgesellschaft oder Überwachungs- staat? Strategien zur Wahrung der Freiheitsrechte im Computerzeitalter (Opladen: Westdeutscher Verlag, 1986) (Schoeler 1986)

Schönpflug, Wolfgang/ Wittstock, Marion (Hrsg.) : Software-Ergonomie `87. Nützen Informationssysteme dem Benutzer? Tagung II/ 1987 des German Chapter of the ACM vom 27. bis 29. April 1987 in Berlin (Stuttgart: Teubner, 1987) (Schönpflug/ Wittstock 1987)

Schröder, Ernst-Jürgen : Droht Deutschland der Verkehrsinfarkt?, IntV 46 (1994) 4, 181 - 191 (Schröder 1994)

Schubert, Klaus : Politikfeldanalyse. Eine Einführung (Opladen: Leske + Budrich, 1991) (Schubert 1991)

Schubert, Klaus (Hrsg.) : Leistungen und Grenzen politisch-ökonomischer Theorie. Eine kritische Bestandsaufnahme zu Mancur Olson (Darmstadt: Wissenschaftliche Buchgesellschaft, 1992) (Schubert 1992)

Schuck-Wersig, Petra/ Wersig, Gernot (Hrsg.) : Akzeptanz neuer Kommuni- kationsformen: Forschung als Begleitung, Programm oder Folgen- abschätzung? (München u.a.: Saur, 1985) (Schuck-Wersig/ Wersig 1985)

Schulz, Carola : Der gezähmte Konflikt. Zur Interessenverarbeitung durch Verbände und Parteien am Beispiel der Wirtschaftsentwicklung und Wirtschaftspolitik in der Bundesrepublik (1966 - 1976) (Opladen: Westdeutscher Verlag, 1984) (Schulz 1984)

Schulz, Winfried : Medienwirklichkeit und Medienwirkung. Aktuelle Entwicklungen der Massenkommunikation und ihre Folgen, APuZ (1993) B40, 16 - 26 (Schulz 1993)

Schumacher-Wolf, Clemens : Informationstechnik, Innovation und Verwaltung. Soziale Bedingungen der Einführung moderner Informationstechniken (Frankfurt/Main-New York: Campus, 1988) (Schumacher-Wolf 1988)

Schumann, Wolfgang : EG-Forschung und Policy-Analyse. Zur Notwendigkeit, den ganzen Elefanten zu erfassen, PVS 32 (1991) 2, 232 - 257 (Schumann 1991)

Schumpeter, Joseph A. : Kapitalismus, Sozialismus und Demokratie (München: Lehnen, 1950^2) (Schumpeter 1950)

Schweikl, Rüdiger : Umweltwirkungen der Produktion und Anwendung von Telematik. Henckel 1990 (Schweikl 1990)

Schwuchow, Werner : Informationsökonomie. Buder u.a. 1990 (Schwuchow 1990)

Seeger, Thomas : Zur Entwicklung der Information und Dokumentation. Buder, u.a. 1990 (Seeger 1990)

Seibel, Wolfgang : Das Mülleimermodell in der Verwaltungspraxis - oder: wie sich Lösungen ihre Probleme suchen. Benz/ Seibel 1992 (Seibel 1992)

Sieferle, Rolf Peter : Der Mythos vom Maschinensturm. Rammert u.a. 1983 (Sieferle 1983)

Siegle, Gert : Verkehrsmanagement unter Nutzung der Kommunikationstechnik. DVWG B158 1993 (Siegle 1993)

Simon, Herbert A. : Alternative Visions of Rationality. Arkes/ Hammond 1986 (Simon 1986)

Simonis, Georg : Bleiben die neuen Technologien sozial beherrschbar? Alemann u.a. 1989 (Simonis 1989)

Sistenich, Hans Joachim : Moderne Informationssysteme im Einsatz, IntV 46 (1994) 1+2, 57 - 63 (Sistenich 1994)

Sjoeberg, Lennart (Hrsg.) : Risk and Society: Studies of Risk Generation and Reactions to Risk (London u.a.: Allen & Unwin, 1987) (Sjoeberg 1987)

Slovic, Paul u.a. : Rating the Risks: The Structure of Expert and Lay Perceptions. Covello u.a. 1985 (Slovic u.a. 1985)

Sonntag, Philipp (Hrsg.) : Die Zukunft der Informationsgesellschaft. Arnoldshainer Schriften zur interdisziplinären Ökonomie, 5 (Frankfurt/ Main: Haag + Herchen, 1983) (Sonntag 1983)

Späth, Lothar : Wende in die Zukunft: die Bundesrepublik auf dem Weg in die Informationsgesellschaft (Reinbek: Rowohlt, 1985) (Späth 1985)

Sparmann, Jürg M. : Beitrag individueller Leit- und Informationssysteme zur Lösung von Verkehrsproblemen. FGSV 1990 (Sparmann 1990)

Sparmann, Jürg M. : Individuelle Verkehrsleitsysteme und ihre Wirkung auf mehr Umweltverträglichkeit im Verkehr. Topp 1991 (Sparmann 1991)

Spehl, Harald : Einführung. Akademie für Raumplanung und Landesforschung 1987 (Spehl 1987)

Spinas, Philipp : Zur Benutzerfreundlichkeit von Bildschirmsystemen. Schönpflug/ Wittstock 1987 (Spinas 1987)

Spinner, Helmut F. : Die Informationsgesellschaft - mehr Chaos als Mythos. Hafemann/ Schlüpen 1986 (Spinner 1986)

Spinner, Helmut F. : Informationsgesellschaft oder neue Wissensordnung? Soziologische Probleme des Informationszeitalters, Gegenwartskunde 40 (1991) 4, 405 - 418 (Spinner 1991)

Stackelberg, Friedrich von : Verkehrspolitik. Andersen/ Woyke 1992 (Stackelberg 1992)

Stahl, Michael : Der Einsatz elektronischer Leit- und Informationssysteme im Straßenverkehr. Technische Bausteine und organisatorische Konzepte. Ernst/ Kopf 1993 (Stahl 1993a)

Stahl, Dirk : Die Bedeutung des Informationsmanagement in Strategischen Unternehmensnetzwerken der Speditions- und Transportbranche (Münster: Unveröffentlichtes Vortragsmanuskript, 1993) (Kopie in Besitz der Verfasserin) (Stahl 1993b)

Stallen, P. J. M. : "Who´s Afraid of Technological Risk?": An Attempt to Model Reasonable Emotions. Covello u.a. 1985 (Stallen 1985)

Starbatty, Joachim/ Vetterlein, Uwe : Die Technologiepolitik der Europäischen Gemeinschaft. Entstehung, Praxis und ordnungspolitische Konformität (Baden-Baden: Nomos, 1990) (Starbatty/ Vetterlein 1990)

Starbatty, Joachim/ Vetterlein, Uwe : Europäische Technologie- und Industriepolitik nach Maastricht, APuZ (1992) B10-11, 16 - 24 (Starbatty/ Vetterlein 1992)

Steierwald, Gerd/ Wacker, Manfred : Vermeidung von Straßenbauinvestitionen durch intelligente Verkehrstechnik? DVWG B159 1993 (Steierwald/ Wacker 1993)

Steinmüller, Wilhelm : Informationstechnologien und Informationssysteme: Folgen und Alternativen. Müllert 1982 (Steinmüller 1982)

Steinmüller, Wilhelm : Die 2. Industrialisierung durch Informationstechnologien - Datenschutz und Rationalisierung. Klöpper 1984 (Steinmüller 1984)

Steinmüller, Wilhelm : Die Zweite Industrielle Revolution hat eben begonnen. Über die Technisierung der geistigen Arbeit, Verbraucherpolitische Hefte (1985) 1, 7 - 42 (Steinmüller 1985)

Steinmüller, Wilhelm (Hrsg.) : Verdatet und vernetzt. Sozialökologische Handlungsspielräume der Informationsgesellschaft (Frankfurt/ Main: Fischer, 1988) (Steinmüller 1988)

Stober, Rolf : Medien als Vierte Gewalt - Zur Verantwortung der Massenmedien. Wittkämper 1992 (Stober 1992)

Stoppa-Sehlbach, Ingrid (Hrsg.) : Multimediale Stadt. Entwicklungen, Trends, Visionen auf dem Weg ins nächste Jahrhundert. Dokumentation der Sommerakademie 1992. Werkstatt Bericht 6 (Gelsenkirchen: Sekretariat für Zukunftsforschung, 1993) (Stoppa-Sehlbach 1993)

Stromeyer, Markus : CIS - Customer Information System - Konzeption und
Aufbau eines Kunden-Informations-Systems anhand eines Fallbeispieles
(St.Gallen: Hochschule für Wirtschafts-, Rechts- und Sozialwissenschaften
(Diss.), 1990) (Stromeyer 1990)

Suntum, Ulrich van : Verkehrspolitik (München: Vahlen, 1986) (Suntum 1986)

Suntum, Ulrich van : Verkehrsentwicklung und Verkehrspolitik in der
Bundesrepublik Deutschland aus der Sicht der Wirtschaftswissenschaften,
Politische Studien 40 (1989) 308, 674 - 689 (Suntum 1989)

Suntum, Ulrich van : Verkehrspolitik in der Marktwirtschaft, APuZ (1993) B5,
3 - 13 (Suntum 1993)

Szyperski, Norbert : Wirtschaftliche und soziale Chancen. Cordewener/
Speckmann 1991 (Szyperski 1991)

Szyperski, Norbert u.a. (Hrsg.) : Assessing the Impacts of Information
Technology. Hope to Escape the Negative Effects of an Information
Society by Research (Braunschweig-Wiesbaden: Vieweg, 1983)
(Szyperski u.a. 1983)

Talvitie, Antti : Straßenbenutzungsgebühren und andere Lösungen zur
Steuerung der Verkehrsnachfrage in den skandinavischen Ländern. DVWG
B155 1993 (Talvitie 1993)

Teske, Horst : Europäische Gemeinschaft: Aufgaben - Organisation -
Arbeitsweise (Bonn: Dümmlers, 1991[3]) (Teske 1991)

Teusch, Ulrich : Freiheit und Sachzwang. Untersuchungen zum Verhältnis von
Technik, Gesellschaft und Politik (Baden-Baden: Nomos, 1993) (Teusch
1993)

Thienen, Volker von : Informationstechnologien im Alltag. Zur sozialwissenschaftlichen Analyse von gesellschaftlichen Technikfolgen. Sonntag 1983
(Thienen 1983a)

Thienen, Volker von : Technology Assessment beim Parlament? Die bisherige
Tätigkeit der Enquete-Kommission "Technologiefolgenabschätzung" vor
dem Hintergrund weitgespannter politischer Erwartungen an eine neue
Beratungsform zum technischen Wandel. WZB Papers 86-7 (Berlin:
Wissenschaftszentrum, 1986) (Thienen 1986a)

Thienen, Volker von : Technology Assessment: Das randständige Thema. Die
parlamentarische TA-Diskussion und der erste Bericht der Enquête-
Kommission "Technologiefolgenabschätzung". Dierkes u.a. 1986 (Thienen
1986b)

Thienen, Volker von : Beratungswelt und Methode. Parlamentarische
Politikberatung in der Perspektive unterschiedlicher Methoden der
empirischen Sozialforschung. Petermann 1990 (Thienen 1990)

Thomson, John Michael : Grundlagen der Verkehrspolitik (Bern-Stuttgart: Haupt, 1978) (Thomson 1978)

Tietz, Bruno : Wege in die Informationsgesellschaft. Szenarien und Optionen für Wirtschaft und Gesellschaft. Ein Handbuch für Entscheidungsträger (Stuttgart: Poller, 1987) (Tietz 1987)

Tönjes, Iko : Hauptsache teuer. Die Lösungen der Autoindustrie, fairkehr (1991) 4, 16 - 19 (Tönjes 1991)

Töpfer, Klaus : Der Verkehr 2000 aus Umweltsicht. Buddenberg 1991 (Töpfer 1991)

Tomkewitsch, Romuald von : Kooperatives Verkehrsmanagement, Siemens - Zeitschrift Specia FuE Frühjahr 1993, 6 - 10 (Tomkewitsch 1993)

Tonnemacher, Jan/ Seetzen, Jürgen : Technikfolgenabschätzung als Programm-forschung am Beispiel der Bildschirmtext-Begleituntersuchung in Berlin. Schuck-Wersig/ Wersig 1985 (Tonnemacher/ Seetzen 1985)

Toplak, Erwin : Zukunftsorientierte Systemlösungen im Straßenverkehr. DVWG B155 1993 (Toplak 1993)

Topp, Hartmut H. (Hrsg.) : Verkehr aktuell: CATS Computer-Aided Traffic Systems. Vortragsreihe Wintersemester 1990/91 im Fachgebiet Verkehrswesen an der Universität Kaiserslautern. Grüne Reihe Nr. 20 (Kaiserslautern: Universität - Fachgebiet Verkehrswesen, 1991) (Topp 1991)

Topp, Hartmut H. : Verkehrsmanagement weckt Hoffnungen - Was kann es leisten?, Der Nahverkehr 10 (1992) 5, 8 - 15 (Topp 1992)

Tschiedel, Robert : Sozialverträgliche Technikgestaltung. Wissenschaftskritik für eine soziologische Sozialverträglichkeitsforschung zwischen Akzeptabilität, Akzeptanz und Partizipation (Opladen: Westdeutscher Verlag, 1989) (Tschiedel 1989)

Tversky, Amos/ Kahnemann, Daniel : Judgement under uncertainty: Heuristics and biases. Arkes/ Hammond 1986 (Tversky/ Kahnemann 1986)

Tversky, Amos/ Kahnemann, Daniel : Rational Choice and the Framing of Decisions. Hogarth/ Reder 1987 (Tversky/ Kahnemann 1987)

Ulrich, Otto : Computer, Wertewandel und Demokratie. Öffnet die Informations-gesellschaft die Chancen für mehr politische Partizipation?, APuZ (1984) B25, 14 - 25 (Ulrich 1984)

Ulrich, Otto : Die Asymetrie der Chancen bei neuen Technologien. Hartwich 1986 (Ulrich 1986)

Ulrich, Otto : Technikfolgen und Parlamentsreform. Plädoyer für mehr parlamentarische Kompetenz bei der Technikgestaltung, APuZ (1987) B19-20, 15 - 25 (Ulrich 1987)

Ulrich , Otto : Technik und Herrschaft. Vom Hand-Werk zur verdinglichten
    Blockstruktur industrieller Produktion (Frankfurt/ Main: Suhrkamp, 1988[3])
    (Ulrich 1988)
Ulzhöfer, Hans/ Hillers, Alfred : Die dynamische Fahrgastinformation im
    Betriebsführungssystem des VRR, Der Nahverkehr 11 (1993) 6, 49 - 52
    (Ulzhöfer/ Hillers 1993)
Ungerer, Herbert : Telekommunikation in Europa - Chancen eines Gemeinsamen
    Marktes. Cordewener/ Speckmann 1991 (Ungerer 1991)
Valk, Rüdiger : Beherrschbarkeit von Systemen und Verantwortung des
    Informatikers. Kitzing u.a. 1988 (Valk 1988)
Varain, Heinz Josef : Verbände. Mickel 1986 (Varain 1986)
Venitz, Udo : CIM und Logistik - Zwei Wege zum gleichen Ziel? Jacob u.a. 1991
    (Venitz 1991)
Verband der Automobilindustrie (Hrsg.) : Schiene und Strasse - Partnerschaft
    mit Perspektiven. Chancen eines integrierten Verkehrssystems.
    Schriftenreihe des VDA Nr. 65 (Frankfurt/Main: VDA, 1991) (VDA 1991)
Verband Deutscher Verkehrsunternehmen (VDV) (Hrsg.) : Konzeption, Planung
    und Betrieb von P + R (Köln: VDV, 1993) (VDV 1993)
Verkehrsministerium Baden-Württemberg (Hrsg.) : Verkehrsmanagement.
    Zukunftsweisender Beitrag zur Lösung unserer Verkehrsprobleme.
    Symposium und Ausstellung vom 19. bis 21. August 1993 in Stuttgart.
    Tagungsband (Stuttgart: Verkehrsministerium Baden-Württemberg, 1993)
    (Verkehrsministerium Baden-Württemberg 1993)
Vester, Frederic : Ausfahrt Zukunft. Strategien für den Verkehr von morgen.
    Eine Systemuntersuchung (München: Heyne, 1990[5]) (Vester 1990)
Vetter, Max : Informationssysteme in der Unternehmung. Eine Einführung in die
    Datenmodellierung und Anwendungsentwicklung (Stuttgart: Teubner,
    1990) (Vetter 1990)
Vobruba, Georg : Wirtschaftsverbände und Gemeinwohl. Mayntz 1992b
    (Vobruba 1992)
Volkmann, Helmut : Leitorientierung der Informatisierung: Informations-
    gesellschaft? Langenheder u.a. 1992 (Volkmann 1992)
Volpert, Walter : Zauberlehrlinge. Die gefährliche Liebe zum Computer
    (Weinheim-Basel: Beltz, 1985) (Volpert 1985)
Vowe, Gerhard : Wissen, Interesse und Macht. Zur Technikgestaltung durch
    Enquête-Kommissionen, Zeitschrift für Parlamentsfragen 17 (1986) 4, 557
    - 568 (Vowe 1986)
Waarden, Frans van : Dimensions and Types of Policy Networks, European
    Journal of Political Research 21 (1992) 1-2, 29 - 52 (Waarden 1992)

Wagner, Gerhard/ Hipp, Eberhard : Viele Lkw-Fahrten könnten gespart werden, IntV 44 (1992) 4, 148 - 152 (Wagner/ Hipp 1992)

Wedde, Peter : Verwaltungsautomation und Verfassungsrecht. Roßnagel 1989 (Wedde 1989)

Weidenfeld, Werner/ Wessels, Wolfgang (Hrsg.) : Europa von A - Z. Taschenbuch der europäischen Integration (Bonn: Bundeszentrale für politische Bildung, 1992^2) (Weidenfeld/ Wessels 1992)

Weinspach, Klaus : Wohin fährt der motorisierte Individualverkehr? Topp 1991 (Weinspach 1991)

Weise, Horst : "Intelligenz" für Deutschlands Straßen. Verkehrsleitsysteme gewinnen an Boden, IntV 45 (1993) 3, 136 - 139 (Weise 1993)

Weiss, Carol H. : Evaluation Research (Englewood Cliffs, N.J.: Prentice Hall, 1972) (Weiss 1972)

Weiss, Heinrich : Verkehrsinfrastruktur - Basis für wirtschaftlichen Fortschritt. Buddenberg 1991 (Weiss 1991)

Weitenberg, Theo : Rede anläßlich der Geschäftseröffnung der EURO-LOG Deutschland GmbH in Kerpen, 6. Dezember 1993. Presseinformation (Kopie in Besitz der Verfasserin) (Weitenberg 1993)

Weizenbaum, Joseph : Die Macht der Computer und die Ohnmacht der Vernunft (Frankfurt/ Main: Suhrkamp, 1977) (Weizenbaum 1977)

Weizenbaum, Joseph : Angst vor der heutigen Wissenschaft. Müllert 1982 (Weizenbaum 1982)

Weizenbaum, Joseph : Künstliche Intelligenz, Verbraucherpolitische Hefte (1985) 1, 53 - 64 (Weizenbaum 1985)

Weling, F. u.a. : The Use of Cellular Mobile Radio for Traffic Responsive Navigation. Paper presented at the 6th World Telecommunication Exhibition and Forum, Geneva (Switzerland), 7 - 15 October 1991 (Philips Research Laboratories, 1991) (Weling u.a. 1991)

Welz, Wolfgang : Technikfolgenabschätzung beim Deutschen Bundestag als Organisationsproblem: Zu Kritik und Weiterführung der Institutionalisierungsdebatte. Westphalen 1988b (Welz 1988)

Welzel, Peter : Datenfernübertragung: Einführende Grundlagen zur Kommunikation offener Systeme (Braunschweig-Wiesbaden: Vieweg, 1993^3) (Welzel 1993)

Werle, Raymund : Telekommunikation in der Bundesrepublik Deutschland. Expansion, Differenzierung, Transformation (Frankfurt/ Main: Campus, 1990) (Werle 1990)

Werner, Helmut : Innovatives Verkehrsmanagement - Mobilität mit Zukunft: Eine
reale Perspektive. Verkehrsministerium Baden-Württemberg 1993 (Werner
1993)

Wersig, Gernot (Hrsg.) : Informatisierung und Gesellschaft: Wie bewältigen wir
die neuen Informations- und Kommunikationstechnologien? (München
u.a.: Saur, 1983) (Wersig 1983a)

Wersig, Gernot : Informatisierung und kommunikative Revolution. Wersig 1983a
(Wersig 1983b)

Wersig, Gernot : Das Feld der Begleitforschung: Neue Technologien, neue
Medien, neue Dienste. Schuck-Wersig/ Wersig 1985 (Wersig 1985)

Westphalen, Raban Graf von : Einleitung: Von der parlamentarischen
Verantwortung für den technischen Fortschritt. Westphalen 1988b
(Westphalen 1988a)

Westphalen, Raban Graf von : Technikfolgenabschätzung - als politische
Aufgabe (München-Wien: Oldenbourg, 1988) (Westphalen 1988b)

Westphalen, Raban Graf von : Technikfolgen-Abschätzung beim Deutschen
Bundestag: Verfassungsrechtliche Kompetenz und institutionelle
Probleme. Petermann 1990 (Westphalen 1990)

Whipple, Chris : Opportunities for the Social Sciences in Risk Analysis - An
Engineer's Viewpoint. Covello u.a. 1985 (Whipple 1985)

Wiedemann, Thomas : Bedeutung des Kombinierten Verkehrs (KV) und des
Bahntrans-Projektes, IntV 45 (1993) 10, 575 - 579 (Wiedemann 1993)

Wiedemeyer, Michael : Auf dem Weg in die postindustrielle "Informationsgesellschaft"? (Zum Konzept des "quartären Sektors"), Gegenwartskunde
40 (1991) 4, 497 - 507 (Wiedemeyer 1991)

Wille, Joachim : Ökologische Wende in der Verkehrspolitik, APuZ (1993) B5,
14 - 22 (Wille 1993)

Willeke, Rainer : Verkehr. Herder Staatslexikon Band 5 1989 (Willeke 1989)

Willeke, Rainer : Ziele, Mittel und Grenzen der Verkehrsbeeinflussung in
Ballungsräumen. FGSV 1990 (Willeke 1990a)

Willeke, Rainer : Ziele und Hauptprobleme einer gemeinsamen deutschen
Verkehrspolitik, Zeitschrift für Verkehrswissenschaft 61 (1990) 2, 59 - 73
(Willeke 1990b)

Williams, Roger/ Mills, Stephen (Hrsg.) : Public Acceptance of New
Technologies. An International Review (London u.a.: Croom Helm, 1986)
(Williams/ Mills 1986)

Windhoff-Héritier, Adrienne : Politikimplementation. Ziel und Wirklichkeit
politischer Entscheidungen (Königstein/Ts.: Hain, 1980) (Windhoff-Héritier
1980)

Windhoff-Héritier, Adrienne : Policy Analyse. Eine Einführung (Frankfurt/Main-
New York: Campus, 1987) (Windhoff-Héritier 1987)

Windhoff-Héritier, Adrienne : Institutions, Interests and Political Choice. Czada/
Windhoff-Héritier 1991 (Windhoff-Héritier 1991)

Winter, Heinz : Air Traffic Management - Ein Überblick über die Situation in
Deutschland. DVWG B155 1993 (Winter 1993)

Wittenbrink, Paul : Betriebliche und kommunale Maßnahmen im Rahmen einer
verbesserten City-Logistik, IntV 45 (1993) 5, 252 - 258 (Wittenbrink
1993)

Wittkämper, Gerhard (Hrsg.) : Medien und Politik (Darmstadt: Wissenschaftliche
Buchgesellschaft, 1992) (Wittkämper 1992)

Wollmann, Hellmut (Hrsg.) : Politik im Dickicht der Bürokratie. Beiträge zur
Implementationsforschung. Leviathan Sonderheft 3/1979 (Opladen:
Westdeutscher Verlag, 1980) (Wollmann 1980)

Wollmann, Hellmut : Policy-Forschung - ein "Kernbereich" der Politikwissenschaft. Was denn sonst? Hartwich 1985 (Wollmann 1985)

Wollmann, Hellmut : Implementationsforschung/ Evaluationsforschung. Nohlen
1991 (Wollmann 1991a)

Wollmann, Hellmut : Politikberatung. Nohlen 1991 (Wollmann 1991b)

Wollnik, Michael : Implementierung computergestützter Informationssysteme.
Perspektive und Politik informationstechnologischer Gestaltung (Berlin-
New York: de Gruyter, 1986) (Wollnik 1986)

Wynne, Brian : From Public Perception of Risk to Cultural Theory of Technology.
Covello u.a. 1985 (Wynne 1985)

Wynne, Brian : Die Rhetorik der Konsenspolitik: Eine kritische Betrachtung des
Konzepts der Technikfolgen-Abschätzung. Dierkes u.a. 1986 (Wynne
1986)

Zackor, Heinz : Der Beitrag von PROMETHEUS zur intelligenten Straße. DVWG
B159 1993 (Zackor 1993)

Zahn, Erich : Information. Dichtl/ Issing 1987 (Zahn 1987a)

Zahn, Erich : Informationssysteme. Dichtl/ Issing 1987 (Zahn 1987b)

Zapf, Wolfgang u.a. : Technik im Alltag von Familien. Lutz 1989 (Zapf u.a.
1989)

Zeh, Wolfgang : Entscheidungsmuster der Politikverflechtung und ihre
verfassungsstrukturellen Zwänge. Scharpf u.a. 1977 (Zeh 1977)

Zemlin, Hermann : Personennahverkehr der Zukunft. Albach u.a. 1991
(Zemlin 1991)

Zettelmeier, Werner : Einführung. Hörisch/ Raulet 1992 (Zettelmeier 1992)

Zimdahl, Walter : Computergestütztes Autofahren mit PROMETHEUS. Topp
    1991 (Zimdahl 1991)

Zinn, Helmut : Arbeiten in der Informationsgesellschaft. Kitzing u.a. 1988 (Zinn
    1988)

Zintl, Reinhard : Individualistische Theorien und die Ordnung der Gesellschaft.
    Untersuchungen zur politischen Theorie von James M. Buchanan und
    Friedrich A. v. Hayek (Berlin: Duncker & Humblot, 1983) (Zintl 1983)

Zintl, Reinhard : Probleme des individualistischen Ansatzes in der neuen
    politischen Ökonomie. Göhler, Gerhard u.a. (Hrsg.): Die Rationalität
    politischer Institutionen. Interdisziplinäre Perspektiven (Baden-Baden:
    Nomos, 1990) (Zintl 1990)

Zintl, Reinhard : Kooperation und Aufteilung des Kooperationsgewinns bei
    horizontaler Politikverflechtung. Benz u.a. 1992 (Zintl 1992)

Zobel, Adolf : Straßenbenutzungsgebühren: Fiskalharmonisierung und Lösung
    der Wegekostenfragen?, IntV 46 (1994) 1+2, 32 - 36 (Zobel 1994)

Zoche, Peter : Technikfolgen des Mobilfunks in der Arbeitswelt. Garbe/ Lange
    1991 (Zoche 1991)

Zöpel, Christoph (Hrsg.) : Technikkontrolle in der Risikogesellschaft (Bonn: Neue
    Gesellschaft, 1988) (Zöpel 1988)

C. Tages- und Wochenzeitungen

Der Spiegel, Hamburg

Deutsche Verkehrs-Zeitung (DVZ), Hamburg

Frankfurter Allgemeine Zeitung (FAZ)

Handelsblatt, Düsseldorf

Süddeutsche Zeitung (SZ), München

Trans Aktuell, Stuttgart

Woche im Bundestag (WIB), Bonn

D. Sonstige, Hilfsmittel

Baratta, Mario von (Hrsg.) : Der Fischer Weltalmanach 1994. Zahlen - Daten -
Fakten (Frankfurt/ Main: Fischer, 1993) (Fischer Weltalmanach 1994)

Brockhaus Enzyklopädie in 24 Bänden (Mannheim: Brockhaus, 1986 bis 1993[13])
(Brockhaus Enzyklopädie Band 1-24 1986-1993)

Gabler Lexikon-Redaktion (Hrsg.) : Gabler Wirtschaftslexikon. 6 Bände
(Wiesbaden: Gabler, 1988[12]) (Gabler Lexikon Band 1-6 1988)

Görres-Gesellschaft (Hrsg.) : Staatslexikon in 5 Bänden. Recht - Wirtschaft -
Gesellschaft (Freiburg i.Br. u.a.: Herder, 1985 - 1989) (Herder
Staatslexikon Band 1-5 1985-1989)

Ratzke, Dietrich : Lexikon der Medien - Elektronische Medien: Aktuelle Begriffe,
Abkürzungen und Adressen (Frankfurt/Main: IMK, 1990[2]) (Ratzke 1990)

Schwabe, Jürgen (Hrsg.) : Entscheidungen des Bundesverfassungsgerichts.
Studienauswahl Band 1 - 83 (Hamburg: o.Verl., 1991[5]) (Studienauswahl
Entscheidungen BVerfG 1991)

Statistisches Bundesamt : Statistisches Jahrbuch 1993 für die Bundesrepublik
Deutschland (Wiesbaden: Statistisches Bundesamt, 1993) (Statistisches
Jahrbuch 1993)

Thienen, Volker von : Technikfolgen-Abschätzung und sozialwissenschaftliche
Technikforschung. Eine Bibliographie (Berlin: Wissenschaftszentrum
Berlin, 1983) (Thienen 1983b)

Glossar - Fachbegriffe Telematik und Verkehrswirtschaft *

ACCEPT : Europäischer Feldversuch zur grenzüberschreitenden Erprobung von RDS/ TMC (siehe dort). Das Versuchsprojekt ACCEPT läuft unter niederländischer, französischer und deutscher Beteiligung. Auf deutscher Seite ist der Feldversuch BEVEI (siehe dort) eingebunden. (FGSV 1992, 39)

Affinität : Verwandtschaft, Zugehörigkeit. Im Güterverkehr Bezeichnung für besondere Eignung zum Transport durch ein bestimmtes Verkehrsmittel. So sind z.b. Massengüter aufgrund ihrer Eigenschaften (schüttbar, unempfindlich, hohes Gewicht und große Mengen) insbesondere zum Transport per Eisenbahn bzw. Binnenschiff geeignet, während sich Güter wie etwa Computer oder Fernseher (empfindlich, wertvoll, geringes Gewicht, kleine Sendungen, eilbedürftig) eher zum Lkw-Transport eignen. (Gabler Lexikon Band 1 1988, Sp. 95)

AGE : (Automatische Gebührenerhebungssysteme) Projekt des BMV zur Erprobung und Bewertung unterschiedlicher Systeme zur automatischen Gebührenerfassung mit dem Ziel der Einführung eines Electronic Road Pricing (ERP oder automatische Gebührenerfassung, siehe jeweils dort) auf deutschen Autobahnen. Dabei werden einige Vorgaben für in Frage kommende Systeme getroffen: Mautstellen im herkömmlichen Sinne darf es nicht geben, außerdem muß die Wahl des Fahrstreifens und der Fahrgeschwindigkeit frei bleiben. Gemäß dem Territorialitätsprinzip sollen nur tatsächlich erbrachte Fahrleistungen angelastet werden, eine Gebührenstaffelung nach Tageszeit, Streckenbelastung sowie evtl. Fahrzeugklassen wird angestrebt. Darüber hinaus sollte das entsprechende System unter allen Wetterbedingungen einsatzfähig sein, keine zusätzlichen Markierungen erfordern sowie möglichst europaweite Kompatibilität aufweisen. Das Projekt läuft seit Januar 1993. Die Systemanalyse im Rahmen von AGE übernimmt die Heusch/ Boesefeldt GmbH, begleitet wird das Projekt vom TÜV Rheinland. Beteiligt sind außerdem noch die Bundesanstalt für Straßenwesen (BASt) sowie die für den Versuchsabschnitt zuständige Landesstraßenverwaltung. Nach öffentlicher Ausschreibung und der Einreichung von 18 System-Angeboten werden ab Mai 1994 fünf bis zehn der ERP-Systeme an der A 555 zwischen Bonn und Köln praktisch erprobt. Zu diesem Zweck werden 20 bis 30 Fahrzeuge mit den entsprechenden Geräten ausgerüstet und von

---

* Für die Richtigkeit und v.a. die Aktualität der hier gemachten Angaben kann keine Gewähr übernommen werden, da in der Literatur z.T. sehr widersprüchliche Aussagen getroffen wurden und die technische Entwicklung sehr schnell voranschreitet.

speziell ausgewählten Versuchsfahrern auf der Teststrecke eingesetzt. Bis Mai 1995 soll der Schlußbericht für die Entscheidung über die Einführung der Systeme vorliegen. Von den Ergebnissen des Feldversuches werden die übrigen Bundesressorts, die Länder sowie die relevanten Verbände unterrichtet. (Kill 1994, 6; ADAC Verkehrstechnik 1993; Strampp, Joachim: Der elektronische Dukatenesel schafft per Funk freie Fahrt, DVZ (19.10.1993) 124, 9; Reuber, Claus: In voller Fahrt zur Kasse gebeten, SZ (30.03.1994) 74, 43; Mobilfunk 7 (1994) 1, 8 f.)

ALI : (Autofahrer Leit- und Informationssystem) Feldversuch eines individuellen Verkehrsleitsystemes bereits 1974 bis 1980 im Ruhrgebiet. ALI basierte auf einer Zwei-Wege-Kommunikation mittels Induktionsschleifen sowie auf einem fahrzeuginternen Rechner. Die im Rahmen von ALI verwendete Technik ist jedoch inzwischen als veraltet anzusehen. Die Erfahrungen aus ALI wurden ab 1987 in das Berliner Pilotprojekt LISB (siehe dort) eingebracht. (Interview mit Herrn Klaus Everts am 8. Juni 1994, siehe Befragungsprotokoll 2, 5; Brepohl 1983, 73 f.; Tietz 1987, 884)

APATSI : (Airport/ Air Traffic Systems Interface) Parallel zu EATCHIP (siehe dort) laufendes Programm zur Gestaltung der Schnittstellen zwischen Luftverkehrs- und Flughafensystemen. (IATA 1993, 20)

APS : (Auto Pilot System) Fahrzeugautonomes Zielführungssystem mit Satellitennavigationsunterstützung von Bosch/ Blaupunkt. APS wird ab Frühjahr 1995 als Sonderausstattung für die Mercedes-Benz S-Klasse erhältlich sein, ab 1996 auch für Mercedes-Pkw der C-, E- und SL-Klasse sowie zu einem späteren Zeitpunkt auch für Nutzfahrzeuge. Der Preis des APS wird zunächst bei etwa 3.500 DM liegen. APS arbeitet mit Koppelnavigation (siehe dort) und zusätzlicher Unterstützung bei der Positionsbestimmung durch das Satellitennavigationssystem GPS (siehe dort). Die Satellitenantenne soll auf dem Kofferraumdeckel untergebracht werden. Das APS umfaßt zugleich ein Autoradio mit RDS-Empfangsteil sowie einem Musik-CD-Abspielgerät. Die Zielführung durch APS erfolgt in erster Linie mittels akustischer Signale, um eine Ablenkung des Fahrers durch eine optische Ausgabe zu vermeiden. Auf Funktionen wie Landkartendarstellungen wurde daher - und auch aus Gründen eines möglichst günstigen Preises - bewußt verzichtet. Das Ziel wird vor Fahrtantritt über den Lautstärkeknopf und eine Cursortaste eingegeben. Daraufhin wird die Route errechnet und dem Autofahrer als Liste von Straßennamen zur Überprüfung auf dem Display angezeigt. Außerdem kann im Anzeigefeld jederzeit die eigene Position im Klartext abgelesen werden. Das deutsche Straßennetz liegt bereits zu größten Teilen auf CD-ROM gespeichert vor, bis 1996 werden CD-ROMs mit den

Straßennetzen der europäischen Nachbarstaaten sowie touristische Reise-
führer verfügbar sein. Fernziel ist eine Erweiterung des Systems um eine
dynamische Routenführung, also die Berücksichtigung der aktuellen Verkehrssituation für die Routenempfehlungen. Ein praktikables System für die
laufende Aktualisierung der digitalisierten Landkarten befindet sich ebenfalls noch im Planungsstadium. (Spira, Johann-Christoph: Keine Umwege
mehr für die S-Klasse, FAZ (30.08.1994) 201, T4)

ARIAM : (Autofahrer-Rundfunk-Informationssystem aufgrund aktueller Meßwerte) Mittels der Installierung von Streckenstationen zur Messung von
Umweltdaten und zur Verkehrsdatenerfassung soll die Zeit zwischen Stör-
falleintritt und -entdeckung erheblich verkürzt sowie die qualitative Verbesserung der den Autofahrern über den Rundfunk vermittelten Verkehrsinformationen erreicht werden. Von ARIAM erwartet man sich eine Steigerung der Verkehrssicherheit. Entsprechende Verkehrs- und Umweltdatener-
fassungsanlagen werden z.Zt. verstärkt installiert. (Hoffmann 1993b, 45;
Siegle 1993, 79)

ARTEMIS : (Automatisches rechnergesteuertes Transportsteuerungssystem
für die Eisenbahnen mit Sicherheitsverantwortung) Bilaterales Projekt im
Rahmen von DEUFRAKO-M (siehe dort), das für die Forschung und Entwicklung im Zusammenhang mit Ortungs- und Übertragungsproblemen bei
Betriebsleitsystemen im Schienenverkehr zuständig ist. (BMV 1993, 8)

ASI-System : (Anschlußsicherungs-System) Bieten dynamische Informationen über die Verfügbarkeit, Pünktlichkeit, etc. von Anschlüssen im ÖPNV.
Dazu muß zunächst die Ist-Lage erfaßt und an den Anschlußsicherungs-
rechner weitergeleitet werden. Dieser generiert entsprechende Informationen und überträgt sie an die jeweiligen Anzeigesysteme, z.B. mechanische
Anzeigetafeln an Haltestellen bzw. Bahnhöfen oder Displays in den Fahrzeugen bzw. am Fahrerarbeitsplatz. Von kollektiven ASI-Systemen spricht
man, wenn die entsprechenden Informationen allen Teilnehmern (Fahrern
im ÖPNV, Fahrgästen, privaten Abholern etc.) zur Verfügung gestellt werden, wie z.B. dynamische Informationsanzeigen an Haltestellen. Unter individuellen ASI-Systemen ist die Rede, wenn der Benutzer sich seine Informationen individuell auswählen und zusammenstellen kann, wie dies z.B.
bei Touchscreen-Infotheken der Fall ist. (Reher 1993, 62 f.)

ASS : (Auskunft Service System) Auf dem EFA-Protokoll (siehe dort) basierendes umfassendes ÖPNV-Fahrgastinformationssystem des Verkehrsverbunds Rhein-Sieg (VRS). ASS bietet Informationen bezüglich Fahrplänen,
aktuellen Abfahrtszeiten, Tarifen, zusätzlichen Service-Angeboten sowie
eine persönliche Fahrtenplanung an. Diese Informationen können von zu-

hause bzw. dem Arbeitsplatz aus telefonisch, über den PC oder Btx abge-
fragt werden und stehen außerdem über Info-Säulen und PC im Fahrgast-
Center und im Rathaus sowie nur über Info-Säulen im Bahnhof zur Verfügung. Die entsprechenden Fahrgastinformationen können sowohl angezeigt
als auch ausgedruckt werden. (Sıstenich 1994, 58 f.)

ASTRA : (Assistance Services for Travel and Traffic) Pilotprojekt eines
Reise- und Verkehrsinformationssystems schwerpunktmäßig für den
Ö(PN)V in Bochum, gefördert im Rahmen von DRIVE II/ ATT (siehe dort).
Erprobt werden dynamische Reiseinformation, Reservierung und Fahrgast-
Wegweisung, Betreiberunterstützung für die Betriebe des öffentlichen Ver-
kehrs, Anschlußsıcherungssysteme sowie Ansätze zur Betriebsoptimierung.
(VDV o.J., 8)

ASTREE : (Automation du suivi des trains en temps réel) Französisches
Projekt auf dem Gebiet der Betriebsleittechnik im Schienenverkehr. Im
Rahmen von ASTREE sollen alle Bereiche der Betriebsleittechnik integriert
werden. (BMV 1993, 7 f.)

ATT : (Advanced Transport Telematics) Offizielle Bezeichnung für DRIVE
(siehe dort) von 1991 bis 1994 (= DRIVE II). (Interview mit Klaus Everts
am 08. Juni 1994, siehe Befragungsprotokoll 2, 4)

Automatische (elektronische) Gebührenerfassung : Automatische Erhebung
von Gebühren mittels IuK-technischer Anlagen, Grundlage für ERP (siehe
dort). Unterschiedliche Typen automatischer Gebührenerfassungssysteme
werden z.Zt. im Feldversuch AGE (siehe dort) erprobt. Grundlage der automatischen Gebührenerfassung ist die drahtlose Datenübertragung zwischen
den Gebührenerhebungsstationen und den Kfz. Elektronische Gebührener-
fassungsstationen bestehen aus einer Feststation (Streckenstation) sowie
zwei Brücken über die Fahrbahnen in einem Abstand von etwa zehn Metern. Auf diesen Brücken sind die Sende-/Empfangsanlagen (z.B. mittels
Mikrowellen-Technik) für die Kommunikation der Streckenstation mit den
On-Board-Units (OBU, siehe dort) der Fahrzeuge installiert. Diese Sende-
/Empfangsanlagen sind jeweils auf die Strecke zwischen den beiden Brük-
ken gerichtet, um eine Erfassung evtl. nicht Zahlender zu ermöglichen. In
die Mitte dieser Erfassungszone zwischen den beiden Brücken sind Induktionsschleifen in die Fahrbahn eingelassen, die zur Lokalisierung der Fahrzeuge, aber auch - bei Einbindung in ein Verkehrsleitsystem z.B. - zur Verkehrsdatenerfassung dienen. Die Sende-/Empfangsanlagen der ersten Brük-
ke übernehmen dabei die Überprüfung vorhandener Zahlungsbereitschaft
bzw. -fähigkeit, während von der zweiten Brücke aus die Zahlung quittiert
wird. Es gibt im Hinblick auf die Art und Weise der Gebührenentrichtung

verschiedene Möglichkeiten (siehe Tag-System und Smart-Card-System).
Im Falle einer nicht möglichen Gebührenerfassung (z.b. entwertete Smart-
Card) wird das entsprechende Fahrzeug erfaßt, z.b. mittels Fotografien wie
bei Geschwindigkeitskontrollen oder mittels Videoaufnahmen. Allerdings
gibt es auch Systeme zur automatischen Gebührenerfassung, die keiner
gesonderten straßenseitigen Infrastruktur bedürfen (siehe ROBIN, Sagem).
(Toplak 1993, 125; Rittich/ Zurmühl 1993, 36 ff.)

BBR : (Bahnhofbedienungsrechner) Die Schnittstelle zwischen den Disponenten in der Betriebsleitstelle und dem Bahnhofbedienungssystem. Über
Bildschirme an den Arbeitsplätzen können Fernsehkameras und Monitore
für die Beobachtung der Bahnsteige und der Verteilerbereiche in allen ihren
Funktionen ferngesteuert werden. Zudem ist es über den BBR möglich,
Lautsprecheranlagen für Durchsagen an Fahrgäste zu schalten, Rolltore in
den Bahnhofszugängen zu bedienen, Rolltreppen fernzusteuern, Zuganzeiger mit allen erforderlichen Daten für die Anzeige von Sonderinformationen
zu versorgen, etc. Für jede Funktion existiert zusätzlich ein Dialogpro-
gramm mit spezifischer Unterstützung für den Bediener. (Ulzhöfer/ Hillers
1993, 50)

Benutzeroberfläche : Software an der Mensch-Maschine-Schnittstelle, die
der gegenseitigen Kommunikation dient. Die Benutzeroberfläche vermittelt
die Kommunikation zwischen Benutzer und Informationssystem und bestimmt damit die Art und Weise, wie der Benutzer seine Wünsche übermitteln muß. (Hilbig 1990, 295)

Berlin RCM 303 A : Dynamisches Zielführungssystem von Blaupunkt/ Bosch, Nachfolgemodell des Travelpilot (siehe dort). Berlin RCM 303 A ist für
7.000 DM plus noch einmal 3.000 DM für den Navigationsrechner auf dem
Markt erhältlich. Das Gerät integriert eine Vielzahl von Funktionen, z.B. dynamische individuelle Zielführung, Autotelefon, Video- und Fernsehemp-
fang, Steuerung der Klimaanlage, Autoradio und CD-Player. Berlin RCM
303 A arbeitet mit GPS und Koppelnavigation, unterstützt durch Fuzzy Logic (siehe jeweils dort). Unter der Bezeichnung BAS wird sollte das System
als erstes von Mercedes-Benz ab Werk angeboten und zwar als Zubehör für
den S 600. Man entschied sich dann jedoch für eine abgewandelte Version, das APS (siehe dort). (Fischer 1994, 100 f.; Spira, Johann-Christoph.: Schon zurück aus der Zukunft, FAZ (13.04.1993) 159, T4; Spira,
Johann-Christoph: Keine Umwege mehr für die S-Klasse, FAZ
(30.08.1994) 201, T4)

BERTA : Künftiges rechnergestütztes System der Berliner Verkehrs-Betriebe
(BVG) zur Fahr- und Dienstplangestaltung sowie Dienstvergabe und Daten-

haltung. Die Einführung von BERTA war für 1993 vorgesehen. BERTA ist
Teil des in Berlin geplanten Gesamtinformationssystems für den ÖPNV, zu
dem außer BERTA noch LISI, ein RBL sowie DAISY (siehe jeweils dort) gehören. (Schmidt u.a. 1993, 54)

BEVEI : ("Bessere Verkehrsinformation") Seit März 1993 laufender Feldversuch im Großraum Rhein/Ruhr zur praktischen Erprobung des RDS/TMC-Sy-
stems (siehe dort) unter Leitung der Robert Bosch GmbH. BEVEI findet
statt in Zusammenarbeit des Landes Nordrhein-Westfalen mit dem Bundesverkehrsministerium, der Bundesanstalt für Straßenwesen (BASt), Industrie-
Unternehmen sowie den Rundfunkanstalten WDR und SWF und wird vom
Bundesministerium für Forschung und Technologie gefördert. Darüber hinaus ist BEVEI international in die Projekte ACCEPT und EURO-TRIANGLE
(siehe jeweils dort) eingebunden. In der Region Köln/ Düsseldorf wurden für
BEVEI die meisten BAB (insgesamt rd. 460 km) mit etwa 260 automati-
schen Verkehrsdatenerfassungseinrichtungen ausgerüstet, die Verkehrsin-
formationen selbständig generieren und an den Leitrechner in der BAB-
Meisterei Leverkusen weiterleiten können. Hinzu kommen manuell erfaßte
Verkehrsmeldungen. Diese Daten werden dann in digitaler Codierung von
SWF und WDR ausgestrahlt. Mit einem RDS/TMC-Empfänger wurden für
BEVEI etwa 50 Fahrzeuge ausgerüstet. Mitte 1994 soll BEVEI abgeschlos-
sen sein. (Stahl 1993a, 165; OECD 1992, 46 + 49; Brägas 1993, 57 ff.;
FGSV 1992, 39)

BFR : (Bahnhofsrechner) Führt im wesentlichen die Schaltbefehle der Leitstelle bezüglich der ZLR, ZZR, BSR und BBR (siehe jeweils dort) aus, dient
der Überwachung der Anlagen und sendet Meldungen zur Leitstelle. Jeweils alle Zuganzeiger eines Bahnhofs sind an den zugehörigen BFR angeschlossen. (Ulzhöfer/ Hillers 1993, 50)

BISS : (Bord-Informations- und Steuersystem) Intelligentes Informations-
und Steuersystem, konzipiert für den Einsatz in Fahrzeugen des ÖPNV.
BISS dient u.a. der ständigen Vorhaltung aller Daten der Steuergeräte (z.B.
Antriebssteuerung, Türsteuerung, Fahrscheinentwerter) für Diagnose-
zwecke, dem Ersatz von Relaislogik durch speicherprogrammierte Mi-
krocomputergeräte, der schematisierten Fehlerfindung, der Übertragung der
Fahrerbedienkommandos und der Fahrsollwerte sowie dem umfassenden
Datenaustausch zwischen den einzelnen Steuergeräten der Fahr-
zeugsubsysteme unter Echtzeitbedingungen. (Larraß 1992)

Bit : (Kurzform von engl.: binary digit) Zweiwertige Ziffer, Informationsele-
ment in Form einer alternativen Entscheidung, einer Auswahl aus zwei
Möglichkeiten. Ein Bit ist ein Maß für die Informationsmenge, es stellt die

kleinstmögliche Menge in der elektronischen Information dar. Ein Bit ist
auch die kleinste ansprechbare Einheit im Computer. (Ratzke 1990, 24 f.)

Blaue Zone : Stadtverkehrskonzept im Rahmen des Projektes KVM (siehe
dort). Ziele der "Blauen Zone" sind eine Verbesserung der Aufenthaltsqualität, eine Sicherung der Erreichbarkeit der Innenstadt, die Förderung der
städtischen Wirtschaftskraft sowie eine Verbesserung der Verkehrsverhältnisse. Zu diesem Zweck sind folgende Maßnahmen vorgesehen: Eine
zeitweise Einschränkung des privaten Pkw-Verkehrs unter Vorhaltung nahezu gleichwertiger Transportmöglichkeiten mit City-Bussen; eine Veränderung des Modal Split durch Steigerung der Attraktivität des ÖPNV, aber
auch des Fahrrad- und Fußgängerverkehrs; die Entlastung der Kernstadt
durch ein city-nahes Parkkonzept mit automatisierten Tiefgaragen um die
Blaue Zone herum sowie einem Parkleitsystem; Bündelung des innerstädtischen Transitverkehrs auf dem Blauen Ring rund um die Blaue Zone. (Rodi
1993, 45; Janssen 1993; Schlüter/ Schwerdtfeger 1993)

Bordcomputer : Nutzfahrzeuginternes Informationssystem, das während der
Tour Daten erfaßt, aus welchen dann Rückschlüsse auf die Produktivität
der eingesetzten Faktoren Fahrzeug und Fahrpersonal sowie Rentabilität
bestimmter Touren und Kunden gezogen werden können (also Fahrzeug-,
Touren- und Auftragsdaten). Zudem soll der Bordcomputer mittels bestimmter Überwachungs- und Steuerungsfunktionen die Qualität und Sicherheit der Transportleistung gewährleisten. Das Bordcomputersystem
setzt sich i.d.R. aus folgenden Komponenten zusammen: Der Sensorik zur
Erfassung der fahrzeugtechnischen und Touren-Daten; dem Bordrechner als
Kernstück des Systems; einem Ausgabegerät, also einem Terminal, oft zusätzlich auch als Datenerfassungsgerät einsetzbar; ansonsten zusätzlich
noch eine Schnittstelle für Dateneingabe, beispielsweise über einen Bar-
code-Leser. Am Ende jeder Tour werden die Daten aus dem Bordcomputer
an den Rechner der Fuhrparkzentrale weitergegeben und dort ausgewertet.
(Saffer 1993, 7 + 45 ff.)

BSR : (Bahnhofsteuerechner) Dieser in jedem Stellwerk installierte Rechner
verbindet die Bahnhofsrechner (BFR, siehe dort) des betreffenden Stell-
werksbereichs mit dem zugehörigen Zuglenkrechner (ZLR, siehe dort) und
dem Bahnhofsbedienungsrechner (BBR, siehe dort) in der Betriebsleitstelle
und koordiniert den Datenfluß zwischen diesen Rechnern. (Ulzhöfer/ Hillers
1993, 50)

Btx : (Bildschirmtext) "Individueller Abruf von Textinformationen und graphischen Darstellungen aus zentralen oder dezentralen Datenspeichern über
das öffentliche Fernsprechnetz auf den Bildschirm eines Fernsehgerätes im

Datenübertragungsverbund zwischen Rechner und Fernsehempfänger."
(Ratzke 1990, 23)

Bündelfunk : Computersteuerung von Funkfrequenzen zur optimalen Nutzung der begrenzten Kapazitäten. Der Computer übernimmt dabei die Organisation und Zuteilung der knappen Funkfrequenzen an die Teilnehmer genau gemäß der jeweiligen Anforderungen. Unter der Bezeichnung Chekker wird seit März 1990 der Bündelfunk als Alternative zum Betriebsfunk von der Deutschen Bundespost Telekom angeboten. Später wurden dann auch private Bündelfunk-Anbieter zugelassen. Gegenüber dem Betriebsfunk hat der Bündelfunk den Vorteil, daß sich nur die jeweils kommunizierenden Gesprächspartner gegenseitig hören, also nicht das gesamte Funknetz teilnimmt, obwohl auch der Bündelfunk nicht als abhörsicher einzustufen ist. Außerdem ist der Bündelfunk zuverlässiger, dafür sind Gebühren und Geräte etwas teurer. (Jörn, Fritz: Halb Mobiltelefon, halb Funkgerät, FAZ (24.11.1992) 273, T8)

Bundesfernstraßen : Landstraßen für den Fernverkehr, also Bundesstraßen und BAB.

BVWP : (Bundesverkehrswegeplan) Langfristige Investitionsplan, welcher die Bedarfsplanung des Bundes für Verkehrsinfrastrukturinvestitionen festlegt. Eine Grundlage des BVWP ist der Bedarfsplan für Bundesfernstraßen als Anlage des Gesetzes über den Ausbau der Bundesfernstraßen. Dieser Bedarfsplan teilt anstehende Straßenbauprojekte in mehrere Kategorien ein. Die Stufe I stellt eine nicht rechtsverbindliche Realisierung in den nächsten 20 Jahren in Aussicht, während die Dringlichkeitsstufe II diejenigen Maßnahmen umfaßt, die auf längere Sicht evtl. erforderlich werden könnten. Der BVWP als Langfristplan enthält dann detaillierte Angaben zu den einzelnen Infrastrukturprojekten. Allerdings ist der BVWP ein reines Planungs-, kein Finanzierungsinstrument, d.h. die Finanzierung der dort genannten Vorhaben ist gesondert über den jeweiligen Verkehrshaushalt sicherzustellen. Der Einzelplan 12 des Bundeshaushalts umfaßt den Verkehrshaushalt. Der derzeitige BVWP (BVWP 92) sieht beispielsweise zwischen 1991 und 2010 für Investitionen in die Schieneninfrastruktur insgesamt 86,6 Mrd. DM, für Bundesfernstraßen insgesamt 91,8 Mrd. DM und für Bundeswasserstraßen 13,3 Mrd. DM vor. Die Investitionen des Bundes in die Flugsicherung entfallen infolge der Privatisierung ab 1993. Ebenfalls im BVWP festgeschrieben sind die Finanzhilfen des Bundes gemäß Gemeindeverkehrsfinanzierungsgesetz (GVFG). (Bürgel 1983, 99 ff.; Interview mit Heinz Sandhäger, siehe Befragungsprotokoll 11, 2 f.; IntV 44 (1992) 11, 419; Ewers 1993, 32; Kraft u.a. 1992, 371)

Byte : Acht Bit (siehe dort) sind ein Byte. (Ratzke 1990, 25)

CAD : (Computer Aided Design) Rechnerunterstütztes, computergestütztes Entwerfen. (Ratzke 1990, 31)

CAM : (Computer Aided Manufacturing) Computergestützte, rechnerunterstützte Produktion, Fertigung. (Ratzke 1990, 31)

CARIN : Navigationssystem von Philips, das mittels Satellitenortung arbeitet. Zielführungsinformationen werden an den Autofahrer - wie bei anderen individuellen Leitsystemen auch (siehe z.b. Travelpilot) - über ein Display sowie akustisch ausgegeben. (Tietz 1987, 885; Sparmann 1990, 31)

CCIRC : (Comité Consultatif International des Radiocommunications) Normungsorganisation in Form eines beratenden Ausschusses der internationalen Fernmeldeunion UIT (Union Internationale des Télécommunications, Genf), die wiederum eine Unterorganisation der Vereinten Nationen (UNO) ist. Das CCIRC befaßt sich mit der Normung bei Funkübertragung von Daten, also auch im Bereich der Mobilfunktechnik. (Welzel, 1993, 6)

CCITT : (Comité Consultatif International de Télégraphique et Téléphonique) Normungsorganisation in Form eines beratenden Ausschusses der internationalen Fernmeldeunion UIT (Union Internationale des Télécommunications, Genf), die wiederum eine Unterorganisation der Vereinten Nationen (UNO) ist. Spielt eine wichtige Rolle auf dem Gebiet der Standardisierung der Datenübertragung. Ist u.a. zuständig für Empfehlungen bezüglich der Normierung von Mobilfunk-D-Netz-Systemen, ISDN sowie Datenübertragungs-Schnittstellen. (Höller 1993, 13; Ratzke 1990, 34 + 190; Löns 1990, 781; Conrads 1989, 61; Schmitt-Egenolf 1990, 115; Welzel 1993, 6; Kedaj 1991, 150)

CD : (Compact Disc) Laserabgetasteter, digitaler Informationsträger mit einer sehr hohen Speicherkapazität. (Ratzke 1990, 35)

CD-ROM : (Compact Disc - Read Only Memory) CD als Datenfestspeicher für 600 Millionen Zeichen (etwa 250.000 Din A4-Seiten). Die gespeicherten Daten können nur eingelesen, nicht jedoch verändert oder gelöscht werden. (Ratzke 1990, 35)

CEMT : (Conférence Européenne des Ministres des Transports) Auch: ECMT (European Conference of Ministers of Transport). Europäische Verkehrsministerkonferenz, gegründet am 17. Oktober 1953 als autonome Nachfolgerin des "Inland Transport Commitee" der OEEC (Organization for European Economic Cooperation). Der Sitz der CEMT ist Paris, wo sie über ein ständiges Sekretariat bei der OECD (Organization for Economic Cooperation and Development) verfügt. Das maßgebliche Organ der CEMT ist der Ministerrat, der ein- bis zweimal jährlich zusammentritt. Ziel der CEMT ist die Förderung der gesamteuropäischen internationalen Zusammenarbeit auf dem Gebiet des Verkehrswesens. (Gabler Lexikon Band 2 1988, Sp. 1337)

CEN : (Comité Européen de Normalisation Electrotechnique) Europäischer Ausschuß für die elektrotechnische Normung. (Ratzke 1990, 37)

CEPT : (Conférence Européenne des Administrations des Postes et des Télécommunications) Europäische Organisation der Post- und Telekommunikationsverwaltungen. (Ratzke 1990, 37)

Chekker : Bündelfunk-System (siehe dort) der Telekom.

Chipkarte : Auch Smart-Card, aufladbare Wertkarte, wie sie z.b. als Zahlungsmittel für Telefongespräche (Telefonkarte) Verwendung findet.

CIM : (Computer Integrated Manufacturing) Bezeichnet die produktbezogene Integration aller am Produktionsvorgang beteiligten IuK-technischen Teilsysteme. (Venitz 1991, 36)

CIR : (Computer Integrated Railroading) Leitplan der Deutschen Bahn AG zur Koordinierung von Telematik-Projekten im Bereich des Schienenverkehrs. Mit CIR soll die Integration aller Geschäfts- und Betriebsabläufe der Eisenbahn als Basis für die optimale Nutzung ihrer Ressourcen erreicht werden. Der Leitplan CIR soll u.a. dazu beitragen, daß Unternehmens- und Zentralbereiche der Deutschen Bahn AG effizient zusammenarbeiten, daß übergreifende Strategien und Konzepte einheitlich verwirklicht werden, daß erfolgreiche Lösungen und verfügbare Daten auch anderen Bahnbereichen zur Verfügung gestellt werden und daß die Deutsche Bahn AG - obwohl ergebnisorientiert in verschiedene Bereiche aufgeteilt - dem Kunden gegenüber als Einheit und insgesamt erfolgreich handelt. (BMV 1993, 5; Heinisch 1993, 57 f.)

CIR-ELKE : (Computer Integrated Railroading - Erhöhung der Leistungsfähigkeit im Kernnetz) Mit diesem Projekt im Rahmen des Leitplanes CIR verfolgt die Deutsche Bahn AG Ansätze zum Einbau verbesserter Betriebsleittechnik auf entsprechenden Strecken. CIR-ELKE soll dabei als innerbetriebliches Informationssystem zu einer Steigerung der Leistungsfähigkeit der Deutschen Bahn, insbesondere im Güterverkehr, um insgesamt rd. 40% beitragen. Von dieser Leistungssteigerung soll jeweils die Hälfte durch eine Erhöhung der Streckenleistungsfähigkeit sowie durch eine bessere Auslastung der Transportgefäße erreicht werden. Außerdem sind auch die Erhöhung der Flexibilität sowie der Qualität des Leistungsangebotes Ziele im Rahmen von CIR-ELKE. Das System setzt sich im wesentlichen aus zwei Hauptbestandteilen zusammen: Als Baumaßnahme an den Strecken und in den Stellwerken den Hochleistungsblock (HBL), damit die Züge bei Wahrung der Verkehrssicherheit in dichterer Folge verkehren können. Außerdem die rechne-

runterstützte Zugüberwachung (RZü) als Kernbestandteil betriebsorganisa-
torischer Maßnahmen, welche das rechnerunterstützte Betriebsmeldeverfahren (RBmv) zur Kundeninformation, die rechnerunterstützte Disposition
in den Betriebsleitungen sowie die rechnerunterstützte Betriebssteuerung
(RBS) umfaßt. Bereits ab Mitte der neunziger Jahre soll CIR-ELKE - das von
der Deutschen Bahn AG kompatibel zu ETCS (siehe dort) entwickelt wird -
die bisher im Einsatz befindliche LZB (siehe dort) ersetzen. (BMV 1993, 6;
Ernst/ Walpuski 1993, 114; Heinisch 1993, 60 f.; Häusler 1993, 9 f.)

CITIES : (Cooperation for Integrated Traffic Management and Information
Exchange Systems) Eines der im Rahmen von DRIVE II/ ATT (siehe dort)
geförderten Europrojekte der POLIS-Initiative (siehe dort). Zusammenarbeit
zwischen Paris, Brüssel und Göteborg. (Keller 1993, 77)

CITRA : (Corridor Initiative for Transit Route Through the Alps) Projekt zur
Realisierung eines integrierten Überwachungs- und Kontrollsystems für den
Transport gefährlicher Güter in internationalen Alpenkorridoren, hier der
Brenner-Alpenquerung. CITRA findet zwischen 1992 und 1995 in Koopera-
tion der zuständigen Straßenbaubehörden in Deutschland, Österreich und
Italien statt. Durch die Vernetzung der dort jeweils angesiedelten nationalen
Verkehrsleitzentralen soll eine koordinierte Steuerungsstrategie für den
Verkehr im allgemeinen und den Transport gefährlicher Güter im besonderen erreicht werden. Vorgesehen sind: der Entwurf eines Überwachungs-
und Kontrollsystems auf Basis der vorhandenen nationalen Verkehrsleit-
und Informationsanlagen; Vorarbeiten für eine einheitliche integrierte Systemarchitektur mit Feldversuchen zunächst auf nationaler Ebene; Vorarbeiten für ein internationales Überwachungssystem mit Feldversuchen zunächst auf nationaler Ebene sowie schließlich Feldversuche auf internationaler Ebene mit der Erprobung der entwickelten einheitlichen Systemarchitektur. Dabei sollen u.a. folgende Technologien getestet werden: GPS
(siehe dort), Gewichtsmessung in Bewegung, Überlastungs-Detektion, ob-
jektcodierte Präsentation auf digitalen Landkarten. CITRA läuft unter Mitarbeit von AVE Verkehrs- und Informationstechnik, Pietzsch Automatisierung
sowie der Siemens AG. (FGSV 1992, 41 ff.)

City-Logistik : "Insgesamt kann man unter City-Logistik alle - operativen
und dispositiven - Tätigkeiten fassen, die sich auf die bedarfsgerechte,
nach Art, Menge, Zeit, Raum und Umweltfaktoren (i.w.S.) abgestimmte,
effiziente Bereitstellung (bzw. Entsorgung) von Realgütern in einer Stadt
beziehen." (Wittenbrink 1993, 252)

Colli : ein Frachtstück (z.B. eine Palette, ein Paket)

COMBICOM : Im Rahmen von DRIVE (siehe dort) stattfindender Betriebs-
versuch, bei dem mittels des Einsatzes elektronischer Steuerungs-, Infor-
mations- und Überwachungssysteme eine erhebliche Verbesserung der
Transportqualität im Kombinierten Verkehr erreicht werden soll. COM-
BICOM läuft seit 1993 auf der Strecke Köln-Brenner-Verona. Das System
arbeitet auf der Basis des für die ISO-Container genormten Systems zur
automatischen Identifizierung von Ladeeinheiten, welches bei Wechselbehältern, Containern, Sattelanhängern sowie Eisenbahnwaggons angewen-
det werden kann. COMBICOM ermöglicht die automatische Feststellung
aller beim Transportvorgang durch Irrtum, Betriebsstörung oder Unfall ent-
stehender Verzögerungen, eine elektronische Laufüberwachung durch wiederholte Unterwegserfassung sowie die Bereitstellung der transportrelevan-
ten Daten beim Zielterminal bereits bei Verlassen des Ausgangsterminals.
Die entsprechenden Daten werden dann automatisch an den Agenten der
Transportgesellschaft weitergeleitet. (BMV 1993, 18)

Companion : Leitpfosten-Warnsystem der BMW AG zur Unfallortung und -
warnung. Entlang besonders gefährlicher Straßenabschnitte Installierung
elektronisch ausgerüsteter Pfosten, die bei Unfällen oder Staus blinken. Außerdem können die Pfosten des Companion-Systems zur Verkehrsdatenerfassung eingesetzt werden. (Sommer, Arno: Konzepte gegen den Verkehrskollaps, FAZ Beilage "Verkehr 2000" (06.10.1992) Nr.232, B16)

COMPASS : (Computerorientierte Methode für Planung und Ablaufsteuerung im Seehafen) Ein bereits 1976 von den Bremischen Häfen in Betrieb
genommenes Seehafenmanagementsystem. (BMV 1993, 16 f.)

Container : Widerstandsfähige Transportgefäße zur Güterbeförderung durch
Verkehrsmittel ohne Umladung der Güter selbst. Container sind mit Einrichtungen versehen, die ihre Handhabung, insbesondere beim Umschlag von
einem Verkehrsmittel zum anderen , erleichtern. Es gibt verschiedene Typen von Containern. (Frank u.a. 1992, 12 ff.)

COPILOT : Gesellschaft für Verkehrsleit- und Informationsdienste. Private
Betreibergesellschaft, die Teile des Pilotprojektes STORM (siehe dort) übernehmen soll. Aufgaben von COPILOT werden die Planung, Finanzierung,
der Aufbau sowie der Betrieb von infrastrukturgestützten Verkehrsinformationssystemen und die Vermarktung der entsprechenden Dienstleistungen
sein. COPILOT betreibt darüber hinaus den flächendeckenden Aus- und
Aufbau seiner Dienste in der gesamten Bundesrepublik Deutschland, ein
Anfang ist bereits in Stuttgart und Berlin gemacht, sowie die Gewinnung
europäischer Partner. Über die zugrundeliegende IVMS-Konzeption (siehe
dort) informiert ein Schaubild im Anhang zu Befragungsprotokoll 10.

(Interview mit Herrn Reinhard Schult am 29.6.1994, siehe Befragungsprotokoll 10, 4 ff.)

CORE : (Corridor über Rhein/Ruhr nach Europa) Feldversuch zur Erprobung verschiedener Formen der kollektiven Verkehrsbeeinflussung in Nordrhein-Westfalen. CORE ist der deutscher Teil des EURO-TRIANGLE-Projekts (siehe dort). Die Versuchsfelder von CORE erstrecken sich von Aachen bis Dortmund bzw. von Bonn bis Oberhausen/ Recklinghausen. Geplant ist außerdem eine Verbindung der Verkehrssteuerung auf dem Korridor mit der Steuerung der städtischen Lichtsignalanlagen (LSA) in Köln, Essen und Dortmund. (FGSV 1992, 55 ff.)

CORRIDOR : (Cooperation on Regional Road Informatics - Demonstrations on Real Sites) Initiative im Rahmen von DRIVE II/ ATT, die sich im Unterschied zu POLIS (siehe dort) den überregionalen und zugleich internationalen Verbindungen widmet, die sich in einem Korridor mit meistens mehreren alternativen Routen realisieren. (FGSV 1993, 52)

COST : (Coopération européenne dans le domaine de la recherche Scientifique et Technique) Form und Rahmen der europäischen Zusammenarbeit auf dem Gebiet der wissenschaftlichen und technischen Forschung unter Beteiligung von über 20 Staaten. Im Rahmen von COST erfolgt die gemeinsame Planung von einzelstaatlich finanzierten Forschungsprojekten auf den Gebieten Informatik, Telekommunikation, Ozeanographie, Metallurgie und Werkstoffkunde, Umweltschutz, Meteorologie, Landwirtschaft, Lebensmitteltechnologie, medizinische Forschung und Gesundheitswesen. Die COST-Aktionen 302 und 303 beinhalten Forschungsvorhaben zu umweltfreundlichen Fahrzeugen. Darüber hinaus widmen sich COST-Aktionen der Logistik im Güterverkehr sowie der Auswirkungen von EDI (siehe dort) im Transportwesen. (Weidenfeld/ Wessels 1992, 358; EG KOM (92) 46 endg., 48; FGSV 1993, 52)

D1 : Mobilfunknetz (siehe Mobilfunk) der DeTeMobil, der Deutschen Telekom Mobilfunk GmbH.

DAISY : (Dynamisches Auskunfts- und Informationssystem) System für die dynamische Fahrgastinformation für alle Bereiche der Berliner Verkehrs-Betriebe, also Bus, Tram, S- und U-Bahn. Zur Erfüllung dieser Aufgaben muß DAISY über Daten aus allen Betriebsteilen verfügen. Zu diesem Zweck werden über den zentralen Fahrgastinformations-Rechner Daten sowohl mit dem System BERTA (siehe dort) als auch mit dem Bus, Tram, U- und S-Bahn integrierenden RBL (siehe dort) ausgetauscht. Aus diesen Daten werden dynamische Fahrgastinformationen generiert und an die entsprechen-

den Ausgabemedien, z.B. öffentliche Infotheken, übermittelt. (Schmidt u.a.
1993, 55 + 60)

DAKOSY : (Datenkommunikationssystem Hamburger Hafen) System mit
informationstechnischer Realisierung einer Reihe von Bausteinen für ein integriertes Hafenmanagement. Die Schnittstellenverknüpfung zum Verkehrsträger Schiene werden dabei in den Projekten HABIS und DISK (siehe jeweils dort) realisiert. (BMV 1993, 17)

DEDIG : (Deutsche EDI-Gesellschaft) Organisation innerhalb des Deutschen
Instituts für Normung (DIN) e.V. zur Förderung und Unterstützung des EDI-
FACT-Standards (siehe dort). Die DEDIG wurde im Juli 1993 in Zusammenarbeit der Bundesregierung mit der deutschen Wirtschaft gegründet. (BMV
1993, 23)

DEUFRAKO-M : (Deutsch-französische Kooperation - Anhang M) Die gemeinsamen Aktivitäten Deutschlands und Frankreichs im Rahmen dieses
Projekts dienen der Gestaltung einer europäischen Betriebsleittechnik. Als
bilaterales Projekt basiert DEUFRAKO-M auf zwei nationalen Projekten,
nämlich DIBMOF (siehe dort) auf deutscher Seite und ASTREE (siehe dort)
auf französischer Seite. Diese beiden nationalen Projekte sind sich von der
Systemarchitektur her sehr ähnlich, insbesondere hinsichtlich der Übertragungstechnik zwischen Zügen und Strecken   sowie der Zugsteuerungs-
und Zugsicherungstechnik. Ergänzend wurde im Rahmen von DEUFRAKO-
M das bilaterale Projekt ARTEMIS (siehe dort) auf den Weg gebracht. (BMV
1993, 7 f.)

DIBMOF : (Dienste Integrierter Bahn-Mobilfunk) Projekt, in dem ein zukunftsorientiertes, offenes Funkübertragungssystem auf der Basis des
Mobilfunks (D-Netz, GSM-Standard, siehe dort) entstehen soll. Dabei sollen
das hier zu erprobende Kommunikationsnetz zukünftig für eine Vielzahl verschiedener Anwendungen genutzt werden. DIBMOF soll voll kompatibel
und mit den vom Straßenverkehr bekannten technischen Merkmalen ausgestaltet werden. Mittels DIBMOF sollen sowohl die Betriebsführung
(Linienzugbeeinflussung; bahninterne Dienste mit Sicherheitsanforderungen), als auch die Betriebskommunikation (Zugfunk; bahninterne Dienste
ohne Sicherheitsanforderungen) und die Kommunikation der Bahnkunden
(z.B. Telefonservice) ermöglicht werden. Zu diesem Zweck bedarf das vorhandene D-Netz des Mobilfunks voraussichtlich lediglich regionaler Anpas-
sungen. Ab 1996/97 soll DIBMOF einsatzbereit sein. (BMV 1993, 7; Heinisch 1993, 58 f.)

Digital : bedeutet ziffernmäßig, zahlenmäßig. Gemeint ist damit die Umsetzung von Signalen (Informationen) in Folgen von Nullen und Einsen (Bits),

also die Codierung im binären System, zum Zweck ihrer Übertragung bzw.
Verarbeitung. Im weiteren Sinne bezeichnet der Begriff auch alle Arten nu-
merischer Anzeige durch Ziffern, z.b. bei Geräten der Unterhaltungselektronik zur Frequenzanzeige oder bei elektronischen Uhren. Bei einer analogen Übertragung werden dagegen die Signale als kontinuierliche Wellen
übertragen. (Ratzke 1990, 56 f.; Höller 1993, 6)

DISK : (Dispositions- und Informationssystem für den Kombinierten Verkehr) Projekt zur Realisierung eines Systems im kombinierten Ladungsverkehr (KLV, siehe dort) zur Verbesserung der Leistungserstellung, zur Steuerung und Kontrolle der Ressourcen, zur Realisierung einer vorauseilenden
Informationskette sowie zur Steigerung der Wirtschaftlichkeit insgesamt im
Rahmen von DAKOSY (siehe dort). Mit DISK steht dem KLV nicht nur ein
operatives Dispositions- und Informationssystem für die Umschlagbahnhöfe
zur Verfügung, sondern auch ein strategisches Planungs- und Steuerungs-
instrument für das Produktionsmanagement. DISK korrespondiert mit den
bereits vorhandenen Systemen Fahrzeuginformations- und -vormeldesystem
(FIV) und dem Containervormeldesystem (CVM). Die DISK-Anwendungen
werden von einem Zentralrechner bei der Bundesbahndirektion Nürnberg
verarbeitet. Die Datenübertragung wird über das interne Text- und Datennetz der Deutschen Bahn AG realisiert. (BMV 1993, 17; Henning u.a.
1994, 349; Deutsche Bundesbahn 1992)

Display : Engl.: zeigen, offenbaren, zur Schau stellen; Das, was auf einem
Bildschirm angezeigt wird bzw. das, womit angezeigt wird. (Ratzke 1990,
58)

DKE : (Deutsche Kommission für Elektrotechnik) Normungsgremium in Zusammenarbeit des DIN mit dem VDE (Verband Deutscher Elektrotechniker)
zur Erarbeitung von Normen auf dem Gebiet der Elektrotechnik. (Conrads
1989, 64)

D-Netz : Digitales Mobilfunksystem, Zellularfunk (siehe Mobilfunksystem).

DRIVE : (Dedicated Road Infrastructure for Vehicle Safety in Europe) Mitte
1988 von der EG initiiertes, breitangelegtes Forschungs- und Entwicklungsprogramm zur Förderung und Koordinierung der Innovationen auf dem Gebiet der Telematik im Verkehr. Der Schwerpunkt von DRIVE liegt im Bereich
des Straßenverkehrs, jedoch werden auch Vorhaben zur Verbesserung des
ÖV gefördert. Das ursprüngliche DRIVE-Programm lief 1989 bis 1991 und
befaßte sich primär mit der Erforschung und Entwicklung von optionalen
bzw. alternativen Technologien und Systemlösungen. Seit 1992 und noch
bis Ende 1994 läuft DRIVE II unter der offiziellen Bezeichnung ATT
(Advanced Transport Telematics). In DRIVE II/ ATT fand eine Schwer-

punktverlagerung in Richtung Validierung, Integration und Erprobung neu-
artiger Systeme und Konzepte in Feldversuchen bzw. Pilotprojekten statt.
Die im Rahmen von DRIVE II/ ATT geförderten Projekte lassen sich grob in
Feldversuche in europäischen Korridoren und in solche in europäischen
Ballungsräumen gliedern. Zu den geförderten Projekten gehören beispiels-
weise die Europrojekte der POLIS-Initiative (siehe dort). 1995 soll dann
DRIVE III gestartet werden, dessen offizielle Bezeichnung voraussichtlich
TT (Transport Telematics) lauten wird. (Deutsche Bank 1990, 51; Interview
mit Klaus Everts am 08. Juni 1994, siehe Befragungsprotokoll 2, 4; Boch
1993, 55 f.; FGSV 1992, 3)

Dual-Mode-Gerät : Individuelles dynamisches Autofahrerleitsystem, wie es
dem Pilotprojekt STORM (siehe dort) zugrundeliegt. Dabei ist das Fahrzeug
mit einem autarken (fahrzeugautonomen) Navigationssystem ausgerüstet
(nämlich einer überarbeiteten Version des Travelpilot von Bosch; siehe
dort), welches die Zielführung auf der Basis einer digitalen Straßenkarte
und der Positionsbestimmung mittels Radsensoren vornimmt. Ein Aktualisierung der fahrzeuginternen Informationen erfolgt dann auf zwei Wegen:
In Gebieten mit einer entsprechenden Infrastruktur, also v.a. in den Städten, durch Infrarot-Baken (Funktionsweise wie EURO-SCOUT, siehe dort),
in Gebieten ohne diese Infrastruktur mittels RDS/TMC (siehe dort). Dabei
erfolgt die Auswahl des Aktualisierungsweges selbständig durch den Navigationsrechner. Er bleibt so lange auf dem TMC, wie er keine Infrarot-Baken passiert, springt aber sofort auf Infrarotkommunikation um, wenn er
eine Bake erreicht. Für den Fahrer läuft das Routing weiter, er merkt die
Umstellung nicht. Die Infrarot-Baken können im Gegensatz zu RDS/TMC
auch zur Zwei-Wege-Kommunikation genutzt werden, d.h. sie übernehmen
auch Informationen von durchfahrenden Fahrzeugen (z.B. Reisezeit). Die
Anonymität der Fahrzeuge wird dabei im Rahmen von STORM dadurch gewahrt, daß die Baken durchfahrenden Fahrzeugen Nummern aus Zufallszahlen zuteilen, die jeweils nur bis zum Erreichen der nächsten Bake gelten.
Aus der auf diesem Wege ermittelten Reisezeit der Fahrzeuge lassen sich
Rückschlüsse auf die herrschende Verkehrssituation ziehen. (Interview mit
Rainer Neuwerk am 13. Juni 1994, siehe Befragungsprotokoll 3, 3 ff.)

DUKIS : (Dienste- und Kooperation-Informationssystem) Ein auf die Anwendung in GVZ (siehe dort) ausgerichtetes Informationssystem für die gemeinsamen Dienste und die kooperative Transportabwicklung. DUKIS gliedert sich in einen Dienste- und in einen Transportabwicklungsteil. Der
Diensteteil umfaßt die Funktionen Lagerhaltung, Versorgung, Ergänzungs-
dienste, Entsorgung, Fuhrpark-Dienstleistungen, Kontroll- und Sicherheits-

dienste, Verwaltung sowie Informations-, Beratungs- und Planungsdienste. Der Transport-abwicklungsteil enthält folgende optionale Funktionen: Güternahverkehr einschließlich City-Güterverkehr, Teilladungsverkehr, Güterfernverkehr, Kombinierter Ladungsverkehr, Stück- und Sammelguttransport, Gefahrguttransport sowie Kühlguttransport. (Pannek/ Talke 1994, 112)

Dynamisches Fahrgastinformationssystem : Fahrgastinformationssysteme geben dem Passagier darüber Auskunft, wo, wohin und wann sein Zug, Bus, Straßenbahn, Flugzeug, Schiff, etc. fährt. Statische, d.h. planmäßige Fahrgastinformation wird z.Zt. mit Fahrplanaushängen etc. realisiert. Dynamische Fahrgastinformation umfaßt darüber hinaus aktuelle, situationsbezogene Meldungen, z.B. über Verspätungen oder Gleisänderungen. Grundsätzlich besteht jedes dynamische Fahrgastinformationssystem aus einem Zentralrechner, einem Datenübertragungskanal und einem oder mehreren (kollektiven) Anzeigemedium. Der Zentralrechner liest die Prozeßdaten ein, verarbeitet sie und übermittelt entsprechende Meldungen an die Anzeigemedien, die beispielsweise als Wechselhinwiestafeln oder auch als Touch Screen-Infotheken mit individueller Benutzerführung organisiert sein können. (Dörks 1993, 43 ff.)

EATCHIP : (European Air Traffic Congestion Harmonisation and Integration Programme) Europäisches Programm zur Harmonisierung und Integration der Flugsicherung unter der Federführung von Eurocontrol (siehe dort). EATCHIP dient der kurz- bis mittelfristigen Verbesserung der nationalen Flugsicherungssysteme in Europa, während EATMS (siehe dort) langfristig angelegt ist. (BMV 1993, 12; IATA 1993, 20)

EATMS : Programm unter der Leitung von Eurocontrol (siehe dort) zur Spezifikation eines einheitlichen europäischen Flugsicherungssystems auf der Grundlage modernster Technologie und Kommunikationsmittel. Langfristige Ergänzung der Bemühungen im Rahmen von EATCHIP (siehe dort). (BMV 1993, 12)

ECMA : (European Computer Manufacturers Association) Zusammenschluß europäischer Computerhersteller, der sich mit Normung und Standardisierung auf dem Gebiet der EDV und der Datenkommunikation zwischen Rechnern befaßt. (Welzel 1993, 7)

ECTEL : (European Telecommunications and Professional Electronics Industry) Zusammenschluß der europäischen Telekommunikations- und Fachelektronik-industrie, gegründet 1986 als Zusammenschluß von Eucatel (European Conference of Associations of Telecommunication Industries)

und ECREEA (European Conference of Radio and Electronic Equipment Associations). (Commission of the EC - DG XIII 1988, Reference Sheet 1)
EDI : (Electronic Data Interchange) Oberbegriff für alle Formen des Austausches administrativer Daten. Der elektronische Datenaustausch verknüpft die Vorteile der Datenverarbeitung mit den Möglichkeiten der modernen Telekommunikation. (Venitz 1991, 45; EG-Kommission 1991, 53)
EDIFACT : (Electronic Data Interchange for Administration and Commerce and Transport) Entwickelt sich mit hoher Wahrscheinlichkeit zum EDI-Standard (siehe dort) für die Bereiche Verwaltung, Handel und Verkehr. EDIFACT ist hard- und softwareneutral, unterstützt im Datenaustausch alle Funktionen von Wirtschaft und Verwaltung und fördert durch seine weltweite Akzeptanz international den Abbau von Handelshemmnissen. Die Implementierung des EDIFACT-Standards ist die Voraussetzung für vernetzte Systeme und fördert die standortunabhängige, grenzüberschreitende, effiziente und zügige Abwicklung von Datentransfers. Die bundesdeutsche Unterstützung des EDIFACT-Standards wurde im Juli 1993 mit der Gründung der DEDIG (siehe dort) bekräftigt. (Venitz 1991, 45; BMV 1993, 22 f.)
EDV : Elektronische Datenverarbeitung.
EFA : (Elektronische Fahrplanauskunft) Das in Deutschland und Österreich am weitesten verbreitete elektronische Fahrplaninformationssystem im ÖPNV. Systembestandteile von EFA finden u.a. in den Pilotprojekten STORM und KVM (siehe jeweils dort) Verwendung. EFA soll gewährleisten, daß jeder Einzelne an jedem Ort zu jeder Zeit alle Informationen erhalten kann, die es ihm ermöglichen, den ÖPNV für Ortsveränderungen zu benutzen (sofern eine Fahrtmöglichkeit existiert). Dabei kann EFA sowohl für professionelle Anwendungen über einen Rechner bzw. PC verwandt werden als auch als Fahr-gastinformationssysteme über Touchscreens oder Btx. Das System kann dabei eine hohe Zahl an gleichzeitigen Anfragen bedienen und liefert hochwertige (richtige) und aktuelle Informationen. (Mentz 1993, 50 f.)
ERP : (Electronic Road Pricing) Elektronische Erhebung von Straßenbenutzungsgebühren mit dem Vorteil der möglichen zeit-, strecken- und aufkommensabhängigen Staffelung der zu zahlenden Benutzungspreise. Dienen der Internalisierung externer Kosten des Straßenverkehrs sowie der Erhebung nutzungsabhängiger Beiträge zur Infrastrukturvorhaltung. Siehe automatische Gebührenerfassung, AGE, Smart-Card-System, Tag-System.
ERTICO : (European Road Transport Telematics Implementation Coordination Organization) Zusammenschluß von EG-Instanzen, nationalen Regierungen und Verwaltungen, Städten, Verbänden und der Industrie zur euro-

paweiten Forcierung der Anwendung moderner IuK-Techniken und -Systeme im Verkehrsbereich. Schwerpunkt der Aktivitäten von ERTICO ist der Straßenverkehr. "ERTICO´s Policy Objectives are therefore to: A. Promote the adoption of Transport Telematics in support of transport policy objectives. B. Draw together all actors in the development, implementation, and operation of road transport telematics into a single European organisation dedicated to the coordination and promotion of these applications. C. Establish the needs, wants [and willingness to pay] of the various parties and determine the feasability, desirability and cost/benefit of each application. D. Determine the needs for interoperability of applications throughout Europe and promote/perform the necessary actions to meet them. E. Identify the legal, institutional and financial obstacles to implementation and promote their resolution. F. Identify and exploit politically or technically independent local or national initiatives, and work to minimise differences. G. Plan, promote and coordinate initial implementations of applications. H. Promote international policy and technical cooperation." (Dicke 1992, 200; ERTICO Newsletter (1994) 3; Interview mit Josef W. Grüter am 17.Juni 1994, siehe Befragungsprotokoll 5, 3)

ESA : (European Space Agency) Europäische Raumfahrtorganisation.

ESPRIT : (European Strategic Programme for Research in Information Technologies) Seit 1984 laufendes zehn Jahres-Forschungs- und Entwicklungsprogramm der EG in den Bereichen Informationstechnologien, Energie und industrielle Modernisierung. Ziel von ESPRIT - wie auch von anderen Forschungsinitiativen, z.B. EUREKA (siehe dort) - ist die Verbesserung der Wettbewerbsfähigkeit Europas in zukünftigen Schlüsselbereichen auf dem Wege koordinierter vorwettbewerblicher Forschung. Mit 1,3 Mrd. ECU im Zeitraum von Mitte 1991 bis Ende 1994 für ESPRIT III ist es das umfangreichste EG-Forschungsprogramm. ESPRIT I lief von 1984 bis 1987 mit insgesamt 750 Mio. ECU, ESPRIT II von 1987 bis 1990 und war mit einem Haushalt von 1,6 Mrd. ECU bereits das größte Einzelprogramm des gesamten Rahmenprogramms für Forschung und technologische Entwicklung. Gefördert werden fast 500 Projekte auf den Gebieten Mikroelektronik, integrierte Informationssysteme, CIM (siehe dort) sowie informationstechnische Anwendungssysteme. (Weidenfeld/ Wessels 1992, 362; EG-Kommission 1991, 18 f.; EP - Generaldirektion Wissenschaft 1991, DE III/F/6a, 1)

ETCS : (European Train Control System) Gemeinsames Projekt der europäischen Bahnen (zusammengeschlossen in der GEB, Gemeinschaft Europäischer Bahnen), mit dem ein europäisches Schienennetz mit einheitlichen technischen Standards für den Hochgeschwindigkeits-, den Kombinierten

sowie den konventionellen Wagenladungsverkehr geschaffen werden soll.
Die Anstrengungen im Rahmen des ETCS-Projekts umfassen die Entwicklung eines einheitlichen, leistungsfähigen Betriebsleitsystems, basierend auf
bereits erprobten Systemen sowie die Bereitstellung moderner Kommunikationseinrichtungen. Grundlegendes Ziel von ETCS ist es, die erheblichen
Schwierigkeiten aufgrund mangelnder Standardisierung insbesondere auf
dem Gebiet der Systeme für Sicherheit, Signalisierung und Betriebsleittechnik im grenzüberschreitenden Verkehr zu beheben. Für den internationalen Verkehr sollen Systeme aufgebaut werden, die einerseits durch ihren
modularen Aufbau für alle europäischen Bahnen in Zukunft einsetzbar sind,
andererseits aber voll kompatibel zu den vorhandenen Systemen sind, um
deren weiteren Einsatz zu gewährleisten. Unabhängig vom technischen
Hintergrund soll außerdem erreicht werden, daß die sog. Führerraumsigna-
lisierung, also die Anzeigen für den Triebfahrzeugführer, in allen Phasen
und über Systemgrenzen hinweg einheitlich ist. (BMV 1993, 7; Ernst/ Walpuski 1993, 114; Reimers 1994, 276)

ETSI : (European Telecommunication Standardization Institute) Europäisches Institut für Fernmeldenormen, gegründet 1987 im Zuge der Vollendung des europäischen Binnenmarktes mit dem Ziel der Vereinheitlichung
aller europäischer Normen im Fernmeldewesen. Widmet sich u.a. der Erarbeitung von Normen bezüglich des Euro-ISDN und des Mobilfunks (Höller
1993, 13; Ungerer 1991, 29; Höller 1993, 13)

EUREKA : (European Research Coordination Agency) Eine 1985 gegründete
europäische Initiative zur Verstärkung der europäischen Zusammenarbeit
auf den Gebieten Forschung und Technologie. Grundlegendes Ziel ist dabei
die Verbesserung der Wettbewerbsfähigkeit Europas in zukünftigen Schlüsselbereichen. Dies soll auf dem Wege intensivierter industrieller, technologischer und wissenschaftlicher Kooperation erreicht werden. Neben den
EU-Mitgliedstaaten gehören auch die EFTA-Länder sowie die Türkei EURE-
KA an. Im Rahmen von EUREKA werden ausschließlich zivile, in Privatin-
itiative organisierte Projekte gefördert und zwar bis maximal zur Hälfte ihrer
Kosten. Ein Beispiel ist hier PROMETHEUS (siehe dort). (Weidenfeld/ Wessels 1992, 362; Zimdahl 1991, 30)

EURET : (European Research Programme for Transport) Spezielles For-
schungs- und Entwicklungsprogramm für Verkehrstechnologien der EG
unter Beteiligung der UIC (Union Internationale des Chemins de Fer) und
der GEB (Gemeinschaft Europäischer Bahnen). Der Etat von EURET I 1990 -
1993 betrug 25 Mio. ECU. Schwerpunkte des Programms bilden der Versuch der Eindämmung der negativen Begleiterscheinungen des Verkehrs,

die Transportlogistik sowie die optimale Nutzung vorhandener Kapazitäten der Verkehrsnetze. Bei EURET II handelt es sich um ein Forschungsprogramm mit dem Ziel der Implementierung der Forschungsergebnisse. (BMV 1993, 5; Weidenfeld/ Wessels 1992, 362; EG KOM (92) 46 endg., 48; FGSV 1993, 52)

Eurocontrol : (European Organization for the Safety of Air Navigation) Europäische Organisation für Flugsicherung, gegründet 1960 durch das internationale Übereinkommen über die Zusammenarbeit zur Sicherung der Luftfahrt. Sitz von Eurocontrol ist Brüssel, Mitglieder sind neben der Bundesrepublik Deutschland die Benelux-Staaten, Frankreich, Großbritannien und Irland. Darüber hinaus existieren mit einigen anderen Staaten Kooperationsabkommen. Eurocontrol ist zuständig für die Steuerung und Überwachung des zivilen und militärischen Luftverkehrs in Höhenbereichen über 7,5 km sowie außerhalb von Hoheitsgebieten. (Weidenfeld/ Wessels 1992, 363; Bjelicic 1990, 116 f.)

EURO-LOG : Ein europäisches Unternehmen, das Mitte 1992 als Tochterfirma der EUCOM, einem Joint Venture der Deutschen Bundespost Telekom, France Telecom und Digital Equipment gegründet wurde. EURO-LOG Deutschland ist seit Anfang 1994 offiziell tätig. Die EURO-LOG bietet ein umfassendes Flottenmanagement- und Logistiksystems für den Güterverkehr auf Basis unterschiedlicher Telekommunikationsdienstleistungen, darunter v.a. Mobilfunk-Anwendungen (D1). Das EURO-LOG-System setzt sich aus den Komponenten TRANSPO-NET, TRANSPO-LINK, TRANSPO-TRACK und TRANSPO-EXPRESS (siehe jeweils dort) sowie dem EURO-LOG-Rechenzentrum zusammen. Grundlegendes Ziel von EURO-LOG ist eine dem eigentlichen Transport vorauseilende Informationskette. Von EURO-LOG verspricht man sich eine Reduzierung des Arbeitsaufwandes und damit Kosteneinsparungen, verbesserte Dispositions- und Planungsmöglichkeiten, erhöhte Transparenz und verbesserten Kunden-Service durch lückenlose Sendungsverfolgung sowie eine effizientere Nutzung des vorhandenen Transportraums, also weniger Leerfahrten. Von den technischen Ansätzen her finden bei EURO-LOG Barcodes auf den einzelnen Colli sowie entsprechende Lesegeräte, mobile Bordcomputer, Datenkommunikation via Mobilfunk, eine zentrale Datenbank sowie verschiedene Vernetzungen von Rechnern Verwendung. Zu den Gesellschaftern von EURO-LOG gehören außerdem die Technologie Management Gruppe, München, sowie weitere europäische Telekom-Unternehmen. (DeTeMobil 1994a, 6; EURO-LOG o.J.a; Weitenberg 1993; DVZ (19.10.1993) 124, 39 f.)

EURO-SCOUT : Dynamisches Verkehrsmanagement-System der Firma Siemens mit Bakentechnik und Infrarotkommunikation. Der Autofahrer gibt bei
Fahrtantritt sein Ziel in den Bordcomputer ein. Ab sofort erhält der Fahrer
dann über die Baken durch den Verkehrsleitrechner Routenempfehlungen
unter Berücksichtigung der aktuellen Verkehrslage. Die Leitempfehlungen
werden dem Autofahrer auf einem Display mittels einfacher Symbole angezeigt, rechtzeitig vor einem Abbiegemanöver wird die neue Information
akustisch angekündigt. Beim Passieren der an allen wichtigen Kreuzungs-
und Knotenpunkten installierten Infrarot-Baken "melden" sich die Fahrzeuge
(anonym) bei der Leitzentrale. Durch das Abgleichen dieser Meldungen bei
aufeinanderfolgenden Baken hat der Leitrechner die Möglichkeit, die Fließ-
geschwindigkeit der einzelnen Fahrzeuge zu bestimmen und die allgemeine
Verkehrslage auf den betroffenen Straßen abzuschätzen. Werden kritische
Werte erreicht, kann die Leitzentrale eingreifen und durch entsprechende
Routenempfehlungen an die Fahrzeuge den Verkehr verteilen. Leitempfehlungen werden dabei jedoch lediglich im Netz der Hauptverkehrsstraßen
gegeben, um ein Durchfahren von Wohngebieten und verkehrsberuhigten
Zonen zu vermeiden. Die Anonymität der Fahrzeuge wird dabei im Rahmen
des Pilotprojektes STORM (siehe dort) dadurch gewahrt, daß die Baken
durchfahrenden Fahrzeugen Nummern aus Zufallszahlen zuteilen, die jeweils nur bis zum Erreichen der nächsten Bake gelten. EURO-SCOUT bietet
neben individueller, dynamischer Zielführung Informationen über die aktuelle Verkehrslage, Umstiegsmöglichkeiten zum ÖV, Parkplätze im Zielgebiet,
etc.. Darüber hinaus kann EURO-SCOUT auch Inkasso-Funktionen im Rahmen der automatischen Gebührenerhebung (siehe dort, auch: ERP) sowie
zur elektronischen Abbuchung von Parkgebühren oder ÖPNV-Fahrpreisen
übernehmen. (VDA 1993, 24 f.; Stahl 1993a, 167; Interview mit Rainer
Neuwerk am 13.Juni 1994, siehe Befragungsprotokoll 3, S. 4 f.; Sparmann
1991, 55; Siemens AG o.J.; Kill 1994, 6)

EURO-TRIANGLE : Europäischer Feldversuch zur grenzüberschreitenden
Optimierung des Verkehrs auf dem Rhein/ Ruhr-Korridor in und aus Richtung Belgien unter Integrierung unterschiedlicher Einzelmaßnahmen. Das
Versuchsprojekt EURO-TRIANGLE ist eine deutsch-belgische Kooperation,
in die auf deutscher Seite die Feldversuche BEVEI und CORE (siehe jeweils
dort) eingebunden sind. (FGSV 1992, 39 + 55)

EUTELTRACS : System der Satellitenkommunikation (siehe dort) zur Daten-
und Sprachübertragung. EUTELTRACS ist ein ursprünglich amerikanisches
System, das in Europa von SEL vertrieben wird. (Wagner/ Hipp 1992, 148
f.)

EVA : (Elektronischer Verkehrslotse für Autofahrer) Feldversuch in Hildesheim mit einem fahrzeugautonomen Leitsystem der Firma Blaupunkt. Posi-
tions- und Routenbestimmung mittels Koppelnavigation (siehe dort). Die
Funktionsweise von EVA ist mit der des Travelpilot IDS von Bosch identisch (siehe dort). (Tietz 1987, 885; Sparmann 1990, 30)

Fahrsmart : Projekt zum bargeldlosen Zahlungsverkehr im ÖPNV seit 1990
in Lüneburg und seit 1991 in Oldenburg. Fahrsmart ersetzt mit einer Buchungskarte nicht nur das Bargeld, sondern auch den Fahrschein. Der
Fahrgast kann zwischen Vorauszahlung und nachträglicher Abbuchung
wählen. Mit Hilfe seiner Buchungskarte meldet er sich beim Einsteigen ins
Fahrzeug an und beim Aussteigen wieder ab. Der Bordrechner ermittelt jeweils den Standort des Fahrzeugs und auf dieser Grundlage den Fahrpreis.
(Bodenstab, Helga: Ohne Bargeld in Bussen und Bahnen fahren, FAZ
(26.04.1994) 96, T10; Hilden/ Lamla 1993, 45 f.)

FATMAC : (Frankfurt Airport Throughput Management and Coordination)
Projekt des Flughafens Frankfurt/ Main, welches sowohl zu einer Kapazitätserhöhung als auch zu einer Verminderung der Umweltbelastung beitragen soll. FATMAC erfordert einen Datenverbund zwischen dem Flughafen,
der Flugsicherung und den Luftverkehrsgesellschaften. (BMV 1993, 13)

FEDIS : (FIATA EDI Systems Co-operative Society) Im Jahre 1991 von der
FIATA, dem internationalen Verband der Spediteure, gegründete Gesell-
schaft zur Durchsetzung des EDI-Standards (siehe dort, siehe auch EDI-
FACT). (Der Spediteur 41 (1993) 10, 297 f.)

FIATA : (Fédération Internationale des Associations de Transitaire et Assi-
milés) Internationaler Dachverband der Spediteurs-Interessengruppen.

FIS : (Fahrgast-Informations-System) Informationssystem für Passagiere im
ÖV während der Reise auf der Basis von IuK-Technologien. Das im ICE der
Deutschen Bahn AG realisierte, sehr umfassende FIS beispielsweise umfaßt
u.a. drei Rundfunk- und drei Bordprogramme sowie zwei Videoprogramme
über farbtüchtige Flachbildschirme in den Rücklehnen der Sitze, ein Btx-
Display in jedem Wagen, drei-Kanal-Zugtelefon und Telefax sowie Anzeigen
und mehrsprachige Durchsagen zur Fahrgastinformation, wobei das gesamte FIS rechnergesteuert und vollautomatisch abläuft. (VDB 1992, 20 f.)

FLEET : (Freight and Logistics Efforts for European Traffic) Projekt V1044
im Rahmen von DRIVE (siehe dort) zur Entwicklung eines übergreifenden
Flottenmanagement- und Logistiksystems in Integration bestehender Systems und neuer Entwicklungen in diesem Bereich. Es sollen Strategien für
ein auf Verkehrs-Telematik basierendes Logistik- und Flottenmanagementsystem (FMS, siehe dort) gemäß Marktanforderungen, branchen- und

anwendungsspezifischen Bedürfnissen sowie operationellen Zielsystemen entwickelt werden. FLEET soll darüber hinaus den funktionellen System-entwurf und eine Machbarkeitsstudie, Pilotprojekte sowie Empfehlungen zur Implementierung umfassen. Im FLEET-Konzept steht ein Flottenmanager (ein Rechner) im Mittelpunkt. Der Flottenmanager ist mittels EDI an das lo-kale Logistiksystem angebunden und kommuniziert (über Satelliten- oder Mobilfunk oder auch via Baken) mit den Fahrzeugen bzw. deren Bordcom-putern. So können beispielsweise Transportaufträge weitergeleitet, Kun-denanfragen bezüglich einer Sendungsverfolgung bearbeitet und Touren interaktiv in Abhängigkeit von der Verkehrssituation und mit höchster Fle-xibilität geplant werden. Von deutscher Seite sind u.a. die Daimler-Benz AG bzw. Dornier GmbH sowie MAN beteiligt. (Both 1994)

FMS : (Flottenmanagementsystem) Kommunikations-, Ortungs- und Dis-positionssystem für Fahrzeugflotten (Güterverkehr, Taxiverkehr, etc.).

FMS 1332 : Fuhrparkmanagement-System von Digital-Kienzle.

FRUIT : (Frankfurt Urban Integrated Traffic Management) Auf den City-Ver-kehr zielendes Pilotprojekt eines Verkehrsmanagementsystems in Frankfurt. FRUIT ist eng mit dem Projekt RHAPIT (siehe dort) verzahnt und wird im Rahmen von DRIVE II/ ATT (siehe dort) gefördert. Als Besonderheiten geg-enüber anderen Stadtverkehrsmanagementkonzepten schließt FRUIT auch Road Pricing als restriktive Maßnahme sowie ein Ladezonenmanagement für die Innenstadt mit ein. Das Zielkonzept von FRUIT beinhaltet die Ver-besserung der Lebensqualität, der Qualität des Wohnumfeldes und der Standortqualität für die Wirtschaft als oberste Ziele, die Schonung der na-türlichen Ressourcen und die Veringerung der Umweltbelastungen, die Be-friedigung der Mobilitätsbedürfnisse, die Erhöhung der Verkehrssicherheit sowie die Verbesserung der Wirtschaftlichkeit als Oberziele. Hinzu kommen in der Kategorie Ziele die sozial- und umweltverträgliche Flächennutzung, die Verbesserung der Erreichbarkeit und der Zugänglichkeit, die Reduzie-rung des MIV, die Stärkung des Fußgänger- und Fahrradverkehrs, die Stär-kung des ÖV, die sozial- und umweltverträgliche sowie wirtschaftliche Ab-wicklung des Verkehrs. Vorgesehen waren im Rahmen von FRUIT die Schaffung einer Verkehrsdaten-Basis und einer digitalen Straßenkarte u.a. unter Einsatz von Techniken der Künstlichen Intelligenz sowie ein Par-kraummanagement mit verbesserter Information für die Kraftfahrer. Das bei FRUIT vorgesehene individuelle Informationssystem für Kraftfahrer besteht aus einem Dual-Mode-Gerät mit Einsatz sowohl von RDS/ TMC (siehe dort), Infrarot-Kommunikation über Baken (EURO-SCOUT, siehe dort) und Mobil-funk (SOCRATES, siehe dort). Erprobt werden sollen auch ein Fracht- und

Flottenmanagement, die Einführung von Straßenbenutzungsgebühren im
Stadtbereich und von Zufahrtsbeschränkungen. Für den ÖPNV sind Fahr-
gastinformationssysteme, bargeldloser Zahlungsverkehr, sowie Leit- und
Kontrollsysteme zur Erhöhung der Leistungsfähigkeit und Kapazität vorgesehen. Als Ergebnis der Machbarkeitsstudie wurden allerdings folgende
Vorhaben aus verschiedenen Gründen fallengelassen: Zufahrtsbeschränkungen zur erweiterten Innenstadt für nicht schadstoffreduzierte Fahrzeuge, Erhebung von Straßenbenutzungsgebühren, bargeldloser Zahlungsverkehr in öffentlichen Parkbauten, Stellplatzsicherung für Sonderberech-
tigte, Fahrplanauskunft in den Fahrzeugen über Infosäulen. Übrig blieben
als Arbeitsgebiete RDS/ TMC, EURO-SCOUT und SOCRATES (siehe jeweils
dort) auf dem Gebiet der Kraftfahrer-Informationssysteme, eine Zufahrtsbe-
schränkung für die Innenstadt zuzüglich Bahnhofsviertel, die Erweiterung
des Parkleitsystems auf P & R-Möglichkeiten, Informationen zum Parken
vor Fahrtantritt, während der Fahrt sowie an ausgewählten Haltepunkten,
abschnittsweise Parkraumbewirtschaftung im öffentlichen Straßenraum, die
Beschleunigung des ÖPNV und die Einführung eines RBL (siehe dort), dynamische Fahrplanauskunft via Infotheken, Videotext, PC, elektronischem
Taschenfahrplan, EURO-SCOUT sowie die Mobilitätszentrale, Einsatz von
Karten zum bargeldlosen Fahrscheinerwerb. Im Fracht- und Flottenmana-
gementbereich sind darüber hinaus eine dynamische Einsatzfahrtenplanung,
eine LSA-Beeinflussung für Einsatzfahrzeuge, rechnergestützte Wiege- und
Geschwindigkeitsüberwachungssysteme sowie eine EDV-Unterstützung für
die Routenplanung von Gefahrgut- und Schwertransporten. Die Projektlei-
tung von FRUIT liegt bei der Stadtverwaltung Frankfurt/ Main
(Straßenverkehrsbehörde). Beteiligt an FRUIT sind auf der Planungsseite die
Albert Speer & Partner GmbH, die Heusch/ Boesefeldt GmbH und das Pla-
nungsbüro Transport und Verkehr GmbH. Von seiten der Industrie sind u.a.
beteiligt: Philips Electronics, Bosch/ ANT, Siemens AG, Deutsche System-
Technik sowie Elektronik-System und Logistik GmbH. Insgesamt gibt es
mehr als 50 Projektbeteiligte, was eine hierarchische Projektorganisation
notwendig macht. Als Auftraggeber von FRUIT fungieren das Land Hessen
und die Stadt Frankfurt/ Main. (Weise 1993, 138; Boltze/ Schöttler 1993;
Boltze u.a. 1993; Hessisches Ministerium für Wirtschaft, Verkehr und
Technologie 1992)
Fuzzy Logic : (engl.: vage, unscharfe Logik) Im Zusammenhang mit der
Künstlichen Intelligenz entwickelter Bereich der Logik. Fuzzy Logic ermöglicht die semantische Interpretation von Aussagen, die sich nicht als eindeutig wahr oder falsch einstufen lassen. Die eindeutigen Wahrheitswerte

1 und 0 werden durch einen stetigen Bereich, i.d.R. ein Intervall von 0 bis 1, ersetzt. Für Werte aus diesem Intervall werden dann aussagenlogische Operationen definiert. (Gabler Lexikon Band 2 1988, Sp.1948 f.)

GAN : (Gobal Area Network) Weltumspannendes Daten- bzw. Rechnernetz, derzeit noch eher eine Vision.

GATEWAY : Gehört zum Projekt TS´90 (siehe dort) im Schienenverkehr. Mit GATEWAY können transportvorauseilende Daten sowie Statusinformationen übermittelt werden, z.B. Wagendaten-Vormeldung, Transportdaten, Containervormeldung, zentrale Frachtberechnung. GATEWAY ist ein Protokoll für die Datenübertragung u.a. über das Datex-P-Netz zu verschiedenen Rechner-Typen (u.a. auch PC unter MS-DOS), das sich an der EDI-Norm (siehe dort) orientiert. (BMV 1993, 20; Reher 1993, 64; Wiedemann 1993, 577; Nitezki/ Wank 1993)

GAUDI : (Generalized and Advanced Urban Debiting Innovations) Eines der im Rahmen von DRIVE II/ ATT (siehe dort) geförderten Europrojekte der POLIS-Initiative (siehe dort). Zusammenarbeit der Städte Barcelona, Bologna, Dublin, Marseille und Trondheim auf dem Gebiet der Telematik im Verkehr. (Keller 1993, 77)

GHz : (Gigahertz) Frequenz von einer Milliarde Schwingungen pro Sekunde. (Ratzke 1990, 91)

GIPAS : (Güterverkehrs-, Informations-, Planungs-, Abrechnungs- und Steuerungssystem) Ein Projekt für den Betriebs- und Verkehrsdienst von bisher zwölf NE-Bahnen (Nichtbundeseigenen Bahnen). Ziel von GIPAS ist die Entwicklung von EDV-Anwendungen in den Funktionsbereichen Absatz und Produktion. Dabei soll der Informationsfluß zwischen den einzelnen NE-Bahnen sowie zur Deutschen Bahn AG und anderen Kunden als ein integriertes Gesamtkonzept mit modularer Struktur über sieben Projekt-Phasen realisiert werden. Wesentlicher Integrationsbestandteil von GIPAS wird die Kooperation zwischen den NE-Bahnen und der Deutschen Bahn AG sein. (BMV 1993, 21)

Glasfaserkabel : Lichtwellenleiter, siehe dort.

GLONASS : (Global Navigation Satellite System) Im Aufbau befindliches militärisches Satellitenkommunikationssystem Rußlands zur zielgenauen Ortung und Navigation. Vergleichbar mit dem amerikanischen, ebenfalls militärischen GPS-System (siehe dort). Wie dieses wird auch GLONASS der zivilen Nutzung zugänglich sein, ohne daß es allerdings Garantien für die zivilen Kunden geben wird. Sowohl GPS als auch GLONASS sind in erster Linie militärische Systeme. (BMV 1993, 21 f.)

GPS : (Global Positioning System) Satellitennavigations-System zur weltweiten Ortung und Positionsbestimmung von Fahrzeugen, entwickelt von
der US-Weltraumbehörde NASA; arbeitet mittels 24 Satelliten auf einer
Umlaufbahn in 20 Kilometern Höhe und Datenübertragung durch Systeme
der Satellitenkommunikation oder terrestrische Kommunikationsnetze. Mit
GPS kann die Position eines Fahrzeuges auf 100 Meter genau bestimmt
werden. Allerdings steht auch die zivile Nutzung von GPS unter militärischer Kontrolle, es gibt keine Garantien für die zivilen Benutzer (das Gleiche
gilt übrigens auch für GLONASS, siehe dort). (Stahl 1993a, 168; BMV
1993, 45; Wagner/ Hipp 1992)

GSM : (Global System for Mobile Communication) Norm für den Mobilfunk
im D-Netz (siehe Mobilfunksystem), der sich bereits 18 europäische und
mehr als 50 Staaten in Übersee angeschlossen haben. Zwei Beispiele für
dem GSM-Standard entsprechende Mobilfunknetze sind das deutsche D1-
(Telekom) und D2-(Mannesmann) Netz. GSM war früher die Abkürzung für
"Groupe Speciale Mobile" und ein CEPT-Komitee, welches eine funktionale
Spezifikation für die nächste Generation eines zellularen Mobilfunksystems
im kurz zuvor reservierten 900 MHz-Band entwickeln sollte. Das jetzige
GSM-System unterstützt zahlreiche Dienste zur Telefonie, wie auch zur
Datenübertragung (siehe auch Mobilfunksystem). (Mihatsch, Peter: Mobilfunk wird zum Wachstumsmotor, FAZ Beilage "Kartengesteuerte Dienstlei-
stungen" (01.03.1994) Nr.50, B1; Fölling, Werner: Kommunikation künftig
total?, DVZ (25.11.1993) 140, 7; Fleck 1993)

GVFG : (Gemeindeverkehrsfinanzierungsgesetz) Gesetz vom 18.3.1971 zur
Regelung der Bundeszuschüsse "zur Verbesserung der Verkehrsverhältnisse in den Gemeinden". Die Zuschüsse im Rahmen des GVFG werden im
BVWP (siehe dort) langfristig geplant, im Einzelplan zwölf des Bundeshaushalts bewilligt und nach Richtlinien der Bundesregierung, die der Zustimmung des Bundesrates bedürfen, verteilt. Voraussetzung für die Erteilung
finanzieller Zuschüsse für den Ausbau der städtischen Verkehrsinfrastruktur
ist die Erstellung von Verkehrsentwicklungsplänen (VEP). In den neuen
Bundesländern ist darüber hinaus eine Förderung der Grunderneuerung
möglich. Die VEP müssen die Vorgaben und Ziele des BVWP, der Landes-
straßenplanung sowie der Raumordnung beachten, um den städtischen mit
dem regionalen Verkehr koordinieren zu können. Außer der Tatsache, daß
ein über das GVFG zu förderndes Vorhaben in einem VEP enthalten sein
muß, sind noch folgende Anforderungen zu erfüllen: Es muß zur Verbesserung der Verkehrsverhältnisse dringend erforderlich sein, bau- und ver-
kehrstechnisch einwandfrei und unter Beachtung des Grundsatzes der

Wirtschaftlichkeit und Sparsamkeit geplant sein, insbesondere Belange be-
hinderter, älterer und sonstiger mobilitätsbeeinträchtigter Menschen berücksichtigen sowie in seiner Finanzierung gewährleistet sein. Gefördert
werden Straßen- und Schienenbauprojekte, aber auch Betriebsleitsysteme
im ÖPNV, Verkehrsleitsysteme und GVZ (siehe jeweils dort), allerdings nur
soweit diese Kosten von der Gemeinde, nicht von den ÖPNV-Betreibern zu
tragen sind. Denn Betriebskostenzuschüsse im ÖPNV werden im Rahmen
des GVFG seitens des Bundes nicht gewährt (wohl aber seitens einiger
Bundesländer). (Reissert/ Schnabel 1976, 135 f.; Dicke 1992, 200; BMU
1993, 31 ff.)

GVK 2000 : (Güterverkehrskonzept 2000) Konzernprojekt der Daimler Benz
AG unter Beteiligung der Tochterunternehmen Mercedes-Benz, AEG und
DASA, das neue Wege im Güterfernverkehr durch die intelligente Verknüpfung von Straßen-, Schienen-, Schiffs- und Luftverkehr aufzeigen soll. GVK
2000 umfaßt sechs Bausteine zur Schaffung eines leistungsfähigen kombinierten Güterverkehrstransportsystem: Den Vor- und Nachlauf auf der
Straße im Schienen-, Luft- und Binnenschiffverkehr, d.h. die Sammel-, Sor-
tier- und Verteilfunktionen im Haus-Bedienungsverkehr; die Entwicklung eines dezentralen Terminalsystems zum vereinfachten Umschlag von der
Straße auf die Schiene (siehe Kombinierter Verkehr); Optimierung der Abläufe im Bahntransport; IuK-System zur automatischen Verfolgung von
normierten Transportbehältern; Entwicklung eines Betreiberkonzepts mit
durchgängiger unternehmerischer Verantwortung über die gesamte Transportkette; Steuerung und Kontrolle des Güter-, Dokumenten- und Informa-
tionsflußes zwischen Versender und Empfänger mittels IuK-Technologien.
Eine weitere Grundvoraussetzung des GVK 2000 besteht in der Realisierung eines Betriebsleitsystems für den Kombinierten Verkehr mit Schnittstellen zu den Terminals, zum Verkehrssystem Schiene sowie zu Buchungs-
und Sendungsverfolgungssystemen. (Panka 1993, 75 f.; Fietzek 1992, 46;
Milz/ Körber 1993, 10 f.)

GVZ : (Güterverkehrszentrum) Ein GVZ bildet eine Schnittstelle von Schie-
nen- und Straßengüterverkehr, an der Transportbetriebe und Logistikdienst-
leister als selbständige Unternehmen angesiedelt sind. Besonders im Rahmen von Stadtverkehrskonzepten werden GVZ als Möglichkeit einer ver-
träglicheren Gestaltung des Güterauslieferungsverkehrs favorisiert. Darüber
hinaus sollen sie auch einer Verkehrsverlagerung vom Lkw auf die Schiene
und das Binnenschiff dienen. GVZ umfassen Umschlag-, Sammel-, Verteil-
und Lageranlagen mit zusätzlichen IuK-Einrichtungen und bieten somit als
infrastrukturelle Schnittstelle gute Voraussetzungen zur Vernetzung. In den

GVZ wird der Übergang vom Güterferntransport zur städtischen Güterverteilung (Auslieferung) organisiert, die Güter werden auf kleinere, für den Stadtverkehr besonders geeignete Fahrzeuge (evtl. auch mit Elektromotor) umgeladen. Durch Zusammenarbeit im Verteilerverkehr soll eine Entlastung im Verkehrsaufkommen innerhalb der Stadtzentren erreicht werden. Im Rahmen der GVZ wird eine enge Zusammenarbeit zwischen Speditionen, Transportunternehmen, Packzentren, Lägern, Umschlagbahnhöfen und Service-Einrichtungen angestrebt. Im GVZ Bremen - dem bundesweit bisher einzigen - läuft z.Zt. ein von der Bundesregierung geförderter Modellversuch, der sich mit telematikgestützten Systemlösungen für die Vernetzung befaßt. Dabei handelt es sich konkret um Vermittlungsdienste für Laderaum und Ladung der GVZ-Unternehmer, Informationsdienste zum Aufbau gemeinsamer Leistungsangebote mittelständischer Unternehmen gegenüber Großkunden, Kommunikationsdienste sowie Verwaltungsdienste, z.B. die Abrechnung gemeinsam erbrachter bzw. in Anspruch genommener Dienstleistungen. Seit Anfang 1992 ist die Förderung von GVZ im Rahmen des Gemeindeverkehrsfinanzierungsgesetzes (GVFG) möglich. (Stahl 1993a, 171; BMV 1993, 18 f.; Bracher 1990, 156 f.; Höltgen, Daniel G.: Stichwort: Güterverkehrszentren, FAZ Beilage "Verkehr 2000" (06.10.1992) Nr. 232, B5; Topp 1992, 9; Pannek/ Talke 1994; Allemeyer 1991; Fonger 1991; Bretzke 1993; Wiedemann 1993, 575 f.)

HABIS : (Hafenbahn Betriebs- und Informationssystem Hamburg) Projekt zur Realisierung der Schnittstellenverknüpfungen zwischen dem Hafenbetrieb und dem Verkehrsträger Schiene im Rahmen von DAKOSY (siehe dort). (BMV 1993, 17)

Head-Up Display : Mit einem Head-Up Display werden Informationen direkt in das Sichtfeld des Fahrers eingespiegelt, so daß er sie im unmittelbaren Zusammenhang mit dem Verkehrsgeschehen wahrnehmen kann. Das Head-Up Display besteht aus einem LC-Display (siehe dort) mit frei programmierbarer Punktmatrix. Eine als Lupe wirkende Abbildungslinse bildet die Anzeige virtuell so ab, daß der Betrachter das Bild in einer günstigen Entfernung, etwa im Bereich der vorderen Stoßfänger des Automobils, sieht. Die Abbildung ist dabei deutlich unter die Horizontale abgesenkt, um stets einen freien Blick auf die Fahrbahn sicherzustellen. Die Projektionseinheit selbst hat ein nur geringes Einbauvolumen. Die Informationseinspiegelung in das Fahrersichtfeld erfolgt über einen in die Windschutzscheibe des Fahrzeugs eingebetteten teildurchlässigen Spiegel, den sog. "Combiner". Der Combiner ist ein optisches Element, welches mit holografischer Technik hergestellt wird. Dieser holografische Spiegel ermöglicht ein Reflexionsvermögen

von nahezu 100%, ist durch seine Einbettung in den Glasverbund vor äu-
ßerer Einwirkung geschützt und kann infolge der gekrümmten Windschutzscheibe evtl. auftretende Abbildungsfehler im virtuellen Bild korrigieren. Da
die spektrale Breite des holografischen Spiegels gering ist, bleibt die Licht-
durchlässigkeit voll aufrechterhalten, das Fahrersichtfeld wird nicht eingeschränkt. Das Head-Up Display bietet gegenüber herkömmlichen Fahrzeugdisplays zahlreiche Vorteile: Blickrichtungswechsel zwischen Verkehrsgeschehen und Cockpit und Fahrbahn sind nicht notwendig, der Fahrer muß seinen Blick nicht vom Verkehrsgeschehen abwenden, um die entsprechenden Informationen aufzunehmen. Akkomodationsanstrengungen
des Auges beim Scharfstellen von Fern- auf Nahsehen und umgekehrt sowie damit einhergehende Ermüdungserscheinungen entfallen. Die dargestellten Informationen sind schneller und besser zu erkennen, dadurch
steigt das Reaktionsvermögen des Fahrers. Verkehrsbezogene Informationen werden in unmittelbarem Zusammenhang mit dem aktuellen Verkehrsgeschehen dargestellt und die Verkehrssicherheit somit weiter gesteigert.
Dargestellt werden können Warnhinweise, verkehrssicherheitsrelevante
sowie Zielführungsinformationen. (VDA 1993, 19; VW AG o.J., 8 f.)

HERMES : Gehört zum TS´90-Projekt (siehe dort) im Schienenverkehr.
HERMES ist ein internationales Produktions-Planungs-System und dient der
kommunikativen Schnittstellenüberwindung zwischen den europäischen
Bahnen. An HERMES beteiligt sind Bahngesellschaften aus Belgien, Dänemark, Deutschland, Finnland, Frankreich, Großbritannien, Italien, den Niederlanden, Österreich, der Schweiz und Spanien. (BMV 1993, 20; Wiedemann 1993, 577)

HIPPS : Gehört zum TS´90-Projekt (siehe dort) im Schienenverkehr und
dient dort der Realisierung des Datenaustausches mit den europäischen
Nachbarbahnen. (BMV 1993, 20)

Horizontaler Umschlag : Auf- und Abladen von Lkw und Sattelkraftwagen
im Kombinierten Verkehr (KV, siehe dort) auf der Schiene. Die Fahrzeuge
fahren dabei horizontal auf den Transportwaggon auf (siehe auch Rollende
Landstraße, Huckepackverkehr). (Frank u.a. 1992)

Huckepackverkehr : Siehe Rollende Landstraße.

Hybridsystem : (auch Hybridrechner) "Komplexe Rechenanlagen, die die
Arbeitsweise von Analogrechnern mit Digitalrechnern vereinigt, wobei die
Vorteile beider Typen ausgenutzt werden." (Rzehak 1986)

IBIS . (Integriertes Bordinformationssystem) Fahrzeugrechner in Fahrzeugen
des ÖV im Rahmen des RBL (siehe dort). (Bonz 1993, 40)

IDN : (Integriertes Text- und Datennetz) Text- und Datenübertragungsnetz der TELEKOM (früher Deutsche Bundespost). Bietet die Dienste Telex, Teletex sowie Datex-L und Datex-P zur Datenübertragung. Wird in Zukunft durch das insbesondere hinsichtlich der Datenübertragungsgeschwindigkeit leistungsfähigere ISDN (siehe dort) ersetzt werden. (Bracher 1990, 149)

IEC : (International Electrotechnical Committee) Zuständig für weltweite Normen auf dem Gebiet der Elektrotechnik mit Sitz in Genf. (Commission of the EC - DG XIII 1988, Reference Sheet 1)

IFIS : (Integriertes Fahrerinformationssystem) System der integrierten Fahrerinformation im Nutzfahrzeug, ermöglicht als prinzipiell offenes System die Einbindung der Nutzfahrzeuge in das Verkehrsmanagement. Verbunden werden Kommunikations-, Navigations- und Leitsysteme im Nutzfahrzeug. Diese Integration umfaßt mehrere Ebenen: Zum einen werden auf der Ebene der physikalischen Integration vorhandene Einzelgeräte zu kombinierbaren Einbaugeräten bzw. zu Systembestandteilen integriert. Auf der Ebene der Systemintegration werden zum anderen Systemrechner und Daten-Bussysteme verknüpft und dadurch die gemeinsame Nutzung der Anzeige- und Bedienelemente ermöglicht. Schließlich umfaßt die Ebene der Benutzungsintegration die Harmonisierung der Anzeigen, Betätigungselemente und Benutzungsabläufe mit dem Ziel der Schaffung benutzungsoptimierter und -freundlicher Instrumente. Das System IFIS unterstützt den Fahrer durch eine hierarchisch gegliederte Informationsdarstellung, in Abhängigkeit von der Fahrsituation und durch eine situations- und bedarfsgerechte Informationsdarbietung. (VDA 1993, 37)

IFMS : (Integrated Freight Logistics Fleet & Vehicle Management System) Projekt V2051 im Rahmen des DRIVE II-Programms (siehe dort) der EG-Kommission zur Erprobung eines integrierten Flottenmanagement- und Logistiksystems im europäischen Güterverkehr mit einer Laufzeit von 36 Monaten ab dem 7. Februar 1992. Ziele von IFMS - dessen Schwerpunkt auf dem Straßentransport liegt - sind die Entwicklung eines Rahmens für die Architektur offener Systeme mit spezieller Betonung der Systemintegration und Kommunikationsfunktionen, die Förderung der Standardisierung auf dem bearbeiteten Gebiet sowie Erfassung und Bewertung der Vorteile des Einsatzes fortgeschrittener Informations- und Kommunikationstechnologie im Gütertransportbereich. Koordiniert wird IFMS durch die Daimler-Benz AG, dem IFMS-Konsortium gehören außerdem noch viele weitere Unternehmen aus Deutschland, Frankreich, Italien, den Niederlanden, Schweden und der Schweiz an. Zehn Pilotprojekte sind im Rahmen von IFMS geplant, davon drei in Deutschland, je zwei in den Niederlanden und in Schweden

sowie je eines in Frankreich, Italien und Österreich. Diese Pilotprojekte dek-
ken ein weites Spektrum von Anwendungen, technischen Lösungen, Regionen und Transportbereichen ab.so wird beispielsweise an Schnittstellen
zu den Projekten STORM (als regionales Verkehrsmanagementsystem,
siehe dort; IFMS ist über QUARTET mit STORM verbunden) und MELYSSA
(Verkehrsmanagement auf einem internationalen Verkehrskorridor, siehe
dort) sowie zu COMBICOM (siehe dort) im KV Schiene-Straße gearbeitet.
Außerdem werden erprobt: verschiedene Bordcomputer für Nutzfahrzeuge,
Systeme der Satellitenkommunikation (EUTELTRACS und INMARSAT, siehe
jeweils dort), diverse Funknetze (u.a. MODACOM, siehe dort), einige Flottenmanagementsysteme (FMS, siehe dort) sowie EDI-Schnittstellen (siehe
dort). (IFMS Consortium o.J.)
ILS : (Instrument Landing System) Derzeit weltweit auf Flughäfen einge-
setztes Landesystem im UKW/UHF-Bereich. Soll aufgrund technischer Beschränkungen in absehbarer Zeit durch das allerdings auch nicht unumstrit-
tene, auf Mikrowellentechnik basierende MLS (siehe dort) abgelöst werden.
(BMV 1993, 33; IATA 1993, 18)
INCA : (Information Net and Card for the Adapted Management of European Road Transport and Traffic) Projekt der EG-Kommission im Rahmen des
ENS-Programms zum Informationsaustausch im europäischen Straßenverkehr mit Schwerpunkt auf dem Gütertransport. Mittels des in erster Linie
Smart-Card-gestützten (siehe dort) INCA-Ansatzes sollen eine transportbegleitende Informationskette, technische Überprüfungen und Inspektionen,
die Überwachung des Transports gefährlicher Güter auf der Straße sowie
die vorauseilende Übermittlung der Transportdokumente ermöglicht werden. Zwischen 1992 und 1993 fanden vier Pilotprojekte zur Weiterentwicklung und Vertiefung der INCA-Strategie statt. An INCA sind Belgien,
Deutschland, Frankreich, Griechenland, Großbritannien, die Niederlande,
Schweden und Spanien beteiligt. (INCA Consortium 1992)
Induktionsschleife : eine in die Fahrbahn eingelassene elektrische Spule, die
ein elektromagnetisches Feld im Bereich zwischen 50 kHz und 150 kHz erzeugt. Dieses elektromagnetische Feld verändert sich in Abhängigkeit von
der Größe eines darüber hinwegfahrenden Fahrzeuges, wodurch eine Zäh-
lung möglich wird. Die Geschwindigkeit kann durch zwei hintereinander
installierte Induktionsschleifen mittels eines Weg-Zeit-Vergleichs errechnet
werden. Darüber hinaus kann mit einer Induktionsschleife auch zwischen
Fahrzeugtypen unterschieden werden. Aber auch eine echte Zwei-Wege-
Kommunikation zwischen Fahrzeug und Infrastruktur läßt sich mittels In-

duktionsschleifen realisieren. (Höller 1993, 31; OECD 1992, 32; Berg 1992, 102)

Infrarotkommunikation : Form der Zwei-Wege-Kommunikation zwischen Fahrzeug(en) und Infrastruktur über Baken. Von seiten der Infrastruktur kann dabei sowohl mit einzelnen Fahrzeugen die Verbindung aufgenommen als auch Informationen an alle Fahrzeuge innerhalb des Empfangsbereiches von etwa 200 Metern ausgestrahlt werden. Auch die Erfassung der Fahrzeugposition ist mittels Infrarot möglich. Ein auf Infrarotkommunikation basierendes Verkehrsinformationssystem wurde im Rahmen des Pilotprojektes LISB (siehe dort) erprobt. (OECD 1992, 32)

INMARSAT C : System der Satellitenkommunikation (siehe dort) zur Daten- und Sprachübertragung. INMARSAT wird von 63 Postverwaltungen getragen und ermöglicht weltweiten mobilen Datenfunk. (BMV 1993, 21; Wagner/ Hipp 1992, 148 f.)

Interface : siehe Schnittstelle

Interoperabilität : Bezeichnet die Betriebsfähigkeit über nationale und modale Grenzen hinweg.

IRIS : (Integrated Road Safety, Information and Navigation Systems) Forschungsprogramm der EG-Kommission.

IRTE-Systemarchitektur : (Integrated Road Transport Environment) Systemarchitektur für Verkehrsinformationssysteme mit dem Ziel, einheitliche funktionelle Anforderungen von Telematiksystemen im Verkehrsbereich sowie deren Verknüpfung über entsprechende Kommunikations-Architekturen zu entwicklen und sicherzustellen. So soll zugunsten der Netzwerkbetreiber, Leitzentralen und einzelnen Verkehrsteilnehmer auf zukünftige standardisierte europäische Infrastruktursysteme hingearbeitet werden, also regionale oder nationale "Insellösungen" vermieden werden. Die IRTE-Systemarchitektur wurde im Rahmen von DRIVE II/ ATT (siehe dort) entwickelt und wird ebenfalls in diesem Rahmen, nämlich in QUARTET (siehe dort), z.Zt. erprobt. (Boch 1993, 57 f.)

ISAM : (Innovative Seehafentechnologien Mecklenburg-Vorpommern) Im Rahmen von ISETEC gefördertes Projekt, das insoweit über die "Hafensteckdose" (siehe ISAN) hinausgeht, als im Bereich der rechnerintegrierten Disposition und Logistik die IuK-technische Unterstützung hafeninterner Vorgänge angestrebt wird. (BMV 1993, 17)

ISAN : (Innovative Seehafentechnologien Niedersachsen) Im Rahmen von ISETEC (siehe dort) gefördertes Projekt, mit dem die fünf niedersächsischen Seehäfen ein gemeinsames, flächendeckendes IuK-System für alle relevan-

ten Hafenstandorte, kommerziellen Partner, Behörden, etc. (die sog.
"Hafensteckdose") aufbauen wollen. (BMV 1993, 16)

ISDN : (Integrated Services Digital Network) Digitales Fernmeldenetz, welches die Übertragung von Sprache, Text und auch Daten ermöglicht und
somit bisher unterschiedliche Dienste integriert. Das ISDN-Netz bietet außerdem Erweiterungsmöglichkeiten zum künftigen integrierten Breitband-
fernmeldenetz IBFN, welches dann mittels Glasfasertechnik auch bewegte
Bilder (z.B. Bildtelefon, Filme) übertragen kann. Gegenüber dem derzeit im
Einsatz befindlichen IDN zur Text- und Datenübertragung bedeutet ISDN
insbesondere hinsichtlich der Datenübertragungsgeschwindigkeit eine deutliche Steigerung der Leistungsfähigkeit. Über ISDN realisierbare Dienste:
Fernsprechen mit deutlich verbesserter Übertragungsqualität; Datenüber-
tragung mit bis zu 64 kBit/s und zu günstigen Tarifen; Text- und Faksimile-
Übertragung, eine voll beschriebene Din-A4-Seite in weit unter einer Sekunde in der Textübertragung und in wenigen Sekunden beim Fernkopieren
(Telefax); Bildschirmtext (Btx) mit erheblich verkürzten Seitenaufbauzeiten;
Bildübermittlung als Festbild- oder langsame Bewegtbildübermittlung;
Fernwirken (TEMEX), d.h. Übertragung von Telemetrie-(Fernwirk-)daten
über einen Steuerkanal; Bildfernsprechen mit ca. der halben Bildauflösung
des PAL-Fernsehstandards bei farbiger Bildwiedergabe. (Ratzke 1990, 112
f.; Bracher 1990, 149; Schmitt-Egenolf 1990, 118 ff.)

ISETEC : (Innovative Seehafentechnologien) Seit 1987 unter Förderung des
BMV laufendes Projekt zur Förderung von Systemlösungen im Bereich der
Seehafen-Managementsysteme. Im Rahmen von ISETEC werden gefördert:
u.a. das Projekt "Bremer Hafentelematik", ISAN (siehe dort), ISAM (siehe
dort). (BMV 1993, 16 f.)

ISO : (International Standardizing Organization) Internationale Dachorgani-
sation der Standardisierungs- und Normungsverbände. Deutsches Mitglied:
DIN (Deutsches Institut für Normung e.V., Berlin). Die Normungen von ISO
werden als internationale Norm (international standard) bezeichnet. Für die
Standardisierungsbemühungen bezüglich telematikunterstützter Kommuni-
kationsbeziehungen ist das ISO-Referenzmodell für offene Systeme (das
sog. OSI-Modell, siehe dort) von zentraler Bedeutung. (Ratzke 1990, 57;
Höller 1993, 12; Schmitt-Egenolf 1990, 115; Welzel 1993, 6)

IuK : (Informations- und Kommunikations-) Häufig anzutreffende Abkürzung, beispielsweise im Begriff IuK-Technologien oder IuK-Einrichtungen.

IV : Individualverkehr

IntV : (Internationales Verkehrswesen) Zeitschrift, Organ der Deutschen
Verkehrswissenschaftlichen Gesellschaft e.V. (DVWG)

Just-in-time : Bezeichnung einer logistischen Organisation, die gewährleisten soll, daß in jeder Produktions- und Handelsstufe die Güter jeweils genau dann verfügbar sind, wenn sie gebraucht werden, nicht später, aber auch nicht früher. Auf diesem Wege sollen Lagerkosten vermieden werden. (Drechsler 1988, 64)

kHz : (Kilohertz) Frequenz von 1.000 Schwingungen in der Sekunde. (Ratzke 1990, 117)

KLV : (Kombinierter Ladungsverkehr) Bezeichnung für unbegleiteten Kombinierten Verkehr (KV, siehe dort), also den Transport von Containern, Sattelanhängern oder Wechselbehältern auf der Schiene oder dem Binnenschiff.

Knotenpunktbeeinflussungsanlagen : Form der Verkehrsbeeinflussung. Verkehrsabhängige Zuweisung der zur Verfügung stehenden Fahrstreifen an die einzelnen Fahrbeziehungen. Damit läßt sich beispielsweise ein Rückstau durch Bevorzugung der stärker belasteten Fahrbeziehungen vermeiden. (Reichelt 1990, 21)

Kollektive Verkehrsbeeinflussung : Kollektive Steuerung der Verkehrsströme mittels Wechselwegweisern, Wechselverkehrszeichen oder Rundfunk-Informationen (Verkehrsfunk). Die Umweltdaten (Wetter, Straßenzustand etc.) werden an Meßstellen und die Verkehrsdaten mittels Induktionsschleifen, Radar oder Infrarot-Technik erfaßt und an die Unterzentrale weitergeleitet. In der Unterzentrale werden die erhobenen Daten lediglich zusammengefaßt und dann an die zuständige Verkehrsrechnerzentrale weitergegeben. Dort erfolgen die Auswertung der Meßdaten sowie die Ermittlung von Schaltprogrammen für die kollektiven Verkehrsbeeinflussungsanlagen. (Toplak 1993, 117 ff.)

Kombiverkehr GmbH & Co. KG : Unternehmen zur Abwicklung des Kombinierten Verkehrs (KV) Schiene/ Straße unter Beteiligung der Deutschen Bahn AG, des Bundesverbands Spedition und Lagerei (BSL), des Bundesverbands des Deutschen Güterfernverkehrs (BDF), der Bundes-Zentralgenossenschaft Straßenverkehr (BZG), der Arbeitsgemeinschaft Möbeltransport Bundesverband (AMÖ) sowie der Güterkraftverkehrsunternehmer der Bahn (GdB). (Kombiverkehr 1991; Kombiverkehr 1993)

Kombinierter Verkehr : Allgemein Bezeichnung für den Transport von Gütern auf zwei oder mehr Verkehrsträgern ohne Wechsel des Transportgefäßes. Der KV bietet eine sinnvolle Verknüpfung der verschiedenen Verkehrsträger und verbindet so deren jeweilige Vorteile. Den Knotenpunkt des KV bildet das Umschlag-Terminal (der Umschlag-Bahnhof). Hier werden die über die Straße angelieferten Ladeeinheiten gebündelt und auf Bahn oder Schiff verladen und umgekehrt. Unterschieden werden je nachdem, ob der

Fahrer des anliefernden Lkw am Schienentransport (bzw. an der Schiffahrt)
teilnimmt oder nicht, begleiteter und unbegleiteter KV. Ein Beispiel für begleiteten KV ist die "Rollende Landstraße" (siehe dort), der Transport von
Lkw und Sattelkraftwagen auf Eisenbahnwaggons. Im unbegleiteten KV,
auch als Kombinierter Ladungsverkehr (KLV) bezeichnet, werden lediglich
Containern, Sattelanhänger und Wechselbehälter transportiert, nicht jedoch
das sie anliefernde Fahrzeug. (Gabler Lexikon Band 3 1988, Sp. 2854 ff.;
DUSS u.a. o.J., 2 f.; Hübner 1990; Koch 1992; Frank u.a. 1992; Deutsche
Bundesbahn 1991; Gottschalk 1993; FKV 1990)

Koppelnavigation : "ein Ortungsverfahren, bei dem durch Erfassung und
Addition von Wegelementen nach Länge und Richtung über Vektoren aus
der Ausgangsposition und Richtung die aktuelle Position ermittelt wird."
(Tietz 1987, 884)

KV : Kombinierter Verkehr, siehe dort.

KVM : (Kooperatives Verkehrsmanagement München) Seit Anfang 1992 im
Betrieb befindliches Verkehrsleitsystem im Nordteil Münchens. KVM wurde
von der BMW AG initiiert und läuft als Kooperation unter Beteiligung des
Freistaates Bayern, der Landeshauptstadt München, dem Münchner Ver-
kehrs- und Tarifverbund sowie ca. 50 anderen Partnern aus Industrie und
Wissenschaft. KVM wird in Teilbereichen unter der Bezeichnung "Munich-
COMFORT" (Cooperative Transport Management for Urban and Regional
Transport) im Rahmen des Europrojektes LLAMD (siehe dort) durch DRIVE
II/ ATT gefördert. Hauptziel von KVM ist die Reduzierung des Autoverkehrs
in der Region München auf ein stadtverträgliches Maß. Das Stadtverkehrs-
konzept im Rahmen von KVM trägt die Bezeichnung "Blaue Zone" (siehe
dort). Die Leitlinien des KVM-Projektes sind folgende: Verbesserung der
Aufenthaltsqualität in den Wohn- und Siedlungsgebieten; Förderung der
Umweltqualität im Stadt- und Umlandbereich; Erhöhung der Verkehrssi-
cherheit für alle Verkehrsteilnehmer; Gewährleistung der Erreichbarkeit der
Wohn- und Gewerbebereiche mit geeigneten Verkehrsmitteln; Förderung
der räumlichen Wirtschaftsentwicklung. Als Ziele werden im Rahemn von
KVM formuliert: Gewährleistung der Sicherheit und Attraktivität des Fuß-
gänger- und Radverkehrs; Steigerung der Attraktivität des ÖPNV; gezielte
Beeinflussung des MIV durch Verkehrsberuhigung, Parkraumkonzepte und
Straßenbewirtschaftung; umweltgerechte Abwicklung des verbleibenden
Pkw-Verkehrs. Die unterschiedlichen Verkehrsinformationssysteme zur
Verkehrssteuerung, Integration und Vernetzung dienen dabei als Mittel zur
Beeinflussung der Verkehrsteilnehmer und damit der Verkehrsnachfrage i.S.
der genannten Rahmenbedingungen. In München und der Region werden

von bislang 16 unabhängig voneinander operierenden Leit- und Informationszentralen Verkehrs- und Umweltdaten gesammelt (z.b. Verkehrsleitstelle der Polizei, Deutsche Bahn AG, ADAC-Rettungsdienste, Taxi-Zentrale etc.). Diese Informationen werden dann zu einem Datenverbund vernetzt. Informationen zur Verkehrsmittelwahl werden bereits vor Fahrtantritt bereitgestellt und zwar mittels Bildschirmtext (Btx) oder Videotext zuhause bzw. mittels Infoterminals in Flughäfen und auf Bahnhöfen. Installiert wurden außerdem insgesamt 33 Schilderbrücken über den Einfallstraßen mit kollektiven, dynamischen Leitinformationen, z.b. zur Umsteuerung des Verkehrs auf P & R-Plätze bei Überlastung der Innenstadt oder mittels Wechselwegweisern und Verkehrsbeeinflussungsanlagen. Unfallortung und -warnung soll im Rahmen von KVM das von BMW entwickelte Leitpfosten-Warnsystem Companion (siehe dort) möglich. Individuelle elektronische Zielführungssysteme - z.b. Weiterentwicklungen von EURO-SCOUT und Travelpilot (siehe jeweils dort) - sollen im Rahmen von KVM seitens Taxis und Pendelbussen auf der Strecke zum Flughafen München 2 erprobt werden. KVM läßt sich nach räumlichen Kriterien in drei Teilbereiche gliedern: Erstens in Maßnahmen für den Innenstadtbereich (Blaue Zone, siehe dort), zweitens den Schutz der umliegenden Gemeinden vor "ortsfremden" Emissionen und drittens Ansätze zur Verkehrsoptimierung im Fernstraßennetz. (Sommer, Arno: Konzepte gegen den Verkehrskollaps, FAZ Beilage "Verkehr 2000" (06.10.1992) Nr.232, B16; Keller 1993, 79 ff.; Rodi 1993, 45 f.; FGSV 1993, 37; VDV o.J., 18 ff.; Lippert 1993, 25 ff.; Reister/ Braess 1994)

LAN : (Local Area Network) Lokale Daten- und Rechnernetze, In-house-Netze.

Laptop : Tragbarer Personal Computer (PC).

Laser : (Light Amplification by Stimulated Emission of Radiation) Die Laser-Technik dient u.a. der Nachrichtenübertragung in Glasfaserkabeln, der optischen Kommunikation, als optische Einrichtung in Lesegeräten, etc. Neben der Mikroelektronik stellt die Laser-Technik die zweite Schlüsseltechnologie im Bereich der sog. "informationstechnischen Revolution" dar. (Heppner 1989, 65 f.)

LC-Display : LC = Liquid Crystal; Bilderzeugung mittels Flüssigkristall. (Ratzke 1990, 123)

LIAISON : (Linking Autonomous and Integrated Systems for On-Line-Network and Demand Management) Eines der im Rahmen von DRIVE II/ ATT (siehe dort) geförderten Europrojekte der POLIS-Initiative (siehe dort). LIAISON findet in Berlin statt und soll die Systeme RBL und LISB/ TRANSLISB

(siehe jeweils dort) verknüpfen. Folgende Hauptziele werden verfolgt: die
optimale Nutzung der vorhandenen Verkehrsinfrastruktur unter Entlastung
des innerstädtischen Verkehrs; die Verbesserung der Verkehrssicherheit;
die regionale Reduzierung der Umweltbelastung; die Prioirisierung des ÖP-
NV und gleichzeitig Vorgabe von Alternativen und Teiloptimierungen vor-
zugeben. Im Rahmen von LIAISON werden in Berlin drei Stadträume unterschieden: das City-Netz, radiale Hauptverkehrsstraßen und der Berliner
Autobahnring. Basierend auf dem im Aufbau befindlichen RBL (siehe dort)
der Berliner Verkehrsbetriebe und dem Straßenverkehrsinformationssystem
LISB/ TRANSLISB (siehe jeweils dort) soll schrittweise ein Gesamtsystem
für ein integriertes dynamisches Verkehrsmanagement aufgebaut werden.
Den Kernpunkt dieses Gesamtsystems bildet die integrierte Verkehrsleitzen-
trale, in der alle zur verkehrsmittel-übergreifenden Ablaufsteuerung notwendigen Informationen zusammenfließen und kooperativ abgestimmt werden. Grundlage der IuK-Infrastruktur werden das RBL- und das LISB-System
(siehe jeweils dort) bilden. Die Basis für das zu entwickelnde integrierte dynamische Verkehrsmanagementsystem bilden ein Managementsystem für
das Straßennetz, ein weiteres für die einzelnen Informationssysteme sowie
ein Flottenmanagementsystem. Die Zielgruppen für die Verkehrsbeeinflussung im Rahmen von LIAISON sind demnach der ÖPNV, der städtische
Service- und Lieferverkehr sowie der IV. Für den ÖPNV stehen die Überwachung der Fahrplaneinhaltung, ein Notdienst bei Störungen, ein dynamisches Fahrgastinformationssystem sowie eine Beschleunigung mittels Priorisierung vor dem IV im Mittelpunkt. Im städtischen Wirtschaftsverkehr erfolgt die Einbindung des Feldversuches TRANSLISB (siehe dort). Im Bereich
des MIV sind eine Zuflußdosierung, eine Verkehrssteuerung mittels kollektiver Beeinflussung sowie integrierte Verkehrsleitzentralen geplant. (Keller
1993, 77; FGSV 1992, 12 ff.; VDV o.J., 28 ff.)

Lichtwellenleiter : (auch: Glasfaserkabel) Opto-elektronisches Medium zur
Übermittlung von Information. In der optischen Telekommunikation werden
mit Hilfe von Lichtwellenleitern elektrische Signale mit Halbleiterlaser in optische Signale umgewandelt, über Glasfaserleitungen übertragen und durch
Fotodioden schließlich wieder in elektrische Signale zurückverwandelt. Die
Sprach- und Signalübermittlung geschieht also durch Lichtblitze. In der
Lichtleitfaser wird das an der Stirnseite eintretende Licht durch mehrfache
totale Reflexion innerhalb des Kernbereichs der Faser weitergeleitet, bis es
bei nur geringen Intensitätsverlusten am anderen Ende des Kabels ankommt. Grundstoffe für die Herstellung von Lichtwellenleitern zur Nachrichtenübertragung sind Weichglas und Quarzsand. (Ratzke 1990, 92)

Linienbeeinflussung : siehe Streckenbeeinflussung.

LISB : (Leit- und Informationssystem Berlin) Pilotversuch des individuellen
Verkehrsmanagementsystems EURO-SCOUT (siehe dort) unter Federfüh-
rung der Siemens AG in (West-)Berlin Sommer 1988 bis Herbst 1990. LISB
wurde zur Hälfte seitens Unternehmensbeteiligungen (hauptsächlich seitens
Siemens AG und Robert Bosch GmbH, zu kleineren Teilen z.b. BMW,
Daimler-Benz, Opel, VW, Mannesmann/ Kienzle) finanziert, ein Viertel der
Kosten übernahm das BMFT im Rahmen seiner Forschungsförderung und
das restliche Viertel der Senator für Wissenschaft und Forschung in Berlin.
Die Kosten für den Feldversuch LISB beliefen sich auf insgesamt knapp 26
Mio. DM. Begleitet wurde LISB von einem interdisziplinär zusammengesetz-
ten Lenkungsausschuß unter Federführung des BMV. Da das im Feldversu-
ches ALI (siehe dort) entwickelte individuelle Leitsystem ALI-SCOUT
(später, allerdings unter veränderten technischen Bedingungen EURO-
SCOUT, siehe dort) wiederum Verwendung fand, ist auch die Bezeichnung
LISB/ ALI-SCOUT häufig anzutreffen. Zur Erprobung dieses individuellen
Zielführungssystems wurden 700 Fahrzeuge mit einem Navigationsrechner
ausgerüstet, der zur Erfüllung seiner Funktionen drei Arten von Informationen benötigte: Das Ziel des Fahrers (Eingabe vor Fahrtantritt), die jeweils
aktuelle Fahrzeugposition (Erfassung mittels Wegimpulsgeber und Magnet-
feldsonde) und eine digitalisierte Straßenkarte. Aktualisiert wurden die fahrzeugautonomen Leitinformationen im Rahmen von LISB mittels einer Infrarotkommunikation über die eigens zu diesem Zweck errichtete Bakeninfrastruktur. Gleichzeitig diente die Infrarotkommunikation der Erfassung von
Verkehrsdaten (z.B. streckenabhängige Reisezeiten), die anonym an die
durchfahrene Bake abgesetzt werden. 660 km Stadtstraßen und 45 km
Autobahn dienten als Primärnetz für LISB. Es wurden rund 250 Knoten-
punkte mit Lichtsignalanlagen (von insgesamt 1.300 in West-Berlin) mit Infrarot-Baken versehen, die als Sende- und Empfangseinrichtungen dienten.
Diese Baken standen in Verbindung mit einem zentralen Verkehrsleitrechner. Zur Funktion der verkehrsangepaßten Zielführung über ein Fahrzeug-
Display und Sprachausgabe kommen noch vielfältige andere Informationen
hinzu, die dieses System dem Autofahrer zugänglich machen kann z.B.: P
& R-Möglichkeiten, Abfahrtszeiten und Frequenzen von Bussen und Bahnen
im ÖPNV, Unfallmeldungen, Zufahrtsberechtigungen usw. Seit dem Ende
des Projektes im März 1991 läuft das LISB-System "auf niedrigem Niveau",
d.h. mit möglichst geringem Pflegeaufwand, weiter und steht so nach wie
vor als Demonstrationsobjekt zur Verfügung. LISB soll in der nächsten Zeit
- zusammen mit dem TRANS-LISB-Projekt (siehe dort) unter Ausweitung

auf den Ostteil Berlins wieder aufgenommen werden. (Stahl 1993a, 167; Sparmann 1991, 52 ff.; OECD 1992, 46 + 48 f.; Hoffmann 1993a, 99 ff. + 105; Sparmann 1990, 32 ff.; FGSV 1993, 33)

LISI : Integriertes Informationssystem für Zugsicherung, RBL-Funktionen (siehe dort) und Fahrgastinformation im U-Bahn-Verkehr der Berliner Verkehrs-Betriebe (BVG). Das Projekt LISI entsteht z.Zt. in Zusammenarbeit der BVG mit der Industrie und ist ein Teil des in Berlin geplanten Gesamtinformationssystems für den ÖPNV, zu dem außer LISI noch ein RBL, BERTA und DAISY (siehe jeweils dort) gehören. (Schmidt u.a. 1993, 54 f.)

LLAMD : (London-Lyon-Amsterdam-München-Dublin) Eines der im Rahmen von DRIVE II/ ATT (siehe dort) geförderten Europrojekte der POLIS-Initiative (siehe dort). (Keller 1993, 77)

Logistik : Ursprünglich aus dem militärischen Bereich stammender Begriff, in diesem Kontext bezeichnet Logistik v.a. Versorgungsfunktionen. Aus diesem militärischen Sprachgebrauch heraus fand der Begriff Verwendung in der angelsächsischen Managementlehre. Hier bezeichnet Logistik "alle Transport-, Lager- und Umschlagsvorgänge im Realgüterbereich in und zwischen sozialen Systemen (Organisationen, Gesellschaften)". Logistische Systeme sind solche Systeme, "die die Produktionsstätten und konsumtiven Verbrauchsorte eines Wirtschaftssystems miteinander verknüpfen und den störungsfreien Material-, Energie- und Produktfluß innerhalb einer Wirtschaftseinheit gewährleisten." Logistik ist auch die Bezeichnung des für die Beschreibung, Erklärung und Gestaltung dieser Abläufe als zuständig angesehenen Teilgebietes der Wirtschaftswissenschaften. (Gabler Lexikon Band 4 1988, Sp. 170 f.; BSL 1990, 35; Drechsler 1988, 19; Fietzek 1992, 44)

LSA : Lichtsignalanlage(n), beispielsweise Verkehrsampeln.

LZB : (Linienzugbeeinflussung) Bezeichnung für einen Typ von Leitsystemen im Schienenverkehr. Die LZB ist ein reines Leitsystem zur Zugsicherung und -steuerung, das Mitte der neunziger Jahre im Rahmen des Leitplanes CIR (siehe dort) durch das Informationssystem CIR-ELKE (siehe dort) abgelöst werden soll. (Ernst/ Walpuski 1993, 114)

MELYSSA : (Mediterranean-Lyon-Stuttgart-Site for Advanced Transport Telematics) Eines der CORRIDOR-Projekte (siehe dort) für integrierte Anwendungen auf Autobahnen im Rahmen des europäischen DRIVE-Programms (siehe dort). MELYSSA läuft einschließlich der vorangegangenen Machbarkeitsstudie seit Anfang 1992 und soll Ende 1994 mit einer Bewertung der Ergebnisse und Ausarbeitung von Empfehlungen abgeschlossen werden. Das Testversuchsgebiet des deutsch-französischen Projekts MELYSSA umfaßt die Regionen Stuttgart und Lyon, das Ministère de

l´Equipement des Transports et du Logement Frankreichs und das Verkehrsministerium Baden-Württemberg sind für die Koordinierung des Projekts verantwortlich. Unter Einbeziehung der Verbindung nach Barcelona
wird somit ein europäischer Verkehrskorridor auf der Nord-Süd-Achse erfaßt. Da sich sowohl in Stuttgart als auch in Lyon regionale bzw. städtische integrierte Verkehrsmanagementsysteme im Probeeinsatz befinden,
stellt der Korridor zwischen den beiden Städten ein äußerst geeignetes
Versuchsgebiet für die Erweiterung und Verknüpfung der jeweiligen Systeme mit dem Korridor-Verkehrsmanagementsystem dar. Kernbaustein von
MELYSSA ist demnach die effiziente Verknüpfung und Vernetzung von Verkehrsleitzentralen für den überregionalen/ europäischen (Transit-)Verkehr
mit Leitzentralen auf regionaler bzw. lokaler Ebene. Außerdem soll im Rahmen von MELYSSA ein integriertes überregionales Verkehrsmanagementsystem aufgebaut werden, das im wesentlichen auf durch dynamische
Verkehrsinformationen ergänzte fahrzeugautonome Zielführungssysteme
(siehe Dual-Mode-Gerät) zusammensetzt. Das ebenfalls in MELYSSA zum
Einsatz kommende Konzept der "STRADA-Knoten" zum Austausch von
Verkehrsinformationen zwischen den einzelnen nationalen, regionalen bzw.
lokalen Leitzentralen oder Datenbanken hat Pilotfunktion für ganz Europa.
Hieraus könnte sich u.U. ein europäischer Standard für den Verkehrsdaten-
austausch zwischen Verkehrsmanagementsystemen entwickeln. Die Gesamtkosten von MELYSSA belaufen sich auf 9 Mio. ECU, die von der EG-
Kommission, den beteiligten deutschen und französischen Verwaltungen,
den öffentlichen und privaten Straßenbetreibern sowie den Partnern aus
der Industrie aufgebracht werden sollen. (Boch 1993, 57; Nobis 1993, 28
ff.; EG-Kommission o.J.)

MHz : (Megahertz) Frequenz von einer Million Schwingungen in der Sekunde. (Ratzke 1990, 131)

Mikroelektronik : "Der Teil der Elektronik, der sich mit Entwurf, Entwicklung, Herstellung und Anwendung integrierter Schaltkreise beschäftigt."
Integrierte Schaltkreise sind digitale Schaltungen, die heute infolge neuer
Entwurfs- und Fertigungsverfahren auch bei geringer Stückzahl anwender-
spezifisch produziert werden können. (Burkhardt/ Manck 1986)

Mikrowellenkommunikation : Form der Zwei-Wege-Kommunikation zwischen Fahrzeug und Infrastruktur über Baken, aber auch zwischen Fahrzeugen. Die Charakteristika der Mikrowellenkommunikation sind denen der
Infrarotkommunikation (siehe dort) sehr ähnlich. (OECD 1992, 32)

MIPS : (million instructions per second) Eine Million Arbeitsschritte pro Sekunde, Maß für die Leistungsfähigkeit von Computern. (Ratzke 1990, 131;
Deutsche Bank 1990, 29)

MIV : Motorisierter Individualverkehr

MLS : (Microwave Landing System) Sollte auf Beschluß der ICAO
(International Civil Aviation Organisation) ab 1998 das bisherige Landesystem ILS (siehe dort) ablösen. Da das MLS jedoch wegen der hohen Investitionskosten sowohl auf seiten der Bodengeräte (Flughafen) als auch für
die Bordausrüstung der Flugzeuge nicht unumstritten ist, soll auf einer
weltweiten ICAO-Konferenz 1995 erneut über eine Verschiebung des Ablö-
sedatums des ILS und einen geänderten Einführungsplan des MLS verhandelt werden. Konkurrenz ist dem MLS in jüngster Zeit durch eine Kombination satellitengestützter Systeme (GPS / GLONASS, siehe jeweils dort) mit
ILS-Systemen entstanden. (BMV 1993, 33; IATA 1993, 18)

Mobilfunksystem : (auch: Zellularfunk, D-Netz). Das digitale Mobilfunksystem kann mit einem Verkehrsdatenkanal ausgestattet werden zur weitreichenden Ausstrahlung digital codierter Verkehrsinformationen. Damit ist -
neben der bekannten Nutzung zur mobilen Telekommunikation - eine Zwei-
Wege-Kommunikation zwischen einzelnen Fahrzeugen und der Infrastruktur
mittels der Übertragung digitaler Daten realisierbar. Dadurch kann das
Mobilfunksystem zur Versorgung fahrzeugautonomer Navigationssysteme
mit aktuellen Informationen (siehe z.B. Dual-Mode-Gerät) dienen. Darüber
hinaus sind durch funktionelle Erweiterungen des Mobilfunksystems eine
fahrzeugseitige Positionsbestimmung und die Kommunikation mit Leitzentralen, z.B. im Rahmen von Flottenmanagementsystemen möglich. Bei der
Datenkommunikation im digitalen Mobilfunknetz unterscheidet man zwischen Trägerdiensten (charak-terisiert durch die Schichten 1 bis 3 des OSI-
Referenzmodells, siehe dort) und Telediensten (enthalten auch Funktionen
und Protokolle der Schichten 4 bis 7 des OSI-Referenzmodells). (BMV
1993, 9; OECD 1992, 33; Fleck 1993, 10)

Mobilität : I.S. von Verkehrsmobilität bezeichnet eine ständig verfügbare
Möglichkeit zur Ortsveränderung, über deren Ziel und Beginn das Individuum frei entscheiden kann und niemandem Rechenschaft schuldig ist und
die unter Gewährleistung der freien Wahl des Verkehrsmittels und der Reisebedingungen abläuft. (Cerwenka 1993, 698 f.)

Modacom : (Mobile Data Communications) Seit 1. Juni 1993 im Einsatz befindlicher neuer Datenfunkdienst der Telekom. Erforderlich sind ein Datex-
P-Anschluß für den firmeninternen Rechner sowie ein portables Funktermi-
nal im Fahrzeug. Mit dieser Ausrüstung ist dann bundesweit die Daten-

kommunikation (Frachtaufträge etc.) zwischen dem Rechner im Unternehmen und dem Fahrzeug am jeweiligen Einsatzort möglich. In Kombination mit einem Drucker im Fahrzeug können damit z.b. Frachtdokumente an Ort und Stelle ausgestellt werden. (DVZ (14.08.1993) 96, 3)

Modal : Einen Verkehrsträger bzw. ein Verkehrsmittel betreffend. Allgemeine Bezeichnung für die Art und Weise der Transportdurchführung insbesondere im Güterverkehr.

Modal Split : Verkehrsteilung. Anteile der Verkehrsträger bzw. der Verkehrsmittel am gesamten Verkehrsaufkommen bzw. der gesamten Verkehrsleistung innerhalb eines gegebenen Zeitraumes. Auf- und Verteilung der Nachfrage als Anteile auf die verschiedenen Verkehrsträger bzw. -mittel. (Gabler Lexikon Band 4 1988, Sp. 433)

Modem : (Kunstwort aus Modulation/Demodulation) Bezeichnung für eine Datenübertragungseinrichtung, Signalumsetzer. Das Modem dient u.a. der Kommunikation zwischen (digitalen) Datenendgeräten (z.B. PC´s) über das (ana-loge) Fernsprech- oder Direktrufnetz. (Löns 1990, 784; Ratzke 1990, 132)

MOVE : (Mobilität und Verantwortung) Feldversuch eines kooperativen Verkehrsmanagementsystems auf Initiative der VW AG in der Region Hannover zur umfassenden und zielorientierten Beeinflussung des Personen- und Güterverkehrs. Durch die intelligente Verknüpfung der Verkehrsträger (Schnitt-stellenoptimierung) soll der Umstieg vom IV auf den ÖV attraktiv gemacht und zumindest im Innenstadtbereich der MIV schrittweise zugunsten des ÖPNV zurückgedrängt werden. Als erster Schritt nach der Präsentation von MOVE auf der Internationalen Automobilausstellung (IAA) 92 für Nutzfahrzeuge wurde zunächst zwischen April und November 1992 eine Machbarkeitsstudie durchgeführt. Realisiert werden sollen im Anschluß daran folgende Dienste: Allgemeine Straßenverkehrsinformation, Parkraum-Management, ÖPNV-Informationssystem, Reiseplanungs- und Buchungssystem, Zielführung, Zubringer- und Ergänzungsverkehre zum ÖPNV, städtischer Wirtschaftsverkehr sowie Zufahrtsberechtigung. Zu diesem Zweck sind u.a. der Einsatz von RDS/ TMC (siehe dort) sowie die Installierung einer Baken-Infrastruktur geplant. MOVE wurde unter Federführung des niedersächsischen Wirtschaftsministeriums von einer Arbeitsgruppe aus Vertretern des Landes Niedersachsen, des Landkreises und der Stadt Hannover, des NDR sowie privater Firmen erarbeitet. (FGSV 1993, 43 f.; VW Konzernforschung 1992)

NE-Bahnen : Nicht-bundeseigene Bahnen. Die Bezeichnung stammt aus der

Zeit vor der Privatisierung der Deutschen Bundesbahn und war als Abgrenzung der privaten Bahngesellschaften von dieser gedacht.

Netzbeeinflussung : Form der Verkehrsbeeinflussung. Die Netzbeeinflussung
besteht in der rechtzeitigen Umleitung um einen potentiellen oder tatsächlichen Staubereich über eine parallel verlaufende alternative Strecke. Schwierig
gestaltet sich dabei die möglichst genaue Vorhersage der Verkehrsbelastun-
gen im Engpaßbereich. (Reichelt 1990, 20)

NIF : (Nautischer Informationsfunkdienst) Dient auf Binnenwasserstraßen der
Übermittlung von Nachrichten, die sich auf die Sicherheit und Leichtigkeit des
Verkehrs sowie in Notfällen auf den Schutz von Personen beziehen. (BMV
1993, 32)

OBU : (On-Board-Unit) Fahrzeugseitige Kommunikationseinrichtung bei automatischer Gebührenerfassung (siehe dort). Wird z.T. auch als OBE (On-Board-
Equipments) bezeichnet. Die OBU wird hinter der Windschutzscheibe des Kfz
angebracht. Sie ist für die Wechselwirkung mit der Kommunikationsinfrastruktur sowie für die Abbuchung der Gebühr zuständig. Darüber hinaus kann die
OBU ein Display und diverse Funktionstasten aufweisen. Je nach Gebühren-
entrichtungssystem wird sie zusätzlich mit einer Smart-Card oder einem Tag
ausgestattet (siehe Tag-System und Smart-Card-System). (Toplak 1993, 124
f.; Siegle 1993, 84; Rittich/ Zurmühl 1993, 36; Reuber, Claus: In voller Fahrt
zur Kasse gebeten, SZ (30.03.1994) 74, 43)

ÖV : Öffentlicher Verkehr, d.h. der Verkehr mit kollektiven (nicht-individuel-
len) Verkehrsmitteln, also Bussen, Bahnen, Schiffen, Flugzeugen etc.

ÖPNV : Öffentlicher Personennahverkehr, d.h. kommunaler oder regionaler
Personenverkehr mit öffentlichen Verkehrsmitteln.

OPUS : (Optimierung und Planung bei U-Bahn Systemen) Ein Softwaresystem
zur Lösung dispositiver Aufgaben im U-Bahnbetrieb der Hamburger Hochbahn
AG. OPUS unterstützt neben der Erfassung und Verwaltung der Netzdaten sowie der betrieblichen und tariflichen Randbedingungen im wesentlichen die
Fahrzeugumlaufplanung, Dienstplanung und Dienstplanoptimierung. Darüber
hinaus erzeugt OPUS Informationen für die dem Fahrplanbüro nachgeordneten
Stellen und Systeme (z.B. Personaldisposition, Leistungsabrechnung). Das
OPUS basiert auf dem Betriebssystem UNIX SVR4, der Datenbank Oracle und
der 4GL Entwicklungsumgebung unifAce. (Informationsschreiben der CAP
debis GEI an die Verfasserin vom 9. Mai 1994)

OSI-Modell : (Open Systems Interconnection) Das Referenzmodell der ISO
(siehe dort) für die Kommunikation offener Systeme, auch als ISO-Architek-
turmodell bezeichnet. Das OSI-Modell besteht aus sieben Schichten
("layers"), die jeweils streng differenzierte funktionale Ebenen erfassen.

Schicht 1 ("physical layer") betrifft dabei die physikalische Ebene der Kommunikation, Schicht 2 ("data link layer") umfaßt Steuerfunktionen zur Eliminierung von Übertragungsfehlern. Auf der Schicht 3 ("network layer") werden Parameter bezüglich des Verbindungsaufbaus und des Netzweges definiert, während in Schicht 4 ("transport layer") die Regelung der eigentlichen Transportverbindung thematisiert wird. Die Abfolge von Sende- und Empfangsphasen im Verlaufe des Kommunikationsvorganges wird in Schicht 5 ("session layer") festgelegt. Schicht 6 ("presentation layer") enthält Vorschriften bezüglich der Um- bzw. Rückwandlung der übertragenen Daten oder Signale in verständliche Zeichen. Schließlich bereitet Schicht 7 ("application layer") den Weg zur Sicherstellung von Verständlichkeit und Objektivierung des jeweiligen Gehalts an Nutzinformationen. Die Schichten 1 bis 4 beziehen sich also auf die Transportfunktionen im Rahmen der Kommunikation, während sich die Schichten 5 bis 7 auf Anwendungsfunktionen konzentrieren. Das OSI-Modell wird beschrieben in DIN ISO 7498 sowie CCITT-Empfehlung X.200. (Schmitt-Egenolf 1990, 115 f.; Höller 1993, 12 f.; Conrads 1989, 66 ff.; Welzel 1993, 7 ff.)

PC : Personal Computer.

PGV : (Produktionsverfahren Güterverkehr) Eines der Teilprojekte von TS´90 (siehe dort). Dient zur Sicherung der Informationen über den Betriebsablauf und den Empfangszeitpunkt, den Soll/ Ist-Vergleich bei der Transport-durchführung sowie die Meldung über den Abschluß der Beförderung des Gutes. (BMV 1993, 20)

POLIS : (Promoting Operational Links with Integrated Service through Road Traffic Information between European Cities) Kooperation europäischer Städte mit dem Ziel, Entwicklungen auf dem Gebiet Verkehrsinformationssysteme für die Lösung von Verkehrsproblemen in Ballungsräumen nutzbar zu machen. Auf Initiative der Städte Barcelona und Lyon hin fand 1990 die erste POLIS-Konferenz in Barcelona statt. Die Ausschreibung des DRIVE II/ ATT-Programmes war einer der Anlässe für diese Konferenz. Es wurde eine POLIS-Projektgruppe eingesetzt, deren Aufgabe es war, Machbarkeitsstudien als Voraussetzung und Vorbereitung für die Mittelwerbung bei DRIVE II/ ATT zu vermitteln. Auf den folgenden POLIS-Konferenzen wurden auf der Grundlage dieser Machbarkeitsstudien Partnerschaften zwischen Städten gleichartiger Interessenlagen gebildet, welche sich dann unter der Bezeichnung "Europrojekte" an der Ausschreibung für DRIVE II/ ATT beteiligten. Diese Europrojekte heißen CITIES, GAUDI, LIAISON, LLAMD, SCOPE und QUARTET (siehe jeweils dort), alle waren erfolgreich bei der Mittelwerbung und werden im Rahmen von DRIVE II/ ATT gefördert. Auf der POLIS-Konferenz in München 1991 wurde außerdem ein "Centre Européen d'Information et de Liaison" (CEDIL) mit Sitz in Lyon eingerichtet, welches der verbesserten Kommunikation zwischen den Städten dienen soll. Derzeit umfaßt die POLIS-Initiative 25 Städte. (Keller 1993, 76 ff.; Innenministerium Baden-Württemberg/ Landeshauptstadt Stuttgart 1990)

PRO-ART : Forschungsprojekt in Verbindung mit PROMETHEUS (siehe dort). Dient der Entwicklung von Grundlagen und Methoden, die für den Einsatz von Systemen der Künstlichen Intelligenz im Fahrzeug und im Straßenverkehr der Zukunft notwendig sind. PRO-ART läuft als industrielles Forschungsprojekt unter französischer Koordinierung. (Tietz 1987, 729 f.; Zackor 1993, 61)

PRO-CAR : (Safe Driving) Eines der drei Kernprojekte von PROMETHEUS (siehe dort). Ziel dieses Kernprojektes ist die Entwicklung rechnergestützter intelligenter Systeme im Fahrzeug, die zur Entlastung des Fahrers beitragen und ihn unterstützen sollen. Diese Entlastung des Fahrzeugführers bezieht sich z.B. auf eine Verbesserung der Sichtmöglichkeiten bei Nacht und Nebel, automatisches Abstandhalten, Hindernisidentifikation etc. Der Fahrer soll so weit in seiner Aufgabe unterstützt werden, daß prinzipielle menschliche Faktoren, wie enges Sichtfeld, Unerfahrenheit, begrenzte Reaktionsfähigkeit etc., nicht mehr unfallauslösend und bestimmend für die Verkehrssicherheit sind. (Deutsche Bank 1990, 53; Zimdahl 1991, 31; Tietz 1987, 730)

PRO-CHIP : Forschungsprojekt in Verbindung mit PROMETHEUS (siehe dort). Der Entwicklung von Mikroelektronik für die Sensorik und die Datenverarbeitung im Automobil gewidmet. PRO-CHIP ist ein Forschungsprojekt der Industrie unter deutscher Koordinierung. (Tietz 1987, 729 f.; Zackor 1993, 61)

PRO-COM : Forschungsprojekt in Verbindung mit PROMETHEUS (siehe dort). Konzept mit allgemeingültigen Standards für die Datenkommunikation zwischen Fahrzeug, Straße und Umfeld. Das unter italienischer Koordinierung ablaufende PRO-COM hat außerdem die Aufgabe, die Schnittstellen der einzelnen Elektronikkomponenten aufeinander abzustimmen. (Tietz 1987, 729 f.; Zackor 1993, 61)

PRODAT : Noch im Testbetrieb befindliches System der Satellitenkommunikation (siehe dort). PRODAT wird von der ESA getragen. (Wagner/ Hipp 1992, 148 f.)

PRO-GEN : Forschungsprojekt in Verbindung mit PROMETHEUS (siehe dort). Erarbeitung von Szenarien des Straßenverkehrs der Zukunft, mit deren Hilfe eine Analyse und Bewertung der im Rahmen von PROMETHEUS erarbeiteten Systeme vorgenommen werden, aber auch ihre Einführungsmöglichkeiten dargestellt werden können. PRO-Gen untergliedert sich dabei wiederum in sieben gesonderte Arbeitsbereiche. (Tietz 1987, 729 f.; Zackor 1993, 61)

PROMETHEUS : (Programme for an European Traffic with Highest Efficiency and Unprecedented Safety) Gemeinsames Projekt der europäischen Automobil- und Nutzfahrzeugindustrie seit 1986 und voraussichtlich bis Ende 1994. Verfolgt in erster Linie das Ziel der Verbesserung der "Intelligenz" der Kraftfahrzeuge selbst. Beteiligt sind 18 Unternehmen, nämlich Alfa Romeo, BMW, Citroën, Daimler-Benz, Fiat, IVECO, Jaguar, Lancia, MAN, MATRA, Peugeot, Porsche, Renault, Rolls Royce, Saab Scania, Steyr-Daimler-Puch, Volkswagen und Volvo. Außerdem wird PROMETHEUS im Rahmen von EUREKA (siehe dort) gefördert und von den Regierungen Schwedens, Großbritanniens, Deutschlands (BMFT), Frankreichs und Italiens unterstützt. Generelles Ziel von PROMETHEUS ist es, den Verkehr sicherer, wirtschaftlicher, komfortabler und umweltverträglicher, also letztendlich konfliktärmer zu gestalten. Mit dieser Absicht sollen die Potentiale der Mikroelektronik, Sensorik, Telekommunikation und Informatik genutzt werden, um ein grundsätzlich neues Informations-, Steuerungs- und Regelungssystem für die Beziehungen zwischen Fahrer, Fahrzeug und Fahrzeugumgebung zu schaffen. PROMETHEUS ist auf acht Jahre, also bis 1994, projektiert und wird einen Gesamtaufwand von schätzungsweise drei Mrd. DM erfordern. Das Projekt umfaßt sieben Teilprojekte, nämlich PRO-ART, PRO-CAR, PRO-CHIP, PRO-COM, PRO-GEN, PRO-NET und PRO-ROAD (siehe jeweils dort). Die im Rahmen von PROMETHEUS zu entwikkelnden Systeme gliedern sich in drei Gruppen: Fahrtenplanung (pre-trip information), Verkehrsmanagement/ Verkehrsführung (on-trip traffic management) und Sicheres Fahren (safe driving). (Deutsche Bank 1990, 51 ff.; Zimdahl 1991, 30; Klöckner 1991, 79; Harmsen/ König 1992, 157 f.; Tietz 1987, 729 f.; Zackor 1993, 60 f. + 67; FGSV 1993, 51; PROMETHEUS-Office o.J.)

PRO-NET : (Harmonization of Traffic Flow) Eines der drei Kernprojekte von PROMETHEUS (siehe dort). Hier soll Konfliktvermeidung betrieben werden, indem ein ständiger Kommunikationsverbund von Auto zu Auto hergestellt wird, der traditionelle Mechanismen wie Blinker und Hupe ersetzen soll. Auf freiwilliger Basis sendet dabei jedes Fahrzeug Informationen aus, die die eigene Geschwindigkeit, Position, Fahrtrichtung, etc. betreffen. Dadurch ist es entsprechend ausgerüsteten Fahrzeugen möglich, Informationen über die aktuelle Lage in ihrer Umgebung zu sammeln, auszuwerten und auf dieser Basis Warnungen oder Empfehlungen an den Fahrer zu übermitteln. Durch dieses kooperative Fahren (COPDRIVE), also die Einrichtung eines Fahrzeug-Fahrzeug-Kommunikationsnetzes, könnten beispielsweise gefährliche Situationen beim Überholen vermieden oder vor Querverkehr im Kreuzungsbereich gewarnt werden. Langfristig könnten auf diesem Wege sogar Ampelanlagen er-

setzt werden. (Deutsche Bank 1990, 53; Zimdahl 1991, 31; Hübner/ Hager
1992, 154)

PRO-ROAD : (Transport and Travel Management) Eines der drei Kernprojekte
von PROMETHEUS (siehe dort). Entwicklung von Kommunikationssystemen
zwischen infrastruktur- und fahrzeugseitigen Rechnern. Dabei stehen individuelle Zielführungs- und Verkehrsmanagementsysteme im Mittelpunkt der
Anstrengungen. Sie sollen den Fahrer nicht nur in die Lage versetzen, ohne
Probleme das gewünschte Ziel zu erreichen, sondern auch andere wichtige
und hilfreiche Informationen bereithalten, z.b. Staus, Umleitungen, Tankstellen, Hotels, Sehenswürdigkeiten etc. Dazu ist die Entwicklung von Kommunikationssystemen zwischen der Infrastruktur und den fahrzeuginternen Rechnern notwendig. Innerhalb dieses Kernprojektes werden auch mit Satellitennavigation operierende Navigations- und Flottenmanagementsysteme für
Frachtführer bzw. Speditionen erprobt (siehe z.B. GPS). (Deutsche Bank
1990, 53; Zimdahl 1991, 31; Tietz 1987, 730)

QUARTET : (Quadrilateral Advanced Research on Telematics for Environment
and Transport) Projekt im Rahmen der POLIS-Initiative (siehe dort) und gefördert als Europrojekt unter DRIVE II/ ATT (siehe dort). Zusammenarbeit von
vier europäischen Städten (Stuttgart, Athen, Birmingham, Turin) auf dem Gebiet des regionalen, kooperativen Verkehrsmanagements. Ihm Rahmen von
QUARTET werden folgende integrierten Module aus dem DRIVE II/ ATT-Pro-
gramm erprobt: IRTE-Systemarchitektur (siehe dort), umweltorientiertes Managementsystem, dynamische Zielführung, Notrufsystem, öffentliches Verkehrsmanagement und Informationssysteme für den ÖV. Dabei wird die Implementierung der Anwendungsgebiete individuelles Zielführungssystem und
Notrufsystem nur in Stuttgart (STORM, siehe dort) vorgenommen. (Siegle
1993, 85; Boch 1993, 57; Keller 1993, 77; FGSV 1992, 29)

RBL : (Rechnergestütztes Betriebsleitsystem) Dieses bereits im Einsatz befindlichen System übernimmt die selbsttätige Erfassung der Fahrzeugpositionen,
den zyklischen Soll/ Ist-Vergleich der Fahrplanlagen sowie die Übertragung
codierter Meldungen und Anweisungen. RBL sollen somit die Qualitätsmerk-
male Pünktlichkeit und Zuverlässigkeit im ÖPNV weiter verbessern und sichern. Dazu werden alle ÖV-Fahrzeuge mit einem datenfunktauglichen Funkgerät und einem Fahrzeugrechner, dem IBIS (siehe dort), ausgestattet. Im
Falle von Straßenbahnwagen und Bussen sind Infrarot-Baken zum Empfang
von Ortscodes installiert. Bei der Stadtbahn übernehmen die Koppelspulen der
Zugbeeinflussung die Ortscodeübertragung. In sehr schnellen zyklischen Abfragen erfolgt der Informationsaustausch mittels Datentelegrammen zwischen
allen Fahrzeugen und dem zentralen RBL-Rechner. Mit Hilfe der empfangenen

Ortscodes und der seitdem zurückgelegten Wegstrecke kann der RBL-Rechner aufgrund der gespeicherten Strecken- und Fahrplandaten für jedes einzelne Fahrzeug den genauen Standort und die aktuelle Fahrplanlage ermitteln. Aktuelle Fahrplanabweichungen werden sowohl an den Disponenten in der Betriebsleitstelle als auch mittels eines Fahrzeugdisplays an die Fahrer weitergeleitet. Mit einer Anschlußsicherungsfunktion ist es möglich, Anschlußverbindungen von RBL-Linien untereinander zu überwachen und manuell oder auch automatisch zu überwachen. (Bonz 1993, 40 ff.; FGSV 1993, 21 f.; Resch/ Will 1994)

RDS/ TMC : (Radio Data System/ Traffic Message Channel) System mit dem Ziel, das Autoradio zu einem höchst aktuellen und zuverlässigen Informationsinstrument für den Autofahrer weiterzuentwickeln. Bewegt sich im Grenzbereich zwischen kollektiver und individueller Verkehrsleittechnik. RDS ist bereits eingeführt (zum Zeitpunkt der Erstellung der vorliegenden Analyse waren bereits zahlreiche Radiosender in den RDS-Regelbetrieb übergegangen, neue Autoradios verfügen i.d.R. bereits über ein entsprechendes Empfangssystem). Für den TMC besteht ein Pre-Standard. An der endgültigen Standardisierung des RDS/ TMC sowie an seiner allgemeinen Einführung in nächster Zeit bestehen keine ernsthaften Zweifel. Funktionsweise: Neben dem herkömmlichen analogen Radiofunk werden auf einem eigens zu diesem Zweck eingerichteten, digitalen Kanal (dem Traffic Message Channel) standardisierte, in den Rundfunkanstalten codierte Informationen über das vorhandene Hörfunknetz (UKW, Mittelwelle) an das Bordgerät im Fahrzeug übergeben, ohne die laufenden Sendungen oder Musikabspielungen zu unterbrechen. Diese Informationen werden nach ihrer Erfassung an der Straße direkt und ohne Umweg an die Sendeanstalten und von dort an die Autofahrer übermittelt. Die möglichen Verkehrsmeldungen und die regionalen Zuordnungen sind in Textbausteinen im entsprechenden Empfangsgerät bereits gespeichert (z.B.: "3 Kilometer Stau", "BAB 4") und werden durch die codierten Übertragungen aus dem Studio aktiviert und zu einer Verkehrsmeldung zusammengefügt. Der Fahrer kann zu jedem Zeitpunkt den aktuellen Stand der Meldungen in seinem Gerät abrufen. Dabei hat er die Wahl zwischen einer synthetischen Sprachausgabe und der Anzeige im Display. Wird das RDS/TMC-System europaweit eingeführt, sind die regionalen Bezugspunkte digitalisiert verfügbar (etwa auf einer Compact Disc), und werden sie vor Antritt der Fahrt eingespeichert, dann kann der Autofahrer künftig auch im Ausland die dortigen Verkehrshinweise in seiner jeweiligen Muttersprache empfangen. Der TMC kann nicht nur von (Auto)Radios empfangen werden, sondern auch z.B. von Fernsehern, Laptops, Infotheken an Raststätten oder Tankstellen, etc. Das RDS/TMC-

Verfahren ist bereits weitestgehend europaweit standardisiert, eine (teure)
straßenseitige Infrastruktur zur Informationsübertragung ist nicht notwendig.
Außerdem können vor Fahrtantritt Zielort und Fahrtroute in das Gerät eingegeben werden, woraufhin das System dann selbständig die Selektion der relevanten Verkehrsnachrichten übernimmt. Seit 1991 wird das RDS/TMC-Sy-
stem in einem Feldversuch im Rhein/Ruhr-Gebiet unter dem Titel BEVEI
("Bessere Verkehrsinformation"; siehe dort) praktisch erprobt. (Stahl 1993a,
164 f.; Höller 1993, 33; VDA 1993, 16; BMV 1993, 9 f.; Zackor 1993, 73;
Bragas 1993, 55 ff.; Tunze, Wolfgang: Vom Power Play bis zum Verkehrsmanagement, FAZ (02.03.1993) 51, T1; Reuber, Claus: Wie ferngesteuert sicher ans Ziel, SZ (26./27.03.1994) 71, 61; VW AG o.J., 13)

RDS-Parkfunk : Örtliche Sender informieren über den TMC (Traffic Message
Channel) kontinuierlich über die Belegungssituation der Parkhäuser in der In-
nenstadt. Diese Informationen können dann vom Autofahrer individuell per
Display oder akustisch abgerufen werden. (Zimdahl 1991, 37)

RHAPIT : (Rhein-Main Area Project for Integrated Traffic Management) Pilotprojekt auf Initiative des Bundeslandes Hessen und unter Leitung des Hessischen Landesamtes für Straßenbau mit finanzieller Unterstützung des europäischen DRIVE II/ ATT-Programmes (siehe dort) zur konkreten Erprobung von
Technologien und Verfahren, die einem integrierten Verkehrsmanagement dienen sowie der Integration der Verkehrsträger zuträglich sind. An diesem Projekt sind außerdem beteiligt: Flughafen Frankfurt/Main AG, Messegesellschaft
Frankfurt, Stadt Frankfurt, Philips, DeTeMobil, einige Konzerne der Automobilindustrie, das Ingenieurbüro Heusch/ Boesefeldt sowie viele weitere Unternehmen und wissenschaftliche Institute. RHAPIT - das in enger Kooperation
mit den DRIVE II/ ATT-Projekten SOCRATES-Kernel (2013) und HERMES
(2019) steht - ist in drei Arbeitsfelder gegliedert: Verkehrsinformations- und
Steuerungsdienste, Verkehrsdatenregie-System sowie dynamische, individuelle Zielführung. In diesem letztgenannten Bereich konzentriert sich RHAPIT
auf die Erprobung des auf D1-Mobilfunktechnik basierenden individuellen
Zielführungssystems SOCRATES (siehe dort). Der Feldversuch im Rahmen
dieses Pilotprojektes soll nach intensiver Vorbereitung von Juni bis Dezember
1994 mit einer Flotte von ca. 30 Fahrzeugen stattfinden. Der Feldversuch
befaßt sich dabei in erster Linie mit der SOCRATES-Funktion dynamische
Zielführung und zwar insbesondere im Hinblick auf die Auswirkungen auf den
Verkehrsablauf, die Akzeptanz seitens der Benutzer, der Auswirkungen auf
die Verkehrssicherheit, die Qualität der erhobenen Verkehrsdaten sowie die
Möglichkeiten der Integration des ÖPNV-Angebotes. RHAPIT, das als Baustein
eines integrierten Verkehrsmanagementsystems im Rhein/Main-Gebiet ge-

dacht ist, wird im Mai 1995 beendet sein. Bis dahin erwartet man sich Aufschlüsse über die Umsetzbarkeit des Systems SOCRATES, die Bewertung des Systems hinsichtlich seiner Anwendungmöglichkeiten und seines Einflusses aus den Verkehrsablauf sowie die Verbesserung der Verkehrsdatenbasis. Darüber hinaus sollen Perspektiven des Verkehrsmangements in der Rhein/Main-Region aufgezeigt und die Möglichkeiten der Integration von SOCRATES in eine Gesamtstrategie ermittelt werden. Das Verkehrsdatenregie-System befaßt sich mit Methoden der Künstlichen Intelligenz zur Plausibilitätsprüfung von Verkehrsdaten. Die Verkehrsinformations- und Steuerungsdienste decken folgende Arbeitsfelder ab: Integriertes Verkehrsmanagement, städtisches Verkehrsmanagement Frankfurt, P&R-Informationen via SOCRATES, Modell zur Steuerung von Wechselwegweisern sowie Überwachung übergroßer und gefährlicher Frachten. (Hessisches Landesamt für Straßenbau (Hrsg.) : Informationsbroschüre RHAPIT, 1994; FGSV 1992, 45 ff.; FGSV 1993, 48 f.; Hessisches Ministerium für Wirtschaft, Verkehr und Technologie 1992)

ROBIN : (Road Billing Net) Automatisches Gebührenerfassungs-System (auch: ERP, siehe jeweils dort) der Mannesmann-Gruppe. ROBIN basiert auf dem Satellitenkommunikations- und -navigationssystem GPS (siehe dort) und kommt daher ohne zusätzliche straßenseitige Infrastruktur aus. Im Fahrzeug ist als OBU (siehe dort) ein Empfangsgerät zur Satellitenortung installiert, das für deutlich weniger als 100 DM erhältlich sein soll. Hinzu kommt eine spezielle Software im Empfangsgerät, die das Autobahnnetz als Koordinatennetz beschreibt sowie eine nachladbare Smart-Card (siehe dort). Eine Kontrolleuchte informiert den Autofahrer darüber, daß seine Smart-Card nachgeladen werden muß. Unterläßt er dies, so sendet seine OBU automatisch ein Signal aus, das von der nächsten Kontrollstation empfangen und an die Polizei bzw. die Kontrolleure des Autobahnbetreibers weitergeleitet wird, die sich dann auf die Jagd nach dem Nicht-Zahler machen müssen. Hier ist also die Kontrolle der Zahlungen bereits im System angelegt. (Mobilfunk 7 (1994) 1, 9)

Rollende Landstraße : Diese Technik beinhaltet den Transport von herkömmlichen Lkw, Lkw-Zügen und Sattelkraftfahrzeugen ohne Trennung der Fahrzeugeinheiten oder sonstiger wesentlicher Veränderungen an den Fahrzeugen während des Hauptlaufes im Kombinierten Verkehr (KV, siehe dort) Schiene/ Straße auf Waggons. Bei der Rollenden Landstraße fährt das Fahrpersonal der Lkw im Zug mit, weshalb auch von begleitetem KV gesprochen wird. (Frank u.a. 1992, 23)

Sagem : (System zur automatischen Gebühren-Erhebung durch GSM-Mobilfunktechnik) Auf dem D1-Netz der Telekom fußende Technik zur automatischen Erhebung von Gebühren, beispielsweise Straßenbenutzungsgebühren ohne straßenseitige Infrastruktur, d.h. mit lediglich virtuellen Erhebungsstellen bzw. Überwachungseinrichtungen. Dabei erfolgt die Abbuchung über den digitalen Datenkanal des GSM-Mobilfunksystems von einer personenbezogenen Chipkarte (einem Tag, siehe Tag-System), bei der die Gebühren im Nachhinein in Rechnung gestellt werden. Der Datenschutz wird bei diesem Post-Payment durch Sammelabbuchungen gewahrt, d.h. es werden immer nur mehrere Einzelzahlungen zusammen als Summendaten über das Mobilfunknetz an den Betreiber gemeldet. Damit ist ein Routing, ein Verfolgen der Fahrtroute eines einzelnen Fahrzeuges nicht möglich. Die personenbezogenen Bewegungsdaten sind ausschließlich dem Inhaber der Chipkarte zugänglich. Sie werden auf der Karte in erster Linie zur Beweisführung bei Reklamationen protokolliert. Die Vorteile von Sagem liegen darin, daß es relativ preisgünstig - eine straßenseitige Infrastruktur wird nicht benötigt, vorhandene Mobiltelefone lassen sich umrüsten, neue Geräte bieten die Mobilkommunikation als "Zusatzfunktion - und zudem bereits international standardisiert ist, nämlich mit dem GSM-Standard. Straßenseitig ist lediglich die Installierung von Videokameras o.ä. zur Erfassung von Nicht-Zahlenden notwendig. Ob aus einem Fahrzeug bezahlt wurde oder nicht, kann ebenfalls über das GSM-Netz erkannt werden. Die Erweiterung von Sagem zum Kommunikationselement im Rahmen eines Verkehrsmanagementsystems ist problemlos möglich. Mit Sagem ist die DeTeMobil am AGE-Feldversuch (siehe dort) des BMV auf der A 555 beteiligt. (Pardey, Hans-Heinrich: Das Autotelefon als Registrierkasse, FAZ (08.02.1994) 32, T6; Reuber, Claus: In voller Fahrt zur Kasse gebeten, SZ (30.03.1994) 74, 43; Mobilfunk 7 (1994) 1, 8 f.; DeTeMobil 1993)

SAST : Europäisches Programm zur strategischen Analyse der Wirkungen auf dem Gebiet von Wissenschaft und Technologie. Im Rahmen von SAST soll u.a. ermittelt werden, inwieweit die technologische Entwicklung zur Reduzierung der verkehrsbedingten Umwelteinwirkungen beitragen kann. (EG KOM (92) 46 endg., 49)

Satellitenkommunikation : Telekommunikation via Satellit. Satelliten sind Relais-Stationen im Weltall, die ein von der Erde abgestrahltes Signal empfangen und reflektieren. Das Signal ist dann auf der Erdoberfläche in einem bestimmten Bereich, der sog. Ausleuchtungszone, zu empfangen. (Ratzke 1990, 166)

Satellitennavigation : Positionsbestimmung per Satellitenortung, siehe GPS und GLONASS. Grundsätzlich ist die Zwei-Wege-Kommunikation über Satelliten bestimmten Beschränkungen durch begrenzte Kommunikationskapazitäten unterworfen. (OECD 1992, 33)

Schnittstelle : (auch: Interface) Allgemein: Berührungspunkt zwischen verschiedenen Sachverhalten oder Objekten. In der Technik generell und in Organisationen: An den Stellen, an denen ein System in das andere übergeht, liegt die Schnittstelle. Im Hardwarebereich: Der Teil eines Gerätes über den dies mit anderen Geräten verbunden ist bzw. verbunden werden kann. Im Software-Engineering: Als Bezeichnung für den Berührungspunkt zwischen Modulen (Modulschnittstelle), für den Berührungspunkt zwischen Endbenutzer und Softwareprodukt (Benutzerschnittstelle) sowie für den Berührungspunkt zwischen Betriebssystem und Hardware (Hardwareschnittstelle). (Gabler Lexikon Band 5 1988, Sp. 1400; Ratzke 1990, 168)

SCOPE : (Southampton-Köln-Piräus) Eines der im Rahmen von DRIVE II/ ATT (siehe dort) geförderten Europrojekte der POLIS-Initiative (siehe dort). Koordinierung von Feldversuchen auf dem Gebiet der Telematik im Verkehr in den Städten Southampton, Piräus und Köln zwischen 1992 und 1994. Implementiert, geprüft und bewertet werden sollen Systeme des integrierten Stadtverkehrsmanagements, Verkehrs- und Reiseinformationssysteme sowohl im MIV als auch im ÖV, strategische Informationssysteme sowie Managementsysteme im ÖPNV. Dabei übernimmt die EG mit insgesamt rd. 20 Mio. DM etwa die Hälfte der Kosten von SCOPE, die andere Hälfte ist von den Städten zu tragen. Der im Rahmen von SCOPE stattfindende Feldversuch in Köln läuft - nach der zugrundliegenden Machbarkeitsstudie aus dem Jahre 1991 - unter der Bezeichnung VIKTORIA (siehe dort). (Keller 1993, 77; FGSV 1992, 34; VDV o.J., 24 ff.)

Scrambling : Methode zur Verschlüsselung analoger Daten. Die Verschlüsselung digitaler Daten (data encryption) ist wesentlich leichter durchführbar. (Welzel 1993, 61)

Sendungsverfolgungssysteme : Versetzen die am Transportprozeß und -system beteiligten Glieder der Transportkette in die Lage, zu überschauen, wo bzw. bei welchem Mitglied der Kette sich eine in das System eingegebene Ladung befindet. Jedes Ladungsstück wird zu diesem Zweck mit einem Colli-Barcode-Aufkleber versehen, der maschinenlesbar codiert die spezifischen Frachtinformationen enthält. Bei jedem Lade- und Entladevorgang wird dieser Aufkleber von einem entsprechenden Gerät eingelesen und die entsprechenden Informationen an die Zentrale des Systems weitergegeben. Hier werden daraus Statusinformationen zu jedem Frachtstück gebildet, zu denen berechtigte Systemteilnehmer dann Zugang haben. (Höller 1990, 26)

Smart-Card-System : Elektronisches Mautsystem (ERP oder automatische Gebührenerfassung, siehe jeweils dort), welches mit hinter dem Innenspiegel der Fahrzeuge angebrachten Smart-Cards arbeitet. Diese Smart-Cards sind Magnetkarten mit intelligenten Funktionen, vergleichbar mit Telefonkarten. Sie müssen vor Fahrtantritt (z.B. an Automaten) erworben werden. Beim Durch-

fahren der Erhebungsstelle wird dann der fällige Geldwert von der vorausbe-
zahlten Magnetkarte automatisch abgebucht. Der Restwert der Karte kann jederzeit angezeigt und ggf. auch als Quittung ausgedruckt werden. Außer dem
Geldwert kann eine Smart-Card auch fahrzeugbezogene Daten zur Fahrzeug-
klassizierung enthalten. Eine personenbezogene Kontonummer muß jedoch
nicht offengelegt werden. Da bei diesem System die Gebühren im voraus bezahlt werden, werden sie auch als "prepayment"-Systeme bezeichnet. (Höller
1993, 38 f.; ADAC Verkehrstechnik 1993)

SOCRATES : (System Of Cellular Radio for Traffic Efficiency and Safety) Ei-
nes der Projekte des DRIVE-Programmes (siehe dort) der EG-Kommission.
SOCRATES ist ein auf D1-Mobilfunktechnik basierendes Verkehrsinformati-
ons- und Leitsystem für den Straßenverkehr, das folgende Dienste anbietet:
Dynamische Zielführung, Fahrerinformation, P & R- sowie ÖPNV-Information,
Notruf-Meldung, automatische Ortsbestimmung sind möglich. Realisiert werden diese Funktionen mittels Kommunikation des SOCRATES-Informations-
Centrums (einer Verkehrsrechnerzentrale) mit dem fahrzeuginternen Navigationsrechner über das D1-Mobilfunknetz der Telekom, welches auf der Basis
des europäischen GSM-Standards eine flächendeckende Zwei-Wege-Kommunikation ohne zusätzliche Infrastruktur ermöglicht. Die Ausgabe der Informationen im Fahrzeug erfolgt dabei durch Sprachanweisungen und einfache Pikto-
grammdarstellungen auf einem Display. Neben dem Ein-/Ausgabegerät und
dem D1-Mobiltelefon ist im Fahrzeug ein Navigationssystem erforderlich. Dieser Navigationsrechner verfügt über eine digitale Straßenkarte auf einem CD-
Datenträger, in der die mittels Radsensoren erfaßten Fahrzeugbewegungen
abgetragen werden und so die augenblickliche Position bestimmt werden
kann. Dadurch wird eine individuelle Zielführung möglich: Bei Fahrtantritt wird
das Ziel, z.B. ein Straßenname, eingegeben. Der Navigationsrechner schlägt
daraufhin eine Route vor, die nach individuellen und verkehrsabhängigen Kriterien optimiert werden kann. Der Fahrer wird nun zu seinem Zielort geleitet,
wobei der Navigationsrechner auch auf Änderungen der aktuellen Verkehrssituation reagiert und aktuelle Verkehrsinformationen (z.B. Warnmeldungen) direkt an den Fahrer weiterleitet. Darüber hinaus stehen dem Fahrer über das
Navigationssystem die kompletten Fahrpläne und Nahverkehrsverbindungen
der für den Zielbereich geeigneten P & R-Stationen zur Verfügung. Außerdem
übermittelt der fahrzeuginterne Navigationsrechner die tatsächlichen Reisezeiten für zurückgelegte Streckenabschnitte anonym an die Verkehrsrechnerzentrale, die aus diesen eingehenden Informationen Verkehrsvorhersagen hoch-
rechnen kann und Warnmeldungen für nicht in das automatische Meßstellen-
netz einbezogene Streckenabschnitte aussenden wird. Eingesetzt werden

kann SOCRATES auch für die Überwachung von Transporten gefährlicher
Güter oder als Grundstein für ein Flottenmanagementsystem. Im Rahmen von
DRIVE I (1989 bis 1991) wurde das SOCRATES-Konzept entwickelt und ver-
tieft, während DRIVE II (1992 bis 1994) soll es nun praktisch erprobt werden,
z.B. im Pilotprojekt RHAPIT (siehe dort). (Hessisches Landesamt für Straßenbau (Hrsg.) : Informationsbroschüre RHAPIT, 1994; DeTeMobil 1994a, 6;
Weling u.a. 1991; Fleck 1993; DeTeMobil 1994b; Fleck 1993)

SPAG : (Standards Promotion and Application Group) Zusammenschluß von
zwölf maßgeblichen Informationstechnik-Produzenten, die an ESPRIT beteiligt
sind. SPAG ist auch die Bezeichnung für eine Dienstleistungs-Gesellschaft.
(Commission of the EC - DG XIII 1988, Reference Sheet 1)

STCA : (Short Term Conflict Alert System) Derzeit von der Deutschen Flugsicherung (DFS) einzurichtendes System zur Warnung der Fluglotsen vor sich
anbahnenden Staffelungsunterschreitungen. (BMV 1993, 33)

STORM : (Stuttgart Transport Operation by Regional Management) Pilotprojekt eines integrierten, kooperativen Verkehrsmanagementsystems als Ge-
meinschaftsleistung des Landes Baden-Württemberg, der Landeshauptstadt
Stuttgart, der Daimler-Benz AG, der Robert Bosch GmbH, der Siemens AG
und einer Reihe weiterer Unternehmen. STORM wird im Rahmen des EG-Programmes DRIVE (bzw. ATT, siehe jeweils dort) gefördert und zwar im Rahmen des Forschungsprojekts QUARTET (siehe dort). Der Pilotversuch läuft
seit Anfang 1992 und noch bis Ende 1995, danach ist ein Übergang in Betreibergesellschaften geplant. Die vorhandenen Verkehrsleitzentralen der Region, der Stadt Stuttgart sowie der öffentlichen Verkehrsmittel bilden in der
STORM-Rechnerzentrale einen Datenverbund, aus dem die sechs Pilotprojekte
im Rahmen von STORM versorgt werden. Bei diesen sechs Projekten handelt
es sich um individuelle Verkehrsinformation über öffentliche Infotheken (an
zentralen Plätzen, Autobahnraststätten, Bahnhöfen, etc.); um ein individuelles
Autofahrer-Leitsystem basierend auf einem sog. Dual-Mode-Gerät (siehe dort);
um eine dynamische P & R-Information mittels Wechselverkehrszeichen an
Einfallstraßen; um aktuelle Anschlußinformationen für den ÖV ebenfalls über
die Infotheken und eine Optimierung des internen Ablaufes der öffentlichen
Verkehrsbetriebe; um ein Flottenmanagement-Systems mit Satelliten-Ortung
(GPS, siehe dort), Datenkommunikation und Bordcomputern sowie - nicht zu-
letzt - um ein Notrufsystem mittels eines Aufprallsensors in den Fahrzeugen,
der bei einem schweren Unfall automatisch ein Funksignal via D1 auslöst.
(STORM-Büro (Hrsg.) : Miteinander ans Ziel, Informationsbroschüre STORM;
Interview mit Rainer Neuwerk am 13.Juni 1994, siehe Befragungsprotokoll 3;
Ball 1993, 84 ff.; FGSV 1993, 40 ff.; Klüting 1992, 96 f.; VDV o.J., 21 ff.)

Streckenbeeinflussung : Form der Verkehrsbeeinflussung, z.T auch als Linien-beeinflussung bezeichnet. Anlagen zur Verbesserung der Verkehrssicherheit durch frühzeitige Information über Verkehrsstörungen und sinnvolle Geschwindigkeitsbegrenzungen. Derzeit sind verschiedene Typen von Streckenbeeinflussungsanlagen in Betrieb, beispielsweise Stauwarn-, Nebelwarn- oder dynamische Geschwindigkeitsbeeinflussungsanlagen. (Reichelt 1990, 20 f.; Kill 1994, 2 f.)

Tag-System : Elektronisches Mautsystem (ERP oder automatische Gebühren-erfassung, siehe jeweils dort), bei dem ein über dem Verkehrsweg angebrach-ter Sender einen Funkkontakt zu dem ca. zigarettenschachtelgroßen Tag (= eine passive elektronische Plakette) an der Windschutzscheibe des Fahrzeu-ges herstellt. Auf diesem Wege werden codierte Daten übertragen, die zu-mindest eine Kontonummer und fahrzeugkennzeichnende Merkmale enthalten (z.B. Pkw/ Lkw, Achsenzahl, Gewicht; wegen unterschiedlicher Tarifklassen). Die zu zahlende Gebühr wird dann vom angegebenen Konto abgebucht, wo-bei die Einrichtung eines vorbezahlten Wertkontos beim Betreiber den Vor-gang vereinfacht. Buchungsmäßig handelt es sich also um eine nachträgliche Zahlung, weshalb man auch von "post-payment"-Systemen spricht. Derartige Identifikations-Tags sind schon seit längerer Zeit im Einsatz, z.B. zur Kenn-zeichnung von Containern. Auf dem Tag-System beruhende automatische Gebührenerhebungssysteme (siehe dort) sind u.a. in den USA und in Frank-reich im Einsatz. (Höller 1993, 38; ADAC Verkehrstechnik 1993)

TARMAC : (Taxi and Ramp Management Control) Projekt des Flughafens Frankfurt/ Main in Zusammenarbeit mit der Deutschen Luft- und Raumfahrtge-sellschaft (DLR) und der Deutschen Flugsicherung (DFS), welches sowohl zu einer Kapazitätserhöhung als auch zu einer Verminderung der Umweltbe-la-stung beitragen soll. TARMAC erfordert einen Datenverbund zwischen dem Flughafen, der Flugsicherung und den Luftverkehrsgesellschaften. In diesen Datenverbund fließen außerdem direkt sicherheitsrelevante Informationen ein, z.B. über die Wetterlage, aus der Luftraumüberwachung etc. (BMV 1993, 13; Winter 1993, 137)

TBFS : (Terminalbetriebsführungssystem) Informationssystem für die Optimie-rung der Abläufe in Umschlagbahnhöfen des Kombinierten Verkehrs (KV, siehe dort). Ziele des TBFS sind die Steigerung der Leistungsqualität sowie der Wirtschaftlichkeit in den Umschlagterminals des KV. Mittels der IuK-Un-terstützung sollen entscheidungsrelevante Informationen erfaßt, bereitgestellt und dokumentiert werden. Basierend auf der modularen Aufbau- und Ablauf-struktur können Elemente der Betriebsführung des Terminals, z.B. die Ladespurkoordinierung und die Zugbelegungsdisposition, durch den Einsatz von Rechnern unterstützt werden. (DUSS u.a. o.J., 4 ff.)

TBL : (Technische Betriebsleitung) Projektstudie der CAP debis GEI im Auftrag von und in enger Zusammenarbeit mit der Deutschen Bahn AG. TBL soll mittels dispositiver Verfahren unter Gewährleistung einer vorgegebenen Betriebsqualität den geplanten Streckendurchsatz (die Streckenleistungsfähigkeit) in Bezug auf die Verfügbarkeit der Fahrwegressourcen sicherstellen. Erforderlich ist dazu eine enge Kooperation mit den zuständigen Fahrdiensten und der Betriebsleitung. Die vorrangigen Ziele des TBL-Projekts sind eine Steigerung der Verfügbarkeit der technischen Anlagen des Fahrweges im Hinblick auf die im Rahmen von CIR-ELKE (siehe dort) künftig steigende Streckenbelastung, die Reduzierung der Reaktions- und Aktionszeit bei Störfällen sowie eine Unterstützung bei der Erkennung und konsequenten Beseitigung von System-, Planungs- und Organisationsschwachstellen sowie bei der Durchführung zustandsorientierter Instandhaltung. Zum Management des Fahrwegs benötigt die TBL Daten von Einzelsystemen bzw. -anlagen. (Informationsschreiben der CAP debis GEI an die Verfasserin vom 9. Mai 1994)

TELEPORT : Im Duisburger Hafen im Aufbau befindliches IuK-System mit dem Ziel, die Ruhrort-Häfen in die Logistik durchgehender Transportketten zu integrieren. TELEPORT ermöglicht als EDI-Clearing-Center den papierlosen Dokumentenaustausch zwischen allen am logistischen Ablauf Beteiligten, unabhängig von der jeweils verwendeten Hard- und Software. Vermarktet wird TELEPORT durch die 1988 gegründete Teleport Duisburg GmbH, die zu 85% von der EURO-LOG B.V., Amsterdam, gehalten wird. Dementsprechend bietet die Teleport Duisburg GmbH Teile der Dienstleistungen aus dem EURO-LOG-System (siehe dort) an. (BMV 1993, 17; Krüger/ Kösters 1994, 150 f.)

Teleroute : Eine elektronische Ladungs- und Laderaumbörse. (Trans Aktuell (1993) 24, 11)

Terminal : Bezeichnet in der Informatik Datenendgeräte (z.B. Bildschirme), im Verkehrswesen End- oder Umsteigestationen bzw. Umschlagsbetriebe und -anlagen. (Gabler Lexikon Band 5 1988, Sp. 1926)

Terrestrische Kommunikation : Terrestrisch bedeutet erdgebunden, demnach bezeichnet dieser Begriff sämtliche Kommunikationsformen, die nicht (direkt oder indirekt) über Satelliten laufen. (Ratzke 1990, 183)

Touch Screen : (engl.: Berührungsbildschirm) Befehle an einen Computer oder ein Informationssystem werden hier nicht mehr über die Tastatur, sondern durch Berühren der Bildschirmoberfläche gegeben. (Ratzke 1990, 185)

Transeuropäische Netze : Im Vertrag über die Europäische Union von Maastricht in Titel XII festgelegter Rahmen zur Schaffung europäischer Infrastrukturnetze im Verkehrs-, Energie- und Telekommunikationsbereich. Allein für die Verwirklichung der Verkehrsinfrastrukturprojekte (= "Entwicklungsschwerpunkt II") sind bis 1999 ca. 220 Mrd. ECU vorgesehen, die Investitionen für die 26 bereits vorgeschlagenen Projekte belaufen sich auf 82 Mrd. ECU. Davon können 1994 bis 1999 etwa 15 Mrd. ECU aus EG-Haushaltsmitteln bereitgestellt werden, hinzu kommen Darlehen in etwa gleicher Größenordnung (im Vertrag von Maastricht wurden zu diesem Zweck zwei neue Finanzierungsinstrumente geschaffen, die "Unions-Schuldverschreibungen" und die "Wandelschuldverschreibungen", siehe jeweils dort). 332 Mio. ECU wurden bereits für Verkehrsinfrastrukturprojekte ausgegeben. Dabei gelten folgende Finanzierungsgrundsätze: Ein erheblicher Teil der Mittel muß von privaten Investoren aufgebracht werden; die Ausgaben müssen mit den öffentlichen Finanzen des jeweiligen Mitgliedstaates vereinbar sein, d.h. sie müssen dessen Leitlinien für Haushaltsdefizit und Staatsverschuldung einhalten; das Subsidiaritätsprinzip muß gewahrt bleiben, d.h. die Gemeinschaft gewährt lediglich Zuschüsse, fördert von Durchführbarkeitsstudien, gibt Darlehensbürgschaften oder hilft bei fehlenden Lückenschlüssen im Rahmen von Vorhaben von gemeinsamem Interesse. Bei den im Rahmen der Schaffung transeuropäischer Netze auszuwählenden Vorhaben müssen folgende Charakteristika aufweisen: Es muß sich um Projekte von gemeinschaftlichem Interesse handeln, d.h. grenzüberschreitend und von strategischer Bedeutung, die Interoperabilität fördernd, schnittstellenoptimierend oder auf die besonderen Bedürfnisse von Mitgliedsländern in Randlage zielend; der Finanzierungsrahmen der Vorhaben muß eine Beteiligung privater Investoren ermöglichen; die Projekte müssen kurzfristig durchführbar, d.h. durchgeplant und genehmigt sein; die Vorhaben müssen außerdem - abgesehen von ihrer rein wirtschaftlichen Durchführbarkeit - zur Schaffung von Arbeitsplätzen, volks- und betriebswirtschaftlichen Ertragssteigerung beitragen; darüber hinaus müssen die Vorhaben bereits hinsichtlich ihrer Umweltverträglichkeit geprüft sein (UVP). (Europäische Kommission 1994, 33 ff.)

TRANS-LISB : (Transportleit- und Informationssystem Berlin) Forschungsvorhaben in Berlin zur Erprobung eines Datenverbundes zwischen Informationssystemen im Güterverkehr und dem Verkehrsleitsystem. TRANS-LISB integriert den Baustein der individuellen dynamischen Zielführung (siehe LISB, EURO-SCOUT) mit dem Modul der optimalen Routenplanung im Güterverteilverkehr. Soll im Rahmen der zweiten, Ost- und West-Berlin erfassenden "Runde" des Feldversuchs LISB (siehe dort) ablaufen. Auf der Basis einer bakengestützten Infrarotkommunikation sollen echte Fahrzeitinformationen ("real-time"-Informationen) über den Straßenverkehr sowie neue Aufträge, etc. direkt und ohne Zeitverzug in die laufende Disposition (das Flotten- oder Fuhrparkmanagement) einbezogen werden. Dem Fahrer werden dabei neue Fahranweisungen oder Routenempfehlungen über die Kommunikationseinrichtungen ins Fahrzeug übermittelt. (Bracher 1990, 155; Hoffmann 1993a, 105; FGSV 1992, 17)

TRANSPO-EXPRESS : Beschleunigte Übermittlung von Statusinformationen bezüglich der Sendungen vom Lkw an die Fuhrparkzentrale via Mobilfunk im Rahmen von EURO-LOG (siehe dort). (EURO-LOG o.J.a)

TRANSPO-LINK : System zur Integration bestehender IuK-Systeme der Logistikbranche in EURO-LOG (siehe dort). (EURO-LOG o.J.a)

TRANSPO-NET : EDI-System (siehe dort) für Logistikdaten als Bestandteil von EURO-LOG (siehe dort). Bei TRANSPO-NET geht es also in erster Linie um eine Harmonisierung der Schnittstellen durch eine Übersetzung bzw. Konvertierung der auszutauschenden Daten in ein Standard-Format, beispielsweise EDIFACT (siehe dort). Bei den Dienstleistungen im Rahmen von TRANSPO-NET kann zwischen Access Service (ermöglicht Datenaustausch), Basic EDI Service (hieher gehören beispielsweise Speicherung, Status-Berichte und Nachrichten-Verteilung) und Value added EDI Services (z.B. Faxzustellung, Nachrichten-Konvertierung) unterschieden werden. (EURO-LOG o.J.a; EURO-LOG o.J.b)

Transportbehälter : (auch: Transportgefäß) Transportbehälter sind beispielsweise Wechselbehälter (austauschbare Lkw-Aufbauten), Container, Sattelanhänger sowie Eisenbahnwaggons.

TRANSPO-TRACK : Sendungsverfolgungssystem als Bestandteil von EURO-LOG (siehe dort). Das TRANSPO-TRACK-System erfordert einen Rechner (Workstation) als Schnittstelle zwischen dem Inhouse-System (dem LAN, siehe dort) und dem EURO-LOG Datenzentrum sowie den Geschäftspartnern. Das EURO-LOG Datenzentrum stellt alle modernen Telekommunikationszugänge sowie die zentrale Sendungsverfolgungsdatenbank TRANSPO-TRACK zur Verfügung. Ein mobiler Bordcomputer mit integriertem Scanner dient der Erfassung der Sendungsdaten und dem Soll-Ist-Vergleich der eingegebenen Sendungsstatusinformationen. Die Kommunikationsverbindungen werden bei EURO-LOG über Mobilfunktechnik auf GSM-Standard realisiert. Mittels TRANSPO-TRACK läßt sich eine lückenlose Sendungsverfolgung mit jederzeit abrufbaren Statusinformationen zu den einzelnen Sendungen verwirklichen. Durch das Einlesen der Barcodes an den Collis mittels des Scanners sind

Übergabe-, Auf- und Abladenachweise jeweils direkt über das System erhältlich. (EURO-LOG o.J.c)

Travelpilot IDS : Ein autark arbeitendes, d.h. fahrzeugautonomes Leitsystem
der Firma Bosch auf der Grundlage elektronischer Navigation. Travelpilot
wurde bereits 1989 als weltweit erstes autonomes Navigationssystem für Kfz
eingeführt. Im Fahrzeug wird dabei ein Navigationsrechner mit CD-Rom-Lauf-
werk installiert, der praktisch das "Gehirn" des Systems darstellt. Auf der
entsprechenden CD-ROM - dem "Gedächtnis" des Systems sind eine digitale
Straßenkarte und andere wichtige Informationen gespeichert. Zu den im Fahrzeug vorhandenen Gerätekomponenten gehört außerdem ein 4,5"-Monitor mit
Display. Mittels Radsensoren und eines Magnetkompasses wird die zurückgelegte Wegstrecke und die jeweils eingeschlagene Richtung erfaßt und über
den Navigationsrechner in der Straßenkarte abgetragen. Endresultat war ursprünglich die Anzeige des zum Navigieren erforderlichen Ausschnitts der
digitalen Straßenkarte auf dem Monitor, in dem die gegenwärtige Position des
Fahrzeugs und das Ziel markiert waren. Die Umsetzung dieser Informationen
in Navigationsanweisungen mußte dann durch den Fahrer selbst erfolgen. Inzwischen ist man jedoch, insbesondere des im Rahmen von STORM erprobten
Dual-Mode-Gerätes (siehe jeweils dort) dazu übergegangen, statt eines Kar-
tenausschnitts direkte Navigationsanweisungen einzublenden. Als Nachfolgemodell des Travelpilot ist inzwischen Berlin RCM 303 A (siehe dort) von Blau-
punkt/ Bosch für ca. 7.000 DM zuzüglich noch einmal etwa 3.000 DM für
den Navigationsrechner am Markt erhältlich. Das APS (siehe dort) von Bo-
sch/Blaupunkt wird ab 1995 von Mercedes-Benz als Sonderausstattung für
Kfz vertrieben. (VDA 1993, 26 f.; Sparmann 1991, 49 f.; Siegle 1993, 83 f.;
Sparmann 1990, 30; Fischer 1994, 100; Bosch Telecom o.J., 10 ff.)

TS´90 : (Transportsystem für die 90´er Jahre) Eines der beiden Projekte der
Deutschen Bahn AG (neben GIPAS, siehe dort) zur weiteren Verbesserung der
Schnittstellen - auch zu Häfen und Terminals des Kombinierten Verkehrs - im
Schienenverkehr. Ziel ist der Aufbau einer informationstechnischen Unterstützung der gesamten Logistikkette im Haus-zu-Haus-Verkehr. Im Rahmen von
TS´90 sollen die vorhandenen EDV-Anwendungen kontinuierlich in Richtung
einer transportbegleitenden und -vorauseilenden Information im Schienengü-
terverkehr weiterentwickelt werden. Darüber hinaus soll auch der Ressourceneinsatz beim Transport verbessert werden. TS´90 gliedert sich in mehrere
Teilprojekte, nämlich PGV, WIS sowie GATEWAY, HERMES und HIPPS (siehe
jeweils dort). (BMV 1993, 20)

TT : (Transport Telematics) Voraussichtlich die offizielle Bezeichnung für DRIVE (siehe dort) von 1994 bis 1997 (= DRIVE III). (Interview mit Klaus Everts am 08. Juni 1994, siehe Befragungsprotokoll 2, 4)

TT-AGE : System zur automatischen Gebührenerfassung (auch ERP, siehe jeweils dort) einer Kooperation von sieben Partnern u.a. mit der TechnoTrend Systemtechnik aus Erfurt und der GMM Gesellschaft für Medien Marketing aus München. Das TT-AGE arbeitet mit einer Baken-Infrastruktur und unidirektionaler Kommunikation auf 434 MHz, d.h. im Auto ist als OBU nur ein Signalempfangsgerät notwendig. Allerdings enthält diese OBU einen mit sehr komplizierter Software arbeitenden Prozessor, der für Decodierung, Plausibilitätskontrolle und den Bezahlungsvorgang zuständig ist. Zur Bescheinigung der erfolgten Zahlung ist die Installierung einer speziellen Rückkanalbake vorgesehen, die ebenfalls im Infrarotbereich ausstrahlt und ein Signal auslöst, das der OBU die korrekte Bezahlung bescheinigt. Die Steuerung der Baken und damit des gesamten Gebührensystems, z.B. zur belastungsabhängigen Gebührenstaffelung, soll dabei über einen RDS-Kanal erfolgen (siehe RDS/TMC). TT-AGE wird im Feldversuch AGE (siehe dort) erprobt. (Reuber, Claus: In voller Fahrt zur Kasse gebeten, SZ (30.03.1994) 74, 43)

Unions-Schuldverschreibungen : Im Vertrag von Maastricht über die Europäische Union für die Zwecke der Schaffung transeuropäischer Netze (siehe dort) neu geschaffenes Finanzierungsinstrument. Unions-Schuldverschreibungen sind Wachstumsschuldverschreibungen mit langen Laufzeiten zugunsten der Projektträger großer Infrastrukturvorhaben im Rahmen der transeuropäischen Netze. Als Vermittler tritt die Europäische Investitionsbank (EIB) auf. (Europäische Kommission 1994, 37)

VANS : (Value Added Network Services) Dienstleistungen in informationstechnischen Netzwerken, die zur volkswirtschaftlichen Wertschöpfung beitragen, d.h. gewerblich betrieben werden. Ein Beispiel für auf der Grundlage von VANS wirtschaftende Unternehmen ist EURO-LOG (siehe dort). (Gabler Lexikon Band 6 1988, Sp. 2686; Welzel 1993, 2)

Verkehrsaufkommen : Bezeichnet die Verkehrsmenge, ausgedrückt als Anzahl der beförderten Personen bzw. Zahl der beförderten Gütertonnen. (Gabler Lexikon Band 6 1988, Sp. 2321)

Verkehrsbeeinflussungsanlagen : Wechselverkehrszeichen, die dynamisch auf Gefahren wie Stau oder Glatteis aufmerksam machen und mit entsprechenden Ge- und Verboten den Verkehr beeinflussen.

Verkehrsleistung : Bezeichnet ebenfalls die Verkehrsmenge, diesmal ausgedrückt als als Zahl der Personenkilometer (Personen-km) bzw. (Güter-) Tonnenkilometer (t-km). (Gabler Lexikon Band 6 1988, Sp. 2336)

Verkehrsmittel : Die auf den einzelnen Verkehrsträgern (siehe dort) eingesetzten Transporteinrichtungen zur Beförderung von Personen und/oder Gütern.
Beispielsweise Pkw, Fahrrad, Binnenschiff, Zug, Flugzeug, etc.

Verkehrsträger : Straße, Schiene, Wasser, Luft.

Verkehrsverbund : Vertraglich geregelte Kooperation zwischen Trägern des
ÖPNV, v.a. in Ballungsräumen üblich. Der Verkehrsverbund dient der Abstimmung der Fahrpläne und Infrastrukturplanungen sowie der Bildung einer Ver-
kehrs- und Tarifgemeinschaft. (Olsson/ Piekenbrock 1993, 356)

Vertikaler Umschlag : Seitliches Auf- bzw. Abladen von Containern, Wechselbehältern und Sattelanhängern im (unbegleiteten) Kombinierten Ladungsverkehr (KLV, siehe dort) auf der Schiene mittels spezieller Umschlagterminals
(i.d.R. Krananlagen). (Frank u.a. 1992)

VIKTORIA : (VerkehrsInformationssystem Köln - Technik, Organisation, Integrierende Anwendungen) Ursprünglich der Titel einer Machbarkeitsstudie als
Grundlage der Beteiligung der Stadt Köln am SCOPE-Projekt (siehe dort), eines der Europrojekte im Rahmen der POLIS-Initiative (siehe dort). Diese Studie
diente der konzeptionellen Absicherung und Aufwandschätzung und wurde im
Juni 1991 fertiggestellt. Inzwischen wird auch der in Köln stattfindende Teil
des SCOPE-Projekts als VIKTORIA bezeichnet. Im Testfeld Köln-Deutz wurde
beispielsweise ein Echtzeitsteuerungsmodell installiert, das auf dynamischen
Quelle-Ziel-Verkehrseinschätzungen basiert. Außerdem ist die Integration von
P&R-Anlagen in schon bestehende Parkleitsysteme vorgesehen. Ein bereits
bestehendes statistisches Informationssystem (STATIS) wird bei VIKTORIA
durch Komponenten weiterentwickelt, die eine zentrale Datenverwaltung für
Verkehrsbeobachtung, -planung und -kontrolle ermöglichen sollen sowie diese
Bereiche durch dynamische Entscheidungsstrategien unterstützen. Auf VIK-
TORIA entfallen rd. 3,7 Mio. DM an EG-Fördermitteln im Rahmen von SCOPE.
(FGSV 1992, 34; FGSV 1993, 45 ff.; VDV o.J., 26)

Vita : Name eines Projektes der Mercedes-Benz AG, das mittels Infrarot-Sen-
soren und Videokameras autonomes Fahren ermöglichen soll. (FAZ
(18.09.1993) 217, 15)

VRZ : (Verkehrsrechnerzentralen) Gehören dem Straßenbaulastträger und dienen der Koordinierung und Steuerung des Datenaustausches mit den Strek-
ken- und Unterstationen. In der VRZ ist jederzeit ein aktueller Überblick über
Verkehrszustand und ggf. Schaltungen angeschlossener Wechselverkehrszeichenanlagen vorhanden. Die Steuerung der Wechselverkehrszeichenanlagen
ist entweder ebenfalls im VRZ angesiedelt oder wird von einer Unterzentrale
übernommen. (Reichelt 1990, 21)

WADIS : (Wagendispositions- und Informationssystem) Projekt der Bremischen Häfen mit dem Versuch der Optimierung der Arbeitsabläufe im Seeversand, insbesondere bezüglich der Konzentration der Wagenankünfte vor der Schiffsabfahrt. In WADIS sind Bausteine aus allen TS´90-Teilprojekten der Deutschen Bahn AG enthalten. (BMV 1993, 17)

WAN : (Wide Area Networks) Öffentliche Daten- bzw. Rechnernetze.

Wandelschuldverschreibungen : Im Vertrag von Maastricht über die Europäische Union für die Zwecke der Schaffung transeuropäischer Netze (siehe dort) neu geschaffenes Finanzierungsinstrument. Wandelschuldverschreibungen sind Bürgschaften des Europäischen Investitionsfonds (EIF). Als Schuldverschreibungen mit langer Laufzeit werden sie von den privaten oder öffentlichen Projektträger aufgelegt und mit einer EIF-Bürgschaft versehen. Sie sind in Aktien oder Investmentzertifikate bzw. Bezugsrechtsscheine oder in eine erfolgsbezogene Gewinnbeteiligung umwandelbar. (Europäische Kommission 1994, 37)

Wechselbehälter : (auch Wechselbrücken genannt) Austauschbare und genormte Ladungsträger der Straßenfahrzeuge (Lkw und deren Anhänger). (Frank u.a. 1992, 17 ff.)

Wechselverkehrszeichen : Dynamisch (situationsabhängig) veränderbare Verkehrshinweisschilder (Ge- und Verbote, Warnungen, etc.).

Wechselwegweiser : Dynamisch, gemäß der vorliegenden Verkehrslage veränderbare Routenempfehlungen, Parkplatzhinweise, Leitempfehlungen zu P & R-Plätzen etc.

WIS : (Werkstatt- und Wagentechnisches Informationssystem) Eines der Teilprojekte von TS´90 (siehe dort). Über eine Fahrzeugdatenbank werden die Basisdaten sowie dispositionsrelevante Daten der Fahrzeuge für PGV und FIS bereitgestellt. (BMV 1993, 20)

Zellularfunk : Digitales Mobilfunktelefon, D-Netz (siehe Mobilfunksystem).

ZLR : (Zuglenkrechner) Seine Hauptaufgabe ist es, den Bahnbetrieb in seinem Stellwerksbereich so zu automatisieren, daß bis auf Störfälle nicht mehr manuell in den Betriebsablauf eingegriffen werden muß. Voraussetzung dafür ist eine Zuglaufverfolgung, die in das per Software nachgebildete Streckenmodell alle an den ZLR gemeldeten Züge dynamisch einträgt und verwaltet. Aus diesen und weiteren Datenbeständen leitet der ZLR Fahrstraßenbefehle ab, die mittels ihm untergeordneter und sicherheitsrelevanter Ausrüstungen bis auf die Weichen und Signale wirken. Wegen ihrer Bedeutung für den automatischen Betrieb sind die ZLR als Doppelrechnersysteme mit automatischer Umschaltung im Störungsfall des betriebsführenden Rechners realisiert. (CAP debis GEI o.J., 7)

ZZR : (Zentraler Zuglenkrechner) Verwaltet alle für den Bahnbetrieb notwendigen Fahrpläne, registriert Abweichungen und hält die Fahrleistungen der einzelnen Züge fest. Der ZZR ist damit das wichtigste Betriebsmittel eines Zentralstellwerks. Zur Wahrnehmung seiner Funktionen kommuniziert der ZZR mit den untergelagerten Zuglenkrechnern (ZLR, siehe dort). (CAP debis GEI o.J., 7)

Befragungsprotokoll 1 :

Gespräch mit Herrn Dipl.-Ing. **Dieter Lentz,** Leiter Verkehrssicherheit und Verkehrsmanagement bei der DEKRA AG (Hauptverwaltung) Stuttgart am 06. Juni 1994 in Stuttgart.

Dieses Protokoll faßt die Ergebnisse der Befragung in den Worten der Verfasserin unter den jeweiligen Fragestellungen zusammen. Dabei wird der ursprüngliche zeitliche Gesprächsverlauf nicht eingehalten. Passagen in Worten der Befragten sind entsprechend gekennzeichnet.

I.D.: Als Ziele des Einsatzes von Verkehrsinformationssystemen werden genannt: Die Optimierung einzelner Verkehrsträger von ihrer Kapazität und Leistungsfähigkeit her, die Bildung eines integrierten Gesamtsystems Verkehr i.s. einer gleichmäßigeren Verteilung des Modal Split, eng damit zusammenhängend die Verminderung der Umweltbelastung und die Erhöhung der Verkehrssicherheit. Wie beurteilen Sie den Problemlösungsbeitrag der Telematik im Verkehr angesichts dieser Erwartungen? Sind diese Erwartungen realistisch?

D.L.: Zunächst einmal ist es in diesem Bereich wichtig, zwischen Zielen, Unterzielen und Maßnahmen zu unterscheiden. Das entspricht zumindest der Denkweise der Verkehrsingenieure. So ist eine Geschwindigkeitsbegrenzung beispielsweise eine verkehrspolitische Maßnahme, aber mit Sicherheit kein verkehrspolitisches Ziel. Aus dieser Sichtweise heraus sind auch Beschränkungen des motorisierten Individualverkehrs mit der Stoßrichtung einer Veränderung des Modal Split kein Ziel, sondern Maßnahmen. Statt einer Veränderung des Modal Split sollte eher eine möglichst optimale Nutzung der jeweiligen Verkehrsträger angestrebt werden.

Wichtig ist in diesem Zusammenhang, festzuhalten, daß die von ihnen genannten Ziele politischer Art sind, Verkehrsinformationssysteme jedoch ursprünglich von der Industrie ausgingen und folglich unter anderen Kriterien entwickelt wurden. Allerdings spielt diese ursprüngliche Rolle der Verkehrsinformationssysteme - nämlich die einer technischen Innovation, eines Wirtschaftsfaktors - auch im politischen Bereich eine erhebliche Rolle, obwohl sich seltsamerweise niemand traut, dies offen zuzugeben. Die wirtschaftspolitischen Interessen in diesem Bereich zielen deutlich auf eine Erhaltung der Wettbewerbsfähigkeit der deutschen Industrie ab, obwohl ausländische, insbesondere US-amerikanische, Firmen (z.B. AT&T, aber auch Alcatel) bereits ein gutes Stück weiter sind. Dies gilt aufgrund der verstärkten Nachfrage im Ausland insbesondere für den Bereich elektronische Mautsysteme (Electronic Road Pricing).

Im Bereich der privaten Mobilität wird die Verbreitung und Nutzung von Verkehrsinformationssystemen wesentlich vom Spieltrieb der Benutzer abhängen. Bei richtiger Vermarktung entlang dieses Spieltriebes können die entsprechenden Systeme weite Verbreitung finden. Auf die Autonutzung wird dies meiner Einschätzung nach weder positive noch negative Effekte haben, diese bleibt weitgehend unbeeinflußt. Vielmehr werden wir zu einem "frühkapitalistischen Zustand" zurückfinden: Derjenige, der über die entsprechenden Informationen verfügt wird unter verkehrsproblematischen Umständen "zeitsicherer" ans Ziel kommen, Informationsvorsprung bedeutet auch hier Macht. Allerdings besteht dieser hohe Nutzen nur so lange, wie Verkehrsinformationssysteme bei den Verkehrsteilnehmern nicht sehr weit verbreitet sind. Sobald viele Verkehrsteilnehmer gleichzeitig die entsprechenden Informationen haben, relativiert sich deren Nutzen.

Im gewerblichen Bereich ist die Situation allerdings eine andere: Hier werden die entsprechenden Informationen dann schlichtweg marktnotwendig sein. Darüber hinaus richtet sich in diesem Bereich die Verkehrsmittelwahl einzig und allein nach dem Zeitfaktor. Im Vordergrund stehen Zeitsicherheit und Beförderungsgeschwindigkeit, erst in zweiter Linie und nachrangig dann Kostengesichtspunkte. Die Tatsache, daß im gewerblichen Bereich hauptsächlich Zeitkosten entscheidend sind ist übrigens auch der Grund dafür, daß sich eine Verteuerung des Straßenverkehrs, z.B. auf dem Wege einer Mineralölsteuererhöhung, hier überhaupt nicht auswirkt. Die Folge einer solchen Strategie sind lediglich eine verstärkte Teuerung, weil letztendlich der Verbraucher zahlt, und letztendlich dann mehr Arbeitslose. Ein Beispiel für eine solche verfehlte Strategie auf Kosten des Verbrauchers ist der "Grüne Punkt" in der Abfallwirtschaft, der außer höheren Preisen für die Verbraucher und einer Teilprivatisierung der kommunalen Abfallentsorgung nichts gebracht hat.

Und genau auf diesem Wege werden Verkehrsinformationssysteme daneben gehen, wenn hehre Ziele in den Vordergrund gestellt und lauthals propagiert werden. In seiner Verkehrsmittelwahl beeinflußt werden kann aber - wie gesagt - lediglich der gewerbliche Bereich, und auch dieser nur in Richtung einer gemäß der Zeitkosten optimalen Wahl. Der private Verkehrsteilnehmer wird maximal entlang der aktuellen Verkehrslage sein Ausflugsziel wählen, wohl kaum jedoch auf andere Verkehrsmittel umsteigen. Wenn die versprochenen Wirkungen nicht im propagierten Maße eintreten, dann stellt sich bei den Bürgern sehr bald Enttäuschung ein (wie es z.Zt.

auch beim "Grünen Punkt" zu beobachten ist), die letztlich die wirklich vorhandenen positiven Effekte von Verkehrsinformationssystemen gefährden könnte.

Ein solcher positiver Effekt wäre z.b. eine Erhöhung der Wirtschaftlichkeit der Verkehrsbetriebe, die mit einer infolge des Einsatzes von Verkehrsinformationssystemen verbesserten Qualität des Transportes erreichbar ist. Hiermit ist auch ein meiner Ansicht nach ganz zentraler Punkt angesprochen: Man kann mittels Verkehrsinformationssystemen nur Qualitäts-, nicht aber Quantitätsprobleme lösen. Das heißt, daß künftige Verkehrszuwächse nicht mittels des Einsatzes von Verkehrsinformationssystemen abgefangen werden können. Das geht einfach nicht. Verkehrsinformationssysteme sind somit - auch wenn oft und laut das Gegenteil propagiert wird - kein Ersatz für Infrastrukturinvestitionen, die insbesondere im Straßenverkehr weiterhin notwendig sein werden. Es gibt keine Einsparungspotentiale, sondern nur die Möglichkeit von Zugewinnen an Qualität. Dies kann u.U. in kleinem Maßstab und indirekt dazu führen, daß man sich Straßenausbau an bestimmten Stellen sparen kann, doch im großen und ganzen gilt, daß die Möglichkeiten zur Einsparung von Verkehr weitgehend ausgeschöpft sind.

I.D.: Ist mit einem einzigen, integrierten Verkehrsinformationssystem zu rechnen? Welche Probleme gibt es dabei, z.B. mit der Kompatibilität technischer Systemteile?

D.L.: Die technische Realisierbarkeit eines integrierten Gesamtsystems steht inzwischen nicht mehr in Frage. Was noch aussteht ist die Vernetzung der Rechner und die Lösung einiger kleinerer technischer Probleme. Der nächste Schritt auf dem Weg zu einem solchen integrierten Verkehrsinformationssystem wird die Einführung von Verkehrsleitsystemen sein, welche aktuelle Informationen zur Beeinflussung von Verkehrsströmen dem Verkehrsteilnehmer direkt (vor und während der Fahrt) bereitstellen. Zunächst werden diese Verkehrsleitsysteme über kollektive Beeinflussungseinrichtungen (z.B. Großterminals an Straßen, Wechselverkehrszeichen) realisiert werden, dann aber auch über Terminals direkt in den einzelnen Fahrzeugen und über Anbindung von gewerblichen Benutzern, z.B. Speditionszentralen. Im STORM-Projekt ist beispielsweise ein individuelles Leitsystem der Firma Siemens (EUROSCOUT) eingebunden.

Auf dem Gebiet des ERP (Electronic Road Pricing) bereiten insbesondere noch die Erfassung nicht zahlender Fahrzeuge sowie das gesamte Abrechnungswesen mit den Verkehrsteilnehmern Probleme. Der derzeit größte

Feldversuch zu ERP-Systemen läuft auf der A 555. Dort werden mehr als zehn verschiedene Systeme unterschiedlicher Anbieter in vielen Situationen getestet, eben mit besonderem Augenmerk auf der Erfassung nicht autorisierter Fahrzeuge und den Abrechnungsmodalitäten, wobei im zweiten Bereich insbesondere der bei einigen Systemen nicht zu vermeidende Umgang mit persönlichen Daten (Kontonummern, etc.) heikel ist. An diesen unterschiedlichen ERP-Systemen sind viele Unternehmen und Anbieterkonstellationen beteiligt, u.a. auch die DEKRA AG in Verbindung mit SEL/Alcatel. SEL/Alcatel verfügt bereits über einsatzfähige ERP-Systeme in den USA und daherrührend auch über relativ viel Erfahrung auf diesem Gebiet. Die gesamte Logistik dieses Feldversuches liegt in den Händen von Siemens Gerätetechnik und der Intertraffic, eines Tochterunternehmens der Daimler-Benz AG. *(Eine aufgrund von Informationen seitens Herrn Lentz erstellte Kurzübersicht der zum Technologiekonzern Daimler-Benz gehörenden Unternehmen findet sich am Ende dieses Interviewprotokolls; I.D.)*

I.D.: Welche grundlegenden technischen Ansätze gibt es für Verkehrsinformationssysteme? Welche Vor- und welche Nachteile haben diese Ansätze?
D.L.: Sehr offensiv vermarktet werden z.Zt. insbesondere auf Infrarotkommunikation beruhende Systeme, obwohl diese inzwischen als technisch überholt angesehen werden müssen. Das liegt daran, daß Siemens erhebliche Entwicklungsinvestitionen in diesem Bereich getätigt hat, allein für das STORM-Projekt etwa 60 Millionen DM. Nun drängt Siemens mit aller Macht auf eine Markteinführung seines Systemes, um dem drohenden, erheblichen Verlust zu entgehen. Das Problem hier ist, daß Siemens sich meiner Einschätzung nach etwas zu lange an die Infrarottechnik geklammert hat, als bereits angemessenere technische Lösungen absehbar waren. Nun sind die auf Infrarotkommunikation basierenden Systeme zwar Schnee von gestern, aber immerhin einsatzbereit und mit relativ wenig Kinderkrankheiten zu betreiben. Systemnachteile der Infrarot-Systeme sind die hohen Infrastrukturkosten, die diese aufwerfen sowie ihre hohe Anfälligkeit (so fallen diese Systeme beispielsweise bei Schneefall weitgehend aus).

Eine genau wie die Infrarotkommunikation auf Baken basierende Technik wäre die Mikrowellen-Kommunikation. Hier ist bei etwa gleichen Infrastrukturkosten eine geringere Anfälligkeit und eine höhere Übertragungskapazität gewährleistet, d.h. zu jedem durchfahrenden Fahrzeug könnte in der jeweiligen begrenzten Zeitspanne mehr Daten übertragen werden. Für die Übertragungskapazität gilt allgemein: Je kürzer die Wellenlänge des Übertragungsmediums, desto höher die Datendichte und damit

die Übertragungskapazität. Demnach ist Ultraschall ein Kommunikations-
form mit relativ geringer, Infrarot mit etwas höherer und schließlich Mikrowellen mit relativ hoher Übertragungskapazität.

Verkehrsinformationssysteme mit echter Zwei-Wege-Kommunikation lassen
sich außer mittels der Bakentechnik basierend auf Infrarot- oder Mikrowellen-Kommunikation auch mit Mobilfunk oder mit elektromagnetischen Fel-
dern von Induktionsschleifen realisieren. Die in die Fahrbahn eingelassenen
Induktionsschleifen sind i.d.R. zum Empfangen von Daten gedacht, lassen
sich technisch jedoch auch auf Datenübertragung hin gestalten. Die Mobilfunktechnik ist deshalb recht stark im Rennen, weil sie von der Seite der
Infrastrukturinvestitionen her die günstigste Lösung darstellt: Straßenseitig
sind bei dieser Technik keine besonderen Infrastruktureinrichtungen notwendig. RDS/TMC stellt im Prinzip noch eine Technik der kollektiven Verkehrsinformation dar, weil es sich hier um Ein-Weg-Kommunikation handelt.

*I.D.: Wie sehen die Chancen für eine (europaweite) Kompatibilität der Ver-
kehrsinformationssysteme aus?*
D.L.: Es werden unterschiedliche, d.h. auf verschiedenen technischen
Grundlagen aufbauende Systeme auf den Markt kommen. Das Problem der
Kompatibilität muß dann auf der Ebene der Empfangsgeräte gelöst werden,
die dann autonom auf verschiedene bzw. alle möglichen Systeme umschalten können müssen. Ein Autoradio umfaßt ja beispielsweise auch verschiedene Empfangsmodi (UKW, Lang- und Mittelwelle, etc.), ohne daß dies
große Probleme bereitet. Natürlich werden die Anbieter bestimmter Systeme (z.B. Siemens im Falle des auf Infrarotkommunikation basierenden EU-
ROSCOUT) Empfangsgeräte für ausschließlich diese Systeme anbieten.
Aber andere Unternehmen, die nicht so eng an ein bestimmtes System gebunden sind (z.B. der Daimler Benz Konzern), werden meiner Meinung nach
die Produktion mehrere Systemtypen umfassender Empfangsgeräte übernehmen. Diese Multi-Empfangsgeräte werden sich dann dem jeweiligen
technischen Kommunikationsmedium anpassen und so die Kompatibilität
technisch herstellen. Damit ist dann gleichzeitig eine für alle Beteiligten
vorteilhafte Lösung gefunden, weil mehrere technische Ansätze nebeneinander verwirklicht werden können und nicht erst eine Entscheidung über
einen bestimmten technischen Standard getroffen werden muß, bei der es
zwangsläufig eindeutige Verlierer gäbe.

I.D.: Wie beurteilen Sie persönlich den möglichen künftigen Einsatz von Verkehrsinformationssystemen?
D.L.: Ich persönlich habe zu bestimmten Kommunikationsmedien eine zwiespältige Einstellung. Nehmen wir nur einmal den PC hier als Beispiel: Im Büro, während der Arbeit bin ich ein ständiger, sogar begeisterter PC-Nutzer und beschäftige mich intensiv mit den möglichen Anwendungen. Zuhause im privaten Bereich kommt ein PC für mich nicht in Frage. Ähnlich ist es mit meinem Verhältnis zu Verkehrsinformationssystemen: Ich begeistere mich sehr für die Idee, das technisch Machbare zu realisieren, aber die Ernüchterung wird kommen, wenn deutlich wird, daß vieles eben nur Spielerei ist.

I.D.: Wie sieht es mit der Sicherheit von Verkehrsinformationssystemen hinsichtlich interner Fehler, aber auch hinsichtlich eines denkbaren Zugriffes von außen, beispielsweise durch "Hacker", aus?
Diese Gefahr ist natürlich grundlegend gegeben, stellt aber meiner Ansicht nach kein schwerwiegenderes Problem dar, als bei anderen Informationssystemen auch. Problematisch wird es erst bei Haftungsfragen in diesem Zusammenhang. Es wird dann wohl so aussehen, daß der Informationsanbieter höchstens bis zur Höhe der Informationsvermittlungsgebühr haftet.

I.D.: Welche Finanzierungsmodelle erwarten Sie für die Realisierung von Verkehrsinformationssystemen?
D.L.: Meiner Ansicht nach wird sich der Staat auf diesem Gebiet völlig heraushalten, die Finanzierung also vollständig privat erfolgen. Am STORM-Projekt ist zwar das Verkehrsministerium Baden-Württembergs z.Zt. noch beteiligt, will sich aber zurückziehen, sobald das System marktfähig ist. Hierbei ist zu beachten, daß Verkehrsinformationssysteme in erster Linie wirtschafts- und haushaltspolitisch und erst in zweiter Linie verkehrspolitisch erwünscht sind. Wirtschaftspolitisch erhofft man sich eine Stärkung der deutschen bzw. regionalen Wirtschaftskraft und haushaltspolitisch zielt die öffentliche Hand darauf ab, die Belastung der Straßeninfrastrukturvorhaltung loszuwerden. Der notwendige Straßenbau ist z.Zt. sowieso nicht finanzierbar, den notwendigen Spielraum für zusätzliche Investitionen nehmen allein schon die hohen Erhaltungskosten der Straßeninfrastruktur weg. Ein unhaltbares Argument ist in diesem Zusammenhang meiner Meinung und meinen Berechnungen nach übrigens die Behauptung, die Wegekosten würden vom Straßenverkehr nicht selbst getragen: 1991/92 wurden allein

aus Kfz- und Mineralölsteuer (also ohne Umsatzsteuer aus dem Verkauf
von Kraftfahrzeugen) 53 Mrd. DM eingenommen, im selben Zeitraum jedoch nur 30 Mrd. DM insgesamt für Straßenbau ausgegeben. Der verblei-
bende Posten der externen Umweltkosten des Verkehrs ist nun jedoch mo-
netär nicht bewertbar und aus diesem Grunde mit jeder denkbaren Phanta-
siezahl zu füllen.

Bis 1998 werden die BAB privatisiert werden. Auf welche Art und Weise
dies geschehen wird, ist derzeit noch unklar. Sicher ist, daß diese Privatisierung leichter fallen wird als es im Falle der Deutschen Bundesbahn war.

Daimler-Benz AG

Mercedes Benz	AEG	Deutsche Aerospace	debis

- Personenfahr-
  zeuge
- Nutzfahrzeuge
	- Automatisierungs-
	  technik
	- Bahnsysteme
	- Büro- und Kommu-
	  nikationstechnik
	- Elektronische Anlagen
	  und Komponenten
	- Hausgeräte
	- Mikroelektronik
		- Luftfahrt
		- Raumfahrt
		- Verteidigungstechnik
		- Antriebe
		  (Dornier; MBB; MTU;
		  Telefunken System-
		  technik)
			- Systemhaus
			- Finanzdienst-
			  leistungen
			- Versicherungen
			- Handel
			- Marketing
			  Services

debis = Daimler-Benz Inter-Services

Befragungsprotokoll 2 :

Gespräch mit Herrn Dipl.-Ing. **Klaus Everts**, Prokurist und Leiter des Bereichs Verkehrsleittechnik/ Planung bei der Heusch/Boesefeldt GmbH, Aachen, am 08. Juni 1994 in Aachen.

Dieses Protokoll faßt die Ergebnisse der Befragung in den Worten der Verfasserin unter den jeweiligen Fragestellungen zusammen. Dabei wird der ursprüngliche zeitliche Gesprächsverlauf nicht eingehalten. Passagen in Worten der Befragten sind entsprechend gekennzeichnet.

Herr Everts stellte einleitend klar, daß die im Rahmen der vorliegenden Befragung angesprochenen Techniken sich in der Entwicklung befinden, d.h. ständigen Veränderungen unterworfen sind. Er hielt außerdem fest, daß auf Infrarot-Technik basierende Systeme momentan dabei sind, sich durchzusetzen, obwohl dies niemand so richtig wolle und insbesondere die EU mit dieser Entwicklung nicht zufrieden sei. Herr Everts arbeitet z.Zt. an einer Studie im Auftrag des Bundesverkehrsministeriums, in der er die Aktivitäten der EU auf dem Gebiet der Verkehrsleittechnik zusammenstellen soll.

I.D.: Ist die Erwartung, daß sich mittels Verkehrsinformationssystemen ein integriertes und übergreifendes Verkehrsinformationssystem schaffen läßt realistisch?

K.E.: Diese Erwartung ist realistisch. An Informationssystemen bezogen auf einzelne Verkehrsmittel wird ohnehin schon sehr lange gearbeitet und wurden auch schon viele Fortschritte gemacht, ohne daß bis jetzt viel darüber geredet wurde. Auch in die Systemvernetzung wurde bereits viel Arbeit investiert. Insbesondere die Anstrengungen der EU zielen auf die Schaffung multimodaler (intermodaler) Informationssysteme, d.h. Verkehrsinformationssysteme, die verkehrsmittelübergreifend operieren und daher noch über die Leistungen beispielsweise der Verkehrsmanagementsysteme hinausgehen. Verkehrsmanagementsysteme sollen nur den Verkehr im Rahmen eines spezifischen Verkehrsträgers optimieren.

Trotzdem ist die diesen Systemen entgegengebrachte Erwartungshaltung vielleicht doch etwas zu hoch und zwar nicht, weil es nicht funktioniert (technisch), sondern weil es nicht schnell genug funktioniert (von der Einführungszeit her). Meiner Ansicht nach ist nämlich damit zu rechnen, daß die Einführung von Telematiksystemen im Verkehrsbereich, die z.Zt. ja mit einer beachtlichen Geschwindigkeit vorangetrieben wird, sich in dem

Moment verzögern wird, wo die mit Investitionsentscheidungen betrauten Abteilungen im Bundesverkehrsministerium ins Spiel kommen. Dort sitzen nämlich Beamte, die eher Bedenkenträger als Entscheidungsträger sind und höchstwahrscheinlich als Bremser fungieren werden. Hier hat man es mit Umsetzungsschwierigkeiten infolge psychologischer Trägheit der Akteure zu tun. In diesem Bereich ist es auch schon vorgekommen, daß vielversprechende, ehrgeizige Projekte einzig und allein mit der Person eines bestimmten progressiven Beamten auf einer speziellen Position zusammenhingen und mit dessen Weggang dann einfach im Sande verliefen.

I.D.: Welche Finanzierungsmodelle erwarten Sie für die Einführung von Verkehrsinformationssystemen?
K.E.: Vollständig private Finanzierung wird wohl eher die Ausnahme als die Regel sein. Z.Zt. sind bei allen Feldversuchen staatliche Stellen bzw. die öffentliche Hand in irgendeiner Weise beteiligt. Das STORM-Projekt stellt dabei meiner Ansicht nach eher die Ausnahme als die Regel dar, weil dieses Projekt von Befürwortern des motorisierten Individualverkehrs v.a. aus der Industrie getragen wird. Das ist beim Projekt MOVE genau andersherum, die Betreibergesellschaft dieses hauptsächlich mit der Stärkung der Stellung des ÖV befaßten Projekts ist zu 51% in öffentlicher und zu 49% in privater Hand. Beim Bundesverkehrsministerium existiert übrigens ein Mustervertrag über die Gründung solcher Betreibergesellschaften.

I.D.: Welche Probleme sehen Sie im Zusammenhang mit der Einführung (europaweiter) integrierter Verkehrsinformationssysteme?
K.E.: Außer den bereits angesprochenen verwaltungsinternen Innovationswiderständen kaum welche. Die Kompatibilität der einzelnen Systemkomponenten wird kein besonderes Problem darstellen, da Schnittstellen und Übertragungswege inzwischen weitgehend genormt sind und sich andere Kompatibilitätsschwierigkeiten zumeist auch auf technischem Wege lösen lassen. Mit Datenschutz-Problemen wird man es immer dann zu tun bekommen, wenn Daten mittels Zwei-Wege-Kommunikation aus dem Fahrzeug an das Informationssystem übertragen werden. Aber auch hier gibt es technische Lösungen, nur sind die Leute in diesem Bereich sehr empfindlich, z.T. auch zurecht.

I.D.: Wie sieht es mit der Sicherheit von Verkehrsinformationssystemen hinsichtlich interner Fehler, aber auch hinsichtlich eines denkbaren Zugriffes von außen, beispielsweise durch "Hacker", aus?

K.E.: Verkehrsinformationsysteme sind auf keinen Fall sicher oder gegen Mißbrauch geschützt. Insbesondere gegen Mißbrauch durch von außen an das System Herantretende sind meines Wissens nach bisher keine besonderen Sicherungsmaßnahmen vorgenommen worden. Zum echten Problem könnten solche "Einstiege" in ein Verkehrsinformationssystem aber sowieso erst dann werden, wenn das System wirkliche Verkehrssteuerung vornimmt, also rechtsverbindliche Weisungen an die Verkehrsteilnehmer aussendet. Man darf sich Verkehrsleitsysteme allerdings nicht als einzig und allein von der Funktionsfähigkeit eines zentralen Verkehrsleitrechners abhängig vorstellen. Vielmehr handelt es sich hierbei um Hybridsysteme, die zwar zentral gesteuert werden, aber auch dezentral funktionsfähig sind, allerdings nicht in vollem Umfange. Das bedeutet, daß auch bei einem denkbaren Zusammenbruch des zentralen Verkehrsleitrechners die wichtigsten lokalen Komponenten des Systems weiterhin funktionsfähig bleiben.

Außerdem verfügen Verkehrsinformations- und -steuerungssysteme über Sicherungen auf Hardware-Ebene, die bestimmte Systemzustände nicht zulassen. So ist es an einer Ampelanlage beispielsweise unmöglich, daß zwei "konkurrierende" Seiten gleichzeitig grünes Licht erhalten. Dieser Zustand ist dem System einfach technisch unmöglich. Eine solche einheitliche Sicherungsstrategie auf unterster, lokaler Ebene enthalten auch Verkehrsinformationssysteme, so daß wirklich gefährdende Situationen aufgrund von Systemfehlern bzw. -manipulierungen auf technischer Ebene weitgehend ausgeschlossen werden können. So können Programmfehler zwar auftreten und auch die Funktionsfähigkeit des Gesamtsystems erheblich beeinträchtigen, aber die Grundfunktionen auf lokaler Ebene (z.B. Ampelschaltungen, Markierung von Einbahnstraßen) müssen gewährleistet sein. Sollte dennoch eine dieser Grundfunktionen beeinträchtigt sein, so gäbe es für diesen Fall übrigens eine Haftung der zuständigen Verwaltung, die diese Haftung dann allerdings über die Produkthaftung an den Systembetreiber bzw. -produzenten weitergeben würde.

I.D.: Welche Akteure betrachten Sie als relevant für die Einführung von Verkehrsinformationssystemen?

K.E.: Zum einen natürlich die Industrie, die diese Systeme ja entwickelt und entsprechend auch einführen will. Bei autonomen Systemen, d.h. Systemen ohne besonderen Infrastrukturbedarf, wird die Verantwortung für die

Einführung auch bei der Industrie bleiben, also marktgesteuert erfolgen.
Spätestens aber sobald Infrastrukturmaßnahmen und sonstige ordnungspolitische Eingriffe notwendig werden - und das ist bei den hier angesprochenen Systemen der Fall - , ist auch die staatliche Seite als Akteur anzusehen. Charakteristisch ist aber nun für die Rolle staatlicher Stellen, daß
hier Politik und Verwaltung z.T. nicht gleichmäßig an einem Strang ziehen.
Im administrativen Bereich ist ein Ermessensspielraum vorhanden, der dann
je nach dem individuellen Maß an Risikofreudigkeit bzw. Verantwortungs-
bereitschaft des betreffenden Beamten gefüllt wird. Als Beispiel können
hier die Geschwindigkeitsbegrenzungen auf deutschen Autobahnen gelten:
Im politischen Raum werden sie derzeit (noch) abgelehnt, im administrativen Bereich jedoch (schon) teilweise befürwortet, was sich streckenab-
hängig in unterschiedlichen Regelungen niederschlägt.

Auch auf europäischer Ebene sollte die Rolle der Industrie nicht unterschätzt werden: Das Programm PROMETHEUS ging auch in erster Linie
von der Industrie aus und nicht von Seite der Einzelstaaten oder der EG.
Das Engagement der EG im Bereich Verkehrsinformationssysteme begann
eigentlich erst vor fünf Jahren und wird bis heute nicht ganz ernst genommen. Allerdings wächst in letzter Zeit mit steigenden Summen an eingesetzten finanziellen Mitteln von europäischer Seite auch das Gewicht der
Kommission in diesem Bereich. Mit DRIVE startete die EG eine Reihe jeweils dreijähriger Forschungs- und Entwicklungsprogramme. Während
DRIVE I sich noch v.a. mit Forschung befaßte, widmete sich DRIVE II
(offizielle Bezeichnung ATT - Advanced Road Transport Telematics) hauptsächlich Feldversuchen und das besonders groß aufgezogene "Vierte Rahmenprogramm" (derzeitige Bezeichnung für DRIVE III, das ab 1995 wahrscheinlich unter der offiziellen Bezeichnung TT - Transport Telematics fir-
mieren wird) thematisiert insbesondere die angestrebte Intermodalität.

*I.D.: Lassen sich "Koalitionen" von Unternehmen und/oder sonstigen Ak-
teuren ausmachen, die die Einführung bestimmter technischer Lösungen
betreiben?*
K.E.: Dazu kann ich nicht sehr viel sagen. Deutlich ausmachen läßt sich
hier lediglich die Opposition von Siemens, Bosch und anderen Anbietern
von auf Bakentechnik mit Infrarotkommunikation basierenden Systemen
gegen die ebenfalls mit Bakentechnik operierenden, leistungsfähigeren Mi-
krowellen-Kommunikationssysteme.

I.D.: Welchen technischen Ansätzen auf dem Gebiet der Telematik im Verkehr räumen Sie persönlich die größten Realisierungschancen ein?
K.E.: Ich bin da eigentlich neutral. Die besten Aussichten auf eine zügige Realisierung haben meiner Ansicht nach autarke (autonome, infrastrukturunabhängige) Systeme, da sie keiner mit den bereits angesprochenen Umsetzungsschwierigkeiten belasteter staatlicher Einflußnahme bedürfen. Da aber mit solchen Systemen keine echte Beeinflussung möglich ist, können sie auch nicht i.s. verkehrspolitischer Zielsetzungen wirken. Andersherum gewendet: Investitionen in die Infrastruktur und damit staatliche Einflußnahme sind notwendig, wenn mit Verkehrsinformationssystemen verkehrspolitische Ziele erreicht werden sollen.

Heusch/Boesefeldt war übrigens von 1974 bis 1980 an einem ersten Feldversuch eines Verkehrsinformationssystems beteiligt. Im Rahmen dieses Projekts (ALI) wurde bereits eine echte Zwei-Wege-Kommunikation mittels Induktionsschleifen getestet. Diese technische Lösung ist aufgrund der zu geringen Übertragungskapazität inzwischen allerdings vom Tisch. Aber sie illustriert, daß man nicht zu viele Hoffnungen auf eine kurzfristige Einführung von Verkehrsinformationssystemen setzen sollte.

Projekte im Bereich Verkehrsleit- und -informationstechnik, an denen Heusch/Boesefeldt maßgeblich beteiligt war/ist : (Auswahl)
ALI - Autofahrer Leit- und Informationssystem
BVWP - Bundesverkehrswegeplanung, Bedarfsplan für die Bundesfernstraßen
BON - Betriebsleitsystem für den Öffentlichen Nahverkehr
ARIAM - Autofahrer-Rundfunk-Information aufgrund aktueller Meßwerte
RHAPIT - Rhein/Main Area Project for Integrated Traffic Management
BEVEI - Bessere Verkehrsinformation mit RDS/ TMC
PROMETHEUS - Program for an European Traffic with Highest Efficiency and Unprecedented Safety
DRIVE - Dedicated Road Infrastructure for Vehicle Safety in Europe
POLIS - Promoting Operational Links with Integrated Services between European Cities
CORRIDOR - Cooperation On Regional Road Informatics Demonstrations On Real Sites
ATT - Advanced Transport Telematics
sowie viele weitere Projekte im In- und Ausland

Befragungsprotokoll 3 :

Gespräch mit Herrn **Dipl.-Ing. Rainer Neuwerk,** Projektingenieur im STORM-Büro, Stuttgart, am 13. Juni 1994 in Stuttgart. Herr Neuwerk kommt aus dem Produktabteilung Verkehrsleittechnik und Vertrieb der ANT Nachrichtentechnik GmbH, Backnang, und wurde von dort vorübergehend in das Koordinationsbüro STORM abgesandt. Der Charakter des STORM-Projektes als Firmenkonsortium spiegelt sich auch in der Besetzung des Koordinationsbüros wieder, das mit Mitarbeitern verschiedener am Projekt beteiligter Firmen besetzt ist.

Dieses Protokoll faßt die Ergebnisse der Befragung in den Worten der Verfasserin unter den jeweiligen Fragestellungen zusammen. Dabei wird der ursprüngliche zeitliche Gesprächsverlauf nicht eingehalten. Passagen in Worten der Befragten sind entsprechend gekennzeichnet.

I.D.: Seit wann gibt es STORM und wie lange wird das Projekt noch laufen?
R.N.: Offiziell gibt es das Projekt STORM seit dem 01. Januar 1992, allerdings fanden zuvor einige Konsolidierungsaktivitäten statt. Die neue Form der Zusammenarbeit im Rahmen von STORM mußte schließlich erst geschaffen werden. Das Pilotprojekt STORM wird dann am 31. Dezember 1995 auslaufen.

I.D.: Wie wird es dann mit STORM weitergehen?
R.N.: Wenn es bis zum 31. Dezember 1995 nicht gelungen ist, eine entsprechende Betreibergesellschaft zu gründen, dann gehen hier die Lichter aus. Allerdings steht die erste Betreibergesellschaft bereits kurz vor ihrer Gründung. Man kann also optimistisch sein.

I.D.: Wie kam es zum Pilotprojekt STORM?
R.N.: Der Ursprung des Projektes liegt in einer Machbarkeitsstudie im Auftrage des Landes Baden-Württemberg und der Daimler-Benz AG. Diese Studie durchleuchtete die Verkehrssituation im Großraum Stuttgart und kam zu äußerst bedenklichen Ergebnissen, insbesondere zu sehr pessimistischen Prognosen. Im Anschluß daran versuchte man, Lösungswege aufzuzeigen. Vor der Initiative zu STORM stand dann noch die Einsicht, daß eine solche Lösung nicht von einem allein - egal, ob nun eine Unternehmen oder eine staatliche Stelle - kommen kann, sondern nur in der Kooperation er-

reichbar ist. Die Führungsrolle auf seiten der Industrie übernahm dabei die Daimler-Benz AG und sie hat sie im Prinzip noch jetzt inne, denn sie steht auch an der Spitze des STORM-Konsortiums.

I.D.: Wie sieht die STORM zugrundeliegende Organisationsform aus?
R.N.: Beim STORM-Projekt handelt es sich um ein Konsortium privater und öffentlicher Partner. Neu daran ist, daß erstmals die öffentlichen Akteure - also das Land Baden-Württemberg und die Stadt Stuttgart - Partner sind wie alle anderen auch. Bisher gab es zwischen öffentlichen und privaten Akteuren immer ein Auftraggeber-Auftragnehmer-Verhältnis, was auch die Kooperationsbedingungen maßgeblich beeinflußte. Bei STORM kommt von jedem etwas und die Zusammenarbeit ist allseitig.

I.D.: Welches Finanzierungsmodell liegt STORM zugrunde? Wie wird die Finanzierung in Zukunft aussehen?
R.N.: Die Gesamtkosten von STORM bis Ende 1995 belaufen sich auf ca. 60 Millionen DM. Die an STORM beteiligten Unternehmen bringen etwa 75% dieser Summe auf, wobei Bosch, Daimler-Benz und Siemens die größten Belastungen tragen. Die restlichen 25% kommen zu jeweils in etwa gleichen Teilen vom Land Baden-Württemberg, der Stadt Stuttgart und der EG im Rahmen des Förderungsprogrammes QUARTET. Übrigens gehen die im Rahmen des Projektes installierten Anlagen (z.B. Infotheken, Wechselverkehrszeichen) in das Eigentum der jeweiligen öffentliche Stellen über, so daß der Steuerzahler auch eine Gegenleistung für sein investiertes Geld bekommt, während den Inverstitionen der Industrie kein direkter materieller Gegenwert gegenübersteht.

Bis Ende 1995 ist STORM incl. aller Betriebskosten finanziell abgedeckt. Danach müssen wie gesagt Betreibergesellschaften einspringen. Sie müssen sich dann dem grundlegenden Problem stellen, daß in Deutschland niemand etwas für Informationen bezahlen will. Deshalb müssen die Informationen an den öffentlichen Infotheken in jedem Falle umsonst angeboten werden. Anders sieht es mit Informationen im Auto aus: Geld ist hier zunächst einmal mit dem Verkauf der entsprechenden Geräte zu verdienen. Diese Geräte werden etwa 1.200 bis 1.800 DM kosten. Hieraus leitet sich das Interesse der Gerätehersteller an der Vorhaltung einer entsprechenden Informationsinfrastruktur ab. Hinzu kommt eine jährliche Gebühr für die Aktualisierung der Daten für das fahrzeugautonome Navigationssystem. Aus dieser Gebühr könnten sich dann die Netzbetreiber finanzieren. Gedacht ist dabei z.Zt. an eine Chipkarte mit den entsprechenden Informationen (z.B. Änderungen der Straßenführung etc.) zur Erhaltung der aktuellen Funktionsfähigkeit des Systems zum Preis von 30 bis 100 DM.

Desweiteren können auch Werbeeinnahmen zur Finanzierung von Verkehrsinformationssystemen herangezogen werden, wobei allerdings der STORM-Vertrag direkte Produktwerbung verbietet und auch festhält, daß die Verkehrsinformationen in keinem Fall durch Werbung gestört werden dürfen. Eine sehr gute Möglichkeit wäre jedoch die Werbung für Hotels und Gaststätten im Rahmen integrierten Buchungssystems. In diesem Fall kann der Benutzer nämlich die Werbe-Informationen frei auswählen. Auf diesem Wege - nämlich eines integrierten Buchungssystems - könnten also auch das Hotel- und Gaststättengewerbe, diverse Veranstalter in der Region und Touristikunternehmen für Beiträge zur Finanzierung von STORM gewonnen werden. Übrigens zeigen auch die Banken großes Interesse - wegen der ebenfalls durchaus möglichen Integration kartengestützten Zahlungsverkehrs in das Verkehrsinformationssystem.

I.D.: In welchem Maße konnten finanzielle Mittel aus europäischen Förderungsprogrammen (z.B. DRIVE, ATT, QUARTET, u.a.) mobilisiert werden?
R.N.: Das STORM-Projekt wird von der EG im Rahmen von QUARTET gefördert, welches wiederum in den Rahmen von DRIVE (bzw. ATT, siehe dort) gehört. Die Förderung bezieht sich allerdings ausschließlich auf das Dual-Mode-Gerät (siehe dort) und das Notrufsystem und hier wiederum nur auf Consulting, d.h. wissenschaftliche Beratung und Auswertung. Dabei ist zu beachten, daß eine EG-Förderung immer auch eigene finanzielle Mittel in gleicher Höhe bindet. Man muß sich eine solche Förderung also leisten können.

I.D.: Wie bewerten Sie den Nutzen dieser europäischen Förderungsmaßnahmen?
R.N.: Zunächst einmal fördert QUARTET die Zusammenarbeit zwischen europäischen Städten. Die Problemlagen in den Ballungszentren sind ja überall ähnlich, so daß man viel voneinander lernen kann. Das Grundproblem ist - trotz aller sicherlich vorhandener Unterschiede - immer der aus den Schranken getretene Verkehr. Die Effekte dieser Zusammenarbeit von europäischen Städten im Rahmen von QUARTET bewerte ich durchaus positiv.

Im Hinblick auf Europa als Ganzes fördern diese Forschungsmaßnahmen der EG die Normung, die Bildung einheitlicher Standards. Für RDS/TMC gibt es übrigens bereits einen europaweiten Standard, der auch die Funktion der Sprachumwandlung einbezieht (d.h. die digitalen Codes sind überall die gleichen, so daß die Ausgabesprache frei gewählt werden kann). Solche Standardisierungs- und Normungsaktivitäten können eigentlich nur über die EG laufen.

Ein anderes europäisches Projekt ist das zu gewissen Teilen auf STORM aufbauende MELYSSA. Hauptziel ist hier die Verknüpfung der deutschen und der französischen Verkehrsleitzentralen i.S. einer Rechner-Rechner-Verknüpfung. Dieser erste Schritt der deutsch-französischen Datenkommunikation muß trotz prinzipiell geringer technischer Schwierigkeiten zunächst genau erprobt werden.

I.D.: Wie sehen die in STORM erprobten technischen Lösungen für ein individuelles Leitsystem aus?

Im Rahmen von STORM wird ein sogenanntes Dual-Mode-Gerät erprobt. Dabei handelt es sich grundsätzlich um ein fahrzeugautonomes Navigationssystem auf der Basis einer digitalen Landkarte auf CD-ROM in einem On-Board-Navigationsrechner und eines Kompasses und Radsensoren zur Positionsbestimmung. Im Vergleich zum ursprünglichen "Travelpilot" wurde die Bildschirmanzeige verändert und eine zusätzliche Sprachausgabe hinzugefügt. Eine Aktualisierung der fahrzeuginternen Zielführung mit aktuellen Verkehrsinformationen erfolgt nun auf zwei Wegen: In Gebieten mit einer entsprechenden Infrastruktur, also v.a. in Städten, über Baken, die im Falle von STORM mit dem Fahrzeug über Infrarot kommunizieren. Eine andere Möglichkeit wäre die Kommunikation Bake - Fahrzeug über Mikrowellen, doch darüber muß von seiten der Industrie noch eine Entscheidung getroffen werden. In Gebieten ohne eine solche Baken-Infrastruktur erfolgt die Aktualisierung der Zielführungsinformationen über RDS/TMC, das seit Februar diesen Jahres funktioniert. Seit diesem Termin sendet der SDR zusätzlich digitalisierte Echtmeldungen. Auf beide Informationstypen greift der Navigationsrechner selbständig zu: Er bedient sich so lange des TMCs, wie er keine Baken passiert. Sobald das Fahrzeug jedoch eine Bake erreicht, springt das Navigationssystem auf diese Informationsquelle um. Für den Fahrer erfolgt dieser Vorgang unmerklich ab, das Routing über den Bildschirm läuft normal weiter.

Baken sind grundsätzlich nur da sinnvoll, wo bereits Kabel verlegt sind, also z.B. im städtischen Bereich an Ampelanlagen. Ansonsten ist die Einrichtung einer Bakeninfrastruktur viel zu kostspielig. Gegenüber RDS/TMC haben sie allerdings den Vorteil der Zwei-Wege-Kommunikation, d.h. sie können nicht nur Daten ans Fahrzeug übermitteln, sondern auch

Informationen von seiten des Fahrzeuges aufnehmen, z.B. die Reisezeit seit der letzten Bake. Daraus lassen sich dann Rückschlüsse auf die Verkehrssituation ziehen.

I.D.: Was ist vor diesem Hintergrund von propagierten Plänen zu halten, das gesamte bundesdeutsche Straßennetz mit einer Baken-Infrastruktur zu versehen?
R.N.: Das ist meiner Meinung nach undurchführbar, weil unbezahlbar.

I.D.: Die Infrarot-Baken werden also auch für die Verkehrsdatenerfassung genutzt. Zu diesem Zweck werden Informationen von den Fahrzeugen an die Baken übermittelt. Benötigt man dazu nicht eine individuelle Kennung der Fahrzeuge?
R.N.: Die Fahrzeuge bleiben anonym. Das Problem der Wiederekennung der Fahrzeuge durch aufeinanderfolgende Baken zwecks Ermittlung der Reisezeit wurde dadurch gelöst, daß die Baken durchfahrenden Fahrzeugen jeweils aus Zufallszahlen bestehende Nummern geben, mit denen sich die Fahrzeuge dann bei der nächsten Bake melden. Diese gescrambelten Nummern werden bei jeder Bake neu vergeben, so daß sich der Weg eines Fahrzeuges nicht verfolgen läßt. Damit ist die Anonymität gewahrt. Es besteht durchaus ein Problembewußtsein in diese Richtung, Überwachungsmöglichkeiten im Rahmen des STORM-Systems werden bewußt unterbunden.

I.D.: Wie sieht es mit Sicherheitsvorkehrungen gegen Hacker aus? Wurde daran gedacht?
R.N.: Einstiegsmöglichkeiten in die Verkehrsleitrechner sind im Prinzip nicht gegeben, da es sich hier um geschlossene Rechnersysteme handelt und auch das Rechnernetz geschlossen ist. Ich sehe hier keine Gefahr.

I.D.: Sie sagten, daß Sie selber ein Navigationssystem im Auto haben. Wie wirkt sich ein solches System Ihrer Erfahrung nach auf das Fahrverhalten aus?
R.N.: Die großen Vorbereitungen für die Fahrt fallen weg. Man setzt sich einfach ins Auto, programmiert sein Ziel, also Straßenname und Hausnummer, ein und los gehts. Das verstärkt das Sicherheitsgefühl und man kann sich besser auf den Verkehr konzentrieren. Mit einem Navigationssystem, das auch aktuelle Informationen umfaßt (wie z.B. das Dual-Mode-Gerät),

läßt sich außerdem noch eine höhere Zeitsicherheit erreichen. Über ein solches System verfüge ich z.Zt. allerdings nicht.

I.D.: Gibt es Ansätze zur Geräte-Integration?
R.N.: Ein Autoradio ist bereits im bei STORM erprobten Dual-Mode-Gerät enthalten. Grundsätzlich dazu zu sagen ist, daß technisch alles möglich ist, also auch die Integration elektronischer Mautsysteme etc.. In Rahmen von STORM wird daran allerdings nicht gearbeitet, hier widmet man sich v.a. der Ermittlung verkehrstechnischer Effekte. Die Entwicklung läuft allerdings ganz klar in Richtung Geräte-Integration. Über die genauen Formen kann man aber noch wenig sagen, da müssen erst einmal die Vermarktungsprofis der Industrie ran.

I.D.: Wie sehen Sie die Chancen zur Entwicklung eines einheitlichen Standards auf dem Gebiet der aktuellen, dynamischen Verkehrsinformation? Ist Infrarot die Zukunft?
R.N.: Dazu kann ich natürlich nicht sehr viel sagen, das darf ich als Mitarbeiter eines Firmenkonsortiums *[an dem Siemens beteiligt ist, I.D.]* gar nicht. Grundsätzlich ist zu erwarten, daß die Entwicklung auf etwa zwei Alternativen hinauslaufen wird, wobei Normung prinzipiell durch Verbreitung geschaffen wird. D.h. je weiter ein System bereits verbreitet ist, um so größer sind seine Chancen, allgemeiner Standard zu werden. Man könnte dies als "Sachzwang-Standardisierung" bezeichnen, wie es sie z.B. auch im Falle des VHS-Video-Systems gab.

I.D.: Welche grundsätzlichen Probleme (z.B. technischer, rechtlicher u.a. Art) ergaben sich im Verlaufe von STORM und wie wurden diese gelöst?
R.N.: STORM war nicht nur in technischer, sondern v.a. auch in organisatorischer Hinsicht ein Pilotprojekt. Der erstmalige Versuch eines gemischt privatwirtschaftlichen und öffentlichen Konsortiums lief und läuft aufgrund des guten Willens aller Beteiligten überraschend gut. Probleme entstanden dabei hauptsächlich aus der unterschiedlichen Organisationsstruktur der beteiligten Akteure heraus. Es war anfangs z.T. sehr schwierig, organisatorische Abläufe zwischen den Beteiligten zu koordinieren, auch in zeitlicher Hinsicht. Dabei gab es seitens der Unternehmen Unverständnis gegenüber der bürokratischen Arbeitsweise staatlicher Stellen und umge-

kehrt. Letztlich funktionierte aber doch alles, nicht zuletzt aufgrund des sehr starken Engagements Einzelner, darunter auch des Landesverkehrsministers Schaufeler. Inzwischen hat STORM - nach ersten Anlaufschwierigkeiten und anfänglich entgegengebrachter Skepsis - in der Region einen hohen Bekanntheitsgrad und ein gutes Image, was sich auch auf den Ablauf komplizierter Genehmigungsverfahren auswirkt. Jede einzelne Infothek muß übrigens vor Ihrer Aufstellung erst einmal auf verschlungenen Wegen genehmigt werden. Für neue Projekte ähnlichen Aufbaus wurden inzwischen jedenfalls reichlich Erfahrungen gesammelt, die Struktur des STORM-Projekts wird mittlerweile häufig kopiert.

Die technischen Schwierigkeiten rankten sich in erster Linie nicht um Anlaufschwierigkeiten von Innovationen, denn es handelte sich ja nicht um neue Technologien, sondern um neue Zusammensetzungen und Verwendungen von im Prinzip bekannten und erprobten Techniken, und waren im Prinzip leicht lösbar. Ingenieurtechnisches Wissen war und ist nicht das Problem. Das Problem, und damit hat die deutsche Industrie schwer zu kämpfen, war und ist die organisatorische Umsetzung. Nehmen wir das PAL-System für Fernseher als Beispiel: Ingenieurtechnisch entwickelt wurde es in Deutschland, vermarktet aber in Frankreich. Irgendwie gibt es da ein Defizit, dem wirklich sehr fortgeschrittenen Stand der ingenieurtechnischen Forschung in Deutschland steht keine entsprechende sozialwissenschaftliche "Umsetzungsforschung" gegenüber. Man muß aufpassen, daß sich die "PAL-Situation" sich bei der Verkehrsleittechnik, wo die deutsche Industrie vom Entwicklungsstand derzeit weltweit führend ist, nicht wiederholt.

I.D.: Was können kooperative, integrierte Verkehrsmanagementsysteme wie STORM in Bezug auf die anstehenden Verkehrsprobleme leisten?
R.N.: Die Leistungen von STORM sind im Moment auf diejenigen Ziele begrenzt, die sich das Projekt selbst gesetzt hat, nämlich den mündigen Verkehrsteilnehmer anzusprechen und ihm an verschiedenen Orten - möglichst schon vor Reiseantritt - Möglichkeiten zu bieten, sich über die Wahl des Verkehrsmittels und der Reiseroute Gedanken zu machen. Außerdem werden Prognosen zum Verkehrsgeschehen der nächsten Stunden bals möglich sein. Über gute, richtige und aktuelle Informationen soll also eine sinnvolle Auswahl des Verkehrsmittels unterstützt werden. Man will demonstrieren, daß die in STORM getesteten Ansätze verkehrswirksam sind. Der größte Teil des STORM-Geldes geht dabei in die Förderung des ÖPNV (bessere Verknüpfung, Schnittstellenoptimierung, etc.). Damit ist auch die Behaup-

tung, STORM sei ein auf den IV fixiertes Projekt, nicht haltbar. Grundlegendes Ziel ist immer ein besseres Funktionieren des Verkehrssystems als Ganzem.

I.D.: Die Verlagerung von Verkehr aufgrund der Bereitstellung verbesserter Informationen erscheint mir nur für den gewerblichen bzw. beruflichen Verkehr plausibel. Was aber ist mit dem - vom Anteil am Verkehrsgeschehen ständig zunehmendem - Freizeitverkehr? Glauben Sie, auch hier verlagerungswirkungen erzielen zu können?
Der Freizeitverkehr ist natürlich weitaus schwieriger in den Griff zu kriegen. Hier spielen ja in erheblichem Maße subjektive Dinge wie z.B. das Ausleben des Freiheitsgefühls eine Rolle. Prinzipiell ist festzuhalten, daß die Rolle von STORM nur darin liegen kann, Ansatzpunkte anzudeuten. Mitmachen müssen jedoch alle, auch die ÖV-Betriebe, die Strecken- und Fahrpläne optimieren, Sicherheit und Erscheinungsbild in den Bahnhöfen verbessern und die Atraktivität des Transportes generell steigern müssen. Diese Feststellung gilt letztlich auch für den Freizeitverkehr bzw. die Individuen die ihn ausführen.

I.D.: Sie sprachen von guten, richtigen und aktuellen Informationen: Was aber, wenn von staatlicher Seite manipuliert sind und die Informationen des Systems dann zwar "richtig" i.S. der ÖPNV-Betriebe sind, aber der Realität nicht entsprechen?
R.N.: Die Manipulierung von Daten im Verkehrsinformationssystem fällt unter das Strafrecht und wird auch strafrechtlich verfolgt werden. Außerdem könnte so der ganze Sinn des Systems zerstört werden, wenn die Verkehrteilnehmer dieser Täuschung auf die Schliche kommen. Die Folgen für die Akzeptanz der Weisungsempfehlungen wären katastrophal. Mehr als bloße Empfehlungen kann das fahrzeuginterne Informationssystem sowieso nicht übermitteln. Seine Informationen haben grundsätzlich keinen Weisungscharakter und können Schilder bzw. polizeiliche Anweisungen nicht ersetzen. Eine Sperrung der Innenstadt wegen Smog beispielsweise könnte nach wie vor nur durch die Polizei und entsprechende Verbotsschilder erfolgen. An eine Anweisung allein über das Informationssystem muß sich der Autofahrer nicht halten, da gibt es keinerlei rechtliche Verpflichtung.

I.D.: Gibt es schon Ergebnisse aus den Akzeptanzuntersuchungen im Rahmen von STORM, insbesondere hinsichtlich der individuellen Zielführungssysteme?

R.N.: Nein, zusammenhängende Ergebnisse noch nicht, wohl aber lassen sich bereits einzelne Akzeptanzkriterien ausmachen. Nehmen wir einmal das Parkhaus Degerloch als Beispiel: Dessen Akzeptanz anfangs außerordentlich gering. Das hatte allerdings mehrere außerhalb des Bereichs von STORM liegende Gründe. Zum einen blieb der große Besucherstrom zur IGA (Internationale Gartenausstellung) aus welchen Gründen auch immer aus. Zum anderen schreckte die "Baustellenatmosphäre" im Parkhaus wegen der ausstehenden Fertigstellung der benachbarten Gebäude die Benutzer ab. Ein Fehler, der allerdings über STORM ausgeglichen hätte werden können, war die mangelhafte Erklärung der von den Benutzern als abschreckend hoch empfundenen Parkgebühr: Diese versteht sich nämlich incl. einer Fahrkarte für das gesamte ÖPNV-Stadtnetz von Stuttgart, wahlweise für eine oder für bis zu vier Personen. Dies war viel zu wenig publik gemacht worden und wirkte so akzeptanzsenkend.

Mit sehr hohen Akzeptanzgraden aufwarten können die Infotheken, insbesondere diejenigen am Flughafen und in der Innenstadt: etwa 200 bis 250 Abfragen pro Tag sind das normale Maß, mit deutlichen Akzeptanzhöhepunkten am Wochenende bzw. während touristisch attraktiver Veranstaltungen. Ein schöner Erfolg für den STORM-Ansatz, der ja eben in diese Richtung zielt. Wesentlich geringer (mit etwa 20 bis 50 Abfragen) ist die Akzeptanz der Infotheken an den Autobahnraststätten. Das liegt allerdings daran, daß die derzeit über die Infotheken angebotenen Informationen, nämlich in erster Linie ÖPNV-Informationen, für Verkehrsteilnehmer auf der Autobahn ziemlich uninteressant ändern. Daher rechne ich damit, daß sich die Akzeptanz in dem Moment wesentlich erhöhen wird, in dem auch Informationen für den IV über die Infotheken zur Verfügung gestellt werden.

Von wesentlichem Interesse für die Akzeptanz sind übrigens auch Erscheinungsbild, Aufbau und Standort der Infotheken. Das Erscheinungsbild sollte weitgehend homogen sein, um ein Wiedererkennen zu fördern. Das bezieht sich nicht nur auf Farbe und äußere Form der Infotheken, sondern insbesondere auch auf die Angleichung der Bedienfunktionen und -felder und der Benutzeroberfläche. Durch seine weite Verbreitung ist hier das EFA-Programm (ein ÖPNV-Informationssystem) von MDV, München, schon so etwas wie ein Standard und fand auch Verwendung für die STORM-Infotheken, wurde an das STORM-Informationssystem angepasst. Generell sollen die Infotheken wiedererkennbar und praktikabel sein, eine feste Einrichtung im Alltagsleben, die jeder bedienen kann (wie Telefonzellen beispielsweise). Also sind Einfachheit in der Bedienung und Annäherung an die Alltagskenntnisse weitere Anforderungen an die Gestaltung der Infotheken. Daneben ist der Schutz gegen Vandalismus ein wichtiges Kriterium: Die einzelnen Komponenenten der Infotheken müssen praktisch unverwüstlich sein (z.B. Touch-Screens aus Panzerglas), denn die mehrmalige Begegnung mit nicht mehr funktionsfähigen Infotheken in Situationen, wo man diese benötigen würde, wirkt sich ebenfalls negativ auf die Akzeptanz aus.

Die Infotheken müssen so aufgestellt werden, daß sie eine private Atmosphäre, gleichzeitig aber auch die Sicherheit des Benutzers gewährleisten. Eine private Atmosphäre ist deshalb so wichtig, weil z.t. ja sehr private Informationen (z.b. die eigene Adresse) behandelt werden und man daher vor Mithörern bzw. -sehern geschützt sein will. Andererseits dürfen die Infotheken auch nicht in einsamen, dunklen Ecken aufgestellt werden, da dort die Sicherheit des Benutzers nicht gewährleistet ist. Auch müssen die Infotheken beispielsweise im unteren Teil offen gehalten werden, damit sie weder als Schlafplatz für Penner noch als Mülleimer oder als WC interessant sind. Alle diese Punkte müssen beachtet werden.

I.D.: Welchen grundlegenden technischen Ansätzen auf dem Gebiet der Telematik im Verkehr räumen Sie persönlich die größten Realisierungs- und Verbreitungschancen ein?

R.N.: Darauf darf ich als STORM-Mitarbeiter eigentlich nicht antworten, denn es geht ja um Komponenten einzelner Mitglieder des Konsortiums, da muß ich unparteiisch sein. Allgemein läßt sich sagen, daß alle Systeme, bei denen auf eine Kommunikationsinfrastruktur verzichtet werden kann *[also z.B. RDS/TMC und Mobilfunk]* einen erheblichen Preisvorteil haben. Dabei funktioniert der Mobilfunk vom Prinzip her genauso wie RDS/TMC und auch das herkömmliche Autoradio, nämlich über einen ortsfesten Sender. Die Notruffunktion im Rahmen von STORM erfolgt übrigens mittels Mobilfunktechnik. Die Satellitenkommunikation - über das Flottenmanagementsystem ebenfalls in STORM vertreten - stellt inzwischen keinen Kostenfaktor mehr da: Ein komplettes Empfangsgerät ist für ca. 800 DM zu haben und nur noch etwa zigarettenschachtelgroß. Die Induktionsschleifen-Technik zur Zwei-Wege-Technik ist inzwischen übrigens als überholt anzusehen, nicht zuletzt deshalb, weil die Induktionsschleifen erhebliche Probleme mit der zwangsläufig wandernden Straßendecke haben. Dadurch werden die Induktionsschleifen nämlich zerstört und müssen - unter hohen Kosten und erheblichen Störungen für den Verkehr - repariert werden.

Befragungsprotokoll 4 :
Gespräch mit Herrn **Robert Schüssler,** Bereich Verkehrsforschung der
Daimler-Benz AG, Stuttgart, am 13. Juni 1994 in Stuttgart.

Dieses Protokoll faßt die Ergebnisse der Befragung in den Worten der Verfasserin unter den jeweiligen Fragestellungen zusammen. Dabei wird der ursprüngliche zeitliche Gesprächsverlauf nicht eingehalten. Passagen in
Worten der Befragten sind entsprechend gekennzeichnet.

*I.D.: Wie und warum engagiert sich die Daimler-Benz AG im angesproche-
nen Bereich?*
R.S.: Zum einen laufen konkrete Untersuchungen im Bereich On-Board-Sy-
steme. On-Board-Geräte zur elektronischen Zielführung werden später ir-
gendwann zur serienmäßigen Ausstattung von Kraftfahrzeugen gehören,
anfänglich nur bei der Luxusklasse mit vollständiger Verbreitung in den
darauffolgenden Jahren, genau die Entwicklung, wie sie beispielsweise
auch bei ABS und Airbag ablief. Hier wird es sich aber zumindest in der
ersten Zeit um das Geschäft der Zulieferer handeln, zumal die Automobilindustrie in letzter Zeit verstärkt bestrebt ist, Fertigung auszulagern. Im Falle
der elektronischen Navigationssysteme für Mercedes-Benz Personenwagen
ist dieser Zulieferer Bosch. Hier handelt es sich schlicht um einen Beitrag
zur Spezifikationsfähigkeit.

Das primäre Interesse der Daimler Benz AG ist allerdings auf einer
übergelagerten Ebene angesiedelt: Es geht darum, Konzepte zu entwickeln,
um das Gesamtsystem Verkehr funktionsfähig zu erhalten. Dahinter steht
natürlich kein hehres Interesse, sondern wiederum ökonomische Projektio-
nen: Nur bei einem insgesamt funktionierenden Verkehr kann man damit
rechnen, auch in Zukunft Kraftfahrzeuge verkaufen zu können. Auf der
Ebene der Systembetrachtung sollen also zusammenhängende Strategien
zur Optimierung des Gesamtverkehrs entworfen werden.

*I.D.:Wie bewerten Sie die bisherigen technischen Entwicklungen im Bereich
Verkehrsinformationssysteme? Sind Vorstellungen bezüglich eines einzigen
integrierten Systems für den gesamten Verkehr realistisch?*
R.S.: Ein integriertes Gesamt-Verkehrsinformationssystem ist inzwischen
technisch kein Problem mehr. Problematisch sind hingegen die Rahmenbedingungen: Die im System angebotenen Informationen müssen irgendwoher
kommen. Wer entscheidet darüber welche Informationen aus welchen

Quellen im System Verwendung finden? Die Benutzerakzeptanz entsprechender Endeinrichtungen sowie des Systems insgesamt muß gegeben sein. Der Kosten-Tradeoff muß stimmen, d.h. das Betreiben dieser Systeme muß sich lohnen. Die Informationen müssen bezahlt werden usw. Meiner Meinung nach verläuft die gesamte Entwicklung auf diesem Gebiet von der falschen Seite aus: Die Industrie bietet eine Vielfalt an technischen Innovationen, aber das Engagement auf politischer Ebene fehlt. In der Verkehrspolitik gibt es keine echte Policy i.S. eines schlüssigen Gesamtkonzeptes. Die derzeit verfolgte Strategie ist, daß einfach alles so gelassen wird, wie es ist und man mit dem daraus resultierenden Stau lebt. Eine andere Strategie wäre der Versuch einer Behebung der anstehenden Verkehrsprobleme mittels einer Leitung von Verkehrsströmen, also durch Information der Verkehrsteilnehmer. Doch dieser Ansatz birgt nur eine geringe Kapazitätswirkung und wird daher aufgrund der anstehenden dramatischen Verkehrszuwächse daneben gehen. Eine Optimierung der Auslastung der Verkehrsinfrastruktur bringt einen Kapazitätszuwachs von ca. 10%. Das reicht bei weitem nicht aus, um die prognostizierten Zuwächse im Verkehrsaufkommen, insbesondere im Straßenverkehr, aufzufangen.

Eine weitere Strategie wäre es - und diesen Ansatz favorisiere ich -, fiskalpolitische Anreize zu setzen, also die Straßenraum als Wirtschaftsgut aufzufassen. Zu diesem Zweck müssten - und das ist wichtig - flächendeckende Straßenbenutzungsgebühren die Mineralöl- und die Kraftfahrzeugsteuer ersetzen. Führt man eine solche Gebühr nur auf Autobahnen ein, erreicht man lediglich eine Verlagerungswirkung auf Bundes- und Landstraßen. Die Einführung einer Vignette für Autobahnen hat noch schlechtere Auswirkungen auf die Nachfrage-Entwicklung (wohlmöglich wird dann versucht, eine einmal bezahlte Vignette "abzufahren"). Führt man eine Straßenbenutzungsgebühr zusätzlich zu bestehenden steuerlichen Belastungen ein, praktiziert man Abkassiererei. Letztendlich geht es doch um die Frage: Wie halte ich die bestehende Infrastruktur für volkswirtschaftlich relevanten Verkehr frei? Meiner Meinung nach ist eine Lösung über den Preis auf diesem Gebiet die beste Alternative.

Verkehrsinformationssysteme sind nun aber ungeachtet der jeweiligen verkehrspolitischen Strategie einsetzbar, sie sind policy-neutrale Basistechnologie. Meiner Meinung nach impliziert Technik keine zugehörige Policy. Es ist vielmehr andersherum: Was immer man sich an Policy ausdenkt, läßt sich technisch realisieren. Das gilt auch für Verkehrsinformationssysteme: Sie sind keine Policy, sondern bloß Technik. Die Policy muß von seiten des Politik dazukommen. Verkehrsinformationssysteme ohne entsprechende und v.a. zusammenhängende, schlüssige politische Zielvorgaben werden keine verkehrlichen Probleme lösen. Was wir brauchen ist eine sauber abgestufte Hierarchie von Policy-Zielen incl. der dazugehörigen Kriterien i.S. einer top-down-Strategie anstatt der bisher üblichen bottom-up-Strategie. Denn auch in der Verkehrspolitik ist der bottom-up-approach leider die Regel, obwohl er einer halbwegs konsequenten Politik und v.a. einer angemessenen Problemlösungsfähigkeit abträglich ist. Die Industrie ist an der praktischen Umsetzung von Teilen aus einem breiten Technikangebot interessiert. Welche Teile daraus in welcher Art und Weise und welchem Ausmaß umgesetzt werden, dafür ist die Politik zuständig.

Eine weitere Schwierigkeit in diesem Zusammenhang ist übrigens die Tatsache, daß Verkehr und die mit ihm einhergehenden Probleme in Deutschland heutzutage nicht mehr sachlich diskutiert werden. Stattdessen werden unausgewogene, ideologische Grundpositionen undifferenziert und plakativ verbreitet. Sowohl der ÖPNV als auch der IV haben ihre Berechtigung und wenn eine Straßenbahn mit sechs Tonnen Gewicht nachts um elf mit zwei Fahrgästen durch die Stadt fährt, ist damit der Umwelt sicher nicht geholfen. Gefragt ist Balance, ausgewogene Konzepte. Verkehr ist ja schließlich kein reines Vergnügen, kein reiner Zeitvertreib, sondern eben auch Wirtschaftsfaktor und alltägliche Notwendigkeit.

I.D.: Was bringen Ihrer Meinung nach die Programme der EG bzw. EU auf dem Gebiet der Telematik im Verkehr (z.B. DRIVE, ATT, TT)? Welche Politik verfolgt die EU-Kommission in diesem Bereich?
R.S.: Die EU arbeitet in erster Linie an einer Angleichung der Wettbewerbsbedingungen. In diesem Sinne fordert das Europäische Parlament übrigens schon seit langer Zeit die Einführung europaweit homogener, flächendeckender Straßenbenutzungsgebühren. Bloß konnte sich das Parlament aufgrund seiner geringen Machtbasis bis heute nicht durchsetzen. Das Problem der zu geringen Machtbasis setzt sich auch in der weiteren europäischen Verkehrspolitik fort. Die EU wird ihrer Rolle, gemeinsame Verkehrspolitik zu machen, nicht gerecht. Auch fehlt von ihrer Seite die vorwärtsgerichtete Entwicklung neuer Konzepte. Besondere Durchsetzungshindernisse sind dabei sowohl der Verkehrsministerrat als auch die CEMT, hier scheitern auch die eher progressiven Europa-Parlamentarier. Prinzipiell gesehen trifft man hier ein weiteres Mal auf den meiner Meinung nach nicht angemessen problemlösungsfähigen bottom-up-approach: Die europäische Verkehrspolitik stellt nichts anderes als den kleinsten gemeinsamen Nenner der nationalen Verkehrspolitiken dar.

Die "Technik statt Policy- Problematik" ist also auch im europäischen Kontext zu beobachten. Die "Eurokraten" propagieren Verkehrsinformationssysteme statt einer zusammenhängenden, abgestimmten Verkehrspolitik. Aus der Sicht der Industrie wären jedoch an einer greifbaren, schlüssigen und v.a. problemlösenden verkehrspolitischen Strategie, an der sie ihre Entwicklungen in Richtung auf Verkehrsinformationssysteme ausrichten könnte, weitaus günstiger.

Befragungsprotokoll 5 :

Gespräch mit Herrn **Dr. Josef W. Grüter,** Kommission der Europäischen Gemeinschaften, Generaldirektion VII - Verkehr, am 17. Juni 1994 in Brüssel.

Dieses Protokoll faßt die Ergebnisse der Befragung in den Worten der Verfasserin unter den jeweiligen Fragestellungen zusammen. Dabei wird der ursprüngliche zeitliche Gesprächsverlauf nicht eingehalten. Passagen in Worten der Befragten sind entsprechend gekennzeichnet.

I.D.: Zu Anfang zunächst eine eher allgemeine Frage, allerdings eine, die ich immer schon stellen wollte: Wann spricht man denn nun von Europäischer Union und wann von Europäischer Gemeinschaft bzw. Gemeinschaften? Heißt es Kommission der Europäischen Union oder Europäische Kommission oder immer noch EG-Kommission?

J.G.: Das ist wirklich etwas kompliziert. Man kann es sich am Vertrag von Maastricht verdeutlichen: Der Vertrag über die Europäische Union ist darin nämlich nur ein Teil unter mehreren. Der Rest des Vertrages bezieht sich nach wie vor auf die Europäischen Gemeinschaften. Offiziell sollte also von EU (Europäischer Union) nur mit Bezug auf die gemeinsame Außen- und Sicherheitspolitik, die gemeinsame Sozialpolitik sowie die geplante Schaffung einer Unionsbürgerschaft gesprochen werden. Im Zusammenhang mit allen anderen, im wesentlichen auf die drei Teil-Gemeinschaften (EWG, EURATOM, EGKS) bezogenen Arbeitsgebieten spricht man jedoch weiter von EG (Europäische Gemeinschaften). Daher heißt auch die Kommission weiterhin "Kommission der Europäischen Gemeinschaften". Allerdings sollte man sich mit solchen Begrifflichkeiten nicht allzu lange aufhalten. Es ist vollkommen in Ordnung, wen Sie in Ihrer Arbeit von EU sprechen.

I.D.: Worin sehen Sie die zentralen Aufgaben einer europäischen Verkehrspolitik?

J.G.: Die Verkehrspolitik steht nicht für sich allein. Verkehr erfüllt immer einen Zweck. Im europäischen Rahmen wird die Zweckerfüllung des Verkehrs vor dem Hintergrund der ökonomischen und soziale Ziele der Gemeinschaft besonders betont. Das heißt konkret: Der Beitrag des Verkehrs zur sozialen Kohäsion und zur Maximierung des Nutzens der einzelnen Wirtschaftsteilnehmer aus dem gemeinsamen Markt soll gefördert werden. Dabei ist ein Ziel europäischer Verkehrspolitik z.B. die Schaffung transeuropäischer Verkehrsnetze zur Förderung des Zusammenwachsens Europas. Grundlegend ist es so, daß man sich vor dem Hintergrund der eben genannten allgemeinen verkehrspolitischen Projektion die Frage stellt, wie man dies am besten erreichen kann. In jüngster Zeit wurde dafür ein neues Stichwort ausgegeben, nämlich das der "sustainable mobility", der dauerhaft verträglichen Mobilität. Wie immer man die sich daraus ergebenden Unterziele faßt, wichtig ist, festzuhalten, daß die europäische Ebene immer nur Rahmenbedingungen vorgeben wird, die dann aber gemäß dem Willen und der jeweiligen Situation der Mitgliedstaaten ausgefüllt werden. Das bedeutet im hier angesprochenen Zusammenhang, daß die EG lediglich einen recht allgemeinen Katalog an verkehrspolitischen Zielen vorgeben wird. Die Hierarchie dieser Ziele sowie der konkrete Weg zu ihrer Erreichung ist dann jedoch Sache des jeweiligen Mitgliedstaates.

I.D.: Wie fügen sich Verkehrsinformationssysteme in die europäische Verkehrspolitik ein?
J.G.: Verkehrsinformationssysteme werden als Infrastruktur aufgefaßt, mit deren Hilfe "sustainable mobility" zu erreichen ist. Und als Infrastruktur sind sie im Rahmen der Erstellung von Leitlinien für die Schaffung transeuropäischer Netze auch Sache der EG. Allerdings haben diese Europäischen Leitlinien keinerlei bindenden Charakter, sie sind lediglich Willensbekundungen und Selbstverpflichtungen der Mitgliedstaaten ohne direkten Einfluß auf die Planung und Verwirklichung von Infrastrukturmaßnahmen.

I.D.: Was verspricht man sich von seiten der Kommission von der Einführung von Verkehrsinformationssystemen?
J.G.: Verkehrsinformationssysteme sollen in erster Linie zu verbesserten Verkehrsverhältnissen beitragen. Speziell im privaten Verkehr sollen die Menschen dazu bewogen werden, auf den Ö(PN)V umzusteigen, und zwar entweder mittels reiner Information, wie dies z.Zt. im Projekt STORM erprobt wird, oder auch unter zusätzlicher Zuhilfenahme von Gebühren, also der Setzung finanzieller Anreize. Die Wahl des konkreten Weges ist wie gesagt nicht Aufgabe der Kommission, sondern der einzelnen Mitgliedstaaten. Sache der Kommission ist es allerdings, sicherzustellen, daß es künftig möglich sein wird, mit dem Auto quer durch Europa zu fahren, ohne gezwungen zu sein, die technische Ausrüstung zu wechseln. Genauso muß es auch möglich sein, über nationale Grenzen hinweg Daten auszutauschen und Funktionen aufrecht zu erhalten. Interoperabilität und Interkonnektivität sind hier die wesentlichen Schlagworte. Z.Zt. wird zu dieser Thematik ein

Rahmenpapier erarbeitet, Normungsaktivitäten finden aber auch zwischen den einzelnen Industrie-Unternehmen und einzelnen staatlichen und administrativen Stellen statt. Es wurde sogar schon eine Organisation gegründet, deren Ziel es ist, die Einführung von Verkehrsinformationssystemen zu fördern. ERTICO (European Road Transport Telematics Implementation Co-Ordination Organisation) setzt sich aus einer Vielfalt von Unternehmen, staattlichen und halbstaatlichen Stellen und Verbänden zusammen.

I.D.: Wer ist für die Normung und Standardisierung im Bereich der Verkehrstelematik in Europa zuständig?
J.G.: Die CEN-Working Group 278, genannt TC 278 (als Abkürzung für Technical Committee) ist dafür zuständig. Genauere Auskünfte über diese und andere Fragen in direktem Zusammenhang mit der Forschung können ihnen die Mitarbeiter der DG (direction générale) XIII beantworten.

I.D.: Welche Aktivitäten der Europäischen Union gibt es auf dem Gebiet der Verkehrsinformationssysteme?
J.G.: Zum einen Forschung, dann die Einführung von Telematiksystemen als Bestandteile der transeuropäischen Netze, die Erstellung von Studien und in besonderem Maße auch die Koordinierung der Verkehrspolitik der Mitgliedstaaten zu einer gemeinsamen Politik.

I.D.: Welche Finanzierungsmodelle für künftige Verkehrsinformationssysteme favorisiert die Kommission? Wieso?
J.G.: Keine, auch dies ist wieder prinzipiell Sache der Mitgliedstaaten. Allerdings präferiert die Kommission Marktlösungen, d.h. hier die Privatfinanzierung von Verkehrsinformationssystemen. Einen besonderen Stellenwert haben hier übrigens ERP-Systeme, denn sie sind das Instrument zur Privatisierung der Straßenverkehrsinfrastruktur.

I.D.: Gibt es bestimmte technische Ansätze, deren Einführung von seiten der Kommission besonders begrüßt würde bzw. abgelehnt wird? Welche sind dies und wo liegen die Gründe dafür?
J.G.: Nein, die gibt es eigentlich nicht. Wie gesagt, es werden grundsätzlich, wo immer dies möglich ist, Marktlösungen bevorzugt. Wie das im angesprochenen Bereich ablaufen könnte, verdeutlicht folgendes Beispiel: Die Kommunikation zwischen Fahrzeug und Bake kann entweder mit Infrarot- oder mit Mikrowellentechnik abgewickelt werden. Beide Kommunikationsarten sind nicht ohne Probleme. Mikrowellen sind bei Nebel unzuverlässig,

Infrarot dafür bei Schnee und Regen. Für oder gegen jedes dieser Systeme lassen sich also genügend Argumente finden. Man muß sich jedoch gar nicht für eine bestimmte Übertragungstechnik entscheiden. Die Lösung: Man entwickelt ganz einfach eine gemeinsame Empfangsantenne, mit deren Hilfe sowohl über Mikrowellen als auch über Infrarot kommuniziert werden kann.

Meiner Meinung nach ist für den Bereich des ERP die Durchsetzung von Systemen aus einer Kombination von Mobilfunk auf dem GSM-Standard und Satellitenkommunikation sehr wahrscheinlich, nicht zuletzt, weil GSM inzwischen sehr preisgünstig ist. Für den Bereich der individuellen dynamischen Leitsysteme für Kraftfahrzeuge halte ich Dual Mode-Lösungen wahrscheinlich. Dabei wird die Ergänzung der fahrzeugautonomen Navigationsdaten höchstens in den Städten über Baken erfolgen, außerhalb jedoch zunächst mittels RDS/ TMC, später dann wahrscheinlich mit GSM und Satellitenkommunikation.

Jedenfalls hält sich die Kommission aus den konkreten technischen Lösungen in der Praxis heraus. An diese technischen Lösungsansätze werden von europäischer Seite lediglich zwei Forderungen gestellt: Erstens müssen sie europaweit realisierbar sein, also Interoperabilität und Interkonnektivität gewährleisten. Und zweitens dürfen sie keine Monopolisten fördern. Das ist auch einer der Gründe, warum der Vorstoß von Siemens, die ihr System zum europaweiten Standard küren lassen wollten, daneben ging. Nötig sind keine vollständigen und in sich geschlossenen Systeme, sondern möglichst interkonnektive und interoperabele Tools, Instrumente, die je nach den Bedürfnissen der Systembetreiber bzw. der Nutzer kombiniert werden können.

I.D.: Bis wann ist Ihrer Meinung nach die Einführung erster integrierter Verkehrsinformationssysteme realisierbar?
J.G.: Ich rechne mit einer Zeitspanne zwischen Entwicklung und Einführung in etwa wie beim Mobiltelefon. Das hieße, daß mit ersten integrierten Verkehrsinformationssystemen in fünf bis acht Jahren zu rechnen ist. Allerdings ist der Innovationsprozeß z.Zt. in vollem Gang und gerade auf dem Gebiet der Telematik besonders schnell. Der "Neuigkeitswert" einer Innovation hat momentan eine Halbwertzeit von zwei bis vier Jahren, daher müssen "Einführungsfenster" beachtet werden. Verpaßt man diese Einführungsfenster, so riskiert man, zu viel in eine überholte Technologie zu investieren. Z.B. wird derzeit die gesamte Bakentechnologie zugunsten der Kombination aus fahrzeugautonomen Leitsystemen und Smart-Cards in

Frage gestellt. Dies verursacht natürlich erhebliche Probleme auf seiten der an die Bakentechnologie gebundenen Unternehmen. Auch Bosch ist beispielsweise ein scharfer Anhänger der Bakentechnologie und zwar hauptsächlich aufgrund der ganzen value-added-Services, die an diesem System noch zusätzlich dranhängen.

I.D.: Worin sehen Sie weitere maßgebliche Probleme bei der Einführung von Verkehrsinformationssystemen?

J.G.: Hier möchte ich nur ein Beispiel anführen, welches meiner Meinung nach die Schwierigkeiten recht anschaulich verdeutlicht: In Nordrhein-Westfalen dürfen laut Gesetz verkehrssicherheitsrelevante Informationen ausschließlich von der Polizei erhoben werden. Die Polizei weigert sich aber bisher aus verschiedenen Gründen, diese Informationen weiterzugeben. Die Verkehrspolitik kann sich also zwar potentiell kommerzielle Dienste, wie privat finanzierte Verkehrsinformationssysteme dies wären, zunutze machen, nur sollte man die Probleme in diesem Zusammenhang nicht unterschätzen.

Befragungsprotokoll 6 :

Gespräch mit Herrn **Robert J. Coleman,** Kommission der Europäischen Gemeinschaften, Generaldirektor der Generaldirektion VII (Verkehr), am 17. Juni 1994 in Brüssel. An diesem Gespräch nahm auch Herr **Dr. Josef W. Grüter** (siehe Befragungsprotokoll 5) teil.

Dieses Protokoll faßt die Ergebnisse der Befragung in den Worten der Verfasserin unter den jeweiligen Fragestellungen zusammen. Dabei wird der ursprüngliche zeitliche Gesprächsverlauf nicht eingehalten. Passagen in Worten der Befragten sind entsprechend gekennzeichnet. Das Interview wurde in englischer Sprache geführt, wird aber aus Gründen der Praktikabilität hier in deutscher Sprache zusammengefaßt.

I.D.: Wie fügen sich Verkehrsinformationssysteme in die europäische Verkehrspolitik ein?

R.C.: Verkehrsinformationssysteme werden in der künftigen europäischen Verkehrspolitik einen bedeutenden Platz einnehmen. Sie sind ein Bestandteil der europäischen Verkehrspolitik nach dem Vertrag von Maastricht und zwar im Rahmen der dort festgeschriebenen Schaffung transeuropäischer Netze. Dem Ansatz der Verkehrsinformationssysteme zugrunde liegt ein wachsender politischer Konsens über die Begrenztheit bisheriger verkehrspolitischer Konzepte angesichts der starken Verkehrszuwächse der kommenden Jahre. Denn wie immer man es auch wendet, wirtschaftliches Wachstum ist bis heute immer mit einer Zunahme des Verkehrsaufkommens einhergegangen und es deutet nichts darufhin, daß sich dies in Zukunft ändert. Andererseits wurde bisher der Straßenverkehr bevorzugt. Diese Tatsache ist nicht von vorneherein als Negativum anzusehen, denn es war bislang eine Erfolgsstory, deren Grenzen nun allerdings deutlich abzusehen sind. Ein Ansatzpunkt ist also die unbalancierte Entwicklung zugunsten des Straßen- und zuungunsten des Schienenverkehrs.

Was im Verkehrsbereich heute dringend notwendig ist, und hierin liegt die Attraktivität der Telematik, ist die intelligente Nutzung bekannter und neuer Technologien zur effiziente Ausnutzung begrenzter Ressourcen. Die Devise könnte also lauten: "Use technology to transport things smarter." In diesem Sinne werden Verkehrsinformationssysteme in der zukünftigen europäischen Verkehrspolitik einen zentralen Stellenwert einnehmen, wobei auf europäischer Ebene lediglich die Integration geleistet werden soll, also Rahmenvorgaben zur Flankierung und Abstimmung der jeweiligen nationalen Entwicklung in den Mitgliedstaaten.

I.D.: Wie bewerten Sie aus Sicht der EG-Kommission die deutsche Politik auf dem Gebiet der Einführung von Verkehrsinformationssysteme?

R.C.: Dazu ist anzumerken, daß bisher hauptsächlich national an den jeweils eigenen Konzepten gearbeitet wurde und ide Phase der Gegenüberstellung der einzelnen Konzepte der Mitgliedstaaten jetzt unmittelbar bevorsteht. Insofern bin ich noch nicht allzu vertraut mit den einzelnen Konzepten.

J.G.: Die Tatsache, daß die deutsche Bundesregierung Verkehrsinformationssysteme zum Thema ihrer Ratspräsidentschaft in diesem Jahr machen will, zeigt, daß Wissmann das Heft in die Hand nehmen will, aber in europäischer Art und Weise.

R.C.: Das ist richtig. Insofern liegen die deutsche und die europäische Verkehrspolitik auf derselben Wellenlänge und Herr Wissmann hält die Zeit jetzt für gekommen, will sich an die Spitze der Entwicklung setzen. Allerdings ist es nicht so, als seien die Deutschen die einzigen, die sich auf diesem Gebiet engagieren. Mit der Telematik im Verkehr haben sich schon einige Mitgliedstaaten befaßt. Doch die europäischen Forschungsvorhaben und Projekte haben glücklicherweise bereits ein europäisches Fundament für die Entwicklung gelegt, auf das jetzt aufgebaut werden kann.

I.D.: Welche Hauptprobleme erwarten Sie im Rahmen der Einführung von Verkehrsinformationssystemen?

R.C.: An bestimmten Stellen wird man sich für bestimmte Technologien entscheiden müssen bzw. gegen andere Technologien, wie dies z.B. im Falle des Motorola-Mobilfunksystems geschah. Glücklicherweise wird dies im Falle der Verkehrsinformationssysteme nur an sehr wenigen Stellen nötig sein, da es sich in erster Linie um modulare Systeme handelt, die bei entsprechender Gestaltung der Schnittstellen keinen Entscheidungszwang für bestimmte technische Verfahrensweisen oder Lösungen schaffen. Probleme wird es im Bereich der Sicherung geistigen Eigentums ("intellectual property") geben und auch beim schwierigen Übergang aus der Phase der Pilotprojekte in das Stadium der konkreten, generellen und grenzüberschreitenden Anwendung dieser Systeme. Die in diesem Zusammenhang zu treffenden Entscheidungen, sie stehen in den nächsten zwei bis vier Jahren an, sind äußerst weitreichend, denn man legt sich dadurch technologisch für in etwa die nächsten zehn Jahre fest.

Für die institutionellen Strukturen der EU entsteht dadurch eine neue Situation und es wird sich zeigen, wie die Strukturen verändert werden müssen, um diesen neuen Anforderungen gerecht zu werden. Bei den angesprochenen Entscheidungen handelt es sich um Entscheidungen von unten nach oben ("bottom-up-approach"), die aber trotzdem von oben koordiniert werden müssen. Dabei soll sich gar nicht für oder gegen eine Topdown oder eine Bottom-up-Strategie entschieden werden, sondern der Koordinierungsmechanismus Markt soll im Vordergrund stehen. Erst dort, wo Markt nicht stattfinden kann, wird es nötig sein, Entscheidungen von oben zu koordinieren ("to orchestrate the decisions"). Ansonsten müssen nur die Rahmenbedingungen geschaffen werden, die die Aufrechterhaltung eines kohärenten Marktes gewährleisten. Das beinhaltet die Schaffung zumindest europaweiter technischer Standards und Normen, die Verabschiedung von Regulierungen für die Systemintegration, den Verbraucherschutz, die Chancengleichheit im Wettbewerb sowie die europaweite Benutzerfreundlichkeit, kurz die Gewährleistung der effizienten, europaweiten Operabilität und Konnektivität von Verkehrsinformationssystemen. Notwendig ist also "to create a framework for the market, whereever possible".

J.G.: Auch der inzwischen bereits auf der europäischen Ebene angelangte technische Streit zwischen Protagonisten der Mikrowellenkommunikation auf der einen und denen der Infrarotkommunikation auf der anderen Seite wird über den Markt gelöst werden, z.B. über Multi-Empfangsgeräte.

R.C.: Entscheidungen für oder gegen eine bestimmte Technologie darf es nur in ganz extremen Situationen geben. Aber allein die Tatsache, daß solche Entscheidungen auf europäischer Ebene inzwischen möglich sind, schafft Druck für einvernehmliche Lösungen. Das ist momentan auch bei den mit der Entwicklung und Vermarktung von Verkehrsinformationssystemen befaßten Unternehmen zu beobachten: Sie sind gerade dabei, sich auf bestimmte Standards und Kompromisse zu einigen.

J.G.: Zumal die Situation insofern positiv ist, als daß es kaum rein nationale technische Lösungen gibt in dem Sinne das ein bestimmtes, rein nationales Unternehmen ein vollständiges System bereithält. Vielmehr handelt es sich in erster Linie um meist zumindest binationale Konsortien und Konzerne, so daß die Gefahr einer von nationalen Wirtschaftsinteressen geprägten Diskussion zumindest im Moment nicht gegeben ist. Das gilt auch für die innerdeutsche Diskussion, insofern als jeder der derzeit angebotenen technischen Lösungsansätze unter Beteiligung eines oder mehrerer deutscher Unternehmen abläuft.

R.C.: Auf europäischer Ebene liegt in diesem Bereich die größte potentielle Gefahr meiner Meinung nach darin, daß irgendein nationaler Akteur zu früh auf den abwegigen Gedanken kommt, seinen nationalen Markt für Verkehrsinformationssysteme zu schließen. Eine solche Startegie seitens einem der Mitgliedstaaten hätte wirklich äußerst ungünstige Folgen. Daher gilt es, dies zu vermeiden. Inzwischen verfügt die EU allerdings auch über die nötige Machtbasis, ein solches Vorgehen zu vermeiden, da Marktzugangsbestimmungen und die Setzung technischer Standards in den Mitgliedstaaten der Zustimmung der EU bedürfen.

Befragungsprotokoll 7 :

Gespräch mit Herrn **Ministerialrat Ulrich Näke,** Leiter des Referates A 10 Grundsatzfragen der Verkehrspolitik - Koordinierung der Ordnungspolitik im Verkehr beim Bundesministerium für Verkehr am 20. Juni 1994 in Bonn.

Dieses Protokoll faßt die Ergebnisse der Befragung in den Worten der Verfasserin unter den jeweiligen Fragestellungen zusammen. Dabei wird der ursprüngliche zeitliche Gesprächsverlauf nicht eingehalten. Passagen in Worten der Befragten sind entsprechend gekennzeichnet. Das Gesprächsprotokoll wurde vom Bundesministerium für Verkehr gegengelesen.

I.D.: Welches sind die grundlegenden Ziele deutscher Verkehrspolitik?

U.N.: Ganz allgemein gesprochen die umweltgerechte Sicherung der Mobilität unter der Bedingung wachsenden Verkehrsaufkommens. Dieses wachsende Verkehrsaufkommen ist u.a. das Ergebnis des Zusammenwachsens Europas und des europäischen Binnenmarktes. Die Erfahrung der Vergangenheit lehrt, daß mit Wirtschaftswachstum immer auch Verkehrswachstum einhergeht. Allerdings wird infolge dieses wachsenden Verkehrsaufkommens der Zielkonflikt zwischen Verkehr und Umwelt immer stärker. Dies gilt es, zu bewältigen. Es läßt sich im eigentlichen Sinne keine Hierarchie der verkehrspolitischen Ziele aufstellen. Die Erhaltung und Förderung der Verkehrssicherheit beispielsweise steht als eine Art Unter- oder Mitziel immer mit an erster Stelle.

I.D.: Was erwartet das Bundesministerium für Verkehr sich vor dem Hintergrund dieser Ziele von der Einführung von Verkehrsinformationssystemen?

U.N.: Das kann man dem "Strategiepapier Telematik" des BMV entnehmen. Verkehrsinformationssysteme werden als ein Baustein zur Lösung anstehender Verkehrsprobleme angesehen. Von seiten des BMV werden mit Hilfe der Telematik im Verkehr angestrebt: eine Erhöhung der Kapazität bestehender Verkehrsinfrastruktur, eine Erhöhung der Verkehrssicherheit, die Eröffnung der Möglichkeit der Verkehrsverlagerung, eine Anreizsetzung mittels Road-Pricing, d.h. eine anreizorientierte Steuerung der Kapazitätsreserven, sowie die mit den bisher genannten Punkten einhergehenden positiven Umwelteffekte. Dabei stellt Road-Pricing durch Telematik (Electronic Road Pricing, ERP) einen integralen Bestandteil der Telematikstrategie des BMV dar, denn nur auf diesem Wege kann eine wirklich umweltgerechte Anreizsetzung, d.h. eine Staffelung der zu zahlenden Straßenbenutzungsgebühr je nach zurückgelegter Strecke, Fahrzeugtyp, zeitabhängigem Verkehrsaufkommen oder auch dem Fahrzeugauslastungsgrad, erfolgen. Die technische Realisierbarkeit unterschiedlicher ERP-Systeme wird derzeit auf der A 555 erprobt. Erst im Anschluß an dieses Pilotprojekt können konkrete Entscheidungen diskutiert werden. Fahrleistungs- und belastungsabhängige Preise für die Infrastrukturnutzung sind übrigens nicht nur im Straßen-, sondern auch im Schienenverkehr das Ziel. Mit der Bahnreform wurde die Grundlage hierfür gelegt.

I.D.: Welche Rolle spielt die geplante Privatisierung der BAB in diesem Zusammenhang?

U.N.: Eine große Rolle. Denn eine vernünftige Anlastung der Wegekosten ist nur bei privatisierten Autobahnen möglich, wenn die Verantwortung für die Erhaltung und den Bau von Infrastruktur in den Händen der Betreiber liegt. So wird dann gewährleistet sein, daß die Wegekosten gerecht und nachfragegemäß erhoben werden und die eingenommenen Finanzmittel auch tatsächlich für die Infrastruktur aufgewendet werden. Eine Einführung von ERP-Systemen ist ohne die Privatisierung nicht denkbar. Allerdings stehen Entscheidungen über Art und Weise der Privatisierung noch aus, zu diesem Thema sind derzeit verschiedene Studien im Auftrag. Denkbar wäre z.B. auch eine Privatisierung lediglich bezogen auf die Vermarktung des Fahrweges, ähnlich wie im Falle der Autobahnnebenbetriebe. Hier sind jedoch noch keinerlei Entscheidungen gefallen.

I.D.: Wie soll die Finanzierung von Verkehrsinformationssystemen aussehen?

U.N.: Das kommt ganz auf den jeweiligen Fall an. Am Anfang muß immer die Frage stehen: Was für ein Verkehrsproblem soll gelöst werden und wessen Aufgabe ist dies? Verkehrsprobleme in Ballungsräumen z.B. sind zunächst einmal Sache der Kommunen, die sich allerdings zur Lösung dieser Probleme eines privaten Dritten bedienen kann, oder eine Public-Private-Partnership eingeht, etwa zur Errichtung eines Parkleitsystems oder zur Schnittstellenoptimierung im ÖPNV. Allgemein läßt sich dazu sagen, daß sich die Kommune (bzw. der öffentliche Partner) jeweils je nach der Stärke des dahinterstehenden öffentlichen Interesses finanziell beteiligen wird. Ein anderes Bild bietet sich - insbesondere im Güterverkehr - bei der Problematik der Verkehrsverlagerung und der Bildung von Transportketten: Da es sich hierbei in erster Linie um rein ökonomische Interessen handelt, sind Systeme und Telematikansätze auf diesem Gebiet hauptsächlich Aufgabe der Unternehmen, nicht der öffentlichen Hand. Von öffentlicher Seite soll dabei nur die politische Motivation kommen.

I.D.: Mir wurde von einem Mustervertrag für Betreibergesellschaften im Bereich Verkehrsinformationssysteme berichtet, der angeblich hier beim BMV existieren soll. Gibt es so etwas?
U.N.: Von einem solchen Mustervertrag ist mir nichts bekannt. In der Diskussion ist derzeit lediglich die Schaffung eines Musters für einen Gestattungsvertrag, der die Mitnutzung öffentlicher Kabelinfrastruktur durch private Verkehrsmanagementorganisationen regelt. Außerdem wurden verschiedentlich schon Forderungen nach einem Rahmenvertrag des BMV zur Regelung der Beziehungen zwischen Kommunen und Betreibergesellschaften laut, aber ergeben hat sich bislang in beiden Fällen noch nichts. Hier läßt sich übrigens ein z.T. recht schwerwiegendes Problem ausmachen: Telematik-Systeme werden v.a. von Technikern aus der Industrie vorangetrieben, umgesetzt werden müssen sie schließlich jedoch im rechtlichen, politisch-administrativen Kontext. Hier bestehen jedoch erhebliche Verständigungsschwierigkeiten, da die beiden Seiten ein völlig unterschiedliches Vokabular beherrschen.

I.D.: Bis wann ist mit der Einführung (erster) integrierter Verkehrsinformationssysteme zu rechnen?
U.N.: Eine Prognose ist hier sehr schwierig, weil dies in erster Linie privatwirtschaftliche Entwicklungen betrifft, für die wiederum die Vorgabe europaweiter Standards sehr wichtig ist. Insofern ruhen alle Hoffnungen auf der EU, insbesondere während der deutschen Präsidentschaft. Dort muß die Plattform eines offenen Marktes für Verkehrsinformationssysteme geschaffen werden und zwar durch Entscheidungen zugunsten europaweiter Standards. Bedarf jedenfalls ist genügend vorhanden.

I.D.: Welche Probleme erwarten Sie bei der Einführung von Verkehrsinformationssystemen?
a) in rechtlicher Hinsicht
U.N.: Eigentlich keine. Es geht in erster Linie um eine Standardisierung, aber das ist eher eine organisatorische Frage und noch dazu Sache der Industrie. Sobald sich die Industrie auf eine Norm geeinigt hat, hat die Administration nichts mehr zu sagen. Datenschutzbelange stellen meiner Meinung nach kein Problem dar. Wir haben ein Datenschutzgesetz und daran muß alles gemessen und beurteilt werden. Erst wenn die Normen dieses

Gesetzes nicht eingehalten werden können, besteht erneut Entscheidungsbedarf, nämlich darüber, ob das betreffende System deswegen nicht verwirklicht wird oder ob die Datenschutznormen diesem System angepaßt
werden müssen.

I.D.: b) in organisatorischer Hinsicht
U.N.: Die Verknüpfung der Datenbanken untereinander könnte Probleme
bereiten und zwar nicht aufgrund technischer Schwierigkeiten, sondern
aufgrund fehlenden Willens, dies zu tun. Alle relevanten Datenbanken
müßten gegenüber einem zentralen Rechner geöffnet werden, um wirklich
optimale, die beste Information zu erhalten. Es stellt sich jedoch die Frage,
wie dies ablaufen soll und ob das alle Beteiligten wollen. Im Falle RDS/TMC
besteht zur Organisation eines wirklich zusammenhängenden, integrierten
und kompatiblen Systems großer europäischer Koordinierungs- und Organi-
sationsbedarf. Und um ein drittes Beispiel zu nennen: Zur Erstellung einer
digitalen Straßenkarte müssen die bereits bestehenden digitalen Karten der
Liegenschaftsverwaltungen und der Straßenbauverwaltungen verbunden,
zusammengefügt werden. Darüber hinaus muß sichergestellt werden, daß
jede Änderung auch sofort weitergegeben und eingetragen wird. Wie man
sieht eine Fülle organisatorischer Probleme, die allerdings lösbar sind, wenn
der Wille dazu auf allen Seiten vorhanden ist.

I.D.: c) in technischer Hinsicht
U.N.: Die Industrie sagt, sie habe die erforderliche Technik im Griff und genügend erprobt. Ich glaube, daß dies den Tatsachen entspricht.

I.D.: d) in politischer Hinsicht
Meiner Ansicht nach gibt es hier weder von seiten der Bundesregierung
noch von seiten der Opposition Probleme. Das "Strategiepapier Telematik"
des BMV wurde im Verkehrsausschuß des Bundestages vorgestellt und von
allen Seiten begrüßt. Auch die Stellungnahmen der Verbände waren weitgehend positiv. Allerdings wird bislang noch nicht in allen Kreisen der Nutzen der Verkehrsinformationssysteme erkannt. Dies sind jedoch Einzelbe-
reiche, die es noch durch gezielte PR sowie Gespräche aufzufangen gilt.

I.D.: e) im Hinblick auf die bundesstaatliche Kompetenzverteilung
U.N.: In diesem Bereich sind mir bisher noch keine Probleme bekannt geworden. Im Einzelfall wird darauf geachtet werden müssen, daß beispielsweise keine Umleitungsempfehlungen gegeben werden, die die betreffende
Region belasten. Aber letztlich liegt hier keine Situation vor, die es im Moment nicht auch schon gäbe und die im Moment auch schon lösbar ist. Das
Verkehrsmanagement in den Kommunen ist deren Sache, der Bund hält

sich da vollständig heraus. Insgesamt sind die Bundeskompetenzen im angesprochenen Bereich sehr beschränkt, sie umfassen: Auf BAB das Road-Pricing, die Verkehrsdatenerfassung sowie die Errichtung von Wechselverkehrszeichen, in der Luftfahrt sowie in der Schiffahrt alle Belange der Verkehrssicherheit und bei der Eisenbahn sind die Bundeskompetenzen inzwischen bekanntlich ja sowieso eng begrenzt. Sache des Bundes wird es auch sein, die Verkehrssicherheit im Straßenverkehr dahingehend zu wahren, daß eine Informationsüberflutung des Fahrers durch Telematiksysteme verhindert wird. Allerdings könnte hier eventuell auch eine EG-Richtlinie wirksam werden.

Generell gesehen liegen die Kompetenzen auf dem Gebiet Verkehrsinformationssysteme also eher bei Ländern und Kommunen bzw. der EU im Falle der Standardisierung und Normung, als bei der Bundesregierung.

I.D.: f) in finanzieller Hinsicht

U.N.: Verkehrsinformationssysteme werden keine zusätzlichen finanziellen Probleme bereiten. Im BVWP ´92 sind feste Summen für die Telematik vorgesehen, zusätzliche Mittel wird es nicht geben. Verkehrsinformationssysteme könnten beispielsweise über die privaten Autobahnbetreiber angeboten werden, die sich wiederum aus dem Road-Pricing finanzieren.

I.D.: Wie wird Ihrer Meinung nach die Einführung von Verkehrsinformationssystemen als verkehrspolitische Maßnahme seitens der Bürger aufgenommen werden?

U.N.: So lange Verkehrsinformationssysteme in der Öffentlichkeit einzig und allein unter dem Schlagwort Road-Pricing diskutiert werden, sehr negativ. Wenn es gelingt, die Diskussion von diesem Schlagwort zu lösen, erwarte ich eher eine positive Resonanz. Schwierigkeiten gibt es in diesem Zusammenhang v.a. mit den Medien, die Verkehrsinformationssysteme vorwiegend negativ aufnahmen.

I.D.: Welche Rolle könnte Ihrer Meinung nach die EG-Kommission auf dem Gebiet der Einführung von Verkehrsinformationssystemen spielen? Erwarten Sie, daß sie dieser Rolle gerecht wird?

U.N.: Zu hoffen ist v.a., daß die Kommission in nächster Zeit ihre Rolle zunächst einmal definiert und sich ihrer dann auch annimmt. Derzeit ist man bei der EG-Kommission dabei, sich über Systementscheidungen Gedanken zu machen. Das ist meiner Meinung nach nicht die Aufgabe der Kommission, die stattdessen eher bei der Standardisierung zu suchen ist. Alles andere verstößt gegen das Subsidiaritätsprinzip. Demnach ist der Ansatz zu konkreten Systementscheidungen, wie er derzeit auf dem Umweg über die Bildung transeuropäischer Netze zu beobachten ist, verfehlt. Ihre Rolle wird die Kommission nur dann ausfüllen können, wenn sie vom Ministerrat genügend unter Druck gesetzt wird. Wichtig ist jetzt eine schnelle Standardisierung, wobei anzumerken ist, daß 80% bis 90% der derzeitigen Probleme auf diesem Gebiet durch Multi-Empfangsgeräte, d.h. Geräte, die mehrere unterschiedliche Kommunikationsarten ermöglichen, lösbar sind. Hierin liegt die beste Lösung.

I.D.: Was erhofft man sich von der Thematisierung der Telematik im Verkehr im Rahmen der deutschen EU-Ratspräsidentschaft in diesem Jahr?
U.N.: Wir hoffen, daß die EU sich dem Thema so annimmt, daß es endlich zu konkreten Entscheidungen kommt. Dieselben Hoffnungen werden von seiten des BMV übrigens auch bezüglich des Gipfels in Korfu am nächsten Wochenende gehegt.

I.D.: Wie wird Ihrer persönlichen Meinung nach die Benutzerakzeptanz z.B. von individuellen, dynamischen Zielführungssystemen aussehen?
U.N.: Meiner Meinung nach gut. Systeme wie Travelpilot oder EURO-SCOUT eignen sich hervorragend für ortsunkundige Fahrer. Inwieweit solche Systeme allerdings auch für Ortskundige interessant sind, weiß ich nicht. Reine fahrzeugautonome Systeme sind meiner Meinung nach allerdings nicht so praktikabel.

Befragungsprotokoll 8 :

Gespräch mit Frau **Elke Ferner, MdB (Saarbrücken),** stellvertretende verkehrspolitische Sprecherin der SPD-Fraktion am 24. Juni 1994 in Saarbrücken.

Dieses Protokoll faßt die Ergebnisse der Befragung in den Worten der Verfasserin unter den jeweiligen Fragestellungen zusammen. Dabei wird der ursprüngliche zeitliche Gesprächsverlauf nicht eingehalten. Passagen in Worten der Befragten sind entsprechend gekennzeichnet.

I.D.: Was sind konkret die verkehrspolitischen Ziele der SPD?
E.F.: Ein Umsteuern hin zu einer ökologisch orientierten Verkehrspolitik, es muß endlich ein integriertes Verkehrssystem angegangen werden. Die Stichworte dazu sind Vermeidung, Verlagerung und Vernetzung. Diese sehr allgemeine Strategie besteht aus vielen verschiedenen Bausteinen. Im Bereich der Investitionen beispielsweise muß der Schwerpunkt endlich auf umweltfreundliche Verkehrsträger verlagert werden. Der BVWP '92 war noch kein Schritt in diese Richtung, denn er erschöpfte sich im wesentlichen in einer Fortschreibung der nicht verwirklichten Projekte des vorhergehenden BVWP´s. Da wurden z.T. sehr umstrittene Projekte nachgeschoben.

Ein anderer Bereich ist die Setzung der Rahmenbedingungen für die einzelnen Verkehrsträger. Diese muß auf europäischer Ebene stattfinden. Insbesondere für Nutzfahrzeuge müssen die Rahmenbedingungen europaweit richtig gesetzt werden. Das beinhaltet z.B. im steuerlichen Bereich die Kfz-Steuer für Nutzfahrzeuge europaweit auf hohem Niveau zu stabilisieren und möglichst auch Umweltaspekte in die Besteuerung miteinzubeziehen. In diesem Bereich betrachte ich Road-Pricing übrigens eher skeptisch, insbesondere wegen der hohen Investitionskosten. Es gibt auch bedenkenswerte Alternativen, wie z.B. die Nutzung des Fahrtenschreibers bei Lkw als Grundlage der Anlastung von Straßenbenutzungsgebühren oder im Pkw-Bereich eine Anlastung über die Mineralölsteuer. Allerdings hat Electronic Road-Pricing (ERP) den großen Vorteil, daß eine belastungsabhängige Anlastung von Straßenbenutzungsgebühren möglich ist. Den großen Nachteil dieser Systeme sehe ich dagegen im Bereich des Datenschutzes.

Daneben gibt es natürlich noch weitere Bausteine dieser Gesamtstrategie, beispielsweise ordnungspolitische Maßnahmen wie ein generelles Tempolimit auf Autobahnen, z.B. bei 120 oder 130 km/h, das allerdings in erster Linie einen Beitrag zur Steigerung der Verkehrssicherheit darstellt und nur in sehr geringem Maße zur Emissionsminderung beiträgt.

I.D.: Wie steht die SPD zur Einführung von Verkehrsinformationssystemen?
E.F.: Die Telematik im Verkehr ist im Regierungsprogramm der SPD enthalten. Sie bietet allerdings in erster Linie Möglichkeiten zur effektiveren Nutzung der vorhandenen Infrastrukturkapazitäten und stellen keinen echten Beitrag zur Verkehrsvermeidung dar. Ein merkliches Verlagerungspotential werden Verkehrsinformationssysteme nur dann entfalten können, wenn die Investitionen hauptsächlich in die Schnittstellenoptimierung fließen.

I.D.: Welche positiven, aber auch welche negativen Wirkungen erwarten Sie vom Einsatz von Verkehrsinformationssystemen?
E.F.: Auf der rechtlichen Seite stellt der Datenschutz eines der schwierigsten Probleme dar. Auf verkehrlicher Seite hängt alles von den Kosten ab, die im Rahmen der Einführung solcher Systeme zum einen für die öffentliche Hand, zum anderen aber auch für den privaten Benutzer entstehen. Je höher diese Kosten ausfallen, desto niedriger wird die Akzeptanz dieser Systeme sein. Für diejenigen, die auf ihr Auto angewiesen sind - denn es ist utopisch, anzunehmen, daß sämtliche Verkehrsbedürfnisse vom öffentlichen Verkehr zu befriedigen sind - bieten Telematik-Systeme den Vorteil besserer Information und damit letztlich der Entzerrung der Verkehrsströme. Nachteilig auswirken wird es sich, wenn man den Leuten weiter vorgaukelt, durch Verkehrsinformationssysteme ließen sich alle Verkehrsprobleme lösen. Das ist nämlich ganz und gar nicht der Fall. Verkehrsinformationssysteme an sich können höchstens zu einer Entzerrung der Verkehrsströme beitragen, sie können keine echte Verkehrsvermeidung, keine Umsteuerung bewirken.

Verkehrsvermeidung setzt weitaus früher an, nämlich schon bei der Bau- und Siedlungspolitik. Die Stadt- und Raumplanung muß verkehrsvermeidend erfolgen, d.h. die bisher übliche funktionale Trennung von Wohnen, Einkaufen, Arbeiten und Freizeit aufgehoben werden. Zugegebenermaßen keine leichte Aufgabe. Verkehrsvermeidung ist aber auch über die Transportpreise zu erreichen. Die Transportkosten sind Teil der Kalkulation der Industrieunternehmen und müssen daher so verändert werden, daß es sich z.B. nicht mehr rechnet, Kartoffeln zum Schälen und Waschen über die Alpen nach Italien zu fahren und zum Eindosen dann wieder zurück nach Deutschland.

I.D.: Welche politischen Maßnahmen wird die SPD auf dem Gebiet der Telematik im Verkehr ergreifen, wenn sie nach der Bundestagswahl im Oktober die Regierung stellt?

E.F.: Die SPD wird im Falle einer Regierungsübernahme nicht sofort in die Telematik im Verkehr einsteigen können. Zunächst müssen die Ergebnisse aus den laufenden Feldversuchen abgewartet werden, erst dann kann die Diskussion über Probleme und Lösungen, Kosten und Nutzen von Verkehrsinformationssystemen einsetzen. D.h. konkret, daß zunächst andere Bausteine der verkehrspolitischen Strategie der SPD zum Einsatz kommen werden, wie ich sie bereits bei der ersten Frage genannt habe. Die Diskussion über die Telematik im Verkehr steht dann zu einem späteren Zeitpunkt an. Ein ganz wichtiger Bereich ist dann aber die Standardisierung und Harmonisierung auf europäischer Ebene. Als abschreckendes Beispiel kann hier die derzeitige Situation in der Flugsicherung dienen: Dadurch, das jeder Staat nur sein eigenes nationales System vertrat, entstanden dort untragbare Zustände, die heute zu großen Problemen führen.

I.D.: Welche maßgeblichen Probleme erwarten Sie im Rahmen der Einführung von Verkehrsinformationssystemen?

E.F.: Wie bereits angesprochen werden meiner Meinung nach große datenschutzrechtliche Probleme auftreten. Das betrifft insbesondere die ERP-Systeme. Selbst bei Smart Card-Systemen muß eine Überwachung erfolgen, d.h. die Nichtzahlenden müssen auf irgendeine Art und Weise erfaßt werden. Der zweite große Problembereich wurde ebenfalls schon angesprochen, nämlich die finanzielle Seite, die Kosten, sowohl für die öffentliche Hand als auch für die privaten Benutzer. Daneben werden sich auch eine Menge organisatorischer Fragen ergeben, beispielsweise ob ein Anschluß- und Benutzungszwang bestehen wird oder nicht. Für ERP-Systeme ist dies sicherlich nötig. Damit bestünde dann ein Zwang zur Anschaffung bestimmter Gerätekomponenten, die übrigens wohl auch den Grundstein für weitere Telematik-Module im Fahrzeug legen würden. Die Erfahrung aus der öffentlichen Reaktion auf die Einführung der Pflicht zum Einbau von Kinderrückhaltesystemen stimmt mich da aber äußerst skeptisch. Für Spoiler, breite Reifen, Stereoanlagen im Auto etc. wird eine Menge Geld ausgegeben, aber wenn viele Autofahrer schon nicht bereit waren, in die gesteigerte Sicherheit ihrer eigenen Kinder zu investieren, wie sollen da erst die Reaktionen aussehen, wenn in die "Möglichkeit" der Zahlung von Straßenbenutzungsgebühren investiert werden soll?

I.D.: Um die finanziellen Probleme der öffentlichen Hand noch einmal aufzu-
greifen, wie steht die SPD zur Idee der Privatfinanzierung von Straßenver-
kehrsinfrastruktur?

E.F.: Die durchgängige Meinung innerhalb der SPD zu diesem Thema ist,
daß die Bereitstellung der Verkehrsinfrastruktur eine öffentliche Aufgabe
darstellt. Straßen sind ein typisches öffentliches Gut, oder können Sie sich
zwei Straßen nebeneinander auf der gleichen Strecke vorstellen mit der
Wahlmöglichkeit für den Autofahrer, welche Straße er denn nun benutzt?
Denn erst das wäre ja eine echte Privatisierung, aber höchst unproduktiv
und ineffektiv. Ich sehe also nicht, warum man die Verkehrsinfrastruktur
privatisieren sollte. Die derzeitige Privatisierungsdiskussion findet indes eindeutig vor dem Hintergrund der äußerst angespannten Finanzlage der Bundesregierung statt. Der BVWP ´92 ist in der mittel- bis langfristigen Fi-
nanzplanung nicht ausfinanziert. Nachdem der Bundestag die globale Min-
derfinanzierung beschlossen hat und der Einzelplan 12 (Verkehrshaushalt)
davon in starkem Maße betroffen ist, muß das BMV zusätzliche Einsparungen vornehmen, die zwangsläufig zu Lasten der Investitionen gehen werden. Die Privatfinanzierung soll also lediglich dazu dienen, Investitionslasten
quasi "auszulagern".

Das bisher diskutierte "Konzessionsmodell" stellt dabei nichts anderes als eine Vorfinanzierung dar, d.h. das Geld, welches von privater Seite
in die betreffenden Infrastrukturvorhaben fließt, muß später in erheblichem
Maße von der öffentlichen Hand, also aus dem Bundeshaushalt, zurückge-
zahlt werden. Inzwischen ist auch das "Betreibermodell" für Brücken und
Tunnel beispielsweise als Möglichkeit der echten Privatisierung im Gespräch. Doch auch in diesem Zusammenhang sind noch viele Fragen ungeklärt. Strukturschwache Regionen würden durch "Rosinenpickerei" seitens
der privaten Betreibergesellschaften benachteiligt. Außerdem stellt sich die
spannende Frage, wer denn das Investitionsrisiko tragen soll, also wer dafür aufkommen wird, wenn die spätere tatsächliche Nachfrage nicht der
zuvor prognostizierten entspricht. Dieses Risiko werden die privaten Betreiber sicher nicht alleine tragen.

Befragungsprotokoll 9 :
Gespräch mit Herrn **Georg Brunnhuber, MdB (Aalen/ Heidenheim)**, Berichterstatter für Telematik im Verkehr der CDU/CSU-Fraktion am 27. Juni 1994 in Bonn.

Dieses Protokoll faßt die Ergebnisse der Befragung in den Worten der Verfasserin unter den jeweiligen Fragestellungen zusammen. Dabei wird der ursprüngliche zeitliche Gesprächsverlauf nicht eingehalten. Passagen in Worten der Befragten sind entsprechend gekennzeichnet. Das Gesprächsprotokoll wurde von Georg Brunnhuber gegengelesen.

I.D.: Wie steht die CDU-Fraktion zur Einführung von Verkehrsinformationssystemen? Gibt es Unterschiede zur Position des Bundesministeriums für Verkehr bzw. des Bundesverkehrsministers?
G.B.: Nein, die Positionen sind hier völlig identisch, man ist grundsätzlich für die breite Einführung der Telematik im Verkehr. Zwischen der CDU/CSU-Fraktion, dem Bundesverkehrsministerium und dem Bundesverkehrsminister Herrn Wissmann bestehen in dieser Frage keinerlei Differenzen.

I.D.: Welche positiven, aber auch welche negativen Wirkungen erwarten Sie vom Einsatz der Telematik im Verkehr?
G.B.: Auf der positiven Seite ist zunächst eine Erhöhung der Kapazitäten bestehender Verkehrsinfrastruktur - und zwar nicht nur der Straßen, sondern auch der Schienenwege - um bis zu 30% zu nennen, manche Fachleute sprechen sogar von bis zu 50% Kapazitätserhöhung. Allein darin liegt schon ein überzeugender Vorteil. Desweiteren ist mit einer besseren Steuerung der Verkehrsströme zu rechnen, von der nicht zuletzt der ÖPNV profitieren wird. Denn wenn Routenempfehlungen und aktuelle, streckenbezogene Verkehrsinformationen bereits vor Fahrtantritt zuhause abrufbar sind, dann wird sich mancheiner schon überlegen, ob er sich im Stau beispielsweise in Richtung Hamburg hinten anstellt, oder ob er nicht doch lieber den Zug nehmen soll. Eine weitere positive Wirkung der Telematik im Verkehr wird eine deutliche Verbesserung der Verkehrssicherheit sein. Auch dieser Beitrag ist nicht zu unterschätzen. Außerdem kann die flächendeckende Einführung von Verkehrsinformationssystemen dabei mithelfen, den Leerfahrtenanteil im Straßengüterverkehr zu reduzieren.

Auf der negativen Seite der Bilanz fallen mir nicht allzu viele Punkte ein. Ein Nachteil wird sicher der relativ hohe Investitionsbedarf sein, sowohl auf seiten der privaten Nutzer, die sich entsprechende Empfangsgeräte zulegen müssen, als auch auf öffentlicher Seite, in Gestalt der Schaffung einer entsprechenden und v.a. möglichst europaweit flächendeckenden Infrastruktur. Darüber hinaus wäre es denkbar, daß Verkehrslenkung mittels Telematik in Einzelfällen als die Individualität störende Beeinflussung interpretiert wird. Dieser Fall ist insbesondere bei Umlenkungsversuchen auf den ÖV möglich, wenn diese auf einen entsprechend hohen Grad an persönlicher Immobilität stoßen.

I.D.: Welche politischen Maßnahmen wird die CDU/CSU auf dem Gebiet der Telematik im Verkehr ergreifen, wenn sie auch nach der Bundestagswahl im Oktober noch die Regierung stellt?
G.B.: Z.Zt. sind Bund, Länder und Gemeinden dabei, in Zusammenarbeit mit den Telematik-Anbietern entsprechende Systeme gründlich zu testen. Viele Feldversuche befinden sich allerdings schon im Endstadium, die technische Erprobung kann als weitgehend abgeschlossen angesehen werden. Da aber Verkehrsinformationssysteme grundsätzlich nur dann einen Sinn haben, wenn sie in ganz Europa flächendeckend realisiert und betrieben werden, kommt es nun darauf an, Systementscheidungen zu treffen. Dieses Bestreben wird die Bundesregierung im Rahmen der nahen deutschen EU-Präsidentschaft verstärkt verfolgen. Wenn erst einmal über die grundlegenden technischen Merkmale eines europaweiten Verkehrsinformationssystemes entschieden ist, dann steht dessen sukzessiver Einführung möglichst unter privater Betreiberschaft nichts mehr im Wege.

I.D.: Wie beurteilen Sie "Multi-Empfangsgeräte", d.h. Geräte, die mehrere verschiedene Kommunikationsarten ermöglichen, als Lösung für diese Systementscheidungsfrage?
G.B.: Das wäre natürlich die eleganteste Lösung. Wichtig ist einzig und allein, daß die Technik über Grenzen hinweg einsetzbar bleibt. Wie dies nun technisch realisiert wird, ist im Prinzip zweitrangig. Es muß im Endergebnis funktionieren. Sonst ergeben sich die Art von Problemen, wie sie beim ICE derzeit deutlich vorgeführt werden: Der ICE muß nämlich nach schneller Fahrt bis an die französische Grenze dort 20 Minuten Rast einlegen, damit er technisch auf das andere Bahnstromsystem in Frankreich eingestellt werden kann. Das ist mehr als kontraproduktiv.

I.D.: Welche maßgeblichen Probleme erwarten Sie bei der Einführung (Implementierung) von Verkehrsinformationssystemen?

G.B.: Insbesondere von den Automobilverbänden wird die Sorge geäußert, der Autofahrer werde zu stark reguliert. Dieses Argument rührt hauptsächlich daher, daß Telematik zumindest im Hinterkopf immer mit elektronischem Road Pricing verbunden wird. So entsteht dann die Angst vor Überwachung durch Telematik.

Eine andere Gefahr ist die, daß die Verwaltung im Rahmen von Verkehrsinformationssystemen übertrieben wird. Eine Sonderbehörde Telematik im Verkehr darf es natürlich nicht geben. Der Aufwand muß sich in Grenzen halten, zumindest muß er kleiner als die Einnahmen aus der Telematik bleiben.

Datenschutzrechtliche Fragen müssen sauber abgeklärt werden. Allerdings treten datenschutzrechtliche Schwierigkeiten einzig bei Electronic Road Pricing-(ERP) Systemen auf. Was ERP-Systeme aus verkehrspolitischer Sicht - und in besonderem Maße in den Augen Herrn Wissmanns - so besonders attraktiv macht, ist die Möglichkeit der tageszeit-, belastungs-, strecken- und auch fahrzeugabhängigen Anlastung der Wegekosten. Dies ist auf anderem Wege nicht zu realisieren. Maut-Häuschen wird es in Deutschland niemals geben. Dieser Weg ist wegen der hohen Streckenbelastung deutscher Autobahnen sowie aufgrund der großen Zahl an Anschlußstellen - in Ballungsgebieten dienen Autobahnen der Verkehrsentlastung - ungangbar. Die Lösung werden hier meiner Meinung nach Smart-Card-Systeme des ERP darstellen. Diese Systeme sind in Form von Telefonkarten ja bereits im Einsatz. Nicht-Zahler müssen dann per Kamera erfaßt werden, ihnen wird einfach eine Rechnung geschickt, wobei auch hier wiederum keine Registrierung erfolgen darf. Interessant ist in diesem Zusammenhang allerdings, daß derzeit ziemlich lautstark und verbreitet nach einer genauen Aufschlüsselung der Telefonrechnung seitens der Telekom gerufen wird. Damit wären aber genau jene sensiblen Bereiche offengelegt, über die man sich im Zusammenhang mit ERP-Systemen beschwert. Es ist augenscheinlich doch vieles eine Sache dessen, wo man jeweils sein persönliches Interesse ansiedelt.

I.D.: Wie wird Ihrer Einschätzung nach die Akzeptanz der Einführung von Verkehrsinformationssystemen als politische Maßnahme seitens der Wähler aussehen?

G.B.: Umfragen der jüngsten Zeit zufolge ist sogar eine Mehrheit der Bürger gegenüber der Einführung von Road Pricing positiv eingestellt. Demnach dürfte die Einführung von optimal verkehrslenkenden Telematik-Systemen im Verkehr sehr gut akzeptiert werden. Der wichtigste Punkt ist, daß dies politisch überzeugend dargestellt wird. So ist z.b. die Reduzierung des Parkplatzsuchverkehrs in den Städten durch Verkehrsinformationssysteme ein sehr attraktives Angebot und zwar jeweils für alle Betroffenen. Wenn der Vorteil für den Einzelnen erkennbar ist, dann ist er auch gerne bereit, dafür zu zahlen. Ein generelles, starres Tempolimit kann mittels Telematik relativ leicht, nämlich über kollektive Verkehrsbeeinflussungsanlagen in individuelle, situationsbezogene Geschwindigkeitsregelungen verwandelt werden, wiederum zum Vorteil aller.

Hier hat Matthias Wissmann als Bundesverkehrsminister übrigens ganz überzeugende Arbeit geleistet: In seiner Amtszeit ist die Telematik-Idee am weitesten vorangekommen und zwar v.a. deshalb, weil es ihm gelang, sie richtig darzustellen. Indem Herr Wissmann hauptsächlich zwei Schwerpunkte thematisierte, nämlich den Beitrag der Telematik zur Optimierung des gesamten Verkehrssystems sowie zur gerechten Wegekosten-anlastung nicht zuletzt gegenüber ausländischen Verkehrsteilnehmern, gelang es ihm, endlich eine sachliche Diskussion über Verkehrsinformations-systeme in Gang zu bringen.

Die Akzeptanz von ERP-Systemen wird zwar nicht ganz so gut sein, wie die bei reinen Steuerungssystemen, aber auch sie wird sich einstellen. Wichtig ist in diesem Zusammenhang jedoch, daß die Straßenbenutzungs-gebühren nicht auf die z.Zt. bestehenden steuerlichen Belastungen "draufgesattelt" werden. Dies sehe ich als politisch nicht durchsetzbar an, höchstwahrscheinlich wäre eine solche Idee noch nicht einmal innerhalb der Union mehrheitsfähig. Ich persönliche favorisiere eine völlige Aufhebung der Kfz-Steuer, wenn Road Pricing eingeführt wird. Denn dies wäre eine Lösung, die Wenigfahrer oder Bewohner ländlicher bzw. strukturschwacher Gebiete sogar besserstellen würde.

Befragungsprotokoll 10 :

Gespräch mit Herrn **Dipl.-Ing. Reinhard Schult,** Oberbaurat und Referent Straßenverkehrstechnik und Verkehrsmanagement im Verkehrsministerium Baden-Württemberg, Stuttgart, am 29. Juni 1994 in Stuttgart.

Dieses Protokoll faßt die Ergebnisse der Befragung in den Worten der Verfasserin unter den jeweiligen Fragestellungen zusammen. Dabei wird der ursprüngliche zeitliche Gesprächsverlauf nicht eingehalten. Passagen in Worten der Befragten sind entsprechend gekennzeichnet. Das Gesprächsprotokoll wurde von Herrn Reinhard Schult gegengelesen und auf seine Bitte hin in indirekter Rede formuliert.

I.D.: Welchen Stellenwert haben Verkehrsinformationssysteme für die Verkehrspolitik in Baden-Württemberg?

R.S. hielt zunächst einmal fest, daß in diesem Bereich üblicherweise zwischen Verkehrswarnungen und reinen Verkehrsinformationen unterschieden wird. Die Verkehrswarnungen, also solche Informationen, die für den sicheren Ablauf des Verkehrs wesentlich sind, stellten das grundlegende Anliegen der baden-württembergischen Verkehrspolitik dar. Bei reinen Verkehrsinformationen, also z.B. Empfehlungen bezüglich der in zeitlicher Hinsicht günstigsten Route, sei derzeit noch nicht gesichert, wie groß ihr Nutzen letztendlich ist, insbesondere ihr Nutzen in Relation zu den damit einhergehenden Kosten. Darüber hinaus stellen R.S. zufolge reine Verkehrsinformationssysteme keinen notwendigerweise staatlichen Einflußbereich dar. Daher sollte, so R.S., das Angebot von Verkehrsinformationssysteme, also von Systemen, die Informationen über reine Verkehrswarnungen hinaus zur Verfügung stellen, auf dem Wege privatwirtschaftlicher Vermarktung erfolgen.

In Baden-Württemberg habe man laut R.S. erkannt, daß solche Verkehrsinformationssysteme zur weiteren Verbesserung der Verkehrssicherheit und auch der Verkehrsverhältnisse beitragen. Bei der jetzigen Förderung des Überganges des STORM-Projektes in ein marktfähiges Angebot stünden allerdings wirtschaftspolitische Erwägungen im Vordergrund: Es gehe um die Standortsicherung und zwar in erster Linie in Baden-Württemberg, speziell der Region Stuttgart, in zweiter Linie aber auch in ganz Deutschland. Die an STORM und aller Voraussicht nach auch an den im Aufbau befindlichen Betreibergesellschaften beteiligten Unternehmen stammten R.S. zufolge überwiegend aus dem Raum Stuttgart bzw. hätten hier Standorte.

I.D.: Welche Ziele stehen von seiten des Landes Baden-Württemberg hinter dem Projekt STORM?

Allgemein und in Kurzform lautet das Ziel R.S. zufolge: "Umweltschonende Sicherung der Mobilität für den Individualverkehr und den Wirtschaftsverkehr unter Ausnutzung der Systemvorteile der unterschiedlichen Verkehrsträger." Das spezielle Ziel der baden-württembergischen Landesregierung im Rahmen von STORM sei es, zu erfahren, was diese Technologien verkehrlich bringen. Diese Erfahrung solle dann, so R.S., als Grundlage späterer Entscheidungen im Rahmen der Thematik Verkehrsinformationssysteme dienen. Darüber hinaus erwähnte R.S., STORM sei damals mit einer hauchdünnen Mehrheit von nur drei Stimmen im Stuttgarter Stadtrat zustande gekommen.

Das vielleicht stärker ausgeprägten Interesse der Industrie an der Durchführung des Projektes STORM illustriere ein Blick auf die Finanzierung: Das Land Baden-Württemberg stelle R.S. zufolge insgesamt rd. 4,5 Millionen DM, die Stadt Stuttgart ca. 3 Millionen DM und die Stuttgarter Straßenbahnen etwa 3,5 Millionen DM zur Verfügung und das bei einer Gesamtsumme von rd. 60 Millionen DM für STORM. Nahezu 80% der erforderlichen Finanzmittel flößen aus der Industrie. Dies belege laut R.S. die wirtschaftliche Bedeutung, zumal es sich bei den an Telematik-Entwicklungen beteiligten Unternehmen häufig um Konversionsindustrie handele. Die den Telematik-Anwendungen zugrundeliegenden Technologien seien in vielen Fällen ursprünglich militärischer Natur. Dies gelte z.B. für die den fahrzeugautonomen Leitsystemen zugrundeliegende Trägheitsnavigation, für teil- und vollautomatisches Fahren und in besonderem Maße für die Satellitennavigation. Das vitale Interesse der betroffenen Industrie an der zivilen Vermarktung verteidigungstechnischer Innovationen sei insbesondere unter den heutigen Bedingungen sehr verständlich und die Förderung dieses Interesses ein zentraler Beitrag zur Sicherung des Standortes - an erster Stelle in Baden-Württemberg, aber an zweiter Stelle auch in ganz Deutschland.

I.D.: Welche Probleme traten im Rahmen von STORM auf und wie wurden sie gelöst?

Ein grundsätzliches Problem sei laut R.S. gewesen, daß viele unterschiedliche Stellen im Rahmen von STORM kooperieren mußten, die zumindest diese Form der Kooperation bisher nicht gewohnt waren. So habe in den

öffentlichen Verwaltungen anfangs das Mißtrauen vorgeherrscht, von der
Industrie übervorteilt zu werden, während bei der Industrie weitverbreitet
die Erwartung vorgelegen hätte, genaue und strikte Handlungsanweisungen
von öffentlicher Seite zu erhalten. Auf seiten der öffentlichen Verwaltungen
läge dies, so R.S., darin begründet, daß man bisher keine gleichberechtig-
ten Partnerschaften mit Industrie-Unternehmen gewohnt gewesen sei. Die
beteiligte Industrie indes hätte über Erfahrungen bis dahin nur aus der Zusammenarbeit mit öffentlichen Stellen in Verteidigungs- und Forschungsbe-
langen verfügt und sei daher die Praxis strikter Anweisungen und klarer
technischer System-Entscheidungen gewohnt gewesen. Im Ausbalancieren
solcher Schwierigkeiten mittels eines ausgewogenen organisatorischen
Konzepts habe laut R.S. der Lerneffekt von STORM gelegen. Man dürfe
hier nicht übersehen, daß dabei im Rahmen des Projekts Pionierarbeit geleistet worden wäre: Es habe, so R.S., zu diesem Zeitpunkt noch keinerlei
Muster oder Beispiele für entsprechende organisatorische Konzepte, Verträge, etc. gegeben.

*I.D.: Wie soll es dem jetzigen Stand nach mit dem Projekt STORM weiter-
gehen?*
R.S. gab an, daß sich STORM aus dieser Pionierleistung heraus an die Spitze der Entwicklung im Bereich Verkehrstelematik gesetzt habe und die für
den künftigen Betrieb der STORM-Technologien entwickelten Verträge derzeit mit dem Bund abgestimmt würden, um möglichst einheitliche Rechts-
grundlagen zu schaffen. Denn Bakensysteme erforderten laut R.S. eine
Mitnutzung öffentlicher Infrastruktur, z.B. Lichtsignalanlagen, Leitungen,
etc., die über einen Vertrag bürgerlichen Rechts zwischen dem öffentlichen
Träger und der jeweiligen Betreibergesellschaft geregelt werden müsse.
Man müsse sich das so vorstellen, daß die Betreibergesellschaft dem öffentlichen Träger eine Art Miete für die Mitbenutzung der entsprechenden
Infrastruktur zahlt. Im Rahmen dieser Vertragsverhandlungen biete sich, so
betonte R.S., dann dem jeweiligen öffentlichen Träger, also der Kommune
oder dem Bundesland, die Möglichkeit, etwaige Sonderbedingungen auszu-
handeln. Diese Art der Einflußnahme entfalle natürlich bei Systemen, die
auf eine Infrastruktur verzichten können (z.B. Mobilfunk). In diesem Fall
könnten R.S. zufolge Verordnungen nötig werden.
    Für diesen Vertrag über die Mitnutzung (Vermietung) öffentlicher In-
frastruktur, den sog. "Gestattungsvertrag", werde derzeit im BMV eine
Vertragsvorlage ausgearbeitet, damit die späteren Regelungen in ganz
Deutschland hinreichend einheitlich ausfielen. Allerdings könne die Anwen-

dung dieser Vertragsvorlage den Kommunen lediglich empfohlen werden, die Betreibergesellschaften müssen also laut R.S. in jedem Fall bei jeder Kommune einzeln Akquisition betreiben und in Verhandlung eintreten. Hier stünden die Chancen jedoch zumindest günstig, da die Kommune aus der Mitnutzung sogar Finanzmittel erwirtschaften könne - bei der derzeitigen Haushaltslage ein schlagendes Argument - und zudem ihren Bürgern zusätzliche Dienstleistungen anbieten könne. Allerdings sei das Verhalten der Kommunen nur sehr schwierig abschätzbar, da sie sehr kleinzellig seien und einzelne Personen von erheblicher Bedeutung sein könnten. Dasselbe gelte übrigens auch für Verwaltungen.

Hier sei dann wiederum Pionierarbeit geleistet worden, denn von seiten des Bundes sei man, so R.S., auch nicht von Anfang an dafür, die Mitbenutzung von Straßeninfrastruktur (Betriebstelefone etc.) durch Dritte zuzulassen. Inzwischen habe sich aber die Position des Bundes der in Baden-Württemberg vertretenen erfreulich angenähert. Der Bund könne sich immer noch ein stärkeres Engagement seinerseits vorstellen, als man das im Moment von seiten des Verkehrsministeriums Baden-Württemberg für notwendig erachte. Die in Baden-Württemberg vertretene Meinung sei, daß Einrichtung und Betrieb von Verkehrsinformationssystemen vollständig privat übernommen werden können und daß es keiner tiefgreifenden öffentlichen Einwirkung bedürfe. Der einzige genuin hoheitliche Bereich, so hielt R.S. fest, sei die Überwachung der Einhaltung der Straßenverkehrsordnung. Ansonsten könne im Prinzip alles andere von privaten Betreibergesellschaften organisiert werden, die dann natürlich auch die Haftung bei etwaigen Schäden durch Fehlleitungen des Systems, beispielsweise gegen Einbahnstraßen, übernehmen müßten. So lange die Systeme keine verkehrswidrigen Zustände produzierten, bestünde kein Regelungsbedarf. Sollte Regelungsbedarf entstehen, so stellten nach Meinung von R.S. Verordnungen einen gangbaren Weg dar.

STORM solle also unter privaten Betreibergesellschaften weiterlaufen. Die STORM-Zentrale, d.h. der zentrale Rechner, solle laut R.S. von einer Gesellschaft übernommen werden, die dann für den Datenverbund, den Abschluß von Generalverträgen und auch den Ankauf von Verkehrsdaten öffentlicher Stellen zuständig sein würde. Von dieser zentralen Betreibergesellschaft, der regionalen Gesellschaft für das Integrierte Verkehrsmanagementsystem (IVMS-Gesellschaft) müßten R.S. zufolge dann die spezielle Dienste anbietenden Gesellschaften Daten kaufen. Eine Übersicht über die geplante Organisationsform bietet das folgende Schaubild:

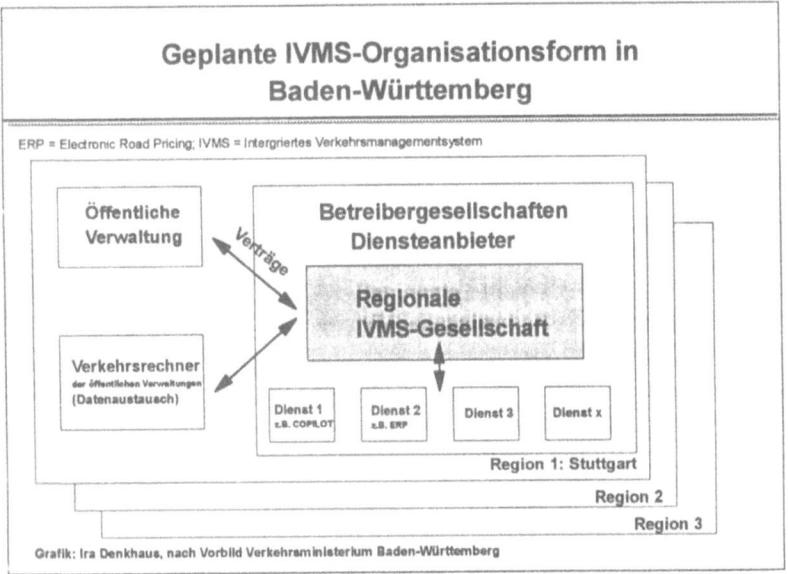

Geplante IVMS-Organisationsform in
Baden-Württemberg

ERP = Electronic Road Pricing; IVMS = Intergriertes Verkehrsmanagementsystem

Öffentliche Verwaltung

Verträge

Betreibergesellschaften
Diensteanbieter

Regionale
IVMS-Gesellschaft

Verkehrsrechner
der öffentlichen Verwaltungen
(Datenaustausch)

| Dienst 1 z.B. COPILOT | Dienst 2 z.B. ERP | Dienst 3 | Dienst x |

Region 1: Stuttgart

Region 2

Region 3

Grafik: Ira Denkhaus, nach Vorbild Verkehraministerium Baden-Württemberg

Eine der Dienste-Betreibergesellschaften befinde sich, so R.S., bereits in der Gründung: "COPILOT" - Gesellschaft für Verkehrsleit- und Informationsdienste hätte ursprünglich schon 1993 gegründet werden sollen und trete nun voraussichtlich Oktober 1994 den Dienst an. COPILOT werde für Planung, Finanzierung, Aufbau und Betrieb von infrastrukturgestützten Verkehrsleit- und -informationssystemen sowie für die Vermarktung der mittels dieser Systeme zu realisierenden Dienstleistungen zuständig sein und diese Aufgaben wahrscheinlich schon vor dem offiziellen Ende des STORM-Projektes (Ende 1995) übernehmen. COPILOT betreibe außerdem den flächendeckenden Aus- und Aufbau seiner Dienste in Deutschland, beginnend in Stuttgart und Berlin, sowie die Gewinnung von europäischen Partnern zur Errichtung dieser Systeme in deren Ländern. Partner von CO-PILOT seien die BMW AG, die Compagnie Générale des Eaux, die Daimler-Benz AG/ ITF Intertraffic GmbH, die Robert Bosch GmbH, die Siemens AG sowie die Volkswagen AG.

Von seiten des Verkehrsministeriums Baden-Württemberg aus erhoffe man sich von COPILOT, daß sie später dann auch die regionalen IVMS-Zentralen übernehmen wird. Hier finde nach R.S. Ansicht wiederum ein Lernprozeß statt, und zwar diesmal auf seiten der Industrie: Viele Industrie-Unternehmen hätten erhebliche Probleme damit, sich von einer Mentalität des "Geräte-Verkaufens" zum zusätzlichen Angebot von Dienstleistungen umzustellen. Jedenfalls müßten R.S. zufolge bis Ende 1995 Lösungen für die einzelnen Projekte bei STORM gefunden sein, denn eine Verlängerung sei nicht möglich.

I.D.: Was hat STORM konkret für die Verkehrspolitik in Baden-Württemberg gebracht?

Laut R.S. ist es für eine Bilanz noch zu früh, so viel wisse man bis jetzt noch nicht. Wenn man den Anspruch der Schaffung eines integrierten, verkehrsträgerübergreifenden Informationssystems als Meßlatte nehme, sei es R.S. zufolge auffällig, daß bisher immer noch relativ wenig Potential zur Verkehrssteuerung vorhanden sei. Echte Verkehrssteuerung könne derzeit im Prinzip nur im Bereich der kollektiven Verkehrsbeeinflussung geleistet werden, also z.B. bei dynamischen Verkehrsbeeinflussungsanlagen oder Wechselwegweiser. Möglichkeiten auf diesem Gebiet müssten, so R.S., noch ausgebaut werden.

I.D.: Welche Maßnahmen sind aus der Erfahrung des STORM-Projektes heraus als nächstes geplant?

R.S. hielt fest, daß noch Forschung auf dem Gebiet der Verkehrssteuerung mittels Verkehrsinformationssystemen nötig sei, kreisend um die Frage: Wie können die aggregierten Gesamtinformationen denn nun konkret eingesetzt werden? Allerdings werden diese Projekte nach R.S. Einschätzung weitaus kleiner als STORM ausfallen und seien im Unterschied zu diesem auch eher auf der theoretischen als auf der praktischen Ebene angesiedelt.

Daneben werde, so R.S., eine weitere "Maßnahme" natürlich die Förderung der Ausweitung der in STORM erprobten Dienste auf ganz Baden-Württemberg sein - und zwar unter privater Betreiberschaft. Es existiere bereits ein Stufenplan zur Ausweitung der Dienste, der allerdings vollständig der Planung der Industrie, bzw. in diesem Fall der COPILOT Gesellschaft unterliege. Die gesamte Planung in diesem Bereich sei laut R.S. Sache der Industrie.

Die Verwirklichung eines Buchungssystemes über die öffentlichen Infotheken im Rahmen von STORM scheint sich den Angaben von R.S. zufolge zu zerschlagen und zwar aufgrund der ungenügenden Sicherheiten der Banken für den bargeldlosen Zahlungsverkehr.

I.D.: Wie interpretiert Baden-Württemberg seine Rolle im Rahmen der Entwicklung und Einführung von Verkehrsinformationssystemen?

Baden-Württemberg sei laut R.S. das "Pilotland", habe also die Vorreiterolle inne, v.a. von der Motivation her. Es gehe dabei um den Einsatz verkehrs- und informationstechnischer Entwicklungen zugunsten des gesamten Verkehrssystems, aber auch um Standortsicherung. Ursprünglich hätten, so R.S., eher verkehrliche Gesichtspunkte im Mittelpunkt des Interesses gestanden, mittlerweile habe sich dies zugunsten wirtschaftlicher Aspekte verschoben, was nicht zuletzt am Konzept vollständig privater Betreiberschaft ersichtlich sei. Zu den anderen Bundesländern befinde man sich in "sportlicher Konkurrenz". Die Pilotprojekte in München, Berlin und Stuttgart seien einander R.S. zufolge von der Technologie her ähnlich (Bakensysteme zumindest als Bestandteile), während man in Köln und Hessen eher auf infrastrukturunabhängige Systeme, nämlich basierend auf Mobilfunktechnik (SOCRATES), setze. Zu Anfang seien diese abweichenden technische Ansätze jeweils dogmatisch vertreten worden. Das habe sich laut R.S. inzwischen gelegt. Die Automobilindustrie setze inzwischen durchgängig auf fahrzeugautonome Systeme, die dann mit Empfängern für mehrere unterschiedliche Kommunikationsarten ausgerüstet werden würden.

I.D.: Wie beurteilen Sie die Rolle der EU auf dem Gebiet der Telematik im Verkehr?

R.S. machte klar, daß Verkehrsinformationssysteme im Prinzip nicht Sache der EU seien. Gefragt seien Marktlösungen. Bisher sei dementsprechend auch die Generaldirektion XIII der Ansprechpartner im Rahmen der Telematik im Verkehr gewesen. Mittlerweile sei jedoch, so R.S., die Generaldirektion VII dafür zuständig. In Baden-Württemberg als deutschem Bundesland hege man R.S. zufolge in diesem Zusammenhang die Befürchtung, daß hier ein eigener Bereich europäischer Verkehrspolitik aufgebaut werden solle. Sobald ein Finanztopf vorhanden sei, habe man nach R.S. Meinung die Möglichkeit, sich daraus eine eigene Politik aufzubauen. Und genau das ist nach R.S. Ansicht z.Zt. im Falle der Verkehrsinformationssysteme im Gange: Über die Hintertür der Schaffung transeuropäischer Netze solle eine eigene europäische Verkehrspolitik entstehen. Das aber sei eine Verletzung des Subsidiaritätsprinzips, das nicht zuletzt auf Beharren der deutschen Bundesländer hin eingebracht worden sei. Im Zusammenhang mit dem Aufbau transeuropäischer Netze interpretiere man in Brüssel, so R.S., die Telematik als Teil der Infrastruktur, was sie zumindest nach dem in Baden-Württemberg vorherrschenden Verständnis nach eben nicht sei. Verkehrsinformationssysteme seien nach Auffassung von R.S. lediglich eine Infrastrukturergänzung und kein Infrastrukturbestandteil. Da aber von europäischer Seite im Rahmen der Realisierung der transeuropäischen Netze z.T. erhebliche Finanzmittel flößen, könne auf diesem Wege weitreichender Einfluß auf kommunale und Länderpolitik auch im Bereich Verkehrsinformationssysteme gewonnen werden.

Das eigentliche Problem ist jedoch nach Meinung von R.S. grundlegender: Den - immer vorhandenen - Verselbständigungstendenzen von Verwaltungen stehe im Falle der EU keinerlei demokratische Kontrolle gegenüber (die Kompetenzen des Europäischen Parlaments (EP) reichten dafür bei weitem nicht aus). Daher könnten die europäischen Verwaltungen ihr "Eigenleben" völlig ungestört entwickeln. Die Folge sei, so R.S., eine zunehmende Ausweitung der Kompetenzen und damit einhergehend eine immer stärkere Einschränkung des Subsidiaritätsprinzips. Zu fordern sei also, daß das gemeinsame europäische Interesse in Bezug auf die Projekte der transeuropäischen Netze deutlicher herausgestellt wird und somit Klarheit in Finanzierungsfragen entstehe. Eine "Politik des goldenen Zügels" aus Brüssel wolle man in Baden-Württemberg verhindern.

I.D.: Wie bewerten Sie die Aktivitäten der anderen Bundesländer auf dem Gebiet der Telematik im Verkehr? Welches Verhalten der Länder im Rahmen einer Einführung von Verkehrsinformationssystemen erwarten Sie daraus?

R.S. hielt fest, daß sich die Ansätze in den einzelnen Bundesländern grundlegend unterscheiden: Während es sich hier in Stuttgart, aber auch in München bei den Pilotprojekten um Konsortien gleichberechtigter Partner handele, sei in Hessen und Köln jeweils die öffentliche Verwaltung Auftraggeber. Dort gebe man das Heft also nicht aus der Hand, sehe Verkehrsinformationssysteme als vorrangig staatliche Aufgabe an. Daraus seien, so R.S., die Positionen der Länder zur Einführung der Telematik im Verkehr jedoch nur sehr schwierig abschätzbar. Der im Rahmen von STORM im Kleinen bereits vollzogene "Lerneffekt" werde dann auch im Großen notwendig sein. Man werde dann nach Einschätzung von R.S. merken, daß die Privatfinanzierung für alle Seiten die beste Lösung sei und daß die öffentliche Seite auch und gerade bei Privatfinanzierung von solchen Systemen profitieren könne. Bisher stünden aber - wie die Anhörung des Bundes zum Entwurf des Gestattungsvertrages zeigte - noch einzelne Verwaltungen auf dem Standpunkt: "Das ist mein Netz, da lasse ich keinen rein." Genau diese Position sei laut R.S. auch auf Bundesebene zunächst vorherrschend gewesen, doch dort wurde besagter "Lerneffekt" bereits vollzogen, so daß man sich einander bereits stark angenähert habe. Nach Einschätzung von R.S. werden die Bundesländer ganz gut zusammenarbeiten.

I.D.: Wie werden sich Ihrer Meinung nach die Verwaltungen bei der Einführung von Verkehrsinformationssystemen verhalten?
R.S. Einstellung ist, man müsse den Leuten in den Verwaltungen klarmachen, daß sie lediglich etwas zulassen müssten. Das sei schwierig, weil man dort einen hohen Grad an Regulierung gewöhnt sei. Und sei laut R.S. nicht zuletzt auch so, daß eine solche Einstellung und möglichst sogar eine vollständig öffentliche Trägerschaft auf seiten der Industrie begrüßt würden.

I.D.: Wie sollte Ihrer Meinung nach das Verhältnis Bund - Länder bei der Einführung von Verkehrsinformationssystemen aussehen?
Laut R.S. stellen Verkehrsinformationssysteme einen Bereich dar, in dem eigentlich die Länder zuständig seien. Denn der Verkehrswarnfunk sei Sache der Polizei und die wiederum falle unter die Kompetenzen der Länder. Der Bund habe, so R.S., lediglich die Aufgabe, die Länder zu koordinieren und diese wiederum verhandelten mit den eigentlichen Hauptakteure, nämlich den Kommunen.

I.D.: Wie soll die Beziehung zwischen Bundesland und Kommunen auf dem Gebiet der Realisierung und des Betriebes von Telematiksystemen im Verkehr aussehen und zwar sowohl im zukünftigen Rahmen von STORM als auch allgemein?
Laut R.S. sind keinerlei neuen Beziehungen, in Form von Kompetenzverlagerungen oder der Schaffung neuer, zentraler Institutionen etwa, geplant. Das Verhältnis Bundesland - Kommunen bzw. private Betreibergesellschaft - Kommunen basiere grundsätzlich auf bilateralen Regelungen. Die Priorisierung des öffentlichen Schienennahverkehrs an Signalanlagen beispielsweise sei Verhandlungssyche zwischen der für den Schienenverkehr und der im kommunalen Bereich für die Signalanlagen zuständigen Stelle. Ein anderes Beispiel sind R.S. zufolge autobahnähnliche Bundesstraßen, sie seien Sache der jeweiligen Kreise bzw. kreisfreien Städte und zögen einen erheblichen Abstimmungsbedarf nach sich, der aber intern bisher sehr gut geregelt worden sei. Die Kommunen würden, so R.S., auch sehr genau auf ihre Kompetenzen achten. Die Betreibergesellschaften müssten dann also mit jeder Kommune einzeln zusammenkommen und von Fall zu Fall bilateral

verhandeln. Auch die einzelnen Verwaltungen praktizieren den Angaben von R.S. nach dieses bilaterale Abstimmungsverfahren, das auch grenz-überschreitend funktioniere.

I.D.: Welche maßgeblichen Probleme erwarten Sie persönlich im Rahmen der Einführung (Implementierung) von Telematiksystemen im Verkehr?

R.S. erwartet zunächst einmal viele technische Probleme im Zusammenhang mit der notwendigen Optimierung des Gesamtsystems und den wahrscheinlich schnell steigenden Ansprüchen daran. Darüber hinaus werden sich seiner Meinung nach aus der automatischen Gebührenerfassung (Electronic Road Pricing, ERP) Probleme ergeben, da dadurch andere Ziele in den Vordergrund rückten. Diese Probleme lägen auf mehreren Ebenen: Einmal sei beim ERP staatlicher Zwang zur Anschaffung der entsprechenden fahrzeugseitigen Ausrüstung nötig, was bei reinen Informationssystemen entfalle. Zum anderen sei das ERP-Konzept sehr eng verbunden mit dem Gedanken der Privatisierung der Autobahnen, die nach R.S. Ansicht insofern problematisch ist, als sie grundlegende Orientierungen verlagere. Bisher hätten die Autobahnen in Deutschland nämlich deutlich den Charakter einer Entlastung für Ballungsräume und Stadtdurchfahrten gehabt. Mit einer Privatisierung würde aber die z.B. in Frankreich vorherrschende Orientierung, nämlich die der optimalen Vermarktung der Autobahnen, in den Vordergrund treten. In diesem Fall hätte man R.S. zufolge dann gar kein Interesse mehr daran, möglichst viele Autos auf die Autobahn zu kriegen, sondern im Gegenteil diese durch hohe Gebühren für eine begrenzte Anzahl zahlungskräftiger Nutzer attraktiv zu machen. Dieser Punkt werde seiner Meinung nach zu wenig bedacht.

Ein weiterer möglicher Problembereich seien evtl. Sicherheitsprobleme, denn z.B. die terroristischen Verwendungsmöglichkeiten seien noch weitgehend unklar (z.B. ferngesteuertes Auto). Allerdings könne, so R.S., jede Form von Technik auch ihres ursprünglichen Zweckes entfremdet werden. Wolle man dies ganz verhindern, so müsse man sich jeglicher Form der Technikanwendung versagen.

I.D.: Wie wird es ihrer Meinung nach mit der Akzeptanz von Verkehrsinformationssystemen aussehen - sowohl in ihrer Eigenschaft als politische Maßnahme als auch konkret durch den Verkehrsteilnehmer als zukünftigen Benutzer?

Laut R.S. sind die politischen Signale bereits positiv gegeben, das bedeute allerdings noch nicht, daß sich die Kommunen dem automatisch anschließen werden. Die Akzeptanz seitens der Kommunen werde im wesentlichen

davon abhängen, wieviel Geld sich mit Verkehrsinformationssystemen verdienen läßt und inwieweit ein besonderer (wahlwirksamer) Service für die
ansässigen Bürger bereitgestellt werden kann. Ein "Totschlag"-Argument
auf kommunaler Ebene sei, daß diese Systeme sowieso und grundsätzlich
nur zugunsten des (motorisierten) Individualverkehrs wirksam seien.

Die Akzeptanz der Benutzer wird nach Meinung von R.S. zu wesentlichen Teilen auch von der Qualität, d.h. v.a. der Aktualität der angebotenen Informationen abhängig sein. Das wiederum setze einen recht hohen
Finanzmitteleinsatz seitens der Betreibergesellschaften voraus: Allein für die
Aufrechterhaltung der Systeme (den Betrieb) seien, so R.S., jährlich 10%
der Investitionskosten notwendig. Die Bürger hätten aber auch ein gutes
Gefühl dafür, was sich für sie lohnt und was nicht. Dementsprechend
werde die Akzeptanz bei der "sanften" Verkehrstelematik, also bei reinen
Informationssystemen, weitaus besser sein, als bei der "harten" Variante,
also direkten Eingriffen, etwa durch Road Pricing. Das belegt laut R.S. die
Erfahrung aus dem STORM-Projekt: Lange habe man sich bemühen müssen, um Testteilnehmer für einen Feldversuch mit automatischer Gebührenerfassung gewinnen zu können. Die Testteilnehmer für das individuelle
Leitsystem im Rahmen von STORM hätten sich hingegen auf eine einzige
und noch dazu kleine Zeitungsmeldung hin in sehr großer Zahl gemeldet.
Das Fazit kann R.S. zufolge also lauten: Die Leute kaufen sich die Geräte,
wenn sie dafür auch einen echten Gegenwert erhalten.

Befragungsprotokoll 11 :

Gespräch mit Herrn **Ministerialdirektor Dr. Heinz Sandhäger,** Leiter der verkehrspolitischen Grundsatzabteilung beim Bundesministerium für Verkehr (BMV) am 9. August 1994 in Bonn.

Dieses Protokoll faßt die Ergebnisse der Befragung in den Worten der Verfasserin unter den jeweiligen Fragestellungen zusammen. Dabei wird der ursprüngliche zeitliche Gesprächsverlauf nicht eingehalten. Passagen in Worten der Befragten sind entsprechend gekennzeichnet.

I.D.: Welchen Stellenwert nehmen Verkehrsinformationssysteme (Telematik) für die zukünftige deutsche Verkehrspolitik ein?
H.S.: Sicherlich einen wachsenden Stellenwert, was allerdings nicht sehr erstaunlich ist, da die technische Entwicklung in diesem Bereich erst an ihrem Anfang steht. Telematik im Verkehr ist ein multifunktionales Hilfsinstrument. Sie läßt sich für eine ganze Palette von Möglichkeiten gewinnbringend einsetzen: von fahrzeugautonomen Assistenzsystemen über Optimierungs- und Effizienzsteigerungssystemen in einzelnen Verkehrsbereichen bis hin zu großen integrierten Verkehrsmanagementsystemen und natürlich auch Systemen zur automatischen Gebührenerhebung. Allgemein gefaßt ist die Telematik also ein Hilfsinstrument, beispielsweise zur Steigerung der Effizienz und Sicherheit im Verkehr, aber auch - im speziellen Falle der Systeme zur elektronischen Gebührenerhebung - zur Erreichung der Marktkonformität auf Infrastrukturebene. Im letzteren Falle ist die Telematik sogar die bislang einzige Hoffnung, das gesetzte Ziel - nämlich die Einführung von Knappheitspreisen für Straßenverkehrsinfrastruktur - angemessen zu erreichen, weder die Mineralöl- und schon gar nicht die Kfz-Steuer sind hier Alternativen. Allerdings ist bislang auch noch nicht abschließend geklärt, ob Telematik-Systeme sich wirklich zur Erhebung von Knappheitspreisen eignen. Dies muß noch erprobt werden.

Übrigens wäre es eigentlich richtig, von Telematik i.e.S. erst dann zu sprechen, wenn das Element der Prozeßsteuerung hinzu kommt.

I.D.: Wie bewerten Sie die Aktivitäten der Bundesländer auf dem Gebiet der Telematik im Verkehr und welches Verhalten der Länder im Rahmen einer Einführung von Verkehrsinformationssystemen erwarten Sie daraus?

H.S.: Auch auf seiten der Länder ist ein zunehmendes Interesse an Verkehrs-informationssystemen unverkennbar. Dabei sind gewisse Schwierigkeiten unverkennbar und zwar auf allen Ebenen - also bei den Ländern ebenso wie bei Kommunen, dem Bund und auch der EG. Diese Schwierigkeiten ranken sich um die zu wählende Einführungsstrategie, also die Frage: Wie setzt man Telematik konkret um, wie bringt man sie zur Anwendung? Dies ist die große Unbekannte in der Diskussion um Verkehrsinformationssysteme.

Ein Teil des Problems besteht dabei darin, daß ein großer Teil der Telematik-Dienste fakultative Dienste sein werden, also Angebote, deren Nutzung oder Nichtnutzung dem Autofahrer freisteht. Eine Ausnahme bildet hier das Electronic Road Pricing, hier wäre eine fakultative Gestaltung sicherlich fatal. In direkter Verbindung mit der Freiwilligkeit der Nutzung von Verkehrsinformationssystemen stehen Fragen ihrer Finanzierung, also konkret Entscheidungen darüber, wieviel und welche Teile von Verkehrsinformationssystemen von öffentlicher Seite finanziert werden sollen. Entscheidet man sich für eine vollständig private Finanzierung, so besteht politischer Handlungsbedarf im Hinblick auf Regelungen für die Mitnutzung bzw. den Zugang zur öffentlichen Infrastruktur, etwa durch Gestattungsverträge.

Eine weitere Schwierigkeit stellt - insbesondere für die Länder und Kommunen als Systemgestalter - die Auswahl aus der Vielfalt an realisierbaren Telematik-Diensten dar, also quasi das Telematik-Menü, welches man dem Verkehrsteilnehmer anbieten will. In diesem Bereich gehören auch Entscheidungen etwa über die Reihenfolge der Einführung technischer Bausteine.

Die dritte Schwierigkeit besteht in einer großen Unsicherheit darüber, welches Mindestmaß an Standardisierung gegeben sein muß. Vom Benutzer aus betrachtet heißt die Antwort hier natürlich je mehr Standardisierung, desto besser. Von politischer Seite aus muß zumindest ein Minimum garantiert werden. Der Fall, daß ein Autofahrer aus Berlin feststellen muß, daß er mit seiner 1.000 DM-Ausrüstung im Fahrzeug in München nichts anfangen kann, sollte verhindert werden.

I.D.: Gibt es bereits konkrete Pläne für die Finanzierung von Verkehrsinformationssystemen? Welche Rolle spielen die Privatisierungspläne für die BAB in diesem Zusammenhang?

H.S.: Konkrete Pläne gibt es z.Zt. nicht. Im BVWP sind bis 2010 für Telematik im Verkehr über 2 Mrd. DM vorgesehen, was allerdings nicht heißt,
daß dieses Geld vollständig aus öffentlichen Kassen kommen wird. Der
BVWP ist ein Planungs-, kein Finanzierungsinstrument, umfaßt also durchaus auch denkbare Investitionen von privater Seite. Private Finanzierungsmodelle werden hier also durchaus erwogen. In Hamburg z.B. will man
z.Zt. die Infrastruktur für Verkehrsinformationssysteme zwar zunächst öffentlich finanzieren, dann aber an private Verkehrsinformationsdienstanbie-
ter vermieten. Neben solchen sind derzeit auch vollständig privat finanzierte Modelle in der Diskussion.

    Zur Autobahnprivatisierung ist zu sagen, daß hier einsatzfähige Sy-
steme zur Erhebung von Straßenbenutzungsgebühren in jedem Fall eine
unabdingbare Voraussetzung bilden. Solange solche Systeme nicht gegeben sind, können auch keinerlei weitere Privatisierungspläne erwogen werden.

*I.D.: In welchem Maße sind Ihrer Meinung nach technische
(System)Entscheidungen im Rahmen einer Einführung von Telematik-Systemen notwendig? Welcher Art werden diese Entscheidungen sein bzw. welchen Grundsätzen folgt man dabei von seiten des BMV?*
H.S.: Meiner Ansicht nach kann man an Grundtechnologien folgende vier
Varianten unterscheiden: "Baken", als Synonym für alle infrastrukturgestützten Systeme, also auch Induktionsschleifen, Funktechnologie, Satelli-
tentechnologie sowie fahrzeugautonome Systeme. Natürlich kommen auch
Kombinationen dieser Grundvarianten vor, doch im wesentlichen läuft es
darauf hinaus. Verkehrspolitisch optimal wäre es nun, diese Grundtechnologien kompatibel zu gestalten, also eine multifunktionale Antenne für den
Empfang aller Kommunikationstechnologien zu entwerfen, also eine standardisierte Luftschnittstelle zu schaffen. Über Möglichkeit bzw. Unmöglich-
keit dieses Weges erhalten wir von seiten der Industrie ganz unterschiedliche Aussagen, je nachdem ob man mit Leuten aus der Forschungsabteilung
oder aus dem Vorstand spricht. Erstere halten solche multifunktionalen
Empfänger durchaus für realisierbar, während letztere - verständlicherweise
- in erster Linie am Absatz ihrer momentan marktfähigen Produkte interessiert sind. Die Kompatibilität der Grundtechnologien wäre in jedem Fall die
politisch optimale Lösung.

I.D.: Wie sollte Ihrer Meinung nach das Bund-Länder- bzw. das Länder-Kommunen-Verhältnis bei der Einführung von Verkehrsinformationssystemen aussehen?

H.S.: Sollte die Kompatibilität der Grundtechnologien, also die Einführung von multifunktionale (multi-systemfähigen) Empfangsgeräten möglich sein, so ist jeder sein eigener Herr. Ansonsten wird Kooperation zur Abstimmung der Infrastruktur-Projekte notwendig, sowohl zwischen Bund und Ländern als auch zwischen Bund und Kommunen. Denn die Kommunen stehen ja vor der Situation, daß große Teile der kommunalen Infrastruktur Bundes- bzw. Ländersache sind. Das gilt beispielsweise für die Ortsdurchfahrten von Bundesstraßen. Hier besteht also Abstimmungsbedarf, dem in Kooperation und durch Rahmenverträge entsprochen werden soll. Es wird aber keine Systemvorgaben von seiten des Bundes geben. Über diesen für die Infrastruktur als gemischten Kompetenzbereich notwendigen Koordinierungsbedarf hinaus besteht kein politischer Handlungsbedarf im Bereich der Einführung von Telematik-Systemen im Verkehr.

I.D.: Wie beurteilen Sie die Rolle der EU auf dem Gebiet der Verkehrstelematik?

H.S.: Gerade die deutsche Verkehrspolitik ist aufgrund des Standortes, der zentralen Lage Deutschlands in Europa, auf die EU als Handlungs-Ebene angewiesen. Dabei ist über eine rein EU-weite Einführungsstrategie, die in erster Linie die europäische Standardisierung sowie Anstrengungen in Richtung Kompatibilität umfaßt, die Kooperation mit Drittländern, insbesondere in Osteuropa, von deutscher Seite aus zentral. Sicher ist das Interesse an einer europaweit koordinierten Strategie in Deutschland bedeutend größer als beispielsweise bei einem peripher gelegenen Land. Daher wurde die Telematik im Verkehr auch zum Thema der derzeitigen deutschen EU-Ratspräsidentschaft gemacht. Eine Gefahr für Länderkompetenzen sehe ich dabei nicht, weil die Länder nicht über besondere Kompetenzen im betroffenen Bereich verfügen. Luft-, Schienen- und Schiffsverkehr sind sowieso Bundessache und im Straßenverkehr haben die Länder im Prinzip auch nur (Auftrags)Verwaltungskompetenzen.

Befragungsprotokoll 12 :

Telefongespräch mit **Stadtrat Hanskarl Protzmann**, Baudezernent der Stadt
Frankfurt/ Main am 11. August 1994.

Dieses Protokoll faßt die Ergebnisse der Befragung in den Worten der Verfasserin unter den jeweiligen Fragestellungen zusammen. Dabei wird der ursprüngliche zeitliche Gesprächsverlauf nicht eingehalten. Passagen in
Worten der Befragten sind entsprechend gekennzeichnet. Das Gesprächsprotokoll wurde von Herrn Hanskarl Protzmann gegengelesen.

*I.D.: Was verspricht sich die Stadt Frankfurt von FRUIT und wie sehen Sie
die Chancen dafür, daß sich diese Hoffnungen erfüllen?*
H.P.: Die Bausteine von FRUIT sollen die Handlungsfelder des Verkehrsmanagements auf einer wissenschaftlichen Ebene abbilden und zu einer gesteigerten Erkenntnis darüber verhelfen, welche Pfade des Verkehrsmanagements verworfen werden sollten. Es geht also um eine Verstetigung der
Seriosität in den Angelegenheiten des Verkehrsmanagements. Unter Verkehrsmanagement soll hier - übrigens im Unterschied zu vielen anderen Pilotprojekten (STORM, LISB etc.) - die Bewältigung des notwendigen Verkehrs verstanden werden. Es geht also nicht um die praktische Erprobung
eines bestimmten Produktes, Ausgangspunkt sind anstehende, drängende
Verkehrsprobleme, nicht ein bestimmtes Produkt.

Zentral und charakteristisch für FRUIT sind Kommunikationsschwierigkeiten in der Zusammenarbeit mit der Industrie, welche unzureichendes
oder wenig Verständnis für die komplizierte institutionelle Struktur in Ballungsräumen mitbringt. Basis einer Kooperation ist aber gegenseitiges Erkennen und Beachten von Kooperationsbedingungen. Die komplexe institutionelle Verantwortungs-Struktur einer Kommune ist eine solche Rahmen-
bedingung, die aber auf seiten der Industrie auf Unverständnis stößt.

Ein Beispiel: Entworfen werden komplexe Verkehrsmanagement-Systeme mit einem zentralisierten Arbeitsplatz, von dem aus die Entscheidungen über die gesamte Systemsteuerung getroffen werden könnten. Auf die
Frage von kommunaler Seite, wer denn jetzt an dieser Schaltzentrale arbeiten, die gesamte Verantwortung übernehmen soll bzw. darf, reagiert man
mit Erstaunen. In der politischen Praxis ist es jedoch so, daß es eine derartige Generalkompetenz nicht gibt, insbesondere im kommunalen Bereich
Kompetenzen vielmehr stark zersplittert und verteilt sind. Eine Entscheidung beispielsweise über Zufahrtsbeschränkungen ist darüber hinaus eine

sehr weitreichende Entscheidung mit großer Verantwortung, da dabei in nicht zu unterschätzendem Maße Chancen verteilt werden. Ein weiterer Beleg für die Verständigungsschwierigkeiten zwischen Industrie und Kommunen sind auch die von ersteren immer wieder geforderten klaren Zielvorgaben und politischen Strategien: Was dabei nicht verstanden wird, ist daß im politischen Bereich dieser Komplex Gegenstand politischer Auseinandersetzungen ist.

Diese Tatsachen sind zwar auf der einen Seite problematisch, erschweren Entscheidungen und Abläufe nicht nur auf der Ebene von Verkehrsmanagement-Systemen, andererseits sind diese institutionellen Strukturen für die föderative Praxis jedoch notwendig und jeder, der gegen diese Strukturen votiert, soll zunächst gangbare, funktionsfähige Alternativen aufzeigen. Der Ausweg liegt meiner Ansicht nach in einer sehr viel engeren Zusammenarbeit zwischen Kommunen und Industrie, wobei nicht übersehen werden darf, daß erstere für letztere zuerst und vor allem Kunden darstellen. Die Vergabe von Teilmonopolen ist somit keine Lösung. Die Probleme liegen also im Zusammenwirken der institutionellen Organisationen, nicht in technischen Fragen.

Hier geht es um den Kernbereich von Politik: Die Vielzahl von Akteuren und ihre Verflechtungen ist kaum überschaubar und jeder einzelne vertritt seine eigenen Interessen. Da kann man es fast als Wunder bezeichnen, daß am Ende noch ein Ergebnis in Form einer Kooperation herauskommt. Die institutionelle Gefahr besteht im genauen Gegenteil von Transparenz, mit allen verbundenen Nachteilen, vor allem für den Bürger. Aber - wie gesagt - die Komplexität der institutionellen Strukturen im politischen Systems Deutschlands ist zwar auf vielen Ebenen ein Problem, aber nur konstruktiv zu bewältigen.

I.D.: Welches Finanzierungsmodell für Verkehrsinformations-Systeme faßt man in Frankfurt ins Auge?
H.P.: Informationen aus allen denkbaren Bereichen gibt es im Übermaß: Quelle für verkehrsrelevante Daten sind z.B. die Feuerwehr und Polizei, aber auch Erfassungsstationen an Autobahnen, die ÖPNV-Betreiber, die Messegesellschaft und so weiter. Der bisher größte Erfolg im Rahmen von FRUIT war es, diese unterschiedlichen Stellen zur Schaffung einer gemeinsamen Verkehrsdatenbasis zu bewegen und zwar unter Beibehaltung deren jeweiliger Kompetenzen. Dies gelang aufgrund der ausgesprochen offenen Konzeption von FRUIT - sämtlichen Lobbies wurde Zugang gewährt - durch eine Einigung auf eine gemeinsames Datenaustauschformat. Die so ent-

standene Verkehrsdatenbasis ist die unabdingbare Voraussetzung für alle Anwendungen des Verkehrsmanagements, die Kooperationsgrundlage. Auch hier gibt es bisher kein "Dach" dieser Verkehrsdatenbasis, d.h. sie lebt allein durch die Kooperation, durch und im Rahmen der jeweiligen Kompetenzen der einzelnen Teilnehmer. So wird dann beispielsweise das Parkleitsystem von den Parkhausgesellschaften übernommen, in ihrem eigenen Zuständigkeitsbereich und mit den ihnen zur Verfügung stehenden Mitteln.

Worum es sich hier also handelt, ist ein kompliziertes, genau ausbalanciertes Gleichgewicht (balance of power) von Institutionen, die gemäß ihrer jeweils eigenen Zuständigkeiten agieren. Meine Zukunftsprognose ist, daß sich derartige Institutionen-Gleichgewichte auch in allen anderen Bereichen des Verkehrsmanagements bilden werden. Meiner Einschätzung nach wird es keine Allgemeinzuständigkeiten für Verkehrsmanagement-Belange geben, mit allen damit verbundenen Problemen für die Industrie. Über die genaue zukünftige Kompetenzenverteilung läßt sich allerdings noch wenig aussagen, die Kompetenzen befinden sich im Fluß.

I.D.: Welche wesentlichen Schwierigkeiten gab es bisher im kommunalen Bereich mit Verkehrsinformations-Systemen und welche Probleme erwarten Sie in Zukunft?
H.P.: Der Begriff "Verkehrsmanagement" ist noch kein Standard, jeder Akteur versteht etwas anderes darunter. FRUIT ist ein Beitrag dazu, die notwendige Verständigung herzustellen. Der Weg führt in Richtung integrierter Gesamt-Verkehrs-Konzepte und zwar vor dem Hintergrund wachsenden Problemdrucks. Die Probleme lassen sich vielleicht mit folgendem Beispiel illustrieren: In Zukunft stehen große Konflikte zwischen Bund und Kommunen bevor, wenn durch die Einführung von Benutzungsgebühren der Fernverkehr von den Autobahnen in die Städte gedrückt wird. Doch derartige Schwierigkeiten sind z.Zt. "unsichtbar", weil sie durch das integrierende, konsensstiftende Konzept "Telematik" sowie den damit einhergehenden hohen Erwartungsdruck überdeckt werden. Doch die derzeitige konsensfördernde Wirkung des Telematik-Konzeptes kann diese Schwierigkeiten nicht aufheben, sondern nur temporär kaschieren. Diese Konflikte werden mit der Zeit wieder aufbrechen.

Der nächste bedeutende Problembereich ist die Finanzierung. Die Industrie wird sich fragen, woher das Geld denn kommen soll. Der derzeitige Trend geht weg von Steuergeldern. Die öffentliche Hand benötigt letztendlich irgendeine Art von Gebühr, z.B. durch den "Verkauf" einer Lizenz oder jeder möglichen anderen Gebühr (etwa Straßenbenutzungsgebühr). Wirklich privat finanziert werden kann an Verkehrsmanagement-Systemen letztendlich nur der "Dienstleistungsarm". Den Kern von Verkehrsmanagement-Systemen bilden jedoch hoheitliche Aufgaben, die man zwar auch mit marktlichen Instrumenten, - z.b. streckenbezogenem Road Pricing - aber immer in öffentlicher Verantwortung versehen muß.

Als Beispiel kann hier die Ver- und Entsorgung der Innenstadt dienen: Hier müssen Prioritäten gebildet werden und zwar solche im öffentlichen Interesse. So haben beispielsweise die Pendler - im Gegensatz zum Wirtschaftsverkehr - Alternativen im ÖPNV. Umlenkungsmaßnahmen, beispielsweise eine Verknappung des Parkraumes für Pendler oder sonstige Zugangsbeschränkungen, bedeuten jedoch auf jeden Fall eine Bevorrechtigung der anderen Seite. City-Logistik, d.h. die Regelung des städtischen Ver- und Entsorgungsverkehrs, kann eine ganze Menge bewegen, doch müssen die entsprechenden Entscheidungen über Zugangsbeschränkung bzw. Bevorrechtigung und die entsprechenden Maßnahmen getroffen werden und zwar durch demokratisch untermauerte Institutionen im öffentlichen Interesse.

Demokratische Strukturen der öffentlichen Entscheidungsfindung sind also zur Festlegung der mit Hilfe von Verkehrsmanagement-Systemen zu verfolgenden Strategie unabdingbar notwendig. Außerdem ist letztlich auch irgendeine Form von Zwang über reine Information hinaus notwendig, um wirkliche Verkehrssteuerung zu erreichen. Denn Verkehrsmanagement verteilt immer auch Chancen.

I.D.: Wie beurteilen Sie die Rolle der EU auf dem Gebiet der Telematik im Verkehr?
H.P.: Positiv. POLIS ist eine der ganz wenigen Strukturen, in der europäische Kommunen - also mal nicht die Ministerrats-Ebene -kooperieren. Hier handelt es sich also praktisch um eine Art Basis-Organisation europäischer Städte an den festgefahrenen, zentralisierten institutionellen Strukturen der Gemeinschaft vorbei. Insgesamt betrachtet bietet der Telematik-Bereich die Chance, in Europa gesonderte, vom Weltmarkt - also hauptsächlich den Systemen in Japan und den USA - unabhängigen Standards zu schaffen. Die europaweite Verfestigung der Standards von entscheidender Bedeutung für Durchsetzung und Verbreitung der Verkehrsmanagement-Systeme: Auch ein eigentlich sub-optimales System wird sich durchsetzen, würde es einmal zum europäischen Standard gekürt.

Zu einem Problem könnte die europaweit sehr unterschiedliche staatliche Verankerung und Kompetenzenausstattung der Kommunen werden - man vergleiche nur die Lage in Deutschland und in Frankreich - und zwar nicht nur für die Industrie, sondern evtl. auch für die einzelnen europäischen Staaten selbst. Die grundlegende Schwierigkeit dabei ist, daß Verkehrsmanagement-Systeme weder von Kommunen im Alleingang, noch von Regionen verwirklicht werden können. Hier wirkt bisher im bundesdeutschen Bereich die normative Kraft des Faktischen: Gemäß dem Motto "Wer zahlt, schafft an" sind bisher die Länder die ersten Ansprechpartner im Bereich Verkehrsmanagement in Ballungsräumen.

I.D.: Wie sollte Ihrer Meinung nach das Verhältnis der Kommunen zum jeweiligen Bundesland bzw. zum Bund im Rahmen einer Einführung von Verkehrsmanagement-Systemen aussehen?

H.P.: Ein Grundsatz der Verkehrsplanung lautet: Die Leistungsfähigkeit eines Netzes wird an den Knoten bestimmt. Der Innovationsdruck auf dem Gebiet Verkehrssystem-Management muß daher von den Kern-Städten ausgehen. Die Stadt Frankfurt hat mit der Stadt Köln bisher weitaus mehr gemeinsam als beide mit ihren jeweiligen Ländern. Die Bundesebene muß von ihrer bisherigen Fixierung auf den Fernverkehr wegkommen und sich darüber klar werden, daß die Vitalität der Ballungsräume von zentraler Bedeutung für die Wirtschaftskraft ist. Statt der übermächtigen Priorisierung des Fernverkehrs durch den Bund ist also eine Förderung von Verkehrsmanagement-Ansätzen in Ballungsräumen gefragt. Denn die wichtigsten Problemlösungen setzen in den Ballungsräumen an und zwar auf der Basis ganz anderer Orientierungen als dies z.B. beim Fernverkehr der Fall ist. Hierin liegt die Ursache für viele Kooperationsschwierigkeiten.

I.D.: Wie wird Ihrer Meinung nach die Akzeptanz von Verkehrsinformationssystemen aussehen?

H.P.: Ambivalent. Man könnte fast sagen "Der Bürger, das unbekannte Wesen". Der Ozon-Alarm vor kurzem war ja - trotz einiger anderslautender Meldungen - ein toller Erfolg. Ein Negativbeispiel sind Tempo 30-Zonen in Wohngebieten: Jeder ist grundsätzlich dafür, aber wehe in der eigenen Wohngegend wird Tempo 30 eingeführt. Und die Anwohner setzen sich dann am häufigsten darüber hinweg. Die Entwicklung des Verkehrsmanagement-Konzepts im politischen Bereich hängt dagegen stark vom Ausgang der kommenden Bundestagswahl ab. Dieser entscheidet darüber, welche der z.Zt. vertretenen Verkehrsmanagement-Konzepte in welchem Maße Rückendeckung erhalten.

Grundsätzlich muß darauf geachtet werden, daß Verkehrsmanagement-Systeme nicht zu einem konfliktträchtigen Politik-Thema werden, denn dann steht man vor großen Schwierigkeiten. Das wäre der Anfang vom Ende. Das bedeutet, daß grundsätzlich alle Akteure an diesen Systemen gewinnen können müssen, dann steht einer Verwirklichung nichts im Wege. Unter all den divergierenden Interessen muß also quasi eine Interessen-Schnittmenge gefunden werden, die von allen Seiten getragen wird. Ein solcher Grundkonsens ist beispielsweise bei FRUIT bisher gelungen, wobei sich dies allerdings im Planungsstadium immer reibungsloser gestaltet als bei konkreten Maßnahmen. Je konkreter Ziele und Strategien werden, desto höher ist das "Einspruchspotential". Ein Konsens möglichst aller Beteiligten ist also weitaus wichtiger als einzelne technische Lösungen.

Insgesamt geht es hier um ein hochinteressantes Politikfeld, in dem z.Zt. alles in Bewegung ist. Erster Kernpunkt der Umweltbewegung und zugleich ihr Anfangsstadium war der Kampf gegen die Wasserverunreinigung, der nächste Kernpunkt wird die Luftverschmutzung sein, mit dem Verkehr als einem der Hauptbeteiligten.

MIX
Papier aus verantwortungsvollen Quellen
Paper from responsible sources
FSC® C105338

If you have any concerns about our products,
you can contact us on
ProductSafety@springernature.com

In case Publisher is established outside the EU,
the EU authorized representative is:
Springer Nature Customer Service Center GmbH
Europaplatz 3, 69115 Heidelberg, Germany

Printed by Libri Plureos GmbH
in Hamburg, Germany